LAW & BUSINESS 法商图书

CORPORATE CAPITAL ACTION

公司资本行动

投资并购重组方案策划与流程指引

第二版

张远堂 著

法律出版社 LAW PRESS·CHINA

第二版序

《公司资本行动》这本书2012年首次出版发行，出版以来收到不少读者的建议，加之2014年本人退休后成为专职律师，业务方向就是企业投资、并购和重组，因此，第二版和第一版相比更突出如何提高资本项目律师和法务的实操能力。

除上述外，随着本人资本项目实践的拓展，经历和经验的丰富，对有些实践问题的认识更加深入和准确，加之在资本项目法财税授课中与广大学员沟通交流汲取的营养，相信第二版会更能满足资本项目实践者的需求。

至于本书的内容，读者可见每一篇的篇首，不再赘述。

如果读者在读本书时能够参读本人的《资本之税》一书，可能效果会更好。

本人微信z13661119930，欢迎读者交流指正。

张远堂

目　录 CONTENTS

第一篇

决策与方案

PART 01

企业的资本行动包括:投融资行为,即资本诞生的过程;并购行为,即资本繁衍的过程;重组行为,即资本生长的过程;清算行为,即资本生命终结的过程。现代企业不仅要经营好产品,还要经营好资本,在资本生命的历程中发展壮大自己。我们研究企业资本行动,就是要探索企业资本行动的规律和规则,为企业发展服务。

企业的资本行动是从决策开始的,决策是决定企业资本行动成败的关键,但决策必须经过周密的策划转化为方案后才能付诸行动,没有方案的资本行动是盲目的行动,而盲目的行动是不能成功的。

企业资本行动方案的内容包括交易主体、交易方式、交易路径、支付方式和融资方式,五位一体。企业资本行动方案的维度包括可行性、节约性和安全性,三位一体。企业的资本行动是一项系统工程,方案是其中的灵魂和纲领,做好方案设计工作非常重要。

本篇我们讨论的内容包括:

1. 企业资本行动决策的内容、重要性和依据;

2. 如何设计企业资本项目的方案,包括如何选择最佳的交易主体,如何议定最佳的交易方式,如何确定最佳的交易路径,如何协商最佳的支付方式,如何制订最好的融资方案,以及设计资本项目方案必须遵循的可行性、节约性、安全性三个维度。

第一章

资本项目的决策

任何企业的终极目标都是利润的最大化。而公司利润的增长又以公司规模的扩大和业务能力的增强为前提,不能把公司做大做强,就不能把公司的利润最大化。而要把公司做大做强只能通过公司的资本行动来实现。

从理论逻辑上说,公司的资本行动是先有决策,然后根据决策进行资本行动方案的设计,才能进入实务操作阶段。因此本书以公司资本行动的决策为开篇,然后过渡到资本行动的方案设计,在此基础之上讨论各种资本行动的实务操作。

公司资本行动的决策对实现公司资本行动的目标至关重要。公司投资行动决策的内容包括行业的选择、市场的选择、目标企业的选择、是否实施某一资本项目的决策等内容。

第一节　资本项目决策的重要性

在许多情况下我们会看到这样的现象,一个资本项目顺利完成,甚至投资成本或者并购对价低于常价,但是项目完成后却无法实现预设的项目目标,目标企业连年亏损,成为投资公司的累赘。这是什么原因呢?是并购过程本身出了问题吗?显然不是。那么问题在哪呢?问题出在公司的项目决策上,是公司的决策出了问题,或者是投资公司进入了本来不应当进入的行业,或者是投资公司进入了无法取得竞争优势的市场,或者是选择了不适当的目标企业。在投资公司资本项目决策失误的情况下,即使项目过程完成得再完美,也改变不了失败的命运。由此可见,决策对于资本项目的成败至关重要。

从企业资本项目的实务看,资本项目的成功需要三个条件:正确的项目决策、完美的项目过程、强大的整合能力，三位一体，缺一不可。如图 1－1－1 所示：

正确的项目决策（投前）＋完美的项目过程（投中）＋强大的整合能力（投后）＝成功的资本项目（目标）

图 1－1－1　资本项目成功的三个条件

对于企业的资本项目来说，决策是关键，是战略，而实操只是战术。战略对了一切皆对，战略错了一切皆错，战略可以抵销战术上的错误，而战术却不能弥补战略上的错误。资本项目的顺利完成固然非常重要，但是只有实操过程的完美并不能保证投资公司实现自己的目标，就实现公司的目标而言，决策远比执行更重要。这也是我们首先讨论投资并购决策的一个重要原因。判定资本项目成败的标准是能否达到公司资本项目的目标，实现目标的项目就是成功的资本项目，反之就是失败的资本项目。

第二节　资本项目的目标

任何企业的宗旨都是获取利润，资本项目的目标服务于企业的利润目标，但是从实务来看，公司资本项目的目标有最终目标和直接目标之分。最终目标都是利润，直接目标因事而异，各有不同。下面我们讨论几种比较常见的公司资本项目的直接目标。

1. 进入新的市场——瓜分市场份额。市场是企业赖以生存的土壤，公司为了生存和发展都在想尽一切方法寻找和争夺市场。投资特别是并购主要的目的就是瓜分市场，从而获得更多的利润来源。外国公司在中国投资并购，直接目的就是瓜分中国的市场。在许多情况下投资并购就是跨国公司瓜分市场的手段。通过投资并购获得目标企业的市场份额，这一点可以从相同规模的目标企业由于市场份额不同而导致并购的价格不同得到证明。

2. 控制稀缺资源——瓜分或者垄断资源。资源是工业生产赖以进行的物质条件，许多自然资源是不可再生的，谁控制了资源谁就控制了行业的命脉。许多资源行业的巨头通过投资并购控制了资源，从而掌控了资源市场和定价权。资源不仅包括自然资源，还包括行政资源，如国家许可、公用事业经营权等。在许多情况下有些资源只有靠并购才能取得。

3. 阻击竞争对手——保护原有利润区。在许多情况下，一个企业会控制一块市场或者一个细分市场，其在这个市场上拥有较大的市场份额，该市场为其主要利润的来源地。当竞争对手有意在这个市场投资并购，参与其市场份额和利润的瓜分时，这个企业可能会想方设法地进行阻击，其中阻击的方法之一就是对竞争者拟进行并购的企业抢先或者高价进行并购。这类投资并购的直接目的不是从并购后的目标企业获取多少利润，而是要阻击竞争对手，保护自己的利润区。

4. 挽救已有投资——改变目标市场的竞争格局。有些情况下，投资公司已经进入了一个市场，但是由于投资额或者目标企业能力的限制，其在该市场中仍处于不利的竞争地位。这个市场地位不足以使投资公司实现自己的目的，长此下去对投资公司非常不利。投资公司必须作出抉择，要么退出这个市场，要么加大投资力度在该市场建设新的工厂或者并购新的企业，以求改变这个市场的竞争格局，使自己反败为胜。

5. 稳固供应和销售链——降低运营成本和风险。有些情况下投资公司是沿着产业链进行投资并购的，如炼油企业并购采油企业或者投资油田。这种投资并购的直接目的就是稳固供应和销售链，降低投资公司的运营成本，增强投资公司抗击风险的能力。

6. 获得知识产权——提高企业的核心竞争力。知识产权是企业的核心竞争力，知识产权既可以通过企业自己的研发获得，也可以通过许可使用和购买获得，还可以通过企业并购获得。在企业并购的情况下，目标公司的知识产权将由投资公司控制和使用，这在许多情况下对投资公司非常重要。

7. 买壳或者借壳上市——资产证券化。公司首发并上市不仅准备的时间长，而且要求的条件高，许多寻求上市的公司往往采取买壳的方法上市。壳公司虽然经营业绩不佳，但是投资公司购买的目的主要是通过壳资源使自己的资产上市，使自己的存量资产股票化，并通过股票市场使自己的资产增值并变现。借壳上市就是公司通过资本项目被上市公司并购，从而取得上市公司定向增发的股票，使公司资产绕开首发直接上市。

8. 通过资本项目——实现跨行业发展。公司可以通过资本项目将股权或者资产变现，然后投资于新的行业，实现在新行业的重新发展。

公司资本项目的最终目标是获得高额利润，这是由公司的性质所决定的。而企业资本项目的直接目标则各有不同，这是由企业所处的市场环境和发展阶段决定的，只有实现了投资并购的直接目的，才能支持企业资本项目最终目标的实现，只有实现了企业资本项目目标的企业，其资本行动才是成功的资本行动。

第三节　投资并购从市场出发

怎样才能做好公司资本项目的决策,实现企业投资并购的目标呢?投资并购必须从市场出发,反映和满足市场的需求,只有反映并满足市场需求的投资并购才可能是成功的资本项目,这是由商品经济的本质所决定的。投资并购从市场出发就是要在市场上寻找投资并购的机会,而不是盲目的投资并购之后再去寻找市场。脱离市场的投资并购是盲目的投资并购,盲目的资本项目是不能成功的。

一、根据公司的核心竞争力选择行业

投资并购从市场出发要求首先选择投资并购的行业,因为市场是由行业和区域组成的,选择行业是公司资本行动决策的最重要的一项内容。行业是社会分工的结果,社会分工是商品经济赖以存在的前提。由于科学技术的发展和交换的促进,社会分工越来越发达,不仅新兴行业不断出现,而且在同一行业内细分也层出不穷,甚至有的细分发展成为新的行业。投资并购无论是初始的投资并购还是后续的投资并购都涉及投资并购的行业问题,即向哪个行业投资并购,是继续在原行业投资并购,还是步入新的行业。行业的选择对投资并购的成败,乃至对整个企业的成败来说最为关键,行业选择对了企业就会顺风顺水迅速发展壮大,行业选择错了,就会步步维艰,九死一生。中国有句俗话"男怕选错行,女怕嫁错郎"就是这个意思。

那么,企业应当如何选择自己投资并购的行业呢?企业应当根据自己的核心竞争力去选择自己投资并购的行业,也就是说,企业要根据自己的能力选择自己投资并购的行业,做到能干好什么就干什么,干什么比别人强就干什么。每个企业或者每个人都有自己的能力圈,这个能力圈就好比太阳的光一样,越靠近太阳能量越强,越远离太阳能量越弱。每个人在选择自己从事的职业时及每个企业在选择自己从事的行业时,都应当尽量选择靠近自己能力圈中心的,这样成功的可能性才会大。投资并购行业选择得如何,不仅直接影响公司投资并购的成本、投资后的规模效应、并购后的整合能力、公司的发展前景,还直接关系到公司投资并购的成败。只有根据自己的核心竞争力选择投资的行业,企业的投资并购才有可能获得成功。

公司可以参考以下方法选择自己的投资领域、确定自己的投资行业:

1. 横向投资并购。横向投资并购是指投资公司新设的工厂或者并购的目标企业与投资公司处于同一行业或其与投资公司生产的产品、提供的业务属于相同的领域。也就是说，无论是投资建设新的工厂，还是并购目标企业，这些工厂和公司生产的产品或者提供的服务都与投资公司相同，公司不向未知行业投资。横向投资、并购的好处是有利于提高公司在行业中的地位；有利于资本的集中和生产经营规模的扩大；有利于采用新技术、实现集约化大生产和管理、取得规模效应；有利于发挥公司品牌、技术、市场方面的优势，达成规模效益；有利于发挥和推广投资公司在行业中处于优势的生产、经营和管理方面的经验；有利于化竞争对手为友，改变公司在目标市场中的竞争地位；有利于并购后技术、品牌、市场、管理、人力资源等方面的资源整合。横向并购的缺点是可能受到国家反垄断审查的规限。

2. 纵向投资并购。纵向投资并购是指投资公司投资设立新工厂或者并购目标企业选择在投资公司产品或业务的上游或下游，而不是与投资公司生产相同产品或提供相同业务的领域内进行。也就是说，投资公司投资建设新工厂或者并购目标企业，新工厂和目标企业或者是投资公司原材料的供应者或者是投资公司产品的使用者。纵向投资并购的好处是有利于加强生产过程中各个环节的配合，节约销售和采购费用，节约仓储和运输费用，缩短生产周期，扩大生产规模。纵向投资并购的缺点是延展管理幅度，加大管理难度。

3. 混合投资并购。混合投资并购是指投资公司投资并购的领域既不是投资公司所处的领域，也不是投资公司产品或业务的上游或下游领域，而是与投资公司生产经营不相关的领域。混合投资并购的好处是可以实现公司的多元化发展，实现东方不亮西方亮，降低单一行业可能给公司带来的风险。混合投资并购的缺点是扩大了公司管理的难度。

公司在选择投资并购的行业时，一是要根据自己的核心竞争力及行业可能给予的机会进行选择；二是不能“这山望着那山高”，要做到不做则已，做则争取做大做强。只有根据自己的核心竞争力选择投资并购的行业，才能扬长避短，事半功倍；只有坚持在一个行业做大做强，才能取得规模效应。

二、根据市场机会选择投资的地域

公司对外投资决策除要确定投资的行业外，还要确定投资的地域。如果行业是市场的纵坐标，地域就是市场的横坐标，交汇点就是企业投资并购的目标市场。市场从地域上说遍布全世界，但任何一个公司都不能独占全世界的市场，它必须有选择、有先有后地进入市场。因此公司必须选择对自己有利的市场进入，在这个市场中公司与其他同行业者相比有自己的优势，公司才有成功的机会。公司选择投资并购的地域必须掌握市场的大量信息，根据市场信息作出冷静明智的分析判断，作出是否进入的决策。

1. 如果要进入某一个国家。如果投资公司选择在某一个国家投资建设工厂或者并购处在这个国家的某一目标企业，应当通过各种渠道了解以下相关信息，在充分了解信息的基础上作出是否进入的决策：

（1）国家法律、法治是否完善——法律环境。这不仅关系到投资建厂或投资并购能否顺利进行，更关系到投资以后的经营过程能否顺利进行。试想如果一个国家的法律、法制不健全，当地企业的资产和利益都无法保障，又何谈保障外来投资者的利益。因此，公司在选择进入一个新国家进行投资并购时，必须首先了解这个国家的法律环境。对那些法制不健全、法律环境不好的市场，不适合去投资建厂，也不宜去投资并购，即使投资并购，持股比例也不宜过高。

（2）是否有招商引资的政策——政策环境。政策是特殊形式的法律，甚至比法律更能有效贯彻执行。如果一个国家对有关招商引资制定有特殊的法律或政策，公司应当了解其相关内容，这不仅有助于公司利用政策做好投资工作，也有利于公司在投资以后充分利用这些政策享受政府给予的补贴和税收优惠。

（3）政府对招商引资的态度——政府环境。这里说的政府包括中央政府和地方政府。虽然投资和经营是企业的私事，但是如果没有政府的同意和支持万事皆难，特别是在一些发展中国家更是如此。对于政府环境，企业可以采取公关的方法解决，可以委托当地的头面人物或公关公司帮助解决。政府环境不好的，不仅公司投资后的经营会遇到困难，而且投资本身也难以成行。因此，投资公司在选择目标市场时，一定要关注政府对公司投资的态度，注意做好政府的公关工作。

（4）国家的产业政策和产业发展度——产业环境。许多国家制定有自己的产业政策，明确鼓励哪些产业准入，哪些产业限制，哪些产业禁入。另外，每个国家的产业发展也不平衡，有的产业可能空白，有的产业可能已经高度发展，竞争十分激烈。公司在进入某一个国家市场时，必须考虑产业环境的这两项内容，以选择国家鼓励，产业空白或发展水平低的国家为目标市场为好。

（5）税收及优惠——税收环境。依法纳税是企业应尽的社会义务，但是税收又是公司在选择对外投资的目标市场时不得不考虑的实际问题。不仅企业投资以后的经营活动存在税收问题，公司的投资、并购本身也涉及税收问题。公司在研判目标市场的税收问题时，不仅要掌握公司投资及投资后的税务负担问题，还要掌握有关税收优惠及享受优惠的条件和程序。税收负担和税收优惠是公司对外投资效益测算的重要指标，也是公司投资决策必须考量的信息。

(6)当地的民族习惯、文化传统——文化环境。文化环境不仅影响公司的市场，而且也会影响公司对企业的管理。公司在某一国的资产及以后的市场运作必须符合当地的文化环境。文化是一只看不见的手，力量无比巨大，与当地文化相冲突的投资，是不能成功的投资。

(7)战争、民族冲突、教派冲突——社会环境。这是一个安全问题，如果安全不能保证，投资并购的目的就不能实现，甚至会血本无归。公司在选择进入一国进行投资并购时，必须对该国的社会环境是否安全作出评估。对经常发生或有可能发生战争，民族、宗教冲突的国家或地区慎重进入为好。

(8)银行业、保险业的发展情况——金融环境。任何企业的对外投资和运营都离不开银行业和保险业的合作。公司对外投资的资金可以通过公司所在地或其他金融机构来解决，但是公司投资并购后的运营没有投资地的金融业和保险业的支持不行。如果投资地的银行业和保险业不发达，势必给公司的投资并购和投资并购后的运营带来难以克服的困难。

(9)公路、铁路、港口、通信情况等——交通环境。商品经济的发展以运输和信息为条件，如果投资地的交通和通信不发达，公司的产品无法运出，原材料无法运进，公司无法及时与外界沟通信息，公司的运营就会遇到困难。所以公司在选择进入一个国家投资并购时，应当考虑这个国家的交通环境，考虑交通设施能否满足公司投资并购后运营的需求。

(10)经济发展水平和速度、社会购买力、产品价格等——经济环境。除非公司的产品全部出口外销，否则公司必须考虑投资国的经济发展水平、社会购买力和产品的价格等因素，这不仅会影响公司投资并购与否，也是公司制定投资并购后经营策略所必须考虑的问题。在考虑经济环境时，公司不仅要看目标市场现有的经济水平，还要看经济发展的速度，因为经济的发展会促进市场的扩大和发育，会给企业带来商业机会。企业依赖市场生存，市场存在于经济环境之中，离开经济环境去投资并购，就好比要企业离开市场，是非常危险的。

(11)市场、品牌、主要厂商等——竞争环境。除非公司的产品在目标市场是空白，否则公司在选择目标市场时就必须考虑这个问题，即使公司拟进入的国度没有相关产品的生产厂家，产品全部依赖进口的也不例外。竞争是商品经济的必然结果和赖以发展的条件，没有竞争的市场已经不复存在。但是在选择目标市场时，公司必须掌握目标市场的竞争状况，必须将自己的优劣与目标市场上的竞争者进行对比分析。对进入竞争激烈的目标市场的投资公司,必须在充分占有真实信息的基础上,制定自己的运营战略,根据运营战略确定自己的投资并购方针。只有做到扬长避短,有备而入的公司才能在激烈竞争的市场中谋得一席之地。

(12)能源、原料、劳动力市场等——资源环境。任何企业的运营都离不开对资源的需求,而资源的供应情况和价格水平是公司在选择投资地时不能不考虑的问题。资源的价格直接决定公司投资后的运营成本,进而直接影响公司的经营成本和利润。因此,掌握目标市场的资源环境和价格信息,是公司研判投资并购可行性的重要信息。

(13)进出口限制、优惠政策等——进出口环境。如果公司不准备在投资国销售自己的全部产品,而是利用当地优越的资源环境进行生产,然后将产品销售到公司的其他市场又或者公司需要从他国进行原料或者部件进行生产加工,那么公司就要了解该国的进出口法律、政策和优惠政策。

(14)其他需要了解和掌握的信息。前述内容是只就一般目标市场的选择而言,在此之外公司还应当根据自己投资并购后日常生产经营的需求,在上述要求之外了解其他信息。总之,在公司决定向一个自己尚无投资的国度投资时,无论是采取建设新工厂的方式,还是采用并购的方式,都应当尽可能多地了解、掌握这个国家的有关政治、法律、经济、文化信息,在充分占有信息的基础上进行研判,在正确研判的基础上作出明智的决策。

2. 如果要进入某一地区。在某些情况下,可能公司要进入某一个国家的某一个地区,而这个国家幅员广阔、经济发展水平不一,在这种情况下,即使公司在这个国家已经有成功的投资并购项目,也应当了解拟新进入区域的相关信息,并在此基础上对自己要进入的市场做出研判。在这种情况下,公司除参考掌握上述信息外,还应当特别注意以下问题:

(1)区域内相关产业产品市场的发育情况。在一个幅员广阔、经济发展水平不一的国家内,这一地区的产品市场发育情况不同于那一地区,公司应当对拟进入地区的情况重新调查了解,特别是在公司拟将产品就地销售的情况下。市场发育情况对公司进入目标市场的方法、策略有很大影响。公司应当根据产品的市场发育情况制定自己产品的进入策略和营销策略,根据进入策略和营销策略决定自己的投资策略,选择最佳进入方式和进入时间。

(2)区域内相关产业主要厂商拥有的品牌。这对快速消费品生产行业或者以品牌为扩张基础的行业更为重要。“知己知彼,百战不殆。”公司在选择进入目标市场时,应当充分了解自己的竞争对手,而品牌又是售众产品的核心竞争力。

公司应当选择能够发挥自己品牌优势的市场作为自己投资并购的目标市场，而尽量避免在条件不成熟时与自己的强敌直接冲突。

（3）区域内相关产业主要生产厂商的规模。规模制约竞争力，影响成本，决定竞争策略。在公司决定进入某一目标市场时，应当了解竞争对手的规模，从而选择自己的规模。从企业竞争的实际情况看，没有相应的规模绝对不行，但是也不能说规模越大越好。什么样的投资规模最佳，既取决于市场的规模和发育度，也取决于行业自身的特点，还取决于公司拟定的市场策略和营销策略。

（4）区域内相关产业主要厂商的竞争态势。这对公司是采取新设工厂方式投资，还是采取并购目标公司的方式投资，以及选择哪家企业作为自己并购的对象非常重要。如果目标市场的份额已经饱和，竞争已经十分激烈，公司再采取新建工厂的方式进入，就势必使目标市场的供大于求，使竞争更加激烈，使产品买方市场的情况长期持续下去，结果必然是不仅公司无法获利，而且使同行业处于亏损或低盈利区。在这种情况下，如果公司决定进入目标市场，应当首先考虑以并购现有企业的方式进入。而在采取并购方式进入目标市场的情况下，公司应当首先了解各企业在竞争中所处的态势，在公司主要依靠资金优势进行并购的情况下，或者说在公司没有核心技术和优势品牌的情况下，公司应当首选在竞争中处于优势的企业为并购的目标企业，即使并购价格高也在所不惜。只有了解目标市场的竞争态势，才能制定适宜的竞争战略，才能选择最佳的投资方法，公司在并购后的市场竞争中才有胜算可言。

（5）区域内相关产业主要厂商的技术、装备和产品质量。公司无论采取哪种方式进入目标市场，都需要了解目标市场上同行业的其他厂家的技术、装备和产品的质量。不了解这些就很难说你的投资并购不是盲目的，也很难保证你的投资并购不会失败。公司只有充分地、真实地掌握这些信息，才能制定克敌制胜的投资并购策略和运营策略。决策并不难，而夯实决策的根据，有的放矢地决策才是最难的。公司应当根据竞争对手的情况，技高一筹地制定自己进入目标市场的策略。

（6）区域内相关产业产品的总销量、增长情况和替代品的情况。在现代经济社会中，任何一个企业要想长期独自占有一个市场是不可能的，瓜分市场是大家不得不接受的现实。要想参与市场的瓜分就不能不了解市场的总额、增长情况和代替品的情况，只有这样才能预测自己可能瓜分到的份额及如何去瓜分。

（7）区域内相关产业主要厂家销售模式、渠道及控制情况。在市场被瓜分完毕的今天，如何从竞争对手手中把市场抢过来，是占领、控制市场的关键。而要重新瓜分市场不仅要有先进的技术、升级的产品,还要考虑销售模式和销售渠道。在商品经济发达的国家和地区,分工越来越细,介于生产商和用户之间的商业企业被称为渠道。没有渠道企业的产品就没有销路。公司在拟进入一个目标市场时,必须对先占这个市场的其他厂家的销售模式、渠道管理和控制手段有所了解,并据此制定自己的渠道策略。

(8)区域内主要生产厂家的制造成本、销售费用及构成。制造成本可以在很大程度上决定企业产品的价格和价格策略,也制约着企业产品的销售费用,诸如折扣、返利等。公司在决定进入某一目标市场时,必须根据竞争对手的情况制定自己的营销战略和成本控制战略,并且根据成本战略研拟投资成本、产品档次、财务政策等。

(9)区域市场、文化、经济、交通、政治中心及对周边的影响力和半径。在公司选择进入哪个目标市场时,或者研判首先进入哪个目标市场时,还应当考虑市场对市场的影响。如果公司首先进入有影响力的市场,就会获得事半功倍的效果,如果公司首先进入被影响的市场,就可能只有投入不见效果。在一般情况下,公司应当首先选择对周边有影响力的市场进入,然后顺理成章地向周边扩展,这样可以收到势如破竹的效果。

(10)区域内哪家企业与自己处于竞争态势,"竞争损耗"的构成和数额。这是一个在采用并购方式进入目标市场时必须考虑的问题。在许多情况下,目标市场的企业可能与自己已经在目标市场交锋,并且竞争得十分激烈,为了击败竞争对手,双方或者各方都投入了大量的财力,甚至全面亏损。在这种情况下,公司如欲打破战场上的僵局,并购竞争者或者与竞争者联合可能是摆脱困境的上上之策。从实务来看,仅并购后可以节约的竞争损耗可能就会给公司的投资并购以很高的回报。

(11)产品的市场运距、运费。这个问题决定公司产品的销售半径,从而决定公司新建工厂的规模。如果公司产品的运输成本高,运输的距离就不能太远,工厂的规模就不宜太大,否则公司产品的销售费用就会高于同行业,这将不利于公司的竞争力。

从实践经验看,公司获得上述信息的意义有两个:一是决策是否进入目标区域;二是如果进入目标区域如何利用这些信息做好投资并购工作。公司好比是一棵树,市场好比是土壤,只有植根于肥沃的土壤之中,小树才能长成大树,公司才能发展壮大。公司对外投资、并购应当从选择目标市场出发,而选择目标市场应当从获取有关市场的信息数据开始。离开市场信息的投资并购是盲目的投资并购、是危险的投资并购。

行业和地域共同构成公司对外投资并购的目标市场，只有目标市场选对了，投资才有望成功，目标市场决定公司投资并购的成败。从企业对外投资并购的实践经验看，能否选择最适合于自己的目标市场进行投资并购，是决定投资并购成败的关键。投资并购从市场出发就是从市场上寻找投资并购的机会，抓住投资并购的机会，根据目标市场的需求确定投资并购的规模和寻找目标企业，投资并购后所采用的技术、生产的产品、使用的品牌、销售方法等都要根据目标市场的要求设计和安排。

第四节 市场信息的取得和使用

公司在对外投资并购决策时，需要大量的信息，公司可以通过以下方法获得信息：

1. 市场调查。现代社会是信息社会，即使公司未对相关市场做过专门的调查研究，也会从各种渠道掌握一些信息资料。公司在确定投资并购的目标市场之前，可以利用这些信息资料对相关市场作出一个初步的判断。这种分析判断可以帮助公司初步确定自己投资并购的方向，并根据初步分析判断的结果有针对性地进行调查研究。

公司对拟议中的目标市场的调查应当首先根据本身的特点及决策的需要拟定调查提纲，以便有关调查工作能够有针对性地进行。调查提纲的内容可以参考本章第三节讨论的内容，在实务中应当有公司的法务人员、市场管理及营销专家、投资专家、技术人员、财务人员等参加并共同拟就。公司可以自行组织对目标市场进行调查研究，也可以委托中介机构为自己进行调查和资料收集。

公司无论采取哪种方式对目标市场进行调查，都应当充分、真实地占有相关信息和资料。只有在公司占有的信息资料准确翔实的情况下，公司的决策，包括是否投资并购及如何投资并购、投资并购后的经营策略才能正确有效。

在许多讨论公司并购的书籍中，将公司为并购而进行的尽职调查的内容局限在针对目标公司的调查，而忽视了针对目标市场的调查，这是两个目的不同的调查，不能混淆和互相代替。从实践经验看，即使是对目标公司的调查再充分，选错了目标市场的投资并购也不会成功。

2. 对相关信息资料进行分析利用。获取信息资料的目的是分析利用信息资料以便作出正确的决策。从实务来看,有两个误区需要纠正:一是收集信息资料毛糙;二是不能充分利用信息资料。这主要是某些公司决策者的主观意志在作怪,他们过多地相信自己的判断,而不愿意做艰苦细致的工作。其结果往往是投资并购后的结果与投资并购前的预期相去甚远。经验告诉我们:一切结论应当产生在调查研究之后,在公司对外投资并购选择目标市场的过程中也不例外。

公司应当根据对目标市场调查中获取的信息资料进行分析,有关分析仍应当由公司的市场管理及营销专家、投资专家、技术人员、法务人员、财务人员等共同参与,在分析中要结合公司的实际情况,避免先入为主、以偏概全。公司应当在对目标市场的信息资料进行充分分析研究的基础上,根据自己的发展战略和实现扩张的基础,对是否进入目标市场,何时进入目标市场,以何种方式进入目标市场以及进入后的市场策略、品牌策略、技术策略、产品方案、投资回报等作出明智的判断。有关分析研究应当形成书面报告,作为公司决策机构决策的依据。

每一个想要发展壮大的公司,都应当理性地制订自己的发展规划;每一个想要通过对外投资和企业并购将自己做大做强的公司都应当首先选择自己的目标市场。目标市场选对了,扩张就成功了大半。

第五节　谨防盲目和优柔寡断

企业在作出对外投资并购决策时,既要防止盲目性,也不要优柔寡断,这两种情况都会使企业丧失理智,作出错误的决策。

1. 防止盲目性。防止盲目性就是在企业对外投资决策上争取做到:第一,在充分占有信息的基础上再作决策,防止决策的随意性。如果公司不充分占有信息,特别是关于目标市场和目标企业的信息,所作决策就会偏离市场,则必然导致投资并购的失败。第二,量力而行,根据自己的能力制定投资并购的目标,防止"消化不良",投入多,产出少。公司对外投资的能力包括财务能力、融资能力、人才能力、管理能力、技术能力、品牌能力、整合能力。如果公司不顾自身能力盲目投资势必事与愿违。第三,防止从众心理,看别人投资挣到钱了,自己也盲目的跟着投。从众心理使许多企业吃了大亏。投资是企业的资本行动,走错一步,可能会导致全盘皆输,必须慎重决策,谨慎行事,防止盲目性。

2. 不要优柔寡断。防止盲目性不等于可以优柔寡断,迟迟不作决策。当断不断,必然丧失机会,商业机会一旦失去绝难再找回。企业在对外投资决策上要善于发现机会，敢于抓住机会，及时果断地作出决策。

从企业投资并购的实践看，之所以会出现盲目性和优柔寡断的情况，究其原因大致如下：

（1）信息不充分。信息是决策的前提，有些投资公司不重视市场信息的收集和积累，更谈不上有效地利用这些信息。由于信息不足，其决策必然不是盲目就是优柔寡断。因此，投资公司应当在平时就注意有关信息的收集和积累，在必要时应当从有关中介机构获得信息，只有信息充分了，决策才能避免忽左忽右，摇摆不定。

（2）公司没有发展规划和目标。任何一个想要做大做强的公司都应当制定自己的发展目标和投资规划，并使之成为公司投资并购的行动纲领。当公司有了自己的发展目标和投资规划后，公司的管理和决策机构就更容易把握对外投资并购的决策，更容易做到防止盲目性和优柔寡断。

（3）公司管理层和决策机构的工作机制不流畅。由于投资并购是公司的重大资本行动，一般情况下会由管理层首先提出方案，然后再提交公司决策机构做出决定。如果公司内部的沟通机制不流畅，决策就会缓慢且无序。

总之，决策对公司投资并购的意义重大，必须根据市场信息及时作出。

第二章

资本项目的方案设计

企业的资本行动,无论是投融资、并购还是重组,都是一项非常复杂的系统工程。面对这样一个复杂的系统工程,企业必须在实施之前做好方案设计,然后才能依计而行。没有方案的资本行动是不可想象的,是很难达到目标的。在实务中有的是在权力机构决策后根据权力机构的决策设计方案,有的是将初步方案报经权力机构批准后实施。方案设计是介于决策和执行之间的重要工作,对决策而言它是执行,对执行而言它是决策,起着承上启下的作用。本章我们讨论企业资本行动的方案设计。

第一节　企业资本行动方案的内容

从企业资本行动方案设计的实践看,企业资本行动的方案大致包含交易主体、交易方式、交易路径、支付方式和融资方式五项内容。下面我们分别讨论企业资本行动方案的这五项内容。

一、选择最佳的交易主体

企业的资本行动,无论是什么项目都需要有实施这一行为的主体。在企业内部特别是在企业集团中,由哪个公司来作为资本行动的主体并不是固定不变的,也不是随意确定的,在许多情况下都应当精心选择,甚至可以重新设立。比如,新加坡的一家实体公司(新加坡公司)在中国香港地区设有一家全资离岸子公司(香港公司),香港公司又在维尔京设有一家全资离岸子公司(维尔京公司),维尔京公司在中国内地设有五家全资实体子公司。如果新加坡公司拟剥离其在中国内地的五家公司，从交易主体上说，它可以选择由新加坡公司作为出让方主体，通过出让香港公司股权的方法实现剥离中国内地五家公司的目的；它也可以选择由香港公司作为出让方主体，通过出让维尔京公司股权的方法实现剥离中国内地五家公司的目的；它还可以选择由维尔京公司作为出让方主体，通过出让中国内地五家公司股权的方法实现剥离这五家公司的目的；如果新加坡公司要想将股权转让价款留在中国内地，它还可以安排维尔京公司以其持有的五家中国内地公司的股权作为出资，在中国内地新设全资子公司，然后由新设的全资子公司作为出让方主体，转让其持有的五家全资子公司的股权，从而实现既剥离中国内地五家全资子公司，又将剥离价款留在中国内地的目的。

从上例可见，一单交易可供直接选择的主体有三个：新加坡公司、香港公司和维尔京公司，还可以新设公司作为交易的主体。笔者在实务中就遇到过一家类似的外国公司为把转让价款留在中国内地投资到其他行业，通过在中国内地新设交易主体进行交易的实例。

在企业投融资的资本行动中，企业集团作为投资方时可以选择实施投资的主体，企业集团作为融资方也可选择实施融资的主体。比如，企业可以选择母公司作为融资的主体，也可以选择子公司作为融资的主体。在权益性融资的情况下，企业更多的是安排子公司作为融资的主体，与投资者分享子公司的股权。在借贷性融资的情况下，企业可能更多地安排由母公司作为融资的主体，然后以权益性投资或者借贷性投资的方法将资金投向子公司。交易主体的选择对顺畅交易、价款的使用、税收负担都有很大的影响。比如，在上例中，如果由境内居民企业作为出让股权的主体，对转让股权所得适用25%的企业所得税，如果由境外非居民企业作为股权转让的主体，对股权转让所得适用不高于10%的预提所得税。

总之，在设计企业资本行动方案时，首先要考虑实施这一行动的主体，主体可以在自己控制的既有公司中选择，也可以新设。无论是选择交易主体还是新设交易主体，其目的不外乎是使交易更可行、更节约、更安全。

二、议定最佳的交易方式

交易方式是企业资本行动方案的重要内容，是指企业通过什么样的法律关系完成自己的资本行动。比如企业要融资，是通过借贷性投融资关系完成融资，还是通过权益性投融资关系完成融资。如果选择借贷性投融资方式，是向银行借贷，向关联企业借贷，还是向股东借贷。如果选择权益性投融资方式，是向既有股东配股，向股东以外的人定向增发，还是公开发行新股。这就是交易方式。再如，一家上市公司要并购一家有限责任公司,既可以通过股权并购方式完成,也可以通过资产并购方式完成。而股权并购方式既可以采取受让股权方式,也可以采取增资并购方式,还可以采取合并并购方式。到底采取哪种方式进行并购,就是并购方案中的交易方式。在企业重组的资本行动中也是如此,比如某股东要退出公司,既可以采取转让股权的方式退出,也可以通过减资的方式退出,还可以通过公司分立的方式退出。到底采取哪种方式退出,这就是企业重组方案中交易方式。

总之,企业的资本行动都是在一定的法律关系中进行的,企业资本行动的目标可能是固定的,但可以使企业实现目标的法律关系并不是单一的,也不是一成不变的,企业是可以选择和设计的。企业应当在实施资本行动之前根据自己的目标和所处的实际情况,选择最佳的交易方式。

三、确定最佳的交易路径

从实务来看,企业的资本行动往往不是通过一个行为或者一个法律关系就能完成的。比如,公司要首次公司募股(Initial Public Offering,IPO),为消除关联交易和同业竞争,可能需要通过转让资产、转让股份、合并、分立、增资、减资等方法对公司进行重组,使公司更能符合首发上市的要求。再如,公司有物业拟剥离,如果直接转让物业会发生增值税、附加税、土地增值税、契税、印花税和所得税。为节税可以通过公司分立的方法将拟出让的物业从公司中分割出去,然后通过转让分立后新设公司股权的方法实现物业的转让;也可以通过以物业出资的方法将物业注入拟受让物业的公司并取得该公司的股权,然后再将该股权转让给该公司股东的方法实现物业的剥离;还可以用拟剥离的物业直接出资设立全资子公司,然后将全资子公司的股权转让给拟购买物业的公司。

企业资本行动方案中的交易路径就是交易的路线图,它不仅包括先做什么,后做什么,分几个步骤完成交易,还包括交易法域的选择,以及交易的各个组成部分之间在时间、空间、权利、义务方面的契合和控制。在实务中,许多交易可能不仅需要分步骤进行,还可能需要分部分进行。比如某跨国公司拟剥离其在亚洲的业务,转让其在中国的三家企业、在新加坡的一家企业、在日本的两家企业的股权,某中国公司在竞价中以 15 亿美元中标。但是由于 15 亿美元是上述六家公司的总对价,而这六家公司处在三个国家,即使双方签订一份总协议,也需要分块来完成交易。在这三块交易中如果有一块交易受阻怎么办,如何回避各方的风险,这些也是交易路径设计的内容。对于复杂的资本项目,在策划交易路径时甚至要进行沙盘推演,找出每个环节,每个组成部分的核心问题、风险和机会,确保路径可行，大宗复杂交易策划好交易路径尤为重要。

总之，交易路径设计是交易方案设计的重要内容，特别是对那些大宗复杂的资本项目，交易路径的设计更显重要。

四、协商最佳的支付方式

企业资本行动方案的内容还包括支付方式。资本行动的支付方式在投融资项目中，就是投资方的出资方式；在并购的项目中，就是并购方用什么支付并购对价；在重组的项目中，就是用什么支付重组的对价以解决会计账目的平衡问题。比如，在投融资的项目中，投资方可以用货币履行出资义务，也可以用房地产作价履行出资义务，还可以用股权作价履行出资义务；在企业并购的项目中，并购方可以用货币支付并购对价，也可以用房地产作价支付并购对价，还可以用股权作价支付并购对价；在企业重组项目中，无论是合并、分立，还是增资、减资，都有支付对价问题。

企业在策划资本行动方案时必须根据实际情况选择并确定支付方式。支付方式不同则交易对双方的意义不同，交易双方的权利义务不同，交易的难易程度及对双方的风险不同，交易双方的税收成本也不同。比如，在企业并购的情况下，如果并购一方用增发股份的方式支付收购股权的对价，对并购方来说它扩大了自己的规模，增加了自己的股本，拿被并购方的钱把它并购了；对被并购一方来说，它出让了自己持有的股权，同时对并购方进行了权益性投资，使自己成为并购方的股东。如果并购方用货币向被并购方支付并购对价，被并购方就不能成为并购方的股东，并购方的资本也不会增加。再如，在公司合并的情况下，如果存续公司用股权向解散公司支付合并对价，解散公司及股东就可能享受国家的税收优惠政策；如果存续公司用货币向解散公司支付合并对价，解散公司及股东就不能享受国家的税收优惠政策。

总之，支付方式是企业资本行动方案的重要内容之一，实务者在设计企业资本行动方案时，要研究、设计、讨论并最终确定支付方式。

五、制订最好的融资方案

资本是拿别人的钱去赚别人的钱，企业不能等待赚够了钱再去并购，因此，如何融资也是资本行动方案的重要内容。前边提到的上市公司定向增发股份收购资产，就是上市公司向被并购方融资，就是并购与融资的最完美组合。有限责任公司也可以将并购和融资组合到一起，只不过我们的称呼不同，我们称为某某人或企业用什么资产向公司增资,实际也是向被并购方融资。当然这只是向被并购方融资的一种情况。企业在设计资本项目方案时,必须考虑资金的来源,可用资源的多少,可谓有多少钱办多大事,但是企业应当开动脑筋,用足融资方法,把融资行为和投资并购行为结合起来,拿别人的钱把自己的企业做大。

交易主体、交易方式、交易路径、支付方式和融资方式五位一体,有机结合构成企业资本行动方案的内容。企业要想实现资本行动的目标,必须设计出最佳的资本行动方案。

第二节　资本行动方案的维度

企业资本行动方案的维度,是指企业对资本行动方案的要求或者检验资本行动方案优劣的标准,也就是制订企业资本行动方案要追求的方向和达成的目标。从实务来看,企业资本行动方案应当满足可行性、安全性和节约性三个维度。

一、追求最大的可行性

可行性是所有资本行动方案必备的第一维度,没有可行性的方案没有任何意义。企业资本行动方案的可行性应当从两个方面去把握:一个是法律、法规、政策方面的可能性,也可以说是方案的合法性;另一个是经济能力、自身条件和对方接受度方面的可能性,也可以说是主观条件的可能性。只有在这两个方面都可能,才可以说方案具备可行性。

在许多情况下可行性不是绝对的,往往不是这个方案就绝对可行,那个方案就绝对不可行。有时同时有几个方案都有可行性,又都有困难的地方。实务者应当通过分析比较,从中选择最可行的方案。世间没有没有困难的事情,也没有没有风险的资本行动,要看困难是什么困难,是否可以克服,克服的前提是什么,将敢于挑战的精神和谨慎的风格相结合。所谓"谋事在人,成事在天"大概就有这层意思吧。比如,某企业拟将一项物业资产剥离,可以采取的方式包括:直接转让;先分立之后转让股权;通过减资把物业资产移交给股东;出资设立全资子公司然后转让股权;向拟受让方增资出资之后转让股权,等等。这些方式都是可行的,但在可控度、难易度、程序长短、环节多少及税收成本和费用上都不同。在设计企业资本行动方案时,必须首先考虑可行性,在对比中选择最可行的。可行性要从两个方面去把握:第一,必须合法合规,不是法律法规所禁止,或者说最好是有法可依的；第二，在所有可行的方案中经过对比分析，找出可行性最高的。当然，我们说资本行动方案的第一个维度是可行性，并不是说只考虑这一项因素，不考虑其他因素，诸如成本费用因素、时间因素，等等。

无论是企业自己策划资本行动的方案，还是委托别人设计资本行动的方案，可行性永远都是企业资本行动方案的第一维度。

二、务必保证安全性

风险是任何一项企业资本行动都无法回避的问题，因此安全性就成为企业资本行动方案的一个重要维度。没有安全保障的交易是危险的交易，危险的交易就是失败的交易。企业在策划、制订资本行动方案时，必须把安全性摆在重要的位置。

企业资本行动的安全性问题，在企业资本行动的决策、方案设计、尽职调查、谈判和起草合同、价款支付等全过程中都存在，是一个无法回避的问题。资本行动安全性的维度就是要将资本行动全过程可能遇到的各种风险全部识别出来，再根据各种风险的性质、起因、生成条件、作用规模和结果制定相应的防范措施。比如，以分立方法剥离公司的资产会遇到分立后的公司对分立前公司的债务承担连带责任的风险，对此可以采取分立前公司与债权人达成书面协议的方法进行防范；借贷性投资存在实现担保权或质押权的可行性低、成本高的风险，对此可以用股债融合的方式进行防范；股权并购存在价款支付与股权过户登记难以匹配的风险，对此可以用设立监管账户的方法防范；对赌协议存在兑现没有保障的风险，对此可以用担保兑现的措施进行防范，等等。企业资本行动是一项风险性极高的交易，没有风险识别和防范措施本身就是风险，安全性永远是企业资本行动方案的重要维度之一。

企业资本行动方案的策划者和实操者必须时刻紧绷安全这根弦，无论是企业自己设计方案，还是委托他人设计方案，都要格外重视安全性。

三、努力做到节约性

节约性是指降低企业资本行动过程中发生的税收负担和费用负担。在条件相同、目标相同的情况下，资本行动的方案不同，税收负担和费用多少就会不同，这就是企业资本行动的节约性要解决的问题。节税不是偷税，它是指通过交易主体、交易方式、交易路径和支付方式的设计，在既定目标不变的情况下，在依法纳税的前提下，使交易的税收成本降低。降低交易税收成本既可以通过改变交易的性质来实现，又可以通过享受国家税收优惠政策来实现。但节约交易过程中的税费支出只能通过策划交易方案来实现,不能在交易行为完成后考虑,交易行为完成后只能照章纳税,再无节税策划可言。通过策划方案来节约税费是企业资本行动方案设计的一项重要目标。

节约性不能改变企业资本行动的条件和目标,但方案不同,税费成本就会不同。比如,在公司法人股东转让其持有的公司股权时,如果公司有未分配利润,先将未分配利润分配给股东,然后再转让股权,出让股权的法人股东的税收成本就会降低,这是通过设计交易路径节税。再如,公司拟以物业出资与他人设立合资公司,如果直接设立合资公司税收成本就比较高,如果公司先以物业出资设立自己的全资子公司,然后再吸收合资者向自己的全资子公司增资,税收成本就会降低,这也是通过设计交易路径节税。又如,在公司剥离房地产资产的情况下,如果直接转让就会发生较高的税收成本,如果先以房地产作价出资,然后再转让股权税收负担就会降低,这是通过设计交易方式节税。还如,在公司转让股权和资产的情况下,如果公司接受货币支付的对价,公司就不能享受国家有关企业并购重组的税收优惠政策,税收成本就高,如果公司接受收购方以股权支付对价,公司就可能享受国家有关企业并购重组的税收优惠政策,税收成本就低,这是设计支付方式节税。这些告诉我们,即使交易条件相同,交易目标相同,采取不同的交易方案交易主体的税费成本就会不同。

企业在设计资本行动方案时,不仅要考虑资本行动的可行性、安全性、还要考虑资本行动的节约性。一般情况下,对投资并购项目而言,对其可行性和安全性考虑得更多一些,因为这种项目的风险的确高于重组项目;而对企业重组项目而言,对节约性考虑得更多一些,因为企业重组的风险小,不会给企业带来直接的经济利益。在企业重组的情况下,如果让企业为获得账面利益而交一大笔税,或者支付一笔较大的费用,企业就会止步不前。企业策划资本行动方案时应着重考虑节约性问题,力争花小钱办大事。

可行性、安全性和节约性是企业资本行动方案的三个维度,这三个维度缺一不可,有机结合,互相渗透,互相影响,是一个有机的整体。但这三个维度在不同的资本项目中,在不同的情况下,其权重并不应当相同。比如,企业在国内进行投融资或者并购,安全性的比重就会降低,节约性的比重就会提高,企业会把成本控制放在首位;如果企业在国外进行投融资或者并购,安全性的比重就会提高,而节约性的比重就会降低,企业就会“花钱买平安”。中国有句俗话“穷家富路”大概就是这个意思吧。总之,企业在策划资本行动方案时,要可行性、安全性、节约性三者兼顾。

第三节　如何做好方案策划工作

从企业资本行动的实务看，方案大致通过两种途径生成：一是由中介机构为企业设计，然后由企业审定；二是由企业自己设计，然后由中介机构帮助审核。无论采取哪种途径都能为企业设计出最佳的资本行动方案。这里有以下意见供企业参考：

1. 企业的资本行动一定要先设计方案，对方案进行反复地推敲、打磨，确保其在可行性、安全性、节约性上综合来看是最好的，之后再组织实施；

2. 方案不妥，或者没有设计方案就开始实务操作，或者边实操边设计方案本身就是风险，而且大多是结构性的风险，是最难克服的风险；

3. 企业自己设计方案也好，企业审核中介机构为其设计的方案也好，一定要由企业的主管领导组织，有企业的法务部门、财务部门、人力资源部门、销售部门、市场部门、技术部门、生产部门的负责人或有关专业人士参加，做到集思广益；

4. 对重大项目的方案最好在设计出初稿后进行沙盘推演，验证方案的可行性，确定方案的安全性，明确方案的节约性后再定稿。

总之，企业资本行动是一项系统性、综合性、风险性非常高的工作，企业在实施前一定要做好方案设计工作。

第二篇

企业投融资

PART 02

投资和融资是一个事物的两个方面。投融资过程是资本诞生的过程，在这个过程中财产转化成资本。资本与财产的最大区别在于资本有价值积累功能，能够使投资者的财富增加。

任何公司的成立都以资本的诞生为前提，任何公司的发展都以资本的生长为条件。没有投融资过程就没有公司的诞生，也没有公司的发展壮大。公司的资本行动是从投融资开始的。从某种意义上说，公司的创立过程就是寻找资本的过程。

本篇我们讨论公司的以下资本行动：

1. 设立权益性投融资，包括投资人设立全资子公司和与他人设立合资公司的实操要领和商务规则；

2. 公司增资扩股，包括有限责任公司的个别股东向公司增资和股东以外的人向公司增资的实操要领及必须遵循的普遍性商务规则，也包括股份有限公司定向发行股票融资和公开发行股票融资，以及公司转增资、派股和配股的基本规则；

3. 借贷性投融资，包括股东与公司之间的借贷性投融资以及自然人、金融机构与公司之间的借贷性投融资，也包括发行债券融资、信托融资、融资租赁等的特点和商务规则；

4. 权益性投融资的各种出资方式，包括货币出资方式、各种非货币出资方式以及资本公积、盈余公积和未分配利润转增资本、债权转股权等的特征，实操要领和商务规则；

5. 权益性投融资和借贷性投融资的对比分析，以及股债融合、名股实债投资方式的特点、实操要领及司法的态度；

6. 私募股权投资基金及对企业权益性投资的特点；

7. 股权的内涵，股东控制公司的股权比例节点，以及公司创始人或者控股股东超越股权控制公司的各种方法。

资本是拿别人的钱去赚别人的钱。你能不能拿到别人的钱，你能拿到多少别人的钱，决定了你能不能成为企业家，能够成为多大的企业家。本篇我们从不同的角度讨论拿别人钱的方法，同时也讨论如何把钱投给别人，让我们从中领悟资本诞生的规律和规则。

第三章

权益性投融资的种类和规则

权益性投资是指股东向公司投资，而权益性融资是指公司向股东融资，它们是一个事物的两个方面，合称权益性投融资。权益性投融资包含两层法律关系：一是股东之间的共同投资关系；二是股东与公司（董事会、监事会、高管）之间的财产委托经营关系。实操权益性投融资，应当了解权益性投融资的种类和各种权益性投融资的规则。本章我们讨论各种权益性投融资的特征和它们的规则。

根据特征和规则的不同，我们把权益性投融资分为八类，非上市公司可以进行其中的六类，上市公司可以进行其中的七类（见图3－0－1），下面我们逐一进行讨论。

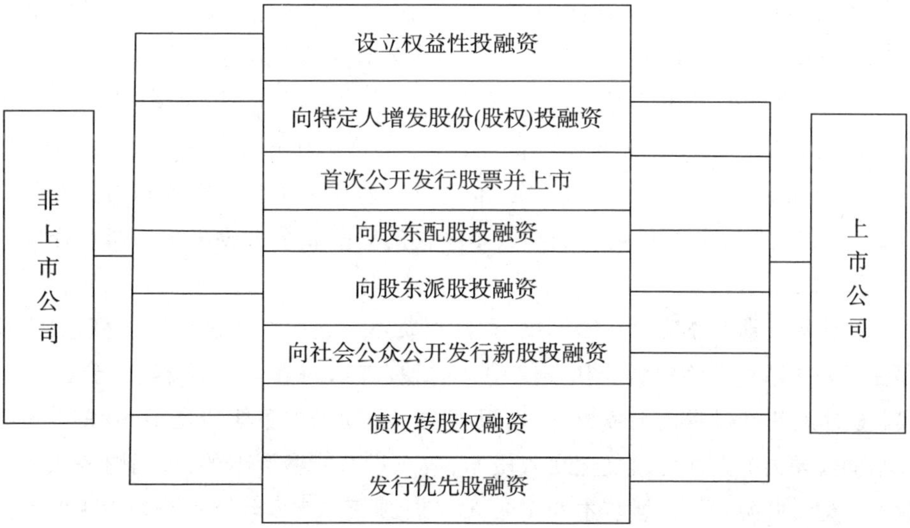

图3－0－1　权益性投融资分类

第一节　设立权益性投融资

公司经设立而诞生,设立权益性投融资是指全体发起人为成立公司而进行的权益性投资。发起人股东要想设立公司必须进行设立权益性投资,否则不能登记成立公司,所不同的是在完全认缴制的情况下,股东在公司成立时可以只认缴资本不实缴资本,而在完全实缴制的情况下,股东在公司成立时必须实际缴付公司章程中规定的全部资本,否则不能登记成立公司。

一、注册资本和实收资本双轨制

我国 1994 年《公司法》采取的是完全实缴制度,即发起人股东在公司成立时必须首先实际缴付最低标准以上的注册资本(生产类和批发类 50 万元,零售类 20 万元,咨询类 10 万元),然后凭会计师事务所出具的验资报告才能申请公司注册并领取营业执照。2006 年《公司法》采取的是实缴制度和认缴制度相结合的公司资本制度,有限责任公司注册资本的最低限额为人民币 3 万元,高于 3 万元的部分可以在公司成立后 2 年内缴足,但首次出资不得低于公司注册资本的 20% 。一人有限责任公司注册资本的最低限额为人民币 10 万元,股东应当一次缴足公司章程规定的全部注册资本。股份有限公司注册资本的最低限额为人民币 500 万元,发起设立的全体发起人首次出资额不得低于公司注册资本的 20% ,其余部分可以在 2 年内缴足,其中投资公司可以在 5 年内缴足。2014 年修改后的《公司法》采取完全认缴制度,除上市公司和其他特种业务公司外,取消了公司注册资本最低限额的规定,取消了股东首次实缴出资额和出资期限的规定,公司设立时的注册资本额和股东缴付的期限完全由股东在公司章程中自由协商约定。

在公司注册资本完全认缴制度下,注册资本只是一个单纯的法律概念,它只存在于公司章程和公司营业执照之中,主要有宣示的意义,实际经济意义不大。实收资本是一个纯粹的财务概念,它只存在于公司的财务账册之中,股东有实缴资本的公司财务账册上就登记实收资本,股东没有实缴资本的,公司财务账册上就不登记实收资本。认缴资本和实缴资本、注册资本和实收资本在相当程度上已经不存在必然联系。除特殊业务公司外发起人股东要想设立公司,只需在公司章程上对公司资本做一个宣示就可以拿到营业执照。

注册资本和实收资本双轨制给公司设立带来了方便，但也给人们了解公司的实际经济能力带来了困难，同时也给公司内部治理增添了许多难以确定的因素。

二、注意考虑高注册资本的风险

在公司注册资本完全认缴制的情况下，发起人可以任意安排注册资本的缴付期限，比如在公司成立后10年、20年甚至更长的时间内，因此有些人在设立公司时非常随意的（当然也可能为了显示公司的实力，现在公司营业执照上只标注注册资本，不再标注实收资本）就将股东认缴的注册资本额搞得非常大，这种做法实际是喜忧参半。最高人民法院《关于适用〈中华人民共和国公司法〉若干问题的规定（二）》（以下简称《公司法解释（二）》）第二十二条规定："公司解散时，股东尚未缴纳的出资均应作为清算财产。股东尚未缴纳的出资，包括到期应缴未缴的出资，以及依照公司法第二十六条和第八十条的规定分期缴纳尚未届满缴纳期限的出资。公司财产不足以清偿债务时，债权人主张未缴出资股东，以及公司设立时的其他股东或者发起人在未缴出资范围内对公司债务承担连带清偿责任的，人民法院应依法予以支持。"最高人民法院《关于适用〈中华人民共和国公司法〉若干问题的规定（三）》（以下简称《公司法解释（三）》）第十三条第一款规定，"股东未履行或者未全面履行出资义务，公司或者其他股东请求其向公司依法全面履行出资义务的，人民法院应予支持。"第二款规定，"公司债权人请求未履行或者未全面履行出资义务的股东在未出资本息范围内对公司债务不能清偿的部分承担补充赔偿责任的，人民法院应予支持；未履行或者未全面履行出资义务的股东已经承担上述责任，其他债权人提出相同请求的，人民法院不予支持"。第三款规定，"股东在公司设立时未履行或者未全面履行出资义务，依照本条第一款或者第二款提起诉讼的原告，请求公司的发起人与被告股东承担连带责任的，人民法院应予支持；公司的发起人承担责任后，可以向被告股东追偿"。据上，股东在设立公司时要注意注册资本虚高可能给自己带来的风险。

另外，在公司章程中存在大额尚未到期的股东认缴出资，也会给公司的融资扩股带来麻烦。公司在其成立后随着业务的扩展对资金的需求增大，公司主要是通过吸收外来投资者向公司增资来实现公司发展壮大的。如果公司有大额股东认缴尚未实缴的出资，就会给其增资扩股、并购重组带来麻烦。且不说当事人之间如何处理这些股东认缴未缴的出资，单就资方要求公司新老股东之间实缴资本和认缴资本相匹配这一点就增添了许多无效的工作，据说在上海等地这样的情况需要先进行减资或者实缴，消灭这些股东认缴未缴的出资之后才能转股。在我国公司资本制度中,股东对公司的出资额可以在公司设立时认缴,也可以在公司成立后通过增资程序认缴。如此一来,股东在设立公司时就不必担心公司未来没有增加资本的机会,而把公司资本额一次搞得非常大。

从实务来看,一人公司或者股东人合性强的公司注册资本宜少不宜多,因为这类公司如果需要增加资本,股东可以随时通过增资程序注入;股东多人且合性差的公司注册资本宜多不宜少,因为这类公司增资困难,很可能因个别股东的原因无法完成增资程序,而且缴付期限不宜过长,否则会因资本不足使公司发展困难。业务规模和经营模式稳定的公司宜于根据公司对资本的需要一次认足或者缴足,防止因资本不足阻碍公司的成长;业务规模和经营模式不稳定处于创业阶段的公司,注册资本宜少不宜多,缴付期限宜长不宜短,防止公司资本过剩和股东承担实缴责任。

三、章程是设立公司的核心要件

章程是公司的宪法,对股东、公司、董事会、监事会、高管具有约束力。在公司企业制度中,股东与股东之间是共同投资关系,股东与公司(董事会、监事会、高管)是委托经营关系。公司章程的签订标志着股东之间的共同投资关系生成并生效,公司的成立标志着股东对公司(董事会、监事会、高管)的委托经营关系生成并生效。在这个体系中,股东按照公司章程的约定向公司交付委托经营的资产并尊重公司财产和意志的独立性,以换取法律给予股东以公司章程约定的出资额为限的有限责任。在这个体系中,公司只是一个躯壳,股东之间的共同投资关系和股东对董事会、监事会、高管的财产委托经营关系才是内容,而公司法正是这种关系的规范和指引,公司章程正是这种关系的法律条款。据此,公司章程的签订是设立权益投融资的一个重要里程碑,股东共同投资关系和股东与公司董、监、高之间的委托关系是公司章程的核心内容。

根据上述分析,公司章程只要经全体股东签署,即使公司还没有成立,关于股东共同投资关系的内容就已经生效。如果因某个股东不按照公司章程的约定履行出资义务致使公司未能成立,履行了出资义务的股东可以依据公司章程向未履行出资义务的股东主张违约责任。在公司成立之后,如果有某个股东没有履行设立出资义务,履行了出资义务的股东可依据公司章程以共同投资者的身份向其追缴出资,公司也可以依据公司章程以受托者的身份向其追缴出资。

根据《公司法》第二十五条的规定,有限责任公司章程应当载明股东的姓名或者名称,股东应当在公司章程上签名、盖章。《公司法》第八十一条规定,股份有限公司章程应当载明发起人的姓名或者名称、认购的股份数、出资方式和出资时间。《公司法解释(三)》第一条规定,为设立公司而签署公司章程、向公司认购出资或者股份并履行公司设立职责的人,应当认定为公司的发起人,包括有限责任公司设立时的股东。据此,有限责任公司或者发起设立的股份有限公司章程中载明其为公司股东且规定其出资义务,并由其在该章程上签名或者盖章的自然人或者法人,为公司的发起人。所有发起人都应当按照公司章程的规定向公司履行设立出资义务,发起人是公司设立融资的投资主体,公司章程是发起人履行设立出资义务的最根本性文件。

四、共同投资关系和共同委托关系

在公司企业制度中,股东之间是共同投资关系,股东与公司(董事会、监事会、高管)之间是财产委托经营关系,这是公司企业制度的核心,也是公司法的中心。理解了这两个法律关系,就理解了公司法。

设立公司可以由一个股东发起,也可以由数个股东发起。如果是由一个股东发起,无论是一个自然人还是一个法人,公司章程中都没有共同投资关系的内容,只有股东与公司(董事、监事、高管)之间委托经营关系的内容,发起人可以按照《公司法》的规定自如地起草公司章程。公司章程中关于股东出资金额、出资期限和出资方式等的规定也没有交易的作用,只有公示的意义,即使违反也不会受到其他股东的追及,只可能受到公司债权人的追责。如果是由两个以上股东发起设立公司,公司章程中必含共同投资的内容,各股东的姓名或者名称、出资金额、出资方式、出资期限就不仅具有公示的意义,而且具有共同投资交易的性质和作用。

股东之间共同投资关系包含的内容除股东出资金额、出资方式、出资期限外,还包括股东作为共同委托方,公司的董事会、监事会、高管作为受托方,在共同委托关系中,属于委托人决定的事项有哪些,共同委托人如何对这些事项作出决定。对此《公司法》给出的建议是股东会或者股东大会由全体股东组成,是公司的权力机构。股东会或者股东大会的职权包括:(1)决定公司的经营方针和投资计划;(2)选举和更换非由职工代表担任的董事、监事,决定有关董事、监事的报酬事项;(3)审议批准董事会的报告;(4)审议批准监事会或者监事的报告;(5)审议批准公司的年度财务预算方案、决算方案;(6)审议批准公司的利润分配方案和弥补亏损方案;(7)对公司增加或者减少注册资本作出决议;(8)对发行公司债券作出决议;(9)对公司合并、分立、解散、清算或者变更公司形式作出决议;(10)修改公司章程;(11)公司章程规定的其他职权。有限责任公司的股东会会议由股东按照出资比例行使表决权;但是,公司章程另有规定的除外。股份有限公司股东出席股东大会会议,所持每一股份有一表决权。但是,公司持有的本公司股份没有表决权。股东会或者股东大会作出决议,必须经出席会议的股东所持表决权过半数通过。但是,股东会或者股东大会作出修改公司章程、增加或者减少注册资本的决议,以及公司合并、分立、解散或者变更公司形式的决议,必须经出席会议的股东所持表决权的2/3以上通过。

一人公司是单一委托,只存在哪些事项由委托人决定,哪些事项由受托人决定的问题,不存在委托人的决定如何生成的问题。其他有限责任公司和股份有限公司不仅存在哪些事项由委托人决定,哪些事项由受托人自主决定的问题,还存在委托人的决定如何生成的问题,而且是公司章程中必须规定的股东共同投资关系的重要内容。笔者认为,《公司法》关于共同投资者决策的上述内容是带有基准性质的建议,可以从四个方面去理解和适用:(1)由股东会或者股东大会决定的事项由股东在公司章程中根据实际需要任意规定,凡是规定由股东会决定的事项,公司不能不经股东会自主决定;(2)增资、减资等公司法规定的2/3表决权通过的七项重大事项,可以增加但不能减少,比如公司章程不能规定公司改制由董事会决定,但是可以规定公司出让房地产、专利技术需经公司股东会或者股东大会2/3以上表决权通过决议;(3)公司通过关于七项重大事项的股东会或者股东大会决议的表决权比例,可以增加但不能减少,比如公司章程可以规定公司增加或者减少注册资本须经股东会或者股东大会90%甚至100%表决权通过决议,但不能规定增加或者减少注册资本须经股东会或者股东大会半数以上表决权通过决议;(4)既增加重大事项,又增加通过重大事项决议的表决权比例,比如在公司章程中规定公司增加注册资本、减少注册资本、发行债券、合并、分立、解散、变更公司形式、转让土地使用权、转让采矿权、年度生产经营计划十项为重大事项,公司股东会或者股东大会对这十项作出决议须经股东90%以上表决权通过。上述四项是公司治理的重要内容,也是股东之间对公司控制权和反控制权博弈重要事项。

除上述内容外,共同委托关系的另一项重大内容就是公司董事会、监事会和高管作为公司企业制度中的持续性受托者,其自主决定的事项有哪些,它们之间如何分工和开展工作。笔者没有什么新想法,在此不再赘述。

五、出资额与股权比例及股东权益

在公司资本完全认缴制度下,股东只需认缴注册资本就可以注册成立公司,在设立投融资过程中股东之间基本是按照各自认缴的资本分配公司股权、分享股东对公司的各项权利的，这体现了等价交换的普遍规则。比如，A、B、C 三人发起设立甲有限责任公司，A 认缴出资 100 万元，B 认缴出资 50 万元，C 认缴出资 50 万元，股权比例及利润分配权、剩余财产分配权、股东表决权和人事权等股东权益的分配是 A 为 50%，B 为 25%，C 为 25%。这是通例，是普遍规则。经全体发起人协商一致，股东不按照出资额分配股权、分享股东权利也不违反法律的规定，只要在公司章程中明确约定即有效。比如，甲、乙、丙三人发起设立甲有限责任公司，公司章程中明确约定甲认缴并立即缴付出资 100 万元，乙认缴并立即缴付出资 100 万元，丙认缴并立即缴付出资 100 万元，丙持有公司 51% 的股权，甲和乙各持有公司 24.5% 的股权，股东之间按照这样的持股比例分享股东对公司享有的利润分配权、剩余财产分配权、股东表决权和人事权等股东权益。公司章程这种规定属于当事人意思自治的范畴，法律没有必要进行干预，不过这不是普遍规则。

在全体股东都是认缴没有实缴或者都已经实缴的情况下，股东之间按照认缴出资或者实缴出资来分配股权和股东权益，大家适用一个标准，没有问题。如果认缴期限届满，有股东没有如约缴付出资，怎么办？对此，根据公司法司法解释的有关规定，股东可以通过股东会决议限制未履行出资义务股东的权利或者解除其股东资格；股东、公司也可以未履行出资义务的股东为被告提起请求判令其履行出资义务并承担出资违约责任的诉讼。

如果公司章程规定在公司成立后部分股东认缴出资，部分股东实缴出资，认缴出资股东和实缴出资股东享有相同的利润分配权、增资权、表决权、人事权等股东权利，只要是全体股东的真实意思，法律也允许。对此，《公司法》第三十四条规定，股东按照实缴的出资比例分取红利；公司新增资本时，股东有权优先按照实缴的出资比例认缴出资。但是，全体股东约定不按照出资比例分取红利或者不按照出资比例优先认缴出资的除外。《公司法》第四十二条规定，股东会会议由股东按照出资比例行使表决权；但是，公司章程另有规定的除外。

六、设立公司的条件和程序

根据《公司法》的规定，设立有限责任公司的条件如下：

1. 股东人数在 50 人以下；
2. 有符合公司章程规定的全体股东认缴的出资额；
3. 全体股东共同制定并签署公司章程；

4. 有公司名称,建立符合公司法要求的组织机构;

5. 有公司住所。

根据《公司法》的规定,设立股份有限公司的条件如下:

1. 发起人人数在 2 人以上 200 人以下;

2. 有符合公司章程规定的全体发起人认购的股本总额或者募集的实收股本总额;

3. 股份发行,筹办事项符合法律规定;

4. 发起人制定公司章程,采用募集方式设立的经创立大会通过;

5. 有公司名称,建立符合公司法要求的组织机构;

6. 有公司住所。

《公司法》第六条第二款规定,法律、行政法规规定设立公司必须报经批准的,应当在公司登记前依法办理批准手续。第十二条第二款规定,公司的经营范围中属于法律、行政法规规定须经批准的项目,应当依法经过批准。设立公司需要事先报经政府或有关部门批准的,主要是中外合资企业、中外合作企业、外商独资企业以及金融、保险类特殊行业的公司,这种公司在设立权益性投融资之前应当依法报经批准。经营范围中需要审批的项目,主要是指涉及国家行政许可的项目,也应当在设立投融资之前取得批准。在公司申报登记注册之前应当以公司经核准的名称的名义完成审批事项,并在申请登记时提交有关批准文件。根据《公司登记管理条例》第十七条的规定,法律、行政法规规定设立有限责任公司必须报经审批的,应当自批准之日起 90 日内向公司登记机关申请设立登记;逾期申请设立登记的,申请人应当报审批机关确认原批准文件的效力或者另行报批。

实务中设立有限责任公司的法务工作和程序大致如下:

1. 投资者达成投资意向,就公司业务范围、资本总额、各方持股比例、资本缴付期限、各方出资方式、设立事务等达成初步一致;

2. 申请名称核准,取得名称核准通知书(核心是字号);

3. 前置审批事项;

4. 对非货币出资财产进行评估并在评估的基础上对作价达成一致;

5. 确定公司住所;

6. 成立公司机构、确定法定代表人;

7. 全体发起人制定并签署公司章程,最终确定公司业务范围、资本总额、资本缴付期限、各方持股比例、各方出资方式等;

8. 申请登记取得营业执照，公司成立；

9. 签发股东出资证明书。

从实务来看，以发起方式设立股份有限公司的法务工作和程序大致如下：

1. 发起人就公司业务范围、股本总额、缴付期限、各方认股数、缴资方式、设立事务达成初步一致，签订发起人协议；

2. 申请名称核准取得名称核准通知书（核心是字号）；

3. 对非货币出资财产进行评估，并在评估的基础上对作价达成一致；

4. 前置审批事项；

5. 确定公司住所；

6. 成立公司机构，确定公司法定代表人；

7. 全体发起人制定并签署公司章程；

8. 申请注册取得营业执照，公司成立；

9. 核发股票。

设立权益性投融资是股东对公司进行权益性投融资的一种，无论什么样的公司，都必须进行这种权益性投融资，否则公司不能成立，因此，设立权益性投融资，是公司的第一次融资。以下我们要讨论的各种投融资，全部为公司成立后的增资扩股，也可称为追加融资。

第二节　特定人向公司增资

上边讨论的是设立权益性投融资，现在我们讨论特定人向公司增资。公司增资从本质和规则上可以分为两种：交易性增资和非交易性增资。交易性增资包括两种情况：股东以外的人向公司增资和个别股东向公司增资。非交易性增资包括三种情况：一人公司股东向公司增资、公司向股东派股融资和公司向股东配股融资（见图3-2-1）。

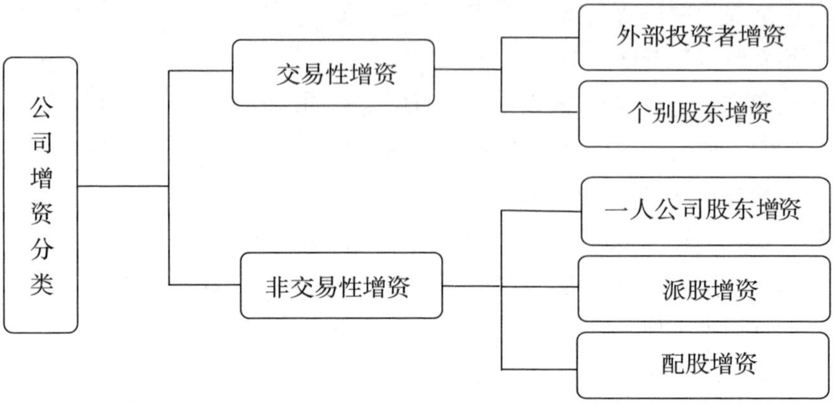

图 3 - 2 - 1　公司增资分类

这是从法律本质和商务规则角度对公司增资进行的分类。在这个分类中我们首先把公司增资分为交易性增资和非交易性增资两类,这是通过对公司的各种增资进行高度概括得出的结果。非交易性增资是全体股东按照原持股比例以相同的价格向公司增资,这种增资股东之间没有利益冲突,不用对公司进行估值,不用签订增资协议,只需要公司权力机构作出决议即可,故称为非交易性增资。交易性增资是个别股东或者股东以外的人向公司增资,在这种增资项目中增资股东和不增资股东有利益冲突(包括全体股东与外部增资者之间的利益冲突),需要遵循等价交换的商务规则,需要通过对公司的公允估值来贯彻等价交换规则,需要通过签订增资协议来固定出资金额、投后持股比例、出资期限、出资方式和违约责任等问题,当然也需要公司权力机构批准,故称为交易性增资。我们本节只讨论交易性增资,非交易性增资留待后边再讨论。由于交易性增资的两种类型其法律本质和商务规则完全相同,故我们将其合并在一起讨论,且都是个别人向公司增资,故我们将其统称为特定人向公司增资。

特定人向公司增资,也是公司向特定人融资,这种投融资在上市公司通常称为定向增发股票融资,在有限责任公司通常称为某某人向公司增资,但两者的法律关系、商务规则、会计处理、税收认定上是完全一样的,不同的只是称呼而已。

股份有限公司向特定人增发股票融资包括向个别股东增发股票融资,也包括向股东以外的特定人增发股票融资,这两种统称为定向增发股票。特定人向有限责任公司增资,包括个别股东向公司增资和股东以外的人向公司增资。无论是股份有限公司定向增发股票融资,还是特定人向有限责任公司增资,都会改变公司股东的持股比例,甚至构成对公司的增资并购。不过关于增资并购我们留待本书后面再讨论,现在只讨论交易增资的一般规则。

一、非上市公司交易性增资的等价交换规则

我们首先来讨论非上市公司交易性增资的商务规则。非上市公司交易性增资包括外部投资者向非上市公司增资和非上市公司的个别股东向公司增资,这两种增资的商务规则是相同的,因此,我们把它们放到一起来讨论。非上市公司交易性增资的商务规则就是确定非上市公司交易性增资价格的规则。非上市公司交易性增资的价格表现为:如果增资者投后的持股比例确定,增资者的出资额应当是多少;或者如果增资者的增资出资额确定,增资者投后的持股比例应当是多少。这就好比在买卖合同中总价款确定后,能够买到多少货物取决于货物的价格;买多少货物确定后,总价款的多少取决于货物的价格一样。这个问题是交易性增资的核心问题,也是实务中的难点问题。当然增资的价格由当事人自由商定,法律并没有严格的规限,但是这与我们讨论增资价格的生成规则并不矛盾,我们的目的是探索普遍性的规则,为当事人自由协商提供商务基础。

探索增资价格生成的普遍性规则,还得从公司企业制度中股东之间是共同投资关系说起。基于这种共同投资关系在设立投融资项目中,普遍的规则是各股东按照出资额分配股权,这是等价交换原则对设立投融资项目的规范。而在交易性增资项目中,不再是甲、乙、丙三人一起建立共同投资关系成立公司,而是丁要以货币(或其他财产作价)出资加入甲、乙、丙三人早已经建立的共同投资关系,成为公司的第四位股东。丁的加入并没有改变股东之间是共同投资关系的法律本质,问题在于丁是后加入共同投资关系的,在这种增资项目中如何确定增资者的出资额和持股比例,如何贯彻等价交换的原则呢?

还有,假如增资者不是外部投资者丁,而是公司的个别股东乙,在公司成立3年后乙向公司追加投资。在如此情况下,甲、乙、丙三方共同投资关系的法律本质没有改变,共同投资关系的主体也没有改变,但各主体投资的份额发生了变化,形成了新的共同投资关系。在这种增资项目中如何确定增资者的出资额和持股比例,如何贯彻等价交换的原则呢?

在外部投资者向非上市公司增资的项目中如何贯彻等价交换的原则,像设立投融资一样按照各股东对公司的出资额分配股权吗?显然不妥。因为在设立投融资项目中各投资者同时以同种货币向公司增资,单位货币的购买力相同,因此遵循等价交换规则当然应当按照出资额分配股权了。而我们现在讨论的是增资

项目,交易的条件已经发生了改变,不再是发起股东始建一个共同投资关系,而是增资者要加入一个既有的共同投资关系,从而将一个既有的共同投资关系改建成一个新的共同投资关系。在这个即将建立的新的共同投资关系中,增资者投入的是货币(或者等值资产),而公司的原股东投入的不再是货币,他们投入新的共同投资关系的只能是资本。因为作为公司的原股东,在他们以货币(或者等值资产)向公司出资时,他们的货币(或者等值资产)就已经转化成为资本了,所以他们投入新的共同投资关系的只能是资本。而当资本与货币进行交易(建立共同投资关系)时,为了遵循等价交换的原则,就必须给资本作价。这就好比人们用货币去购买汽车,交易双方必须谈妥汽车的价格一样。当货币和商品进行交易时,等价交换规则的前提是给商品公允作价。因此,在外部投资者向非上市公司增资项目中,商务规则的核心是给公司原股东的资本公允作价,也就是融资公司的公允估值。

比如,A 公司 3 年前成立,甲出资 60 万元,持股 60%,乙和丙各出资 20 万元,分别持股 20%。现丁拟以增资方式加入 A 公司。增资基准日 A 公司的各项财务指标为:资产总额 1000 万元,负债 500 万元,注册资本 100 万元,盈余公积 100 万元,未分配利润 300 万元。各方同意丁投后持有 A 公司 50% 的股权,甲、乙、丙的持股比例稀释为合计 50%(投后持股比例确定)。在评估的基础上各方同意 A 公司估值 1000 万元(资产估值总额 - 负债估值总额)。如此,依据等价交换的规则,丁的增资出资额为 1000 万元,因为按照约定甲、乙、丙三方合计持有投后 A 公司 50% 的股权,而他们投入新的共同投资关系的资本的价值为 1000 万元(100 万元的资本估值 1000 万元),按照等价交换的原则,丁必须增资出资 1000 万元,否则不能持有 A 公司投后 50% 的股权。

再如,在上例中 A 公司成立 5 年后丁拟以增资方式加入 A 公司。这时 A 公司的各项财务指标为:资产总额 2000 万元,负债 800 万元,注册资本 100 万元,盈余公积 300 万元,未分配利润 800 万元。A 公司为发展新业务急需资金 1000 万元,丁愿意以增资方式投入,甲、乙、丙同意丁以增资方式加入公司。在评估的基础上各方同意 A 公司估值 3000 万元(资产估值总额 - 负债估值总额)。如此,依据等价交换的规则,丁投后只能持有 A 公司 25% 的股权。因为在这个增资项目中,甲、乙、丙投入新的共同投资关系的资本价值为 3000 万元(100 万元的资本估值 3000 万元),而丁投入新的共同投资关系的价值是 1000 万元,按照等价交换的规则,丁只能持有 A 公司 25% 的股权,而甲、乙、丙合计仍持有 A 公司 75% 的股权。

上述即外部投资者向非上市公司增资的商务规则，笔者将这个规则归纳成计算公式，读者可以谨慎参考使用：如果外部增资者投后的持股比例已经确定，外部增资者的出资额 = 目标公司投前估值 ÷ 投后目标公司原股东的持股比例 × 投后外部增资者的持股比例。如果外部增资者的增资额确定，外部增资者投后的持股比例 = 外部增资者的出资额 ÷ 投后公司估值（外部增资者的出资额 + 投前目标公司估值）×100%。

在个别股东向非上市公司增资的项目中如何贯彻等价交换的原则呢？个别股东向公司增资，说明增资者已经是公司的股东，对公司已有投资，现在又要在原有投资的基础上追加向公司的投资。如此，增资的个别股东对新的共同投资关系的投入总额就由两部分构成，一部分是原投入部分，另一部分是新追加投入的部分。因此，个别股东向非上市公司增资项目中个别股东对共同投资关系的投入额由这两部分组成，投后持有的股权比例也应当由这部分投资决定。构成个别股东投入总额的两部分投资的区别在于：原投资部分在这次重新构建的共同投资关系中，是资本不是货币，而新投资部分在这次重新构建的共同投资关系中，是货币不是资本。如此，在个别股东向非上市公司增资项目中贯彻等价交换规则的核心仍然是给公司原股东的资本公允作价，即融资公司的公允估值。所不同的只是要根据个别股东持有的资本额和公司估值计算出其原有投资的价值额，再加上本次追加的投资额构成个别股东在本次重新构建共同投资关系中投入的总额，根据投入总额计算个别股东投后的持股比例。

比如，A、B、C 三人发起设立甲公司，A 出资 1000 万元，持有甲公司 50% 的股权，B 和 C 各出资 500 万元分别持有甲公司 25% 的股权。3 年后甲公司因发展业务需要资金 2000 万元，B 拟以增资方式向公司投资 2000 万元。增资基准日甲公司的各项财务指标为：资产总额 8000 万元，负债总额 5000 万元，实收资本 2000 万元，盈余公积 500 万元，未分配利润 500 万元。在评估的基础上各方同意甲公司估值 5000 万元。如此，B 以资本方式投入 1250 万元（5000 万元 ×25%），以货币投入 2000 万元，合计投入 3250 万元，A 以资本方式投入 2500 万元（5000 万元 × 50%），C 以资本方式投入 1250 万元（5000 万元 ×25%），按照等价交换原则，B 持有投后甲公司 46.43% 的股权（3250 万元 ÷7000 万元），成为甲公司最大的股东，A 持有投后甲公司 35.71% 的股权（2500 万元 ÷7000 万元），C 持有投后甲公司 17.86% 的股权（1250 万元 ÷7000 万元）。

再如，在 A、B、C 三人设立甲公司 5 年后，A 与 B、C 协商同意，由 A 向甲公司增资，增资之后 A 持有甲公司 75% 的股权，B 和 C 被稀释为各持有甲公司12.5%

的股权。增资基准日甲公司的各项财务指标为:资产总额 20000 万元,负债总额 12000 万元,实收资本 2000 万元,盈余公积 2000 万元,未分配利润 4000 万元。在评估的基础上各方同意甲公司估值 15000 万元。如此,B 和 C 以资本方式投入新的共同投资关系 7500 万元(15000 万元 × 50%),持有投后甲公司 25% 的股权,A 拟持有投后甲公司 75% 的股权,按照等价交换的原则,A 的投入应当是 22500 万元,减去 A 以资本方式投入 7500 万元(15000 万元 × 50%),A 需要追加投入 15000 万元。

上述即个别股东向非上市公司增资的商务规则,笔者将这个规则归纳成计算公式,读者可以谨慎参考使用:如果个别股东投后的持股比例已经确定,个别股东的出资额 = 公司投前估值 × 投前不增资股东的持股比例 ÷ 投后不增资股东的持股比例 × 投后个别股东的持股比例 -(公司投前估值 × 个别股东投前持股比例)。如果个别股东的追加出资额已经确定,个别股东投后持股比例 =(个别股东追加出资额 + 投前目标公司的估值 × 个别股东投前持股比例)÷ 投后公司估值(个别股东追加出资额 + 投前公司估值额)× 100%。

从上文可知,非上市公司交易性增资的商务规则是等价交换,无论是外部投资者向非上市公司增资,还是个别股东向非上市公司增资皆是如此,而贯彻等价交换原则的前提是对公司的公允估值。我们之所以将这种增资定义为交易性增资,就是因为在这种增资关系中存在利益冲突,这种利益冲突体现在增资者和公司不增资股东关于增资价格的矛盾上。这个矛盾表现为在增资者持股比例一定的情况下,增资者希望出资额越少越好,不增资股东则希望出资额越多越好;在增资者的出资额一定的情况下,增资者希望投后持股越多越好,不增资股东则希望增资者投后的持股比例越少越好。也正因如此,这种交易性增资必须遵循等价交换的原则,否则就会失去交易的基础。

关于非上市公司交易性增资的商务规则我们暂时先讨论到这儿,有关交易性增资的其他问题我们留待讨论完上市公司交易性增资后,把两种交易性增资结合到一起一并进行讨论。

二、上市公司交易性增资的等价交换规则

上市公司交易性增资的商务规则要比非上市公司简单得多。上市公司是指股票在证券交易所挂牌交易的股份有限公司。上市公司的交易性增资也包括两种情况:一是股东以外的人向上市公司增资;二是上市公司的个别股东向公司增资,这种增资在上市公司统称为定向增发股票融资。根据有关规定个别股东作为

定向增发股票融资对象的，只能是公司的控制股东，而股东以外的人作为定向增发股票融资对象的只能是战略投资者或者上市公司的并购者。

上市公司与非上市公司在增资方面的最大区别有两点：第一，非上市公司股东持有的权益数用持股比例表示，即用整体和部分的关系表示，而上市公司股东持有的权益直接用持有的股票数表示，不用部分和整体的比例来表示；第二，非上市公司的资本即股东持有的股权没有市场价格，在发生交易时没有市场价格可供参考，需要一事一议地通过评估或者直接协商确定价格，而上市公司的资本即股东持有的股票有市场价格，发生交易时可以参考市场价格定价。比如：甲公司是上市公司，公司总股本 5000 万元，共发行普通股 5000 万股，每股股本 1 元。董事会通过增资扩股决议前 20 个交易日股票的平均交易价格为 10.2 元，每股净资产 5 元。甲公司与乙达成意向，甲公司向乙定向增发 500 万股，增发价格为每股 10 元。董事会拟定增资方案并向股东大会呈报增资方案，获得股东大会批准后，实施增发。甲公司融得资金 5000 万元，乙取得甲公司 500 万股股票。再如，上市公司甲总股本 20000 万元，共发行普通股股票 20000 万股，每股股本 1 元。A 是甲公司的股东之一，持有甲公司 5000 万股股票。甲公司董事会与 A 达成意向，由甲公司向 A 定向增发普通股股票 1000 万股，根据证券市场股票价格议定每股发行价格 50 元。董事会会议决议通过定向增发股份的决议，并将增资方案呈报股东大会，股东大会通过决议批准方案，定向增发协议生效。甲公司融得资金 50000 万元，A 取得甲公司 1000 万股股票，合计持有甲公司 6000 万股股票。

从上可见，上市公司交易性增资，无论是向外部投资者定向增发股票融资，还是向个别股东定向增发股票融资，由于上市公司的资本有市场交易价格可供参考，都不用通过对融资公司估值来确定资本的价格，可以直接执行等价交换的原则。如此，上市公司的交易性增资比非上市公司的交易性增资简单得多也容易得多。

关于上市公司定向增发股票的价格，根据证监会的有关规定，不得低于上市公司董事会通过增资决议前 20 个交易日公司股票平均交易价格的 90%（已经调整到 80%），双方可以在这个下限之上协商确定。其实，通过评估的方法对企业估值，就是在没有公司资本市场价格可供参考的情况下，通过科学的方法推导出一个最接近市场价格的价格，作为确定公司资本交易价格的参考。非上市公司由于其资本不在股票市场上挂牌交易，要进行资本交易就只能通过企业估值来得出其资本的价格，而上市公司其资本在股票市场挂牌交易，有现成的市场价格，因此，在进行资本交易时就不需要通过企业估值的方法得出资本的价格，可以直接贯彻等价交换的原则。

三、交易性增资的资本配比规则

以上我们讨论的是交易性增资中的等价交换规则,这是任何交易必须遵循的第一规则,交易性增资也不例外。现在我们讨论交易性增资的资本配比规则。

所谓资本配比规则是指无论是有限责任公司还是股份有限公司,无论公司的资本有多少,无论股东获得股权(股票)的时间是早还是晚、价格是高还是低,相同比例的股权(相同数量的股票)的注册资本(股本)必须相同。比如,甲公司是有限责任公司,由A、B两名股东在三年前出资设立,其中甲出资60万元,持有60%的股权,乙出资40万元,持有40%的股权。现C与A、B协商一致,由C向甲公司增资,增资后持有甲公司60%的股权,在评估的基础上各方同意甲公司估值400万元,计得C的增资出资额为600万元,这是等价交换过程。如此,C出资的600万元全部作为甲公司的注册资本吗?不行。因为这样甲公司的注册资本就会增至700万元,其中C投入为600万元,C的持股比例就不是各方约定的60%,而是85.7%了。C增资出资的600万元,按照事先约定的投后股权比例只能有150万元为注册资本(实收资本),其余450万元是甲公司溢价增发股权的溢价部分,为公司的资本公积,这是资本配比过程。也就是说,在有限责任公司中,无论投资者是什么时候、以何种方式、投入多少成为公司股东的,只要持有的股权比例相同其投入额中确认为注册资本(实收资本)的金额应当相同。这实际是上市公司同种股票不同次的发行价格可以不同,但每一股的股本应当始终保持不变的同一原则。试想如果违反资本配比的原则,无论股东投入多少,全部确认为公司的注册资本(实收资本),长此以往,谁还能说清楚股东的持股比例,会计如何核算公司的股本。有限责任公司与股份公司一样,会计账册和会计报表中都有实收资本(股本)和资本公积金这两个科目,其功能和作用也是完全一样的,都是为了实现资本配比原则,实现注册资本(股本)表示股权比例和股票数量的符号功能。

基于公司资本配比原则,股东的投入可能全部确认为公司章程中的注册资本或者公司会计账上的实收资本(平价发行),也可能部分确认为公司章程中的注册资本或者公司会计账上的实收资本,部分确认为公司会计账册上的资本积金(溢价发行)。资本配比原则在股份公司简单得多。在股份公司,股东权益不叫股权,叫股票,股东向公司出资不叫出资(增资)叫认购股票,股东出资额不叫出资额,叫股票发行价格,公司的实收资本叫股本。股份公司资本配比原则是以公司每一股票的股本相同,股本一旦确定不得随意改变来实现的。也就是说,股份公司发行的股票无论多少,发行的价格无论高低,发行的时间无论早晚,同种股票每发行一股公司确认的股本必须相同。如此，假如公司每一股票的股本为 1 元，现公司会计账上股本总额 5000 万元，说明公司共计发行了 5000 万股股票，股本表示股票数量的符号功能显而易见。再如，该上市公司经核准对外发行新股 2000 万股，每股发行价格 20 元，发行完毕后公司的总股本就从 5000 万元变更为 7000 万元，说明公司共计对外发行了 7000 万股股票。除 2000 万元股本外的 38000 万元为溢价，全部确认为公司的资本公积金，为公司的全体股东（7000 万股股票的持有者）按所持股票数享有。

由上可见，无论是有限责任公司还是股份有限公司，无论是非上市公司还是上市公司，都要适用资本配比原则，正确使用注册资本（实收资本）和股本的符号功能。如此，本节“一”和“二”我们讨论的各个增资案例中，增资者向共同投资关系投入的总额中只能有一部分确认为公司的注册资本（实收资本），其余部分只能确认为公司的资本公积金。资本公积金无论来源如何，统归公司的全体股东按照持股比例享有。在公司会计账册中之所以设计资本公积金这个账户，主要目的就是保障股份有限公司不同次发行股票的价格尽量可能不同但每一股票的股本必须相同，有限责任公司设立投融资及增资投融资的价格可能不同但相同比例的股权的注册资本必须相同这一结果其中所产生的差异即溢价。所以无论是股份公司还是有限责任公司，都可以平价发行股票或者股权或溢价发行股票或者股权，但溢价部分都在资本公积金账户核算。等价交换原则是民法范畴，资本配比原则是公司法范畴，交易性增资必须同时遵守。

为了帮助读者适用资本配比原则，准确计算有限责任公司股东向共同投资关系投入的总额中应当有多少确认为公司的注册资本（实收资本），有多少确认为公司的资本公积金，笔者归纳了计算公式，读者可以谨慎参考使用：如果增资者是公司股东以外的人，新增注册资本（实收资本）= 目标公司原注册资本（实收资本）÷ 投后原股东的持股比例 × 投后增资者的持股比例。如果投资者是公司的个别股东，新增注册资本（实收资本）= 投前公司注册资本（原实收资本）× 投前不增资股东持股比例 ÷ 投后不增资股东的持股比例 × 投后增资股东的持股比例 − [投前公司注册资本（实收资本）× 增资股东投前的持股比例]。增资者的增资出资额 − 新增实收资本 = 新增资本公积。

四、交易性增资的多数决和分别决问题

多数决是指公司股东会或者股东大会作出决议时，由股东按照所持股权比例或者股票数行使表决权，一般性决议由简单多数通过，特别决议由 2/3 或以上通

过。分别决是指交易双方分别作出决定或者分别表示自己的意思,可谓意思自治,然后进行协商,协商一致则交易成功,协商不一致则交易不成功。

在交易性的项目中,如果是股东以外的人向公司增资,关于增资与否及增资的价格肯定是分别决,即融资公司的董事或者高管先与增资方的董事或者高管协商,达成意向后分别报自己的权力机构分别作出决定,双方都批准增资的签订增资协议实施增资,没有批准增资的不能进行增资交易。这显然是分别决,属于当事人意思自治的范畴。当然这个分别决包括两个多数决,即增资方的多数决和融资方的多数决,而不能是交易双方放到一起的多数决,因为他们是两个交易主体,不能强迫交易。这个分别决的内容每方至少包括两项:投资方是否投资和投资的价格如何;融资方是否接受投资和增资的价格如何。如果增资者不是股东以外的投资者,而是公司的某一个股东,在这种情况下是分别决还是多数决呢?在实务中遇到两种观点,一种观点主张多数决,另一种观点主张分别决。

持多数决观点的人往往引用《公司法》第三十七条股东会职权第(七)项的规定,即股东会对公司增加或者减少注册资本作出决议,以及《公司法》第四十三条第二款的规定,即股东会会议作出修改公司章程、增加或者减少注册资本的决议,以及公司合并、分立、解散或者变更公司形式的决议,必须经代表2/3以上表决权的股东通过。主张公司是否增加注册资本及增资价格都应当适用《公司法》的上述规定,由股东多数决。而主张分别决的人往往是有道理但找不到根据,很多时候不能得到支持。

笔者认为,这个问题很复杂,不能一概而论,必须具体问题具体分析。笔者从交易主体和利益关系的角度分析这个问题,认为由于非交易性增资(后边就会详细讨论)不是交易,没有交易的特征,故没有两个主体也没有两个主体之间利益冲突,是否增资及增资的价格如何应当由全体股东多数决,并且一旦公司通过增资的决议,各个股东包括对决议投反对票的股东在道理上都应当履行向公司增资的义务。在交易性增资中的股东以外的人向公司增资的情况下,公司作为交易的一方需要独立地表示自己的意思,而公司是一个集合体,公司的意思只能依据公司章程的规定通过多数决产生。即公司是否可以增加注册资本吸纳新的投资者,以及增资的价格如何只能由公司的权力机构以多数决的方式作出决定。问题出在交易性增资的第二种情况,即公司的个别股东向公司增资,这时是否还可以适用多数决呢。笔者认为,对这种增资项目,公司是否增加注册资本应当适用多数决,而增资的价格不能适用多数决,只能适用分别决。

这是因为，对是否增资而言，理由和根据在于公司的经营和发展是否需要股东追加投资，是股东共同利益所在，是股东的共益事项，股东之间利益的一致性是主要的，不一致性是次要的，不能因为个别股东的私利影响公司的发展，应当由股东多数决。对增资的价格而言，是增资股东和不增资股东的自益事项，他们之间的矛盾是主要的，一致性是次要的。他们不再是交易的一方，不再是利益共同体，而是交易的双方，都会努力维护自己的利益，这时再适用多数决显然不合适。所以在个别股东向公司增资的交易性增资项目中，对于增资价格问题只能适用分别决，即由不增资股东作为交易的一方，独立地表示意思，如果不增资股东是两人以上，其意思只能通过他们之间的多数决产生；由增资股东作为交易的另一方，独立地表示自己的意思，如果增资者是公司，是否投资及投资价格也应当由它的股东以多数决方式通过。在个别股东向公司增资的交易性增资中否认分别决的原则，就是否认交易性增资的交易属性，就会否认交易双方的意思自治和公平协商自愿交易的原则，使增资交易丧失法律基础。笔者曾听学员讲过这样一个案例。甲公司有4名股东，A持股70%，自任董事长，B、C、D各持股10%。公司实收资本1000万元，盈余公积300万元，未分配利润500万元，已经经营了3个完整会计年度（每年税后利润近800万元）。A主持股东会，以70%票赞成，30%反对通过特别决议，决定由A向公司增资500万元，增资后增持股权至80%，B、C、D所持股权被摊薄到20%（增资后公司注册资本1500万元，A出资占1200万元——比例为80%，增资价格为平价，没有产生任何资本公积金）。B、C、D认为A侵犯了自己的权益，向法院起诉，法官以决议有效，增资资本已经实缴为由驳回诉请。笔者认为，这是一个典型的大股东滥用多数决损害小股东权益的案例。

交易增资因为是交易，只能由交易双方分别表示意思，即使交易发生在同一公司的股东之间也是如此。那么问题来了，假如在上述这个案例中，适用分别决的规则，A愿意出资1000万元，使自己的股份增加至80%，而B、C、D一定要求A出资2000万元，双方争持不下，怎么办？笔者认为如果出现这种状况有两种救济方法：一是A、B、C、D签订一份书面协议，同意委托第三方进行裁决，第三方通过对公司进行评估，适用我们前边将的公式计算出A的出资额（增资价格）；二是向法院提起诉讼，由法院委托第三方对公司进行估值，根据公司估值和我们前面讨论的公式计算出A的增资出资额（增资价格）。如此，既满足了公司对资金的需求，又实现了公平交易使双方的利益得以维护。总之，既然是交易就只能由交易双方分别决，不能多数决。

五、交易性增资的交易主体问题

这个问题乍看起来好像有点纯理论,实则不然。增资并购中对目标公司信息的披露责任人是谁,隐瞒信息、虚假披露的赔偿责任人是谁,增资交易中价格对赌的主体是谁这些实务问题都只能以交易性增资的交易主体是谁确定后,以此为前提才能得以解决。故此,我们在此把这个基础问题先拿出来讨论,至于以此为前提的其他问题我们留在增资并购中再讨论。

如果你问股权转让的交易主体是谁,大家都会说是收购方和出让股权的股东,因为他们两方签订股权转让协议,股权转让价款由收购方向出让股权的股东支付,所以交易主体就是他们俩。没错。如果你们问交易性增资的交易的主体是谁,很多人都会回答是增资者和公司,因为增资者和公司签订增资协议,增资出资交给公司。对不对呢?笔者认为不对。在笔者看来,交易性增资的交易主体是增资者(包括外部增资者和内部增资者)与公司的股东(或者不增资的股东),理由是:第一,在实务中增资协议有以股东名义与增资者签订的,也不以公司名义与增资者签订的。从合同法角度说,以公司名义签订的增资协议实际是一种代理行为,是公司代理股东的行为,需要股东会或者股东大会(交易主体)的授权。如果公司没有取得股东会或者股东大会的授权,以公司名义签订的增资协议为效力待定合同,需要公司股东会或者股东大会批准方能生效。如果没有授权,也没有追认,就看是否构成表见代理了,否则协议无效或者不能生效。第二,从公司法角度说,股东之间是共同投资关系,股东和公司之间是财产委托经营关系,是不是吸纳新的投资者加入共同投资关系,是不是改变原来的投资份额关系,当然是共同投资者(股东)的事情,而不是受托者公司的事情。之所以增资出资要交付给公司,是因为在公司成立之后,股东和公司之间的财产委托经营关系已经建立,其他股东已经将自己的财产交付给公司,作为后加入者或者后投入的财产当然应该交付给公司了。所以以增资出资应交付给公司就判定增资的交易主体是增资者和公司是不对的。第三,从会计制度角度说,增资的溢价部分不确认为公司的所得,确认为公司的资本公积金,原因是它不是公司的所得,是股东委托公司经营的财产。如果公司是交易的主体,比如公司出让自己持有的其他公司的股权,公司是股权财产的所有人,是交易的主体,交易所得要确认为公司的所得,而增资交易中公司不是交易的主体,它只是一方交易主体的委托者,所以它不需要确认所得。第四,从利益关系角度说,如果在增资交易中代表公司一方的谈判代表放水,人为地降低公司的估值,使溢价发行变成了平价发行,使本来可以有资本公积金的出资额变成了没有资本公积金的出资额，损失的不是公司而是股东。

从上可见，对交易性增资而言，股东以外投资者向公司增资的，交易主体是增资者和公司的股东；个别股东向公司增资的，交易主体是增资股东和不增资股东。在此分析的基础上，交易性增资乃至增资并购的许多问题都将迎刃而解。

六、交易性增资的法务工作

1. 有限责任公司股东以外的人向公司增资的法务工作及程序大致如下：

(1)签订保密协议，融资公司作初步披露；

(2)双方权威人士对投后股权(票)比例、增资价格生成方法等核心问题初步达成一致；

(3)签订意向性协议；

(4)对融资公司做尽职调查；

(5)完成企业估值(评估)；

(6)双方权力机构批准交易并授权；

(7)谈判并最终确定企业估值、持股比例、出资方式、出资期限、公司机构设置、两会一层人员组成、承诺保证、防险条款、或然负债、违约责任、争议解决等；

(8)签订增资协议和融资公司章程修正案；

(9)增资出资，对非货币出资财产进行评估；

(10)工商变更登记。

2. 上市公司非并购定向增发股份融资的法务工作和程序大致如下：

(1)签订保密协议；

(2)彼此进行初步披露和信息交流；

(3)对投后股权(票)比例等核心问题进行会商；

(4)权力机构批准并授权；

(5)谈判并最终确定股票发行价格、股票发行数、股本缴付方式、股本缴付期限、改组公司两会一层、承诺保证、防险条款、或然负债、违约责任、争议解决等；

(6)签订增资协议；

(7)公告；

(8)股票登记。

关于交易性增资我们暂时就讨论到这儿，在本书后面关于增资并购中我们还会接着讨论。

第三节　首次公开发行股票并上市(IPO)

首次公开发行股票也是公司的一种融资方式。只有股份有限公司满足一定的条件并履行一定的程序后才能公开发行股票融资,有限责任公司不能公开发行股票融资。

根据自2020年3月1日起施行的新《证券法》第九条的规定,公开发行证券,必须符合法律、行政法规规定的条件,并依法报经国务院证券监督管理机构或者国务院授权的部门注册。未经依法注册,任何单位和个人不得公开发行证券。由此,首次发行股票并上市由核准制改为注册制。

根据《证券法》第十一条的规定,设立股份有限公司公开发行股票,应当符合《公司法》规定的条件和经国务院批准的国务院证券监督管理机构规定的其他条件,向国务院证券监督管理机构报送募股申请和下列文件:(1)公司章程;(2)发起人协议;(3)发起人姓名或者名称,发起人认购的股份数、出资种类及验资证明;(4)招股说明书;(5)代收股款银行的名称及地址;(6)承销机构名称及有关的协议。依照本法规定聘请保荐人的,还应当报送保荐人出具的发行保荐书。法律、行政法规规定设立公司必须报经批准的,还应当提交相应的批准文件。由此,终于可以通过直接公开发行股票募集资金设立股份公司了,当然实际执行有待有关条件的进一步明确,恐怕尚需时日。

根据《证券法》第十二条和第十三条的规定,发起设立的股份有限公司和由有限责任公司改制来的股份有限公司,首次公开发行新股应当符合下列条件:(1)具备健全且运行良好的组织机构;(2)具有持续经营能力;(3)最近三年财务会计报告被出具无保留意见审计报告;(4)发行人及其控股股东、实际控制人最近三年不存在贪污、贿赂、侵占财产、挪用财产或者破坏社会主义市场经济秩序的刑事犯罪;(5)经国务院批准的国务院证券监督管理机构规定的其他条件。公司公开发行新股,应当报送募股申请和下列文件:(1)公司营业执照;(2)公司章程;(3)股东大会决议;(4)招股说明书或者其他公开发行募集文件;(5)财务会计报告;(6)代收股款银行的名称及地址。依照本法规定聘请保荐人的,还应当报送保荐人出具的发行保荐书。依照本法规定实行承销的,还应当报送承销机构名称及有关的协议。

公开发行股票就是一种融资方式,所不同的是这种融资不是向某个或某几个人融资,而是面向社会公众融资。再者,这种融资与有限责任公司的融资相比,融资一方更为积极主动,它是发起人作为共同投资关系的缔造者向其他投资者发出建立共同投资关系的要约。从本质上说公开发行股票也是交易性融资,不过由于这种融资更具规范性,且其价格通过要约和承诺的方式生成(发行人向全社会发出要约,认购者为承诺),不像有限责任公司的交易性投融资,其价格要通过个别协商确定故而利益冲突表现得那么直接而已。

第四节　公司向股东配股融资

公司向股东配股融资是一种非交易性增资。非交易性增资包括一人公司的股东向公司增资、公司向股东配股融资和向股东派股融资三种增资。由于一人公司的股东向公司增资和公司向股东配股融资的基本特征和规则相同,因此,我们把它们放到一起来讨论。在实务中公司向股东配股融资(包括一人公司的股东向公司增资)基本上是根据公司对资金的需求量,按照股东的持股比例把出资义务分配给各股东,由各股东向公司履行增资出资义务,从而满足公司对资金的需求的。无论是有限责任公司,还是股份有限公司或者上市公司都可以向股东配股融资,这种融资在股份公司称为公司向股东配股,在有限责任公司则称为原股东向公司增资。下面我们讨论公司向股东配股融资的非交易性特征和规则。

一、配股融资的非交易性特征

非交易性是公司向股东配股融资的本质特征。公司向股东配股是公司按照股权比例向全体股东进行权益性融资,也可以说是全体股东按照股权比例向公司增资,故这种投融资不会改变公司的股权结构。这类投融资的价格统一,比如甲、乙、丙三人为 A 公司的股东,其中甲持股 60%,乙持股 30%,丙持股 10%,公司为对外投资并购需要资金 2000 万元,其中 1000 万元已经通过银行贷款解决,另外 1000 万元需要通过股东追加投资的方式解决。公司通过增加注册资本 1000 万元的股东会决议,其中甲需要向公司增加出资 600 万元,乙需要向公司增加出资 300 万元,丙需要向公司增加出资 100 万元。公司解决了 1000 万元的资金缺口,公司的股东和股东的持股比例没有改变。这就是公司向股东配股融资,它不改变股东的持股比例,且价格统一,股东和股东之间的共同投资关系依旧,发生变化的只是共同投资的规模扩大了。在这种投融资关系中,股东之间利益的一致性是主要的,是股东之间的共益行为,股东之间不存在利益冲突,不存在交易,不存在厚此薄彼的问题,故称为非交易性增资。

二、配股融资项目中股东的出资额

公司向股东配股融资需要股东向公司缴付出资,因而会增加公司持有资产的总量,满足公司扩大生产经营规模或对外投资对资金的需要。但与交易性增资不同,公司向股东配股融资,股东向公司增资出资额的多少,不是取决于增资价格,而是取决于公司融资额的多少和股东的持股比例。在公司向股东配股融资的项目中,不用对公司进行估值,不用关注公司是盈利还是亏损,也不用关注公司的估值,更不需要关注公司的估值是大于公司的注册资本(实收资本),还是小于公司的注册资本(实收资本),也就是说,在公司向股东配股融资项目中股东的出资额不使用增资价格来换算,而是按照股东的持股比例分担公司对资金的需求。这集中体现了在共同投资关系中股东之间利益的一致性,是股东之间共同投资关系量的扩张。比如,甲公司由 A、B、C、D 四位股东设立,A 出资 5100 万元,持股 51%,B 出资 2900 万元,持股 29%,C 和 D 各出资 1000 万元,分别持股 10%。公司成立三年后已经累计亏损 6000 万元,严重缺少流动性。为满足公司对资金的需要,提升公司的竞争力,经董事会研究拟定股东追加投资 10000 万元。董事会向股东会呈报向股东配股融资的方案,股东会通过了向股东配股融资 10000 万元决议。如此,股东 A 负有的增资出资额必然是 5100 万元,B 负有的增资出资额一定是 2900 万元,C 和 D 负有的增资出资额自然是各 1000 万元。如此,公司的注册资本(实收资本)将由 10000 万元增加至 20000 万元,各股东的持股比例不变。

从实务来看,公司向股东配股的出资额与公司估值无关,仅取决于公司融资的金额和股东的持股比例。在有限责任公司和非上市股份公司的股东配股项目中,无论公司的业绩和盈亏如何,基本上是平价增资配股,股东的出资全部确认为公司的实收资本,不会形成资本公积金。在上市公司向股东配股融资的项目中,股票的发行价格基本都在股本之上、市价之下。

三、向股东配股融资的多数决规则

公司向股东配股融资是满足公司经营和发展对资金的需要,不改变股东的持股比例,是全体股东共同利益所在,不存在股东之间的利益冲突,因此,公司是否要向股东配股融资、融资多少、出资期限和出资方式如何，只能由股东以2/3以上多数决通过决议，不能也不需要分别决。笔者认为，非交易性增资是股东之间的共益行为，只能通过股东多数决来形成股东共同意思。

公司向股东配股融资属于公司增加注册资本的范畴，在有限责任公司一般需要全体股东表决权的2/3以上通过才能形成有效的决议。但是股东会一旦通过向股东配股融资的决议，各个股东就有义务向公司追加出资。为了督促各股东及时向公司履行出资义务，有关股东会决议应当对不按照决议履行出资义务的股东作出约束。比如，在公司成长性比较好的情况下，决议应当规定没有按照决议履行增资出资义务的股东丧失本次增资权利，其没有履行的出资额由按照决议履行增资出资义务的股东分享并其履行出资义务，丧失出资权的股东的股权比例将被稀释。如果在公司成长性不好的情况下，决议应当规定没有按照决议履行增资出资义务的股东，丧失相应的股东权利，并负有补缴出资并承担欠缴出资期间公司利息损失的义务，其他股东和公司有权提起诉讼。当然也可以选择通过名义减资的方法处理相关出资额，当然在名义减资的情况下，相关股东的持股比例也将被稀释。

四、公司向股东配股的法务工作

有限责任公司向股东配股融资的程序比较简单，根据《公司法》的规定一般需要股东大会代表2/3以上的表决权通过决议，然后修改公司章程变更公司的注册资本，股东缴付出资就算完成了。上市公司向股东配股需要上市公司董事会拟订配股方案，经股东大会通过决议后按股东所持有股票数向股东配售股票。它是上市公司向股东发行新股的一种。根据2020年3月1日起实施的《证券法》第十二条第二款的规定，上市公司发行新股，应当符合经国务院批准的国务院证券监督管理机构规定的条件，具体管理办法由国务院证券监督管理机构规定。根据2015年《证券法》第三十四条的规定，符合下列条件的，上市公司股东大会可以授权董事会决定向公司股东发行新股：(1)发行数量不超过发行前该公司股份总额的20%；(2)授权有效期不超过一年；(3)国务院证券监督管理机构规定的其他条件。符合条件的上市公司可以向证监会提出配股的申请，经核准后按照原股东持有的股票数向其增发新股。配股也属于公开发行股票，需要按规定履行披露义务，并委托证券公司销售股票。

第五节　公司向股东派股融资

向股东派股融资是指公司用资本公积金、盈余公积金、未分配利润转增注册资本(实收资本)。根据《公司法》第一百六十八条的规定,公司法定公积金转为资本时,所留存的该项公积金不得少于转增前公司注册资本的25%。无论是有限责任公司还是上市公司皆可向股东派股融资。有限责任公司向股东派股融资我们称为转增资,上市公司向股东派股融资我们称为派股或者送股。由于公司的资本公积、盈余公积和留存的未分配利润归全体股东按照持股比例享有,是全体股东在实收资本以外投入公司或者留存在公司财产的价值表现,故在这种投融资关系中按照每个股东的持股比例分配转增资的总额不会改变股东的持股比例,故不存在交易的性质和内容,是一种非交易性质的投融资关系。公司向股东派股融资除具有上面讨论的非交易性增资的一般特征之外,还具有自己的独有特征。

一、派股融资不增加公司的资产总量

由于未分配利润、资本公积和盈余公积本来就是公司资产的重要来源之一,只是这些财产在来源上还不是股东投入公司的注册资本(实收资本)。转增资也好、派红股也好,只是将这些不是注册资本的股东投入部分(资本公积金)和公司给股东创造的利润(未分配利润和盈余公积金)转化成公司的实收资本或者股本,因此,公司向股东派股融资不会增加公司资产的总量,也不能解决公司对资金的需求,这是公司向股东派股融资相较其他投融资的一个突出特征。比如,甲公司注册资本(实收资本)1000万元,资本公积金500万元,盈余公积金500万元,未分配利润300万元,资产总额3500万元,负债总额1200万元。公司通过股东会决议以转增资方式将公司注册资本(实收资本)从1000万元增加至2000万元,其中资本公积金转增500万元,盈余公积金转增250万元,未分配利润转增250万元。公司通过股东会决议后修改公司章程,将公司的注册资本从1000万元变更为2000万元,各股东对公司的出资额也相应地增加,并完成工商变更登记和备案。公司会计制作会计分录借(减少)资本公积金500万元,盈余公积金250万元,未分配利润250万元;贷(增加)实收资本1000万元。公司转增资完成,公司的资产总额仍是3500万元,既没有增加也没有减少。

公司向股东派股虽然不能增加公司资产的总量,但是对转增资的未分配利润

而言,可以使本来可能流出公司的财产不再流出,为公司所用。所以有些上市公司虽然年年有利润,但是受现金流的限制,年年不分配现金股利,只进行派红股。由于转增资不能增加公司资金的总量,故当公司有资金需求时不适用转增资,只能通过其他方式融资。转增资虽然不能解决公司对资金的需求,但是在特定情况下,转增资也可能有特殊的用途。比如,在股东为法人的情况下,无论是以资本公积金转增资,还是以盈余公积金和未分配利润转增资,均不征收企业所得税。在拟转让股权的情况下,可以通过转增资提高股权的计税成本,从而在股权转让价格不变的情况下减少股权转让产生的应税所得,降低应纳税金额。

二、派股融资不存在出资方式和期限

公司向股东派股融资也是一种权益性投融资,对股东来说也是一种权益性投资,也需要股东对公司履行出资义务。但是这种投融资有一个最重要的特征,就是投融资的标的已经存在于公司,已经为公司所占有,股东不需要另外再向公司履行出资义务。因此,公司向股东派股融资,无论是有限责任公司,还是上市公司,都不存在出资方式、出资期限和出资违约等关乎共同投资关系的问题。这是派股融资的另一个重要特征。因此,公司向股东派股融资只需要公司股东以2/3以上表决票通过决议,修改公司章程并制作相关会计分录即可,没有什么股东出资方式、出资期限和出资违约责任问题。

在公司向股东派股融资的情况下,由于全体股东均按照其持股比例的多少分享转增的资本,故也没有增资价格问题,更不需要对公司进行估值,基本都是按照原始价格转增。有限责任公司转增资并没有较高的条件和严格的程序,只要公司股东会依特别程序做出决议,并相应的修改公司章程即可。对上市公司而言,这种融资方式是上市公司向股东发行新股的一种,应当符合《证券法》和有关法规规定的条件和程序。

三、派股融资与配股融资的对比分析

为了帮助读者理解和适用两种非交易性增资,我们对公司向股东派股融资与前文讨论的公司向股东配股融资作一个对比分析。共同点:

1. 都不会改变公司的股权结构;

2. 都具有非交易性投融资基本特征;

3. 都不需要对公司进行估值。

不同点:

1. 配股融资需要股东对公司履行出资义务,派股融资不需要股东再对公司履行出资义务;

2. 配股融资涉及股东的出资期限、方式和出资违约责任,派股融资不涉及股东出资期限、方式和出资违约责任;

3. 配股融资会增加公司的资产总量和净资产额,派股融资不会增加公司的资产总量和净资产额;

4. 配股融资不会降低每股持有的净资产值,派股融资会降低每股持有的净资产值。

通过派股进行融资由于不能增加公司占有资产的总量,故从公司扩大生产经营规模和满足对外投资对资金的需求角度说,其意义不大。

第六节 上市公司公开发行新股融资

向社会公众公开发行股份融资是指股份有限公司向社会公众进行权益性融资。只有经批准募集设立股份有限公司或者发起设立的股份有限公司经注册后可以进行此类融资,有限责任公司不能向社会公众进行此类融资。上市公司在首次公开发行股票后,满足条件的仍可以继续公开发行新股进行融资。由于是向社会公众融资,因此这类融资要求的条件更高,程序更严格,费用也更多,当然所融资金也更大。由于这类融资是面向社会公众投资者,加之法律的限制,一般不会对上市公司的股份结构有太大的影响,也不会直接导致公司控股股东的变更。

自2020年3月1日起开始实施的《证券法》第九条规定,公开发行证券,必须符合法律、行政法规规定的条件,并依法报经国务院证券监督管理机构或者国务院授权的部门注册。未经依法注册,任何单位和个人不得公开发行证券。证券发行注册制的具体范围、实施步骤,由国务院规定。第十二条第二款规定,上市公司发行新股,应当符合经国务院批准的国务院证券监督管理机构规定的条件,具体管理办法由国务院证券监督管理机构规定。第十三条规定,公司公开发行新股,应当报送募股申请和下列文件:(1)公司营业执照;(2)公司章程;(3)股东大会决议;(4)招股说明书或者其他公开发行募集文件;(5)财务会计报告;(6)代收股款银行的名称及地址。依照本法规定聘请保荐人的,还应当报送保荐人出具的发行保荐书。依照本法规定实行承销的,还应当报送承销机构名称及有关的协议。第十四条规定,公司对公开发行股票所募集资金,必须按照招股说明书或者其他公开发行募集文件所列资金用途使用；改变资金用途，必须经股东大会作出决议。擅自改变用途，未作纠正的，或者未经股东大会认可的，不得公开发行新股。

2014 年 8 月 31 日通过修改的《证券法》没有分别规定首次公开发行股票的条件和股份公司 IPO 之后再行公开发行股票的条件，但下列规定既适用于首次公开发行，也适用于 IPO 之后的公开增发。该法第二十条规定，公开发行股票并拟在证券交易所上市交易的，应当按照本法规定注册。申请公开发行股票注册，应当符合下列条件：(1)发行人具有符合法律规定的组织机构；(2)发行人最近三年财务会计报告被出具标准无保留意见；(3)发行人及其控股股东、实际控制人最近三年内没有贪污、贿赂、侵占财产、挪用财产或者破坏社会主义市场经济秩序的犯罪记录。第二十一条规定，发行人申请公开发行股票注册，应当向证券交易所报送下列注册文件：(1)公司章程；(2)股东大会决议；(3)招股说明书；(4)财务会计报告；(5)证券经营机构、证券服务机构就本次发行出具的文件；(6)国务院证券监督管理机构规定的其他文件。公开发行股票，由证券交易所负责审核注册文件。证券交易所出具同意审核意见的，应当将审核意见及发行人的注册文件报送国务院证券监督管理机构。国务院证券监督管理机构自收到审核意见及注册文件之日起十日内未提出异议的，注册生效。

上市公司在 IPO 之后通过增发股票公开向社会公众募集资金，作为上市公司独有的一种融资方式，具有融资金额大、促进股票交易、提高公司知名度等优点，但也存在时间长、费用高、资金使用监管严格的问题。

第七节　债权转股权投融资

债权转股权也是一种权益性投融资，是一种交易性投融资，是在公司成立之后债权人对债务人的交易性增资。无论是有限责任公司，还是股份有限公司或者上市公司都可以实施债权转股权。债权转股权具有须确定增资价格、需要对公司进行估值、受等价交换规范与多数决原则约束等交易性增资的普遍特征，又具有不用再出资、没有出资违约责任的派股融资的特点。

2011 年 11 月，当时的国家工商行政管理总局发布《公司债权转股权登记管理办法》，各级工商部门接受债权转股权的工商变更登记；2014 年 2 月 20 日，又发布《公司注册资本登记管理规定》，该规定废止了上述提到的《公司债权转股权登记管理办法》。从此各级工商部门基本不再受理债权转股权的工商变更登记，债权转股权被迫转入"地下",通过现金倒债的方法转化成货币出资。其实《公司注册资本登记管理规定》并没有废除债权转股权这种权益性投融资产,该规定的第七条仍然规定,债权人可以将其依法享有的对在中国境内设立的公司的债权,转为公司股权。转为公司股权的债权应当符合下列情形之一:(1)债权人已经履行债权所对应的合同义务,且不违反法律、行政法规、国务院决定或者公司章程的禁止性规定;(2)经人民法院生效裁判或者仲裁机构裁决确认;(3)公司破产重整或者和解期间,列入经人民法院批准的重整计划或者裁定认可的和解协议。债权转为公司股权的,公司应当增加注册资本。

下面我们分析债权转股权的特征和规则。

一、转股的债权必须是特定的债权

债权转股权是一种特殊的投融资产关系,在这个特殊的投融资产关系中,债权人是投资人,债务人是融资公司,投融资标的是债权。能够实施债权转股权的债权必须是债权人对融资公司的债权,而不能是投资人对第三人的债权。投资人以其对第三人的债权作为投融资的标的进行投资,不是债权转股权,是债权出资。债权转股权和债权出资有着本质上的区别:债权转股权投资关系生成后,原债权债务关系消灭;而债权出资投资关系生成后,原债权债务关系并不消灭,只是债权人发生了变更,债权人不再是股东,接受出资的公司变成了新的债权人,原来的债务人仍是债务人,而且无债权在出资时作价多少的问题,债的标的额没有改变。

债权转股权是发生在债权人和债务人之间的权益性投融资关系,这个投融资关系的生成使债权关系消灭,股权关系发生。这种投融资关系的标的是债权,出资义务的履行是债权关系消灭,债务人不再负有给付义务。因此,债权转股权不仅不存在出资期限和出资违约问题,而且不能增加公司资产的总量,只是使本来可能流出公司的资源不再流出。债权转股权这种投融资方式对公司及股东而言,颇有些城下之盟的味道,是不得已而为之。从实务来看,债权转股权对股东和公司的意义主要在于:(1)可以降低公司的财务费用,减少公司的亏损。因为在债权的情况下,公司往往需要向债权人支付利息,债权额越大每年负担的利息额越大,这会使公司产生巨额亏损。笔者在实务中就遇到一家国有三级企业,向大股东累计借债近200亿元,每年应付利息近8亿元,累计亏损180亿元。正在讨论通过债权转股权消除巨额利息负担,想方设法转亏为盈。(2)减少资源流出,维持公司的流动性。当公司债务到期后,公司需要偿还债务和利息,这会使大量现金迅速流出公司，造成公司现金不足，甚至危及公司的生存。发行可转债就有预防挤兑保持公司流动性的意义。(3)在公司重整计划中，通过债权转股权，既可能取得一定的债务豁免，又可以免除偿债义务，使公司在逆境中求得生存。

债权转股权作为一种特殊的投融资方式，有自己独特的功效，在特定情况下有着不可替代的作用。

二、债转股项目中债务人估值的特点

债权转股权，无论债权人是公司的个别股东还是其他人，都是交易性增资。凡是交易性增资都需要对公司进行估值，根据公司的估值按照等价交换的原则确定增资价格，根据增资价格确定债权转股权项目中债权人获得的股权比例或者股票数。但是债权转股权项目中对债务人的估值与其他投资项目中对融资公司的估值有一点不同，这就是拟转为股权的债权不作为公司的负债加入对公司净资产的评估。比如，债务人甲公司对A公司有10000万元的到期负债不能偿还，双方原则同意进行债权转股权。评估基准日甲公司的资产总额45000万元，负债40000万元(含欠A的10000万元)，注册资本10000万元，资本公积金5000万元，累计亏损10000万元。如果是其他投融资项目的融资公司估值，甲公司的负债40000万元应当全部纳入评估，净资产按照5000万元计，而债权转股权项目的估值则应当将拟转为股权的10000万元债权删除，净资产按照15000万元计算。这是因为在债权转股权项目中，拟转为股权的债权不用债权人偿还，如果再作为债务人的负债评估就没有根据了。换句话说，债权人的同一笔资金不能既作为债权又作为股权。

债权转股权的实务中，有时面临两项选择：债务是否部分豁免和目标公司估值的高低。这两个选项的结果是一样的，也就是说，债权人不豁免债务，按照债权额全额转为股权，债务人公司的估值降低一些，与债务人豁免部分债务，债务人的估值不降低，债权人获得的股权比例是一样的。因为债权转股权又有以物易物的特征。不过虽然两种做法债权人获得的股权相近，但是产生的纳税义务却截然不同。采用债权打折后转股权的，债权人会获得递延所得税的资产，债务人会产生纳税义务；采用债权不打折，债务人高估值的，债权人不会获得递延所得税资产，债务人也不会产生纳税义务。

债权转股权是交易增资，涉及注册资本的增加，债务人内部应当履行增加公司资本的程序，并且与债权人签订协议。

三、债权转股权的法务工作

1. 双方就债权转股权进行初步沟通并达成初步意向;

2. 双方核定债权确定债权(包括利息)的金额;

3. 双方商定债权转股权的基本原则,包括但不限于债权是否打折,打多少折,折后债权额,债务人的估值原则和估值额,及投后债务人的股东及持股比例,及操作方法(是登记债权转股权还是现金倒);

4. 双方各自履行内部批准及授权程序;

5. 签订债权转股权协议,修改公司章程,改组公司两会一层;

6. 完成工商变更登记和备案;

7. 公司会计制作会计分录,借(减少)应付款,贷(增加)实收资本或股本。

第八节 发行优先股融资

优先股与普通股相对,持有优先股的股东在利润分配、剩余财产分配方面享有优先的权利,而在表决权和人事权方面受到限制。优先股权作为一种独特的权益性投融资方式,对中小投资者特别是无力关注公司经营的投资者更为适宜。

一、上市公司发行优先股融资

2013年11月30日,国务院发布《关于开展优先股试点的指导意见》(国发〔2013〕46号,以下简称《指导意见》)。《指导意见》指出,为贯彻落实党的十八大、十八届三中全会精神,深化金融体制改革,支持实体经济发展,依照公司法、证券法相关规定,国务院决定开展优先股试点。《指导意见》明确优先股股东按照约定的票面股息率,优先于普通股股东分配公司利润。公司应当以现金的形式向优先股股东支付股息,在完全支付约定的股息之前,不得向普通股股东分配利润。公司章程中应当明确以下事项:(1)优先股股息率是采用固定股息率还是浮动股息率,并相应明确固定股息率水平或浮动股息率计算方法。(2)公司在有可分配税后利润的情况下是否必须分配利润。(3)如果公司因本会计年度可分配利润不足而未向优先股股东足额派发股息,差额部分是否累积到下一会计年度。(4)优先股股东按照约定的股息率分配股息后,是否有权同普通股股东一起参加剩余利润分配。(5)优先股利润分配涉及的其他事项。《指导意见》明确公司因解散、破产等原因进行清算时,公司财产在按照公司法和企业破产法有关规定进行清偿后的剩余财产,应当优先向优先股股东支付未派发的股息和公司章程约定的清算金额,不足以支付的按照优先股股东持股比例分配。公司可以在公司章程中规定优先股转换为普通股、发行人回购优先股的条件、价格和比例。转换选择权或回购选择权可规定由发行人或优先股股东行使。发行人要求回购优先股的,必须完全支付所欠股息,但商业银行发行优先股补充资本的除外。《指导意见》明确除以下情况外,优先股股东不出席股东大会会议,所持股份没有表决权:(1)修改公司章程中与优先股相关的内容;(2)一次或累计减少公司注册资本超过10%;(3)公司合并、分立、解散或变更公司形式;(4)发行优先股;(5)公司章程规定的其他情形。意见规定公司已发行的优先股不得超过公司普通股股份总数的50%,且筹资金额不得超过发行前净资产的50%,已回购、转换的优先股不纳入计算。优先股可以作为并购重组支付手段。

2014年3月21日证监会发布《优先股试点管理办法》(证监会令〔2014〕第97号,以下简称《管理办法》)。《管理办法》第三条规定,上市公司可以发行优先股,非上市公众公司可以非公开发行优先股。第六条规定,试点期间不允许发行在股息分配和剩余财产分配上具有不同优先顺序的优先股,但允许发行在其他条款上具有不同设置的优先股。同一公司既发行强制分红优先股,又发行不含强制分红条款优先股的,不属于发行在股息分配上具有不同优先顺序的优先股。第七条规定,相同条款的优先股应当具有同等权利。同次发行的相同条款优先股,每股发行的条件、价格和票面股息率应当相同;任何单位或者个人认购的股份,每股应当支付相同价额。第十条规定,出现以下情况之一的,公司召开股东大会会议应通知优先股股东,并遵循《公司法》及公司章程通知普通股股东的规定程序。优先股股东有权出席股东大会会议,就以下事项与普通股股东分类表决,其所持每一优先股有一表决权,但公司持有的本公司优先股没有表决权:(1)修改公司章程中与优先股相关的内容;(2)一次或累计减少公司注册资本超过10%;(3)公司合并、分立、解散或变更公司形式;(4)发行优先股;(5)公司章程规定的其他情形。

关于优先股股东的表决权,《管理办法》第十一条明确,公司股东大会可授权公司董事会按公司章程的约定向优先股支付股息。公司累计三个会计年度或连续两个会计年度未按约定支付优先股股息的,股东大会批准当年不按约定分配利润的方案次日起,优先股股东有权出席股东大会与普通股股东共同表决,每股优先股股份享有公司章程规定的一定比例表决权。对于股息可累积到下一会计年度的优先股,表决权恢复直至公司全额支付所欠股息。对于股息不可累积的优先股,表决权恢复直至公司全额支付当年股息。公司章程可规定优先股表决权恢复的其他情形。

关于优先股的回购和赎回问题,《管理办法》第十三条规定,发行人回购优先股包括发行人要求赎回优先股和投资者要求回售优先股两种情况,并应在公司章程和招股文件中规定其具体条件。发行人要求赎回优先股的,必须完全支付所欠股息,但商业银行发行优先股补充资本的除外。优先股回购后相应减记发行在外的优先股股份总数。

根据上述国务院的意见和证监会的办法,允许上市公司公开或非公开发行优先股,允许非上市公众公司非公开发行优先股。优先股的种类可以作如下区分,发行那种应当在公司章程中明确规定:

1. 强制分红优先股和非强制分红优先股。根据《公司法》的规定,公司分配股息由公司股东大会决议决定。因此,公司什么时候、什么条件下分配股息带有很大的不确定性。发行非强制分红优先股就是遵循公司法的体例,是否分配股息须经股东大会决议决定。发行强制分红优先股就是在公司章程中规定,只要公司有利润可分,应当在下年度的某月某日前向优先股的股东分配股息。强制分红优先股对投资者更有吸引力。

2. 固定股息优先股和非固定股息优先股。固定股息优先股是指每一优先股每个年度的股息是固定的,是在发行时通过要约和承诺固定下来的,只要公司有利润可分,就按照固定的金额向优先股的股东分配股息。非固定股息优先股是指每一优先股每一个年度的股息是不固定的,是可以随着公司年度利润总额的变动而变动的,是可多可少的,在公司章程中只规定了优先股息的计算方法,并没有规定每一优先股股息的金额。

3. 累积优先股和非累积优先股。固定股息优先股可以分为累积优先股和非累积优先股。累积优先股是指公司本年利润不足以支付优先股的固定股息时,所欠部分结转下年分配,在公司解散时次于负债先于其他股东取得尚欠的股息。非累积优先股是指本年利润不足以支付优先股固定股息时,有多少分配多少,所欠不结转。

4. 参与其余利润分配优先股和不参与剩余利润分配优先股。参与剩余利润分配优先股是指股东分配取得优先股的股息后,继续与普通股股东一起分配剩余利润。不参与剩余利润分配优先股指股东每年只享有一次利润分配权,分配完优先股股息后不再参与本年剩余利润的分配。

二、有限责任公司发行优先股融资

国务院的意见和证监会的办法都没有提及有限责任公司是否可以发行优先股，许多人对有限责任公司可否发行优先股融资存有疑虑。笔者认为，有限责任公司也可以发行优先股，因为有限责任公司发行优先股有法可依。

《公司法》第三十五条规定，有限责任公司按照股东实缴出资比例分配红利，但全体股东约定不按照实缴出资比例分配的除外。根据《公司法》的这一规定，有限责任公司的股东可以不按照实缴出资比例（股权比例）分配红利，前提是全体股东一致同意并作出书面约定。笔者理解不按照实缴出资比例分配红利，就是可以把股东分配红利的权利区分为优先和普通；全体股东约定就是不能通过公司章程修改的程序将股东的股权区分为优先和普通，而是需要全体股东包括普通股股东和优先股股东一致同意才可以。

《公司法》第四十三条规定，有限责任公司股东会会议由股东按照出资比例行使表决权，但公司章程另有规定的除外。也就是说，有限责任公司的股东不仅可以将利润分配权区分为优先和普通，也可区别对待这些股东的表决权。在公司章程中约定在利润分配上享有优先的股东对哪些事项享有优先权，对哪些事项不享有表决权。前提是经全体股东一致同意，并载入公司章程。

优先股和普通股是股东之间共同投资关系的内容，属于股东权利、意思自治的范畴，不损害公司及债权人利润，应为公司企业制度所包容，笔者也检索到法院的相关判例。顺便强调一句，无论哪种公司，无论哪种优先股，都不能突破公司有利润方可分配的底线，如果公司没有利润，什么股也不能分配，否则就构成抽逃资本。

严格说起来优先股不是一种投融资方式，但是讨论权益性投融资又不能不讨论它。发行优先股有利于上市公司拓展融资渠道，提升融资能力，也有利于保护投资者的权益，是激励资本市场健康发展的有力举措。

投融资过程是资本诞生的过程，通过这个过程财产演化成资本，资源得到利用和分配。以上讨论的八种投融资方式是资本诞生的渠道，投资者和融资者应当根据自己的需求和条件选择最适合自己的投融资方式，使投资者的资源物尽其用，使融资者取之所需，实现社会资源的良性分配和循环。

第四章

权益性投融资的各种标的

前一章我们讨论了权益性投融资的种类,知道了公司有多少种获得权益资本的途径,也了解了投资者除受让股权外直接获得股权的方法,并探究了各种权益性投融资的特征和规则。这一章我们在前一章的基础上讨论权益性投融的各种标的,即我们常说的出资方式。投融资标的是权益性投融资的重要组成部分,各种权益性投融资都涉及投融资标的,任何一个投融资项目都是投融资方式和投融资标的的合一。投融资标的不仅直接影响判断出资义务是否完成的标准,而且也关系到投融资双方的切身利益,甚至衍生出不同的投资目的。讨论权益性投融资的标的,不仅有助于操作从财产向资本的转化,而且对策划公司投融资方案也十分有益。

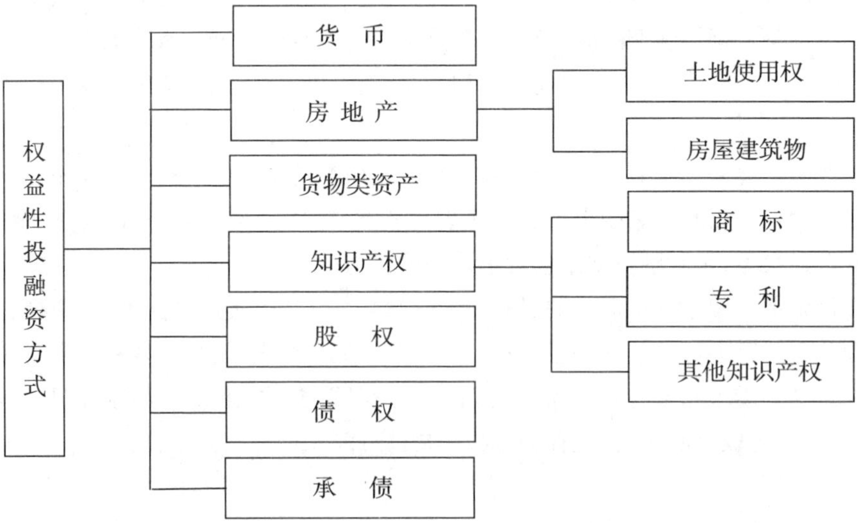

图 4－0－1　权益性投融资标的分类

从条件、规则的角度我们可以把权益性投融资的标的分为图4－0－1的七种。我们分别讨论用这七种资产履行出资义务的规则和注意事项。

第一节　货币出资及注意事项

货币是一般等价物，因此是公司对外投资的第一资源，也是公司融资的第一标的，是最容易转化为资本的财产。公司以货币对外履行出资义务，就出资方式而言不会有任何法律障碍，而且出资手续最简单，出资费用最低。如果公司用于出资的货币与融资公司登记的注册资本本位币不一致，则需要注意汇率变动问题。过去外商投资允许约定汇率，即投资者在签订投资协议或者公司章程的时候，参考相关币种的比价，约定履行时货币换算的比价，保证资本满额，汇兑损益确认为公司的资本公积金。现在要求即期汇率，即按照外汇到账时的汇率计算，不足的补足。另外，如果是外国公司在中国境内投资，还需要注意外汇登记问题。

货币出资以按照公司章程约定的金额将货币汇入公司账户为出资义务完成。货币出资是最简单、最常见的出资方式。但是货币出资对投资者的资金压力大，不能实现投资者的特殊目的，也不能满足融资公司的特定需求。所以在许多情况下，投融资双方也会协商在货币之外选择投融资的标的。

第二节　房地产出资及有关事项

房地产包括土地使用权和房屋建筑物，与法律上的不动产很相似。在我国土地所有权归国家和集体所有，投资主体只能以土地使用权对外出资。土地使用权包括以出让、转让、租赁、划拨等方式取得的国有土地使用权和以承包方式取得的农村集体土地使用权。房地产除土地使用权外还包括土地之上的房屋建筑物，土地使用权和附着于土地之上的房屋建筑物合称房地产。以出让、转让方式取得国有土地使用权可以直接用来出资，以租赁方式和划拨方式取得的国有土地使用权变更为出让合同，交纳土地出让金后方可以用来出资。

一、房地产出资的客观可能性

房地产是一种特殊的财产。根据《民法典》第三百四十四条和第三百五十二条的规定,土地是国家的,企业和个人只能取得一定期间的使用权,地上的房屋建筑物是企业或者个人的,但其建设规模和用途也要受到国家法律的严格约束。因此,在以房地产作价出资时,必须确认其客观可能性,融资方甚至要进行尽职调查,确认具备客观可能性后方可实施。

1. 不得随意改变土地用途和规划。根据《城镇国有土地使用权出让和转让暂行条例》(以下简称《暂行条例》)第十七条的规定,土地使用者应当按照土地使用权出让合同的规定和城市规划的要求,开发、利用、经营土地。未按合同规定的期限和条件开发、利用土地的,市、县人民政府土地管理部门应当予以纠正,并根据情节可以给予警告、罚款直至无偿收回土地使用权的处罚。据此,当以房地产为投融资标的时,应当查明国有土地使用权出让合同上规定的土地的用途及当地的城市规划,判定是否符合公司对房地产的需求,符合的确定为投融资的标的;不符合的查明是否可以变更土地的用途和规划,俗称调规。该《暂行条例》第十八条和《民法典》第三百五十条的规定,土地使用者需要改变土地使用权出让合同规定的土地用途的,应当征得出让方同意并经土地管理部门和城市规划部门批准,依照本章的有关规定重新签订土地使用权出让合同,调整土地使用权出让金,并办理登记。可以调规的,由投资方与土地局重新签订土地使用权出让合同并补足地价款,然后作为投融资的标的;不能调规又与公司对土地的需求不符的不能作为投融资的标的。

2. 注意投资强度问题。投资强度是指单位土地使用权上土地受让方承诺投资的金额。现在大多地方政府在招商引资时都对投资强度有要求,有的还以受让方承诺引资为前提以优惠价格出让土地使用权,这些条件和要求载明在土地出让合同或者有关招商引资协议之中,会成为房地产出资的障碍或者构成融资公司的风险。根据《民法典》第三百五十四条和《暂行条例》第二十一条的规定,土地使用权转让时,土地使用权出让合同和登记文件中所载明的权利、义务随之转移。融资公司在拟接受投资者以房地产为投资标的时应当查明这些问题,趋利避害,防范风险。

3. 确定是否可以转让。国有土地使用权转让是指单位或者个人以出让方式取得国有土地使用权后,再转让给第三方的行为,包括连同地上建筑物一同转让的行为。相关法规对土地使用权的转让设置了条件,具体的土地使用权出让合同也会对土地使用权的转让规定条件,在土地使用或者房地产过户时相关机关也会严格把关,未满足条件的不能转让。以房地产出资虽不是转让,但需要过户,大多数地方土地管理部门也会将房地产出资当作转让来对待。《暂行条例》第十九条规定，土地使用权转让是指土地使用者将土地使用权再转让的行为，包括出售、交换和赠与。未按土地使用权出让合同规定的期限和条件投资开发、利用土地的，土地使用权不得转让。不能转让的房地产当作投融资标的就会遇到困难。一般来说，实际投资额未达到规定投资额 20% 以上的、基本建设施工尚未完成竣工验收的、取得期限未超过二年的，作为投融资标的可能都会遇到阻碍。根据《民法典》第三百五十五条和《公司法》的有关规定，股东用房地产向公司履行投资义务的必须完成变更登记手续。

4. 土地使用权的剩余期间。土地的所有权是国家的，土地使用权出让合同中企业和个人取得的只是使用权，而使用权永远是有期限的，以房地产作为投融资标的的会受到土地使用权剩余年限的困扰。虽然现在基本解决了土地使用权到期后续展的问题，但是仍有许多不确定性，所以当融资公司接受投资者以房地产出资时，应当了解土地使用权剩余的年限。在特定情况下最好要求出资方对土地使用权进行展期，展期后再接受其出资。

5. 是否面临被拆迁或者被征用。房屋建筑物、工厂、企业等都可能面临被拆迁，土地使用权也可能面临被征用。虽然拆迁征用企业会获得补偿，并且有税收优惠政策。但是这始终不是企业想要的，也会给融资公司带来许多问题。因此，融资公司接受房地产出资前应当了解相关房地产是否存在被拆迁和被征用的问题。

6. 是否设立了他项权利。如果拟用来出资的房地产上设立了他项权利，其转移就会受到限制，用来出资就会侵害权利人的利益，不仅不能过户，还会面临被执行的风险。

上述六项是房地产作为投融资标的的客观可能性得以保证的关键，只有这六个方面都不存在严重的问题，或者问题解决之后，融资公司才可以接受投资方以房地产对公司的权益性投资。

二、房地产出资的主观合一性

主观合一是指交易双方达成意思合一，这是任何交易的前提，以房地产出资也不例外。以房地产作为投融资标的除确定客观可能性外，还必须解决主观合一性才能完成。客观可能性通过调查落实，主观合一性通过谈判解决。

1. 价格协商一致。第一，房地产出资大多是设立出资或者交易性增资，这是一种交易，交易双方应当协商定价，各自维护和处置自己的利益，所以以房地产作为投融资的标的，投融双方应当就价格达成合资。当事人可以委托评估机构进行评估，以评估价格为基础通过协商给出资房地产作价。第二，以房地产作为投融资的标的为非货币出资，根据《公司法》第二十七条的规定，以非货币财产出资的应当评估作价，不得高估也不得低估。以房地产出资应当通过评估作价，且出资作价额可以等于或者低于评估值，但是不能高于评估值。如果公司接受房地产出资，未经评估作价或者高于评估值作价，可能招致公司、其他股东、公司债权人关于虚假出资的诉讼，被法院认定为虚假出资，判令被告承担补缴责任。在评估的基础上，对出资房地产的价格协商一致是房地产出资必经的程序。

2. 税费协商一致。用房地产出资，出资方可能发生增值税、附加税、土地增值税和所得税，融资方可能发生契税。除了税以外还可能发生测量费用、勘察费、评估费用、调查费等费用。这些税费由谁来负担，如何分担，有没有负担的条件或者分担的条件，都应当作为投融双方协商的内容，只有协商一致并形成书面文件才可以。

3. 交付与过户。房地产出资虽非转让，但就转移占有、变更所有人这一点而言与转让并无区别。出资方负有按照约定向公司交付房地产并按照约定将出资房地产过户到融资公司名下的义务。只交付未过户或者只过户未交付都属于没有履行出资义务，不仅可能受到公司、其他股东、公司债权人的起诉，也可能受到股东权利的限制。

以房地产为投融资的标的投融双方必须就上述问题协商一致，并且签订书面协议。从实务来看，以房地产出资投融双方需要商定的问题比较多，不宜在公司章程中约定，最好在公司章程中载明出资金额和出资方式，通过章程附件或者专门协议的方式对有关问题作出全面的约定。

三、关于集体土地出资问题

以上讨论的是国有土地使用及地上建筑物作为投融资标的需要遵循的规则，下面我们简单讨论一下集体土地承包经营权或者集体土地使用权能否出资的问题。《农村土地承包法》第十条规定，国家保护承包方依法、自愿、有偿地进行土地承包经营权流转。第三十二条规定，通过家庭承包取得的土地承包经营权可以依法采取转包、出租、互换、转让或者其他形式流转。根据《民法典》第三百三十四条的规定，土地承包经营权人依照法律的规定，有权将土地承包经营权采互换、转让。未经依法批准，不得将承包地用于非农建设。根据《民法典》第三百四十二条的规定，通过招标、拍卖、公开协商等方式承包荒地等农村土地，经依法登记取得权属证书的，可以依法采取出租、入股、抵押或者以其他方式流转。由此可见，农村集体经济成员依土地承包合同取得的集体土地使用权和通过招标、拍卖、公开协商等方式取得的荒地等农村土地的使用权也符合《公司法》关于"可以用货币估价并可以依法转让"的要求，在一定范围内也可以用作投融资的标的。此外，根据有关规定，集体建设用地也可以随地上建筑物流转，也可用来出资。

四、出租的房地产能否用于出资

根据《民法典》第七百零三条、第七百二十五条的规定，已经出租的房地产的使用权已经按照租赁合同的约定为承租人拥有，但是这并不能完全限制所有人对租赁财产所有权的处分。因此，即使是在租赁期间，已经出租的房地产的所有人仍然可以用该等房地产对外出资。但是，根据租赁物所有权的变动不破除租赁关系的原则，所有人以租赁财产对外出资的，租赁合同将继续有效，所有权人应当将租赁物的所有权和租赁合同一并转让给融资公司，并由融资公司领受租赁合同项下出租人的权利和义务。另外，如果所有权人以出租财产向公司履行出资义务，虽然也转移租赁物的所有权，但承租人不能依照《民法典》第七百二十六条的规定行使优先购买权，因为出资并不完全等同于转让；如果所有权人以出租财产作为支付手段的，承租人则可以根据民法典的规定要求优先购买权。

五、抵押的房地产能否用于出资

根据《民法典》第四百零六条的规定，抵押期间，抵押人可以转让抵押财产。当事人另有约定的，按照其约定。抵押财产转让的，抵押权不受影响。抵押人转让抵押财产的，应当及时通知抵押权人。抵押权人能够证明抵押财产转让可能损害抵押权的，可以请求抵押人将转让所得的价款向抵押权人提前清偿债务或者提存。转让价款超过债权数额的部分归抵押人所有，不足部分由债务人清偿。据此，原则上已经抵押的房地产不能用于对外出资，无论用于出资手段还是用于支付手段都不可以，当然如果征得抵押权人同意放弃抵押权或者由融资公司代为清偿债务消灭抵押权的当属例外。总之，只要抵押人以抵押财产出资不损害抵押权人的利益即可。

六、房地产使用权能否用于出资

前面我们讨论的都是房地产的所有权如何用来对外出资，那么，房地产的使用权，比如一定期间厂房的使用权能否用来作为投融资的标的呢？笔者认为，房地产的使用权可以用来作为投资者对外投资的标的。因为房地产的使用权既可以用货币估价,又可以依法转让,符合《公司法》关于非货币财产出资的要求。租赁就是对物的使用权的转让。对自有物的使用权和基于合同取得的对他人所有物的使用权(约定限制转租的除外),都可以用来对外投资。但是,能够以使用权作价对外出资的物,必须是可以长期使用的物,房地产能够满足这个要求。但是以房地产的使用权出资必须注意以下问题:(1)如果接受投资的公司在使用权出资期限届满前解散,以房地产使用权出资的投资者须以货币或者其他利益向接受投资的公司赎回剩余期间的使用权,或者向同意接受投资的公司转让剩余期间的使用权;(2)如果房地产使用权出资的期限届满,以使用权出资的投资者有权无偿收回房地产,且其持股比例不变;(3)如果房地产使用权出资的期限届满,接受房地产使用权出资的公司解散,房地产使用权出资的投资者有权无偿收回房地产,并有权按照股权比例参加剩余财产的分配;(4)如果房地产使用权出资的期限届满,公司的经营期限也届满,但公司通过决议延长经营期限,房地产使用权出资者无须再出资,其股权比例不变;(5)房地产使用权出资者实际为使用费(租金)出资,但租金是期间费用,需要把出资期间的租金合计并折现计算出资额,并为公司开具发票,公司借费用、贷资本。还有一个问题就是在投资者以房地产的使用权出资的情况下,该房地产不能办理产权过户,但是,在不办理产权变更登记的情况下,该房地产存在被当作投资者的财产被强制执行的危险。在这种情况下接受投资的公司能否依买卖不破租赁的原则获得救济?笔者认为,应当获得救济,但不知是否有法律根据或审判先例。

七、如何保护房地产出资的物权

在以房地产所有权(完成过户前)或者使用权出资的情况下,都存在如何保护出资房地产的物权问题。根据《民法典》的规定,不动产物权的转移以登记为生效条件。因此,在投资者用不动产向新公司出资或者向目标公司增资的情况下,即使有关合同或者协议明确载明了出资的不动产,即使投资者已经将不动产移交给公司使用,在未完成产权转移登记之前,仍可以认定出资的房地产为投资者所有。在这种情况下,出资的房地产仍有可能被法院采取强制措施甚至被执行。这会使投资公司和融资公司都处于非常尴尬的境地。

为防止上述情况的发生,投资者和融资公司可以采取预告登记的方法。《民法典》第二百二十一条规定,当事人签订买卖房屋的协议或者签订其他不动产物权的协议,为保障将来实现物权,按照约定可以向登记机构申请预告登记。预告登记后,未经预告登记的权利人同意,处分该不动产的,不发生物权效力。不动产物权的预告登记不仅可以对抗登记物权人对不动产的处分，也可以对抗第三人和法院对不动产的追及和执行，从而保证投融资标的的顺利转移。

由于房地产出资比照转让可能享受土增税、契税和所得税方面的优惠政策，故房地产出资也经常被用作避税的手段使用。从实务来看，房地产出资是一种比较常见出资方式，在土地使用权和房屋建筑物的流转中占有很大的比重。

第三节　货物出资及注意事项

货物是一个税法常用的概念，指有形状、可移动的财产，包括财物上的部分固定资产和存货资产，等同于法律上的动产。具体而言，货物类资产包括固定资产中的机器设备、运输工具等可移动的、使用寿命在一年以上的不动产以外的资产；存货包括企业为从事生产经营活动而准备的原料、材料、燃料、在制品、产成品、备品备件及产成品。企业的货物类资产有使用价值，有价值，符合《公司法》关于“可以用货币估价并可以依法转让”的要求，可以作为投融资的标的。

一、货物类资产出资的条件

货物类资产并非一般等价物，因此当投资方以货物类资产对外出资时，应当具备以下条件：

1. 应征得其他股东的同意。如果投资方以货物类资产对外出资与其他投资者共同组建公司，必须征得其他投资者的同意；如果投资者以货物类资产对其他存续公司增资，必须征得存续公司其他股东的同意；只有以货物类资产出资设立自己的全资子公司，投资者才可以完全自己做主。实务中应当在有关合同或协议以及公司章程中载明公司出资资产的名称、质量、数量、单价及总金额等内容。总之，虽然法律允许投资者以货物类资产对外出资，但作为一种非货币出资方式，应当征得其他股东的同意。如果投资者以货物类资产出资设立独资子公司，也应当在公司章程的出资方式条款中写明用于出资的货物类资产的名称、数量、单价和总金额等。

2. 用于出资的货物类资产应当通过评估作价。2014 年《公司法》虽然删除了非货币资产出资的验资，但仍然保留了第二十七条关于有限责任公司“对作为出资的非货币财产应当评估作价，核实财产，不得高估或者低估作价。法律、行政法规对评估作价有规定的，从其规定”的规定。也保留了股份有限公司的发起人可以用非货币资产向公司出资,但是"发起人的出资方式,适用本法第二十七条的规定"。有限责任公司的股东和股份公司的发起人均可以用货物类资产向公司出资,但是其货物类资产必须通过评估作价。评估应当由有资格的资产评估事务所进行,并出具评估报告。在实务中,如果公司以货物类资产向新设公司出资,其作价应当在评估的基础上经各方发起人股东协商一致,并且股东协商的价格不得高于评估的价格。当然如果其他股东认为投资者出资资产的价格评估过高,不予接受的,投资者也无法实现出资。因此,对货物类资产出资的作价,不仅应当通过评估,而且应当经过股东协商一致。

3. 投资者用于出资的货物类资产必须是依法可以转让的。公司在以货物类资产对外出资的情况下,无论货物类资产是投资者自产的,还是外购的,抑或委托加工的均不受限制,但是该等货物类资产必须是依法可以转让的。这包含有两个含义:第一,如果国家有关法律、行政法规规定不允许转让该等货物类资产,投资者就不能用来对外出资;第二,如果该等货物类资产上设立了他项权利或者有所有权保留安排,投资者也不能用来对外出资。

二、货物资产出资的注意事项

用货物类资产出资属于非货币资产出资,在设计和实施投资者以货物类资产履行出资义务上应当注意以下事项:

1. 履行与卖方一样的交付义务。根据《民法典》第二百二十四条的规定,动产物权的设立和转让,自交付时发生效力,但是法律另有规定的除外。在投资者以存货为出资资产的情况下,投资者有义务按照相关合同或协议的约定向融资公司交付存货,从而达成转移存货所有权的法律效果。在这其中投资者应当就存货的质量、数量、费用、物权的转移等承担《合同法》中等同于买卖合同中卖方的相关义务;融资公司则履行相应的买方的权利。

2. 以需要登记的动产出资的还应当履行登记义务。根据《民法典》第二百二十五条的规定,船舶、航空器和机动车等物权的设立、变更、转让和消灭,未经登记,不得对抗善意第三人。根据《公司法》第二十八条的规定,有限责任公司的股东"以非货币财产出资的,应当依法办理其财产权的转移手续"。根据《公司法》第八十三条第一款的规定,股份有限公司的发起人"以非货币财产出资的,应当依法办理其财产权的转移手续"。在投资者用船舶、航空器和机动车向融资公司出资的情况下,投资者有义务完成物权登记的变更,将出资财产的物权登记到融资公司的名下,否则将被视为未完成出资义务。在物权变更登记过程中会发生相关费用,应当由投资者承担,除非在有关合同或协议中另有规定。在这其中投资者应当就资产的质量、数量、费用、物权的转移等承担《合同法》买卖合同中卖方的相关义务。

3. 用于出资的货物类资产应当满足以下要求:(1)在投资者向公司缴付出资时,该等货物类资产是实际存在的,虚构的、不能实际交付的或尚未生产出来的商品不能用来出资;(2)该等货物类资产是能够使用(包括转让)的,不能是已经报废没有用途的,不能使用的货物就不会有价值,没有价值就不会有价格,没有价格的物不能用来出资;(3)该等货物类资产公司是可利用的,包括可以由其自用或由其出让,如果是既不能自用也不能出让获取对价的,就不能用来向公司履行出资义务;(4)法律没有明文规定该等货物类资产不得用来出资。能够作为投融资标的的货物类资产必须同时具备这四项条件,否则不能用来向公司履行出资义务。

三、融资租赁的资产能否用于出资

融资租赁是指出租人根据承租人对出卖人和租赁物的选择购买租赁物并将租赁物出租给承租人。根据《民法典》第七百三十五条、第七百四十八条、第七百五十七条的规定,融资租赁合同是出租人根据承租人对出卖人、租赁物的选择,向出卖人购买租赁物,提供给承租人使用,承租人支付的合同。出租人应当保证承租人对租赁物占有和使用。出租人和承租人可以约定租赁期间届满租赁物的归属。据此,只要融资租赁合同约定租赁期间届满租赁物归承租人所有,且承租人不拖欠租金,即使租赁期间尚未届满,原则上承租人也可以用租赁物对外出资。但在实务中,承租人最好征得出租人的书面同意,并继续履行给付租金的义务。

四、关于净资产出资问题

在许多法律文件中我们会看到某某公司净资产出资的字样,其实这是一个误解,这样说是不对的。净资产不是资产,看不见摸不着,可以说实际不存在。净资产是一个财务概念,是指一个独立核算单位的全部资产的账面价值减去账面全部负债后的余额,公司的净资产值等于公司股东权益的账面值。因此,公司无法以净资产出资,人们常说的净资产出资,其实就是公司以全部资产附带账面债务出资,在出资方式上属于非货币资产出资,在出资额上为出资资产作价额减附带负债作价额。因此,说净资产出资是不准确的,净资产出资不是一种出资方式,它是公司以货币资产、不动产资产、货物资产、无形资产、债权资产和投资资产这些具体的资产对外出资,应当分别履行各种资产出资相应的手续。

第四节 知识产权出资及注意事项

知识产权包括商标权、专利权、著作权、企业字号、专有技术和商业秘密等。知识产权是企业重要的无形资产,符合《公司法》关于"可以用货币估价并可以依法转让"的要求,所以可以作为投融资的标的。

一、商标权出资及注意事项

商标是指自然人、法人或者其他组织用来将自己的商品或服务与他人的商品或服务区别开的可视性标志,包括文字、图形、字母、三维标志和颜色等,以及上述要素的组合。商标经一国官方机构核准注册成为该国的注册商标,商标注册人在该国范围内享有注册商标的专用权,受法律保护。商标权即为商标的专用权。商标是企业的无形资产,当然可以用来对外投资,包括作为向新设公司的出资和作为向目标公司的增资。

在投融双方确定和实施商标权为投融资标的时,应当注意以下问题:(1)在投资者以商标权对外出资时,应当取得融资公司其他股东的同意,未经其他股东同意的,投资者不能用商标权出资。在实务中,投资者应当在有关合同或融资公司章程中载明商标的名称、注册国家、注册号、使用商品的类别等基本信息。(2)商标权属于非货币财产,在用商标权对外出资的情况下,需要在评估的基础上作价,未经评估的不能作为出资。(3)根据《公司法》关于股东"以非货币财产出资的,应当依法办理其财产权的转移手续"的规定,投资者以商标权向公司出资,应当进行商标注册人变更,将商标注册人变更为融资公司。需要特别注意的是,商标权的转移登记手续需要时间,出资时间和商标过户完成时间会有很长的时间差,实务中应当妥善安排。从法律原则上说,在投资者以商标权对外出资的情况下,变更商标注册人并承担相关费用的责任人是履行出资义务的投资者或者按照约定处理。(4)《商标法实施条例》第二十五条规定,"转让注册商标的,商标注册人对其在同一种或者类似商品上注册的相同或者类似的商标,应当一并转让;未一并转让的,由商标局通知其限期改正;期满不改正的,视为放弃转让该注册商标的申请,商标局应当书面通知申请人"。商标是商品或服务的识别性标志,商标注册人为了防止自己的商标与他人的商标近似,往往对自己的主商标进行保护性注册,在公司以商标权对外投出时,公司应当将这些商标"一揽子"办理转让手续。否则不仅商标注册人变更登记会遇到困难,更重要的是容易出现投资者和接受商标的公司在类似商品上使用近似或者相同的商标,导致消费者的误认误购,甚至引发争诉。(5)在公司以商标权对外出资后,公司将丧失对该商标的使用权,当然,通过反许可使用的当属例外。(6)中国公司、自然人向外国公司转让中华老字号商标的将受到限制,应当报请中国政府有关部门批准。

二、专利权出资及注意事项

专利是指受到国家法律保护的发明创造。专利包括发明专利、实用新型和外观设计三种。专利权是国家依法授予发明创造者或者其权利继受者在一定时期内独占使用其发明创造的权利。专利是有保护期限的,保护期限一过专利就将成为公共财产。专利权可以分为专利申请权和授予专利权。专利申请权是指将发明创造申请为专利的权利;授予专利权是指发明创造已经被国家授予的独占权利。专利具有使用价值和价值,是企业重要的无形资产,当然也可以作为投融资的标的。

投融双方在确定和实施专利权为投融资标的时,应当注意以下问题:(1)请参考商标权对外出资注意事项的第(1)、(2)、(3)、(5)项的相关内容。(2)《专利法》第十条规定,"专利申请权和专利权可以转让。中国单位或者个人向外国人转让专利申请权和专利权的,必须经国务院有关主管部门批准。转让专利申请权或者专利权的,当事人应当订立书面合同,并向国务院专利行政部门登记,由国务院专利行政部门予以公告。专利申请权或者专利权的转让自登记日起生效"。《专利法实施细则》第十四条规定:"除专利法第十条规定转让专利权外,专利权因其他事由发生转移的,当事人应当凭有关证明文件或者法律文书向国务院专利行政部门办理专利权人变更手续。"在公司以专利申请权或授予专利权为对外出资时,公司应当向专利行政主管部门办理变更登记,并承担有关费用。

三、其他知识产权出资及注意事项

著作权中的财产权、企业字号权、企业或者个人掌握的专有技术也是企业的无形资产,同样也可以用于对外出资。关于投资者以商标权和专利权以外的知识产权对外出资应当注意的事项,请参考上述商标权、专利权对外出资的注意事项,在此不再赘述。

四、商誉可否用作对外出资

此处的商誉不是会计科目中的商誉,而是指社会公众对企业的正面评价,能够给公司带来额外的利益，对公司是有价值的。这样说似乎商誉可以用来作为对外出资的标的。但是，商誉作为社会公众的评价存在于人们的头脑中，是主观的东西，无法转让或者转移，因此是不能作为公司投融资标的的。商誉的拥有人是如何享受商誉的呢？是通过公司的字号和商标这些商誉的载体来享受社会公众对本企业和产品的正面评价和爱好的。在现实经济生活中，公众是靠公司的字号来辨认企业的，是靠公司产品或服务的商标来识别公司的商品的。正是因为这样公司的字号和商标才可以用来对外出资的。试想一个字号或商标未曾使用过，根本不存在社会公众的正面评价，对公司又有什么价值呢？又怎么能用来作价对外出资呢？再试想即使一个企业的商誉再好，接受者不能使用他的字号和商标，又如何利用他的商誉呢？所以，笔者认为，商誉本身不能作为投融资的标的，商誉只能作为企业字号或商标的内涵，以商标或字号这个商誉载体的名义为对外出资，而商誉本身不能作为投融资的标的。

五、已经许可的知识产权能否出资

知识产权作为企业的无形资产与有形资产的一个最大区别在于：同一有形资产在同一时间只能由同一人在同一空间加以利用，而同一无形资产在同一时间可以由数人在不同的空间加以利用。因此，在企业中许多无形资产除了企业自用外，同时还以许可合同的方式许可他人使用。那么，这种已经设立对外许可使用合同的知识产权还能用来对外出资吗？笔者的回答是肯定的。在投资者用已经设立对外许可合同的知识产权为对外出资时，需要或者事先解除这些对外许可合同，或者附对外许可合同一并转让，使接受知识产权出资的公司作为许可合同的许可方继续履行许可使用合同。不过在实务中，采后一种方式的，应当事先向接受知识产权的公司披露，并征得公司的同意，最好也事先征得许可合同的被许可人同意，并在有关协议或合同中载明。

六、知识产权的使用权能否出资

前边已经提到知识产权作为企业无形资产的特点，正是基于知识产权的这种特点，在实务中以知识产权的所有权对外出资的不少，而以知识产权的使用权对外出资的也不少。这是因为，在公司重组并购中，公司的目的不仅仅是持有新公司或目标公司的股权、按持有股份分取利润，更重要的是要通过并购后的整合追求规模效应、获取超额利益。而在并购后的整合中，最重要的整合莫过于品牌、市场、技术、标准的整合，而以知识产权的使用权为对外出资者，就为这种并购后的整合奠定了基础。从实践中看，以知识产权的使用权对外出资的，对投资者有以下好处：(1)有利于并购后的整合，可以迅速提高融资企业的技术、产品质量，可以迅速替换目标公司的产品品牌；(2)可以扩大公司品牌的市场空间，从而提高公司品牌的知名度和价值，在公司以商标、字号使用权为对外投资时，商标和字号的使用权被当作投资者的财产作价，为投资者换回股东权益，但是当公司使用投资者的商标和字号时，使用过程又为投资者的商标、字号增加价值；(3)可以提高投资者无形资产的利用率，节约投资者对外投资的资源，无形资产不怕使用，没有磨损，投资者以无形资产的使用权为对外投资，不仅不会减损其无形资产，而且可以为其节约大量货币财产，减少其的现金流出量；(4)在以知识产权的使用权对外出资时，投资者仍享有其所有权，仍可以继续使用或者许可他人使用该等知识产权，这是以知识产权使用权对外出资对比以知识产权所有权对外出资的最大优点。

公司在以知识产权使用权作价出资时，必须注意同一无形资产在同一时间可以由多人同时享有使用权的特点，在有关合同或协议中明确各被许可使用人使用的空间范围和商品范围，防止出资后各被许可使用公司之间互相竞争，甚至引发诉讼。比如，投资者以商标使用权向融资公司出资后，再将相同品牌的产品销售到融资公司产品的市场上，或者商标的其他使用者再将相同品牌的产品销售到融资公司产品的市场上，这不仅会引致集团内部公司与公司之间、股东与公司之间的矛盾，而且也会损及投资者的利益。

另外，知识产权中的商标权和专利权都是一种带有地域性的权利，只有在一国注册或核准授予才能在该国获得专用权，享受该国法律的保护。因此，外国公司欲用其商标权或专利权的使用许可在中国国内出资的，必须事先在中国注册该商标或申请该专利并获准，否则将会影响出资及出资后公司的使用。

七、技能和劳务能否用来出资

笔者认为，技能和劳务不能用来向新公司出资，也不能用来向目标公司增资，但是劳务可以用来作为受让股权或资产的支付手段。这是因为对新公司出资或者向目标公司增资，涉及公司资本充实制度的要求和债权人的利益，而作为受让股权或资产的支付手段仅涉及转让双方的利益，不涉及公司资本和公司的债权人。技能和劳务对公司来说不是现实存在的东西，只是未来的一种可能性，允许用未来可能对公司有用的东西作为对公司的出资，就等于允许公司用未来可能获得的利润登记为公司的注册资本。这不符合公司资本充实原则，也不能保护债权人的利益。另外,技能和劳务存在于人体之内,与人身不可分,允许用技能和劳务向公司出资,难避违法之嫌。技能和劳务只是存在于劳动者体内的一种潜能,既不能作价,也不能转让,只有通过一个劳动过程,技能和劳务才能转变为现实的东西,才具有价值和价格。如果公司与出让股权或出让资产者约定由公司以劳务方式支付股权转让价款或资产转让价款,将不会受到法律的排斥。

总之,公司的知识产权是公司的重要无形资产,符合《公司法》关于"可以用货币估价并可以依法转让"的要求,故可以成为投融资的标的。

第五节　股权出资及注意事项

股权是股东对公司享有的各项权利的统称,股权既可以用货币估价,又可以依法转让,符合《公司法》关于股东出资方式的要求,当然可以作为投融资的标的。人们常说的股权有两种:一种是融资的工具,比如某某上市公司向A公司发行股票(股权)收购A公司的资产;另一种是财产,比如A公司持有B公司51%的股权。换句话说,股权对权利指向的公司而言,是融资的工具,不是财产,对权利的持有者股东来说才是财产。前一种股权不是财产不能用来出资,后一种股权是财产才能用来出资。股权出资是一种非常特别的出资方式,我们首先了解它的交易结构,然后分析它的特征和注意事项。

股权出资交易过程如图4-5-1所示:

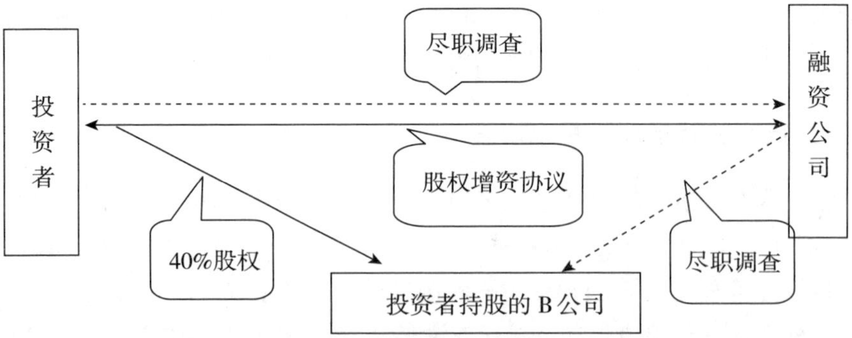

图4-5-1　股权出资交易过程

股权出资交易完成后如图4-5-2所示:

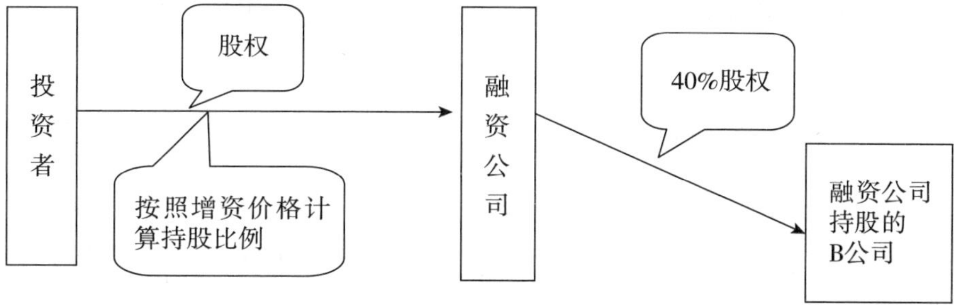

图 4－5－2　股权出资交易完后示意图

以股权进行出资的交易结果是接受出资的融资公司成为投资者持股的公司，投资者原来持有股权的公司（标的公司）变为投资者的孙公司，融资公司的子公司。

一、股权出资的尽职调查

企业投融资中的尽职调查是指投资者对融资公司的生产经营情况、资产负债情况、合规经营情况、公司治理情况、公司成长潜力等方面信息的了解，以便为是否投资及融资公司的估值、如何控制投资风险服务。一般来说，如果投资者用货币履行出资义务，仅需要投资者对融资公司进行尽职调查，因为交易的结果是投资者加入融资公司已有的股东共同投资关系和对公司的财产委托经营关系。如果投资者要用股权以外的非货币财产向融资公司出资，除投资者对融资公司的尽调外，融资公司也要对出资标的进行适当的了解，但是这种了解只是一般的了解而已，根本谈不上尽职调查。但是如果投资者是用股权向融资公司履行出资义务，情形就大不一样了，这时不仅投资者要加入融资公司已有的共同投资关系和财产委托经营关系，而且融资公司也要加入标的公司的共同投资关系和财产委托经营关系，不仅投资者要对融资公司进行评价，融资公司也要对投资者的标的公司做出评价，不仅要对融资公司估值，还要对标的公司估值，不仅投资者要防控风险，融资公司也要防控风险，双方的角色和面对的问题基本是一样的。这些问题的解决都要求双方彼此先进行尽职调查，在了解情况之后再进行谈判，研究如何解决问题。

因此，以股权作为投融资标的时，尽职调查是双向的，投资公司要对融资公司进行尽职调查，融资公司要对标的公司进行尽职调查。而且双方尽调的内容、深度、广度也基本相同，都要满足股权交易的要求。当然如果有某一方认为自己或者双方都认为自己不需要进行尽职调查，那是另一回事，我们这里讲的是规则，不是特例。至于尽职调查的内容和方法等我们将在企业股权并购一章再讨论,关于股权出资的尽职调查就说到这里。

二、股权出资的作价问题

股权出资也是非货币出资,凡是非货币出资都是资本和出资财产的合作,不仅需要给融资公司估值,即给资本作价,还要给出资的非货币财产作价,所不同的是股权出资是资本与资本的合作,投资者投入也的是资本,不仅需要给融资公司估值,还要给标的公司估值。从实务来看股权出资要比一般的非货币财产出资的复杂得多。

在股权出资项目中虽然有两个估值,但是法律对这两个评估的态度是不一样的,标的公司的估值属于非货币资产出资的范畴,评估作价是《公司法》的要求,而对融资公司的估值却没有评估作价的法律规定,是否评估由当事人自主决定,当然这两个估值的内涵是相同的。在实务中对标的公司的估值属于出资财产作价的范畴,应当依据评估结果确定出资额的多少,对融资公司的估值是为了确定出资价格,以此确定投资者投后的持股比例,是纯粹的交易范畴。《公司法解释(三)》第十一条规定的股权出资条件中的第(四)项为"出资的股权已依法进行了价值评估",即股权出资应当评估作价,否则有被公司、其他股东或者公司债权人提起未履行出资义务诉讼的风险。

三、股权出资其他股东的优先购买权

公司的股东用其持有的本公司股权向其他公司出资,本公司的其他股东有没有优先购买权?这是一个法律没有明文规定,公司章程也少有规定,实务中又经常遇到的问题。笔者认为,只要公司章程没有明确的除外规定,公司的其他股东应当对出资股权享有同等条件下的优先购买权。理由在于股东优先购买权制度设立的目的是维护有限责任公司股东之间人合的属性,而股东用股权向其他公司出资,融资公司将代替原股东成为标的公司的股东,标的公司股东的人合属性将被打破,其他股东对出资的股权应当享有同等条件下优先购买的权利。当然如果公司章程有除外的规定则当属例外。

据上文所述,笔者主张在实务中用有限责任公司的股权对外出资时,应当根据公司章程的规定对公司的其他股东履行告知义务、同等条件优先购买权义务,尊重其他股东对出资股权的优先购买权。《公司法解释(三)》第十一条规定的股权出资条件中的第(三)项为"出资人已履行关于股权转让的法定手续",笔者认为，法定手续应当包括优先购买权的通知和其他股东放弃对出资股权的优先购买权。即便股东用下边就要讨论的空股对外出资，本公司的其他股东对出资空股也享有优先购买权。股权出资应当履行其他股东优先购买权的有关手续，否则有被其他股东提起侵害其股权优先购买权诉讼的风险。

四、未缴出资的股权能否用来出资

未缴出资的股权是指股东已经认缴出资但尚未实缴出资的股权，在公司资本完全认缴制的今天这类股权非常多。实务中我们常将这类股权称为空股，常见的空股大致可以分为四类：第一类是有权空股，是指未缴付出资的股东与其他股东一样按照持股比例分享股东各项权利的空股，包括公司的全体股东均未出资和虽空股的持有者未缴付出资，但权利没有受到任何限制两种情况；第二类是无权空股，是指空股的持有者虽有股东的身份，但不享有股东的任何权利或者股东的某些权利已经受到限制，包括根据《公司法》第三十四条和第四十二条的规定其权利自始就受到限制的空股，根据《公司法解释（三）》第十六条的规定，因股东未履行或者未全面履行出资义务或者抽逃出资，公司根据公司章程或者股东会决议对其利润分配请求权、新股优先认购权、剩余财产分配请求权等（当然可以对表决权和其他股东权利进行限制）股东权利作出相应的合理限制的空股；第三类是守约空股，即根据公司章程的规定出资期限尚未届满，股东尚未缴付出资的空股；第四类是违约空股，指股东没有按照公司章程的规定履行出资义务的空股，包括公司章程规定的出资期限已经届满但股东没有履行出资义务的空股，和股东虽履行出资义务但严重违反法律或者公司章程规定可能被法院认定未履行出资义务的空股。从实务来看，这四类空股多有交叉，比如违约空股往往就是无权空股，有权空股往往又是守约空股。

根据上边对空股的分析，笔者认为：第一，守约有权空股作为投融资的标的，融资公司完全可以接受，但应当关注公司章程中规定的空股项下的出资金额、出资方式和出资期限，因为融资公司一旦接受空股出资，空股项下的出资义务则转由融资公司履行。第二，守约无权空股作为投融资标的的，融资公司应当谨慎的接受。守约无权空股是因为公司章程中规定的出资时间尚未到来，一旦出资时间到来，股东如约履行了出资义务，股东当然将依据持股比例分享股东的各项权利。但是当融资公司接受这种守约无权空股出资时，应当注意空股项下的出资金额、出资方式和出资期限，关注享有股东权利的机制和公司的成长性。第三，违约有权空股作为投融资标的的，融资公司应当非常谨慎地接受。因为这种空股虽然享有股东的各项权利，但是随时可能受到公司方面的限制甚至被取消股东资格。如果融资公司接受这类空股出资，不仅要关注空股项下的出资额、出资方式和出资期限，还要与其他守约股东达成谅解，防止被取消股东资格或者被要求承担出资违约责任。第四，违约无权空股不能作为投融资的标的，融资公司不能接受这样的股权出资。

五、未缴出资的股权如何作价

既然多数空股可以作为投融资的标的，可以用来出资，就涉及空股的估值作价问题。当然空股出资也是非货币出资，需要评估作价，但这只是空股估值的程序问题。在实质上空股的估值与公司股权的估值相同，也要通过对标的公司的估值来完成。一般来说，如果公司的估值大于公司的实收资本，公司空股的价值为正，空股可以用来出资。比如，甲公司由A、B两个股东出资设立，公司注册资本1000万元，实收资本500万元，A、B两股东各实缴250万元，空股500万元，A、B两股东各认缴250万元。在评估的基础上各方同意公司投前估值2000万元，公司估值大于实收资本，空股可以用来出资。在约定由A、B两股东分别以250万元的空股履行出资义务的前提下，A和B两股东的出资额可谨慎参考如下公式计算：投后估值（投前估值+出资额）×投资者的持股比例。假如上例中A和B用占甲公司全部注册资本50%的空股出资，出资额为（投后估值2500万元）×（投资者投后持股比例50%）=1250万元，其中各出资额为625万元，减去他们各自应当履行的出资义务250万元，所余的375万元是对他们创业成功的回报。如果约定由融资公司履行500万元的出资义务，A和B两股东的出资额可谨慎参考如下公式计算：投后估值（投前估值+出资额）×投资者的持股比例－投资者的出资额。假如上例中A和B用占甲公司全部注册资本50%的空股出资，出资额为（投后估值2500万元×投资者投后持股比例50%）－投资者的出资额500万元=750万元，其中各出资额为375万元，全部为对他们创业成功的回报。从融资方安全角度考量，推荐使用由融资公司履行出资义务的方法。这是关于公司估值大于公司实收资本情况下空股的作价及出资问题。

如果经过评估公司的估值等于公司的实收资本，公司的空股没有价值，将不能用来出资。比如，在上例中，公司的估值不是2000万元，而是500万元，等于公司的实收资本。如此，A和B两股东用空股向融资公司出资的情况下，如果A和B自行履行空股项下的出资义务向公司出资500万元，出资额为（公司的投后估值为1000万元）×50%=500万元，空股没有任何价值。如果由融资公司履行空股项下的出资义务，出资额为投后估值1000万元×投资者的持股比例50%－投资者的出资额500万元＝0，空股的出资额等于0。如果公司的估值小于公司的实收资本，融资公司接受这样的空股出资，不但无法融到任何资源，反而会倒贴。比如，在上例中，因为亏损严重公司投前估值200万元，投后估值700万元，融资公司投后持股比例为50%，获得投后的权益价值这350万元，而融资公司的投资额却是500万元，倒贴150万元。综上，只有创业成功的企业，公司的估值才能大于公司的实收资本（包括实收资本为零），空股出资对融资公司才有意义。

六、股权出资的法律事务

前边已经说过股权出资是一种非常复杂的投融资交易，为完成这种交易需要重点谈判的法律事务和签订的法律文件至少包括如下：（1）投资者与融资公司或者融资公司的其他股东之间的股权出资协议；（2）设立融资公司的两会一层或者改组融资公司的两会一层；（3）签署融资公司的章程或者修改融资公司的章程（增加股东和注册资本）；（4）改组标的公司的两会一层（投资者的有关人士辞职，融资公司的有关人士入职）；（5）修改标的公司的章程（变更股东）；（6）上述事项的工商变更登记和备案。总之，股权出资的法律事务和法律文件比一般的投融资项目多，只有全部完成了股权出资才算完成了。

《公司法解释（三）》关于股权出资的完成问题，有如下规定，出资人以其他公司股权出资，符合下列条件的，人民法院应当认定出资人已履行出资义务：（1）出资的股权由出资人合法持有并依法可以转让；（2）出资的股权无权利瑕疵或者权利负担；（3）出资人已履行关于股权转让的法定手续；（4）出资的股权已依法进行了价值评估。股权出资不符合第（1）、（2）、（3）项的规定，公司、其他股东或者公司债权人请求认定出资人未履行出资义务的，人民法院应当责令该出资人在指定的合理期间内采取补正措施，以符合上述条件；逾期未补正的，人民法院应当认定其未依法全面履行出资义务。股权出资不符合第（4）项的规定，公司、其他股东或者公司债权人请求认定出资人未履行出资义务的，人民法院应当指定评估，并根据评估结果作出判决。

第六节　对债权出资的探讨

从广泛的意义上说，债权是一种请求权，是权利人要求债务人向自己或者他人履行某项义务的权利。从投融资角度说，债权是借贷性投融资的结果，就像股权是权益性投融资的结果一样。债权的内涵主要是财产权，包括收息和收本；股权的内涵要比债权丰富得多，除财产权还有决策权、人事权等。那么，债权能不能用来出资呢？

笔者认为，债权能不能用来出资，关键要看债权是否符合《公司法》关于出资财产的要求，符合的就应当可以，不符合的就应当不可以。《公司法》第二十七条规定，“股东可以用货币出资，也可以用实物、知识产权、土地使用权等可以用货币估价并可以依法转让的非货币财产作价出资；但是，法律、行政法规规定不得作为出资的财产除外。”首先，笔者没有看到法律、行政法规关于债权不能用来出资的明文规定。其次，《民法典》第五百四十五条规定，债权人可以将债权的全部或者部分转让给第三人，但有下列情形之一的除外：(1)根据债权性质不得转让；(2)按照当事人约定不得转让；(3)依照法律规定不得转让。《民法典》第五百四十六条规定，债权人转让债权，未通知债务人的，该转让对债务人不发生效力。据此，根据民法典的规定，债权是可以转让的。最后，债权可以用货币估价，债权表现为一定数量货币的请求权，请求的货币数量是债权的标的额，根据债的标的额、利率的多少、有无担保、债务人和担保人的偿还能力可以为债权估价，中介机构可以当事人也可以。据上文所述，笔者认为，债权可以作为投融资的标的，股东用债权向公司履行出资义务不违反法律和行政法规的规定。

以债权履行出资义务有其客观需求，也是社会资源的一种分配方式，在特定情况下有利于疏解流动性。当然债权出资终不等于货币出资或者实物资产出资，是一种权利出资（与股权出资的区别不太大），对融资公司的风险要大于其他出资方式，但是，对于债权出资的风险在实务中会在以下环节得到解决：第一，股东之间会互相监督，防止呆死债权转嫁给公司；第二，债权出资属于非货币资产出资，应当经评估作价，评估机构会把债权风险的高低转化为评估价格，通过债权出资作价来调整股东之间的利益关系。

债权出资并不必然损害公司资本充实原则，在公司经营过程中，即使股东以货币出资，也可能马上转化为公司的债权资产，货币和债权是直通的。而且随着社会诚信建设的进步，债权的保障性越来越高，债权的风险越来越低。债权出资不仅有其客观性，而且不会损害公司资本制度。

债权出资不同于前边讨论过的债权转股权，债权转股权的债权必须是对特定的债权，而债权出资债权没有这个要求，对谁的债权都可以，只要有价值可以转让就行。债权转股权债权关系消灭，股权关系生成，而债权出资债权关系依然存在，只是债权人发生了变更，由出资人变更为公司了。注意，在债权出资的情况下，债权的标的额和债权的作价额是两回事，股东的出资额以债权作价额计算，公司向债务人的请求权依债权的标的额计算。

第七节　对承债出资的探讨

承债出资方式是指投资者以承担融资公司负债的方式将资源注入融资公司。如果我们把货币或非货币资产出资方式称为主动出资方式的话，承债出资方式可以称为被动出资方式。在公司生产经营活动中，资产的增加和负债的减少其意义是基本相同的，股东可以通过向公司注入资产的方式完成向公司出资，当然也可以通过承受融资公司负债的方式完成向公司出资。比如，甲公司资产总额1000万元，负债总额800万元，注册资本200万元，A向甲公司货币出资200万元，甲公司用其偿还负债200万元。因此，甲公司的注册资本增加为400万元，资产仍为1000万元，负债减少为600万元。这是货币出资。如果A不是以货币出资，而是以承债方式出资，A从甲公司受让负债200万元，以受让负债的对价200万元作为对甲公司的出资，出资完成后，甲公司的资产仍为1000万元，负债减少为600万元，注册资本增加为400万元。由此可见，在一定程度上货币出资与承债出资对融资公司而言其结果是一样的。

承债出资是融资公司向投资者转让负债，基于负债的转让融资公司对投资者负有支付对价的义务，将融资公司的支付义务转化为投资者对融资公司的出资义务的履行就是承债出资方式的内涵。承债出资方式的法律基础源于融资公司向投资者转让债务，根据《合同法》第八十四条的规定，债务人可以转让债务，但应当经债权人同意。实务中应当由债权人、投资者（债务受让人）、融资公司（债务出让人）签订三方协议，对债务转让及债务金额、期限、利率、有无担保等作出约定。承债出资属于非货币出资方式，应当经评估作价以确定投资者的出资额。

承债出资同样可以起到分配社会资源的功能，也会起到节约流动性的作用，在特定情况下有其客观需求。承债出资是实实在在的出资，不违反公司资本充实的原则。

以上我们共计讨论了七种投融资标的，其中前五种具有现实的实操意义，后两种主要是讨论。任何一种权益性投融资，都是投融资方式和投融资标的的结合，也只有在两者结合中才能准确把握、正确操作权益性投融资。

第五章

借贷性投融资的种类和特征

企业的全部资本由借贷资本和权益资本构成,企业的投融资也分为借贷性投融资和权益性投融资。前边我们讨论的是权益性投融资的种类、特征及各种标的,现在我们讨论借贷性投融资。由于借贷性投融资的标的基本都是货币,因此我们只讨论借贷性投融资的种类和特征。企业要想做大做强不仅需要权益资本,也需要借贷资本,投资者不仅可以进行权益性投资也可以进行借贷性投资。要想利用好借贷性投融资,应当掌握借贷性投融资的种类、特征和规则。

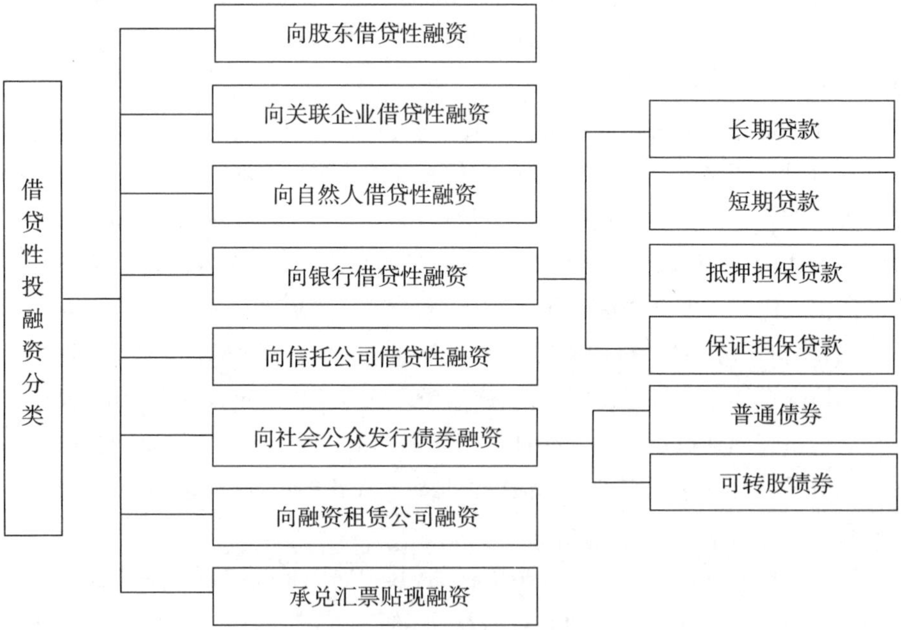

图 5－0－1　企业取得借贷资本的方式

根据特征和规则的不同，我们大致可以把借贷性投融资分为图 5－0－1 中的八种，下面我们逐一讨论各种借贷性投融资的特征和规则。

一、股东向公司借贷性投资

股东不仅可以向公司进行权益性投资，还可以向公司进行借贷性投资，在这种情况下，股东不仅是公司的股东，还是公司的债权人，股东的身份双重化了。在公司清算特别是破产的情况下，股东身份双重化表现得最为明显。从企业融资的实践看，股东对公司的借贷性投资是普遍存在的，特别是在有限责任公司更为普遍。向股东进行借贷性融资程序比较简单，费用低，容易成功，且利息“肥水没有流入外人田”。从实务来看，有股东按照对公司的出资比例向公司提供贷款的，也有仅大股东向公司提供贷款的。对于股东贷款公司可以参考同期同类银行贷款的利率向股东支付利息，并且可以列为财务费用在税前扣除。从企业并购的实践看，许多并购资金是公司采取向股东进行借贷性融资的方式解决的。对于外商投资企业而言，股东贷款只能在公司投资总额与注册资本之间的差额的范围内，且需要进行外债项下的外汇登记。

对自己持有股份的公司进行借贷性投资，并不违反法律和行政法规，也不需要股东登记相关的经营范围，不属于经营金融业务，只要股东的资金来源合法就行。股东对公司进行借贷性投资双方应当签订书面合同，约定借贷的数额、利率、期间、违约责任等内容。如果不是各股东按照持股比例向公司进行借贷性投资，实施借贷的股东与公司之间会构成关联交易，最好借贷合同经过公司权力机构的批准。

股东对公司进行借贷性投资，特别是大股东对公司实施的借贷性投资，一般来说都比较安全，除非公司临近破产。所以在许多情况下，股东对公司的借贷都不设立担保。但是如果公司存在破产的风险，或者出于其他考虑，股东对公司的借贷就要安排担保，以便在公司破产时股东的债权能够独善其身。

在公司创业阶段业务不稳定，对资金的需求也不稳定，且公司很难从外部得到资金支持，大多是股东维持公司对资金的需要。在这种情况下，股东有两个选择：一是向公司投入注册资本；二是把钱借给公司。投入注册资本后除非通过转让股权或者减资，否则不能从公司取回投资，即使公司资金闲置也不能取回。而通过借贷将资金投向公司，不受任何监管，可以做到随时投入，随时取回，更适合创业时期的股东和公司。对于经营形势不好的公司，股东通过借贷将资金投入公司比通过权益投资方式将资金投入公司还有避险的功能。在公司解散清算和破产清算的情况下,借贷资本优先权益资本享受权利,包括股东以借贷方式投入公司的资金也是如此。

二、公司向关联企业借贷性融资

向关联企业借贷融资是指公司向与自己有关联的非股东非金融企业进行借贷性融资。公司既可以向股东借贷,也可以向与自己有关联关系的非金融企业借贷,还可以向没有关联关系的企业借贷。过去很长一段时间法院对此类借款纠纷都是判决合同无效,没收利息。企业之间只能通过委托贷款的方式融通资金,既费力,又费时,还没有保障,银行从中取利却不担责任。

从实务来看,企业之间存在大量的借贷关系,特别是在企业集团内部,企业之间的借贷已经成为企业融通资金的一种重要方式。企业之间偶尔发生借贷关系不能认为其从事了金融业务,这与从事金融业务是两回事,不能简单地认定合同无效。比如,某糖果厂将自己的一台汽车出让,你不能认定它开展了汽车销售业务,或者要求它先变更自己的经营范围,或者认定它转让汽车的行为无效。现行合同法在这方面处理得比较好,没有沿袭企业超越经营范围的合同无效的传统。当然,企业之间的借贷要求资金为出借方自有的,不能是借入的,如果出借方利用自己的信用从银行借入资金然后再向外放贷,的确构成金融业务,涉嫌未经许可从事金融业务。

我国现行法规可以找到企业之间借贷性融资合法的依据,国务院颁布的《企业所得税法实施条例》第十八条规定:"企业所得税法第六条第(五)项所称利息收入,是指企业将资金提供他人使用但不构成权益性投资,或者因他人占用本企业资金取得的收入,包括存款利息、贷款利息、债券利息、欠款利息等收入。"第三十八条规定:"企业在生产经营活动中发生的下列利息支出,准予扣除:(一)非金融企业向金融企业借款的利息支出、金融企业的各项存款利息支出和同业拆借利息支出、企业经批准发行债券的利息支出;(二)非金融企业向非金融企业借款的利息支出,不超过按照金融企业同期同类贷款利率计算的数额的部分。"

民间借贷合同无效的情形一直延续到2015年最高人民法院发布《关于审理民间借贷案件适用法律若干问题的规定》,该规定自9月1日起开始实施。根据该规定,非金融企业之间的自有资金融通被归入民间借贷,并终于取得了合法的身份。从实务来看,非金融企业之间的资金融通主要发生在企业集团内部的关联企业之间,这种借贷往往构成企业集团内部的一种资源调剂,具有以信用为基础,短、平、快的特点。

三、公司向自然人借贷融资

向自然人借贷融资是指企业向自己的职工及职工以外的自然人进行借贷性融资。这类融资统称为民间借贷，最早出现在南方经济发达地区，主要是中小企业解决贷款难的一种融资方法。这种融资方法一开始为“地下”开展，后来逐渐转为“地上”。从实务来看，国有企业绝少采取这种融资方式。

根据我国现行法规，企业和个人之间借贷的利息不得超过银行利息的四倍。根据国家税务总局《关于企业向自然人借款的利息支出企业所得税税前扣除问题的通知》（国税函〔2009〕777 号）的规定，企业向内部职工或其他人员的借款利息在不超过按照同期同类银行贷款利率计算的部分可以在税前扣除。根据最高人民法院关于民间借贷的司法解释，这种借贷的年利率在 24% 以下的部分支持，年利率在 24% ~36% 的部分当事人自愿偿还，年利率在 36% 以上的部分反对。从实务来看，民间借贷的利率都比较高，笔者在实务中曾遇到过年利率 38% 的。但是如此高的利率无法在公司经营成本上正常列支，许多企业不得已采取瞒报收入的办法解决。近年来许多民间借贷通过各种基金的方式进行，虽然“帽子”换了，但是利率还是非常高，许多中小实体企业苦不堪言。

四、公司向银行借贷融资

向银行借贷融资是指企业向银行等金融企业申请贷款，这是目前我国大中型企业最主要的融资方式之一。银行对企业发放的贷款有许多种类，从借贷期限上可分为长期贷款（一年期以上）和短期贷款（一年期以下）。银行对企业的贷款一般都需要企业提供担保，主要有资产抵押担保、权利质押担保、证券质押担保、保证担保等担保形式。银行向企业贷款要收取利息，这是企业的融资成本，准予税前扣除。

向银行进行借贷性融资具有数额大、期间长的特点，而且成本也不高。在实务操作中企业需先向银行申请授信额度，一旦获得授信额度在额度内企业可以随用随贷。但是银行有“嫌贫爱富”的毛病，企业越是缺钱，银行越是不愿意借给你，企业越是不缺钱，银行越想借给你。所以对那些规模大、效益好的公司，特别是国有企业集团从银行取得贷款并不难，而对那些规模小、有困难的企业要想从银行取得贷款就非常难了。

五、通过信托公司借贷融资

信托并非借贷关系，也非权益投资关系，故将其放到借贷投资关系中讨论。

信托是指委托人基于对受托人的信任,将其合法拥有的财产委托给受托人,由受托人按照委托人的意愿以自己的名义,为受托人的利益或者特定的目的,对委托财产进行管理和处分的行为,概括地说就是"受人之托,代人理财"。信托人就是信托公司,委托人就是财产的所有人。

信托有以下特征:

1. 以信任为基础,受托人应当具有良好的信誉。在信托关系中,委托人将财产交付给受托人占有、管理,不需要受托人向委托人提供担保,委托人只需要向受托人索取交付财产的凭据,双方之间是以信用为基础的。因此,建立信托关系需要受托人具有良好的信誉,故此,信托业务需要持牌经营,设立信托公司应当经中国银行保险监督管理委员会批准,并领取金融许可证。未经中国银行保险监督管理委员会批准,任何单位和个人不得经营信托业务,任何经营单位不得在其名称中使用"信托公司"字样。

2. 信托财产具有独立性。信托依法成立后,信托财产即从委托人、受托人以及受益人的自有财产中分离出来,成为完全独立的财产。信托财产不受委托人和受托人财务状况恶化,甚至破产的影响,非依法律规定委托人和受托人的债权人不能追及信托财产。受托人应当单独核算信托财产,不得与自有财产混同,受托人因管理、运用信托财产取得的收益全部归入信托财产。除法律有特别规定外,对信托财产不得强制执行。

3. 受托人为受益人的最大利益管理信托事务。受益人是指委托人和受托人在信托协议中约定享受信托利益的人,可以是委托人自己,也可以是委托人指定的他人。在信托法律关系中,受托人必须受人之托,忠人之事,从受益人利益最大化的角度去运营、管理信托财产。

信托公司从其业务对象上区分,可以分为商事信托、民事信托、公益信托三类;从其经营的财产上区分,可以分为资金信托、动产信托、不动产信托和其他财产信托四种;从其受托人多少上区分,可以分为单一信托和集合信托两类;从信托目的上区分,可以分为自益信托和公益信托两类。资金信托是一种以资金为信托财产的信托模式,通常以资金一定期间内获取收益为信托目的,有委托人指定用途和不指定用途两种资金信托。资金信托包括单一资金信托和集合资金信托,各类基金都属于集合资金依托。

信托财产因受托人管理和运作而产生的收益为信托收益。受托人因管理去运作信托财产而取得的报酬为信托报酬。在我国资金信托不准约定保底收益,受托人必须严格按照信托文件的规定管理、运作和处分信托财产,由此获得的收益或者造成的损失由信托财产承担。企业可以从信托公司或者通过基金获得资金。

六、向社会公众发行债券融资

债券是一种有价证券。是一种金融契约凭证,是政府、金融机构、工商企业等直接向社会公众借贷融资时,向投资者发行由投资持有的债权凭证。债券的本质是债的证明书,具有证明债权债务关系的法律效力。债券购买者或投资者与发行者之间是一种债权债务关系,债券发行人即债务人,投资者(债券购买者)即债权人。由于债券的利息通常是事先确定的,所以债券是固定利息证券(定息证券)的一种。在金融市场发达的国家和地区,债券可以上市流通。

在我国除政府债券即国库券外的企业债券有两种,一种叫企业债券,另一种叫公司债券,这两种债券在本质上都是企业债券,但却有很大的不同。企业债券属于我国经济发展和改革初期出现的一种特殊固定收益债券,运作的法规依据是1993年国务院颁布的《企业债券管理条例》。该条例规定:"中央企业发行企业债券,由中国人民银行会同国家计划委员会审批;地方企业发行企业债券,由中国人民银行省、自治区、直辖市、计划单列市分行会同同级计划主管部门审批。"目前企业债券的发行审批权限归属国家发展和改革委员会,由于政府计划部门(现在的国家发改委)的权限范围主要涉及国有企业,实际发债主体主要是中央政府部门所属机构、国有独资企业或国有控股企业等大型国有机构,而且均有大型银行、大型国有集团等对债券进行担保。如此,我国的企业债券实质具有很高的信用级别,属于具有"国家信用"的准政府债券。

根据1993年国务院《企业债券管理条例》(2011年修订)的规定,本条例适用于中华人民共和国境内具有法人资格的企业(以下简称企业)在境内发行的债券。但是,金融债券和外币债券除外。除前款规定的企业外,任何单位和个人不得发行企业债券。本条例所称企业债券,是指企业依照法定程序发行、约定在一定期限内还本付息的有价证券。企业债券的票面应当载明下列内容:(1)企业的名称、住所;(2)企业债券的面额;(3)企业债券的利率;(4)还本期限和方式;(5)利息的支付方式;(6)企业债券发行日期和编号;(7)企业的印记和企业法定代表人的签章;(8)审批机关批准发行的文号、日期。

根据该条例规定,国家计划委员会会同中国人民银行、财政部、国务院证券委员会拟订全国企业债券发行的年度规模和规模内的各项指标,报国务院批准后,下达各省、自治区、直辖市、计划单列市人民政府和国务院有关部门执行。未经国务院同意,任何地方、部门不得擅自突破企业债券发行的年度规模,并不得擅自调整年度规模内的各项指标。企业发行企业债券必须按照本条例的规定进行审批;未经批准的,不得擅自发行和变相发行企业债券。中央企业发行企业债券,由中国人民银行会同国家计划委员会审批;地方企业发行企业债券,由中国人民银行省、自治区、直辖市、计划单列市分行会同同级计划主管部门审批。企业发行企业债券必须符合下列条件:(1)企业规模达到国家规定的要求;(2)企业财务会计制度符合国家规定;(3)具有偿债能力;(4)企业经济效益良好,发行企业债券前连续三年盈利;(5)所筹资金用途符合国家产业政策。企业发行企业债券应当制定发行章程。发行章程应当包括下列内容:(1)企业的名称、住所、经营范围、法定代表人;(2)企业近三年的生产经营状况和有关业务发展的基本情况;(3)财务报告;(4)企业自有资产净值;(5)筹集资金的用途;(6)效益预测;(7)发行对象、时间、期限、方式;(8)债券的种类及期限;(9)债券的利率;(10)债券总面额;(11)还本付息方式;(12)审批机关要求载明的其他事项。企业申请发行企业债券,应当向审批机关报送下列文件:(1)发行企业债券的申请书;(2)营业执照;(3)发行章程;(4)经会计师事务所审计的企业近三年的财务报告;(5)审批机关要求提供的其他材料。

另一种企业债券是公司债券,公司债券发行和运作的法规依据是证券法和其他相关法规。《证券法》第九条规定,公开发行证券,必须符合法律、行政法规规定的条件,并依法报经国务院证券监督管理机构或者国务院授权的部门注册。未经依法注册,任何单位和个人不得公开发行证券。第十五条规定,公开发行公司债券,应当符合下列条件:(1)具备健全且运行良好的组织机构;(2)最近三年平均可分配利润足以支付公司债券一年的利息;(3)国务院规定的其他条件。公开发行公司债券筹集的资金,必须按照公司债券募集办法所列资金用途使用;改变资金用途,必须经债券持有人会议作出决议。公开发行公司债券筹集的资金,不得用于弥补亏损和非生产性支出。上市公司发行可转换为股票的公司债券,除应当符合第一款规定的条件外,还应当遵守本法第十二条第二款的规定。但是,按照公司债券募集办法,上市公司通过收购本公司股份的方式进行公司债券转换的除外。第十六条规定,申请公开发行公司债券,应当向国务院授权的部门或者国务院证券监督管理机构报送下列文件:(1)公司营业执照;(2)公司章程;(3)公司债券募集办法;(4)国务院授权的部门或者国务院证券监督管理机构规定的其他文件。依照本法规定聘请保荐人的,还应当报送保荐人出具的发行保荐书。第十七条规定,有下列情形之一的,不得再次公开发行公司债券:(1)对已公开发行的公司债券或者其他债务有违约或者延迟支付本息的事实,仍处于继续状态;(2)违反本法规定,改变公开发行公司债券所募资金的用途。

两种债券在资金用途上也有很大差异。在我国企业债券发债募集资金的用途须由审批机关批准,企业债券的发行与政府部门审批的项目直接相关。发债募集资金一般用于基础设施建设、固定资产投资、重大技术改造、公益事业投资等国计民生方面。公司债券可根据公司自身的具体经营需要提出发行需求,只要在债券募集文件中明确即可,如何使用发债募集资金完全是公司内部事务,资金的主要用途也围绕公司的具体运作安排。可进行包括资产投资、技术改造、调整资产结构、实施资产并购重组等多方面对资金的需求。

两种债券在信息披露的要求上也有很大差异。企业债券的发行人没有被要求严格的信息披露义务,审批部门对发行人的持续性信用等级以及发债后的经营运作行为等信息不再进行专门的监管。反之,对发行公司债券的发行人的信息披露较为严格,《公司债券发行试点办法》(中国证券监督管理委员会令第49号)规定,“申请发行公司债券,必须真实、准确、完整、及时、公平地披露或者提供信息,不得有虚假记载、误导性陈述或者重大遗漏”。并且要求在债券有效存续期间,资信评级机构每年至少公告一次跟踪评级报告。

另外,两种债券在信用等级方面也有较大差异。与企业债券不同,公司债券没有强制要求担保措施。如果没有保证人进行担保,公司债券的信用级别将取决于发债公司的资产状况、经营管理水平、持续盈利能力等。由于不同公司的具体情况差异很大,公司债券的信用级别也会相差很大。与此不同,我国的企业债券,一般都有资信良好的保证人提供担保,使企业债券的信用级别都比较高。

上市公司还可以发行可转换为股票的债券。可转换债券是可转换为公司股票的债券的简称,指的是一种可以在特定时间、按照特定条件转换为公司股票的特殊的公司债券。只有上市公司可以发行可转换债券,非上市公司不能发行可转换债券,并且根据自2020年3月31日起开始实施的《证券法》,上市公司发行可转换债券的条件与上市公司公开发行新股的条件相同。发行可转换债券,发行人应当在招募说明书中承诺根据转换价格在一定时间内可将债券转换成公司的普通股股票(也可不转,转不转由债券持有人决定)。可转换债券的优点是兼具普通股所不具备的固定收益和一般债券所不具备的升值潜力。也就是说,可转债既具有借贷性投资固定收益的优点,也具有权益性投资可享受公司成长的优点,对投资者更具诱惑力。

向社会公众发行债券融资就是向社会上不特定的人进行借贷性融资。由于向社会公开发行债券涉及公众利益,所以法律对公司向社会公众发行债券规定了比较严格的条件、手续和流程,因此,从策划到完成需要的时间较长,发行的成本也较高,当然融得的资金额也可能较大。

七、向融资租赁公司融资

融资租赁公司是专事按照客户的要求将租赁物买入然后再租赁给企业并收取租金业务的企业。公司向融资租赁公司进行借贷性融资,取得的不是货币而是租赁物,是融得资金后拟受让的标的物。但是融资租赁关系仍应当界定为借贷法律关系。

根据《民法典》的规定,融资租赁是出租人根据承租人对出卖人、租赁物的选择,向出卖人购买租赁物,提供给承租人使用,承租人支付租金的一种交易关系。融资租赁合同的内容包括租赁物名称、数量、规格、技术性能、检验方法、租赁期限、租金构成及其支付期限和方式、币种、租赁期间届满租赁物的归属等条款。出卖人应当按照约定向承租人交付标的物,承租人享有与受领标的物有关的买受人的权利。出租人、出卖人、承租人可以约定,出卖人不履行买卖合同义务的,由承租人行使索赔的权利。承租人行使索赔权利的,出租人应当协助。出租人根据承租人对出卖人、租赁物的选择订立的买卖合同,未经承租人同意,出租人不得变更与承租人有关的合同内容。出租人享有租赁物的所有权。承租人破产的,租赁物不属于破产财产。融资租赁合同的租金,除当事人另有约定的以外,应当根据购买租赁物的大部分或者全部成本以及出租人的合理利润确定。租赁物不符合约定或者不符合使用目的的,出租人不承担责任,但承租人依赖出租人的技能确定租赁物或者出租人干预选择租赁物的除外。出租人应当保证承租人对租赁物的占有和使用。承租人应当妥善保管、使用租赁物,承租人应当履行占有租赁物期间的维修义务。承租人应当按照约定支付租金。承租人经催告后在合理期限内仍不支付租金的,出租人可以要求支付全部租金;也可以解除合同,收回租赁物。当事人约定租赁期间届满租赁物归承租人所有,承租人已经支付大部分租金,但无力支付剩余租金,出租人因此解除合同收回租赁物的,收回的租赁物的价值超过承租人欠付的租金以及其他费用的,承租人可以要求部分返还。出租人和承租人可以约定租赁期间届满租赁物的归属。对租赁物的归属没有约定或者约定不明确,依照《民法典》第五百一十条的规定仍不能确定的,租赁物的所有权归出租人。

当公司拟通过借贷性融资解决购买机器设备所需的资金时,可以考虑通过融资租赁的方法融通资金。

八、通过承兑汇票贴现融资

承兑汇票贴现融资是指企业向银行申请提前兑现承兑汇票,银行按照贴现期间收取一定的利息,将货币兑现给企业的一种融资方式。严格来说,这不是企业向银行融资,只是货币使用期间的一种转换,但是确可以解决企业的燃眉之急。对企业来说就是用贴现的成本换取一定期间货币的使用权。承兑汇票分为银行承兑汇票和企业承兑汇票两种,银行承兑汇票是指银行开列的承诺期限届满时见票兑现的一种票据,以银行信用为基础。企业承兑汇票是指由企业开列的承诺在期限届满时见票兑现的一种票据,以企业信用为基础。由于银行的信用好于企业的信用,所以在实务中多见的是银行承兑汇票。

上述八种借贷性融资方式是企业取得借贷资本的途径,它们的条件不同,特点不同,规则也不同,企业可以有选择地使用,也可以组合使用。借贷资本是企业全部资本的重要组成部分,借贷性融资也是企业重要的融资渠道。企业该当根据条件和可能从这些借贷性融资方式中选择最适合于自己的融资方式。

不会融资就不能把企业做大,对企业来说借贷性融资和权益性融资一样重要,都是企业取得资本的途径。

第六章

权益资本和借贷资本的融合

公司是一个“怪物”,在法律上他是财产的所有人,在市场上它是利益的追逐者,但它的全部财产都是别人的,都是受他人委托为他人的利益运营的,公司对这些财产可谓“生不带来,死不带去”。公司是“拿别人的钱为别人赚钱”的经济组织。权益资本和借贷资本既构成公司的全部资本,也反映公司全部财产的来源。权益资本和借贷资本是有着本质区别的两种资本,但是它们不仅在公司一方紧密配合构成公司资本的全部,而且在投资者一方也密切合作取得融合发展的效果。本章我们讨论权益资本和借贷资本的融合问题。

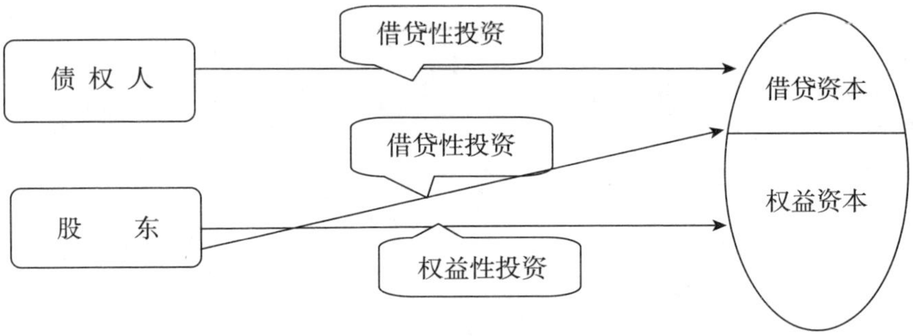

图6-0-1 公司全部资本的构成及来源

第一节 权益资本和借贷资本的对比

为了深入讨论投融资,有必要首先讨论公司的资本结构,而要讨论公司的资本结构,必须首先讨论公司两种资本的特点。我们首先通过对比的方法分析权益资本和借贷资本的特点，这有助于我们正确理解公司的资本结构和两种资本的融合。

一、有期限和无期限

权益资本没有期限，即使公司章程约定了公司的经营期限，经营期限届满公司解散，也不能理解为是权益资本的期限，因为公司解散股东分得的只是公司清算的剩余财产，并非股东的权益资本。故此，公司不用按照权益资本的期限准备偿还的资金。而借贷资本则有期限，即使借贷双方在借贷发生时未约定期限，债权人也可以通过通知的方式确定借贷的期限。当借贷期限届满时，公司须履行归还的义务。故此，公司需要按照借贷资本的期限准备好偿还的资金。

二、还本和不还本

权益资本不需要还本，即使公司经法定程序减资或者解散，也不能理解为是公司向股东清偿权益资本，因为减资股东从公司取得的是其享有的权益资本的对价，解散股东从公司取得的是公司清算的剩余财产，无论是在法律关系上，还是在财税处理上都不是权益资本的归还。而借贷资本则需要还本，因为在借贷资本项下双方交易的只是借贷标的的使用权，借贷的标的迟早需要归还。因此，对借贷资本公司必须按照约定的期限归还。

三、固定回报和不固定回报

权益资本是股东对公司的投资，是股东委托公司经营的资产，公司无须支付固定的回报。公司有利则分，无利则不分，利多则多分，利少则少分，这是权益投资者回报的规则。即使在优先股的情况下，仍不能突破这个原则，否则就可能构成抽逃出资，因此，对股东来说必须甘冒权益性投资无回报的风险。而借贷资本的投资者是公司债权人（包括股东作为公司的债权人），债权人有权要求固定的回报，公司作为债务人也有义务按照约定向债权人支付利息，而不问公司的经营结果如何，这是借贷投资者回报的规则。因此，就回报是否固定、回报是否受公司经营业绩影响这一点而言，权益性投资的风险大于借贷性投资的风险。

四、股息税后利息税前

“股息税后、利息税前”是权益资本和借贷资本的一项重要区别。股息是权益资本的回报，公司向股东分配股息的前提是公司确有盈利，而且就所盈之利已经缴纳了企业所得税,未完税的利润是不能进行分配的。也就是说,作为权益资本的投资者在取得股息之前,转化成股息的利润必须先缴税,能够作为股息分配的利润只是公司全部利润扣除税款之后的部分。而借贷资本则不然,借贷资本的回报是利息,根据《企业所得税法》的规定,利息可以作为公司经营的成本税前扣除。也就是说,公司就向债权人支付的利息公司不仅不用纳税,而且利息本身还作为公司的经营成本在计算企业利润时扣除。一个税前扣除,一个税后分配,此差异对投融资双方利益的影响很大。

五、可担保和不可担保

权益资本是股东对公司的投入,也是股东对公司责任的限额,因此不需要、也不允许公司为股东对自己的权益性投资提供担保。如果认可公司为股东对自己的权益性投资提供担保,这种担保权的实现就可能实际构成抽逃注册资本。而借贷资本是债权人对公司的投入,是一种借贷关系,公司需要付息还本,债权人可以要求公司提供担保,即便是股东对公司的借贷性投资,也可以要求公司提供担保。是否可以提供担保直接影响投资的安全,所以就这一点而言借贷性投资要比权益性投资安全。

六、清算时清偿的顺位不同

在公司解散清算或者破产清算的情况下,借贷资本包括股东投入的借贷资本的偿还顺位先于权益资本,只有借贷资本全部偿还完毕之后有剩余财产的才能按照股东投入的权益资本的比例进行分配。面对一个经营业绩不好的公司,在选择投资方式时这一点对投资者更加重要。清偿顺位的不同,也凸显了借贷性投资相比权益性投资的安全性。

七、是否享受公司的成长不同

权益资本的投资者是公司的股东,股东持有公司的股票或者股权,如果公司成长了,公司的估值就会上升,股东不仅可以通过享受利润分配权获得回报,还能享受因股票或者股权价格上涨给自己带来的更大的利益。而借贷资本的投资人是公司的债权人,他们的权利限制在还本付息的范围之内,无权享受公司的成长性,公司股票或者股权价格的上涨不能给他们带来任何利益(可转债除外)。也正是基于这一点,风险投资和创业投资主要是通过对成长性好的公司进行权益性投资,在公司上市或者被并购时享受公司的成长性,通过转让股票或者股权获得高额利润。

八、对公司的影响力不同

在权益性投融资的情况下，投资人作为公司的股东有权参加公司的决策，并依据其持有的股份和公司章程的规定行使表决权，甚至有提名公司管理层的权力，对公司的影响力比借贷投资者大得多。在借贷性投融资的情况下，投资者作为公司的债权人原则上不能对公司的重大决策行使表决权，更谈不上安插公司管理层，对公司的影响力小得多。从这个角度讲，借贷性投资的安全性又比权益性投资的安全性差。不过从实务来看，借贷性投融资的投资者总是以各种方法弥补自己在这方面的缺欠，以提高借贷性投资的安全性。

九、交易主体及是否改变公司的股权结构不同

借贷性投融资的交易主体是投资者和公司，公司是债务人而股东不是债务人，无论哪种借贷性投融资者皆是如此。而权益性投融资的主体是投资者和公司的股东，是外来投资者与公司的股东建立共同投资关系，在增资的情况下投资者将出资交给公司只是股东与公司之间财产委托经营关系的要求。总之，权益性投融资法律关系的主体是投资者与公司的股东，而借贷性投融资的法律关系主体是投资者和公司。

权益性投融资会增加公司的注册资本，进而会改变公司的股份结构，在某些特定情况下甚至会使公司的控股股东发生变更，触发公司并购。而借贷性投融资不会增加公司的注册资本，也不会改变公司的股权结构和控股股东，更不能触发公司并购。

十、标的和程序不同

从实务来看，权益性投融资的标的比较复杂，其以货币为主，但其他非货币财产也常见，如股权、不动产等。而借贷性投融资的标的几乎全部是货币，其他非货币财产的非常少见。公司权益资本的变动要走公司增资扩股或者减资的法律程序，相对比较复杂。而借贷性投融资在许多公司属于经营范畴，程序相对比较简单。

以上是我们对权益性投融资和借贷投融资的对比分析，从中可以看出两种资本的本质特征，正确认识两种资本的这些特点，对我们设计公司的资本结构，特别是设计股东的投资结构意义重大。总体上说，借贷性投资在安全性、回报稳定性上表现突出，比较适合于有较大预期现金流，但成长性差的企业；而权益性投资在

安全性、回报稳定性上都略差一筹,但能够享受公司的成长,比较适合于成长性好的企业。

第二节 公司资本结构和股东投资结构

时下讨论股权结构的比较多,目的是研究大股东如何治理小股东,小股东如何反治大股东,什么样的股权结构更有利于公司的治理和发展。而我们讨论公司资本结构是研究在公司的总资本之中,权益资本和借贷资本各占多少是最合适的;在股东对公司的全部投资之中,多少通过权益投资方式投入,多少通过借贷投资方式投入是最合适的。

什么是公司资本结构,公司资本结构就是在一家公司的总资本之中,权益资本有多少,借贷资本有多少,两者之间是什么样的比例。什么是股东投资结构,股东投资结构就是在股东对公司的投资总额之中,权益资本占多少,借贷资本占多少,两者之间是什么样的比例。显然,前者讨论的是公司的总资本,是公司资本总额的构成问题,后者讨论的是股东投资的构成问题。

公司总资本的构成对公司经营结果的影响主要在于公司取得借贷资本的成本和取得权益资本的成本(股东要求的权益资本的回报率)的高低。一般来说,如果公司取得借贷资本的成本比较低,公司就会倾向于扩大借贷资本的比例,因为这样有利于提高公司的经营业绩;反之,如果公司取得借贷资本的成本比较高,公司就会倾向于扩大权益资本的比例,因为这样也有利于提高公司的经营业绩。因此,在公司企业体系中公司管理层比较关心公司总资本的构成问题。

对公司的投资者来说,他们不仅仅要关心公司的经营业绩,还要关心自己投资的回报和安全。为此他们要考虑在自己的投资总额中,是全部作为权益资本投入,还是部分作为权益资本投入,部分作为借贷资本投入。从实务来看,不同行业的公司、不同发展阶段的公司、经营业绩不同的公司、成长性不同的公司,股东对公司投资的结构应当不同。一般来说,业务稳定的公司适合权益资本和借贷资本比例比较适中的投资结构;初创阶段的企业和单一股东的公司更适合借贷资本比例较高的投资;成长性不好但预期现金流好的公司更适合借贷性投资;成长性好的公司更适合权益性投资;业绩不好的公司更适合有担保的借贷性投资。股东应当根据公司的不同情况,设计适宜的投资结构。

从实务来看,风险资本和创业资本主要寻找成长性好的公司,而对目标公司的现金流却不太重视，因为他们主要是对项目公司进行权益投资，而且持股比例一般不会超过40%，它们不会控制项目公司，但会帮助项目公司成长，甚至与项目公司的创始股东对赌公司的成长，其获得收益的模式就是享受项目公司的成长。在项目公司上市或者被大的企业集团并购时它们会退出项目公司，取得高额回报。而产业基金则主要是寻找现金流好，在未来某个时段有充裕的现金偿还债务的企业作为目标公司进行借贷性投资，它们的关注点不在于公司的成长性，在于公司有没有还本付息的能力。这就是对房地产企业的投资大多为借贷性投资的缘故。

第三节　资本弱化在实务中的应用

谈到股东投资结构就不能不谈资本弱化。资本弱化是指在股东对公司的总投入之中权益投资部分下降、借贷投资部分上升，乃至公司的总资本之中权益资本下降、借贷资本上升的趋势。以下就资本弱化在实务中的应用问题与读者分享。

一、资本弱化是公司资本的趋势

某些外国公司特别是离岸公司在中国境内可能有上亿元的投资，甚至几十亿元的投资，但是他们的实缴资本很少，有的甚至只有1美元。也就是说，这些公司的资本基本都是借贷资本，或者说都是股东借贷给公司的，或者是从金融机构借来的。由此可见，公司只要有资本就可以存续和发展，并不完全受制于权益资本的多少，也不受制于权益资本与借贷资本的比例。公司在对资金的使用上，权益资本和借贷资本并无区别，而注册资本更多的是概念上的意义。这些外国公司主要是靠借贷资本在中国进行投资和并购的，这些公司充分利用了借贷资本的灵活性和成本低的优点，取得了较好的发展成果和经营业绩。对中国的公司来说，资本弱化是一个“舶来品”，其中的是非曲直还有待慢慢品味。虽然许多国家包括中国都出台有抵制资本弱化的政策，但是资本弱化依然是公司资本结构发展的一种趋势。

二、资本弱化有节税的意义

过去有些外商投资企业年年亏损或者只有很少的利润，但是干得挺有劲儿，这是为什么呢,为什么没有利润还要继续经营呢?原来这些公司的外国投资者从国外以非常低的利率取得资金,然后转手借贷给其在国内投资的公司收取利息,年利率可以达到其取得资金利率的数倍甚至上十倍。这样的公司往往注册资本少,借贷资本多,将本来可以构成公司利润的附加值转化为公司的财务费用了,将权益资本的税后利润转化为借贷资本的税前利息了,由此大大规避了企业所得税。在权益资本的情况下股东要想把利润分走,必须先由公司交纳企业所得税,之后才可以分;而在借贷资本的情况下利息不走利润分配程序,走成本扣除程序,公司不但无须缴纳企业所得税,而且还在税前扣除了利息。如此操作就好像应税商品走了免税通道,当然成本低收益高了。

三、资本弱化能缩短投资回本期

2011 年两位自然人与一国有煤矿企业签订合作协议,由两位自然人承包经营煤矿。根据煤矿技改方案两个自然人需要对煤矿投资 2.5 亿元进行技术改造,为此两位自然人约定一个出资 1.5 亿元,另一个出资 1 亿元,以 2.5 亿元注册资本成立一家公司,由公司履行合作协议经营煤矿。根据煤矿技改方案投产后每年产煤 30 万吨,吨煤售价 380 元,吨煤税前利润 50 元,吨煤净现金流 150 元。后经人测算如此设计公司的资本结构两位股东要等到大约 27 年才能收回投资本金,回本前需要缴纳企业所得税和个人所得税合计为 1.6 亿余元。

计算过程如下:

年度税前利润 = 50 元 × 30 万吨 = 1500 万元

年度企业所得税后利润 = 1500 万元 × (1 − 25%) = 1125 万元

年度股东分红税后所得 = 1125 万元 × (1 − 20%) = 900 万元

投资回本期 = 2.5 亿元 ÷ 900 万元 = 约 27.78 年

回本前合计缴纳企业所得税和个人所得税 600 万元 × 27.78 年 = 1.667 亿元

为了缩短回本期也为了节税,有人帮助他们重新设计了资本结构,将 2.5 亿元的股东权益性投资变更为 0.25 亿元的权益性投资和 2.25 亿元的股东借贷性投资(不收利息,按持股比例借入,按借入比例偿还)。因改变了股东的投资结构,增加了借贷资本的比例,降低了权益资本的比例,资本弱化使借贷性投资的回本期缩短为 5 年,使权益投资的回本期缩短为 2.78 年,使回本期内企业所得税和个人所得税的总额从 1.667 亿元降低为 0.16 亿元。在股东对公司投资总额不变的情况下,缩短了回本期,减少了回本前的纳税义务。

计算过程如下:

年度净现金流入总额＝150 元×30 万吨＝4500 万元（用来偿还股东对公司的借款）

股东借款回本期＝2.25 亿元÷4500 万元＝5 年

权益资本回本期＝2500 万元÷900 万元＝2.78 年

回本期内少纳企业所得税和个人所得税合计 1.667 亿元－（600 万元×2.78 年）＝1.5 亿元。

四、股东借贷投资有避险功能

2017 年某公司被法院裁定立案破产，该公司注册资本、实收资本均为 1000 万元，债权人申报的债权 9000 万元。后经律师了解股东在 1000 万元的权益投资之外，还前后借给公司 7000 余万元，律师帮助股东整理了借贷的证据并向管理人申报了债权，其中有 6500 万元得到确认，与公司的其他负债一样得到部分受偿。在公司破产清算的情况下，股东的权益性投资可能全部损失，但因股东的借贷性投资先于权益性投资受偿，可能会与其他债权人一样，得到部分清偿。如果股东的借贷性投资以公司的资产设立担保，其避险功能可能更好。

再有，对所属公司的挽救性投资采取借贷的方式也比权益性投资好。在企业集团中，有时某个子公司会因经营形势不好发生流动性严重不足，需要母公司或者关联公司援手，否则可能面临停产。在这种情况下，可以对其进行权益性投资，也可以对其进行借贷性投资。从实务经验看，对其进行借贷性投资可能更好。对这类公司施以借贷性投资既不影响其对资金的使用，还可以通过抵押、保证等方式保证资金的安全。

五、股东贷款更适合创业企业

某公司 2013 年成立，股东为两位自然人，认缴注册资本 1000 万元，实缴注册资本为 0 元。2016 年年初有人拟向该公司增资，虽然该公司没有权益资本，完全靠向股东借钱从事经营，但因该公司 2014 年和 2015 年每年盈利均在 400 万元上下，故被估值 3000 万元。

从实务来看，借贷资本与权益资本相比除有安全性高、回报稳定、节税的特点外，在公司创业期间还有以下优点：（1）灵活性高，能够做到需要时资金进入公司，不需要时资金退出公司，不像权益性投资那样一旦进入公司，非经复杂的法律程序不能退出公司；（2）数额可变，股东对公司的借贷性投资的数额可以根据公司对资金的需求随机变动，可多可少，而股东对公司的权益性投资其数额往往是事前约定,并对外公示的,无法根据公司的需求随时变动;(3)在公司成立初期公司的业务不稳定,收入无保障,股东对公司的借贷性投资可以不收利息,这样会使公司的业绩显得好看,也有利于帮助公司渡过创业危险期和进行融资活动;(4)如果公司创业不成功,实缴的权益性投资要用来偿还债务,未缴付的权益性投资也可能要提前缴付,而借贷性投资则不存在这个问题,并且能够在权益性投资之前从公司受偿。所以,股东通过借贷性投资将资金投入公司更适合创业时期的公司。

资本弱化是比较普遍的资本结构。公司在融资时要考虑资本的成本,要对比公司取得权益资本和借贷资本的成本以选择两者之间的最佳组合,既满足公司发展和经营对资本的需求,又把公司融资的成本降到最低。股东在投资时也要考虑是全部作为权益投资,还是部分为权益投资,部分为借贷投资,两者的比例如何。在我国现行公司资本制度下,每个股东都应当根据实际情况设计最佳的投资结构,每个公司都应当根据自己的实际情况设计最佳的资本结构。

第四节 股债融合投资方式

从法律上说权益性投融资和借贷性投融资有着本质的区别,但是,在实践中,无论是为新设公司进行投融资,还是为存续公司进行投融资,这两种资本都可以巧妙地结合起来。在当下中国的资本市场上,特别是在房地产资本市场上股债融合作为投资方式比较多见。这是因为股债融合能够将我们在本章第一节分析的权益性投融资和借贷性投融资的优点进行最巧妙、最完美的结合,使一项投资既有权益性投资能够控制债务人的优点,又有借贷性投资固定回报、可享受抵押权的优点。本节我们讨论一种比较新兴的投资方式股债融合。

所谓股债融合,就是作为企业外部投资者的资方,在设计投资方案时既考虑到了权益性投资的优点,也考虑到了权益性投资的缺点;既考虑到了借贷性投资的优点,也考虑到了借贷性投资的缺点,并想方设法地吸纳优点、摒弃缺点,创设出的一个投资项目既有权益性投资又有借贷性投资的投资方式。在这种投资方式中,权益性投资和借贷性投资各司其职,紧密配合,天衣无缝地保障投资的安全性和回报的稳定性。在这种投资项目中,只有一小部分资本作为权益资本投入,却获得项目公司的控制权,进而为整个投资的安全建立保障;绝大部分资本作为借贷资本投入,既取得固定的有保障的回报,又取得多项担保,为全部资本获得较高的回报率。比如,甲房地产开发公司在某城市持有一块开发用地,苦于没有资金无法开工建设,另一较大规模的房地产开发公司乙有资金、有品牌、会管理。双方经过谈判达成合作方案:甲公司按照注册资本额估值1亿元,乙公司向甲公司增资2亿元,取得甲公司66.66%的股权;乙公司派员出任甲公司的法定代表人和财务总监;股权变更工商登记完成后乙公司以委托借贷的方式向甲公司提供资金25个亿,年利率12%;甲公司原股东用对甲公司的股权及其他财产为前述借贷资本提供担保;甲公司的销售收入优先偿还欠乙公司的本金和利息;待甲公司全部偿还欠乙公司的本金和利息后,甲公司的股东以2.6亿元的价格回购乙公司持有的66.66%的股权。这就是一起典型的股债融合投资案例。

一、股债融合投资方式的特点

股债融合不同于名股实债,在股债融合的投资方式中,一项投资既有权益性投资又有借贷性投资。从实务来看,股债融合投资方式大多具备以下特征:

1. 股权价格不求公允。在股债融合的情况下,投资人为了追求借贷资本的安全性,在担保之外还要取得借款人的控制权,因此就出现了股的问题。因为在投资人看来要想保证借贷性投资项下债权的安全,单凭各种担保是不行的,而且靠担保实现债权的费用也太高,时间也漫长,故此他们在担保之外寻求比担保更有力的安全措施,这就是公司的控制权,而要取得债务人的控制权必须以取得股权为基础。投资人取得债务人股权的方法有三种:一是受让股权,即投资人从债务人原股东那里受让取得部分股权,从而实现对债务人的控制;二是增资取得股权,即投资人通过向债务人增资取得债务人的部分股权,从而实现对债务人的控制;三是与债务人共同设立项目公司,持有项目公司的部分股权,从而实现对项目公司的控制。不管以什么方式取得,投资人对该等股权并非要真正“买入”,也非打算长期持有;债务人或债务人的股东也非要真正“卖出”,双方关于股的事情只是为了使投资人暂时享有债务人股东的权利,能够控制公司的财务而已。双方会约定在期限一到或者条件一旦成就,股权要按照约定的价格还原,届时投资者将退出债务人公司。因此,在股债融合投资方式的情况下双方都不会过分计较股权的价格,价格往往不苛求公允,这是股债融合投资方式的一个重要特征。

2. 投资回报固定。权益性投融资的一个本质特征就是回报不固定,随公司经营业绩的变动而变动,而借贷性投融资却要求回报固定。一项投资既包括有股权投资,又包括有借贷投资,即使权益投资无回报,只要借贷投资回报固定,全部投资的回报也会相对固定。股债融合投资方式的回报不再与公司的经营业绩相关联,而是按照双方的约定执行。在股债融合投资方式的情况下,借贷双方会约定借贷资本的固定回报率,从而使全部资本享有固定的回报,这是名股实债的另一个重要特征。

3. 股权确定还原。在股债融合投资方式中,投资人进行权益性投资的目的不是参加利润的分配,只是为了控制债务人,以保证借贷投资的安全。因此,在股债融合投资方式的情况下,投融双方基本都事先约定股权的退出机制。股权退出机制的内容大致包括:股权还原的期限或者条件,即在期限届满或者条件成就时实施股权还原;股权还原的价格及价款的支付方式;以及股权过户和其他相关事项。在许多情况下投融双方会事先签署备妥股权还原所需的法律文件,以保证股权还原的可实施性。股权还原是股债融合投资方式的又一个重要特征。

从前面的讨论可知,无论是股东还是股东以外的人对公司进行借贷性投资,债权人都可以要求公司或者第三人为自己的债权提供担保,这充分显示出借贷性投资与权益性投资相比安全性方面的优点。但是单纯的借贷性投资与权益性投资相比也有一个很致命的缺点,这就是借贷性投资的投资人不能控制债务人公司,而权益性投资的投资人能够控制债务人公司,这一点正好也反映出权益性投资比借贷性投资的优点。正是为了集借贷性投资的优点和权益性投资的优点于一身,股债融合投资方式才应运而生。在股债融合的情况下,投资人不仅享受了只有借贷资本投资人才能够享受的固定回报和要求提供担保的权利,而且也享受了只有权益性投资人才能享受的参与债务人公司决策和人事委派方面的权利。从实务来看,股债融合投资方式的投资人不仅要求固定的回报率、充分的担保措施,还要求参与公司的决策和管理,他们认为这一点对债权的安全性非常重要。

在实务中,资方的绝大多数资金是以借贷资本的方式进入债务公司的,只有一少部分资金是以权益资本的方式进入债务公司的。但是由于资方无论是通过股权转让还是通过增资获得的股权,股权的价格并不真正体现其价值,故虽然资方投入的权益资本数额较少,但却能够使其获得足以控制债务人公司的股权。

二、投资人取得股权的方式

前边已经提到,投资人取得债务人公司股权的方式大致有三种:第一种是受让取得,即投资者通过向债务人公司的股东受让股权的方式取得债务人股东的身份;第二种是增资取得,即通过向债务人公司增资的方式取得债务人公司股东的身份;第三种是设立取得,即通过与债务人或者债务人的股东共同出资设立项目公司的方式取得股东的身份。受让取得方式程序简单、操作方便，比较适合债务人公司股东较少人情形。增资取得程序也简单，操作略显复杂，有利于公司取得资金和比较自由地使用资金，比较适合债务人公司股东比较复杂的情形。新设取得方式多适用于特定目的的项目公司为债务人的项目，比如房地产项目公司和PPP项目。

三、借贷资本的特别通路

在实务中，非金融类企业大量实施借贷性投资会遇到两个问题：一是权益投资额二倍以上的借贷投资额的利息不能税前扣除的问题，即资方（在股债融合投资方式中成为债务人公司的股东）对债务人公司的借贷性投资额如果超过权益性投资额的二倍，其二倍以上的部分债务人可以支付利息，但支付的利息债务人不能税前扣除；二是非金融机构的借贷投资不能设立不动产抵押权的问题，即在许多省份只有金融机构的借贷性投资可以进行不动产抵押登记，债务人不能为非金融机构的借贷性投资提供不动产抵押。

关于第一个问题，《企业所得税法》第四十六条规定："企业从其关联方接受的债权性投资与权益性投资的比例超过规定标准而发生的利息支出，不得在计算应纳税所得额时扣除。"关于标准比例，财政部、国家税务总局《关于企业关联方利息支出税前扣除标准有关税收政策问题的通知》（财税〔2008〕121号）中明确规定，企业实际支付给关联方的利息支出，其接受关联方债权性投资与其权益性投资比例是：金融企业为5∶1；其他企业为2∶1，超过的部分不得在发生当期和以后年度税前扣除。如此，资方对企业的借贷投资额受到了极大的限制，那么，实务中这个问题是怎么解决的呢？从实务来看，这个问题多数是通过委托银行贷款的方法解决的。这个方法的核心是遮盖住借贷资本的真实来源，使表面上看权益资本和借贷资本是来源于不同的主体，借贷资本并不是公司的关联方（股东）提供的，从而突破了《企业所得税法》的限制。当然，投资人也可以其他方式突破这个限制。另外，投资人一旦委托银行进行放贷，债务人公司作为金融企业的债务人或者第三人可以将自己的不动产为放贷银行设立抵押担保，如此第二个问题也就解决了。过去企业通过银行委托贷款进行借贷性投融资，其原因除上述两个外，可能还因为非金融企业向非金融企业提供贷款一旦产生争诉，法院会判定合同无效，甚至会没收全部利息。所以过去企业之间的借贷性投融资更需要设计特别的通路，即通过银行通路进行。现在虽然民间借贷的范围扩展了，包括非金融企业与非金融企业之间的借贷，但是由于前边提到的两个原因还在，所以股债融合投资方式下许多借贷资本还是通过委托银行放贷或者其他路径投放。

四、股权为债权保驾护航

权益性投资和借贷性投资的巧妙结合,最核心的是取两者的优势,弃两者的劣势。这就是通过借贷性投资的高利率取得固定的高额回报,在担保权利上要求债务人将其资产,特别是不动产抵押给投资人,同时要求债务人的原股东将其持有的剩余股权质押给投资人,从物权上保障债权的安全;同时通过取得对债务人公司的控制权,从而掌控债务人公司的经营决策和现金流,从债务人公司的管理权上保障债权的安全。

为实现上述目的,在实务中要求借贷性投融资的合同和权益性投融资的合同同时签署且同时生效,以防止出现两者取其一而失其一的风险。但是尽管这些合同是同时签署同时生效的,从两者的角色和职能上考量,应当权益性投融资(认缴)在先履行,借贷性投融资在后履行,并且权益性投融资合同的履行是借贷性投融资合同履行的前提条件。也就是说,应当首先将投资人登记为债务人公司的股东,使投资人实际控制债务人公司,从而使借贷性投融资变得可靠和安全。如果相反,在投资人尚未实际控制债务人公司的情况下就投放了借贷性投资,借贷性投资就可能会遇到风险,所以从投资人的角度出发最好先控制债务人公司之后再放贷。当然从债务人角度考虑,也应当注意防止投资人取得股权后迟滞放贷,使自己处于两难的境地。

两种投融资的巧妙结合不仅要处理好两种资本投放的时间,也要处理好两种资本退出的先后顺序。从实务来看,借贷资本是随着债务人净现金流的形成而逐渐退出的,也就是说,只要在不影响债务人正常生产经营的前提下,投资人会要求债务人首先偿还投资人贷款的本息。只有当投入的借贷资本全部得到清偿后,权益性投资完成了使命,才应当实施权益性投资的退出。如此,权益性投资和借贷性投资的巧妙结合,要求在进入时权益性投资在先,借贷性投在后;在退出时借贷性投资在先,权益性投资在后,实现权益性投资为借贷性投资保驾护航。

五、投资人退出的方式

投资人退出债务人公司的方式大致有三种:一是由原股东回购投资人持有的股权,也称赎回,多适用于投资人以受让股权方式进入债务人公司;二是通过债务人公司减资的方式使投资人退出债务人公司,多适用于投资人以增资方式进入债务人公司;三是通过债务人公司清算的方式使投资人退出债务人公司,比较适合以单一项目为目的的项目公司。原股东回购股权包括:如果资方是通过向债务人的原股东受让取得股权的,由出让股权的股东回购股权;如果资方是通过向债务人增资或者共同设立项目公司取得股权的,可以按照约定向债务人的其他股东出让股权。总之是通过股权转让方式退出债务人公司的,这种退出方式以债务人的其他股东有支付能力为前提。债务人减资是指通过债务人公司减资的方法,注销投资人持有的债务人的股权,投资人从债务人处取得减资的对价。这种退出方式不问资方以何种方式进入,唯以债务人公司有支付能力为前提。清算是指资方通过债务人公司清算的方式退出债务人公司。这种方式在两种情况下可能会被采用:一是债务人是项目公司,大家约定在项目完成后进行清算,包括投资人在内的各股东都通过公司清算程序退出公司;二是债务人的经营出现了重大问题,不得已进入了清算程序。

股债融合投资方式是以两种资本的特点为基础的,讲究的是根据投融资双方的具体情况,将两种资本进行巧妙完美的结合,进而追求取长补短的效果。股债融合作为一种新兴的投资方式有其独特的魅力,但是采用此种方法进行投融资,一定要注意两个风险:一是权益投资退出方式防止被认定为抽逃资本;二是借贷行为防止被认定为从事金融业务。关于第一个风险要注意,投资者取得权益投资退出的对价最好不从公司取得,而从公司股东取得,如果一定要从公司取得只有三个途径:利润分配、减资、分配剩余财产。在无利润可分也不清算的情况下,公司的权益投资者作只能通过减资从公司取得退出的对价,而公司减资一定要严格的履行公司减资的法定程序,否则就可能被法院认定为抽逃。关于第二个风险要注意,如果借贷投资的资本是募集的,应当成立基金或者以信托的方式筹集,不能以贷款的方式借入之后再贷出。

第五节　名股实债投资方式

名股实债(明股实债)作为一种投资方式与股债融合很相似但又不同,股债融合讲究的是两种资本的巧妙完美结合,但股还是股,债还是债;而名股实债则有点明明是借贷性投资却以权益性投资的面目出现的味道。称为名股实债是因为投资者和企业或者企业股东之间的交易表现为股权投资,他们签订的是股权转让协议或者增资协议,实为债是因为股权投资不允许事先约定固定的回报,只能根据公司的经营情况,有利则分,无利则不分,而他们却以转让股权的名义使投资者获得了固定的回报,把投资的固定回报隐藏在股权转让价格之中。名股实债作为一种投资方式也被广泛地利用,且有其独特之处。本节我们讨论名股实债这投资方式。

名股实债进入项目公司的方法与股债融合基本相同,可以采取受让股权、增资或者新设项目公司的方式,多数是以增资的方式使投资者加入标的公司、使资金直接进入项目公司。在实操中重要的问题不在于投资人如何进入项目公司,而在于投资人如何退出项目公司,更重要的是退出的价格和保障顺利退出的措施。

前文我们已经数次说过在公司法律关系中,股东和股东之间是共同投资关系,股东和公司之间是财产的共同委托经营关系。在名股实债的情况下,虽然投资者要求取得固定回报,具有借贷性投资的属性,但是从商事外观主义出发,双方签订的是关于股权投资合同,应当依据股权投资的外观对其进行断定。如此,投资者无论是基金投资者还是单一资金的投资者,就股权投资而言都是股东与股东之间的共同投资关系,公司不是交易的主体,只是交易的承受者。因此,在名股实债投资关系中,无论投资者是以受让股权方式进入的,还是以增资方式进入的,或者是以新设公司方式进入的,在退出机制上只要是与项目公司的其他股东订立的退出协议,由其他股东支付投资者退出的价款,即使约定了固定价格,只要不存在合同无效的法定事由,有关投资者退出的协议,包括固定价格都应当得到法律的尊重。

如果投资者退出项目公司的协议不是与项目公司的其他投资者订立的,而是与项目公司订立的,由项目公司向投资者支付退出价款,问题就会截然不同。第一,从法理上说,项目公司不是交易的主体(包括投资者以增资方式加入项目公司),由项目公司支付交易价款,在民事主体上说不过去。项目公司的其他股东才是交易的主体,由交易主体支付交易对价理所当然。第二,从权利义务平衡上说,项目公司不是交易利益的获得者,即使投资者溢价增资进入项目公司(项目公司溢价发股),其溢价部分也不确认为项目公司的收益,而是确认为项目公司的资本公积金,直接归全体股东按照股份比例享有,股东是相关交易的获利者应当承担价款支付义务,公司不是相关交易的获利者由其支付退出的对价不妥。第三,权益投资者(股东)退出公司,主要通过公司减资来实现(也可以由公司暂时收购其股权,然后再转让给投资者,仍然是投资者支付退出价款,且如果公司收购的价格高,转让的价格低,仍应当构成抽逃)。而公司要减资无论是什么理由,都必须履行法定程序,公司的债权人享有反制的权利。在公司企业制度中,股东不能把自己的给付义务转嫁给公司。如此,在名股实债投资方式中,如果投资者与项目公司的股东订立退出协议，约定由项目公司承担退出价款的支付，法院很可能认定为抽逃资本或者会判定协议无效；如果由项目公司的股东与投资者订立退出协议，由股东支付投资者退出的价款，法院多数支持协议。

名股实债的获利方法不是通过约定借贷资本的利率及利息，而通过约定资本退出的价格，通过取得股权和退回股权差价的方法取得固定的投资回报。比如，某投资者与某公司的股东签订增资协议，约定投资者向公司增资 2 亿元，取得目标公司 60% 的股权，并约定 36 个月后投资者退出目标公司。在签订增资协议的同时投资者与目标公司股东签订了股权转让协议，约定在投资后届满 36 个月时，投资者将目标公司 60% 的股权转让给目标公司的原股东，转让价格为 3 亿元。并为履行股权转让协议及股权转让价款的支付由目标公司和目标公司的兄弟公司提供担保。这就是名股实债。在这个名股实债投资关系中，投资者以 2 亿元的本金，3 年期限内取得了 1 个亿的固定回报。

综上所述，在名股实债的投资方式下，资本在进入项目公司时至少要签订两份协议，一份是取得股权协议（或者股权受让协议或者增资协议或者设立公司的章程），另一份是退出目标公司的协议，并固定两个协议中股权的价格，两个价格的差额就是资本的回报。名股实债投资人退出公司的方法与股债融合并没有什么大的区别，但是退出的价格却有很大的不同，股债融合一般以原价退出，而名股实债却一定高价退出，否则就没有投资收益。

名股实债表面上是股权投资，但它回避了股权投资的风险，不是按照股权比例分享公司的利润、成长与风险，从本质上偏离了股权投资；它脱离目标公司的经营成果和成长性约定股权转让价格，并通过股权转让价格使投资者取得固定的回报，以股权投资为名取得借贷投资的回报，故被称为名股实债。从法院审判实践看，如果在股权退回协议中约定由项目公司的其他股东受让股权支付对价，并不直接违反法律的强制性规定，也不侵害公司债权人的利益，可能会得到法律的支持；如果约定由公司收购股权支付股权价款，一般不会得到法律的支持。

第七章

股权投资基金及投资特点

在当下,讨论企业投融资事宜,就不能不讨论基金及其对企业的投资。实际这个问题我们在前边第五章中关于信托的讨论已经有所接触。信托法是基金法的上位法,基金是资金信托、是集合信托,基金的许多规则源自信托法。

本章我们简单地讨论一下基金的分类、基本规则及股权投资基金投资的特点,目的是帮助投资者、融资企业和投资服务者正确认识基金,合理使用基金资本。

第一节　基金的分类和基本规则

基金从募集方法上可以分为公募基金和私募基金。公募基金是指以公开方式向投资者募集资金设立的基金,发行公募基金须事先报中国证监会批准;私募基金是指以非公开方式向投资者募集资金设立的基金,募集完成后须向证券投资基金业协会备案。基金从投资对象上可以分为证券投资基金、股权投资基金、期货投资基金、产业投资基金等。股权投资基金是指以权益性投资为业务方向而设立的基金。私募股权投资基金是指通过私募方式向投资者募集资金,用所募集资金对非上市企业进行权益性投资,投资者按照其出资份额分享投资收益,承担投资风险的基金。股权投资基金在对企业实施投资的过程中附带考虑将来的退出机制,即通过上市、并购或管理层回购等方式,出售所持股权并获取利益。私募基金的组织形式可以是有限责任公司或者有限合伙企业,私募基金管理人和从事私募基金托管业务的机构管理、运用私募基金财产。证券投资基金业协会对私募基金业开展行业自律,协调行业关系,促进行业发展等服务。

各类私募基金管理人应当向基金业协会申请登记，报送如下基本信息：(1)工商登记和营业执照正、副本复印件；(2)公司章程或者合伙协议；(3)主要股东或者合伙人名单；(4)高级管理人员的基本信息；(5)基金业协会规定的其他信息。经基金业协会登记的基金管理人可以开展基金业务募集资金。私募基金募集完毕，私募基金管理人应当根据基金业协会的规定，办理基金备案手续。办理基金备案需要报送如下信息文件：(1)主要投资方向及根据主要投资方向注明的基金类别；(2)基金合同、公司章程或者合伙协议；(3)资金募集过程中向投资者提供基金招募说明书的，应当报送基金招募说明书；(4)以公司、合伙等企业形式设立的私募基金，还应当报送工商登记和营业执照正、副本复印件；(5)采取委托管理方式的，应当报送委托管理协议；(6)委托托管机构托管基金财产的，还应当报送托管协议。基金业协会应当在私募基金备案材料齐备后的20个工作日内，通过网站公告私募基金名单及其基本情况的方式，为私募基金办结备案手续。

向投资人募集资金，私募基金管理人、私募基金销售机构不得向合格投资者之外的单位和个人募集资金；不得通过报刊、电台、电视、互联网等公众传播媒体或者讲座、报告会、分析会和布告、传单、手机短信、微信、博客和电子邮件等方式，向不特定对象宣传推介；不得向投资者承诺投资本金不受损失或者承诺最低收益。向投资者募集资金应当制定并签订基金合同、公司章程或者合伙协议。募集资金应当由基金托管人托管，私募基金不进行托管的，应当在基金合同中明确保障私募基金财产安全的制度措施和纠纷解决机制。私募基金管理人、私募基金托管人、私募基金销售机构及其他私募服务机构及其从业人员从事私募基金业务，不得有以下行为：(1)将其固有财产或者他人财产混同于基金财产从事投资活动；(2)不公平地对待其管理的不同基金财产；(3)利用基金财产或者职务之便，为本人或者投资者以外的人牟取利益，进行利益输送；(4)侵占、挪用基金财产；(5)泄露因职务便利获取的未公开信息，利用该信息从事或者明示、暗示他人从事相关的交易活动；(6)从事损害基金财产和投资者利益的投资活动；(7)玩忽职守，不按照规定履行职责；(8)从事内幕交易、操纵交易价格及其他不正当交易活动；(9)法律、行政法规和中国证监会规定禁止的其他行为。

私募基金管理人、私募基金托管人应当按照基金合同约定，如实向投资者披露基金投资、资产负债、投资收益分配、基金承担的费用和业绩报酬、可能存在的利益冲突情况以及可能影响投资者合法权益的其他重大信息，不得隐瞒或者提供虚假信息。私募基金管理人应当根据基金业协会的规定，及时填报并定期更新管理人及其从业人员的有关信息、所管理私募基金的投资运作情况和杠杆运用情况,保证所填报内容真实、准确、完整。发生重大事项的,应当在10个工作日内向基金业协会报告。私募基金管理人应当于每个会计年度结束后的4个月内,向基金业协会报送经会计师事务所审计的年度财务报告和所管理私募基金年度投资运作基本情况。私募基金管理人、私募基金托管人及私募基金销售机构应当妥善保存私募基金投资决策、交易和投资者适当性管理等方面的记录及其他相关资料,保存期限自基金清算终止之日起不得少于10年。

第二节　私募股权基金投资的特点

私募股权投资基金作为一种权益性投资的资本,在投资业务上与其他资本有许多不同,讨论私募股权投资基金投资的特点,对企业向股权基金融资,在融资中合理维护自身利益一定会有所帮助。

一、私募股权基金的投资方向

股权投资基金主要寻找未上市的已经渡过创业阶段的成长性好的企业,特别是高新技术企业作为它们投资的目标企业。它们主要采取权益投资方式,要对目标公司进行尽职调查,对目标公司的估值比较谨慎,但又都会与目标公司的控股股东及实际控制人签订对赌协议。投后的持股比例一般在20%左右,要求改组目标公司的两会,甚至对某些事项要求一票否决权,但是不会干预目标公司的日常生产经营活动。股权投资基金的操作者大多都有专门从事对企业的权益性投资的经验,他们往往抓住企业急需资金的心理,要求的条件非常苛刻。从接受投资的企业角度说,接受投资后只有成功一条路。

二、对多项事务要求一票否决权

股权投资基金虽然投资的比例不高,对目标公司正常生产经营的干预也比较少,但是它们往往对多项事务要求一票否决权,以防止利益受到侵害。下面是某私募股权投资基金拟向某企业进行增资,投后持有目标公司18%的股权,其提出的投资协议模板中关于股东会或者董事会会议一票否决权的要求:“以下事项应按照届时有效的适用法律及不时修订的目标公司章程规定由目标公司董事会或股东会审议通过。如系董事会决议事项,则必须经董事会中股权投资基金委派的董事书面同意方可形成决议;如系股东会决议事项,则必须股权投资基金书面同意方可形成决议:(1)修订公司章程;(2)修改公司股东会、董事会、监事会的议事规则;(3)公司、公司的全资子公司以及控股子公司的主营业务的重大改变;(4)出让公司、公司的全资子公司以及控股子公司的资产、其账面价值超过该公司最近一期审计后合并报表净资产值的20%;(5)公司、公司的全资子公司以及控股子公司增加或者减少注册资本;(6)公司、公司的全资子公司以及控股子公司的合并、分立、解散、清算或者变更公司形式;(7)公司、公司的全资子公司以及控股子公司购买、收购或租赁超过其各自最近一期经审计后合并报表净资产值20%的资产;(8)公司、公司的全资子公司以及控股子公司的资产、长期投资或其他权益设置抵押、担保、质押等行为,但为公司、公司的全资子公司以及控股子公司内部在正常经营中产生的银行贷款而提供的抵押、担保、质押等除外;(9)公司、公司的全资子公司以及控股子公司向银行、财务公司或其他机构或个人借款,其中单笔借款金额超过200万元或当年累计借款金额超过600万元的负债行为;(10)向除公司、公司的全资子公司以及控股子公司以外的其他公司、其他组织或人士提供对外担保或为其承担其他任何形式的或有负债;(11)公司、公司的全资子公司以及控股子公司向其他公司或人士提供贷款;(12)可能导致公司实际控制人变更的行为;(13)公司、公司的全资子公司以及控股子公司股息政策的任何改变及制订利润分配方案;(14)公司、公司的全资子公司以及控股子公司单笔金额超过400万元或年度累计超过800万元的对外投资行为(包括设立子公司、合伙企业、参股企业及其他形式的对外投资),或以转让、增资或其他形式处置上述形式的对外投资;(15)制订或修改公司IPO计划、资产或业务的并购重组计划、股份在股份转让系统挂牌等类似计划,或指定与IPO或上述并购重组、股份挂牌计划等有关的专业机构;(16)制定、修订或实施公司、公司的全资子公司以及控股子公司的任何雇员期权计划、高管期权、股份激励计划或方案;(17)指定或更换负责公司、公司的全资子公司以及控股子公司审计的会计师事务所,或改变公司、公司的全资子公司以及控股子公司的会计标准;(18)公司、公司的全资子公司以及控股子公司与关联方开展任何关联交易,公司、公司的全资子公司以及控股子公司之间发生关联交易定价应公允。"

三、为了趋利避害要求多项特权

除了一票否决权外,股权投资基金为了维护并适时扩大自己的利益,将自己的风险控制在最低,它们往往还会要求许多特别权利。下面是某股权投资基金在投资协议中要求的特别权利:"(1)优先增资权。在目标公司通过增资计划,有第三方向公司增资的情况下,股权投资基金有权,但无义务按照其在目标公司的持股比例,按照第三方增资的条款和条件优先认缴新增注册资本。针对优先股权投资基金的优先增资权,其他股东在此明确放弃其根据适用中国法律、公司章程或基于任何其他事由可享有的优先增资权及可能存在的其他任何权利。(2)股权优先购买权。在目标公司的股东直接或间接或以其他任何方式处置其持有的全部或者部分股权时,出让方在转让条件确定后应当向股权投资基金发出书面通知,说明(a)转让意向;(b)拟转让股权数量;(c)转让的条款和条件;以及(d)受让方的基本情况。股权投资基金有权优先于目标公司其他股东购买并应在十个工作日内书面回复是否购买以及拟购买数额。(3)股权同售权。如果股权投资基金拟转让的目标公司的股权,股权投资基金有权、但无义务要求目标公司的其他股东按照受让方提出的相同的价格和条款条件,与股权投资基金一同向受让方转让其持有的目标公司股权。(4)股权转让限制。在目标公司以股权投资基金认可的条件首发上市或以投资人认可的条件被上市公司收购前,未经投资人之事先书面同意,目标公司的控股股东及实际控制人不得以转让或其他任何方式处置其直接或间接持有的目标公司部分或全部股权或在该等股权之上设置质押等任何权利负担,且实际控制人不得以转让或其他任何方式处置其直接或间接持有的公司、公司的全资子公司以及控股子公司的部分或全部股权或在该等股权之上设置质押等任何权利负担。股权投资基金向其关联方或任何其他第三方转让其在目标公司中持有的股权不受任何限制。如果根据法律规定,股权投资基金拟转让股权,需要目标公司其他股东同意或目标公司其他股东具有优先购买权,目标公司其他股东在此同意给予法律要求的同意并放弃优先购买权,并应在投资人发出书面通知后五个工作日内签署一切必要的文件和采取一切行动(包括但不限于向有关政府部门办理登记),以保证投资人股权转让的完成。(5)优先清算权。如公司、公司的全资子公司以及控股子公司发生清算、解散或者关闭或者整体出售,对可分配资产,在向其他股东分配之前,股权投资基金有权获得股权投资基金实际支付的投资款的100%加上以该等投资款为基数按照10%的年单利回报率计算的投资回报和已经宣布但尚未支付的股息和红利。(6)反稀释权。如目标公司以低于股权投资基金每单位股权的价格新增注册资本(经有效批准发行的激励股权和目标公司合格上市除外),则该等低价融资应当经过股权投资基金的批准。针对低价融资,公司、控股股东和实际控制人应当按照股权投资基金要求的方式(包括但不限于现金补偿、零对价发行股权和/或零对价转让股权)对股权投资基金进行补偿,以使其届时所持的目标公司股权等于其实际支付的投资款按照低价融资中的每单位股权的价格可获得的公司股权。(7)知情权和检查权。目标公司应当,并且控股股东和实际控制人应当促使目标公司,按股权投资基金要求的格式向投资人交付下列文件:(A)在每月结束后十五日内,提供该月度的资产负债表、损益表、现金流量表等财务报表。(B)在每季度最后一日起四十五日内提供该季度的内部现金流水账和银行对账单。(C)在每一会计年度结束后九十日内提供该会计年度的母公司的合并财务报表,并在自每一会计年度结束后四个月内提供管理层工作报告和股权投资基金认可的会计师事务所出具的审计报告、经审计的会计报表及其附注。(D)在每一会计年度结束前至少三十日,提供下一年度业务计划、年度预算和预测的财务报表。(E)实际控制人应核实并确认提供给股权投资基金的所有信息均是真实、正确且不会产生误导效果。目标公司财务报告/报表应为覆盖目标公司及其子公司的合并报表,并应包括资产负债表、损益表、现金流量表。(F)允许股权投资基金在合理的工作时间内随时检查公司、公司的全资子公司以及控股子公司的财产、不动产、财务账册及运营记录,并可复印、摘要该等文件,与公司的管理人员讨论其业务、财务状况,就公司的运营访问其顾问、雇员、独立会计师及律师。”

四、要求业绩对赌并约定补偿和回购

股权投资基金的投资项目基本都要求与目标公司的股东及实际控制人进行目标公司业绩对赌,并根据目标企业实际业绩情况选择实施补偿权和回购权。下面是一份股权投资基金增资协议的对赌条款:“(1)目标公司的估值调整:若××××年至××××年目标公司实际主营业务收入之和未能达到业绩承诺的,股权投资基金有权下调对目标公司的投前估值。调整后的目标公司投前估值的计算方式为:目标公司调整后的投前估值=原投前估值×(实际业绩/承诺业绩)。(2)补偿方式及计算公式:若发生前述的目标公司估值调整,股权投资基金有权选择要求实际控制人和/或目标公司彼此连带地按以下方式向投资人进行补偿,以下方式可同时使用:(A)现金补偿:现金补偿金额=(原投前估值-调整后的投前估值)×投后股权投资基金的持股比例;(B)股权补偿:股权补偿比例=股权投资基金投资款金额/(调整后投前估值+股权投资基金投资款金额)-投后股权投资基金的持股比例。(3)回购及回购价格:若发生目标公司估值调整及其他回购条件,股权投资基金有权书面通知目标公司、控股股东和实际控制人实施回购权,控股股东、实际控制人和目标公司应彼此对履行回购义务承担连带责任。回购对价的计算公式为:股权投资基金的投资款金额+按每年10%单利计算的利息。”业绩对赌及补偿和回购对企业来说是非常致命的条件,而对股权投资基金来说却也是不可或缺,关键在于投融双方能从实际出发,找到双方都能接受的方案。

股权投资基金是许多创业企业绕不开的投资者,他们也的确能够在关键时刻助企业一臂之力。但是企业一定要慎之又慎,没有相当的把握不要轻易使用。股权投资基金只能给企业锦上添花,不能给企业雪中送炭。

顺便说一句,业绩对赌协议中的股权回购条款和补偿条款,一定要注意的是,回购的义务人和补偿的义务人只能是公司的其他股东而不能是公司,如果约定由公司承担股权回购义务或者补偿价款的支付义务,法院很可能认定条款无效或者不支持履行。

第八章

股东超越股权控制公司的方法

前面我们讨论了权益性投融资、借贷性投融资以及两者的融合,从中我们已经了解到股权是公司进行权益性融资的工具,也就是说,公司的创始人、控股股东及其他股东,要安排公司进行权益性融资,就要稀释自己的股权。而股权不仅仅是融资的工具,还是股东控制公司的砝码,股东是按照股权比例分配对公司的控制权的。因此我们可能会看到这样的情况,在公司一天一天做大的同时,股东特别是创始人对公司的股权比例也在一天一天地降低,对公司的控制力也在一天一天地变弱。对创始人来说这里出现了一个怪圈,要么把公司做大,自己丧失对公司的控制权,要么自己完全控制公司,把公司做僵。

如何走出这个怪圈,使公司的控股股东特别是创始人既能把公司做大,又不至于丧失对公司的控制权;有哪些方法可以超越股权控制公司;怎样处理股权作为融资工具和控制公司砝码的辩证关系,是本章我们要讨论的内容。讨论投融资就不能不讨论怎样处理权益性融资和公司控制权问题。

第一节　关于股权的内涵

"股权"一词很多人都在用,但是真正能把股权内涵说清楚的人却不多。在讨论股东超越股权控制公司的方法之前,我们有必要先尝试性地讨论一下股权的内涵。股权是股东对公司、其他股东、董事、监事、高管享有的各项权利的简称。这个权利产生的基础是股东之间的共同投资关系和股东与公司董、监、高之间的财产共同委托关系。当股东之间的共同投资关系和对公司董、监、高的共同委托关系生成之时,股东的身份及享有的权利便生成;当股东之间的共同投资关系和股东对公司董、监、高的委托关系消灭或者解除之时,股东的身份及享有的权利便消灭。我们讨论股东对公司的控制权,先从股权的内涵说起。

股权的内涵即股权包括哪些权利,或者说一个正常公司的规范股东对公司享有哪些权利,请首先参见图 8-1-1。

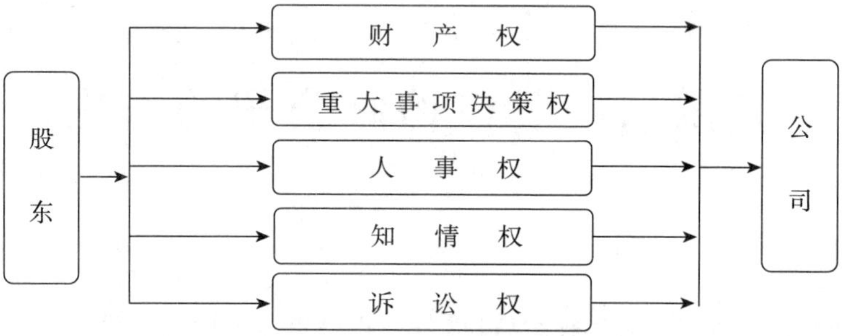

图 8-1-1 股东对公司所享有的权利

笔者认为,股权可以分解为图 8-1-1 中五项权利,也就是说,一个完整的股权应当包括股东享有的这五项权利。一般情况下这五项权利紧密联系在一起,均以股权比例为砝码,不存在此消彼长的关系。但是在特殊性情况下,这五项权利也可相分离,比如委托表决权;甚至可以此消彼长,比如优先股。如此再往下探究,我们会发现这五项权利中每一项权利又包括若干子权利,无论是股东的财产权还是股东的知情权等,都是如此。

一、股东财产权及包含的子权利

财产权是股东享有的最重要的一项权利,我们首先看看股东财产权包括哪些子权利,再分别简要讨论。

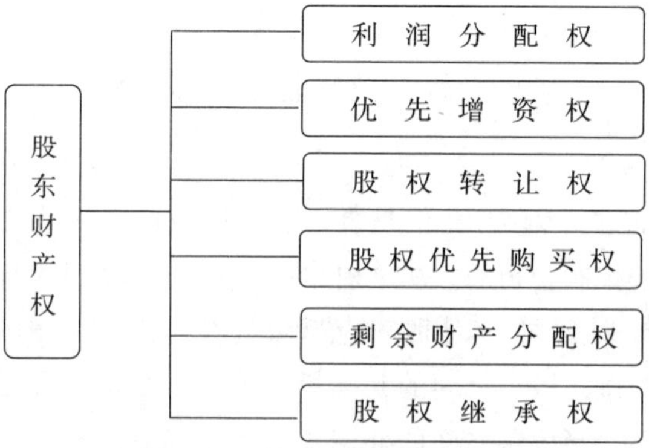

图 8-1-2 股东财产权与权利

这是股权财产权包括的五项子权利，每一个股东都不同程度地享有这五项权利。其中第一项利润分配权，是指当公司通过决议分配利润时，在册的每一位股东都有按照股份比例分取公司利润的权利。根据《公司法》第三十四条的规定，有限责任公司的股东按照实缴的出资比例分取红利，但是全体股东约定不按照出资比例分取红利的除外。根据证监会《优先股试点管理办法》第二条和第三条的规定，上市公司可以公开或者非公开发行优先股，非上市公众公司可以非公开发行优先股。优先股是指依照《公司法》，在一般规定的普通种类股份之外，另行规定的其他种类股份，其股份持有人优先于普通股股东分配公司利润和剩余财产，但参与公司决策管理等权利受到限制。股东享受利润分配权可以有先有后，有优有劣，有限责任公司由全体股东约定，股份公司由公司章程规定。股东的利润分配权以公司有税后利润可分为前提，如果公司没有利润可分，无论什么股权都不能从公司分取利润，否则就破坏了公司企业制度的原则，就可能构成股东抽逃出资。《公司法》第一百六十六条规定，公司分配当年税后利润时，应当提取利润的百分之十列入公司法定公积金。公司法定公积金累计额为公司注册资本的百分之五十以上的，可以不再提取。公司的法定公积金不足以弥补以前年度亏损的，在依照前款规定提取法定公积金之前，应当先用当年利润弥补亏损。公司从税后利润中提取法定公积金后，经股东会或者股东大会决议，还可以从税后利润中提取任意公积金。公司弥补亏损和提取公积金后所余税后利润，有限责任公司依照本法第三十四条的规定分配；股份有限公司按照股东持有的股份比例分配，但股份有限公司章程规定不按持股比例分配的除外。由此，股东应当按照股权比例享有利润分配权，但是有限责任公司经全体股东同意不按照股权比例分配的，和股份公司章程规定不按照股份比例分配的除外。

另外，在公司资本完全认缴制度的今天，有限责任公司股东对公司注册资本可能存在只有认缴无实缴的情况，也可能存在只有实缴没有认缴的情况，还可能存在部分股东按照约定实际缴付了出资，部分股东按照约定没有缴付出资，或者部分股东按照约定缴付了出资，部分股东违反约定没有缴付出资的情况。在这些情况下，股东如何行使利润分配权，法律原则上尊重当事人的意思自治权，由全体股东约定（不能通过2/3 表决权修改公司章程中关于股东利润分配权的规定），可以按照认缴出资比例分配利润，可以按照实缴出资比例分配利润，可以一部分股东按照认缴出资比例分配利润，另一部分股东按照实缴出资比例分配利润。对于违反约定没有缴付出资的股东，《公司法解释（三）》第十七条规定，股东未履行或者未全面履行出资义务或者抽逃出资，公司根据公司章程或者股东会决议对其利润分配请求权、新股优先认购权、剩余财产分配请求权等股东权利作出相应的合理限制,该股东请求认定该限制无效的,人民法院不予支持。

股东财产权的第二项子权利是优先增资权。股东优先增资权指的是在公司增资注册资本时,应当优先考虑向本公司股东配股,即公司的原股东按照原持股比例向公司增资,解决公司对资金的需求。从实务来看股东这项权利的实现没有明确的程序,多数是通过股东会或者股东大会批准外部投资者向公司增资的决议来实现的,也就是说,不征求每一位股东的意见。在实务中如果股东会或者股东大会批准外部投资者向公司增资,个别股东不能享有跟投的权利。因此,我们可以把股东优先增资权理解为股东享有的一种共益权,而非自益权。个别股东不能主张优先增资权,只有股东会或者股东大会通过了股东向公司配股增资的决议后,股东才能享有这项权利。

股权转让权是股东享有的第三项财产权利,也是非常重要的一项股东权利。无论是有限责任公司的股东,还是上市公司的股东都享有这项权利,所不同的只是上市公司股东转让股权更方便、更频繁,有限责任公司股东转让股权更复杂、更麻烦。股权转让权是股东财产权的最终实现,是股东退出共同投资关系和共同委托关系的途径。有限责任公司股东对外转让股权,其他股东往往享有同等条件下的优先购买权。不过其他股东的优先购买权并不能阻止股东最终财产权利的实现,股权转让权属于物权范畴,是绝对的,股权优先购买权是债权范畴,是相对的。

股权优先购买权是股东的第四项权利。只有有限责任公司在其章程中规定了这项权利时,其股东才享有这项权利。股份有限公司和章程中没有约定这项权利的有限责任公司的股东不享有这项权利。优先购买权制度的设立是为了维护有限责任公司人合的属性,但是否愿意按照同等条件购买相关股权,则是股东的一项财产权利,购买和不购买都是股东的自益经济行为。

股东的第五项财产权利是剩余财产分配权。剩余财产是指公司清算时,清算财产偿还完公司的全部负债并支付全部费用后的剩余部分。从理论上说这部分财产由公司的注册资本、资本公积金、盈余公积金、未分配利润组成,由股东权益转换而来。剩余财产是公司总资产中属于公司股东的部分,依照公司法的规定由全体股东按照出资比例分配。

股东财产权中包含的第六项子权利是股东继承权。上市公司没有人合属性,所以股权的继承权是完整的。有限责任公司有人合属性,股权继承权可能受到限制,但是不能否定继承人的财产权利。《公司法》第七十五条规定,自然人股东死亡后,其合法继承人可以继承股东资格;但是,公司章程另有规定的除外。也就是说，如果公司章程对股权继承权没有限制，自然人股东死亡后，其继承人可以成为公司的股东；如果公司章程对继承人成为公司股东有限制，继承人就只能出让其继承的股权，取得其中的最终财产权。

以上是股东财产权包括的五项子权利。股东财产权是股权中最核心的一项权利，虽然股东财产权利中的某些子权利可以进行调整，但股东财产权利是与股东绝对不可分离的一项权利。

二、股东参与决策权及特征

公司的财产是股东委托经营的，股东是委托者，公司的董事、监事、高管是受托者，有关公司生产经营的重大事项当然地应当由股东决定了。如果是一人公司，委托者就一个人，重大事项就由股东一人作出决定；如果是非一人公司，委托人在二人以上，就只能由股东按照股权比例表决了。根据《公司法》第四条、第三十六条、第三十七条、第九十八条、第九十九条的规定，公司股东依法享有参与重大决策的权利。除一人公司外股东会或者股东大会由全体股东组成，是公司的权力机构，股东会或者股东大会行使下列职权：(1)决定公司的经营方针和投资计划；(2)选举和更换非由职工代表担任的董事、监事，决定有关董事、监事的报酬事项；(3)审议批准董事会的报告；(4)审议批准监事会或者监事的报告；(5)审议批准公司的年度财务预算方案、决算方案；(6)审议批准公司的利润分配方案和弥补亏损方案；(7)对公司增加或者减少注册资本作出决议；(8)对发行公司债券作出决议；(9)对公司合并、分立、解散、清算或者变更公司形式作出决议；(10)修改公司章程；(11)公司章程规定的其他职权。

根据《公司法》第四十二条的规定，有限责任公司的股东出席股东会会议，由股东按照出资比例行使表决权；但是公司章程另有规定的除外。也就是说，有限责任公司的股东通过股东会会议决议方式参与公司重大事项的决策，在表决通过决议时股东按照所持股权比例行使表决权，但是如果公司章程规定只有实缴出资的股东才享有表决权，未实缴出资的股东不享有表决权，或者规定持有某一类股权的股东表决权大于持有另一类股权的股东，法律也给予尊重，唯以公司章程的明确规定为准。关于股份有限公司股东表决权问题，《公司法》第一百零三条规定，股东出席股东大会会议，所持每一股份有一表决权。但是，公司持有的本公司股份没有表决权。

股东参与公司重大决策权是股东享有的一项重要权利，但是该项权利可以与股东分离。股东可以不参加股东会或者股东大会，不行使自己的参与决策权；股东可以参加股东会或者股东大会，放弃自己的表决权；股东也可以通过与其他股东签订委托表决权协议的方式将参与公司重大事项决策的权利转授给其他股东，由其他股东依其自己的意思对全部事项或者某些事项行使表决权；股东还可以与其他股东签订一致行动人协议，约定全部事项或者某些事项采取一致投票或者跟投，这是股东参与公司重大决策权的方式。

三、股东人事权及特征

人事权是股东享有的第三项重要权利。股东人事权是指股东在公司董事、监事、高级管理人员甚至某些特殊岗位人员的产生及罢免上享有的权利。根据《公司法》第三十七条、第九十九条的规定，股东会或者股东大会享有选举和更换非由职工代表担任的董事、监事的权利。关于有限责任公司股东的人事权利有两种情况：一是委派制，即根据公司章程的规定按照股东的持股比例由各股东直接向公司委派董、监、高；二是选举制，即经过股东或者提名委员会提名进入候选人，再经过股东投票表决任命董、监、高。根据公司章程的规定，股东会或者股东大会可以通过决议罢免董事、监事或者高管。股份公司只有选举制一种情况，所以股份公司股东的人事权主要表现在提名权上。

人事权对股东来说是一项若即若离的权利，只有持有一定比例股份的股东才可能在公司董事会、监事会或者高管中安排自己的人士。但是，人事权的确是股东的一项重要权利，不过从实践中看，对小股东而言可谓无望弃而远之，对大股东而言可谓如饥似渴势在必得。

四、股东知情权及分类

股东是公司财产的委托者，对公司的生产经营当然享有知情权。根据《公司法》第三十三条第一款的规定，有限责任公司的股东有权查阅、复制公司章程、股东会会议记录、董事会会议决议、监事会会议决议和财务会计报告。有限责任公司股东行使这些权利不需要理由，也没有条件或者限制，只要是股东就可以，故有人将其称为绝对知情权。根据《公司法》第三十三条第二款的规定，有限责任公司的股东可以要求查阅公司会计账簿。股东要求查阅公司会计账簿的，应当向公司提出书面请求，说明目的。公司有合理根据认为股东查阅会计账簿有不正当目的，可能损害公司合法利益的，可以拒绝提供查阅，并应当自股东提出书面请求之日起十五日内书面答复股东并说明理由。公司拒绝提供查阅的，股东可以请求人民法院要求公司提供查阅。股东要求查阅公司会计账簿和会计凭证的，需要向公司提出书面请求并说明目的,公司有证据证明股东有不当目的的,可以拒绝查阅。由于这项知情权需要股东先行申请并在得到公司允许后方能行使,故有人将其称为相对知情权。

股份有限公司特别是上市公司股东的知情权有所不同。《公司法》第九十六条、第九十七条规定,股份有限公司应当将公司章程、股东名册、公司债券存根、股东大会会议记录、董事会会议记录、监事会会议记录、财务会计报告置备于本公司。股东有权查阅公司章程、股东名册、公司债券存根、股东大会会议记录、董事会会议决议、监事会会议决议、财务会计报告,对公司的经营提出建议或者质询。根据《证券法》第七十八条、第七十九条、第八十条的规定,发行人及法律、行政法规和国务院证券监督管理机构规定的其他信息披露义务人,应当及时依法履行信息披露义务。信息披露义务人披露的信息,应当真实、准确、完整,简明清晰,通俗易懂,不得有虚假记载、误导性陈述或者重大遗漏。证券同时在境内境外公开发行、交易的,其信息披露义务人在境外披露的信息,应当在境内同时披露。上市公司、公司债券上市交易的公司、股票在国务院批准的其他全国性证券交易场所交易的公司,应当按照国务院证券监督管理机构和证券交易场所规定的内容和格式编制定期报告,并按照以下规定报送和公告:(1)在每一会计年度结束之日起四个月内,报送并公告年度报告,其中的年度财务会计报告应当经符合本法规定的会计师事务所审计;(2)在每一会计年度的上半年结束之日起二个月内,报送并公告中期报告。发生可能对上市公司、股票在国务院批准的其他全国性证券交易场所交易的公司的股票交易价格产生较大影响的重大事件,投资者尚未得知时,公司应当立即将有关该重大事件的情况向国务院证券监督管理机构和证券交易场所报送临时报告,并予公告,说明事件的起因、目前的状态和可能产生的法律后果。重大事件包括:(1)公司的经营方针和经营范围的重大变化;(2)公司的重大投资行为,公司在一年内购买、出售重大资产超过公司资产总额30%,或者公司营业用主要资产的抵押、质押、出售或者报废一次超过该资产的30%;(3)公司订立重要合同、提供重大担保或者从事关联交易,可能对公司的资产、负债、权益和经营成果产生重要影响;(4)公司发生重大债务和未能清偿到期重大债务的违约情况;(5)公司发生重大亏损或者重大损失;(6)公司生产经营的外部条件发生的重大变化;(7)公司的董事、1/3以上监事或者经理发生变动,董事长或者经理无法履行职责;(8)持有公司5%以上股份的股东或者实际控制人持有股份或者控制公司的情况发生较大变化,公司的实际控制人及其控制的其他企业从事与公司相同或者相似业务的情况发生较大变化;(9)公司分配股利、增资的计划,公司股权结构的重要变化，公司减资、合并、分立、解散及申请破产的决定，或者依法进入破产程序、被责令关闭；（10）涉及公司的重大诉讼、仲裁，股东大会、董事会决议被依法撤销或者宣告无效；（11）公司涉嫌犯罪被依法立案调查，公司的控股股东、实际控制人、董事、监事、高级管理人员涉嫌犯罪被依法采取强制措施；（12）国务院证券监督管理机构规定的其他事项。股份有限公司特别是上市公司的股东享有广泛的股东知情权，上市公司必须依法履行信息披露义务。

根据《公司法解释（四）》第七条、第十条的规定，无论是有限责任公司的股东，还是股份有限公司的股东，都可以对公司提起知情权的诉讼。只要原告在起诉时是公司股东，法院就应当受理，即使原告已经不是股东但原告有初步证据证明在持股期间其合法权益受到损害，请求依法查阅或者复制其持股期间的公司特定文件材料的，法院也应当受理。股东提起知情权诉讼，应当列明请求查阅、复制公司特定文件材料的名录。股东依据人民法院生效判决查阅公司文件材料的，在该股东在场的情况下，可以由会计师、律师等依法或者依据执业行为规范负有保密义务的中介机构执业人员辅助进行。知情权是股东的身份权，只能由股东本人行使，与股东不可分离。

五、股东诉讼权的分类及特征

股东享有诉讼的权利，股东诉讼的对象可以是其他股东，可以是公司，也可以是董、监、高，还可以是他们的组合或者其他人；股东诉讼可以分为公益诉讼和自益诉讼，还可以分为直接诉讼和代表诉讼。诉讼权是股东享有的一项重要权利。

股东代表诉讼也称股东派生诉讼，是指在公司利益受到损害，公司应提起诉讼而不提起诉讼的情况下，股东以自己的名义为公司的利益向法院提起的诉讼。股东代表诉讼是股东的共益行为，是因公司利益受到损害，股东为公司利益提起的诉讼。股东代表诉讼具有以下特征：（1）必须是公司的利益受到损害；（2）必须是为公司的利益提起诉讼，胜诉利益归公司享有；（3）必须是在公司不提起诉讼的情况下；（4）必须以股东自己的名义提起诉讼，以公司为第三人；（5）必须是以公司成立为前提；（6）股东代表诉讼一般有前置程序（《公司法》第一百五十一条）。下列诉讼均为股东代表诉讼：（1）股东对董事、高管损害公司利益提起的诉讼；（2）股东对监事损害公司利益提起的诉讼；（3）股东对其他股东损害公司利益提起的诉讼；（4）股东对他人损害公司利益提起的诉讼；（5）股东对利用关联交易损害公司利益者提起的诉讼；（6）股东对利用担保关系损害公司利益者提起诉讼；（7）股东对股东行使知情权后损害公司商业秘密提起的诉讼；（8）股东对清算组成员损害公司清算财产或者违反法律、行政法规和公司章程处分清算财产提起的诉讼。股东代表诉讼的共同点是，公司利益受到损害，股东为公司利益提起诉讼。

股东共益诉讼是指某个股东提起的但法院判决影响全体股东利益的诉讼，是某个股东为全体股东共同利益提起的诉讼。股东共益诉讼包括对未履行出资义务或者未完全履行出资义务或者抽逃出资股东提起的诉讼、对损害公司利益者提起的股东代表诉讼、对公司决议或者行为提起的诉讼三大类。股东共益诉讼有以下特征：(1)股东共益诉讼以股东自己的名义提起；(2)股东共益诉讼由全体股东共同享有胜诉利益或者法院判决对全体股东有约束力；(3)股东共益诉讼以公司为被告或者为第三人；(4)股东共益诉讼必须发生在公司成立之后；(5)某个股东提起共益诉讼其他股东可以申请作为第三人或者共同原告加入诉讼；(6)股东代表诉讼是股东共益诉讼的一部分。下列诉讼均为股东共益诉讼：(1)股东对未履行出资义务的股东提起的诉讼；(2)股东对未全面履行出资义务的股东提起的诉讼；(3)股东对抽逃出资的股东提起的诉讼；(4)针对股东董、监、高损害公司利益提起的股东代表诉讼；(5)股东对其他股东或者他人损害公司利益提起的代表诉讼；(6)股东为解散公司提起的诉讼；(7)股东为请求公司分配利润提起的诉讼；(8)股东对公司决议或者特定行为提起的诉讼。股东共益诉讼的共同点是，股东为股东共同利益或者公司利益而提起诉讼，判决对全体股东及公司有约束力。

股东自益诉讼是股东共益诉讼的对称，是指股东因自己的利益受到公司或者其他股东或者董、监、高履行公司事务时的损害，股东为维护自己的合法权益而提起的诉讼。股东自益诉讼是股东的自益行为，是股东为自己的利益提起的诉讼。股东自益诉讼有以下特点：(1)必须是股东自己的利益直接受到了损害；(2)对股东的损害与公司事务或者公司董、监、高履行职务有关；(3)胜诉利益归股东自己直接享有，法院判决只对原告被告有约束力；(4)股东以自己的名义提起诉讼；(5)多数以公司或者董、监、高为被告或者共同被告。下列诉讼均为股东自益诉讼：(1)公司未成立股东为分担设立费用提起的诉讼；(2)股东为行使知情权提起的诉讼；(3)有限责任公司出现《公司法》第七十四条规定的情况，股东为请求公司收购其股权提起的诉讼；(4)有限责任公司的其他股东向股东以外的人转让股权，股东为主张优先购买权提起的诉讼；(5)有限责任公司的股东为请求股权变更登记提起的诉讼；(6)股东因承担连带责任向其他股东追偿提起的诉讼。股东自益诉讼的共同点是，股东为自己的利益提起诉讼；诉讼权也是股东的身份权，与股东不可分离。

上述是我们对股权内涵的分析。在股权包含的五项子权利中,除财产权外的其他四项权利都直接、间接地与股东对公司的控制权有关,特别是股东参与决策权和人事权直接反映股东对公司的控制力。

第二节　股东控制权的股权节点

从实践中看,股东基本是按照股权比例分配表决权和人事权的,因此,股权就成了股东控制公司的砝码,股东的持股比例越高,对公司的控制力就越强,反之就越弱。根据《公司法》的规定,股东会或者股东大会对公司不同事项通过决议需要投赞成票的股东所持的表决权达到一定的比例;某一股东对公司为某项行为需要该股东所持的股权比例达到一定的标准。如此,就引导出股东对公司控制权的股权节点问题,即什么样的股权比例可以使股东操控公司的什么事项。我们先讨论股东对公司控制权的股权节点问题,然后再讨论股东超越股权比例控制公司的方法。

股东对公司控制权的股权节点问题在设立公司创始人分股时、在企业并购确定投后各方的持股比例时表现得尤为突出。因为股东按照股权比例来分配对公司的控制权是普遍规则;而我们在下一节将要讨论的股东超越股权控制公司只是特例而已。因此,讨论投融资特别是讨论权益性投融资,就不能不讨论股权比例,更不能不讨论股东控制公司的股权节点问题。

一、股东对公司的完全控制权

股东对公司的完全控制权是指一个股东完全控制公司,对公司任何事项的决定都由股东一人作出,不需要通过会议或者决议。股东能够对公司享有完全控制权的,只能是一人公司,包括一个法人股东的一人公司和一个自然人股东的一人公司。一人公司只能是有限责任公司,不能是股份公司。一人公司可以直接设立,可以通过转股实现,也可以通过分立实现,还可以通过合并和减资实现。根据《公司法》第六十条、第六十一条的规定,一人有限责任公司章程由股东制定。一人有限责任公司不设股东会。股东作出《公司法》第三十七条第一款所列事项的决定时采用书面形式,并由股东一人签名后置备于公司即可。一人公司与标准公司的主要区别在于一人公司不存在股东之间的共同投资关系,只有股东与公司董、监、高之间的委托关系。故此,一人公司的章程由股东自己制定,进而一人公司的哪些事项由股东决定,哪些事项由公司自主决定,完全由股东自己决定。而在公司章程中规定由股东作决定的事项,也不需要召开股东会会议或者股东大会会议表决,只需股东一人作出书面决定即可。

一人公司的股东对公司的完全控制权表现在:(1)哪些事项由股东决定,哪些事项由公司自主决定由股东一人决定,并写明在公司章程中;(2)公司章程中规定由股东做决定的事项,由股东一人做决定;(3)股东可以通过修改公司章程调整股东决定和公司自主决定的事项;(4)股东可以自主委托、罢免公司的二会一层。综上可见,一人公司在股东控制公司上有许多优势,但一人公司也有其劣势。根据《公司法》第六十三条的规定,一人有限责任公司的股东不能证明公司财产独立于股东自己的财产的,应当对公司债务承担连带责任。故此,一人公司的债权人可以直接将股东和公司作为被告提起诉讼,要求对公司负债承担连带责任,由股东自证清白,否则对公司负债承担连带责任。一人公司股东对公司的控制力虽强,但要注意股东对公司的"超强控制"和财产混同问题。

二、股东对公司的绝对控制权

《公司法》第四十三条规定,股东会会议作出修改公司章程、增加或者减少注册资本的决议,以及公司合并、分立、解散或者变更公司形式的决议,必须经代表2/3以上表决权的股东通过。《公司法》第一百零三条规定,股东大会作出决议,必须经出席会议的股东所持表决权过半数通过。但是,股东大会作出修改公司章程、增加或者减少注册资本的决议,以及公司合并、分立、解散或者变更公司形式的决议,必须经出席会议的股东所持表决权的2/3以上通过。由于修改公司章程、增加注册资本、减少注册资本、公司与其他公司合并、公司分立、解散公司、变更公司形式这七件事对公司来说是重大事项,故人们将相关决议称为特别决议,称能够以自己的赞成票通过该等决议的股东(应当包括一致行动人)对公司享有绝对控制权。也就是说,持有公司2/3以上股权的股东能够以自己一人的赞成票使公司通过关于这七件事的决议,对公司享有绝对控制权。

不过这并不是说持有公司2/3以上表决权的股东可以独立作出相关决定,要想使相关决议有效,有限责任公司必须依公司章程规定的程序召开股东会通过相关决议,股份有限公司必须依法定程序召开股东大会通过相关决议。对此《公司法解释(四)》第五条明确规定,股东会或者股东大会、董事会决议存在下列情形之一,当事人主张决议不成立的,人民法院应当予以支持:(1)公司未召开会议的,但依据《公司法》第三十七条第二款或者公司章程规定可以不召开股东会或者股东大会而直接作出决定,并由全体股东在决定文件上签名、盖章的除外;(2)会议未对决议事项进行表决的;(3)出席会议的人数或者股东所持表决权不符合公司法或者公司章程规定的;(4)会议的表决结果未达到公司法或者公司章程规定的通过比例的;(5)导致决议不成立的其他情形。也就是说:第一,除《公司法》第三十七条第二款或者根据公司章程规定可以不召开会议,由股东直接签署相关决议的外,未召开会议直接由持有2/3以上表决权的股东签署的决议不成立,不产生决议的效力;第二,虽然召开了会议,但会议未对决议事项进行表决,即使持有2/3以上表决权的股东签署了相关决议,相关决议也不成立,不产生决议的效力;第三,如果公司章程规定了相关会议有效的条件为出席会议的股东所持表决权的一定比例以上,如果出席会议的股东所持的表决权没有达到规定的比例,即使持有2/3以上表决权的股东签署了相关决议,相关决议也不成立,不产生决议的效力;第四,如果公司章程规定通过相关决议需要更高比例的赞成票,比如90%,即使持有2/3以上表决权的股东投了赞成票,相关决议也不成立,不产生决议的效力。

另外,根据公司法的原则,有限责任公司需要以特别决议通过的事项,可以在修改公司章程、增加注册资本、减少注册资本、公司与其他公司合并、公司分立、解散公司、变更公司形式这七件事之外再增加,比如出让公司的知识产权、土地使用权等;也可以增加公司通过特别决议需要赞成票的比例,比如80%以上;还可以既增加特别决议的事项,又增加通过特别决议赞成票的比例,唯以公司章程有明文规定为准。

如此,在公司投融资、并购实务中经常出现两种情况:一种情况是某一股东要求持股比例在2/3(66.7%)以上,否则不投资或者不并购;另一种情况是小股东要求增加特别决议的事项和通过特别决议的赞成票比例。也就是一方追求绝对控制权,另一方追求一票否决权。从实务来看,只要消除关联交易和同业竞争,一股独大好于两股都大,也好于谁也不大。

三、股东对公司的相对控制权

公司法没有规定有限责任公司通过股东会一般决议需要的赞成票比例,而一般的理解都是大于1/2,不过究竟是全部表决票的1/2,还是出席会议的股东所持表决票的1/2,说法不一。笔者认为,应当是全体表决票的1/2,当然应当首先以公司章程规定为准。关于股份有限公司的这个问题,《公司法》第一百零三条明确规定,股东大会作出决议,必须经出席会议的股东所持表决权过半数通过。

由于大于50%的股权比例虽然可以促使公司通过一般性股东会或者股东大

会决议，但不能保证公司能够通过特别决议，通过特别决议需要其他股东的支持，故人们将大于50%小于2/3的股权比例称为股东对公司的相对控制权。因为过半数表决权是通过股东会或者股东大会一般性决议的必要条件，故此，大于50%的股权比例也成了争夺公司控制权的一个制高点。在企业投融资特别是并购中这个问题表现得非常突出，很多投资者要求投后至少持有目标公司51%以上的股权。当然，对公司享有相对控制权的股东可以利用自己的一致行动人来实现操控股东会或者股东大会的目的，从而实现对公司更强有力的控制。

四、重大事项股东一票否决权

前文讨论的完全控制权、绝对控制权和相对控制权都是大股东对公司的控制权，现在我们来讨论小股东反制大股东控制权的节点问题。大股东要控制，小股东就会反控制，这是一个无法调和的永恒主题。小股东要反对大股东的控制有许多方法，包括联合、一致行动等，但最根本的是要持有一定的股权比例。小股东持有公司50%或以上的股权是不可能的事，那样他就不是小股东了，留给小股东反制大股东的股权节点只有一个，那就是大于1/3。因为只要小股东持有公司大于1/3的股权，大股东就凑不齐2/3的股权，单凭大股东一己之力就不能通过特别决议。故此，在投融资项目和并购项目中，小股东往往坚守大于1/3的股权比例，以反制大股东。

故此，我们也往往称大于1/3比例的股权为一票否决权，意为大股东要想通过特别决议，没有小股东的同意不行。在这种股权比例的情况下，小股东为了扩大自己的“战果”，往往要求在公司章程中增加特别决议的事项，减少大股东单方决定的事项，扩大自己的一票否决权。当然也不是说小股东丧失了大于1/3的股权比例就完全丧失了反制的可能，小股东可以根据自己的持股比例，要求在公司章程中提高通过特别决议的赞成票的比例。比如，小股东持有公司20%的股权，在公司章程中规定公司股东会通过特别决议的赞成票为公司全部表决票的30%。如此，虽然小股东失守了大于1/3的股权比例，但仍然对公司特别事项的决议享有一票否决权。

五、临时股东会议的召集和主持权

任何股东不能以自己的意思代替公司的决策，股东必须通过会议的形式或者公司章程规定的形式才能产生有效的决议，只有有效的决议才构成公司的决策。因此，无论是一般性决议，还是特别决议，能不能召开股东会或者股东大会，能不能将决议列入会议表决议案,对能否通过相关决议至关重要。上边讨论的是相关会议能否通过相关决议,现在要讨论的是能否召开相关的会议。

根据《公司法》第三十九条、第一百条的规定,有限责任公司代表1/10以上表决权的股东提议召开临时股东会会议的应当召开;股份有限公司单独或者合计持有公司10%以上股份的股东请求召开临时股东大会会议的,应当在两个月内召开临时股东大会。据此,无论有限责任公司还是股份有限公司,只要股东的持股比例达到10%以上,就享有提议召开临时股东会或者股东大会会议的权利,并且一旦提议就应当召开。

根据《公司法》第四十条、第一百零一条的规定,股东会会议或者股东大会会议分为定期会议和临时会议,定期会议每年召开一次,按照公司章程规定的时间召开。定期会议和临时会议由董事会召集,董事长主持;董事长不能履行职务或者不履行职务的,由副董事长主持;副董事长不能履行职务或者不履行职务的,由半数以上董事共同推举一名董事主持。有限责任公司不设董事会的,股东会会议由执行董事召集和主持。董事会或者执行董事不能履行或者不履行召集股东大会会议职责的,监事会应当及时召集和主持;监事会不召集和主持的,有限责任公司代表1/10以上表决权的股东可以自行召集和主持,股份有限公司连续九十日以上单独或者合计持有公司10%以上股份的股东可以自行召集和主持。

提议召开临时股东会会议或临时股东大会会议是股东享有的一项重要权利,其重要性在于为通过股东会或者股东大会决议打开了大门,不召开相关会议就难以产生相关的决议。股东提议召开股东会或者股东大会,有时也成为小股东反制大股东的一个有效方法。

如果小股东依法提起召开临时股东会或者股东大会,依据法律规定,董事会就要召集,董事长就要主持;如果董事会不召集,董事长不主持,依据法律规定,就要由监事会召集和主持;如果监事会不召集和主持,股东就可以自己召集并主持。只要相关股东会会议或者股东大会会议的召集程序和表决方法不违反法律或者公司章程的规定、会议通过的决议内容不违反法律和行政法规,会议决议就有效,其相关内容就对股东有效,对公司有效,对董事、监事、高管有效。如此,如果小股东能够获得召集并主持股东会或者股东大会会议的权利,可能会对反制大股东起到出奇的效果。10%的股权比例,也不失为公司控制权的一个重要节点。

六、股东大会会议临时提案权

有限责任公司股东会的程序性问题公司法规定的较少,主要由公司章程规定。股东会会议是否要有确定的提案，提案生成的程序，未列入提案的事项能否审议表决等，均由公司章程规定。而股份有限公司则不同，《公司法》第一百零二条规定，召开股东大会会议，应当将会议召开的时间、地点和审议的事项于会议召开二十日前通知各股东；临时股东大会应当于会议召开十五日前通知各股东；发行无记名股票的，应当于会议召开三十日前公告会议召开的时间、地点和审议事项。单独或者合计持有公司3%以上股份的股东，可以在股东大会召开十日前提出临时提案并书面提交董事会；董事会应当在收到提案后二日内通知其他股东，并将该临时提案提交股东大会审议。临时提案的内容应当属于股东大会职权范围，并有明确议题和具体决议事项。股东大会不得对前述通知中未列明的事项作出决议。

股份有限公司未列入会议提案的事项，会议不得审议和表决，更不能通过相关决议，因此，在股份公司，3%的股权比例也构成小股东反制大股东的一个股权节点。

七、股东诉讼和代表诉讼权

公司股东之间的纷争有时需要司法的介入。关于有限责任公司股东提起诉讼或者代表诉讼要求的股东持股比例，公司法没有规定，可以理解为只要是公司的股东就可以提起诉讼或者股东代表诉讼。关于股份有限公司股东提起诉讼和代表诉讼要求股东持有的股权比例，公司法规定为连续一百八十日以上单独或者合计持有公司1%以上股份的股东。比如，关于股东代表诉讼《公司法》第一百五十一条规定，董事、高级管理人员有本法第一百四十九条规定的情形的，有限责任公司的股东、股份有限公司连续一百八十日以上单独或者合计持有公司1%以上股份的股东，可以书面请求监事会或者不设监事会的有限责任公司的监事向人民法院提起诉讼；监事有本法第一百四十九条规定的情形的，前述股东可以书面请求董事会或者不设董事会的有限责任公司的执行董事向人民法院提起诉讼。监事会、不设监事会的有限责任公司的监事，或者董事会、执行董事收到前款规定的股东书面请求后拒绝提起诉讼，或者自收到请求之日起三十日内未提起诉讼，或者情况紧急、不立即提起诉讼将会使公司利益受到难以弥补的损害的，前款规定的股东有权为了公司的利益以自己的名义直接向人民法院提起诉讼。他人侵犯公司合法权益，给公司造成损失的，本条第一款规定的股东可以依照前两款的规定向人民法院提起诉讼。

股东诉讼或者代表诉讼也是股东维护公司利益和自身利益的重要手段，其更多的是作为小股东反制大股东的有效方法。

八、请求法院判令解散公司权

根据《公司法》第一百八十二条的规定,无论是有限责任公司,还是股份有限公司,公司经营管理发生严重困难,继续存续会使股东利益受到重大损失,通过其他途径不能解决的,持有公司全部股东表决权10%以上的股东,可以请求人民法院解散公司。请求法院判令解散公司也是股东的一项诉讼权利,但是比其他诉权更有反制大股东的效果。当然即使股东提起解散公司的诉讼,并提出充分的理由,法院也很可能通过其他方法解决矛盾,维持公司的存续,不过提起解散的诉讼仍不失为小股东反制大股东的有效方法之一。

以上我们讨论的是大股东控制公司的几个股权节点和小股东反制大股东的方法,从中可以看出无论是大股东还是小股东,股权都是他们控制与反控制的砝码。

第三节 股东超越股权控制公司的方法

上文已经讨论了股权是股东控制公司的砝码,那么,股东有没有超越股权控制公司的方法呢?这个问题对公司创始人、控股股东非常有意义。他们面临的问题是:要么把公司做大,自己丧失对公司的控制权,甚至出局,为他人作嫁衣裳;要么不去融资,把公司做僵,自己始终做小老板。本节我们就来讨论股东超越股权控制公司的方法。

一、有限公司通过A、B股调整股东权利

上市公司和非上市公众公司有优先股和普通股之说,有限责任公司没有优先股和普通股之说,那么,能不能要求有限责任公司所有持有相同比例股权的股东的各项权力都必须完全相同呢?笔者认为未必。从法理上说,上市公司是公众公司,其一言一行更要规范统一,受法律约束更多,自由度更小;而有限责任公司属于私性的不开放的公司,其一言一行不要求整齐划一,受法律规范更少,自由度更大。既然允许上市公司每一股的股东的各项权利不同,为什么要求有限责任公司持股比例相同的股东的各项权利一定要整齐划一呢。允许有限责任公司将股权分为财产权利弱,决策权利强的A股和财产权利强,决策权利弱的B股,于法于

理均不悖。股东之间是共同投资关系,按照出资比例分配股权,按照股权比例分配股东权利,这是通则;如果股东自愿将公司的部分股权确定为A股,将另一部分股权确定为B股,持有同一比例A股的股东比持有同一比例B股的股东享有更多的决策权、而享有较少的财产权利,即不违反公司企业制度,也不损害公司及公司债权人的利益,是应当允许的。有限责任公司将股权分为A股和B股,是股东之间就股权所包含的财产权和参与决策权进行的一定程度上的置换,这种置换是股东之间各自优势的互换,既有客观需要,又有可行性。

那么,有限责任公司将股权分为A股和B股,由不同的股东持有,有没有法律根据呢?笔者认为有法律根据。《公司法》第三十四条规定,有限责任公司股东按照实缴的出资比例分取红利,但是,全体股东约定不按照出资比例分取红利的除外。《公司法》第四十二条规定,有限责任公司股东会会议由股东按照出资比例行使表决权,但是,公司章程另有规定的除外。笔者认为,这就是有限责任公司股权可以分为A股和B股的法律根据。很明显根据公司法的这两条规定,有限责任公司持有同一比例股权的股东其利润分配权和参与决策权不一致,作为一种特例是允许的。这种特殊的股权构成惟以全体股东协商一致,并在公司章程中明确规定为要。

在这种特殊的股权构成中,对于股东财产权中的利润分配权可以考虑选择以下方案:(1)每1%的A种股权按照0.8%或者0.5%的比例分配利润,而每1%的B种股权按照1%的比例分配利润;(2)由全体B种股权的持有者分取公司一定比例的税收利润,由全体A种股权的持有者分取公司一定比例的税收利润;(3)明确每1%B种股票每年固定的股利,在公司有利润可分的前提下,首先按照约定向B股股东分配,有剩余的再向A股股东分配。在利润分配上坚守住两点,无论怎么分都不违法:一是有利润才能分;二是分配规则经全体股东协商一致。

在这种特殊股权构成中,对于股东表决权(参与决策权)可以考虑选择以下方案:(1)每1%的A种股权按照5%或者10%的比例享有表决权,而每1%的B种股权按照1%的比例享有表决权;(2)持有B种股权的股东只对直接涉及自身利益的事项享有表决权,公司的其他事项只有持有A种股权的股东享有表决权;(3)前述(1)和(2)结合。在表决权问题上只要协商一致,并在公司章程中明确约定就合法有效。

有限责任公司,特别是处于创业阶段的有限责任公司可以通过A、B股的方法来融资,创始人及主要投资者持有A股,中小投资者持有B股。B股不仅对中小投资者有吸引力,有利于公司融资,而且能够使创始人既把公司做大,又不失去对公司的控制权。

二、上市公司通过优先股调整股东权利

上市公司可以在普通股之外公开或者非公开发行优先股,非上市公众公司可以在普通股之外非公开发行优先股,这源于2013年国务院《关于开展优先股试点的指导意见》,及之后证监会出台的《优先股试点管理办法》。

国务院的指导意见明确,为贯彻落实党的十八大、十八届三中全会精神,深化金融体制改革,支持实体经济发展,依照公司法、证券法相关规定,国务院决定开展优先股试点。开展优先股试点,有利于进一步深化企业股份制改革,为发行人提供灵活的直接融资工具,优化企业财务结构,推动企业兼并重组;有利于丰富证券品种,为投资者提供多元化的投资渠道,提高直接融资比重,促进资本市场稳定发展。

关于优先股股东的权利与义务指导意见明确如下:

(1)优先股的含义。优先股是指依照公司法,在一般规定的普通种类股份之外,另行规定的其他种类股份,其股份持有人优先于普通股股东分配公司利润和剩余财产,但参与公司决策管理等权利受到限制。

(2)优先分配利润。优先股股东按照约定的票面股息率,优先于普通股股东分配公司利润。公司应当以现金的形式向优先股股东支付股息,在完全支付约定的股息之前,不得向普通股股东分配利润。公司应当在公司章程中明确以下事项:第一,优先股股息率是采用固定股息率还是浮动股息率,并相应明确固定股息率水平或浮动股息率计算方法;第二,公司在有可分配税后利润的情况下是否必须分配利润;第三,如果公司因本会计年度可分配利润不足而未向优先股股东足额派发股息,差额部分是否累积到下一会计年度;第四,优先股股东按照约定的股息率分配股息后,是否有权同普通股股东一起参加剩余利润分配;第五,优先股利润分配涉及的其他事项。

(3)优先分配剩余财产。公司因解散、破产等原因进行清算时,公司财产在按照公司法和企业破产法有关规定进行清偿后的剩余财产,应当优先向优先股股东支付未派发的股息和公司章程约定的清算金额,不足以支付的按照优先股股东持股比例分配。

(4)优先股转换和回购。公司可以在公司章程中规定优先股转换为普通股、发行人回购优先股的条件、价格和比例。转换选择权或回购选择权可规定由发行人或优先股股东行使。发行人要求回购优先股的,必须完全支付所欠股息,但商

业银行发行优先股补充资本的除外。优先股回购后相应减记发行在外的优先股股份总数。

(5)表决权限制。除以下情况外,优先股股东不出席股东大会会议,所持股份没有表决权:第一,修改公司章程中与优先股相关的内容;第二,一次或累计减少公司注册资本超过10%;第三,公司合并、分立、解散或变更公司形式;第四,发行优先股;第五,公司章程规定的其他情形。上述事项的决议,除须经出席会议的普通股股东(含表决权恢复的优先股股东)所持表决权的2/3以上通过之外,还须经出席会议的优先股股东(不含表决权恢复的优先股股东)所持表决权的2/3以上通过。

(6)表决权恢复。公司累计3个会计年度或连续2个会计年度未按约定支付优先股股息的,优先股股东有权出席股东大会,每股优先股股份享有公司章程规定的表决权。对于股息可累积到下一会计年度的优先股,表决权恢复直至公司全额支付所欠股息。对于股息不可累积的优先股,表决权恢复直至公司全额支付当年股息。公司章程可规定优先股表决权恢复的其他情形。

优先股股东在财产权利上的优越性、在管理公司上受到的限制、优先股向普通股的转换、优先股赎回的条件、价格、优先股回售的权利、价格和条件等均应当在公司章程中明文规定。

上市公司和非上市公众公司可以通过发行优先股的方法,一方面吸引广大社会投资者购买优先股向公司投资,另一方面能够调整股东的股份比例和管理公司权利(表决权和人事权)之间的关系,优先股股东用表决权置换利润分配权,控股股东用利润分配权置换表决权,实现超越股权控制公司。

三、通过股权代持调整股东权利

股份公司首发上市条件中要求股权清晰,原则上不允许股份代持。对于非上市公司,法律并不否定股权代持。在股权代持的情况下,股权代持人被登记为公司的股东,也称为显名股东。公司只认登记股东,参加股东会会议分配利润都只以登记股东为对象。如此,股权代持就成了最简单、最便捷的公司创始人超越股权控制公司的方法。

在公司创始阶段,主要依靠创始人个人的魅力吸引自然人投资,由创始人个人代持自然人投资者的股权是比较容易被接受的。通过此种方法,创始人既可以帮助公司吸纳资本,又可以由自己代替出资者行使表决权,实现超越股权控制公司的目的。不过创始人代持股权要注意以下问题:第一,要与实际出资者签订股权代持协议,明确双方的权利义务关系。《公司法解释(三)》第二十四条明确规定,有限责任公司的实际出资人与名义出资人订立合同,约定由实际出资人出资并享有投资权益,以名义出资人为名义股东,实际出资人与名义股东对该合同效力发生争议的,如无《合同法》第五十二条规定的情形,人民法院应当认定该合同有效。前款规定的实际出资人与名义股东因投资权益的归属发生争议,实际出资人以其实际履行了出资义务为由向名义股东主张权利的,人民法院应予支持。名义股东以公司股东名册记载、公司登记机关登记为由否认实际出资人权利的,人民法院不予支持。第二,代持认缴未实际缴付出资的股权要注意风险。《公司法解释(三)》第二十六条明确规定,公司债权人以登记于公司登记机关的股东未履行出资义务为由,请求其对公司债务不能清偿的部分在未出资本息范围内承担补充赔偿责任,股东以其仅为名义股东而非实际出资人为由进行抗辩的,人民法院不予支持。第三,要注意代持股权还原时可以发生大量税收负担问题。法律上虽然承诺股权代持,但税收上不承认股权代持,也没法承认,还原就是股权转让,就要按照股权转让缴纳所得税。笔者就曾遇到一个因公司估值过高导致还原税收成本过高的项目。

对于创业期间的有限责任公司,投资者大多都是同事、朋友,容易出现通过股权代持的方法融资的情况,这也不失为超越股权控制公司的一种好方法。

四、通过委托投票权调整表决权

委托投票权是指投资者将自己对公司某些事项的表决权委托公司的创始人或者控股股东行使。从实务来看,各种基金投资者将自己的投票权委托给他人行使的比较多。比如,京东首发的招股说明书披露,京东在上市前有11家投资人将投票权委托给了刘强东,使刘强东自己持股不足20%,却通过老虎基金、高瓴资本、红杉资本等掌握公司过半数的股东表决权。再如,阿里巴巴上市前,马云拥有8.8%的股权,管理层共计拥有14.6%的股权,马云等高层通过与软银、雅虎签订委托投票协议,实现了对公司的控制。

各类基金投资者之所以向公司投资,一是看中了公司的创始人,二是看中了公司所处的行业,三是看中了公司。他们往往不参与公司的管理,甚至没有能力参与公司的管理,他们坐享公司的成果,把公司的成长押在创始人的身上。他们更愿意将自己的参与决策权交由创始人行使,使创始人一心一意地管理好公司。所以,为实现对公司的控制,公司创始人或者控股股东在吸纳各种基金向公司投资时应当将委托投票问题提上谈判的日程,甚至把委托投票作为接纳投资的条件。各种基金对公司投资时绝大多数都要求业绩对赌,公司创始人或者控股股东可以将委托投票作为条件与其互换。

委托投票后受托人代表委托人参与公司决策,对各项决议和人事事项依自己的意思行使投票权,这就使创始人或者控股股东能够超越自己的股权比例对公司进行控制。委托投票需要签订协议书,协议书需要提交公司备案。委托投票委托人可以将自己对公司股东会或者股东大会的各项议案的表决权全部委托给受托人行使,也可以仅将对一部分议案的表决权进行委托,对另一部分议案的表决权仍由自己行使。

五、通过一致行动人调整表决权

一致行动人协议是指非同一控制的同一公司的股东之间,达成就公司的某些事项(提案和表决)采取一致行动的协议。一致行动人协议不一定有法律约束力,只是大家作为同一公司的股东,在对公司有关议案的表决上彼此支持、互通信息、统一思想、统一行动。但是如果一致行动人协议是由公司的联合创始人签订的,而且是以股权分配或者股权赠与为前提的,一致行动人协议对签约者可能有法律约束力。

一致行动人协议与委托投票权的最大区别在于,委托投票权是一种股东表决权的让与,表决权由受托者自行行使,而一致行动人协议并非股东表决权的让与,只是关于统一行动的约定。因此,签订一致行动人协议的各方原则上不能单独行动,如单独行使表决权,大家需要按照协议的约定在行使权利前沟通、协商,先统一思想然后统一行动。除联合创始人之间以分股或者股权赠与为基础的一致行动人协议外,此类协议对各方的约束力有限。

公司的创始人或者控股股东在组成创业团队时、向团队成员分股时、向团队成员赠与股权时,应当签订一致行动人协议。做到股权分散,权利集中,实现超越股权控制公司的目的。

六、通过持股平台调整股东权利

通过持股平台控制公司就是安排股份比例特小,人员众多的股东作为持股平台的股东,由持股平台作为公司的股东。这种安排最多使用的是员工股权激励,因为员工股权激励人数众多,如果是有限责任公司可能会超过公司法对股东人数的限制,所以安排接受股权激励的员工作为持股平台的股东或者投资者,然后由持股平台作为公司的股东。持股平台可以是公司,也可以是合伙企业,各有优缺点,需要根据具体情况选择。如果能安排创始人或者控股股东作为公司的股东之一或者合伙企业的出资人之一,并出任公司的法定代表人或者执行事务合伙人更好。

这种结构的优点在于:第一,可以绕过公司法对公司股东人数的限制,使公司的广大员工,甚至包括许多小额投资者都能够间接地成为公司的股东;第二,可以减少股东会或者股东大会的通知对象,减少出席会议的人员,降低会议成本;第三,可以过滤掉股东会或者股东大会上的杂音,使表决票更集中。通过持股平台集中表决权也是公司创始人或者控股股东超越股权比例控制公司的一种好方法。

七、通过表决权差异股票调整表决

这里说的表决权差异股票是指上市公司将股票分为两类:一类是普通股,向广大股民发行;另一类是精通股,由公司创始人持有,精通股的表决权是普通股的数倍。据说京东在美国上市时,公司股票就分为普通股和精通股,每一精通股的投票权是普通股的20倍。刘强东通过持有精通股,从而掌控了公司超过百分之八十的表决权。

我国《公司法》第一百零三条规定,股份有限公司股东出席股东大会会议,所持每一股份有一表决权。但是,公司持有的本公司股份没有表决权。我国公司法允许有限责任公司安排A、B股,但不允许股份有限公司发行表决权有差异的股票。据说阿里巴巴就是因为同股不同权的原因没能在香港上市,后转去美国成功上市的。最新的科创板上市公司,符合条件的,可以发行表决权有差异的股票。上市公司发行表决权差异的股票,也是公司创始人或者控股股东超越股权控制公司的方法之一。

第三篇

企业并购

PART 03

并购是资本繁衍的过程，也是公司成长的过程，在这个过程中，资本像原子核裂变一样迅速增长，公司从单体发展成为群体。每天都有企业诞生，但前景不过有三：一是并购别人把自己做大；二是被别人并购成为别人企业团队的一员；三是在竞争中慢慢被淘汰。这是资本发展的规律，没有企业能够避免。本篇我们讨论公司并购的相关问题，看看资本是如何繁衍的。

公司并购的主要问题包括并购主体、目标企业、并购方式、交易路径和支付方式等内容，对这些问题的讨论有助于我们掌握并购规则，防范并购风险，为企业设计最佳的并购方案。如果把并购比作一项浩大的工程，那么，方案设计就相当于工程设计，尽职调查和谈判就相当于主体施工，法律文件的起草就相当于装修。没有工程设计，施工就会迷失方向，没有规范的施工，工程就会出问题。

本篇我们讨论企业并购的以下内容：

1. 投资并购是企业发展的必由之路，如何选择投资和并购方式，再如何通过投资并购做大做强自己的企业；

2. 企业投资并购的最初文件，包括保密协议的内容和功能，意向性协议的性质、内容和功能，框架协议的性质、内容和功能；

3. 企业并购的法律尽职调查的内容和功能，法律风险识别、防除措施的设计和实施；

4. 企业并购的若干基础性问题，包括股权并购对目标企业的要求、股权的价格体系及各类价格的特征，影响企业估值的因素及资产并购的注意事项、关于转股价格和增资价格的规则；

5. 企业并购谈判要点及合同内容，包括计价基准日、目标公司监管期间和监管内容、价格类型的选择、目标公司重组需求和方法、目标公司或然负债的定义及赔偿机制等；

6. 新设合资公司章程的谈判要点、受让股权并购项目公司章程的谈判要点、增资并购公司章程的谈判要点以及公司章程应有的主要内容；

7. 有关上市公司投资并购的特别规则及并购上市公司的特别规则；

8. 企业国有产权无偿划转的规则、企业国有产权出让的规则、国家出资企业增资项目的规则、企业国有资产出让的规则、国家出资企业收购并购的规则。

第九章

投资并购是企业发展的必由之路

企业发展到一定阶段会寻求扩张,这是一种必然,企业的扩张之路在于投资与并购。投资过程是资本诞生的过程,并购过程是资本繁衍的过程。本章我们讨论公司对外投资的各种方式,并进行对比分析,目的是帮助读者了解有多少种基本投资方式和衍生投资方式,各种方式适用的情况和要求的条件怎样,交易的标的是否相同,规则和步骤如何,优缺点是哪些。这可以帮助实务者根据自己公司的条件和目标企业的情况,设计出最佳的投资并购方案。

第一节 投资并购对交易双方的意义

在今天的世界上,每天都有成千上万个企业诞生,但是企业的最终归宿有三种:一是并购别人把自己做大;二是被别人并购成为别人企业集团的一员;三是在竞争中慢慢被淘汰。世界上所有大企业集团都是通过投资并购成长起来的,投资并购不仅是企业迅速成长为行业领导者的必由之路,而且对交易双方都有重要的积极意义。

一、投资并购对并购方的意义

企业要想做好投资并购工作,走好自己的成长之路,首先要了解投资并购对企业的意义,为企业投资并购提供服务的人员也应当了解这一点。从实务来看,投资并购对企业有以下意义:

1. 企业通过投资并购整合行业,使自己成为行业的领导者。任何一个国家,任何一个地区其经济的发展都会遇到行业整合问题,哪个企业能走在前面整合其他企业,最终成为行业的领导者,取决于多方因素,但投资并购是必经之路。投资并购有窗口期,窗口期一过,机不再来,机会只留给能够抓住它的人。没有哪个企业不想成为行业的领导者,没有哪个行业领头企业不是通过投资并购成长起来的。

2. 通过投资并购做大企业,提高企业的竞争力。竞争是商品经济永恒的主题,企业的生存发展能力取决于企业的竞争能力。投资并购可以帮助企业扩大规模,帮助企业获得先进的技术、资金、资源、管理人才、市场、品牌,这些都是构成企业竞争力的核心要素。投资并购可以快速提高企业的竞争力,使企业在竞争中脱颖而出。

3. 投资并购可以改善企业的竞争环境,提高企业的盈利能力。并购的最大妙用在于它可以化敌为友,改善企业的竞争环境。在商品经济中每个企业都要承受竞争对手的巨大压力,接受各种挑战,市场份额、成本和利润处于此消彼长的状态,完全通过竞争的方法战胜竞争对手难以实现。通过投资并购可以改变市场竞争态势,迅速改善企业的竞争环境,提高企业的盈利能力。

4. 扩大企业的体量,实现首次公开募股(Initial Public Offering,IPO)。公开发行股票并上市是许多企业的梦想,但 IPO 要求企业有一定的体量,财务指标达不到首发的标准,企业就不能 IPO。投资并购,特别是并购是企业增长体量的好方法,并购之后可以实现并表,就可以视目标公司的财务指标为本企业的财务指标。而且被并购方也会愿意借道行车,通过并购实现捆绑上市。

5. 为取得新的市场、新的利润增长点而投资并购。投资从市场出发,并购从市场出发,这是商品经济的规则,违反这个规则的势必受到市场的惩罚。企业投资并购的成败关键看能否取得市场,企业投资并购的直接目标就是瓜分市场。企业可以通过并购进入新的市场,也可以通过并购提高原市场的份额,这些都是企业新的利润增长点。

6. 实现跨行业发展。企业的存在和发展离不开行业,但随着经济技术的发展,行业也存在更迭的问题,企业也需要顺势而为、舍旧求新。通过投资并购是企业跨行业发展或者退出旧的行业进入新的行业的有效途径。

7. 为特定技术和品牌而并购。有时某项技术可能成为企业发展的“瓶颈”,获得某个品牌可能对企业的发展至关重要,企业可以通过并购的方法取得相关技术或者品牌。

8. 为取得特定的资源而并购。资源是企业的命脉,有些资源是不能再生的,控制了资源就控制了未来。通过并购可以取得资源,特别是可以取得不能再生的限量资源。

9. 为取得特定的资质而并购。资质是某些企业从事相关生产经营活动的前提条件，但因国家进行存量控制有些资质可以申请办理，有些资质则不能。对于不能申请办理的资质只能通过企业并购的方法取得，许多建筑企业的并购就是出于此目的。

10. 为阻击竞争对手、挽救已有的投资而投资并购。有时企业为阻击竞争对手进入自己的领域，对自己控制区域市场的企业抢先并购。有时企业为了挽救早前的投资而投资，从而改变市场竞争态势，救活已有的投资。

投资并购对企业的意义重大，是企业做大做强的必经之路。投资并购对社会、对国家的意义也十分重大，它是资源在行业、企业之间合理流动的最好途径，是资源再分配的最好途径，能够使全社会在资源消耗量相同的情况下取得更多的产出。

二、投资并购对被并购方的意义

投资并购不仅对并购方意义重大，对被并购方的意义也不小。无论是从企业角度，还是从股东角度，抑或从员工、社会角度来看，企业被并购都有积极的意义。从实务来看，企业可以通过被并购实现以下目的：

1. 被并购可以使企业加入大企业集团，为股东、企业、员工谋求更大的发展空间。许多企业在被大企业集团并购后会有鸟枪换炮的感觉，它们加入大企业集团后，虽然控股股东变成了小股东，但眼界开阔了，知识更新了，追求的利益长远了。关键是小企业的股东要抛弃偏见，开阔心胸，把企业当作社会事业来做。

2. 被并购可以使企业与更大的企业集团联手，化竞争为协同。企业无论大小，竞争不可避免，通过被并购就可以实现与大企业在市场上、在品牌上、在渠道上合作共赢，从而改变自己的竞争环境，谋求生存之地。

3. 为剥离资产、负债、业务、人员而被并购。企业发展到一定阶段就会发现某些资产、业务是自己生存的依靠，而另一些资产、业务反而成了自己的累赘。企业持有这些资产每年不但不能给企业带来利润，而且要花费一大笔费用，甚至使企业年年亏损。通过被并购剥离这些资产、负债、业务甚至员工，可以立即减轻企业的维护费用和财务费用，而且可以使企业获得一笔资金用于主要业务的发展。

4. 通过被并购退出现有行业。企业可以通过出让资产、权益、业务的方法获得一笔资金，然后将资金投入其他行业，实现退出原行业进入新行业的战略目标。

5. 把公司交给更有能力的人去管。公司企业体制的优越性之一就是所有权与管理权的分离。有的企业发展触到“天花板”,不是行业的问题,而是老板的问题,老板的格局决定了企业的格局。明智的老板应当考虑把企业交给有能力的人或者企业去管,自己做真正的老板,这样不仅老板清静,企业也会更好。

6. 被并购可以实现借壳上市的目标。借壳上市是指不具备上市条件的企业,通过被上市公司并购,要求以股票支付并购对价,从而变有限责任公司的股权为上市公司的股票,也就是我们常说的上市公司定向增发股票收购资产。许多中小企业无法达到上市的条件,通过被并购可以实现借壳上市的目标,把股权换成股票。

只有投资并购才是积极的,而被并购就是消极,这样的想法是不对的,如何因势利导、顺势而为、化被动为主动才是事情的关键。

第二节 投资方式的基本分类

并购是投资的一种,要讨论并购我们还需要先从投资说起。我们讨论投资方式的分类是为了帮助读者理解并购方式,我们讨论并购方式的分类,是为了拓展并购方案设计者的视野,以求帮助实务者为企业选择最佳的并购方式。投资方式的基本分类是指投资方式的基础分类,如图 9 – 2 – 1 所示,可以将公司对外投资方式中的新设投资和并购投资。至于公司财务上的临时性投资是指公司不以控制目标企业为目的的权益性投资和非权益性投资,这类投资虽也是权益性投资,但不涉及投资公司对目标企业的控制,不是企业并购的范畴,也不是本章讨论的对象。

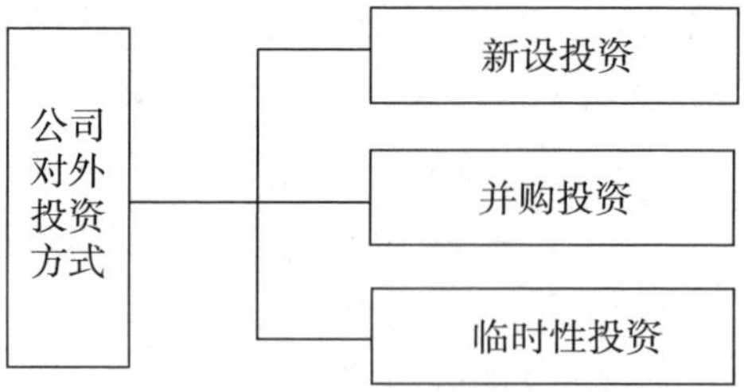

图 9 – 2 – 1 公司对外投资方式

本节我们主要讨论新设投资方式和并购投资方式,对其进行对比分析,目的是帮助实务者正确地选择和使用这两种投资方式。

一、新设投资的优缺点和适用

新设投资方式是公司对外扩张的基本方式之一，在公司对外投资中占有很大的比重。在本书第三章我们曾专门讨论过新设投资，但那只是从设立投融资的角度进行的讨论，是作为一种投融资方式进行的讨论，现在我们要把新设投资作为企业对外扩张的一种方式进行讨论，有利于企业的正确使用和操作。

1. 什么是新设投资方式。新设投资方式是指投资公司以新公司设立人的身份独自设立或者与其他投资人共同设立另一家新公司，依约向新公司出资，并依据出资份额对新公司享有权益的投资行为。采新设投资方式进行投资的，投资公司需要履行新公司的设立程序和出资义务，以使新公司登记成立，购建固定资产和流动资产，据以开展经营业务，并承担其中的风险。新设投资方式与并购投资方式的主要区别在于：新设投资的投资对象即新公司是由投资公司设立或由投资公司参与设立的，在投资公司投资之前并不存在，投资公司是新公司的创始人；而并购投资的投资对象即目标公司在投资公司投资之前已经存在，投资公司并不是目标公司的股东，投资公司是后加入目标公司或者通过并购控制目标公司的，投资公司的投资只是变更了目标公司，并使投资公司对目标公司享有了投资人的权益。

2. 新设投资方式的优点。讨论新设投资方式的优缺点，对恰当选择适用新设投资方式具有重要意义。新设投资方式与并购投资方式相比具有以下优点：

（1）新公司的厂房、机器、设备等一般都是新购建的，不仅是崭新的，而且一般采用最新的技术。这对提高新公司的产品质量或实现产品的升级换代、降低生产成本、开拓产品市场具有重要意义。这是新设投资方式的主要优点。

（2）新公司是新登记成立的，因此不存在继承问题，进而不会像并购投资那样有遭遇或然负债的风险。

（3）企业整合容易，如果投资公司有系统的管理制度和业务流程，通过培训和新制度的推行非常容易将新公司纳入投资公司的管理体系，不会发生新旧企业文化的冲突。

（4）投资成本低，这是因为在新设投资方式下，建设成本为重置成本价格，不会有商誉溢价的存在，故投资成本比并购要低。

（5）新设投资方式不受反垄断法的规则限制。

3. 新设投资方式的缺点。与并购投资方式相比，新设投资方式有以下缺点：

（1）对生产型新公司来说，在设立后要经过一个基本建设期才能开展生产经营活动,因此,投资和收益之间会有较长的间隔。特别是在投产后开发产品销售市场的期间较长,更会延缓收益期的到来。

(2)初期市场投入大。新设公司的产品销售渠道、市场往往需要从零做起,因此,在经营之初一般销售费用较高,企业经济效益较差,需要有持续投入作为支持。

(3)培训任务重。新设公司初期的员工全部需要重新招募,员工的培训,特别是对技术员工和管理员工队伍的培训非常重要。

(4)无法取得存量资质。在我国有些资质很难通过申请取得,只有通过企业股权并购的方式取得,而新设投资无法取得这类资质。

正确认识新设投资方式的优缺点,对于在实务中趋利避害、正确利用新设投资方式做好公司的对外投资业务具有重要意义。

4.新设投资方式适用的情况。从扩张的实务经验看,投资公司不是在任何情况下都可以适用新设投资方式的,或者说只有在特定的情况下,采用新设投资方式进行投资扩张才是最佳的投资选项。新设投资方式主要适用以下情况:

(1)挤占市场。如果目标市场中无生产同类产品或从事同类业务的目标企业可供并购,而目标市场的容量或供应缺口又足以支撑新设公司的营运。在这种情况下,投资公司就只能考虑通过新设投资方式进入目标市场。并且新公司的规模应当与可挤占的市场份额及发展潜力相适应,既不能过大也不能过小。

(2)水到渠成。如果投资公司的产品或者业务已经在目标市场中占有一定的份额,并且有不断上升的趋势,外运产品或输入业务的成本比较高。在这种情况下,在目标市场以新设投资方式设立新公司,由新公司承接投资公司在目标市场的产品份额和相关业务,有利于降低营运成本提高效益;有利于发挥新设投资方式的优点,加速获利期的到来,使投资获得水到渠成的效果。

(3)欺老凌弱。虽然目标市场有生产相同产品或从事相同业务的目标企业,但对方无意出让或要价过高,而目标市场的发展潜力又很大,且投资公司的品牌或技术等对竞争者有一定优势的情况下,投资公司也可以考虑在目标市场进行新设投资,通过新技术、新产品使自己在竞争中处于有利地位。不过在这种情况下,新设公司起初的规模不宜过大,产品质量以高精为好。

(4)反客为主。虽然目标市场已经饱和,且为竞争对手所控制,也无并购的可能,但如果投资公司掌握新的技术,能够在目标市场生产换代产品,投资公司也可以考虑在目标市场进行新设投资。在这种情况下,投资公司投资成功与否的关键在于产品的升级换代能否成功。

(5)借窝生蛋。如果某地的土地、劳动力、能源、原材料等的价格低,社会安定、政策稳定、服务优质,同时投资公司的产品适合于长途运输,投资公司也可以考虑在该地投资建厂,把新公司生产成本低廉的产品销往外地,甚至全世界。

新设投资是公司对外投资扩张的基本方式之一。新设投资虽无并购中的风险,但并不是没有投资风险。如果不掌握新设投资方式的特点和所适应的情况,盲目投资设立新公司、建设新工厂,就会陷入有投资没有市场,有公司没有业务,得不偿失的窘境;只有因势利导对症下药,合理使用新设投资方式,才能有效防避投资风险,达成投资目的。

5. 新设投资的两种操作方式。新设投资有两种操作方式:一种为单独投资,另一种为合资投资。单独投资是指投资公司作为投资人单独完成新公司的设立,单独向新公司注资,新公司是投资公司的独资子公司。合资投资是指投资公司与其他投资主体合资设立新公司,共同向新公司注资,新公司是投资公司的合资子公司。独资子公司就是公司法规定的“一个法人股东的有限责任公司”;合资子公司可以是有限责任公司,也可以是股份有限公司。

新设投资方式的两种操作方式在特点和适用上并无根本区别,不同点仅在于单独投资是由投资公司独立完成的投资,单独承担义务和风险,单独享受权利和利益;而合资投资则为投资公司与其他投资主体共同完成的投资,共同承担义务和风险,共同享受权利和利益。两种操作方式各有优缺点,实务中唯以需要和可能选择使用。从某种意义上说,如果投资公司在投资当地的人脉不足,且当地政府环境和社会环境不是很好,可以考虑寻求一个有相关长处的投资人共同投资,但投资公司应当绝对控股。

二、并购投资的优缺点和适用

并购投资也是公司对外投资的基本方式之一。企业并购可以分为股权并购和资产并购两种基本方式。并购投资适用的情况与新设投资不同,而且程序较新设投资复杂,风险较新设投资大,但预期利益也比新设投资大。讨论并购投资方式有利于正确选择使用这种投资方式,防避投资风险,达成投资目的。

1. 什么是并购投资方式。并购投资方式是指投资公司通过对业已存在的目标公司实行股权并购或者资产并购,使投资公司成为目标公司的控股股东或者接管目标公司的资产和业务,进而取代目标公司的市场地位的投资行为。并购投资的直接目的是通过交易控制目标公司或者接管目标公司的业务,为整合目标公司和目标公司的业务创造条件,进而扩大投资公司及业务的规模,取得市场竞争的优势和规模效应。与新建投资相比,并购投资更具有交易的属性和本质,因此其中涉及的法务工作更多更重,风险也更大。

2. 并购投资的优点。并购投资方式无论是股权并购方式还是资产并购方式,与新设投资方式相比有以下优点:

(1)转化竞争对手,减弱竞争强度,更利于投资公司取得规模效应。在新设投资的情况下,原有的市场竞争主体依然存在,投资公司的加入只能使同行业的竞争者增加,市场竞争强度更高,经营者的销售费用增加,利润减少。而在并购投资的情况下,投资公司通过并购投资控制了原来的竞争对手或者取代了原来竞争对手的市场地位,原来的竞争者现在成为竞争的盟友,势必减少同行业的竞争主体,减弱相关市场的竞争强度,使投资公司更容易操控市场,取得规模效应。对竞争对手的并购是最好的并购,因为这种并购能够起到瓜分市场的效果。

(2)进入市场时间短,投资收效快。从企业并购的实践看,目标公司一般都是较为成熟的企业,不仅生产经营管理有较好的基础,而且其产品和品牌占有一定的市场地位和份额。这就使投资公司在并购后能够在目标公司原有的基础上迅速取得投资收益,而无须像新设投资那样从基础做起。

(3)产品销售和业务开展的起点高。这是因为在并购投资的情况下,股权并购产品销售的市场主体不变,仍是目标公司,公司投资后很容易就继承了目标公司原有的产品销售渠道和市场份额以及业务关系,产品销售和业务开展无须从零开始。资产并购虽然市场主体不再是目标公司,但是投资公司会取代目标公司现有市场地位,取得目标公司的产品渠道和市场份额,取得与股权并购一样的效果。

(4)技术、管理员工队伍和普通员工队伍是现成的,省去了大量的培训时间和培训经费。这是因为在股权并购的情况下,除目标公司的高管会有所调整外,其他员工与目标公司的劳动合同将会继续有效,除非双方协议解除否则将继续履行下去,因此无须大量招聘,做很多培训员工和管理人员的工作。在资产并购的情况下,虽然从法律原则上说,投资公司或者投资公司新设的子公司不能继承目标公司与员工之间的劳动关系,但是,投资公司可以优先甚至全部聘用目标公司的员工和管理人员,从而达成与股权并购一样的效果。

(5)对生产型企业来说,可以节约基本建设时间。因为在新设投资的情况下,新公司需要在完成基本建设后才能从事生产经营活动,这需要一年以上甚至几年的时间。股权并购无须进行基本建设即可直接从事生产经营活动,很可能获得当年投资、当年见效的成果。

(6)可以节约大量的新企业、新产品、新市场、新渠道的宣传费用和开发费用,因此并购投资一般不会出现新设投资在经营之初的亏损期。

(7)可以通过并购取得存量资质。

3. 并购投资方式的缺点。与新设投资方式相比,并购投资方式有以下缺点:

(1)并购投资的成本一般会高于新设投资。这是因为在并购投资中投资公司交易的不是普通商品,而是资本,而资本是有价值积累功能的,故并购成本会高于新设投资的购建成本。

(2)并购后一般需要对目标公司进行改造扩建,会有追加投资的问题。这是因为目标公司的机器设备往往都是陈旧的,一般不能满足投资公司生产新产品或者产品升级的要求。

(3)并购投资受反垄断法的限制。这是因为并购投资无论是资产并购还是股权并购,都会导致经营者的集中,都会导致竞争的削弱,因此受到反垄断法的限制。

(4)成功率低。新建是一种资本的投放,只要有资源,多数可以完成,而并购是一种交换,而且是关于资本的交换,故必然成功率低下。有人提出并购的成功率不足50%。如果并购不成功,投资公司就会白白浪费许多人力和物力以及时间。

由于目标公司的情况不同,投资公司的需求不同,各个并购项目表现出的特点也不尽相同,实务者应当具体案件具体对待。讨论并购投资方式与新设投资方式的优缺点,对于我们正确选择投资方式具有重要的意义。

4. 并购投资方式适用的情形。并购投资主要适用以下情况:

(1)产品供过于求。供过于求是指市场上产品的供应量大于需求量。供过于求的结果必然是竞争激烈,价格下降,费用增加,利润降低。在这样的情况下,投资公司采用新设方式在目标市场进行投资,会使供应量再度加大,竞争更加激烈,企业利润再度下降。如果选择并购的方式进入目标市场,首先不会增加供应量,其次可以改变市场的竞争态势,使投资公司处于有利的市场竞争地位。

(2)竞争难分胜负。有时候目标市场被投资公司和竞争对手瓜分,双方势均力敌,难分胜负,继续竞争对任何一方都无利可图,只能两败俱伤。在这种情况下投资公司最好采取并购的方式扩大自己的投资,如果能够并购主要竞争对手最好,并购目标市场的其他企业也会改变市场格局,使投资公司掌握市场主动权,甚至出奇制胜。

(3)借道入市。有时候目标市场已经牢牢地被本地企业所控制,外地企业、品牌难有进入的机会,或者进入的成本高,风险大。在这种情况下,投资公司就应当考虑通过并购的方式借助本地企业、品牌进入该目标市场。这样做可能并购成本会大,但是比在目标市场新建工厂的成功概率要高,风险要小。

(4)目标公司符合投资的需求。从实务来看,不是所有本行业企业都可以成为目标公司,要想成为理想的目标公司,相关企业除为本行业企业外,还必须在规模、产品、品牌、市场、竞争态势、技术、装备等有关方面能够满足投资公司控制相关市场的要求。投资是为了占领市场,如果相关企业不能满足投资公司占领目标市场的要求,就不是理想的目标公司。没有理想的目标公司就不宜采取并购投资的方式,或者说采取并购投资的方式不如采取新设投资的方式。

(5)目标公司股东或者目标公司有交易的愿望。股权并购交易的主体是投资公司和目标公司的股东,资产并购交易的主体是投资公司和目标公司。如果交易对方没有交易的愿望,投资公司不能强迫交易,并购投资无从谈起。在这种情况下,投资公司要想进入相关市场就只能采取新设投资的方式。

是采取新设投资方式,还是采取并购投资方式,应当综合考量,择优选择。实务中应当从目标市场的实际情况出发,哪种方式最有利于投资公司控制目标市场就应当采取哪种投资方式。

第三节　并购方式的基本分类

从法律关系的本质上说,企业并购只有两种:一种是股权并购;另一种是资产并购。之所以这样说,也是因为两点:第一,这两种交易的法律关系不同、交易的标的和内涵不同、主体不同、主要适用的法律不同、运行规则和程序不同;第二,其他并购方式都可以归入这两种投资方式中的一种,或者说除这两种并购方式之外再无其他并购方式,比如合并并购、增资并购、债转股、股权增资、股权换股权等从法律关系的本质上说,都是股权并购,因交易的对象本质上来说都是公司的股权。

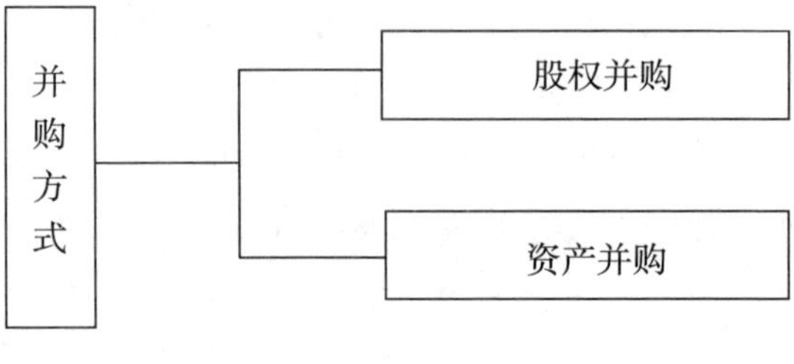

图9-3-1　并购方式的基本分类

一、股权并购的优缺点和适用

股权并购是公司并购两种基本方式之一，而且是最基本、最常用的并购方式。讨论股权并购有利于我们正确适用这种投资方式扩大企业规模。

1. 什么是股权并购。股权并购是指投资公司作为并购方，通过与目标公司股东进行有关目标公司权益的交易，使投资公司成为目标公司的控股股东的投资并购行为。这种投资并购行为可以表现为股权受让、增资入股、公司合并等具体操作方式，或者说在实务中股权并购投资方式包括这三种具体的操作方式，每种操作方式根据支付或者出资方式的不同，又可以再作细分，称为衍生品。股权并购交易的标的是股东对目标公司的权益，不仅股权受让如此，增资并购和合并并购也是如此，这是股权并购的本质特征，也是股权并购区别于资产并购的核心所在。股权并购程序复杂、风险大，不仅有一般投资具有的投资风险，而且具有其独有的并购过程的风险。从实务来看，并购投资方式是公司对外投资的主要形式，而股权并购又是并购投资方式中的主要形式。

2. 股权并购的优点。讨论股权并购投资方式的优缺点，对于在实务中正确使用这种投资方式，趋利避害，防避投资风险具有重要意义。股权并购与资产并购相比有以下优点：

（1）与资产并购相比，可以节约流转税。在资产并购的情况下，交易的标的和内涵是目标企业资产的所有权，其中的不动产、土地使用权和知识产权因发生所有权的转移，需要目标公司依法缴纳营业税，不动产和土地使用权需要投资公司依法缴纳契税，另外，存货资产和货物类固定资产需要缴纳增值税，签署合同需要缴纳印花税，发生增值税、营业税和消费税的还会发生附加税，最后需要根据收益情况缴纳企业所得税。而在股权并购的情况下，作为目标公司的不动产、土地使用权和无形资产不存在转移所有权的问题，即使因目标公司变更企业名称需要变更有关产权证照上所有人名称的，也不为所有权转移，均无须缴纳营业税、契税和增值税，只需缴纳印花税并根据收益情况缴纳所得税。

（2）投资的现金流相对较小。这是因为股权并购是投资公司与目标公司股东之间对目标公司权益的交换，而权益相当于目标公司总资产额减去目标公司的总负债额，因此，在投资公司向目标公司投资之前，目标公司已经为投资公司准备了借贷资金，因此无须投资公司再去融资或者投入大量的现金。而在资产并购投资的方式下，由于一般不接受目标公司的负债，可能需要投资公司注入大量资金。

（3）无须设立新的企业平台。在资产并购的情况下，一般需要投资公司在目标公司所在地设立子公司或者分公司作为经营平台,运营并购资产。而股权并购则无须投资公司重新设立企业平台,而是通过目标公司这个已有的企业平台从事生产经营活动。

(4)可以继承目标公司的资质和声誉。在资产并购的情况下,由于需要投资公司在目标公司之外另设经营平台,原则上很难继承或者购买目标公司的资质和声誉。在有些项目中,目标公司的资质对投资公司非常重要,如果采股权并购的方式,目标公司的资质和声誉一如既往,可为投资公司所用。因此从企业并购的实务看,凡是投资公司需要借助目标公司的资质才能从事生产经营的,或者这种资质比较难办或者为稀缺资源的,大多采股权并购方式进行投资。当然如果投资公司为外国企业或者外商投资企业,受到国家行业准入限制的除外。

上述股权并购的优点是就一般意义上而言的,具体到每一个股权并购的实务中,还需要具体问题具体分析,不能一概而论。

3. 股权并购的缺点。从实务来看,与资产并购相比,股权并购主要存在以下缺点:

(1)由于并购前后目标公司作为民事主体是持续存在的,因而有关民事权利义务是延续的,因此,基于出让方披露不真实、不全面而导致目标公司遭受或然负债、使投资公司遭受间接损失的风险比较普遍地存在。这是股权并购的重要风险,也是一个最难防避的风险。而资产并购由于以新设公司或者分公司作为经营平台,除合同有约定外不存在继承问题,因此一般不存在目标公司或然负债的风险。

(2)由于目标公司与员工之间的劳动合同继续有效,并购后往往面临目标公司冗员的处理,处理不当不仅容易激化劳资矛盾,而且会增加目标公司的经济负担。在资产并购的情况下,新设的企业平台不存在冗员的问题。

(3)并购程序复杂,受让股权需要征得目标公司存续股东的同意,修改目标公司的章程需要与存续股东进行谈判,为防避或然负债,需要进行大量的尽职调查工作,因此股权并购的工作成本要比资产并购高。

(4)并购后的整合难度大,投资公司对目标公司行使管理权的阻力大。在股权并购的情况下,投资公司往往仅能向目标公司派入主要负责人和关键岗位的管理者,目标公司的组织结构、人际关系、文化习惯等依然存在,因此对目标公司的整合难免会遇到困难。在投资公司非并购目标公司全部股权特别是仅为相对控股的情况下,并购后的整合及投资公司对目标公司行使管理权会遇到更大的困难。在资产并购的情况下,投资公司新设企业平台,不会存在前述现象,因此整合容易得多。有人为了说明股权并购后对目标公司的整合和行使管理权的难度,形象地将股权并购比喻为“嫁姑娘”,意思是说投资公司是到别人家过日子,而把资产并购比喻为“娶媳妇”,意思是说目标公司的资产投入投资公司中来。

正确认识股权并购的优缺点,有利于在实务中扬长避短,更好地使用股权并购的投资方式。

4.股权并购适用的条件。从实务来看,不是任何情况下都可以适用股权并购的,股权并购作为并购投资方式中的高级形式,对其适用的条件有着严格的要求。背离前提条件适用股权并购,不仅会使股权并购行不通,而且很可能使投资公司遭受损失。适用股权并购投资方式的前提条件如下:

(1)目标企业必须是公司类型的企业,而不能是合伙企业或私营个体企业。因为只有公司类型的企业才有完全独立的人格,股东才对公司的债务承担有限责任,股东对公司的权益才表现为股权,才可适用股权并购。而非公司类型的企业,企业并没有完全独立的人格,投资人对企业的权益不表现为股权,故无股权并购可言;加之这类企业的投资人对企业负连带责任,公司不能成为这样企业的投资人;所以公司不能对非公司企业进行股权并购。

(2)对管理不规范的公司也不宜适用股权并购。虽然从理论上说,凡是公司类型的企业都可以适用股权并购投资方式,但是如果目标公司管理不规范,特别是没有规范、严谨的财务制度、财务记录、财务核算和财务凭证的公司,或者资产、财务、纳税、合同管理混乱的公司,最好不适用股权并购而适用资产并购。因为对这样的公司适用股权并购,投资公司承担的风险太大。

(3)出让方无法或不愿意对目标公司进行披露,而投资公司又不能从其他渠道获得足够的信息资料,且目标公司的股份没有公允市价的情况下,也不宜采股权并购方式进行投资。这是因为股权交易实质上是股东之间对其享有的对目标公司权益的交易,如果投资公司不能充分知悉关于目标公司的信息资料,在目标公司的股份没有公允市价的情况下,就没法对出让股份者对目标公司享有的权益作出正确的判断,也就无法进行股权并购。

(4)目标公司的股东特别是出让股权的股东不存在虚假出资和出资违约的情况,不存在依法应当对公司债务承担连带责任的情况。因为,如果存在这类情况,投资公司在并购后将置自身于风险之中。

(5)目标公司的产品、市场份额、销售渠道、品牌、机器设备、场地等应当对投资公司有利用的价值,如果没有利用价值,投资公司就没有并购的必要。当然,如果投资公司需要目标公司的壳当属另论。

(6)在某些情况下,目标公司的资产和业务横跨几个行业,其中有投资公司不需要的,或者投资公司不能持有的,或者有些已经是垃圾资产的。在这种情况下,如果投资公司拟对目标公司进行股权并购,就应当要求目标公司对没有利用价值的资产或投资公司不能持有的资产、业务进行剥离,或者采用资产并购的方式将垃圾资产甩掉。

二、资产并购的优缺点和适用

资产并购是企业并购的基本方式之一。讨论资产并购方式的特征、程序和优缺点有利于实务者根据目标企业的不同,选择使用最佳的并购方式。

1. 什么是资产并购。资产并购是指投资公司通过受让目标公司资产的方式,取得目标公司的业务,取代目标公司的市场地位,从而实现并购目标公司的一种并购方式。在股权并购的情况下,投资公司通过获得目标公司股份的方式实现自己对目标企业的并购;在资产并购的情况下,投资公司通过获得目标公司资产和业务的方式实现自己对目标企业的并购。因此,股权并购的交易标的是股东持有的目标公司的股权,交易对方是目标公司的股东;而资产并购交易的标的是目标公司的资产,交易对方是目标公司。可见虽然目的都是实现对目标企业的并购,但是资产并购与股权并购是有着本质区别的两种交易方式。在资产并购的情况下,虽然交易的标的直接表现为目标公司的资产,但是投资公司必须注意取得资产只是手段,通过取得资产取得目标企业的业务,进而取代目标企业的市场地位才是目的。如果不能通过取得资产实现取得目标企业业务,并取得目标企业的市场地位的目的,并购对投资公司将失去意义。

2. 资产并购的优点。资产并购与股权并购相比有以下优点:

(1)适用对象即目标企业不受企业类型的限制。股权并购要求目标企业必须是公司类型的企业,而资产并购可以适用于各种类型的企业,合伙企业、私营个体企业、未改制的国营企业和未改制的集体企业均可采用资产并购的并购方式,只要这些企业可以有效地出售资产即可。这是因为,股权并购是投资公司以股东的身份加入目标企业,从而实现对目标企业的持股和控制,因此目标企业不仅必须是公司,而且应当管理规范,而资产并购是投资公司将并购资产从目标企业买出来,故可以不问目标企业的组织形式,而只问能否有效地购买资产。故此,资产并购在中国特别广泛地适用于那些管理不规范的企业。

(2)可以不要求目标企业对其经营状况作全面的披露。由于资产并购后的经营活动并不借助目标企业这个经营平台，而是设立新的经营平台，因此，可以不像股权并购那样必须对目标公司的经营状况作全面的、翔实的了解，可以在资产出让方对企业经营、财务、管理机构等作有限披露的情况下，对目标企业进行资产并购。从实务来看，投资公司只要对并购资产的构成、性能、效率、状况、市场、品牌、竞争态势等有准确的了解，能够确定目标公司出让资产的行为合法有效，就可以进行资产并购。

(3)资产并购一般不会遭受目标企业或然负债的损失，这是资产并购方式的最大特点，也是最大优点。在股权并购的情况下，投资公司借助目标公司这个企业平台继续经营，而并购前后的目标公司始终如一，因此，不管在并购计价中出让方是否披露事由或负债额，目标公司都要依法承担义务，因此，投资公司经常会因目标公司的或然负债遭受损失。而在资产并购的情况下，投资公司并不使用目标企业这个经营平台从事经营，目标企业作为资产的出让方仍是独立于投资公司而存在的，故依法目标企业的债权人不能向投资公司追债，投资公司也就无或然负债致自身损失之虑。在资产并购的操作方式下，即使是投资公司、目标企业和债权人商定由投资公司受让目标企业的部分债务，也是经债权人同意债务人转移债务，未做债务转移的债权人也无权要求投资公司承担目标企业的债务。

(4)资产并购与股权并购一样可以减少目标市场的竞争对手，改变目标市场的竞争态势。在并购前是竞争对手的目标企业由于出让了资产和业务，从而淡出了行业竞争，而其资产和业务统由投资公司接管，这样，投资公司不但削弱了竞争对手，而且壮大了自己。这是资产并购与新设投资相比的另一大优点。

(5)并购后整合的难度大于新设投资方式，但小于股权并购方式。这主要是因为在资产并购的情况下，公司的架构、决策层和管理团队往往是全新的，是完全摆脱目标公司影响的。

(6)在采用资产并购的操作方式下，即使目标公司的资产和业务有投资公司不需要的或者不能持有的，也无须像股权并购那样必须进行剥离。投资公司可以需要什么买什么，不需要的给目标企业留下即可。但是应当注意限制同业竞争问题。因此，就这一点来说资产并购方式更适合于目标企业经营业务广泛，只出让一部分资产和业务，出让后目标公司仍做其他业务的情况。

3. 资产并购的缺点。资产并购与股权并购相比，有以下缺点：

(1)资产并购一般需要履行新公司设立和受让资产两个法律程序。从实务来看，绝大多数资产并购需要在资产所在地设立新的公司，以该新设公司为企业平台对并购资产进行运营。因此,从程序的角度说,资产并购要比简单的股权并购多履行一个法律程序。

(2)在多数情况下,出让资产的目标公司需要履行清算程序。目标公司出让资产后,公司仅剩下一个壳,但股东或投资者未经清算程序不能从公司取回投资,所以多数这类目标公司会走向清算解散。

(3)税务负担比股权并购重。股权并购一般仅发生印花税,股权出让方也可能发生所得税,但资产并购不仅会发生印花税和所得税,还可能要发生营业税和契税以及房地产增值税等。

(4)资产并购一般不能继承目标公司的资质。国家许可的企业资质带有人格的属性,在多数情况下投资公司新设立的经营平台不能当然继承目标公司的资质,而重新申请企业特许经营资质费时费力。

(5)一般情况下员工需要与目标公司解除劳动合同,与接受资产的公司另行签订劳动合同。在资产并购的情况下,目标企业由于已经将资产出让,无法从事原有的生产经营活动,需要解除与员工的劳动合同,可能会发生相关费用。而投资公司要组织生产经营活动,往往需要招聘原目标企业的员工,这就需要与这些员工订立劳动合同。在这个过程中,如果处理得不好,容易引发劳资矛盾。

(6)资产并购与股权并购一样也要受到反垄断法的限制。掌握资产并购的优缺点,可以帮助实务者正确选择适用各种并购方式,正确使用资产并购方式。

4.资产并购适用的条件。根据上述关于资产并购特点的分析,我们已经大致了解了资产并购所适用的条件。下列情况可以适用资产并购的投资方式:

(1)适用对象可以是公司制企业,也可以是非公司制企业;可以是管理规范的企业,也可以是管理不规范的企业。

(2)关于对出让方披露的要求,出让方对目标公司作全面披露的可以适用,出让方未对目标公司作全面披露,仅对资产作全面、如实披露的也可以。

(3)目标企业的资产能够适应投资公司的需要。在资产并购的条件下,投资公司看中的既不是目标公司的壳,也不是目标公司的企业平台,而是目标公司的资产和其产品在目标市场中的份额。投资公司的目的是既获得目标公司的资产,省去新设投资的基本建设时间,早日进入目标市场,承继目标公司产品的市场份额,同时又能甩掉目标企业的包袱,达到轻装上阵、从高起点开始运营的效果。

(4)限制竞争。从实务来看,在资产并购的情况下,投资公司之所以要购买目标公司的资产，并不一定是完全看中目标公司的资产，还有可能是为了取得目标公司产品的市场份额和已有业务，而要达此目的，目标公司必须保证在出让资产后，不在目标市场从事同类生产经营和业务活动，否则，目标公司前手将陈旧的资产高价卖给投资公司，后手再用所得价款建设新的工厂，生产销售相同的产品，投资公司的并购目的就无法实现。

第四节　股权并购的操作模式

股权并购作为企业并购的基本方式，在实务中需要通过三种操作模式来实现。这三种操作模式就是：受让股权并购、增资并购和合并并购。三种操作模式的交易标的和内涵相同，都是股东拥有的对目标公司的权益，但适用的具体情况、操作流程各不相同，并且每种操作模式又会衍生出几种相近但不同的操作模式。讨论股权并购的操作模式，有利于提高我们的实务工作能力。

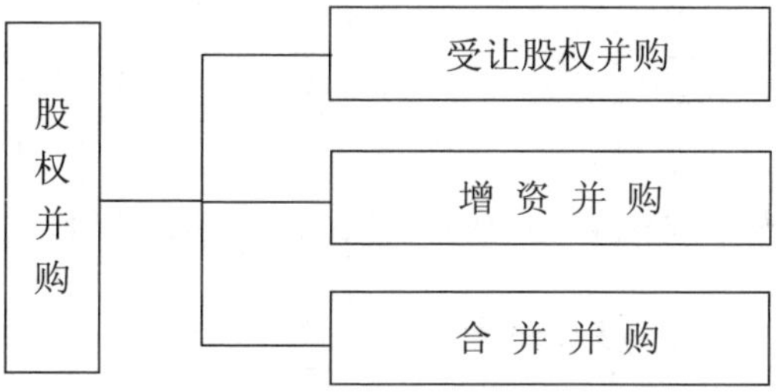

图 9-4-1　股权并购的操作模式

一、受让股权并购的本质与适用

受让股权并购是指投资公司通过向目标公司的股东购买股权的方式，使自己成为目标公司的控股股东的一种股权并购的操作方式。受让股权并购是股权并购三种操作方式中最简单、最基本也是使用最多的一种。

采受让股权方式进行并购的核心问题有两个：一是受让股权占目标公司总股本的比例，即投后的股权比例问题；二是股权的转让价格，即并购的成本问题。从企业并购实践看，这两个问题解决了，其他问题就容易了。受让股权的比例之所以与转让价格一样成为核心问题，因为它关系到投资公司能否控制目标公司，影响投资公司对目标公司的整合，这也是企业并购与其他权益性投资的区别。受让股权并购方式适用于目标公司有股东欲出让股权的情况,需要履行股权转让的有关法律程序。受让股权作为一种股权并购的操作方式,可以与其他操作方式并用,比如在受让目标公司股权的同时向目标公司增资;在公司合并的同时向目标公司的部分股东受让股权,从而扩大投资公司在合并后的公司中的占股比例。受让股权的交易主体是投资公司和目标公司出让股权的股东,一般需要履行股权转让法律程序和公司章程修改及公司变更登记的法律手续,在有些情况下需要目标公司的存续股东放弃对交易股权的优先购买权和参与修改公司章程。受让股权可以是购买目标公司的全部股权,也可以是购买目标公司的部分股权,以达到对目标公司的控制或共同控制为目标。不参与对目标公司管理的短期股票买卖、财务投资、天使投资、创业投资等都可能采取受让股权的方式,但不属于本篇我们讨论的投资行为。受让股权并购的本质就是并购方以价款为对价换取出让方享有的股东权利,使出让方退出共同投资关系和共同财产委托经营关系,投资方代位加入共同投资关系和共同财产委托经营关系。

在实务中受让股权并购还可以衍生成为交叉持股股权并购模式。比如,甲集团公司将自己全部子公司的股权转让给乙集团公司一部分,乙集团公司将自己全部子公司的股权转让给甲集团公司一部分,通过股权转让使两个处于竞争状态的集团公司的全部子公司成为两个集团母公司的共同子公司,从而实现交叉持股消灭竞争。实际上交叉持股只是两个股权转让后交易结果的表现形式。

二、增资并购的优缺点和适用

增资并购是指投资公司通过向目标公司增资,从而使投资公司成为目标公司新股东的一种股权并购操作方式。增资并购从表面上看可能表现为投资公司与目标公司之间的交易,甚至在股份有限公司的情况下增资协议也由公司来签署,但实际上与受让股权并购一样,仍然是投资公司与目标公司股东之间的交易,是投资公司与目标公司股东之间建立新的共同投资关系,目标公司不是交易的主体。从法律关系上说,增资并购就是一种交易性增资(请参见本书第三章),就是增资者与目标公司的原股东建立新的共同投资关系,所不同的只是要求增资者成为新的共同投资关系的主角。增资并购为那些发展前景好,但苦于缺少资金的目标企业和已具相当规模但欲吸收战略投资者的企业所经常采用。增资并购的特点在于既满足了目标企业对资金的需求,又不使目标企业的股东退出公司。

增资并购的核心问题有两个:一是增资后投资公司对目标公司的持股比例;

二是增资前目标公司全部股权的总作价额，即目标公司的估值或者说增资作价问题。在实务中如果把这两个问题解决了，投资公司对目标公司的出资额就解决了，这样一来，其他问题就好解决了。关于增资后投资公司在目标公司的持股比例，与受让股权并购中的受让股权的比例一样，涉及目标公司的领导权问题，是一个非常重要的问题，谈不好就会使项目夭折。如果投资公司不能持有增资后目标公司的控制权，就无法实现自己控制目标公司的投资的目的，就会丧失投资的积极性。

关于目标公司的企业估值问题，直接影响投资公司的出资额，这涉及投资公司和目标公司全体股东的切身利益，是一个纯粹的商业问题。能不能用投资公司与目标公司股东商定的增资后投资公司在目标公司的持股比例和目标公司的注册资本额，换算出投资公司的出资额呢？不能。这是因为目标公司的注册资本额虽也表现为一定数额的货币，但它是资本，不是货币，而投资公司以增资方式投入目标公司的是货币，不是资本。资本是有价值积累功能的，当货币被投入企业后它才能转化成资本，才开始价值积累的过程，而货币本身则没有价值积累的功能，多少就是多少。资本的价值积累随着公司经营业绩的变化而变化，业绩好的正积累，而且业绩越好积累得越快；业绩不好的负积累，甚至归零。正是由于资本和货币在价值积累功能上的区别，使目标公司的注册资本额和投资公司投入的货币不可比，不能简单地换算。注册资本额只是资本的货币表现形式，并不是资本的市场价值。比如，甲公司于2000年成立，注册资本1000万元，由五位自然人投入，至2008年年末时公司股东权益合计1500万元（实收资本1000万元，公积金300万元，未分配利润200万元）。乙公司拟向甲公司增资，双方商定增资后乙公司持股50%。如果乙公司仅向甲公司投入1000万元，显然是不妥的（请参见本书第三章）。

从表面上看，增资并购投资公司不与目标公司的原股东发生股权交易关系，但实际上投资公司要与目标公司的全体股东之间发生权益对价关系，即要给目标公司股东拥有的全部资本作价，且作价的高低不涉及目标公司的利益，直接影响目标公司股东的利益，故交易的实质仍是股东对目标公司的权益。在增资并购的实务中，如果不能给目标公司的权益（资产减负债）充分作价，损失的不是目标公司，而是目标公司的股东。增资并购适用于目标公司需要扩大资本，且目标公司的股东同意吸纳投资公司为目标公司新控股股东的情况。增资并购比受让股权并购复杂，操作难度也大，需要履行目标公司原股东权益与投资公司增资额的比价程序和目标公司增资的法律程序。这种比价就是等额货币（投资公司持有）与等额资本(目标公司原股东持有)的价值比例问题,需要交易双方在评估的基础上协商确定,遵循的是公允作价和等价交换的原则。增资并购有利于扩大目标公司的经营规模,可以为目标公司注入新的活力。增资并购也可以与其他操作方式并用,比如在向目标公司增资的同时受让目标公司部分股东的股权,在公司合并的同时向合并后的公司增资。增资并购的目标是通过向目标公司的增资实现投资公司对目标公司的控制或共同控制。增资并购从出资方式上也可以再细分为货币出资、股权出资和其他资产出资等(请参见本书第四章)。

增资并购的交易结果也可以是交叉持股,比如甲公司用其子公司的全部或者部分股权向乙公司增资,乙公司用其子公司的全部或者部分股权向甲公司增资,从而实现了交叉持股。

三、合并并购特征和适用

合并并购是指投资公司或者投资公司安排自己的子公司通过与目标公司合并,从而取得对目标公司控制权的一种股权并购操作方式。合并主要是公司重组的一种方式,也可能成为公司并购的一种方式,只要投资公司持有合并后的公司的控制权,就可以构成投资公司对参加合并的其他公司的股权并购。比如,投资公司与目标公司同处一个市场,具有竞争关系,通过合并,投资公司持有合并后公司70%的股权,从而实现了投资公司对参加合并的各公司的控制。从实务来看,合并并购的核心问题有两个:一是投资公司在合并后公司中的持股比例;二是参加合并的各公司股东股权的作价额。这两个问题解决了,其他问题就是程序上的了,就好解决了。合并并购与增资并购一样都是股权并购的操作方式,因此其核心和规则是一致的,所不同的是,增资并购一方拥有的是资本,另一方拥有的是货币,只需要给资本作价交易就能进行,而在合并并购的情况下,参加合并的各方拥有的和投入的都是资本,所以需要对参加合并的各公司的全部资本在评估的基础上协商作价,否则不能交易。比如,甲公司对乙公司进行合并并购,甲公司注册资本1000万元,乙公司注册资本也是1000万元。双方商定合并后甲公司占股60%,乙公司占股40%。在评估的基础上经过协商,双方同意甲公司全体股东的股权作价7000万元,乙公司全体股东股权作价4000万元。合并后根据双方商定的股份比例及双方投入权益的价格,乙公司的股东向甲公司的股东支付差价400万元,公司注册资本2000万元。

合并并购虽投资公司可以不对目标公司进行投资而采单纯合并形式,但由于会扩大投资公司的控制规模,从而也会给投资公司带来额外利益,故也是公司股权并购的一种操作方式。公司合并从表面上看是公司与公司之间的关系,但实质上仍是参加合并的各公司股东权益的交易,仍需要按照各方拥有的权益和商定的各方在合并后公司中所持有的股份比例进行交易。所以合并并购仍属于股权并购的一种操作形式。合并并购以参加合并的各公司有合并的可能和需要,且各公司的股东同意公司合并为条件。合并并购需要履行公司合并的法律程序,重点和难点是确定参加合并的各公司股东之间权益的比价,因为这关系到股东的切身利益。合并并购比增资并购更复杂,但可以在不增加投资的情况下扩大投资公司的控制规模。同样,合并并购也可以与其他并购操作方式同时并用。不过有一点需要事先说明,由于公司合并主要是公司重组的形式,故我们将不把合并放在公司并购实操中讨论,而将其放在第四编公司重组中进行讨论,关于合并并购这个话题我们只说到这里。

受让股权并购、增资并购和合并并购是股权并购的三种基本操作方式,它们的交易标的和内涵、法律关系的主体、适用法律、适用条件、优缺点以及运行规则都是基本相同的。实务者在确定股权并购之后,应当根据这三种操作方式的特点和适用条件,选择最佳的操作方式。

◎疑难问题讨论

1. 公司可否以股权并购合伙企业?

《合伙企业法》第二条规定:"本法所称合伙企业,是指自然人、法人和其他组织依照本法在中国境内设立的普通合伙企业和有限合伙企业。普通合伙企业由普通合伙人组成,合伙人对合伙企业债务承担无限连带责任。本法对普通合伙人承担责任的形式有特别规定的,从其规定。有限合伙企业由普通合伙人和有限合伙人组成,普通合伙人对合伙企业债务承担无限连带责任,有限合伙人以其认缴的出资额为限对合伙企业债务承担责任。"《公司法》第十五条规定:"公司可以向其他企业投资;但是,除法律另有规定外,不得成为对所投资企业的债务承担连带责任的出资人。"

根据上述两部法律对公司对外投资和合伙企业合伙人责任的规定,笔者认为,公司可以向有限合伙企业投资成为合伙企业的有限责任合伙人,或者受让有限合伙企业中有限责任合伙人的出资。公司只能成为有限合伙企业的有限责任合伙人,不能成为合伙企业的无限责任合伙人。

2. 对在异地的目标企业可否进行合并并购?

合并并购是指通过两个以上公司合并的方式实现投资公司对目标公司的控

制。在这种并购方式中,多采用存续合并的方式进行,即投资公司存续,各目标公司解散。那么如果解散的各目标公司与投资公司不在一地的,目标公司如何从事生产经营活动呢?这是解决对异地目标公司进行合并并购问题的关键所在。在实务中,企业要想从事生产经营活动,不仅需要有相应的资产,还需要有相应的企业平台,即营业执照。为此,如果目标公司与投资公司不在一个工商、税务辖区,投资公司就必须在目标公司所在地设立自己的分公司,并将自己通过合同从目标公司取得的资产划拨给分公司经营使用。所以,投资公司是可以对异地的目标公司进行合并并购的,前提是在合并后投资公司在目标公司所在地设立分公司,并以该分公司的名义运营目标公司的资产。

3.公司与分公司的区别?

公司与分公司有以下区别:

(1)公司是独立的法人,独立承担民事责任,分公司不是独立的法人,其民事责任最终由公司承担;

(2)公司有股东、章程、注册资本和法定代表人,分公司没有股东、章程、注册资本,没有法定代表人,只有负责人;

(3)公司独立核算、自负盈亏,分公司仅核算收入和支出,但不独立核算,不自负盈亏,其盈利汇交公司,其盈亏为公司的盈亏;

(4)公司所有的税赋都在注册地缴纳,分公司除企业所得税以外的税赋在分公司登记地缴纳,企业所得税统由公司汇总后在其注册地缴纳;

(5)公司的经营范围由公司章程规定,并经公司登记机关核准,但分公司的经营范围不得超越公司的经营范围。

4.什么情况下公司需要设立分公司?

这是一个看似简单、实际非常复杂的问题。公司是以营利为目的的企业法人,公司的一切活动,除极个别的公益活动外,均为经营活动。而公司的经营活动不可能也无法局限在公司登记的住所内,也无法局限在公司登记的工商、税务辖区内。例如,公司可能到外地去商洽、签订合同,到外地去送货,到外地去催款等,这些都是经营活动。但是,并不能要求公司在商洽、签订合同的地方事先登记一家分公司,也不能要求公司在其送货路过的各县、区设立分公司。因为这些活动虽然也是企业的经营活动,但并不能单独、直接构成企业的经营,即使企业不设立分公司,企业的这些活动也不会使企业的经营逃避工商、税务机关的监督管理。这里需要将无照经营的“经营”二字与企业经营活动的“经营”二字区别开来,无数个企业经营活动才构成企业的经营,企业的个别经营活动是可以超出登记的辖区的，只有由无数个经营活动构成的企业经营，才是需要设立分公司的经营。

公司可以设立分公司，分公司不具有法人资格，其民事责任由公司承担。分公司是公司的一部分，分公司也需公司投入一定数量的资产，但这不是投资，是拨付，相当于公司将自己的资产交由公司的车间使用。既然分公司是公司的一部分，为什么还要依法登记并领取营业执照呢？这是因为，在我国工商和税务等实行属地管辖的原则，即本地的工商行政管理机关和税务机关只能管辖本地的企业，不可逾区管辖，而工商、税务管辖的基本单位为县和市辖的区。据此，如果公司登记在甲县或甲区，到乙县或乙区从事生产经营活动，就需要在乙县或乙区登记分公司，否则，公司在乙县或乙区的生产经营活动就会出现甲县或甲区的工商、税务机关管不着，乙县或乙区的工商、税务机关无法管的局面。正是基于这一缘由，有关工商、税收的法律、法规规定，公司在公司登记机关所在地以外从事生产经营活动的，必须设立分公司，否则将构成无照经营。

据此，笔者认为，只有公司在公司登记的辖区以外从事的经营活动构成以下情形之一的，才需要在经营活动的发生地设立分公司：

（1）以公司在登记地以外的机构的名义对外签订合同，该机构没有经营资格的；

（2）在公司登记地以外从事生产、加工、包装、分装等生产活动的；

（3）需要在公司登记地以外向购买者开具发票的；

（4）需要在公司登记地以外设置收款柜台收款的；

（5）需要在公司登记地以外设置库房或柜台向购买者交付商品的；

（6）需要在公司登记地以外设置核算收入和支出的财务账目的。

笔者认为，在上述六种情形下，公司需要在公司登记地以外设立分公司，否则将构成无照经营，除此之外，公司无须设立分公司，工商机关也不能认定公司在该地构成无照经营。

第五节　资产并购及操作方式

资产并购作为企业并购的两种基本方式之一，可以再细分为间接资产并购和直接资产并购两种操作方式。讨论资产并购的操作方式有助于在实务中正确使用资产并购。

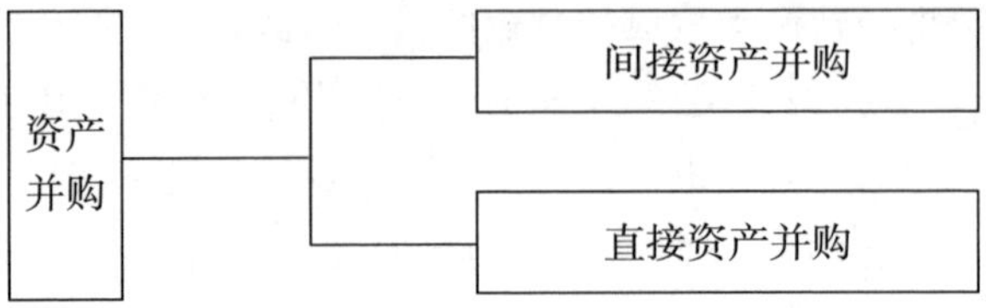

图9-5-1　资产并购的操作方式

一、间接资产并购实操方式

间接资产并购是资产并购的一种操作方式。间接资产并购是指并购意向协议或者初步协议由投资公司作为受让方签署,尽职调查由投资公司作为并购方实施,谈判也由投资公司作为并购方进行,合同也是由投资公司与被并购方签署。只是在合同中关于并购主体双方会作出这样的特殊约定:“在本资产转让合同生效后,并购方在出让方所在地设立自己的全资子公司,全资子公司一旦设立完成,本合同项下并购方的全部权利和义务均由该全资子公司领受。”如此在并购方的全资子公司成立后,并购项目的资产接收、占有、使用由该全资子公司完成,出让方将资产的证照办到该全资子公司名下,该全资子公司按照合同约定向出让方履行付款义务。这就是间接资产并购。在间接资产并购的情况下,出让方可能担心并购方的全资子公司是否有诚意,是否有能力履行资产并购合同,对此,为了使出让方得到安慰,投资公司可以在并购合同中增设担保条款或者另外订立担保合同,约定由投资公司对其全资子公司所承担的并购合同项下的全部义务承担连带责任。

间接资产并购与本章讨论的新设投资都是由投资公司在投资所在地设立新公司,但存在前者是通过并购目标公司的资产使新设公司具备运营的条件,后者是通过基本建设使新设公司具备营运条件的重大差别。从实务来看,多数资产并购采新设公司受让目标公司资产的间接并购方式。这是因为多数目标企业和投资公司不在一个工商、税务辖区,投资公司不能将并购资产移回投资公司所在地从事生产经营,只能在并购资产的所在地从事生产经营活动,因此,必须在并购资产所在地设立企业平台。而如果待投资公司将并购资产买妥后再去设立新公司,不如在并购合同签订后就设立新公司,由这个新公司直接受让资产,在接受资产后当即以该新公司自己的名义从事生产经营活动。也就是说,既不能在并购合同签订前就设立运营并购资产的平台企业,也不能由投资公司直接买下资产,然后再设立运营并购资产的平台企业。这是因为:

1. 如果在资产并购合同签订前投资公司就设立自己运营资产的平台企业，被并购方就会认为并购方肯定会并购，双方的谈判就会对并购方非常不利，原来可以答应的条件现在可能不会答应了，原来可能放弃的利益现在也不会放弃了，使投资公司处于进退两难的境地。

2. 如果投资公司先自己买下并购资产，然后再设立运营并购资产的平台企业，虽然前边的问题不会发生了，但新的问题出现了。什么问题呢？问题就是投资公司如何把自己买下的资产交付给平台企业运营。交付的方法只有两个：一个是转让，但如果投资公司通过转让的方式将并购资产交付给平台企业，肯定会发生税和费用，这会增加投资公司的负担；另 个是出资，虽然国家出台了许多非货币资产出资的税收优惠政策，但以非倾向资产出资也会发生一些税费，比如增值税、评估费等。

还有，在投资公司直接买下并购资产然后再将并购资产交付给平台企业运营的情况下，从被并购方将资产交付给并购方，再到并购方将并购资产交付给平台企业之间，肯定会间隔一段时间，在这段时间里并购资产是不能运营的，这也是对并购方非常不利的事情。

间接并购恰到好处，投资方在资产并购合同已经签订后再设立自己的平台企业，即使被并购方认定并购方肯定会并购了，也没有机会强硬了。而资产并购合同签订后投资方就立即着手设立自己的平台企业，一般在两周之内就能完成，不会使交易的时间拖长。由平台企业作为并购方履行并购合同生效之后并购方的权利义务，不但不会改变双方谈判的情境，而且省去了许多麻烦和税费。

对资产并购而言，间接并购是一种比较好的操作方式。最高人民法院的有关司法解释为这种并购模式奠定了法规基础。根据最高人民法院的司法解释，股东可以为即将成立的公司订立合同，只要公司成立后对合同无异议，公司就应当履行该合同。

二、直接资产并购实操方式

直接资产并购是资产并购的另一种操作方式。直接资产并购是指投资公司直接受让并购资产，而不借助新设立的公司。从资产并购的实务看，并购资产基本上都包括目标企业的不动产在内，而且目标企业与投资公司在一地的也绝少，所以投资公司直接受让并购资产，只适用于以下情况：

1. 投资公司和目标公司的并购资产（主要是不动产）处在一个工商税务辖区之内，投资公司不用为并购资产另起炉灶，使用自己的企业平台就能运营并购资产。

2. 投资公司用于运营并购资产的企业平台不是独立的子公司,而是自己的分公司。这样在投资公司将并购资产“装入”平台企业时,就不用转让或者出资,而使用划拨,就不会发生许多税费。

只有在这两种情况下,投资公司才可以考虑采用直接资产并购,直接将并购资产买下来。

第六节　资产并购和股权并购的对比分析

前文我们分别介绍了股权并购和资产并购以及股权并购的三种基本操作模式和资产并购的两种操作模式。为了帮助读者更深刻地认识两种基本并购模式,正确的选择适用这两种并购模式,下边我们对股权并购和资产并购作对比分析。

1. 主体不同。无论是哪种操作模式,股权并购其交易主体都是目标公司的股东和投资公司,目标公司不是交易的主体,只是交易的承受者。在股权并购的情况下,无论是受让股权并购还是增资并购,或者是合并并购,交易的对方主体是股东而非目标公司,披露的责任主体是目标公司的股东,不是目标公司,赔偿的责任主体也是目标公司的股东,不是目标公司。在股权交易过程中,目标公司只是交易的承受者,不是交易的主体。这一点非常重要,如果搞错了,整个交易架构就会倾覆,非常危险。

而资产并购的交易主体与上面不同,不是投资公司与目标公司的股东,而是投资公司与目标公司。因为并购资产是公司的,不是股东的,交易资产是谁的就应当与谁签订合同。在资产并购的情况下,交易的对方主体是目标公司,披露的责任主体也是目标公司,赔偿的责任主体也是目标公司。在资产并购的情况下,目标公司的股东不是交易的主体,因为他不是并购资产的所有者,不能与他签订合同。在资产并购的情况下,目标公司的股东只是交易的决策者,目标公司的股东要通过股东会的程序对是否同意被并购作出决策。

2. 标的不同。股东并购的标的是股东对公司的权益,包括财产权、参与决策权、知情权和人事权。无论是受让股权并购,还是增资并购,或者是合并并购,交易的标的都是目标公司股东对公司享有的权益。正是股东并购标的的特殊性,决定了股权并购合同和股权并购交易的特殊性。

资产并购的标的不是股东对公司享有的权益,而是公司对财产的所有权、占有权、使用权、处分权、收益权等权利。投资公司的交易目的就是从目标公司获得对并购资产的这些权利。

3. 适用法律不同。由于交易主体以及交易标的不同，决定了交易所适用的主要法律不同。股权并购主要适用公司法和证券法及相应的法规规章，其中投资公司为有限公司和对有限公司的并购主要适用公司法和相关法规规章，投资公司为上市公司和对上市公司的并购主要适用证券法和相关的法规规章。当然每种除主要适用的法律外还要适用其他法律法规，比如无论对什么公司的并购，劳动关系的处理都要适用劳动法和劳动合同法及相关法规。

资产并购主要适用民法典中的合同和物权部分，这是因为资产并购的标的是目标公司的财产，调整财产交易关系的法律就是民法典，资产并购就是通过合同设定债权，通过债权的实现取得物权。当然资产并购同时也需要适用其他法律法规，比如如何处理抵押的财产要遵循物权法和担保法，如何处理知识产权，要遵循有关知识产权的法律法规。法律是行为的规则，是处理交易关系的根据，了解交易应当适用的法律法规对正确处理交易关系意义重大。

4. 适用条件不同。股权并购无论是受让股权并购，还是增资并购或者是合并并购，要求的条件都比较严格苛刻，股权并购方式和资产并购方式在适用条件上有以下四项区别：

第一，目标公司的企业类型不同。这是由股权并购的标的所决定的，股权并购的标的必须是股东对公司享有的权益，如果目标公司不是公司类型的企业，就无股东对公司的权益可言，也就不能适用股权并购。无论是受让股权并购，还是增资并购，或者合并并购，目标公司必须是公司类型的企业，否则不能选择适用股权并购。

资产并购的标的是财产的所有权，只要并购财产是目标企业的就行，不用过问目标企业是什么类型的企业。所以资产并购的适用范围非常广泛，无论是公司类型企业，还是合伙企业甚至私营个体企业，只要并购财产是它的就可以。

第二，目标公司管理是否规范不同。股权并购无论哪种操作模式都是投资公司要继续使用目标公司的企业平台进行经营，因此，目标公司必须是一个管理规范的公司。如果目标公司管理不规范，有违法经营和偷税漏税情况，或者机构、制度不健全，投资公司为了防范风险，就不能使用这样的平台，也就不能对这样的企业进行股权并购。

资产并购不是投资公司加入目标公司，而是投资公司将目标公司的资产从其企业中买出来，然后装入自己设立的企业平台中，从债的相对性原则说，目标公司的债权人不能因为投资公司购买了目标公司的资产就转向投资公司新设立的企业平台追及其债权。故而在资产并购的情况下,投资公司基本上可以不太考虑目标公司管理的规范性问题。只要资产是目标公司的就可考虑选择资产并购的方式。

第三,是否要求目标公司财务计量准确。任何交易都需要对标的进行计量,股权并购也是如此,否则就不能生成价格。股权并购无论哪种操作模式都需要对标的进行计量,也就是对股东对公司权益中的财产权进行计量。这一计量有两个特点:其一,不能采用目标公司财务账面的计量数据,因为这些数据是根据资产和负债的购建成本和会计准则生成和累积而来的,它并不能完全反映资产和负债的市场公允价值。比如,某公司有一块土地使用权,财务账面登记其价值 5000 万元,但实际市场价值为 3 亿元。所以要通过评估和协商确定目标公司各项资产的估值。其二,不能离开目标公司的财账,目标公司的财务计量必须准确地根据资产和负债的购建成本和会计准则生成,只有这样中介机构才能对目标公司的企业估值才能科学准确,交易双方讨论目标企业的价值才有依据。试问一家资产和负债值都不清楚的公司,如何对其进行估值呢?不能估值又如何转让呢?所以凡采股权并购的都要求目标公司的财务计量规范准确。

资产并购则不同,资产并购是买资产,不是买股东对公司的权益,只需要对资产进行作价,不需要对企业进行估值。对资产进行作价,不需要严格依据公司的财务账目,更多的是通过对资产的了解。两者的区别在于企业估值是对企业的全部资产和负债的估值,而对资产的作价只是对单体资产的估值,不计其负债。故此,资产并购的作价不严格要求目标公司财务计量的准确。

第四,是否要求目标公司作全面准确的披露。股权并购时投资公司要加入目标公司,要求目标公司进行企业估值,投资公司要评估加入目标公司可能给自己带来的风险,因此,一定要求目标公司作全面准确的披露,进而方便投资公司对风险、对价值做出判断。

资产并购时投资公司看中的是资产,不使用目标公司的企业平台,它要求目标公司的披露可以只满足自己对资产作价的需求。故此,两种并购方式对目标公司披露的要求也有很大的不同。

5. 抗风险能力不同。股权并购由于要使用目标公司的企业平台,就企业主体而言股权转让前后和增资前后为同一主体,合并之后的公司对合并之前的公司无论是负债、义务还是责任,都不能有所改变,因此,股权并购抗击风险的能力非常弱。而资产并购正好相反,由于不使用目标企业的平台,目标企业作为民事主体仍然存在，它就像一堵挡风的墙一样，为资产并购者挡住了来自权利追及的风险，故此，资产并购抗击风险的能力比股权并购大得多，实务中面对管理不规范、财务不严谨的目标公司，投资公司经常用资产并购来保护自己。

6. 是否继承不同。股权并购由于目标公司作为并购前后同一民事主体，不仅其负债和义务继承，其权利、资质、许可、特定身份原则上也继承，但有些情况除外，比如对外资限制进入的行业，不能通过股权并购享有。故此，在许多情况下，投资公司为了取得目标公司的某些资质，不得已采取股权并购的方式。而资产并购，投资公司新设企业平台，但目标公司的资质和权能是不能转让的，故此，采取资产并购的方式，投资公司无法取得目标公司的资质和特殊的权能。

以上是股权并购和资产并购的六项对比分析，实务者可以根据这些对比分析来选择最合适的并购方式，这对做好并购项目来说非常重要。

第七节　公司对外投资的法律规限

公司对外投资，无论是投资新设公司建设工厂，还是并购目标公司，不仅需要有投资资源，还要履行公司内部的法定程序。讨论公司对外投资的法律规限，有利于在实务中正确履行公司内部的对外投资并购程序，使公司的对外投资工作有效率地进行。

对外投资，是指公司以投资者的身份将自有资产投放到公司之外，使公司成为被投资公司的股东的行为。公司对外投资并不使公司的存量资产减少，但却使公司直接管理和营运的资产减少。

1. 公司可以向其他企业投资。公司本身就是股东投资设立的企业，但法律并不绝对限制公司的对外投资行为，我国公司法允许公司向其他企业投资。根据投资时间的长短，财务上将公司对外投资分为短期投资和长期投资两种，短期投资指不打算长期持有，并可在一年或一个财务周期内变现的投资；长期投资指打算长期持有的投资。公司对外投资从法律上说可分为借贷性投资和股权性投资两种，比如：公司购买其他公司的债券或政府债券，就是借贷性投资；公司购买其他公司的股票、股权或者设立全资子公司或参股子公司，就是权益性投资。股东投资设立公司的目的是分配公司的利润，公司对外投资的目的也是获取利润，其利益和目标是一致的，因此，可以把公司的对外投资理解为股东投资的延展。

2.法律对公司对外投资的限制。根据《公司法》第十五条的规定,公司对外投资,除法律另有规定外,不得成为对所投资企业的债务承担连带责任的出资人,这是公司股东有限责任制度所决定的。在公司企业制度中,股东对公司的债务仅负有限责任,公司以公司全部资产对公司的负债承担责任。如果公司在对外投资中承担了无限责任,就有可能发生公司不仅对外投资的资产无法收回,而且其他资产也会受到追及的风险,这会损及公司自己债权人的利益。因此,公司法规定,公司不得成为对所投资企业的债务承担连带责任的出资人。如此,公司仅以所投资资产对所投资企业的债务承担有限责任,公司的其他资产不会受到追及,公司自己的债权人的利益就不会受到伤害。据此,公司只能进行债权投资或股权投资,而不能成为合伙企业的一般合伙人。

除法律另有规定外,是指公司法或其他法律规定股东对公司债务承担连带责任的,不受公司不得成为对所投资企业的债务承担连带责任的出资人的规限,或者说,在公司依法应当对其所投资企业的债务承担连带责任的情况下,公司不得援引公司法本条进行抗辩。公司对公司所投资企业的债务承担连带责任的情况主要是指:《公司法》第二十条规定,股东滥用公司法人独立地位和股东有限责任,逃避债务,严重损害公司债权人利益的,应当对公司债务承担连带责任;第二十一条规定,公司控股股东或实际控制人利用关联关系损害公司利益的,对公司的损失承担赔偿责任;第三十条规定,有限责任公司设立后,发现作为出资的非货币资产的实际价值显著低于公司章程规定的价额的,应当由交付出资的股东补足其差额,其他股东承担连带责任;第九十三条规定,股份有限公司成立后,发现作为出资的非货币资产的实际价值显著低于公司章程规定的价额的,应当由交付出资的股东补足其差额,其他股东承担连带责任;第九十四条规定,因公司不能设立发起人对认股人的连带还本付息责任。

3.公司对外投资的内部审批。根据《公司法》第十六条的规定,公司向其他企业投资,依照公司章程的规定,由董事会或者股东会、股东大会决议;公司章程对投资总额及单项投资的数额有限额规定的,不得超过规定的限额。公司对外投资,特别是股权投资是公司的重大事项,应当根据公司章程的规定,由公司董事会作出决定或者由公司股东会或股东大会作出决定。如果公司章程对公司对外投资的总额及单项投资额有规定,公司必须遵守这些规定。

对外投资是公司做大做强的主要途径,新公司法废弃了原公司法对公司对外投资额的限制,有利于公司扩大对外投资规模。新设投资和并购投资是公司对外投资的两种基本方式,每种方式的操作方式不同,适用的前提条件不同,法律关系的内涵不同,实施的程序也不同,公司在对外投资中应当酌情选择适用之。了解公司对外投资的基本方式和具体操作方式,有利于在实务中选择适当的投资方式,做好公司的投资并购工作。

第十章

企业投资并购的最初文件

从公司对外投资并购的实务看,在进入实际工作之初,交易各方大多需要签署一些文件,这些文件可能包括保密协议、投资协议、意向性协议、要约邀请和框架协议等。由于这些文件生成在投资并购交易之初,所以我们将其称为最初文件。

最初文件在企业投资并购实际工作中有承上启下的功能,它不仅是落实公司投资方案的重要法律依据,而且为投资并购指明了工作方向,标志着投资并购项目进入了实际工作阶段。讨论最初文件有助于提高实务者的工作能力,圆满完成公司的投资并购工作。

第一节 保密协议

保密协议是并购项目开始阶段的重要法律文件,无论是股权并购还是资产并购,都涉及保密问题,都应当签署保密协议。涉及上市公司投资并购的或者并购上市公司的,根据有关法律规定必须签订保密协议,涉及有限责任公司的则属于当事人自愿的范畴。从实务来看,有单独签署保密协议的,也有将相关内容附载于其他协议之中的。

一、保密协议的功能

1. 保护出让方的利益。无论是股权并购项目还是资产并购项目,出让方都会向并购方披露大量的信息资料,特别是股权并购甚至需要出让方披露目标公司的商业机密。并购方也会通过自己的调查取得一些关于出让方和目标公司的信息资料，这些信息资料有的是公开的，有的是不公开的，有的属于出让方或目标公司的知识产权，有的属于出让方或目标公司的商业秘密。无论交易成功与否，如果并购方随意将这些信息资料公布于众，或者传递给第三者，或者在交易以外使用，都可能对出让方和目标公司的利益造成损害。所以从实务来看，大多数出让方会要求在披露信息之前先签署保密协议，以求通过保密协议维护自己的合法权益。

2. 保护并购方的利益。在许多情况下，保密协议不仅对出让方或者目标公司是必要的，对并购方也是必要的。这是因为在谈判缔约及整个交易过程中，不仅出让方会向并购方披露许多信息资料，并购方也会向出让方披露许多自己独有的信息，如报价、并购后的人事安排、品牌计划、销售策略等。这些信息并购方也不希望出让方向第三者传递或者在交易以外使用。另外，特别是对一些上市公司的并购来说，并购方更需要出让方保守秘密，因为并购的信息一旦传出，股价就会大涨，这不仅不利于并购的完成，而且很可能提高并购成本，甚至导致并购失败。

这里需要特别注意的是，在许多保密协议中只约定如何保护出让方的秘密，而没有约定出让方对并购方的保密义务，似乎保密协议仅仅是保护出让方的利益，这是不对的。实际上在并购交易中，不仅需要并购方对出让方披露的信息承担保密义务，也需要出让方对并购方披露的信息承担保密义务。另外，特别重要的是，当交易成功后，出让方披露的信息包括专有技术和经营信息等都转归为并购方的利益，而出让方已经从这些知识产权财产的所有人转化为相对人，在保密协议中应当约定这时的出让方如何向并购方及目标公司承担保密义务。

二、保密协议的特点

从并购交易实践看，在最初文件阶段交易各方签署的文件大多是不具有法律约束力的，但无论在何种情况下，保密协议只要一经签署当即具有法律约束力，这是保密协议与同期其他文件的不同之处。正是基于这个特点，一份完整的保密协议应当约定适用法律和管辖，而不像其他无法律约束力的协议，不需要约定适用法律和管辖。

保密协议的另一个特点是溯及范围广，即签署保密协议的一方不仅要对自己的决策层、管理层、实际工作人等向对方承担保密责任，还要就本方委托的中介机构等向对方承担保密责任。故此，交易双方不仅要管理好自己，还要管理好委托的中介机构，在委托协议中延伸保密义务。

三、实录一份保密协议

保 密 协 议

在本协议中

××××有限公司称("甲方")

××××有限公司称("乙方")

甲方及乙方于此文中不时被单独称为"协议方"或联合称为"双方"

甲方或乙方向对方披露信息的一方称为"披露方"

获得信息的一方称为"获得方"

双方同意订立以下条款:

1. 鉴于披露方愿意或同意向获得方提供"保密信息"(依下文定义),以供获得方就披露方出售其某项于中国的投资而双方可能达成之交易作出考虑,获得方不撤销地及无条件地向披露方根据本协议条款承诺必须高度保密保密信息。

2. 双方披露/获得保密信息的主要雇员为:

甲方:××

乙方:××

以及上述人员指定的代表,包括双方公司董事、管理人员、其他雇员、法律顾问及财务顾问。

3."保密信息"指所有为披露方拥有的与有关交易相关的且为披露方或其代表或代理人披露给获得方的不为公众所知悉的资讯(无论以书写形式、可透过视觉或机器阅览的形式之与有关交易相关的资讯,包括所有向获得方以口述形式提供之与有关交易相关,或获得方透过探访观察时所得之与有关交易相关的资讯),这些资讯可能包括但不限于所有双方就有关交易所进行的讨论、书信来往、文件、谈判、陈述介绍、有关方正在考虑进行有关交易及就有关交易进行讨论之事实、有关产品、财务资料、数据、技术、商业机密、战略及未来发展、工程、生产、市场推广、定价、技术支援、客户资料、融资、资产、公司结构、经理、经营、知识产权、双方意图、计划、谈判进度和其他与有关交易相关的资料。

4. 获得方仅可将保密信息用作考虑评估有关交易,及并不可将保密信息用于其他目的,以及必须采取一切措施以确保其代表不会将保密信息用于其他目的；但如果有关交易获得成功，在交易成功之后获得方将根据有关交易的协议、合同、文件等享受对保密信息的权利，且不再受此条各款的限制。

5. (a)获得方须采取足够的措施保护及高度保密由披露方及/或其代表所提供予获得方及/或其代表的任何保密信息；

(b)获得方不可将任何保密信息向任何第三者公开或转让，或批准、同意或许可任何第三者使用任何保密信息，或向任何第三者作任何形式的披露；

(c)如为有关目的确实需要向第三方披露保密信息，获得方会事前征得披露方的书面批准，并与该第三方签订保密协议；

(d)获得方仅允许为有关目的而确需接触并使用保密信息的获得方的代表接触及使用保密信息，获得方须采取所有措施以约束及确保其他无权接触或使用任何保密信息的获得方的代表不可接触及使用保密信息；

(e)获得方会采取所有措施以约束及确保接触及使用保密信息的所有获得方的代表遵守本协议项下的保密规定，获得方须就其或任何其代表所触犯之本协议保密条款向披露方负责；

(f)无论本协议及/或有关目的因任何缘故终止、解除或取消，或在披露方作出要求时，获得方及其代表必须立即停止使用所有保密信息；

(g)无论本协议及/或有关目的因任何缘故终止、解除或取消，或在披露方作出要求时，获得方会在本协议及/或有关目的被终止、解除或取消之日或披露方发出书面要求(以日期较早者为准)后的五个工作日内把保密信息归还于披露方或销毁，包括但不限于所有缘由披露方或其代表向获得方及/或其代表所曾提供的保密信息及含有任何保密信息的往来书信、传真、协议、合同、报告、软件、图纸、财务数据等及上述文件的正本或副本、节录、下载资料(包括任何以列印件和软件方式储存的任何上述文件)；

(h)获得方会确保获得方及/或其任何代表在使用任何保密信息时遵守所有适用之法律；

(i)但是如果有关交易获得成功，在交易成功之后获得方将根据有关交易的协议、合同、文件等享受对保密信息的权利，且不再受此条各款的限制。

6. 获得方将就其或其代表因违反本协议任何条款而导致的直接或间接负面后果向披露方及其代表作出弥偿，包括但不限于任何费用(包括法律费用)、开支或其他由于披露方或其代表因强制执行本协议赋予其等之权力而产生之任何相关费用。

7. 保密信息为披露方所有。本协议的任何内容不得被解释为披露方对任何保密信息作出任何转让、出售或许可。

8. 获得方对下列信息无须承担保密义务:

(a)获得方在从披露方获得该信息前便已得知的信息;

(b)非因获得方的过错而导致该信息成为公众信息;

(c)获得方合法地从未负有保密义务的第三方所取得之信息;

(d)经披露方事先书面同意由获得方所披露的信息。

如果按有关选用法律、法规、法律程序,获得方被要求向政府机构或管理机关或法庭披露保密信息,获得方应向披露方发出通知以便披露方对该披露提出异议或获取保护令,且披露至多限于依法被强制要求披露的保密信息。

9. 本协议双方均清楚获得方除了可以根据本协议第4条使用保密信息外,获得方并未根据本协议获得任何知识产权。保密信息之拥有权仍属于披露方所有。

10. 本协议为完整协议且不可转让,并合并、取代协议双方之前就保密事项进行的沟通。对本协议进行的任何补充和修改都必须由协议双方以书面形式签署。

11. 倘若本协议的任何条款基于任何法例或法律被裁定为不合法、无效或无法被强制执行,该条款(或部分条款)将被视为不属于本协议的一部分,唯本协议其余条款之合法性、有效性及强制执行性将不受影响。

12. 获得方确认其为该事项的主事人,而并非任何人的代理人或经纪,且获得方将负责任何就追索此事宜所产生的专业顾问费用。

13. 任何与本协议有关的通知或索偿或其他通信必须以书面形式作出,并以面交形式或挂号邮递或传真传递至有关协议方,地址为载于本协议中的地址或其他由协议方事先通知另一方的地址,有关传递于面交时将被视为已妥当传递,或倘若以挂号邮递形式寄出,于寄出的48小时内将被视为已妥当传递,或倘若以传真形式寄出,由传真当日并付传递方之传真机确认传递报告时将被视为已妥当传递。

14. 本协议可以由各协议方于一份或多份复印本上签署,并对各协议方具约束力,但由双方签署合并后方构成同一份文件。

15. 本协议由中华人民共和国香港特别行政区法律管辖,并受中华人民共和国香港特别行政区法院非专属管辖。

16. 本协议备英文及中文版本,双方同时签署两个版本,英文版本及中文版本倘有出入,应以英文版本为准。

17. 本协议自双方授权代表签署之日起生效。

××××有限公司	××××有限公司
签署:	签署:
日期:	日期:

四、如何保护并购方的利益

在企业并购实践中,无论是股权并购还是资产并购都可能遇到这样的问题,即出让方、出让方的员工,特别是出让方派入目标公司的管理者掌握着目标企业的大量商业秘密。这些商业秘密在并购成功之前是出让方的权益,在并购完成之后则转变为投资方的权益,对此,在并购之前,投资方要对出让方承担义务,而在并购成功后,随着资产所有权的转移,权利义务关系也应当随之变更,出让方就应当向投资方承担相应的义务。特别是在并购后出让方派入目标公司的管理层离开目标公司,在这些人掌握着目标公司的大量商业秘密,甚至包括专有技术的情况下,投资方的权益是很容易受到损害的。

笔者并未遇到这样的案例,但曾有两个人分别向笔者咨询过类似的案件。仔细想想这些人的确是最掌握目标公司各种商业秘密的人,他们中的多数会在并购后离开目标公司,其中也有不少人就此也脱离了出让方,这些都为损害并购方的权益创造了条件。所以有该类案件发生也是不足为怪。

那么,投资方应当如何防止这类损害呢?第一,可以考虑在保密协议中规定在并购成功之后出让方对受让方的保密义务,并将这种保密义务延伸到出让方的管理者、员工、特别是派入目标公司工作的管理者和员工身上。这样就可为保护并购方的权益并为权益受到损害后进行救济奠定法律基础。第二,可以考虑与离开目标公司又掌握目标公司商业秘密的人签订保密协议或者竞业限制协议,约定这些人对目标公司和并购方承担的保密义务。第三,在资产并购的情况下,要求出让方承担不竞争的义务,以防止出让方继续使用目标公司的商业秘密。

第二节　投 资 协 议

从公司对外投资的实践看,投资协议有两种:一种是投资公司在拟投资建设新工厂的情况下,就投资建厂的有关事项与当地政府或者开发区、工业园区等签订的预先安排性质的协议;另一种是几个投资者为共同出资设立公司在签署公司章程前订立的股东协议。本节我们讨论投资者与投资目的地政府订立的投资协议。

一、签署投资协议的条件

从公司对外投资的实务看,达到与投资地政府或有关部门订立投资建厂协议的,应当具备以下条件:

1. 投资公司对目标市场的尽职调查工作已经完成,不仅掌握了有关目标市场的翔实资料信息,而且对这些资料和信息进行了充分的分析研究;

2. 在对目标市场进行调查研究的基础上,认为公司有进入目标市场的机会,进入目标市场符合公司的发展战略,投资公司的决策机构已经最初决定进入目标市场;

3. 在对目标市场进行调查研究的基础上,已经确定或者最初确定公司进入目标市场的方式为投资建设新的工厂;

4. 根据对目标市场的判断,新建工厂生产的产品、产量规模、产品细分、投资总额、占地面积、能源需求等已经有最初测算或有数据;

5. 如果拟与其他投资人设立合资公司在目标市场建设新工厂,已与其他投资人就合资建厂事宜基本达成一致;

6. 根据投资公司的有关制度、过去的惯例或者权力机关的授权,公司可以对外订立相关协议;

7. 经过与拟投资地政府或者有关部门的接触和最初协商,当地的客观条件和政府提供的条件基本能够满足公司建设新工厂的要求。

在上述前提条件中,特别是对目标市场的调查研究和投资方案的选择,不仅是投资项目的前提,也是签订投资协议的基本条件。

二、投资协议的基本内容

投资协议是投资公司与拟投资地政府或有关部门订立的关于投资公司在当

地投资建厂，政府提供有关条件和支持的协议，投资协议的内容应当围绕投资协议的这一宗旨展开。从企业对外投资项目的实务看，投资协议大致应当包括以下内容：

1. 签订协议的各方。政府方面多为县级或市级政府，或者为招商引资而设立的开发区及各种工业园区；有时也由开发区或工业园区作主体签署，而政府主管部门作见证人签署。企业方面为投资公司。如果拟由几个独立的投资主体联合投资，最好由参加投资的各投资主体或主要投资主体共同签署。

2. 项目的名称。主要明确投资项目建成后经营什么业务，生产什么产品，这将与新设公司的经营范围基本相一致。在许多地方或者开发区、工业园区内建设项目将受到限制，比如一些污染严重、能源消耗量大、对周围项目有影响或者不符合区域规划的项目将不能入驻。故此，公司在申报项目时应当实事求是，且不宜轻易变更。

3. 项目规模。项目的规模是指项目建成后最高产能有多大，比如年产水泥多少吨，年发电量多少千瓦。这涉及项目的投资总额、对能源和原材料的需求、项目投产后的税收贡献等经济指标。政府方面往往从发展当地经济、扩大当地税收、增加当地就业的角度出发，希望项目的规模越大越好。但是企业必须根据对目标市场的调查研究，根据目标市场的总份额及发展预期、可能获得的占有率、项目的最佳经济规模等，拟定建设项目的规模。从实践经验看，建设项目的规模过大，会使建成后的工厂开工不足、制造经营成本过高、经济效益下降；建设规模过小，也会无法实现预期目标，并且会导致再行扩建。投资公司必须注意，一旦与政府就投资规模达成一致，不宜轻易向小的方向改动。

4. 建设周期。建设周期分为一期建成和分期建成，这涉及建设所用的时间。政府方面从其尽早借力的角度出发，往往希望并要求项目早日建成投产。但是投资公司应当根据对目标市场产品销量的增长、自己产品占有率的增长以及项目建设的经济性，确定是一期建成还是分期建设。一般来说，分期建设有利于控制投资风险，可以根据市场销售情况安排扩大投资；一期建设有利于控制建设成本，减少重复基建带来的麻烦。投资公司在承诺建设周期时，一期或一次建成的，建设时间应当从取得土地使用权并办妥开工手续后起算，要保证合理的建设工期；分期建设的后续开工时间要根据产品的市场销售情况确定，一般不建议投资者无条件地向政府方面做出承诺。

5. 投资总额。投资总额是指项目的基本建设资金和流动资金的总和。对外商投资企业来说，目前仍要求按照投资总额以相应的比例换算注册资本额，而非采用公司法规定的注册资本最低限额制。一般来说,政府方面会希望投资总额越大越好,在某些经济发达地区,政府则规定有土地面积投资比例,即政府每出让一亩国有土地使用权要求公司投资额或注册资本额增加多少。投资公司应当根据项目建设和运营所需的实际资金情况承诺投资总额。但是在实务中,除注册资本因采登记制可以核查外,投资总额不具备核查的条件。

6. 土地使用权的取得。建设项目需要在取得土地使用权后才能谈得上开工建设问题,只有不需要基本建设或以租赁房屋的方法进行生产经营的,才不存在土地使用权的取得问题。土地使用权的取得是建设项目初期的重点和难点问题,在一些情况下,投资公司与政府方面在投资协议以外另行签署专门的土地出让意向书。从公司对外投资的实务看,以出让方式从政府土地主管部门取得建设用地使用权的居多,而以其他方式取得的居少。所以为顺利取得建设用地使用权,投资公司都将土地使用权取得问题作为投资谈判和投资协议的重要内容。

从目前公司对外投资实务和国家有关建设用地的法规和政策来看,企业取得建设用地的主要方式为通过招、拍、挂竞买的方式取得,而不再是通过协议的方式取得。因此,无论是单独订立国有土地使用权取得意向性协议,还是在投资协议中约定相关的内容,有关事项主要如下:(1)土地的四至或红线图。主要明确投资公司拟取得土地使用权的位置及形状。(2)土地的面积。主要明确投资公司拟取得土地使用权的土地面积是多少,土地面积应当能够满足建设项目的需要。(3)土地使用权的用途。对于工业项目的土地使用权的用途只能为工业用地。企业必须按照出让合同约定的土地使用权的用途使用土地,不得随意变更用途。(4)土地使用权的年限。工业用地的出让年限一般为五十年。(5)价格。按照国家有关政策,出让国有土地使用权的价格只能通过招拍挂在竞买中确定,但是在实务中,政府为了招商引资,土地使用权的价格还是可以谈的,也是有办法调整和控制的。政府可以通过转移支付、财政补贴、为出让土地附加各种条件的方法调节土地使用权的出让价格。关键在于当地对招商引资的态度和投资公司的要求。(6)土地使用权取得的程序。一般情况下双方会约定土地使用权的挂牌价格,竞买保证金的数额,在什么时候挂牌,什么时候什么条件下订立国有土地使用权出让合同,什么时候什么条件下办理国有土地使用权证,以及相应的规划、环评等事项。关于参加竞买和土地使用权出让合同问题,在实务中双方多根据投资公司将在投资地设立新公司,土地使用权的实际利用者为新公司的情形,约定由投资公司参加土地使用权的竞买,一旦竞买成功,投资公司将在投资地设立新公司,待新公司注册成立后由新公司与土地使用权出让方订立国有土地使用权出让合同，由新公司缴纳土地出让金并履行出让合同约定的其他义务；出让方将国有土地使用权证办至新公司的名下。这样做的好处是可以防避出现：①投资公司自己取得土地使用权后，再以该土地使用权向新公司出资或者向新公司转让土地使用权带来的麻烦和税务负担；②先设立新公司，在新公司设立后由新公司竞买土地使用权，万一买不到将使投资公司处于十分尴尬的境地。

7. 土地的条件。土地的条件就是出让方出让给投资公司的土地具备哪些条件，或者说投资公司接收土地时土地应当具备什么条件。建设用地的条件直接影响项目的投资成本和建设工期，且没有统一的规则可循，均视双方协商结果而定。在实践中最多有要求九通一平的，即：(1)通水。约定使用自来水的，明确日供水量为多少，多大口径的供水管线及由出让方负责铺至何处，是否征收接口费，甚至约定自来水的价格。约定企业自行打井取水的，明确打井口数，许可的日取水量，取水证的办理，水资源费的价格，水源地的地点及政府对水源地的保护，取水管网铺设的安排等。约定水库取水的，明确水源地，取水管网的铺设，水资源费的价格，政府对水资源的保护。同时明确用水起始的时间，一般要求在项目建成投产之前。(2)供电。明确日供电量多少，线路几条，容积多大，在何处接线（最好在厂区围墙外侧），是否征收电增容费，如果征，征收多少等。同时明确用电的起始时间，一般要求在项目建成投产之前。同时也需要安排建设施工期间的用电问题。(3)供汽。如果工厂投产需要使用蒸汽，需要明确供汽事项。可以约定由工厂自建锅炉产汽，在这种情况下，需要政府有关部门同意项目自建锅炉。如果拟使用第三人生产的蒸汽，政府部门应当帮助协调，并由投资公司与供汽者订立附条件生效的供汽协议，以便落实项目投产后的用汽问题。(4)排水。包括污水处理及处理后的废水如何排放，日排放量多少，政府是否提供排放的管网，接口在何处（最好在厂区围墙外侧），并约定在项目投产前具备接口条件。(5)道路。道路是项目建设及投产后物流的必备条件。应当约定几条道路，并最好约定厂区围墙外的道路由当地市政负责建设和维修。(6)通信。根据需要明确政府提供的有线通信及无线通信的条件，以满足项目建设和投产后的需求。(7)宽带网。(8)有线电视。(9)天然气。一平是指场地平整，达到施工条件。

土地条件各案不一，全凭投资公司与政府协商确定，并可以作为调整土地出让价格的手段。

8. 优惠政策。这里说的不是国家给予外商投资企业的优惠政策，而是当地政府给予外来投资者的优惠政策，这种优惠政策没有法律上的依据，是地方政府为招商引资所为,各案不一。从实务来看,当地政府可能给予的优惠政策大致有:(1)协助投资公司办理市政规划许可证并免收相关费用;(2)协助投资公司办理环评事宜,并免收相关费用;(3)及时为项目办理开工许可证,并免收相关费用;(4)在一定年限内按一定比例返还企业缴纳的增值税地方分成部分;(5)在一定年限内按一定比例返还企业缴纳的所得税地方分成部分;(6)免收项目建设的城市基础建设配套费;(7)免除项目建成后办理产权证的各项税费;(8)协助投资公司在当地注册新公司,并免除注册过程中的相关费用;(9)免除项目建设过程中招投标的相关费用;(10)协助项目立项、审查、审批,并免收相关费用;(11)免除电、水、汽等增容接口费;(12)其他优惠。

关于优惠政策问题,有时政府会不同意将其内容放在投资协议之中,而是要求以政府方面办公会议纪要的方式向投资公司承诺,从实务来看这种要求也是可以接受的,不过投资公司应当要求政府方面有关会议的级别越高越好,比如党委常委会会议纪要、市长办公会议纪要、开发区区长办公会议纪要等。

9. 关于安排当地劳动力就业问题。在许多经济欠发达地区,当地政府会要求新公司尽量安排当地的劳动力就业,并要求其工资不低于当地的最低工资标准,同时要求用人单位为劳动者提供各种社会保险。

10. 特别约定。特别约定主要是明确在投资协议签署后,在确定投资公司买得土地使用权后,投资公司将按投资协议的约定在土地使用权所在地设立一家新公司,新公司一旦注册成立,投资协议约定的权利义务将由新公司受领。从新设投资实务看,这种安排是非常必要的。如果投资公司在确定能够取得土地使用权前即将新公司设立完成,以新公司参加土地使用权的竞买,万一不能如期取得土地,新公司将处于进退两难的境地,而且还会发生经济损失。如果投资公司直接取得土地使用权,那就只能以土地使用权向新公司出资或者将土地使用权转让给新公司,这不仅手续复杂而且还会发生费用。以投资公司参加土地使用权的竞买,买得后再设立新公司,不仅可以防避上述风险,而且属于发起人为设立公司而从事的行为,其权利义务在法律上是有依据的。

11. 排他条款。在实务中,投资公司为了有效地控制目标市场,一般会要求当地政府或开发区承诺除投资公司外,不再引进其他相同产品或相同业务的企业入驻政府管辖的区域或开发区内。

12. 其他约定事项。

13. 各方签署。投资协议的内容会因投资项目、各方关注的事项不同而有所不同。从实务来看,也有通过几次签署最终构成一份完整的投资协议的。

三、投资协议的功能

从法律上笔者的确无法判断这种投资协议的效力，从实务来看，多数投资协议是能够得到履行的，个别未履行的也未见争诉的案例。但是不管怎么说，实践经验告诉我们，拟在目标市场投资建设新工厂的企业，与当地政府订立这样一份投资协议是非常必要的。

第一，可以统一当地政府各部门的认识，使项目的各项工作步入快车道。一个建设项目从立项到开工建设要经过当地政府或开发区内十几个部门的批准，没有这样一个投资协议，各部门对项目的态度就无法统一，项目的相关工作就会遭遇“办事难”的困境。有了这样一个投资协议，特别是协议是由当地政府的首长或开发区的首长亲自签署的，各部门就不敢怠慢，项目的前期工作就顺利多了。特别是在签署投资协议之前，政府首长或开发区首长已经通过例会，明确了政府及开发区对项目的态度，甚至责成有关职能部门专门负责为投资公司办理项目的前期工作，这更会使项目顺风顺水。从实务来看，没有当地政府首长积极推进的项目都是难成的项目。

第二，通过投资协议的确可以使投资企业获得一些额外的优惠待遇。尽管当地政府或开发区在国家法律规定以外答应的优惠政策没有法律依据，但这些都是在当地政府或开发区权力所及的范围内的，故绝大多数都是可以得到落实的。因此，从实践经验看，投资企业与当地政府或开发区在投资项目开始之前订立这样一份投资协议是有益无害的。

第三，有利于企业减少投资成本。从实践中看，政府或开发区在投资协议中承诺的土地条件和对项目有关费用的减免多数是可以兑现的，这也是一笔不小的支出，一旦获得减免，企业的项目成本就会降低。特别是政府或园区承诺的土地条件，往往是政府从财政中支出资金为企业承办的，在有些地块上这将为企业省下一笔不小的支出。

四、投资协议的法律效力

从实务来看，投资地政府或开发区、工业园区的主管机关一般会要求投资者与其订立投资协议，也确实认真履行投资协议（在能够履行的前提下），有的甚至要求在投资协议中规定各方的违约责任。但是如何判断这个协议的效力呢？首先，从投资协议的内容和法律程序上说，有关投资项目依法要求履行立项和审批程序，在没有履行批准程序前，其有关投资的约定能否得到法律的肯定？其次，从土地使用权取得的约定看,也往往与相关法律、法规不相符。最后,这个协议应当受哪个部门法调整,是行政法范畴还是民法范畴?都说不大清楚。但是,从实务来看,尽管有这些问题说不清楚,投资协议还是在公司投资新建工厂的过程中发挥着不可缺失的作用。

五、投资方如何对待政府的承诺

从实务来看,政府承诺的优惠兑现的多,不兑现的少。那么对于不兑现的,投资公司能否寻求法律救济呢?笔者认为不能,因为:(1)政府承诺的优惠大多是没有法律依据或者不符合法律规定的,因此,即使投资公司寻求法律救济也不一定会得到支持;(2)如果投资公司想要依靠法律解决政府的"违约",无论是输还是赢,都会得罪当地政府,所得不一定抵得过所失。那么投资公司应当以什么心态对待其与政府订立的投资协议中政府承诺的优惠呢?投资公司应当知道政府承诺的优惠都是自己的额外所得,而并非当然所得,进而投资公司在评估投资项目时,不应当将政府的优惠计算在指标之内。也就是说,在对有关项目进行评估时,如果结论是政府给予优惠就投资,不给予优惠就不投资的话,投资公司最好就不投资;如果结论是政府不给予优惠也投资的话,投资公司就应当下决心去投资,并且努力去争取政府的优惠,争不来无妨,争得来为偏得。

六、土地竞买主体与项目实施主体

在实务中,订立投资协议的是投资公司,参加土地竞买的也是投资公司,但是真正在投资地实施项目建设的主体,真正受让土地使用权的主体却不是投资公司,而是投资公司在投资地设立的子公司。这是因为,为谨慎起见,投资公司不能在未订立投资协议或者未确认取得土地使用权之前将子公司设立完成,因为这样投资公司不仅难以取得政府的优惠,也面临因土地使用权不能取得或投资项目不被接纳白白注册了子公司的风险。为了解决这个问题,实务中需要在有关协议或合同中明确如何处理这两个主体之间的关系,即先由投资公司以自己的名义订立投资协议并参加土地使用权的竞买,然后报请批准项目,并在确定买得土地使用权后再注册子公司,待该子公司成立后由子公司全面履行投资协议和土地使用权购买合同。这样做不仅不会影响投资协议的签署和土地使用权的竞买,还有效地控制了其中的风险。

七、实录投资协议一份

投资协议

甲方：

乙方：

丙方：××人民政府

经三方协商，就乙方在××××新区内建设××生产项目的有关事宜达成如下协议：

一、项目规模及投资总额

1. 乙方在隶属于××××新区内“××项目拟选址”地块上新建××生产项目，规划生产能力达到40万吨/年，分两期完成（一期26万吨/年，二期15万吨/年）。

2. 鉴于上述建设方案，拟由乙方在××××新区内注册一家独资公司，暂定名为“××××有限公司”（以下简称“××公司”，以公司设立时登记的公司名称为准），××公司投资总额暂定为6亿元人民币。

二、项目用地取得

1. 甲方负责办理位于××××新区内“××××项目拟选址”位置地块，面积为400亩（具体面积以《规划用地红线图》为准）的国有土地征用补偿手续，使其具备向××公司出让的条件以及地勘条件，同时也需留足工厂周边所必需的公路护坡、排水沟等公共设施用地，并保证在本协议签订前完成。附件1《规划用地红线图》

2. 上述土地由甲方负责按照双方于2007年5月20日签署的《会议纪要》的承诺办至新注册的××公司名下。附件2《会议纪要》

3. 甲方在××公司开工建设之前，为××公司按上述条件办妥《国有土地使用权证》。甲方保证该地块的用地合法性，未来××公司将取得的土地使用权为：位于××××新区内“××××项目拟选址”位置，面积为400亩，土地出让金单价为人民币××元/亩，总价款约为人民币××××万元，用地上围墙等均含在总价款内。如在办理《国有土地使用权证》时，××公司与××市国土资源局签订的《国有土地使用权出让合同》中规定的土地出让金的单价、总价款高于本条约定的单价及总价款的，超出部分的价款及由此产生的所有税、费均由甲方承担。土地使用期限为50年,取得方式为出让取得,用途为工业用地的国有土地使用权,甲方保证××公司能顺利取得合法的《国有土地使用权证》。

三、甲方承诺的事项

1. 甲方承诺该宗土地现已取得工业建设用地指标,并未违反国家土地管理法规。

2. 甲方承诺由甲方先行垫付土地出让金,并在××公司注册成立之日起30日内,为××公司办妥《国有土地使用权证》和全部开工手续。

3. 甲方将积极落实该项目享受的国家税收优惠政策,积极帮助××公司争取并落实购买进口设备海关退税政策。

4. 甲方保证为××公司日后生产经营,给予××××区最优惠的税收政策。

5. 对于增值税属于××××新区留成部分,甲方按全额的××%返还给××公司,用于企业发展,返还期为自××公司正式投产经营开始××个月内,返还时间为每季度汇算清缴后一个月内。

6. 甲方免收该项目建设的基础设施建设配套费、城市配套费、免除××××新区收取的一切产权、经营执照、注册登记、许可证费。土地管理费(含土地评估费、出让业务费)按实际交易价格的3%一次性征收;契税按人民币×元/平方米一次性征收;耕地占用税按人民币×元/平方米一次性征收;除此以外的所有与土地出让有关的税、费甲方均不予征收。

7. 甲方指定××××新区发展改革局为此项目筹建、建设服务的专门行政机构,为乙方办理××公司的政府审批、登记注册、税务、外汇、海关、商检、国土、规划、建设环保、安全、消防等报建、报批手续和国家法律规定的建设工程开工手续,并给予最便捷、最优惠的服务。甲方允许××公司工程项目自行招投标并免收相关费用。具体详见附件3《免除规费和运营费用一览表》。

8. 基础设施完善

甲方为××公司提供"九通一平"。

8.1 "九通"即:供水、供电、供汽、排水、道路、通信、宽带网、有线电视、民用天然气通。

8.1.1 供水

甲方为××公司生产提供自来水,价格为人民币×元/吨,并负责将自来水管道于2007年6月10日前引至××公司厂区指定位置，管道直径为200毫米，接口费免除。

甲方允许××公司在厂区内打×眼水井，每口井出水量为×吨/小时，并发放取水证，具有永久使用权。

8.1.2 供电

项目用地上空有两条11万伏电缆和一条3.5万伏电缆，甲方负责在××公司开工前10日内将三条高压线安全搬移至厂区南侧边缘地带并承担费用，保证不会影响××公司开工。

甲方为××公司提供不小于8000kVA的电量需求，并协助××公司建设一条电力专线接通至厂区。

8.1.3 供汽

为满足××生产运行所需的动力要求，甲方允许××公司自建锅炉。甲方协助××公司与邻近厂区的热力公司商谈合作供电和供汽事宜。

8.1.4 排水

××公司保证按国家环保法规执行，达标排放，具体排放标准需经环评测定。

由于甲方目前无市政污水处理厂，甲方允许××公司在符合排放标准的前提下，将污水排放至厂外明沟；待甲方污水处理厂建成后，甲方负责将××公司污水排放管道引至市政污水设施并承担费用。

8.1.5 道路

甲方应在2007年8月8日前将××公司周边道路铺设完成。

8.1.6 通信、宽带网、有线电视

甲方协助将通信、宽带网、有线电视接通至××公司厂区指定位置。

8.1.7 民用天然气

甲方协助将民用天然气管道接通至××公司厂区指定位置。

8.2 “一平”即：场地平整达到施工要求，现有围墙保留。甲方保证项目用地地下无管线，不是低洼地带，不会影响乙方施工或额外增加乙方施工成本且保证在2007年6月8日前完成。

8.3 ××公司施工期间的用电、用水、通信，由甲方负责在开工前10日内接通至××公司厂区指定位置。

8.4 甲方承诺为××公司协调在该项目施工及未来生产阶段所必需的

水、电、汽供应,不会因断电、限电而影响××公司正常的生产经营活动,并保证给予××公司最优惠的价格及政策。

9. 周边环境未来规划保障

9.1 甲方承诺在××××新区内的未来规划项目不会危害、危及××公司水源等正常生产经营所必需的周边环境。

9.2 甲方承诺保证在管辖的地区内不再批准建设第二家××厂。

四、乙方承诺的事项

1. 乙方承诺在甲方为××公司办妥《国有土地使用权证》和开工手续之日起30日内,乙方将开始该项目的一期工程。

2. 乙方承诺将用最快的速度开发市场,以实现该项目二期工程的开工建设,最终完成整个项目投资。

3. 乙方承诺该项目投产后将按照国家规定的污水排放标准,达标排放。

4. 乙方承诺其地上建筑物距离厂区外围道路内侧不少于10米;距离围墙不少于5米。

5. 乙方承诺按照甲方"每征用5亩地安排1名农村劳动力"的原则,在农村劳动力符合乙方或××公司录用员工标准的前提下,优先录用被占用土地上的农村劳动力并保证按国家法律规定的最低工资标准发放工资。具体录用事宜由××××新区劳动局承办。

6. 乙方承诺在甲方为××公司办妥《国有土地使用权证》之日起10个工作日内全额缴纳土地出让金。

五、丙方承诺的事项

1. 丙方将积极落实该项目享受的国家税收优惠政策,积极帮助××公司争取并落实购买进口设备海关退税政策。

2. 丙方保证为××公司日后生产经营,给予××公司××市最优惠的税收政策。

3. 丙方免收该项目建设的基础设施建设配套费、城市配套费。

4. 丙方免除××市收取的一切产权、经营执照、注册登记、许可证等其他费用。

5. 丙方承诺保证在其管辖的地区内不再批准建设第二家××厂。

6. 丙方允许××公司工程项目自行招投标并免收相关费用。

7. 上述第1、2、3、4条规定的收费标准、税、费、优惠政策具体详见附件3

《免除规费和运营费用一览表》。

六、违约责任

1. 若甲方未在××公司注册成立之日起30日内为××公司办妥《国有土地使用权证》和开工手续的，甲方应补偿由此给乙方或××公司造成的经济损失。

2. 甲方承诺其在本协议中对乙方的承诺行为没有超越其行政职权，并保证兑现，否则因甲方的承诺未兑现而使乙方或××公司遭受损失的，对此甲方给予足额补偿。

3. 若甲方违反本协议第三项所言事项，视危及程度给予乙方或××公司经济补偿。

4. 若乙方违反本协议第四项第1、4、5条所言事项给甲方造成经济损失的，应给予甲方经济补偿。

5. 若乙方违反本协议第四项第6条所言事项给甲方造成经济损失的，应给予甲方经济补偿。

6. 若丙方违反本协议第五项所言事项视危及程度给予乙方或××公司经济补偿。

七、本协议未尽事宜由甲、乙、丙三方协商补充。本协议一式九份，甲、乙、丙三方各执三份，签字盖章后生效。

附件：1.《规划用地红线图》；2.《会议纪要》；3.《免除规费和运营费用一览表》（略）

丙方：____________（签字）
甲方：____________（签字）
乙方：____________（签字）
200×年×月×日于中国·××市

第三节 股权并购意向性协议

并购投资有两种基本方式，即股权并购和资产并购，相应地并购投资意向性协议也有两种：一种为股权并购意向性协议，另一种为资产并购意向性协议。股权并购意向性协议,又可以分为受让股权并购意向性协议和增资并购意向性协议。不过在实务中,大家为了图和气,为了显得公允,往往不叫什么并购意向性协议,而是称为合作意向性协议或者重组意向性协议。这些文件多数是在披露调查、商务谈判之前产生的,是通向正式契约的工具性文件。本节我们讨论股权并购意向性协议的相关问题。

一、股权并购意向性协议的主体

股权并购意向性协议的主体应当与交易的主体相一致,不过实务中也不像合同那样严格,也有上级公司、控股股东、实际控制人代公司签订意向性协议的。一般而言:(1)如果是拟采受让股权方式并购的,应当由拟出让股权的股东与投资公司共同签署;(2)如果是拟采向目标公司增资方式并购的,应当由目标公司或目标公司的控股股东与投资公司共同签署。

二、签订股权并购意向性协议的条件

与投资协议一样,股权并购意向性协议的签署也需要具备一定的条件,只有达成这些条件,才可以与交易对方订立股权并购意向性协议。从实践中看,订立股权并购意向性协议一般需要具备以下条件:

1. 投资公司对目标市场的调查研究已经完成,并作出进入目标市场的决定。如果公司尚未完成对目标市场的尽职调查,并根据公司的发展规划作出进入目标市场的决定,公司一般不宜盲目地订立股权并购意向性协议。

2. 根据对目标市场竞争态势和目标企业所处的位置以及规模、现状的了解和分析,投资公司最初判明目标公司符合公司扩张战略对目标企业的要求,是一家适合于并购投资的企业。

3. 在投资公司获得的信息不足以确定可以采取股权并购方式时,或者在交易对方不坚持股权并购方式时,投资公司可以与交易对方订立合作协议,至于采取哪种并购方式暂不确定。

4. 目标公司的股东或权力机构已经最初表明交易的意向,双方对交易均表示出兴趣,有合作的意愿并愿意有效地推进交易。

5. 交易各方在表示交易意愿的基础上,愿意订立一份在法律上无约束力,但是可以为未来可能成就的交易奠定基础,并能够协调双方谈判、披露、调查、缔约过程的诚信文件。

从企业并购经验看,一般情况下应当在具备上述五项条件特别是前三项条件后投资公司才可与交易对方订立股权并购意向性协议。股权并购意向性协议虽无法律上的约束力，不会导致投资公司违约责任的风险，但是如果在对目标公司的基本情况不了解的情况下盲目订立意向性协议，有时不但不会对交易有促进作用，反而会给进一步的谈判带来麻烦。所以股权并购意向性协议从签署的最佳时点上说，应当是在对交易对方、对目标公司有最初了解之时，或者在投资公司从公开渠道对目标公司有所了解之时。从实务来看，意向性协议是一个标志性文件，意向性协议的签署标志着双方的合作进入实际工作阶段。但是也应当注意，不应当将意向性协议仅仅理解为交易双方在开始谈判之初订立的一份在法律上无约束力的文件，实际上在此后的尽职调查和谈判过程中可能形成的纪要、备忘录等都是意向性协议性质的，都应当在法律上无约束力，但对促进谈判是不可缺少的。实务者应当形成正确认识，恰当使用这种意向性协议，既可以用之推动谈判的进展，避免不必要的重复，早日完成谈判；又可以随时能够全身而退，不至于因为停止交易承担违约责任。

三、股权并购意向性协议的基本内容

1. 交易的主体。

2. 声明条款。声明条款主要是明确股权并购意向性协议的性质及作用。在实务中多使用诸如：本协议各方确认本协议为不具有法律约束力的意向性协议，任何一方退出或违反本协议无须对其他方承担任何责任，但本协议另有约定的条款除外（保密条款、排他条款、适用法律条款和管辖条款）；尽管如此，本协议各方将本着精诚合作的精神积极推进本协议所言的合作事项，力争早日缔结有法律效力的合同。

声明条款的主要功能有三：一是给协议定性，免生歧义和误解。由于此时无论从投资公司内部决策程序上说，或者就投资公司对目标公司的了解程度上说，还是就交易各方的谈判深度来说，都根本不具备签订合同的条件。意向性协议只是各方意愿的一种记录，这样的定性是非常必要的。二是将意向性协议的特别条款，比如保密条款从无法律约束力的条款中分离出来，使各方认真对待相关约定，并知道违反该条款的后果。三是明确意向性协议的作用，使各方以诚信务实的态度对待意向性协议，并按照意向性协议的安排推进交易。

3. 目标公司。目标公司是指承受交易股权的公司，或者说交易股权是目标公司发行的股份（股份公司）或者是交易者对目标公司的出资（有限责任公司）。无论采取受让股权并购还是增资并购模式都会涉及目标公司，因此目标公司是股权

并购意向性协议的必备内容。在实务中,股权并购意向性协议一般会载明目标公司的以下信息:

(1)名称;

(2)统一社会信用代码;

(3)注册地址;

(4)注册资本额;

(5)实收资本额;

(6)法定代表人;

(7)登记的经营范围;

(8)公司类型;

(9)主要股东及持股比例或份额;

(10)关于目标公司的其他必要信息。

4. 交易方式和交易标的。一般情况下,在签署股权并购意向性协议时,各方会对并购的具体模式、交易的标的初步达成一致,而且这关系到对后续工作的安排,故股权并购意向性协议会载明最初拟定的并购模式和交易的标的。并购的模式除受让股权、增资并购外,可能还会两种并用。如果采用单一的受让股权方式或在其他模式中附带受让股权,都应当明确转让股权的份额或比例,以及出让者。如果采用增资并购方式则应当在意向性协议中约定投后投资者的持股比例。

5. 支付方式和出资方式。无论是受让股权还是增资并购,都会涉及投资公司的支付方式和出资方式,而这是交易对方特别关心的,故一般会要求在意向性协议中加以明确。从投资公司角度说,如果有意安排非货币出资或者非货币支付,也有必要先向交易对方说明或者征得交易对方的同意。

6. 目标公司的对外长期投资和分公司情况。目标公司的对外长期投资是指目标公司在外拥有的权益性资产,这些资产及相关业务并不为目标公司直接占有,但会在很大程度上影响并购目的和并购成本,也会左右投资公司的并购决心以及是否要求剥离等交易条件,因此,一般需要在股权并购意向性协议中予以明确。目标公司可能在公司以外设立分公司,这些分公司的资产也是目标公司的资产,从事的业务也是目标公司的业务。分公司有生产型的,也有销售、供应型的,还有从事与公司不同业务的,这些都是目标公司的基本信息,都会对并购操作和并购成本有很大的影响,因此也需要在股权并购意向性协议中载明。

7. 拟议的目标公司资产剥离或股权重组。目标公司资产剥离是指在股权并购情况下,目标公司的某些资产、投资权益或业务投资公司不想接受或者依法不能接受，需要在并购生效之前由目标公司将该等资产、投资权益或业务以转让的方式进行处理。比如，目标公司持有当地银行的股份（目标公司的长期投资），而投资公司是一家外商投资企业，依法外商投资企业持有国内金融企业的股份，需要报银保监会批准（需要履行漫长的审批程序），这就需要商议如何将目标公司持有的商业银行的股份转让，为并购扫清障碍。目标公司股权重组是指为满足投资公司的要求或者为保留目标公司无意出让的资产和业务，将目标公司分立，或者为了满足投资公司的需求将几个目标公司合并，然后由投资公司对分立或合并后的目标公司实施股权并购。无论是资产剥离还是股权重组都是为并购而为，但是在股权并购意向性协议阶段，除非目标公司出于自身的需要，否则剥离和重组还只能停留在拟议阶段，既不能确定也不能实施。

8. 关于对目标公司的披露。交易对方对目标公司的披露就好比在买卖合同项下出卖方对标的物的质量负有的告知和保证义务一样，是股权并购交易中目标公司股东一方的一项重要责任。无论是采股权受让模式，还是采增资并购模式、合并并购模式，都需要对目标公司的真实情况向交易对方进行披露。在单独采用受让股权的并购模式下，应当由出让股权的股东对目标公司向投资公司进行披露。在采增资并购的模式下，应当由目标公司的控股股东或股东代表对目标公司向投资公司进行披露。在采合并并购模式下，应当由参加合并的各公司其中包括投资公司或其股东互相进行披露。披露的内容应当围绕交易的需要展开并以满足交易的需要为目的，披露应当全面、真实、可靠。需要提请注意的是，这里讨论的披露不能等同于上市公司的财务信息披露，后者内容要更加复杂、全面。

为了加速议约过程，并购意向性协议可以就披露的内容，包括范围、方式、方法、时间、地点、接受披露方参与的人员、保密要求等做出约定。从并购实践看，在订立并购意向性协议之前，交易对方也会出于引诱投资公司的目的对目标公司作某些基本情况的披露，但是对目标公司深层次、真实情况的全面披露往往是在双方订立并购意向性协议之后。由于股权并购方式下各种交易模式中各方交易的标的为股东对目标公司的权益，而股东对目标公司权益的多少隐含在目标公司的资产、负债和经营业务之中，因而对目标公司的披露将会影响交易的价格，并且关系到各方的交易风险。因此，在并购意向性协议中载明交易各方的披露义务是非常必要的，它不仅会有助于披露工作有条不紊地进行，也会使议约过程进入快车道。

9. 关于对目标公司的尽职调查。投资公司对目标公司的尽职调查就好比在买卖合同项下买方享有的对标的物的检查验收权一样，是在股权并购投资模式下投资者的一项重要权利。从广义上说，投资者对目标市场所作的调查研究也属于尽职调查的范畴,因此,在并购投资意向性协议签署之前,投资公司的尽职调查工作已经开始。在并购意向性协议中载明投资公司对目标公司进行尽职调查的内容,目的在于明确尽职调查是投资方在议约阶段的一项权利,是为成就交易所为,以便得到交易对方和目标公司的理解和支持。从实务来看,投资公司的尽职调查没有交易对方和目标公司的支持是不行的,尽职调查所获得的深层次、实质性的信息大多在并购意向性协议签署之后。尽职调查主要围绕出让方披露内容的真实性、全面性和对与交易有关的披露内容以外的问题的调查核实,是受让方了解目标公司,评估交易风险及制定风险防避措施的重要依据。因此,在并购意向性协议之中载明关于投资公司对目标公司进行尽职调查的权利以及目标公司的协助义务是非常必要的。作为股权的受让方不仅享有要求出让方尽责披露的权利,而且也享有进行尽职调查的权利。

10.关于对相关问题的沟通、解答和补充。从实务来看,在并购方对交易对方披露材料的消化、理解,以及在投资公司自己进行的尽职调查过程中,会发现一些问题和疑问,这需要双方负责该项业务的有关人士进行沟通、交流和答疑,有时还需进行补充披露或补充调查。为此,在股权并购意向性协议中,需要明确处理这些疑问及协商相关问题的人士以及时间和地点,同时也有必要明确出让方补充披露的义务。

11.关于交易基准日的约定。从理论上说,股权是股东对公司享有的权益,而权益的多少受公司资产、负债和经营结果的影响,而一个持续经营着的公司其资产、负债和经营结果是持续变动着的,因而要想核定股东对公司的权益,必须确定一个计算权益的基准日。这个基准日也就是常说的交易基准日。在采受让股权模式并购的情况下,这个基准日称为股权转让基准日;在合并并购的模式下,这个基准日称为合并基准日;在增资并购的情况下,这个基准日称为增资计价基准日。在实务中,基准日一般要与评估基准日相一致,并且最好选在财务的月末或年末结账日,具体日期最好安排在并购意向性协议签署之后。

12.关于对目标公司行为限制的有关规定。在基准日之前,目标公司的经营结果为股权出让方依持股份额拥有,在基准日之后,目标公司的经营结果为并购方以并购比例拥有。因此,虽然目标公司尚未登记股权变更,交易各方亦未确定交易,但是为了保障并购方在目标公司的预期权益,防止控制公司的股东利用并购方尚不能实际管理公司的期间损害并购方的利益,一般情况下,并购方会要求在其实际对目标公司享有管理权前享有监管的权利。从实务来看,并购意向性协议会约定监管权的内容,比如目标公司从基准日起至确定并购成败时的期间内,不得擅自处理自己的不动产、无形资产和主要业务，不得为管理人员或员工提薪，不得对外赠与资产，订立重要合同应当知会并购方，重大决策应当通报并购方，重大诉讼应当通知并购方等。有的并购方甚至向目标公司派入特别监督员。从实务来看，确有在并购基本确定之后管理权移交之前，通过处理资产或订立重大合同来谋取个人利益，损害并购方利益的。因而监管是必要的。但是投资公司在监管过程中应当注意方法和尺度，不要以客代主、越权管理，防止给目标公司造成损失，给自己带来麻烦，同时要根据谈判的进展情况调整自己的监管力度。

13. 关于议定价格的原则和方法。受让股权并购模式下的股权转让价格，增资并购模式下的增资价格，始终是股权并购谈判的核心议题和贯穿首尾的主线。从实务来看，在签署并购意向性协议的最初阶段，交易双方不可能对价格问题达成一致。但是在并购意向性协议中可以将各方最初商定的确定价格的方法和原则予以明确，比如是否需要进行评估，评估机构的选择；是采用经核准的所有者权益溢价率的方法计价。还是不动产和无形资产溢价，其他资产现行市场价，总资产价格减负债的方法计价，或者采用双方共同确定的评估机构的评估价，或者采用竞买者竞价的方法等。在并购意向性协议中将价格确认方法和原则予以明确，有利于各方根据最初披露、调查掌握的信息资料预测交易的价格，有利于实务者向公司权力机构汇报，也有利于交易双方对交易下最后的决心。

14. 排他条款。排他条款是指签署并购意向性协议的各方在协议中约定，在一定期间内，被并购方不得与投资公司以外的第三方就本意向性协议所言的事项进行谈判、报价、订约。一般而言，排他协议对并购方有利，对被并购方不利。从实务来看，有些情况下被并购方接受排他条款，有些情况下并购方不接受排他条款，甚至在签署意向性协议之前就明确告知投资公司只能以竞价方式并购，使排他条款不能设立。也有目标公司要求投资公司承诺排他义务的，比如要求投资公司在一定期间内不可与一定空间范围内的其他公司洽谈并购事项。在并购意向性协议中，排他是双方在谈判期间的权利和义务，所以该条款独立于意向性协议而具有法律约束力。

15. 关于终止谈判的通知义务。并购意向性协议只是表明各方交易的意向及明确交易的原则、模式，但尚未构成一份具有法律效力的合同，因此，任何一方都享有终止谈判的权利。但是，在任何一方决意终止谈判时，应当及时履行通知其他各方的义务，以免给其他各方造成不应有的损失。通知义务应当在并购意向性协议中载明。

16. 关于下一步工作的安排。签署意向性协议只是迈出第一步，为统一步调，加快工作进度,各方最好在意向性协议中明确下步工作的时间表及负责人,以求有序地推进并购工作。

17. 各方联系方式及各方的联系人。

18. 各方签署。股权并购意向性协议的内容根据最初谈判的结果和深度的不同而不同,根据并购模式的不同而相异,但是大致上应当包括上述内容。但这并不是说,每签署一份并购意向性协议其内容应当俱全,实际上,在实务中,在许多情况下,上述意向性协议的内容是包含在缔约前多份根据谈判结果而签署的意向性协议之中的。也就是说,一个并购项目的意向性协议可以有多份,可以根据每次谈判达成的一致意见拟签一份意向性协议,分别解决上述问题。另外,意向性协议的内容也不一定全部是各方已经达成一致的内容,只要谈到,即使尚未达成一致,也可以在意向性协议中载明各方的意见,留待下一次再行协商,这是意向性协议的一个特别功能。还有即使一方在谈判中同意了某事项,并且载于已经签署的意向性协议之中,该方也可以反悔,且不被视为违约,这也是意向性协议的一个特点。从实务来看,正是随着披露调查的深入和谈判的进展,交易各方不断地签署内容日益全面和确定的意向性协议,最后才催生出并购合同的。

四、股权并购意向性协议的功能

从实务来看,并购意向性协议在股权并购过程中主要发挥以下功能:

1. 并购工作的转折点。股权并购意向性协议的签署标志着并购工作进入一个崭新的里程,从此进入实质操作阶段。对一个并购项目来说,在签署并购协议之前有关工作早已经开始,但是只有在各方签署并购意向性协议之后,才可以说进入实质工作阶段。因此,能否签署并购意向性协议在并购工作中具有重要的意义。

2. 为全部并购工作奠定基础确立原则。并购意向性协议虽不具有法律约束力,但是它的签署意味着参与并购的各方已经就并购的模式和操作原则最初达成一致,这就为整个并购工作奠定了基础,确立了原则,指明了方向。而且从实务来看,并购意向性协议的内容不仅为下一步谈判确定了原则,也构成未来并购合同的主要内容。

3. 使尽职调查工作进入新的阶段。在并购意向性协议签署之前,被并购方也会作出一些最初披露,但是只有并购意向性协议签署之后,被并购方才会放心大胆地进行披露,有些文件资料、数据信息才会无保留地提供给并购方。从实务来看，只有订立了意向性协议，披露和调查工作才能进入新的阶段，披露方才可能真正进行披露，调查方才可以在对方的协助下更方便地进行调查。特别是并购意向性协议确立了保密责任，会使出让方的披露变得务实和大胆。

4. 意向性协议为全部并购工作提供了日程表。意向性协议不仅为并购奠定基础确立原则，也为并购工作确定了分工和日程表，这样就使这项涉及各方的工作有了一个共同的平台。

综上所述，虽然并购意向性协议本身没有法律效力，但是它在并购谈判拟约阶段的作用不可小觑，实务者应当学会利用这一工具将缔约工作不断地向前推进。

五、违反意向性协议的责任

意向性协议不是合同，不具有法律约束力，因此，违反意向性协议者无违约责任问题。但是意向性协议是缔约过程的一个工具，如果违反意向性协议并确实给对方造成了实在的经济损失，应当依法承担缔约过失责任。比如，终止谈判的一方本应当及时通知对方，但却怠于通知，使对方做了大量的无用工或者丧失了与第三人进行交易的机会，就应当依法承担缔约过失责任，赔偿因此而给对方造成的经济损失。故在实务中，各方应当诚信对待意向性协议，诚信对待谈判对方。

根据《民法典》第五百条的规定，缔约过失责任是指当事人在订立合同过程中有下列情形之一，造成对方损失的，应当承担损害赔偿责任：

（一）假借订立合同，恶意进行磋商；

（二）故意隐瞒与订立合同有关的重要事实或者提供虚假情况；

（三）有其他违背诚信原则的行为。

六、实录一份股权转让意向性协议

股权转让意向性协议书

甲方：

乙方：

甲乙双方就甲方向乙方转让××有限责任公司（以下简称“目标公司”）股权及合作事宜，双方经友好协商，于200×年××月××日在中国××省××市签署本协议。本协议条款如下：

一、甲乙双方在此声明:

1. 本协议为意向性协议,双方以此作为起草法律文件的基础。双方都将秉承精诚合作,诚信务实的原则,积极推动本协议所言的股权交易等事宜,力争通过友好协商,尽快签署最终协议,完成本协议所言的事项;

2. 目标公司为一家民营有限公司,××是目标公司的自然人股东之一,目标公司全体股东(甲方)授权其代表甲方就向乙方转让股权事宜,进行披露、谈判并签署本协议。

二、股权转让比例及步骤

1. 甲方将其拥有的目标公司90%股权转让给乙方;

2. 上述股权转让分两步进行:

第一步:甲方先向乙方转让60%的股权,并按照本协议所确定的时间表完成;

第二步:在第一步60%股权转让完成24个月后,甲方向乙方转让剩余30%股权。

三、确定股权转让基准日

以甲方提供的目标公司2006年5月30日的财务报表(扣除资产评估增值部分),作为股权转让基准日财务报表。

四、股权转让预约价格

1. 以目标公司2006年5月30日的资产账面净值(约59808769.35元人民币),作为总资产预约价格的基准。在此基准上甲方报价:目标公司总资产预约价格为187604500元人民币。

2. 本协议签署后,正式股权转让协议签署前,甲方应安排合适时间,由乙方做尽职调查,若经过乙方财务和法律调查,发现有重大误差、遗漏,甲乙双方将对目标公司的总资产值进行调整,并相应调整总资产预约价格报价。

五、关于尽职调查

为了尽早实现双方股权转让之目标并遵循股权转让之原则,甲方将尽快披露有关股权及目标公司的有关情况(乙方和其委托的中介机构将会提出需要披露的详细内容)。乙方将会委托律师事务所和会计师事务所就股权转让之需做尽职调查,甲方及目标公司应当给予协助。

六、目标公司资产盘点和法定账目稽核

1. 总资产预约转让价格调整方法

股权转让正式协议签署时,甲乙双方确定股权转让盘点交割日,由甲乙双方根据中国的会计准则和下列稽核原则，对目标公司盘点交割日的资产进行盘点，对法定账目进行稽核。根据盘点和稽核结果，并将稽核后的总资产值与甲方披露的股权转让基准日的总资产值相对比，并按照下述公式相应调整总资产转让价格。

1）若稽核后的总资产值大于股权转让基准日的总资产值，且差额部分超过50万元的（含50万元），按下述公式调整：

调整后的总资产转让价格＝总资产预约价格（187604500元人民币）＋差额部分

2）若稽核后的总资产值小于股权转让基准日的总资产值，且差额部分超过50万元的（含50万元），按下述公式调整：

调整后的总资产转让价格＝总资产预约价格（187604500元人民币）－差额部分×1.5

2. 计算股权转让价格的公式

目标公司100%股权的转让价格＝调整后的总资产转让价格－甲方披露的负债总额：

1）90%股权的价格＝目标公司100%股权的转让价格×90%；

2）10%股权的价格＝目标公司100%股权的转让价格×10%。

甲方承诺在正式股权转让协议签署前，甲方先行向乙方书面披露目标公司负债明细表。

3. 稽核原则

1）目标公司固定资产（包括在建工程）的盘点计价原则

a）在正式股权转让协议签署前，甲方先行向乙方披露提供目标公司关键固定资产明细表，且甲方与乙方须完成对关键固定资产明细表的确定。

b）如果在资产盘点时发现目标公司的关键固定资产缺失，则按该固定资产在目标公司财务账上的净值调减资产总额。

c）如果在资产盘点时发现目标公司的关键固定资产无法正常运转：

◆若是因个别部件的缺失或损坏原因所致，只需经过维修或重置该部件，就可以保证该关键固定资产正常运转，则按该部件在目标公司财务账上的净值调减资产总额；

◆若非因个别部件的缺失或损坏原因所致或虽因个别部件的缺失或损坏原因所致，但即使维修或重置该部件，也无法保证该关键固定资产正常运转，则按该关键固定资产在目标公司财务账上的净值调减资产总额。

d)固定资产、无形资产和流动资产的划分按中国现行会计原则执行,其中无形资产包括:全部商标权、专利权、著作权、取水指标、用水指标、排污指标、用电指标及土地使用权。流动资产包括:资产盘点日目标公司库存现金和银行存款;库存的原料、材料、燃料、辅料、备品备件和低值易耗品;库存的产成品和在制品;库存的包装物;有效债权;递延资产和待摊费用。

2)目标公司库存现金和银行存款的盘点计价原则

(a)目标公司库存现金按交割盘点日实点数计;

(b)目标公司银行存款按实际金额计。

3)目标公司原料、材料、燃料、辅料、备品备件和低值易耗品的盘点计价原则

(a)数量按盘点日实点数计;

(b)目标公司能够继续使用的计数,不能继续使用的不计数;

(c)质量合格并未过保质期的计数,质量不合格或已过保质期限的不计数;

(d)在库的计数,已出库在用或购入在途的不计数;

(e)主机报废或不能使用的备品备件不计数;

(f)单价依目标公司财务账面单价为准。

4)目标公司库存的产成品和在制品的盘点计价原则

(a)数量按实点数计;

(b)单价由双方专业人员按目标公司的生产成本核算方法计算在产品和产成品单价。

5)目标公司库存包装物(包括商标)的盘点计价原则

(a)目标公司能够继续使用的计数,不能继续使用的不计数;

(b)在库的计数,借出在外的不计数按债权处理,但借出在外有押金且押金单价大于或等于物品计价单价的计数,不作债权;

(c)单价按目标公司账面单价计算。

6)目标公司货币债权稽核的原则

(a)目标公司的货币债权包括销货应收款、购货预付款和其他应收款;

(b)已确定为呆死账的债权不计价;

(c)应收销货款账龄1年以上的不计价,1年以下的计价;

(d)账龄从资产盘点日起计算;

(e)购货预付款根据中国现行财务会计原则计价;

(f)其他应收款经债务人书面确认在盘点交割日后3个月内向目标公司偿还的计价;

(g)按上述原则计算后得出的目标公司的货币债权计为目标公司的有效债权。

7)目标公司包装物债权稽核的原则

(a)包装物债权由双方在股权计价期间委派专人与经销商逐一核对,参考下述条件确定其中的有效债权:

◆经销商书面承认欠的数量和品种;

◆经销商承诺在盘点交割日后4个月内归还的;

◆经销商继续经营目标公司啤酒产品的。

(b)目标公司的包装物债权按核对后双方确认的数量和品种及库存包装物的单价计价。

(c)按上述原则计算后得出的目标公司的包装物债权计为目标公司的有效债权。

8)目标公司的递延资产和待摊费用

资产盘点日目标公司法定账目上的递延资产和待摊费用,以资产盘点日为基准日按受益期间分配,资产盘点日以后期间应分摊的部分计价,资产盘点日以前期间应分摊的部分不计价,但依中国会计原则应当摊销而未摊销的不计价。

9)目标公司负债稽核的原则

(a)目标公司的负债包括长期借款、短期借款、应付利息和罚息、应付股东提成、应付票据、应付账款、应付折扣折让和奖金、预收款、应付工资、应付福利费、应交税金和其他应付款等债务。

(b)向股东的借款计为目标公司的负债。

(c)根据甲方的披露,双方协商签署的目标公司法定账目以外负债协议所确定的债务计为目标公司的负债。

七、目标公司的土地、房产、车辆、商标等证照事宜

1. 土地

甲方披露:目标公司正在使用和正在申请的土地面积合计155亩,其中:

约100亩,已经取得工业出让土地使用权证;约55亩,正在办理土地使用权出让手续。

2.商标

甲方披露:目标公司目前使用"××"商标所有权人为××有限公司,目标公司现为被许可使用。甲方承诺:自股权转让交割日起3年内,目标公司(合资公司)有权在××省独家使用"××"商标,在此期间,甲方不收取任何商标使用费。具体条款,双方将另行签署商标使用许可协议。

3.证照办理

甲方保证将目标公司的全部应办证资产办证至目标公司(合资公司)名下。

八、员工

甲方披露,目标公司员工不存在国有身份置换事宜。乙方只负责承担目标公司股权转让交割日之后按国家法律规定应由其缴纳的各种社会保险费用。

九、或然负债及担保

1.或然负债定义

或然负债,是指由于目标公司交割日之前的各种原因,在股权转让基准日之后,使目标公司遭受的负债或给付义务,而该负债或给付义务未列明于甲方股权转让基准日前的法定账目和财务报表中,或该负债或给付义务虽在该账目或该报表中列明但数额大于该账目或该报表中列明的数额,其大于部分,甲方已经向乙方作出书面披露,且乙方书面认可的除外。

2.担保

甲方承诺以其保留的股权转让价款或以其他方式对或然负债作担保。关于担保的具体条款,双方另行签署担保协议。

十、价款支付

乙方按以下规定向甲方支付股权转让价款:

1.本协议经中国政府审批部门批准生效后的30个工作日内,乙方向甲方支付60%股权转让价款中的40%;

2.自本协议项下的股权转让工商变更登记完成,目标公司变更登记为中外合资有限责任公司之日起30个工作日内,乙方向甲方支付60%股权转让价款的40%;

3. 自本协议项下的股权转让经政府审批部门批准生效和工商变更登记完成且目标公司所有应办证资产证照均已办理完成之日起10个工作日内，乙方向甲方支付60%股权转让价款的20%；

4. 乙方在本协议项下支付的股权转让价款根据《股权出让者姓名、身份证号码、出让股份数、转股价格、收款银行及账号一览表》汇出；

5. 如果乙方以美元向甲方支付转股价款，按汇出前一营业日中国人民银行公布的美元对人民币的买入价和卖出价的中间价折算；

6. 在乙方按上款规定向甲方支付完成全部股权转让价款之前，如果甲方依本协议关于目标公司或然负债的赔偿责任已经发生，或甲方依本协议规定的违约责任已经发生，乙方有权从尚未支付的转股价款中扣收，但在扣收前应当书面通知甲方；

7. 本合同项下交易过程中所发生的各种纳税义务，依照中国税法规定由纳税义务人自行承担。

十一、限制竞争

甲方保证自正式股权转让合同签署后，除非经乙方书面同意，不在××省境内直接或间接投资、合伙、合作从事××的生产和经营活动。

十二、一般原则约定

1. 双方的股权交易适用中国法律和中国会计原则，遇有争议提交中国国际经济贸易仲裁委员会依该会规则和中国法律在北京仲裁。

2. 交易所需的文件采用中文书写。

3. 在股权转让协议正式签署前双方对此项交易负有保密的义务。

4. 甲方向乙方保证在本协议签署后至股权转让交割前，不会以任何方式处置其固定资产和无形资产，目标公司不会签署不利于合营公司日后经营的各类合同。

5. 甲方向乙方保证在本协议签署后至股权转让交割前，不会出售其自己的业务，销售网络和权利，不会作出不利于目标公司以后经营的安排，在股权交割日之前，若目标公司签署重大合同，需征得乙方同意。

6. 甲方向乙方保证在本协议签署至股权转让交割前，不会变更已有的劳动合同或签署新的劳动合同，从而加重目标公司以后在这方面的负担。

十三、排他条款

从本协议签订之日起3个月内，甲方保证不与乙方之外的任何其他方商讨目标公司股权转让事宜。

十四、为了尽快完成双方的合作事项,拟定工作时间表如下:

2006年6月21日双方签署本协议;

2006年7月5日之前,完成财务、法律等相关尽职调查;

2006年7月10日之前,双方完成各自最高权力机关对本项股权交易及合作事宜的批准;

2006年7月10日之前,完成股权转让协议、剩余股权期权协议、合资合同和章程、商标使用许可协议、担保协议的定稿;

2006年7月10日之前,签署上述法律文本及盘点交割工作;

2006年7月末之前,完成政府审批、工商变更等。

甲方:　　　　　　　　　　乙方:

代表______________　　　　代表______________

第四节　资产并购意向性协议

资产并购是并购投资的基本方式之一。本节我们讨论资产并购意向性协议的内容和功能。

一、资产并购意向性协议的主体

1. 资产出让方。在资产并购模式下,出让资产的主体只能是目标企业,而不能是目标公司的股东,尽管目标公司出让资产的行为可能需要其权力机构批准。这是因为,资产的所有者是公司,而非股东,因此,关于资产交易合同的主体只能是公司,而不能是股东。但是应当注意,如果拟议中投资公司受让的资产包括目标公司分公司占有、使用和管理的资产,投资公司可以与目标公司一并签署意向性协议,未来也可以一并订立合同受让,因为分公司的资产所有权归目标公司所有。如果拟议中投资公司受让的资产包括目标公司子公司的资产,投资公司只能分别与它们签署资产并购意向性协议,未来也应当分别与它们订立资产转让合同。因为它们虽有隶属关系,但却是各自独立的法人,是各自财产的所有者,母公司无权处分子公司的资产。

2. 资产受让方。无论是采投资公司直接受让的操作模式还是采投资公司间接受让的操作模式，签署资产并购意向性协议的受让方都只能是投资公司自己。因为即使在间接受让资产的情况下，在签署资产并购意向性协议时，投资公司拟在目标公司所在地设立的新公司尚未成立，不可能由其签署资产并购意向性协议。不过在这种情况下，投资公司应当将间接受让资产和设立新公司的安排向目标公司一并陈明。

二、签署资产并购意向性协议的条件

签署资产并购意向性协议的条件与签署股权并购意向性协议的条件基本相同，都应当在投资公司进入目标市场的决策已经基本确定，对目标公司有所了解，并基本确认其符合并购的要求，并与目标公司的管理层有所接触，双方均表示合作意愿的情况下签署。签署资产并购意向性协议与签署股权并购意向性协议的区别主要在于：目标企业了解资产并购的内涵及其与股权并购的区别，并愿意接受资产转让的交易方式。在许多情况下，目标公司在了解了资产并购与股权并购的区别（在流转税和所得税上的区别）后，不愿意接受资产转让模式，主张采用股权转让的操作模式，但是又不愿意对目标公司作彻底的披露，也不愿意对或然负债承担责任，使投资公司处于两难的境地。

三、资产并购意向性协议的主要内容

1. 签署协议的各方。

2. 声明条款。（其内容与股权并购意向性协议声明条款的内容基本相同。）

3. 交易方式。由投资公司受让目标公司的相关资产，双方间实际是一个关于资产所有权的交易。

如果投资公司拟采间接受让的操作模式，应当明确在双方签署资产转让协议之后，在出让方向受让方移交转让资产之前，投资公司在目标公司所在地注册成立一家子公司，由该公司领受资产转让合同中受让方的全部权利和义务，投资公司愿意对该新公司在资产转让合同中的各项义务提供连带担保。

4. 新公司的投资人。在投资公司采间接资产并购的情况下，投资公司应当在目标公司所在地设立新公司，多数情况下该新公司为投资公司的全资子公司，但也有投资公司与其他投资人共同出资设立该新公司的，还有投资公司与目标公司共同出资设立该子公司的，更有投资公司与目标公司的某一股东共同出资设立该新公司的。从实务来看，除投资公司独资设立新公司的以外，都应当在资产并购意向性协议中明确新公司的出资人,特别是在投资公司与目标公司或目标公司的股东共同出资设立新公司的情况下,在意向性协议中对出资人予以明确更为必要。

5.转让资产的范围。转让资产范围一般需要通过尽职调查后在资产转让协议中予以确定,并以资产转让协议附件的方式生成。但是在意向性协议中明确转让资产最初范围是十分必要的,这可以使交易双方对交易作出基本判断。在意向性协议中,转让资产一般不易约定为全部资产,因为目标公司的全部资产中包括债权资产、长期投资资产,而这些资产都不一定转让。另外,在目标公司从事综合业务,而投资公司又无意受让目标公司的全部资产的情况下,最初界定转让资产的范围更为必要,这时可采与生产经营某一产品或某项业务有关的资产来加以概括,比如受让与水泥生产和销售有关的全部有效资产。根据需要,意向性协议可以明确由目标公司编制转让资产分类明确表,然后提交投资公司在披露调查的基础上协商修改并最终由双方确认,作为资产转让合同的附件。

6.关于土地使用权和知识产权的基本情况。由于土地使用权和知识产权在目标企业资产中具有特殊性,对投资公司也可能有特殊的意义,且处理起来比较复杂,所以在实务中多在意向性协议阶段就将其基本情况搞清并载明在意向性协议之中。关于土地使用权,应当明确土地使用权取得的方式、面积、剩余年限、在土地面积上有无第三人的不动产以及土地使用权取得上尚存哪些未尽事项等。关于知识产权应当明确主要知识产权的情况,以及是否有对外、对内许可使用,是否为共同所有等。

7.对目标公司尚未履行完毕的合同及债权债务的处理原则。这是一个在资产并购模式下投资公司在谈判初期就必须与目标公司讲明或达成一致的事项。这个原则的内容就是,凡是未经投资公司同意转让的目标公司的合同、债权、债务等均与投资公司或投资公司设立的新公司无关,由目标公司自行处理;凡是投资公司同意受让的目标公司的合同、债权、债务必须依法履行相关的转让手续,未办理转让手续的不发生转让的法律效果。从资产并购的实务看,在许多情况下目标公司希望投资公司接受目标公司尚未履行完毕的合同和债权、债务,但是如果投资公司这样做了往往会对自身产生一些不利的影响,不过投资公司也不能完全拒绝,拒绝哪些,接受哪些一般需要根据具体情况判断。但投资公司必须在谈判和合同中坚持这一原则,因为这对防避并购风险大有帮助。

8.关于资产抵押的情况和最初解决的方法。从实务来看,许多目标企业的资产被抵押给银行等债权人，这给资产并购带来了障碍。在签署资产并购意向性协议时，如果已经了解目标公司的资产有设立抵押的情况，可以就如何应对抵押权设计最初的方案。比如，与抵押权人订立协议，请求其同意转让抵押资产，同时承诺以转让资产所得价款首先向抵押权人偿债。这样做就为下一步处理相关问题指明了工作方向。

9. 关于目标公司员工问题。员工问题从来都是企业并购中最棘手的问题。切记员工问题没小事，千万防止出现群体事件。从法律原则上说，投资公司受让目标公司的资产，不会使投资公司与目标公司的员工之间产生劳动关系。因此，如果目标公司的员工与目标公司解除劳动合同，愿意到投资公司新设立的公司就业并符合投资公司要求的条件的，投资公司的子公司可以优先录用并与其订立劳动合同，该等员工的本企业工龄从录用之日起计算。这应当是投资公司在谈判过程中就员工问题坚持的原则，在这一原则下，目标公司应当与其员工解除劳动合同并依法履行补偿义务，员工应当明白目标公司与现在就业的公司虽然机器设备、厂房、办公室及自己负责的业务完全一样，但不是同一个用工主体。从而为投资公司防避目标公司在劳动合同关系中对其员工的“欠账”奠定基础。

10. 关于转让资产作价和计价的原则和方法。从资产并购的实务看，多数转让资产包括：(1)固定资产；(2)土地使用权；(3)知识产权；(4)存货；(5)建设工程合同项下的在建工程资产。而债权资产、长期投资资产和其他资产一般不包括或者不全部包括在转让资产的范围中。相应的作价和计价原则可以考虑：(1)在投资公司专业人士对拟受让的固定资产、土地使用权、知识产权进行尽职调查和实地查验后，双方协商这三项资产的总转让价格，并且目标公司转让资产的全部溢价仅包括在此价格之中；(2)在建工程资产，在投资公司的有关人士对相关合同和施工情况进行尽职调查和实地查验后，确认该工程或其资产为并购后公司经营所需要的，转让该等合同，由投资公司继续履行建设工程承包合同，合同项下目标公司已经支付的工程款，作为目标公司的特殊资产依原金额计入转让资产的总价格之中；(3)存货资产，由目标公司参考市场现价提出转让单价明细表，经投资公司确认后，作为计价的依据之一，在转让资产移交日双方对存货资产进行检验和计量，根据符合转让条件的存货资产的数量和双方事先确定的单价计算得出转让存货资产的总价格。将上述两个总价格相加得出全部转让资产的总价格。转让资产的计价原则和方法直接涉及交易双方的利益，从实务来看，在进入实质谈判的初期将其明确是十分必要的，既可以提高尽职调查的工作效率，也可以防止价格谈判走弯路。

11. 关于尽职调查。在资产并购模式下,同样需要出让方作尽责披露,受让方作尽职调查。与股权并购有所不同的是,披露和调查的深度、广度和侧重点有区别。从实务来看,资产并购模式下的调查和披露多围绕转让资产的范围、权属、他项权利、转让程序和资产的质量、效能、新旧、匹配、缺项,以及是否可以满足投资公司拟产产品的需要、能否保证产品的质量、技术改造所需资金和时间等展开。在实务中多由投资公司提出披露项目明细表,由目标公司填制并提报投资公司,然后由投资公司据表查验,或者围绕其中存在的问题进行调查。不过,由专业人士组成的设备、工艺、工程调查组对目标公司的厂房、机器设备、工艺、公用工程等进行实地查验是绝不可缺少的关键环节。在意向性协议签署后,目标公司的披露和投资公司的调查工作将进入实质阶段。

12. 行为限制条款。投资公司会要求目标公司自签署意向性协议之日起至成交之日或投资公司通知其终止谈判之日止,不得以任何方式处理其固定资产、土地使用权、知识产权和在建工程资产,但本协议明确或投资公司同意不在转让资产范围内的除外。这是因为在资产并购模式中,投资公司对这三项资产(固定资产、土地使用权、无形资产)的报价,是根据目标公司的披露及投资公司的查验作出的,如果目标公司在披露或查验之后再转让这些资产,必定使其三项资产的总价值相应地减少,而且可能损及目标公司的全部资产使其减值。因此,在意向性协议中做出这样的约定,可以防止目标公司的行为损害投资公司并购安排,有利于投资公司实现自己的并购目标。

13. 下一步工作安排及时间表。与股权并购一样,意向性协议的签署将使各项工作步入快车道,为了有条不紊地开展好下一步工作,双方有必要在意向性协议中明确下一步工作的步骤和时间表。

14. 双方参加项目工作的人员安排。为推进工作,双方有必要明确各方参加工作的人士及负责的项目。

15. 排他条款。与股权并购项目的意向性协议一样,在资产并购的意向性协议中,投资公司一般也要求目标公司在多长时间之内,不与第三方就并购事项进行谈判、报价、订约等,目的是维护自己在议约阶段的权利。但是在有些情况下,出让方会在订立意向性协议之前明确通知投资公司只能以竞价方式并购,如此排他条款将不复存在。

16. 限制竞争。投资公司为了保证承继目标公司在目标市场的产品销售份额,会要求目标公司承诺,在资产并购后的多长时间内,在多大地域内不从事相同产品的生产和经营。这主要是为了防止目标公司前手将旧资产转让，后手再建设新的工厂生产相同的产品，使投资公司的并购目标落空。

17. 通知义务条款。与股权并购意向性协议一样，资产并购意向性协议也无法律约束力，任何一方都有权终止意向性协议项下的谈判，但是任何一方终止谈判的，必须书面通知另一方。

18. 保密条款。与股权并购意向性协议一样，保密条款也是一个具有合同效力的特别条款。

19. 通知方式、地址和号码。

20. 签署。

以上是从实务经验出发提示的资产并购意向性协议的条款。从实务来看，这些内容不一定在初始谈判中都能涉及，也不一定都能顺利地达成一致，但是我们已经说过，意向性协议所要解决的问题不一定必须在一次谈判中全部解决，可以随着谈判的深入逐步解决，分次形成一份完整的意向性协议，为最终的合同奠定基础。另外，由于并购项目的不同，目标公司所处的行业不同，交易双方关注的焦点不同，资产并购意向性协议的内容也不尽相同。

四、资产并购意向性协议的功能

资产并购意向性协议的功能与股权并购意向性协议的功能基本相同，可参见本章第三节第四点，不再赘述。

投资协议和并购意向性协议都是企业对外投资过程中的重要环节，签好这些文件能够推动投资、并购工作扎实地开展，对实现企业的最终发展目标具有重要的意义。另外，必须提请注意的是，之所以要订立一系列的并购意向性协议，最终才能订立并购契约，不仅在于要用纪要、备忘录等各种形式的意向性协议将每次协商谈判的成果加以固定，还在于防避并购中的法律风险，以保证投资公司随时可以全身而退。从实务来看，最初的一份意向性协议不一定能够包括上述全部内容，以后随着谈判的深入、披露、调查的进展，会通过多份意向性协议增加内容，从而累积共识，最后达成合同的目的。

五、实录资产并购会谈纪要三份

会谈纪要(第一份)

会谈时间:2006年3月5日

会谈地点:××××会议室

参会人员:

甲方:

乙方:

就甲乙双方合作事宜,双方经过友好会谈,形成纪要如下:

一、并购模式

乙方在甲方所在地××市设立公司(以下简称新公司),由新公司受让甲方的固定资产、土地使用权、无形资产、存货等。

二、转让资产范围

1. 甲方拥有的与生产经营相关的全部固定资产:包括机器设备、动力系统、房屋建筑物及在建工程、公用设施、各种车辆、工具仪器、通信设施设备、库房、场地、道路、围墙、水井、办公楼、办公设备家具、生产厂区的园林树木及其他以中国现行会计原则应为固定资产的全部资产。

2. 甲方拥有的全部土地使用权:包括甲方现行生产经营所占用的全部土地的使用权,其中约160亩土地使用权为甲方以出让方式从国家依法取得,已支付出让金及相关税费,用途为工业用地,甲方依法享有转让的权利。

3. 甲方的全部无形资产:包括甲方已经注册和正在申请注册的各种商标及专利、专有技术、甲方拥有的全部销售网络、已经发放的促销品以及享有的取水权、用水权、用电权、排放废水权、排放烟权等。

4. 甲方生产经营所需且符合国家标准可使用的存货:包括原料、辅料、材料、燃料、备品备件、低值易耗品、工具、办公用品、半成品、产成品、标识等。

5. 其他资产:指存放在甲方厂区内且甲方在资产转让协议签署前未书面声明为非转让资产的资产。

6. 上述资产范围双方还需进一步核实、确认,由甲方列出三项资产明细表交由乙方确认,乙方根据甲方提供的三项资产明细表情况做尽职调查,核定资产范围。

三、资产计价方法及原则

1. 甲方出让的固定资产、土地使用权、无形资产统一计价。

2. 存货由甲方提供存货单价明细表，交由乙方确认，乙方根据甲乙双方确定的存货单价明细表对该等资产根据以下原则按照实际盘点数量验收、计价：

(1)各种存货以在库为准，存货虽在库但××生产不需要的、或有保质期已过保质期的、变质失去使用价值的、主机报废的备品备件、已出库投入使用后的备品备件、不上市的产品包装物及标识，不转让，不计价。不转让的存货可由甲方自行限期处理。

(2)根据上述原则经盘点后计得甲方存货资产总转让价格，届时由新公司与甲方签订存货资产转让计价协议，以资明确。

四、员工

1. 甲方在转让资产盘点移交日之前，解除、终止与其员工的劳动合同，并同时了结与其员工在劳动合同存续期间的各项权利、义务及因解除、终止劳动合同而生的各项权利、义务。在甲方与其员工解除、终止劳动合同之前，因解除、终止劳动合同而生的各项义务，由甲方自行承担，与新公司无关。

2. 新公司招用员工按中国法律、行政法规的规定与劳动者签订劳动合同，与新公司签订劳动合同的劳动者在劳动合同有效期内为新公司的员工。新公司自劳动合同生效之日起在劳动合同有效期间内，依中国法律、行政法规和当地有关规定向其员工履行包括缴纳社保在内的各项义务。

3. 新公司招用员工在同等条件下应优先录用满足乙方用工条件的甲方在岗员工。

五、关于政府给予的优惠政策

1. 乙方提出，资产交易过程中产生的税收及地方行政收费以及新公司扩建、改建所发生地方行政收费及优惠政策等，给予最大限度减免并优惠；为支持新公司更快更好发展，县政府将给予最大限度税收减免。

2. 关于甲方租用农村集体建设用地约270亩，乙方提出由甲方将该270亩土地办理国有土地使用权出让给新公司。如果土地出让不成，由甲方负责协调土地所有者将该项土地继续租给新公司。

六、非××资产剥离问题

关于甲方给职工住房提供水、电、汽问题，甲方同意在甲乙双方签订资产转让协议之日起三个月内剥离出去，直接转给物业。甲方保证新公司只管生产经营,其余与××经营无关的事项由甲方成立工作小组进行处理。

七、特别条款

1.在2006年6月底之前,甲方不会就本协议所言的事项与乙方以外的第三方谈判、签约,除非乙方以书面形式明示放弃交易。

2.从2006年3月5日始,甲方不得以变卖、赠与、抵债、调拨、转移等任何方式处置甲方的固定资产、土地使用权、无形资产,不会使该等资产的存量减少。

八、披露事项

甲方为完成交易所需披露的内容如下:

1.由甲方分别列出与××生产经营直接相关的全部固定资产、土地使用权、无形资产、存货明细表;

2.甲方土地使用权、不动产、知识产权、车辆等的证照;

3.在建工程及污水处理及环保情况;

4.甲方资产抵押情况及银行借款情况;

5.甲方经营合同、销售市场情况;

6.甲方员工名册、劳动合同情况及各种社会保险缴纳情况。

九、保密条款

资产并购意向性协议的保密条款与股权并购意向性协议中的保密条款基本相同,但是需要提请注意一点,就是在资产转让中,保密协议中约定的权利人的权利是可以随同资产一并转让的。所以保密条款或者保密协议应当约定,如果目标公司将资产转让给第三人,则协议中权利人享有的各项权利随同资产一并转让予资产的受让人,无须征得本协议对方的同意。

十、排他条款

十一、争议的解决方式

十二、适用法律和诉讼管辖

十三、下一步工作时间安排

1.甲方完成披露事项并向乙方提交各种资产明细表,2006年3月31日之前;

2.乙方派专业人员进驻甲方工厂做尽职调查,2006年4月30日之前完成;

3.乙方完成资产转让协议初稿,提交甲方协商,2006年5月10日之前;

4.各方通过股东会、董事会决议,2006年5月15日之前;

5. 甲方通知债权人,并公告,2006 年 5 月 20 日之前;
6. 甲方完成资产评估,2006 年 5 月 30 日之前;
7. 完成全部法律文件的签署,2006 年 6 月 10 日之前;
8. 向政府申报,2006 年 6 月 20 日之前;
9. 在 2006 年 7 月 10 日前完成新公司的注册工作,并使其具备经营条件;
10. 在 2006 年 7 月 20 日完成转让资产的盘点移交工作。

甲方代表(签字):__________　　　　乙方代表(签字):__________

会谈纪要(第二份)

会谈时间:2006 年 4 月 29 日
会谈地点:××会议室
参会人员:
××人民政府代表:
甲方代表:
乙方代表:

甲乙双方在 2006 年 3 月 5 日《会谈纪要》及尽职调查的基础上,就合作事宜经过友好会谈,形成纪要如下:

一、关于目标公司占用的非国有工业用地问题

1. ××政府和甲方承诺在 2008 年 12 月 31 日之前将该 250 亩土地的性质由集体所有用地转为国家建设用地,并出让给新公司,土地使用权出让条件为:工业用地、期限五十年(自出让之日起计),土地出让金不高于 8 万元/亩;在此次并购时即将该地块上建筑物的证照办至新公司名下。

2. 在上述 1 所言事项实际办理完毕前,甲方把租赁取得的该等土地使用权按照原租金价格转租给新公司,甲方保证新公司能够正常合理利用该土地。甲方保证不会因为该土地的使用权问题而影响新公司对该土地上的建筑物等地上设施的正常使用。

3. 甲方愿意在资产转让价款中预留人民币 1000 万元作为履行上述 2 所言义务的保证金;从应支付之日起至实际支付之日止,新公司按照中国人民银行规定的一年期基准贷款利率支付利息。

4. 甲乙双方及××政府在未来签订资产转让合同的同时,就上述1、2、3所言事项正式签署协议和担保合同,该担保合同的期限至上述1所言事项实际办理完毕为止。

二、关于员工就业及保险和补偿金问题

1. 凡是符合新公司劳动用工条件、且愿意与新公司签订劳动合同的甲方职工,新公司予以录用;

2. 甲方承诺根据国家和地方有关政策,向员工发放解除劳动合同经济补偿金,在签订资产转让合同时,可以约定对员工补偿金在转让价款中单独列支、单独使用;

3. 甲方欠缴的职工社会保险、住房公积金,甲方负责全额补缴;可以在资产转让合同中约定在转让价款中单独列支、单独使用。

三、关于政府给予的优惠政策

1. 在合资公司投产后五年内按增值税和所得税地方留成部分百分之××返还企业;

2. 返还资产转让过程中除存货资产增值税以外的各种资产的相关税费,包括营业税和契税;

3. 免收资产转让之后合资公司改建、扩建过程中县政府的行政事业性收费;

4. 协助乙方注册新公司,最大限度减免注册过程中的相关费用;

5. 协助项目立项、审查、审批,并免收相关行政性费用。

××政府代表(签字): 甲方代表(签字): 乙方代表(签字):

会谈纪要(第三份)

会谈时间:2006年5月3日

会谈地点:××会议室

参会人员:

××人民政府代表:

甲方:

乙方:

甲乙双方就三项资产的总转让价格事宜,经过友好协商,形成纪要如下:

根据2006年3月5日甲乙双方签订的会议纪要所确定的资产转让范围，甲方转让的全部固定资产、全部土地使用权、全部无形资产合计总转让价格为人民币叁亿肆仟万元整（RMB：340000000元）。

××政府代表（签字）：　　甲方代表（签字）：　　乙方代表（签字）：

第五节　并购要约邀请

在许多情况下，特别是在出让方主导的企业并购过程中，并不都是由交易双方直接协商进行交易的，而是出让方委托投资银行等中介机构，同时向几家潜在的买方发出交易的要约邀请，由投资公司在接到要约邀请后在约定的时间内进行要约（报价），由出让方在几家报价的投资公司中选择出价最高的公司按照要约邀请和报价函中最初议定的规则订立合同进行交易的。这种做法实际是出让方为了获得一个好的交易价格，将竞争机制引入交易价格的形成和交易对方的选择过程。从企业并购的实践经验看，这种交易价格形成方式对股权出让方非常有利，可以在竞价过程中（一般为二三轮竞价）推高交易价格，取得直接谈判无法取得的交易条件。

一、要约式并购交易的流程

这种通过要约邀请方式选择交易对方的工作程序大致如下：

1. 要约邀请式并购交易的适用对象。从实务来看，采要约邀请方式选择交易对方的主要是出让股权或者资产的并购交易，采增资并购方式和合并并购方式的尚未遇到采此种方式进行交易的。而且交易的支付方式也只有货币支付，采股权支付和其他支付方式的也未遇到采此种交易方式的。也就是说，采要约邀请方式选择交易对方进行并购交易的，仅适用于交易一方（发起方）出让股权或资产并收取货币一种并购方式和支付方式。这是因为只有在这种交易方式和支付方式下，交易是单向的，即一方出让股权或资产，收取货币，在其他交易方式和支付方式下，交易都是双向的，即一方不仅出让股权或资产，但同时也获取股权或资产，如果采要约邀请选择合同对方，则无法进行。

2. 要约邀请式并购交易的工作程序大致包括：（1）股权出让方内部拟定方案

并通过决议。大致内容为:出让方管理层制订方案,包括出让的范围、出让的理由、最初估价等。然后提交公司权力机构形成决议。(2)委托投资行等中介机构。采取要约邀请方式选择交易对方的基本上都委托中介机构进行操作。出让方要向委托机构说明自己的交易意向、交易范围、交易方案和交易目标,中介机构会根据出让方的要求以及出让方的客观情况制订操作方案。出让方会与中介机构订立委托合同,此后的工作基本上都由受托人完成,委托人只作出决定即可。(3)寻求潜在的交易对象。交易对象可以由出让方提出,也可以由中介机构提出。主要是根据目标公司所处的行业和所处的地域,在相同行业中预测最有能力的,目标公司对其最有吸引力的前几个潜在买家,确定潜在买家名单。(4)通过各种方式与潜在买家接触。这项工作主要由投行等中介机构来完成,中介机构会利用自己在世界各地的分支机构以及人脉关系,与潜在买家取得联系。中介机构会向潜在买家透露有关交易的最初信息,试探潜在买家的意向。如果潜在买家表示对交易有兴趣,双方就会保持联系,否则中介机构不会向潜在买家透露更多的信息。(5)与潜在买家订立保密协议。当寻求到足够的买家(一般四五家)后,中介机构就会安排潜在的买家订立保密协议。一般情况下在没有订立保密协议之前,中介机构是不会向潜在买家披露更多有关交易的信息的,也不会向潜在买家发出要约邀请。(6)向潜在买家发出要约邀请。在与潜在买家订立保密协议后,中介机构就会向潜在买家发出要约邀请函,通知潜在买家交易的范围、基本情况、报价的要求和截止的时间。在向潜在买家发出要约邀请的同时或者在此后至报价截止时,出让方会通过中介机构向潜在的买家披露许多目标公司的信息,目的是满足潜在买家最初报价的需求。(7)潜在买家进行最初报价。在接到中介机构发来的要约邀请后潜在的买家会研读要约邀请函、有关目标公司的信息等,对报价做好准备。一般情况下,潜在买家会在要约邀请函所规定的时间内向中介机构发出报价。在多数情况下第一轮出价可能是示意性的,或者说这轮出价可能是没有约束力的。(8)潜在买家第二轮报价。在中介机构收到潜在买家的报价函后,会从中筛选出前三名或前两名,要求进行第二轮报价。在许多情况下,中介会在第二轮报价截止日到来前向潜在买家披露更多、更深层次的信息,并可以安排参观工厂、会见目标公司管理层等。潜在买家应当在报价截止日之前提交报价,而且这轮报价可能是有约束力的,报价者一旦被选中就必须进行交易。(9)简要谈判。在要约邀请并购交易的情况下,双方交易的谈判主要通过要约邀请和报价的方式完成,但是中介机构也会代表出让方与进入最后一轮的少数一两个潜在买家进行简要的谈判,并在谈判结束时最终确定买方,与买方签署有法律效力的合同。(10)交割。

交割是指受让方从法律上取得转让标的并支付价款，出让方交付交易标的并取得价款。这在英美法系的国家完全是可以同时完成的，在采登记主义的大陆法国家，只能在一个较短时间内分步完成。交割的完成标志着并购交易的完成。

二、要约邀请函的主要内容

要约邀请函是出让方通过中介机构发给潜在买家请求其在规定的时间按照要求就交易标的进行报价的书面函件。要约邀请函的主要内容包括：(1)拟转让的标的。这个部分会介绍目标公司的名称、地址、股东情况、转让的股份比例以及目标公司资产、负债、业务、市场份额、品牌等，主要是引诱潜在买家的购买兴趣和高报价。(2)转让方式和交易路径。这部分主要是向潜在买家阐明出让方要求的转让方式，比如是资产转让，还是股权转让，是直接转让，还是间接转让，以及支付方式的要求。目的是要潜在的买家了解并接受买方拟定的交易方式、交易路径和支付方式，为未来的交易确立原则并为简要谈判奠定基础，防止在竞价之后再出现纷争。(3)交易价格形成的方法。在采取竞价选择交易对方的方式下，多数采取出让方先行最初披露，受让方先行示意性报价，待进入第二轮之后再进行全面披露，之后潜在买家再行最终报价的方法，最终报价是有法律约束力的，产生的价格就是交易价格。因此，中介机构要在要约邀请函中将价格形成的方法和程序向潜在买家明示。(4)关于出让方披露的方法和潜在买家尽职调查的安排。尽责披露和尽职调查是并购交易的必经工作程序，此种交易方式也不例外。中介机构会在邀请函中明确出让方披露的内容、时间、方式、负责人等，同时也会要求潜在买家明确接受信息的人士，以及各方的联系方式。出让方会告知在什么情况下会以什么方式允许潜在买家对目标公司进行尽职调查，也可能要求潜在买家提出要求出让方披露的信息清单。(5)要求潜在买家做出某些承诺。比如，要求潜在买家对目标公司全体员工做出某种承诺，对目标公司管理层做出某种承诺，对目标公司的关联企业做出某种承诺。这些承诺大多与目标公司或出让方原有的承诺和安排有关。(6)对报价函的要求。一般会对报价函的内容、签署、形式、性质、提交的截止时间等作出明确的规定，目的是使中介机构收到的报价函符合中介机构的要求，能够使竞价程序顺利进行。(7)要求潜在买家进行自我介绍。尽管出让方和中介机构对各潜在买家已经十分了解，但是出于交易安全和其他因素的考虑，要约邀请函还会要求潜在买家在报价函中对本方的最终控制人、受让方的情况、在目标公司所在地的业务情况等向出让方作出保证性的声明。同时可能还会涉及潜在买家进行交易所受到的管辖，以及政府审批需要的时间和程序等。

三、实录一份要约邀请函

____________银行

致:____________公司

本信函及其所包含的信息受到____________集团公司与____________公司之间订立的非公开保密协定的制约。

尊敬的女士、先生:

关于贵公司对于____________集团公司拟交易项目的关注,我们谨代表我们的客户____________集团公司向贵公司表示衷心感谢。____________集团公司考虑出售在中国的所有与________生产销售有关的业务,包括5家分别位于____________公司的股权以及集团拥有的品牌和商标以及海内外的销售网络。我们____________银行作为财务顾问,将协助____________集团公司向有意者(潜在的买家)征求不具有约束力的要约提案,具体内容则遵照本信函的内容进行。

本信函的目的为向贵公司(潜在的买家)告知递交提案的规定及指引,并将受到你与____________集团公司订立的保密协议的管制。

所有关于本次交易的疑问均由____________银行独家解答。

1. 竞价程序

第一阶段

____________集团公司希望进行一场共分两个阶段的竞价程序。在第一阶段,潜在买家会获得进入虚拟资料室的权利,并得到一个初期资信包(另附)。进入虚拟资料室的方法将另行通知各潜在买家。

1.1　资料室

您必须了解资料室的内容包含有____________集团公司及子公司的商业机密,交易机密、股份敏感资料等,不得复制、存放、散播资料室的任何情报。通过进入资料室,您承认您已阅读,理解并同意受资料室规定的约束。

1.2　递交提问

在第一阶段进行尽职调查期间,您可以向____________集团公司递交提问。全部提问必须通过____________银行来回答。____________集团公司有权拒绝回答问题而不作解释。

第二阶段

在收集完全部提案后，____________集团公司与其顾问团邀请有限的买家参加第二阶段的竞价。入选第二阶段的潜在买家会得到进入详细资料室的权利，并将被邀请参与目标公司管理层会面以及参观厂房，以进行进一步的尽职调查。此外，被选中的潜在买家将获得交易法律文件的草稿。

2. 提案

提案递交截止时间为香港时间________年____月____日下午五时，书面提案及电子文档递交以下地址和收件人：

地址：________________

收件人：______________

电邮：________________

提案应当包含以下内容：

(1)竞价者身份：公开您的最终受益人，同时以书面证明您以负责人或最终受益人代表身份提交提案；此外，请提供您的集团公司结构以及您及您的附属公司的情况。在未经____________集团公司同意前，您不能组财团参加本次交易。

(2)定价：请提供收购价。同时请提供您在定价过程中使用的方法和假设。本次交易以人民币进行，最终于中国生效。

(3)财务能力：请描述您筹集足够资金的方法，倘若您需要通过外部融资来获得部分或全部资金，请告知额外的审批过程，获得该资金需要的时间。

(4)结构：请描述您对本次交易的结构设计。

(5)审批：请描述签署最终协议所需的内部审批程序。同时请说明贵公司管理层和董事会对本次交易的关注度，以确认本次交易能否被认可。还需要明确贵公司进行本次交易所需的政府审批及审批程序和所需的时间。

(6)条件：请描述您认为能使本次交易最终完成需要的条件，以及达成这些条件所需的时间。需要明确的是这些条件仅限于政府的要求。

(7)履职调查：请描述除资料室信息外所需要尽职调查的性质和范围，并提出一份您在完成尽职调查时所需的特定资料的清单。

(8)交易团队：请提供您在本次交易中的交易团队（如法律、会计、金融、税务和估价的专业顾问）的名字以及联系方式。并请指定一名主要联络人。

在收集到全部提案后,____________集团公司与其顾问团将共同确定是否会邀请一部分潜在的买家参加第二阶段的竞价。在审核提案的过程中,公司会考虑不同的因素,例如定价、潜在买家的声誉、完成交易所需要的时间以及其他关联因素。

3. 保密性

在此提醒保密协议的条款将会持续有效,并适用于本交易,包括本信函的存在及内容,以及您提交的提案的存在、情况和内容。任何提供给您的进一步资料将被保密条款涵盖。按照保密条款您不得做出任何公开声明和评论,及回应任何第三方对于本次交易、竞价流程的存在,及您的意图的有关查询。

此外,您不能与交易或竞价流程中的潜在买家举行任何讨论,无论您是否被选入参加第二阶段的竞价流程。

4. 费用

潜在买家应当承担其尽职调查,及在竞价过程中所产生的所有成本、费用、支出和债务,包括自身的专业顾问费用和支出,无论其提案以任何理由被接受或者被拒绝。____________集团公司或者顾问团队不会负责或偿还此类成本和费用的任何部分。

5. 其他事项

____________集团公司和____________银行有权在事先不向潜在买家告知的情况下修改本函的条款。____________集团公司和____________银行有权,无论遵照本函与一个或多个潜在买家商讨或在事先不告知的情况下,终止与某个或多个潜在买家商讨,在任何时间拒绝部分或全部提案,出售全部,部分或不出售有关股权、资产和业务,或推行本函之外另行战略议案。____________集团公司和____________银行有权考量评估一切有关其他潜在买家的提议之因素,并与一个或同时与多个潜在买家进行协商,以及在保留最终解释权的情况下完成任何交易。任何提案,无论是否最高出价,都有权被拒绝。____________集团公司、____________银行其代表以及顾问并无义务对拒绝潜在买家的提案负责。

____________集团公司和____________银行保留要求潜在买家于竞价流程中任何时间,支付诚意金或定金的权力,如不能及时缴纳诚意金或定金,潜在买家将被终止竞价流程。

交易只有在____________集团公司签署正式交易文件后(本函不具有此效力)才能被正式承认。此时,除承认明确的协议以外,____________集团公

司对任何潜在买家皆无任何义务。不得将本信函中的任何内容视作与______
______集团公司或是其他个体的协议。

6. 交流

除非按____________集团公司要求或同意，____________银行继续作为整个交易的唯一的联络人。在任何情况下均不应当在交易方面直接间接地接触____________集团公司及所属公司的董事、管理层、员工、客户和服务供应商及任何关联人士。所有通信或查询、书面或口头以及有关任何事项，应直接联系____________银行。每个买家必须确保的有工作人员、参与本次交易的代理人、律师和顾问深知在这封信中规定的程序，以及每个潜在买家及代表的保密协议下的所有义务和责任。

若您对本次交易有任何疑问，请与以下代表联络：

____

____

我们代表____________集团公司对您的关注、考量和合作表达由衷的感谢。

第六节 企业并购框架协议

从企业投资并购的实践看，有的项目不能一步完成，需要分成前后几个步骤来实施，在这种情况下，交易双方往往需要签署一份具有法律约束力的框架协议。签署这种协议的主要目的是从法律角度保证项目各个步骤能够得到全面的实施，从而防止可能出现的风险。本节我们讨论框架协议的使用和内容。

一、框架协议的性质

一方面，框架协议是协议，具有合同的本质特征，对签署者有法律效力；另一方面，框架协议的条款不如合同全面、完整。从这个角度看，框架协议能够在当事人之间确立交易关系，但是要想使交易最终完成，还需要当事人在框架协议所确立的交易内容、原则、基础之上订立合同。因此，框架协议可以理解为确立交易关系的简要合同。从实务来看，为了防止因交易各方法律文化背景的不同，对框架协议的性质有不同的理解，如果使用框架协议，最好在框架协议中加入声明条款和违约责任条款。

二、框架协议的使用

并不是所有项目都有签署框架协议的必要,只有一个项目必须分步实施的情况下,才有必要使用框架协议,也就是说,只有在一个项目需要通过前后两个或两个以上的交易完成的情况下,才有必要使用框架协议。使用框架协议的目的就是将前后分别进行的几个交易在第一个交易进行之前就用一个有法律效力的协议将这些交易固定下来。在许多情况下,前后进行的交易对交易主体并不是平衡的,可能第一个交易对甲有利,对乙不利,第二个交易则对甲不利,对乙有利,而在第一个交易进行之前又无法满足订立第二个交易协议的条件,或者不能使第二个交易的文件生效,只有用框架协议的方法来固定这些交易。

三、实录一份框架协议

合作框架协议

本协议由以下两方于________年____月____日在北京签署:

____________有限公司(本协议以下简称甲方)

____________有限公司(本协议以下简称乙方)

本协议条款如下:

第一条　声明条款

甲乙双方在此郑重声明:本协议对双方均具有法律约束力,除非双方以书面协议形式一致同意解除本协议或者变更本协议的条款,任何一方必须全面执行本协议的内容,包括以真诚合作的精神执行本协议规定的原则和事项,为实现本协议约定的交易目标公平协商处理本协议的未尽事宜等。不履行本协议或者不能履行本协议,或者在协商未尽事宜时提出违反本协议原则的要求,或者因在签署本协议之前向对方提供虚假信息致使本协议不能履行的一方将被视为违约,应当按照本协议第十七条的约定向另一方承担违约责任。

第二条　成立合营公司

甲乙双方合资设立合营公司(本协议以下称合营公司)为本协议约定的甲乙双方合作的第一阶段的目标。合营公司的企业性质为两个中国企业法人合资成立的内资法人企业。

第三条 合营公司的名称和地址

合营公司的名称按照以下顺序向工商管理机关申请核准，以核准者为合营公司的名称：

(1)____________(广东)有限公司

(2)广东____________有限公司

(3)广州____________有限公司

合营公司的注册地址为乙方出资资产中不动产所登记的地址。

第四条 注册资本和出资比例

合营公司的注册资本为人民币1亿元，其中甲方出资人民币3000万元，占全部注册资本的百分之三十；乙方出资人民币7000万元，占全部注册资本的百分之七十。

第五条 出资方式

甲方用人民币现金向合营公司出资。

乙方用出让方式取得的国有土地使用权和自有房屋建筑物作价向合营公司出资，该等出资资产位于______________________(详见乙方出资资产明细表)，甲方和乙方一致同意乙方用于出资的全部资产作价人民币7000万元，但如果乙方出资资产评估值不足人民币7000万元或者不能通过验资时，不足部分由乙方在出资期限内以人民币现金补足。

第六条 出资期限

甲方和乙方在合营公司章程签署后一次性完成对合营公司的出资义务，具体事项约定如下：

1. 甲方在合营公司章程及本协议约定的应当同时签署的其他法律文件签署后的三周内，将出资款项全部汇入为设立合营公司在合营公司所在地银行开列的验资账户，资金到户后由乙方和甲方共同委托有资格的会计师事务所验资并取得验资报告。验资费用由甲方垫付，在合营公司成立后凭发票由合营公司偿还。在合营公司取得营业执照前任何人不得动用甲方的出资款项。但如果在甲方出资到达合营公司验资账户后四周内合营公司仍不能取得营业执照时，甲方有权撤回全部出资款项。

2. 乙方出资按照以下约定进行：

2.1 乙方在合营公司章程签署两周前完成出资资产的评估并取得评估报告，评估报告应当提供给甲方一份。评估应当委托有资格的评估事务所进行,全部评估费用和责任由乙方独自承担。

2.2　乙方在合营公司章程及本协议约定的应当同时签署的其他法律文件签署一周前,解除有关出资资产的所有租赁合同并向甲方提供解除合同的书面协议,使全部出资资产(详见乙方出资资产明细表)具备向合营公司移交实物的条件,包括但不限于租赁合同的解除、承租人退出租赁场所及承租人的所有物品已经全部移走等。因解除租赁合同及返还租赁物所发生的任何费用、支出、违约责任、赔偿责任等全部由乙方独自承担,概与甲方及合营公司无关。

2.3　在合营公司章程及本协议约定的应当同时签署的其他法律文件签署后的三周内,由乙方和甲方共同委托有资格的会计师事务所对乙方出资资产进行验资并取得验资报告。验资费用由乙方垫付,在合营公司成立后凭发票由合营公司偿还。

2.4　在合营公司取得营业执照后两周之内乙方向合营公司移交出资资产,由合营公司依照乙方出资资产明细表对乙方出资资产进行查验接收,交接双方签署乙方出资资产移交纪要,甲方委派人员参加交接,并在交接纪要上以见证人的身份签字。如果乙方出资资产出现损毁或缺少,由甲方与乙方协商签署书面协议处理。乙方用于出资的资产一旦移交给合营公司,该等资产的所有权、占有权、使用权、收益权和处分权即行转归合营公司。

2.5　为使乙方切实履行出资义务,乙方用于出资的(二期)房产的房产证应当在合营公司章程签署一周前办理完成,并将房产证原件提供甲方或甲方查验。办理该等资产证照所发生的各项费用和税金概由乙方自行承担,与甲方或合营公司无关。

2.6　乙方应当在合营公司取得营业执照后的三周之内将出资资产的全部证照办到合营公司名下,并将办妥的证照提交给合营公司查收。乙方在办理出资资产向合营公司过户过程中发生的任何费用概由乙方承担,与甲方或合营公司无关;乙方在办理出资资产向合营公司过户过程中发生的各种税依据中国有关税法规定承担,与甲方无关。

2.7　根据乙方的最初披露,乙方用于出资的资产有一项法院冻结和一项他项权利。其中法院冻结项下乙方仍欠债权人________万元人民币,此项欠款和法院冻结由乙方在合营公司章程签署一周前解除,并将解除的法律文件提交甲方查验。他项权利项下乙方欠抵押权人________万元人民币,选择以下一种方法处理:

A. 在合营章程签署一周前，乙方、甲方与抵押权人签订以合营公司取得营业执照为生效条件的协议，约定在合营公司成立后两周之内，抵押权人向合营公司贷款________万元，全部用于偿还乙方欠抵押权人的款项，该贷款由乙方和甲方按照对合营公司的出资比例向贷款人提供保证担保。在合营公司用该贷款为乙方偿还贷款后，抵押权人和乙方立即为乙方出资资产办理解除抵押的手续，同时，乙方办理该等资产向合营公司的过户手续。

B. 在合营公司章程签署一周前，乙方、甲方与抵押权人签订以合营公司取得营业执照为生效条件的协议，约定在合营公司成立后三周之内，合营公司代乙方向抵押权人偿还贷款________万元（资金来源为甲方出资资金）。在合营公司为乙方偿还贷款后，抵押权人和乙方立即为乙方出资资产办理解除抵押的手续，同时，乙方办理该等资产向合营公司的过户手续。

C. 是采取A方案还是采取B方案视甲乙双方与抵押权人协商的结果而定，如果抵押权人既不接受A方案，也不接受B方案，则甲乙双方将与抵押权人协商另外的解决方案。但如果执行了A方案或者执行了B方案，则为合营公司向乙方贷款人民币________万元，在乙方偿还该借款之前应当参照银行贷款利率向合营公司支付利息，乙方应当与合营公司订立借款合同以资明确。

3. 甲方不按照或者不能按照本协议的约定向合营公司履行出资义务的，应当按照本协议第十七条的约定向乙方承担违约责任；乙方不按照或者不能按照本协议约定向合营公司履行出资义务，包括乙方出资资产在完成向合营公司过户前被法院查封、冻结、执行，或者因设置未向甲方披露的他项权利使出资资产不能按期向合营公司过户，或者因产权纠纷原因或者其他原因使出资资产不能按照本协议的约定向合营公司移交并过户的，应当按照本协议第十七条的约定向甲方承担违约责任。

第七条　关于合营公司章程的特别约定

乙方和甲方按照本协议约定的原则和内容签署合营公司的章程。合营公司章程除本协议第二条至第六条的主要内容外，还将包括以下主要内容：

合营公司的经营范围由甲方提出，但应当通过工商部门的核准，如果涉及前置审批，由甲方负责办理，乙方给予配合；

股东会为合营公司的权力机构，股东会审议或通过任何决议必须由甲方提出方案或经甲方同意；

合营公司董事会由三人组成，经股东会选举产生，其中二人由甲方提名，一人由乙方提名；

合营公司的董事长由甲方提名的董事出任，董事长为合营公司的法定代表人；

合营公司的总经理和财务总监由甲方提名的人士出任；

合营公司不设监事会，设两名监事，其中甲方和乙方各推荐一人；

合营公司章程的其他内容根据公司法和本协议的原则拟定。

第八条　合营公司章程在下述条件成就后签署

A. 甲方完成对出资资产的尽职调查，双方签署乙方出资资产明细表，对乙方出资资产的作价最终达成一致；

B. 乙方出资资产的评估已经完成，且提交甲方确认与本协议的约定一致；

C. 乙方已经与出资资产承租人签署解除租赁合同的协议，并提交甲方确认，承租人的物品已经全部搬出承租场所，乙方已经收回出租的场地和建筑物；

D. 法院对乙方出资资产的冻结、查封或者扣押已经有效解除，甲乙双方已经与乙方出资资产的抵押权人达成还贷解押的协议；

E. 乙方出资资产中的二期房产证照已经办理完成，并提交甲方确认；

F. 没有出现双方没有预见或者不能控制或不能弥补的情况；

G. 没有出现一方违反本协议的情况。

第九条　合营公司的设立

在合营公司章程签署并乙方和甲方出资资产完成验资取得验资报告后，乙方和甲方立即指派专人一同完成合营公司的登记注册工作，直至取得企业代码证、营业执照、税务登记证并完成其他登记事项。合营公司登记注册中发生的费用由合营公司承担。

合营公司公章的刻制、银行账户的开列由甲方指派专人负责，执照、公章、账户由甲方派入合营公司的人士持有和管理。

合营公司取得营业执照之日为合营公司成立之日。

第十条　乙方的尽责披露

在本协议签署后一周之内，乙方向甲方披露如下信息和资料：

乙方出资资产明细表；

乙方出资资产的证照复印件；

乙方出资资产租赁合同及其他尚未履行完毕的合同的复印件；

乙方出资资产被法院等有权机构查封、冻结或其他法律程序的情况说明及法律文件的复印件；

乙方出资资产设立他项权利情况的说明、他项权利合同及主合同的复印件；

乙方最新营业执照的复印件，股东变动情况的说明及最新公司章程的复印件；

乙方出资资产是否全部为自建，如有继受取得的请说明情况；

乙方已知的出资资产的重大瑕疵；

乙方出资资产保险的情况；

其他应当披露给甲方知晓的信息和情况，特别是对甲方不利的情况；

乙方应当对自己的披露承担真实、全面及不存在误导的责任。

第十一条　甲方的尽职调查

甲方有权就交易事项进行必要的尽职调查，包括要求乙方补充披露和指派律师到有关部门进行询证或了解情况，甲方的尽职调查应当在乙方完成披露后的两周内完成。

如果甲方在尽职调查中发现实现其交易目的的重大障碍，包括但不限于乙方出资资产存在权属争议，乙方公司股权存在不确定的情况，乙方出资资产在披露的两项他项权利外还存在其他他项权利且乙方不能在甲方要求的期限内有效解除的，甲方有权通知乙方解除本协议，且不承担任何责任。

第十二条　关于________万元人民币借款

在合营公司章程签署后一周内，甲方将500万元人民币汇入甲乙双方共同开立的银行监管账户，待乙方将出资资产的全部证照办到合营公司的名下后一周之内，甲方将银行监管账户中的________万元释放给乙方作为甲方对乙方的借款。

甲方有权从受让乙方持有的合营公司股权的对价中扣收乙方的借款。

为此，甲方和乙方在签署合营公司章程时将签署一份借款协议，同时还要就银行监管账户事项与银行签署协议。

第十三条　股权转让

乙方向甲方转让其持有的占合营公司全部注册资本百分之七十的股权，是甲乙双方合作的第二阶段的目标。甲乙双方将在签署合营公司章程的同时签署一份附期限履行的股权转让协议。乙方必须按照股权转让协议的约定出让股权,否则即为违约,应当按照本协议第十七条第2项的约定向甲方承担违约责任;甲方必须按照股权转让协议的约定受让股权,否则即为违约,应当按照本协议第十七条第2项的约定向乙方承担违约责任。

为了保证股权转让的顺利履行,甲乙双方除在签署合营公司章程时同时签署股权转让协议外,还要根据中国法律的有关规定签署或完成合营公司工商变更所需要其他文件,并对股权转让协议进行公证。

第十四条　转股履行期限

在合营公司取得营业执照后满九个月时启动股权转让的工商变更登记程序,并以最快的速度完成。在股权转让完成前合营公司不向股东分配股利。

第十五条　转股价格

乙方向甲方转让其持有的占目标公司全部注册资本百分七十的价格为人民币________亿元。股权转让协议签署后股权转让价格不因合营公司经营结果及股东权益的变动而变动。

第十六条　股权转让价款的支付

在合营公司向工商主管部门申报股权转让的同时,甲方向乙方支付总转股价款的百分之二十,如果届时乙方对甲方或者合营公司有欠款或借款,甲方有权从中扣收;

在股权转让工商变更登记完成,合营公司变更为甲方持有全部股权的独资公司后的三周之内,甲方向乙方支付股权转让价款的百分之八十,如果届时乙方对甲方或合营公司仍有欠款或借款,甲方有权从中扣收。

因乙方向甲方转让股权发生的各项税收义务,按照中国税法的规定由纳税义务人缴纳。

第十七条　违约责任

1. 关于成立合营公司项下的违约责任:

如果甲方提出终止本协议或以其行为终止本协议,向甲方支付1000万元人民币的违约金,本协议解除;但如果甲方未能按照本协议第六条第1项的约定如期缴付出资,给予两周的宽限期,届满两周仍不能全额缴付出资的,则为甲方以其行为终止本协议,应当向乙方支付1000万元的违约金,本协议解除,合营公司章程废止。

如果乙方提出终止或以其行为终止本协议,向甲方支付1000万元人民币的违约金,本合同解除;如果乙方不能按照本协议的约定完成本协议第六条第2项的2.2或2.5约定的事项,给予两周的宽限期,届满两周仍不能完成的,则为乙方以其行为终止本协议,应当向甲方支付1000万元的违约金,本协议解除;如果乙方不能按照本协议的约定完成本协议第六条第2项的2.4或2.6约定的事项,给予两周的宽限期,届满两周仍不能完成的,则为乙方违约,应当向甲方支付1000万元的违约金,同时应当继续履行相关义务,如果给合营公司造成损失还应当如数赔偿合营公司的损失。

2. 关于股权转让协议项下的违约责任:

如果甲方提出解除股权转让协议,向乙方支付7000万元人民币的违约金,股权转让协议解除;如果甲方未在合营公司向工商管理部门申报股权转让的当天向乙方支付股权转让价款的百分之二十,给予两周的宽限期,届满两周时仍未支付的,向乙方支付7000万元违约金,股权转让协议解除。

如果乙方提出解除股权转让协议,向甲方支付5000万元人民币的违约金,股权转让协议解除;如果乙方在合营公司应当向工商部门申报股权转让时,以作为或不作为的方式阻止使申报或核准不能进行或完成,应当向甲方支付5000万元违约金,股权转让协议解除。

关于股权转让协议项下的其他违约责任,由双方在股权转让协议中另行约定。

第十八条　时间安排

为了早日完成本协议约定的合作事项,双方确定工作时间表如下:

____月____日前双方签署本协议;

____月____日前乙方完成披露工作;

____月____日前甲方完成尽职调查;

____月____日前完成本协议约定的签署合营公司章程前应当完成的一切工作;

____月____日前签署合营公司章程;

____月____日前完成合营公司的登记注册工作。

第十九条　其他未尽事宜

本协议为框架协议,所约定的事项和处理原则任何一方不得违反,对于本协议未尽事项,将由甲乙双方在本协议确立的原则的基础上通过平等协商解决,并规定在合营公司章程和股权转让合同中。

第二十条　适用法律

本协议的订立、解释、履行以及争议的解决均适用中华人民共和国法律和法规以及司法解释。

第二十一条　争议的解决

因本协议发生的任何争议双方应当尽力通过协商解决，协商不成或不愿意协商的任何一方可以向被告所在地人民法院提起诉讼。

第二十二条　签署

本协议经双方法定代表人或授权代表签署并加盖公司公章生效。

本协议一式四份，双方各执两份，效力等同。

第十一章

企业并购的法律尽职调查

从企业并购的实务流程看，在交易双方达成初步交易方案、签订保密协议之后，便应当进入尽职调查阶段。尽职调查是公司投资并购的一项重要工作，也可以理解为一个工作阶段，它前承意向性协议和保密协议，后启谈判和起草合同，而且在防避投资并购风险方面有独特的意义。从公司并购的实践看，公司以股权并购方式进行投资的，无论是采取受让股权并购方式，还是采取增资并购方式，都需要围绕目标企业进行尽职调查，而且两种操作模式法律尽调的内容基本相同。采取资产并购的也需要进行尽职调查，而且调查内容与股权并购有很大的不同。本章我们先讨论股权并购的法律尽职调查，然后讨论资产并购的尽职调查。

第一节　披露责任人和披露方法

企业并购中的尽职调查是指投资方围绕目标公司和交易对方展开的与并购有关的各种客观情况的调查研究。由于在企业并购活动中投资方为购买者，根据民法有关原则购买方对交易标的有关情况的了解为其权利所在，故称为尽职调查，意为依交易规则而享有的职权；由于在企业并购活动中的出让方，无论是股权并购中的目标公司股东，还是资产并购中的目标公司，根据民法有关原则对交易标的的有关情况负有如实告知购买方的义务，故称为尽责披露，意为依交易规则而负有的责任。我们首先说说股权并购和资产并购中的披露责任人和披露方法。

一、关于披露责任人

从企业并购的实务中看,要想通过交易对方的披露及时获得全面、准确的信息,要想救济投资公司因披露责任人披露不全面、不真实所致的损失,就必须在交易合同中明确披露的责任主体是谁。披露的责任主体不明确,责任就不落实,不仅不能保证信息的全面和准确,也无法使用前述程序逻辑救济投资公司的损失,因此,在实务中落实披露的责任人非常重要。在股权并购的情况下,采用受让目标公司股东持有的股权模式进行并购的,应当以出让股权的股东为尽责披露的责任主体;采用向目标公司增资模式进行并购的,应当以目标公司的全体股东为尽责披露的责任主体;采用受让资产模式进行并购的应当以目标公司为披露的责任主体。在股权并购实务中,如果交易对方的股东较多,不便全部参加披露过程,可以由股东代表代为履行尽责披露责任,即使是由个别股东进行的披露,在有关合同中也应当言明为相关股东履行的披露义务。

在股权并购的情况下,披露的信息基本都是目标公司,但之所以不把目标公司作为尽责披露的责任主体,原因有四:第一,目标公司不是股权并购的交易主体,进而不是股权并购相关合同的当事人,因而股权并购的合同或协议无法设定目标公司的尽责披露义务;第二,以目标公司为尽责披露的责任主体,无法追究因披露瑕疵致投资公司损失的赔偿责任,因目标公司对投资公司的赔偿无任何意义(该等赔偿均发生在投资公司成为目标公司股东以后,在这种情况下,由目标公司对投资公司进行赔偿,等于自己赔偿自己);第三,在绝大多数情况下,股权出让方为目标公司的控股股东,可以从目标公司取得满足尽责披露所需的各种资料,履行自己的披露义务;第四,如果把目标公司作为披露的责任主体,就会把目标公司作为披露瑕疵的赔偿责任人,这可能会因损害公司债权人利益不能得到法院的支持。需要提请注意的是,在有些情况下,是由目标公司将有关资料直接提供给投资公司的,或者是由投资公司的相关人士在目标公司的资料室了解相关信息的,或者说并不是由目标公司的股东将有关资料直接提交给投资公司的,在这种情况下,也应当视为由目标公司的股东对投资公司进行的披露,并应当在有关合同或协议中进行相关的表述,以防止交易对方推卸对披露信息的全面性、真实性所承担的保证责任。在股权并购的情况下,目标公司只是尽责披露的对象,而非责任主体。

在资产并购的情况下,目标公司是资产的出让方,向买方如实披露标的是法定义务,如果目标公司作为出让方隐瞒标的的重大瑕疵,应当赔偿并购方因此遭受的损失。因此,在资产并购项目中以目标公司为披露的责任主体,即使是有关资料、信息是股东提供的,也应当在合同将目标公司作为披露的责任主体。

二、关于披露的方法

从企业并购的实务看,披露的基本方法是由出让方将资料、账册、文书、表格、名册等文字资料提交给投资公司,使投资公司获知相关信息。有些资料和文件可能成为并购合同或协议的附件。在实务中,披露者以复制件或誊写件等向投资公司提供的,最好要求披露者在相关资料上签署或盖章,以确认这些资料的来源。在有些情况下,出让方并不向投资公司提交这些资料,而是将所有资料存放在个资料室之中,由投资公司指派专人去研读,从中获得交易的信息。在这种情况下,投资公司为了防避自己的交易风险,应当尽可能多地将其中的重要资料提升为并购合同或协议的附件,以达成固定信息的功能。除此之外,投资公司还可以通过书面询问的方法,要求交易对方对其中的重点问题进行书面答复,也可以达到固定信息的作用。无论交易对方以哪种方式进行披露,投资公司都可以拟制披露提纲,要求交易对方按照提纲进行披露。在披露提纲中应当提出披露的内容,不仅应当全面并且最好分门别类,以方便研读利用这些资料。在提交给出让方的披露提纲中,应当使用一个兜底条款,即“其他特别是对并购方不利的资料和信息”,以防避出让方以披露提纲未要求推卸自己对披露瑕疵应当承担的责任。

当前在境外企业中比较流行的一种披露的方法是虚拟资料室。前边提到的是一种物理资料室,即出让方根据并购方的清单将有关资料存放在一间办公室之中,供并购方的代表查阅。虚拟资料室是指将有关资料通过网络发送,只有事先约定好的并购方的代表才享有进入网络资料室的权利,而且网络资料室中的资料只能看,不能打印和复制,也不能传播,资料室的资料在约定的期限届满后就会自动撤销。这是一种新的披露方法,这种方法对并购方非常不利,主要是无法作为证据保留这些资料。实务者如果面对虚拟资料室,最好要求披露方在订立合同前另行提供纸制的重要资料,作为合同的附件。

第二节　尽职调查的功能和方法

尽职调查是企业并购的重要流程,在企业并购工作中有特殊的位置,这主要是由企业并购的特殊性和要求所决定的。从实务来看,企业并购一旦确定了交易的初步方案，并且签订了保密协议，就应当进入尽职调查的工作环节。而且只有尽职调查完成后才能进入谈判工作环节，切忌不要未经尽职调查或者尽职调查尚未完成就开始正式谈判。

在企业并购中，尽职调查主要承担如下功能：

1. 最终确定交易方案。前边已经说过交易双方会通过签订意向性协议明确交易方案，但是这时的交易方案在法律上是意向性没有约束力的，在工作流程上说是初步的，是并购方只拥有目标公司非常有限的信息的情况下双方拟定的。现在尽职调查完成了，投资方获得了目标公司及交易标的的大量的信息，原来的初步交易方案可能不完全可行，需要修改完善，甚至可能完全不可行，需要推倒重来。尽职调查的第一个功能就是根据尽职调查获得的信息，审查初步交易方案，并最终确定交易方案。

2. 发现风险，制定防范风险的措施。发现风险和制定防范风险的措施是尽职调查的重要功能之一。企业并购充满了风险，股权并购更是如此。防范风险的前提是发现风险，只有发现风险才能谈到防范风险。通过收集目标公司及交易标的的信息，从中识别风险，然后根据风险的性质、规模、发生概率、影响程度制定切实可行的防范措施，是尽职调查工作的核心内容，也是尽职调查工作的重要职能。

3. 将有关信息引入合同的声明保证条款，为索赔奠定法律基础。尽职调查会获得大量的信息，有的信息并不能直接表现为并购风险，但也会获得交易对方的大量承诺和保证，应当把这些信息和交易对方的承诺保证引入合同的条款。这样做的目的是将交易对方披露的信息和承诺固定为交易的前提条件，并赋予法律的效力，为并购方索赔奠定法律基础。

4. 为交易标的估值提供帮助。股权并购无论是受让股权并购还是增资并购，都需要对目标公司估值，目标公司估值主要由财务尽调和评估师们完成，但是法律尽职调查获得的某些信息对估值也有帮助。资产并购需要对交易资产和业务进行估值，这些也需要法律尽职调查获取信息的帮助。

5. 将尽调获得的信息引入价格等交易条件的谈判。虽然并购价格可能通过评估来确定，但是交易双方还是有很大谈判余地的。在尽职调查中获得的很多信息可以在交易价格等交易条件的谈判中派上用场，帮助并购方取得主动地位。

6. 帮助并购方制订并购后的整合方案。投后整合关系到并购方投资目的的实现，在企业并购中占有很重要的位置，尽职调查获得的信息对并购方制订乃至推行目标公司整合方案非常有帮助。

7. 影响是否进行交易的决策。在尽职调查阶段投资方并没有对交易作最终决策，通过尽职调查获得的信息可以帮助并购方做出最终决策。在实务中有尽职调查后投资方放弃交易的情况。

在企业并购项目中，投资公司可以指派自己的专业人士进行尽职调查，也可以委托专业的律师、会计师为自己进行尽职调查。无论是采用哪种方式进行尽职调查，都应当事先拟制调查提纲，并根据在交易对方披露资料中发现的疑点补充自己调查的内容。如果投资公司委托中介机构进行调查的，调查提纲最好由投资公司的专业人士和中介机构一起拟制。从实务来看，投资公司或者聘用的中介机构主要通过以下方法进行法律尽职调查：

1. 向交易对方发送披露资料、信息清单，要求对方在合理的期限内向并购方提供资料、信息。这样做的好处是使交易对方有时间准备相关资料和信息，使资料和信息的取得更系统，更快捷，避免时间浪费和取得的资料信息杂乱无序。

2. 到现场收集、研读目标企业的各种资料、文件、决议、决定、章程、制度、财务报表、账册和凭证，发现问题及时与交易对方沟通，要求其说明、补充、澄清等。

3. 走访生产、经营场所，查看实物、证照，获得第一手信息资料。

4. 向财务、技术、销售、人力等重要部门的人士访谈，向其了解有关情况，听取不同的声音，冷静思考和判断。

5. 调取或者查询工商、税务、行业、劳动、房产、专利、商标、著作权等档案信息。

6. 查询企业资质、行政许可、涉诉和仲裁、执行案件、各种担保、行政处罚、征信记录信息。

7. 在有些情况下，单纯依靠上述方法无法解决全部问题，可能需要采取某些特殊方法进行调查。从实务来看，这些特殊方法可能包括：

(1) 以公告的方法要求权利人申报权利。比如，目标公司是否有对外提供保证担保或其他担保。在实务中公司是否对外提供了保证担保，确有许多公司自己也不明晰，而且在未对债权人承担担保责任的时候，公司的财务账目上也不会有相关的记载。面对这种情况可以通过媒体公告要求担保权利人申报权利，并告知逾期不申报视为自动放弃权利，一般情况下权利人都会申报，虽然无法肯定法律会支持关于逾期未申报视为放弃权利的内容，但是可以帮助投资公司防避因目标公司对外提供担保可能给并购方带来的风险。再如，以改制方式生成的目标公司，大多股东持股、转股的程序非常不规范，在并购前以公告的方式要求对股权有争议者限期向公司提出，否则视为无异议，虽然不能肯定法律会不保护未申报者的权利,但是可以帮助投资公司防避因目标公司股东股权争议给自己带来的风险。因此,以公告的方法要求这种潜在的权利人限期申报自己的权利或潜在权利,是在调查阶段保护投资公司利益、防避并购风险的一种好方法。这里需要提请注意的是,有关公告应当由目标公司发出,只在股权并购方式中才需要,注意防止申报产生新的权利,比如申报不构成诉讼时效的中断。

(2)以保证的方法要求权利。在某些情况下,出让方会口头告知投资公司不存在某些对投资公司不利的情况,比如,不存在重大诉讼,不存在被行政处罚的情况等,并以此推卸自己就有关问题的披露责任。在这种情况下,投资公司除进行有针对性的调查外,还应当要求交易对方以书面形式作出保证,并承诺愿意就保证事项承担责任。从实务来看,确有某些交易对方缺少诚信,隐瞒应当披露的事项,投资公司要求以书面保证的方式可以在一定程度上促使其如实披露,也可以为追究其赔偿责任奠定基础。

(3)要求表见权利人确认真实权利人并承诺为资产办理过户。从实务来看,要求权利人确认的方法主要使用在:第一,提请主管税务机关对目标公司的缴税情况进行稽核并出具完税确认书。这对一些发展比较快、在当地有一定背景的公司比较必要,投资公司可以要求目标公司自己向主管税务机关提出申请,并将完税证明提交给投资公司。此种方法只对股权并购方式需要。第二,要求资产的表见权利人出具证明并保证限期内将财产过户至目标公司名下。比如,本来是目标公司的资产,由于种种原因登记在他人的名下。从实务来看,这种情况多发生在公司的小汽车登记在公司员工的名下,公司的门市房登记在公司员工的名下,公司外购房地产未办理过户手续,公司出让的车辆未过户,公司的运输车辆登记在经销商的名下等。面对这种情况,投资公司最好要求目标公司在订立有关并购合同或协议之前完成过户,也可以要求表见权利人出具书面证明,证明该资产为目标公司所有,并由目标公司和表见权利人承诺在合理期限内将产权过户到目标公司的名下,并承担相关税费。

(4)要求利益相关人作出确权声明。这种方式主要适用于:经过改制或兼并的企业原国有资产管理部门向目标公司出具,在目标公司中无国有资产或国有权益的声明;以及目标公司曾经分立或合作的企业声明无未决事项。在一些情况下,国企业改制为民营时在资产、权益、职工安置补偿方面还留有尾巴或者未决事项,如果投资公司不在披露调查阶段将这些问题调查清楚或者作出处理,就会在并购后给自己造成麻烦。

第三节　股权并购法律尽职调查的内容

股权并购的交易标的是股东对公司的权益,是投资方通过购买股权的方法加入并控制目标公司,因此法律尽职调查的内容也应当围绕股东对目标公司的权益、交易的安全和投后的有效控制展开。本节我们讨论股权并购项目中法律尽职调查的主要内容。

一、目标公司的登记信息

目标公司的登记信息可以起到验明正身的作用,同时也可以据此对并购后目标公司是否更名、变更经营范围等作出安排。从企业并购的实践看,并购后目标公司是否更名主要取决于:(1)并购后投资公司在目标公司的持股比例,一般来说,持股比例高的更名的多,持股比例低的更名的少;(2)投资公司的字号、品牌与目标公司的字号、品牌影响力的对比关系,一般来说,投资公司的字号、品牌影响力大的更名的多,目标公司的字号、品牌影响力大的更名的少;(3)目标公司字号拥有者是否同意目标公司继续使用原来的字号,在许多情况下出让股权的目标公司原股东会限制目标公司继续使用自己的企业字号。从并购整合发挥企业集团整体效应的角度讲,以目标公司更名统一使用投资公司的字号为好。如果拟并购后目标公司更名,投资公司应当与目标公司的存续股东就使用自己的企业字号尽早协商,并在达成一致后向工商登记部门申请企业名称核准,以便在修改目标公司章程时使用新的企业名称,并在申报并购工商登记时一并将目标公司的企业名称变更。

公司登记信息除企业名称外还有公司登记的经营范围,经营范围是指公司经核准的经营项目。虽然民法典并不完全否认超出企业经营范围的合同的效力,但是公司必须将自己的主营业务限制在登记的经营范围之内。如果公司申请的经营范围中有需经国家许可或经批准的项目,公司必须首先取得有关许可或批准文件,否则可能被认定为无照经营。投资公司在尽职调查阶段查核目标公司登记的经营范围及有关许可和批准文件其意义有三:(1)判断目标公司以往的经营活动是否存在违法并遭到处罚的风险;(2)判断目标公司各项许可和批准文件的有效期限及投资公司并购后能否续办;(3)判断目标公司登记的经营范围能否满足并购后经营的需求,如果需要变更或者增加,应当及早与目标公司存续的股东进行协商,以便将其纳入目标公司章程的修改中。

公司登记信息还应当包括企业的性质,企业性质是从企业所有制角度对企业进行的区分。在我国目前企业从所有制性质上大致可区分为:(1)全民所有制企业,即国有企业;(2)国有控股或参股企业;(3)集体企业;(4)民营企业,即各种形态的私营经济;(5)外商投资企业,即外商独资或参股的企业。企业的性质不同,并购需要履行的程序不同,比如并购国有公司必须报经政府有关部门或者一级企业批准。投资公司应当在尽职调查阶段掌握目标公司的企业性质,进而据此确定并购工作相应的程序。

企业的类型也是企业的登记信息,企业类型就是指企业的组织形式。在我国目前企业从组织形式上大致可以分为:(1)公司,又分为有限责任公司和股份有限公司;(2)合伙企业,又分为普通合伙企业和有限合伙企业;(3)个体私营企业;(4)未改制的国有、集体所有制企业。对适用股权并购的目标企业来说,必须是公司类型的企业,当然在单纯的受让股权的情况下,从理论上说也可以是有限合伙企业的有限合伙人。投资公司在尽职调查阶段明确目标公司的类型意义有三:(1)判明是否适合股权并购方式;(2)根据目标公司的类型确定并购工作相应的程序;(3)判断在并购后是否需要变更目标公司的类型。

二、目标公司资本及股东的演变过程

在股权并购的情况下,交易的标的是股东对目标公司的权益,而股东对公司的权益是以股权为法律基础和根据的,因此投资公司有必要在尽职调查阶段将目标公司的资本、股东及股东持股比例的演变过程调查清楚。目标公司自成立起其资本、股东、股东持股比例无论经过多少次变更,必须合法合规、清晰明确,如果有一个环节有问题,就可能给公司并购或者未来上市造成障碍。在这方面需要查清的信息包括:

(1)目标公司章程规定的注册资本总额及缴付时间、出资方式;(2)目标公司的实收资本总额及各股东缴付或者持有的金额或者比例;(3)目标公司实收资本的出资方式和非货币出资的作价依据;(4)股东非货币出资的履行情况,包括交付与过户;(5)目标公司股东历次股权转让的情况及是否尚存争议;(6)目标公司历次增资、减资、合并、分立的情况及是否合法合规、是否尚存争议;(7)本次并购或者目标公司股东的权利是否存在受到限制的情况及原因;(8)相关股权是否有代持的情况;(9)相关股权是否设立质押的情况;(10)相关股东是否有抽逃出资的情况;(11)相关股东是否有虚假出资的情况。主要目的是找出标的股权和相关股权的瑕疵,防止因标的瑕疵给并购方造成风险,确定无问题地给予公司资本历次变更合法合规、股东和股权比例清晰明确的判断。

三、目标公司的历史沿革情况

目标公司的历史沿革情况是指目标公司自成立以来发生的企业改制、重大重组、生产经营中重大事件的演变过程以及各种资质、许可、权利的取得过程。在我国由于大多数目标公司成立的时间并不长,所以从实务来看,一般需要对目标公司的历史沿革情况作全面的尽职调查。有关目标公司历史沿革情况的资料和信息可以从公司登记档案、公司文书档案和财务档案中获取。了解目标公司历史沿革情况的意义在于:(1)明确目标公司资产的来源从而确定股东权益的可靠性。股权并购交易的内涵是股东对目标公司的权益,而股东对目标公司的权益以目标公司享有的财产权为基础,而了解目标公司的历史沿革信息有利于判断目标公司的财产权是否有瑕疵。投资公司应当特别注意目标公司在历史沿革中以非经营手段取得的各种资产、权益的合法性,同时也应当注意对债务处理的合法性。必要时不但要认真研读有关文件,还要取得利益相关方的书面确认。(2)有利于判断账外债权人对目标公司追及的风险。根据《公司法》的规定,合并以后的公司对参加合并的各公司的债务承担责任;分立后的各公司对分立前公司的债务承担连带责任,但债务人与债权人以书面形式作出特殊约定的除外。如果目标公司是通过合并或分立而来的,且分立合并的时间距并购的时间较短,投资公司就应当特别注意目标公司财务报表以外的债权人对目标公司的追及,因为如果该等追及发生在并购以后,投资公司就可能遭受损失。(3)了解目标公司对员工的责任。任何公司都有员工,都依法对员工负有相应的责任。比如,目标公司是通过国企改制而来的,根据国家或者当地政府的有关政策,在国企改制时需要根据员工的工龄向员工支付经济补偿金。从企业并购的实践看,员工经济补偿金有支付的,有没支付的,有支付给员工本人的,有存放在目标公司的,有约定员工在目标公司工作至退休不再支付的;还有将员工经济补偿金引入改制、并购资产作价,将支付义务转移至目标公司的等。投资公司应当在尽职调查阶段根据目标公司的历史沿革及相关文件,判明目标公司对员工的相关责任,并将这些责任引入并购谈判和作价之中或者作出其他安排,做到既保护员工的利益,又不致自己损失。对目标公司历史沿革的调查,主要目的有两个:一是从中发现可能存在的潜藏问题,从而调整尽调的重点增加尽调的内容;二是对并购风险作总体判断,比如目标公司历史沿革复杂,积存问题较多,要求目标公司进行重组变更目标公司。

四、对知识产权的调查

知识产权是目标公司资产的重要组成部分,甚至可能是核心资产,在尽职调查中应当了解目标公司知识产权的以下内容:(1)目标公司各类知识产权的申请和注册情况,一般情况下应当制表载明:名称、注册号码、类别、取得权利的时间、由来等;(2)目标公司各类知识产权对外许可的情况和收费情况,如果有对外许可的应当收集相关合同和费用结算情况;(3)目标公司为生产经营使用他人知识产权的情况,许多目标公司会有使用控股股东专利、商标、字号的情况,会有与兄弟公司共同被许可使用软件的情况,当然也可能有其他被许可使用的情况,法律尽职调查应当收集相关合同和费用结算情况;(4)目标公司有没有专有技术,如果有,其专有技术是哪方面的,不申请专利的原因及保密措施情况;(5)目标公司高管及特岗人员竞业限制合同签订情况及执行行情;(6)目标公司各种软件正版化的情况;(7)目标公司的主要商业秘密及保护情况;(8)目标公司开发团队、研发支出、研发成果的情况;(9)目标公司核心技术在业界的名次、优势和劣势、来源和竞争力情况;(10)目标公司是否正在与其他单位联合研发新技术及合作协议情况;(11)目标公司是不是技术先进型企业、其发证机关、有效年限,目标公司现在享受哪些税收优惠政策及可继续享受的年限;(12)目标公司有关知识产权的纠纷,被侵权的情况和维权工作情况;(13)制作目标公司各种知识产权明细表。掌握这些情况对目标公司估值、投后技术整合、防范知识产权方面可能的风险具有意义。知识产权的调查对以创新型企业或者先进技术企业为目标企业的并购更显重要。

五、对土地使用权和房产的调查

土地使用权和房产是传统企业或者重资产企业最重要的资产,不仅对企业估值非常重要,对企业能否持续经营也具有重要的意义。投资方对目标公司土地使用权、房产建筑物的调查大致包括以下内容:(1)目标公司持有的土地使用权的性质、取得方法、时间,是否享受了当地政府给予的优惠及优惠的条件是什么,优惠条件实现的可能性及面临补缴土地使用权出让金的风险;(2)目标公司取得土地使用权的合同、成本及土地出让金的缴纳情况;(3)土地使用权出让合同对土地用途的规定及相对的城市规划及规划许可证;(4)目标公司是否取得了土地使用权证,相对内容与实际是否相符;(5)土地使用权总期限,剩余的使用期限;(6)目标公司是否使用集体土地,相关的合同和费用及风险评估;(7)目标公司是否租用土地和房产，租赁合同、租期及剩余期限、面积和租金情况；(8)目标公司房屋建筑物总面积、类别、来源、是否证照齐全；(9)目标公司是否有应当办理证照的房屋建筑物没有办理，没有办理的原因、面积、是否有解决的办法；(10)目标公司是否存在违章建筑，面积、类别、用途、形成的原因；(11)目标公司的公用工程、公路、铁路、上水、下水、供电、变电以及房屋建筑物是否有与他人合建、共用的情况；(12)目标公司的土地使用权和房屋建筑物是否有权属不清，存续争议的情况；(13)目标公司是否有拆迁和被征用土地的情况；(14)公司的生产经营是否对四邻有不良影响。调查这些问题对并购生产型的重资产公司意义重大，直接关系到目标公司能否持续经营及经营成本的高低。

六、对资产和业务范围的调查

从企业并购的实践看，在许多情况下目标公司同时持有不同用途的资产，经营不同的业务，而投资公司则往往坚持并购单一用途的资产和业务。这是因为，接受目标公司不同用途的资产和业务不仅会使并购价格大幅攀升，而且会加大并购风险，不符合投资公司的扩张发展规划，有时会遭到投资公司权力机构的否决。所以投资公司在披露调查阶段需要查明目标公司到底生产哪些产品，经营哪些业务，其中是否有不符合本公司投资规划的项目。对凡是有不符合投资公司需要的资产和业务，投资公司都应当与交易对方进行协商，以便寻求各方都可以接受的投资方案。包括但不限于将超出并购业务范围的资产和业务从目标公司剥离，以求降低并购成本和风险；将游离在目标公司以外的并购业务和资产纳入目标公司，以求消灭关联交易和同业竞争。不过从实务来看，有时目标公司有少量不符合投资公司发展行业的资产和业务，在价格不高的情况下，投资公司也可以先接受，待并购后再处理。虽然股权并购的交易标的非为目标公司的资产，但是在披露调查阶段也应当制作目标公司主要资产的明细表，以求确认目标公司拥有的主要固定资产和土地使用权及知识产权的数量。

另外，关于目标公司的资产和业务的调查，还要了解目标公司闲置资产和待报废资产的情况。闲置资产是指尚有使用价值但处于未加利用状态的资产。待报废资产是指实际已经没有使用价值但在公司财务上未作核销的资产。从企业并购实践看，许多目标公司，特别是一些重资产的传统型公司，很多存在这两类资产。投资公司应当在尽职调查阶段掌握目标公司这两种资产的情况，包括：(1)产生的原因；(2)预计处理的收入和损失；(3)对并购价格和并购后预期收益的影响等。

七、对安全和环保的调查

安全和环保对生产型企业非常重要,而且越来越重要。投资公司应当在安全、环保方面调查目标公司的以下情况:(1)目标公司是否有安全生产规章制度及负责的机构及运行情况;(2)目标公司是否发生过重大安全生产事故,原因、损害程序和整改情况;(3)目标公司安全投入及设施、设备情况;(4)目标公司安全检查、安全教育的情况及记录;(5)目标公司员工劳动保护用品发放情况;(6)目标公司有关环境评估报告和排污许可情况;(7)目标公司生产过程各种污染物的排放情况;(8)目标公司环境保护方面的投资情况,设施、设备的情况和实际运行情况;(9)目标公司是否发生过重大环保事故,是否遭受过行政处罚、刑事责任及目前整改的情况;(10)目标公司是否属于高危行业及特种生产经营许可证和年检情况。环保和安全对某些特殊行业的企业非常重要,直接关系到能否持续经营,也关系并购方投资的风险。

八、对债权债务的调查

目标公司的债权是目标公司的资产,但是债权资产不同于现实的资产,只是一种资产的请求权,债权资产越多,目标公司的估值就越高,投资方支付的并购对价就越高,投资方的风险就越大。债务是未来要流出目标公司的资源,是目标公司估值中的一个负项,负债越多,估值越低,并购价格越低。即使没有纳入评估的负债,债权人依法仍享有向目标公司主张权利的权力,目标公司仍有依法偿还的义务。所以,对目标公司债权债务的调查及能否全部纳入目标公司的估值,不仅直接关系到目标公司估值的客观性及股权并购价格的公允性,也关系到投资方能够控制并购风险。

对目标公司债权债务的调查应当包括以下内容:(1)目标公司债权总额、构成、形成时间和原因,及占资产总额的比例;(2)目标公司负债总额、构成、形成时间和原因;(3)目标公司对股东、实际控制人的债权、债务总额,构成、形成时间和原因;(4)目标公司对关联企业的债权、债务总额,构成、形成时间和原因;(5)目标公司对其他人的大额债权、债务的总额,构成、形成时间和原因;(6)目标公司急需偿还的债务数额;(7)被提起诉讼和仲裁的债务数额及有关情况;(8)目标公司有无涉外借贷及具体情况;(9)目标公司是否有融资租赁的财产、财产受托管理、财产委托管理、民间借贷及具体情况;(10)已知的可能引起目标公司或然负债的各种原因及判断。法律对目标公司债权、债务的调查应当与财务、审计、评估机构配合,取得其帮助。

九、对各种担保的调查

担保包括目标公司为他人提供的担保和他人为目标公司提供的担保，在法律尽调过程中都应当调查清楚，特别是对一些存续时间特别长的公司，很久之前为他人提供的保证担保不仅难查，而且对并购方的风险最大。对担保关系的调查大致包括：(1)目标公司有无为股东、实际控制人、兄弟公司提供的各种形式的担保；(2)目标公司有无为其他企业或者个人提供的各种形式的担保；(3)是否有他人为目标公司提供各种形式的担保；(4)有关的担保合同、担保种类、担保金额、担保期限；(5)目标公司有无因担保承担代偿责任的情况及目前的状态；(6)债务人的情况及偿债能力调查。目标公司为他人提供担保是目标公司或然负债的高发区，在尽职调查阶段查清楚具体情况，识别其中的风险，采取有力、有理、有节的防险措施对投资方的意义重大。

十、对人力资源管理的调查

人力资源管理是企业管理的一个重要组成部分，目标公司的人力资源管理不仅影响企业并购的成本、风险，而且关系到并购后的整合及成本。对目标公司人力资源的调查应当包括以下内容：(1)员工总额、构成、名单；(2)签订劳动合同、劳务合同的情况及合同的核心条款；(3)使用劳动派遣工的总数、岗位、工资、合同、与派遣单位的合作情况；(4)劳务发包的情况，发包合同及执行情况；(5)目标公司为各种员工缴纳社会保险和房改基金的情况；(6)公司与员工之间是否存在悬而未决的冲突及原因；(7)是否存在国企改制欠付员工转变身份补偿金的情况和解除合同未支付补偿金的情况；(8)目标公司是否有工时银行及是否有欠付员工加班费的情况；(9)公司发薪办法及是否代扣代缴个税；(10)公司是否实施过股权激励及目前的情况如何；(11)公司董事、监事、高管的产生办法。许多公司存在不按照规定代扣代缴员工个税和不按照规定为员工缴纳保险的问题，这可能给并购方带来风险，也可能阻碍投后整合。

十一、对合同、诉讼的调查

合同管理也是反映目标公司管理的一项重要指标。诉讼既可能转化成并购的风险，也反映目标公司合同管理的水平。法律尽调对目标公司合同管理和诉讼情况的调查应当包括以下内容：(1)目标公司进行交易是否签订书面合同及有关合同的质量；(2)公司是否有合同管理制度及订立合同的程序怎样；(3)目标公司已经签订但尚未履行或者尚未履行完毕的重大合同及有关情况；(4)目标公司已经签订但尚在履行中的长期合同及具体情况；(5)目标公司提起诉讼或者仲裁的尚未执行完毕的案件、被告、诉由、标的额及有关情况；(6)他人对目标公司提起诉讼或者仲裁的尚未执行完毕的案件、原告、诉由、标的额及有关情况；(7)目前公司是否有账户、资产、权利被查封、冻结及有关情况；(8)公司与股东、股东与股东、股东与高管之间是否存在争议及潜在的诉讼。

十二、分公司和对外投资的情况

目标公司的分公司是目标公司的组成部分，但是大多数分公司与本公司位处异地，因此，无论是资产状况、经营状况还是管理状况，目标公司并不能完全反映分公司的情况。从实务来看，某些分公司的经营结果并不能完整地反映在本公司的财务账上，比如分公司各种费用不及时进账，本公司对分公司挂有大量的应当收账款等。因此，在尽职调查阶段了解目标公司设立有几家分公司，这些分公司从事什么具体的业务，其经营状况如何，是否潜伏有大量的未处理费用，不仅对核定目标公司的权益十分必要，而且对并购后加强对目标公司的管理也是十分必要的。

公司的对外投资包括长期股权投资和短期的股权、债权投资，后者在新会计准则中被归类为金融工具。这两种对外投资都是企业并购尽职调查的内容，不过长期股权投资更为重要。对目标公司的对外长期股权投资，投资公司需要调查的内容包括：(1)被投资公司所处的行业。被投资公司是独立于目标公司的法人企业，对其所处的行业投资公司需要考虑两点：第一，所处的行业投资公司是否可以进入，或者进入的批准程序；第二，是否符合投资公司投资的行业要求，如果不符合投资公司发展规划中关于发展行业的要求，可能也需要考虑剥离的问题。(2)被投资公司的经营状况。被投资公司的经营状况直接关系到目标公司的投资效益，而目标公司的投资效益又直接关系到投资公司的并购决心和并购报价。因此，投资公司在尽职调查阶段非常有必要查明目标公司的全部对外长期股权投资，并根据需要对被投资公司进行调查。在目标公司对其所投资公司所占股份比例比较大、投资额比较大的情况下，投资公司在调查阶段可以将目标公司的子公司视为目标公司的一部分，进行充分的调查。投资公司不能仅凭目标公司财务账上反映的指标对其所投资公司的经营状况作出判断，应当在实地审验后再作出判断。(3)目标公司对被投资公司是否有控制权。如果目标公司对其所投资公司享有控制权，并购后的整合就会比较容易；如果没有控制权并购后的整合就会变得困难，甚至不但不能整合，反而是投资公司的一个竞争对手。(4)目标公司对外投资是实缴还是认缴。如果目标公司只是认缴尚未实缴，投资公司就应当考虑缴付的金额、期限、出资方式及自己的能力等问题。(5)被投资公司所处的位置。如果目标公司投资的公司地处投资公司确定的目标市场之内，且与目标公司生产的产品或从事的业务相同，投资公司就应当接收目标公司的子公司，使并购达到一石二鸟的作用。如果目标公司的子公司不在投资公司确定的目标市场之内，投资公司就应当考虑接受的风险，谨慎处之。(6)每个母公司的主营业务及与目标公司之间的协作、协同关系。(7)目标公司对各所投资公司派出的董事、监事及高管的情况。(8)是否有所投资公司处于解散、停业、僵局、破产的情况及应当清算没有清算的情况。

目标公司的临时性投资也是目标公司的资产，在股权并购的情况下一般不存在剥离的问题，但是投资公司应当考量这些资产的价值，好在此类资产多有市场公允价值可供投资公司参考。

十三、对生产经营情况的调查

生产经营是目标公司存续和发展的前提，法律调查应当关注目标公司生产经营的情况。对目标公司生产经营情况调查的内容包括：(1)目标公司的主营业务及主营业务收入占全部收入的比重；(2)目标公司的主要产品或服务及所属行业；(3)目标公司取得的资质和行政许可是否有效、是否能够满足目标公司生产经营的需要；(4)目标公司在行业中的排名；(5)目标公司产品或者服务的竞争力及掌握核心技术的情况；(6)目标公司的品牌竞争力及在行业中的排名；(7)目标公司的研发能力和研发人员队伍情况。

十四、对供销渠道及产品销售的调查

投资公司要想在并购后使目标公司持续地从事生产经营活动，就不能不过问目标公司原材料、能源、运输的供应渠道，更不能不过问目标公司的产品销售渠道和产品销售的情况。这些不仅会影响到投资公司对目标公司价值的判断，也是投资公司制订并购后目标公司经营方案的重要依据。投资公司在披露调查阶段应当掌握目标公司供应渠道的以下信息：(1)主要原材料、配件、能源、运输的供应商；(2)相关市场的供求关系如何；(3)有关合同的条款如何；(4)价格和定价机制如何；(5)供求关系变化及价格变动预测。对目标公司的产品销售情况投资公司在披露调查阶段应当掌握以下信息：(1)产品的市场份额是多少；(2)主要竞争对手是谁；(3)主要竞争品牌是什么；(4)经销商的忠诚度如何；(5)产品销售业务流程如何;(6)产品档次及销售价格;(7)定价机制如何;(8)单位产品的边际贡献如何;(9)合同条款如何;(10)赊销及回款情况如何;(11)促销方式和方法;(12)消费者的品牌忠诚度;(13)坏账准备金的预提情况;(14)售后服务的情况及费用的提取情况。

十五、目标公司享受优惠政策的情况

许多公司依法享受国家或者地方的各种优惠政策,其中主要是税收优惠政策。在尽职调查中应当了解目标公司的优惠政策,也应当了解目标公司享受这些优惠政策的条件和根据。对目标公司享受优惠政策调查的内容包括:(1)目标公司都享受国家、地方的哪些优惠政策,条件和根据是什么,可享受的年限多少,每年可享受的金额大约多少;(2)目标公司生产经营的税种有哪些,税率是多少;(3)目标公司可享受的税收优惠政策有哪些,条件和根据是什么:(4)目标公司是否为创新型企业和技术先进型企业,被授予证书。

十六、对关联交易的调查

关联交易是指目标公司与其股东、实际控制人、兄弟企业、董事、监事、高级管理人员等之间进行的交易。关联交易的问题在于它可以用来转移利润,损害股东、公司、公司债权人的利益;可以用来逃避纳税义务;可以用来抽逃注册资本。如果目标公司有较大量的关联交易,其经营业绩的真实性及并购后能否持续都存在问题。关联交易分为经常性的关联交易和偶发性的关联交易。经常性的关联交易是不进行相关交易目标公司就不能从事生产经营,或者其生产经营就要受到重大影响,比如能源供应、原材料采购、半成品加工等。偶发的关联交易是指与目标公司的生产经营关系不大,只是临时发生一两次的相关交易。无论是哪种交易原则上都应当履行严格的决策程序和定价程序,以保证价格和交易条件的公允。法律并不反对关联交易,但坚决反对违法的关联交易。投资公司应当在尽调阶段查明目标公司关联交易的以下情况:(1)是经常性的还是偶发的,是可以消除的还是不可消除的;(2)关联交易的对方是谁,与目标公司是什么关系;(3)关联交易发生的历史延续情况;(4)关联交易的决策程序是否违反法律和公司章程的规定;(5)关联交易的价格生成程序及是否公允的评价;(6)对关联交易其他条件的评价;(7)关联交易的结算情况。在企业并购的尽职调查中,不仅要关注并购前的关联交易,还要关注并购完成后可构成的新的关联交易。

十七、对同业竞争的调查

同业竞争是指目标公司与其控股股东、实际控制人、兄弟公司、董事、监事、高管所提供的产品或者服务相同或者可以互相替代，构成彼此生产经营竞争的关系。在并购调查中不仅要关注并购前的同业竞争问题，也要关注并购完成后才可能构成的同业竞争问题。

十八、对公司治理情况的调查

公司治理情况如何是反映目标公司规范与否的一项重要指标，对投资公司完成投后整合、进行投后管理意义重大。投资公司在尽职调查中应当查明：(1)目标公司有关机构的设置、人员组成、职能范围等情况；(2)各高级岗位的设置、层级关系和业务关系；(3)公司董事会、总经理、行政管理的人员构成的分工；(4)公司各项规章制度的制定和执行情况；(5)公司中层部门设置及职能分工；(6)公司重大决策程序是否符合法律和公司章程的规定；(7)公司股东会、董事会、监事会是否存在僵局和无法履职的情况；(8)公司是否保存有股东会、董事会、监事会会议记录和决议；(9)公司有关决议的执行情况。

十九、公司经营指标情况

了解目标公司的财务管理及各项经营指标的情况，在并购作价和预测并购后目标公司经济效益方面起到重要的作用。从实务来看，股权并购的议价方法往往以目标公司财务账面反映的所有者权益的数额为基础。但是目标公司财务账面的所有者权益，不仅取决于公司资产和负债的对比关系，也受到目标公司财务政策、财务管理方面的影响。因此仅看账面数额是不够的，还要考虑目标公司的财务管理情况，将两者结合起来进行判断。比如，固定资产的折旧方法、存货的结转方法、包装物的摊销方法、坏账准备金的提取方法等都会在很大程度上影响目标公司的所有者权益。因此，投资公司在披露调查阶段要了解目标公司的财务管理情况，并据此对目标公司的财务账面价值作出理论上的校正。

经营指标是企业经营结果在财务数据上的反映。了解这些经济指标可以帮助投资公司对目标公司的经营成果、盈利能力、成长前景作出判断。在披露调查阶段，投资公司应当获取目标公司的有关财务报表，掌握其中的相关信息，并根据相关信息作出判断。这些财务报表和有关资料包括：(1)目标公司前溯五年的审计报告；(2)目标公司前溯三年的资产负债表；(3)目标公司前溯三年的利润表；

(4)目标公司前溯三年的现金流量表;(5)近三年目标公司总资产的构成,总负债的构成,总收入的构成和总利润的构成。

二十、对交易对方的调查

以上讨论的基本都是关于目标公司调查的内容,实际上在企业股权并购中,投资公司除了要了解目标公司的信息外,还需要了解交易对方的信息,特别是受让股权并购更是如此。

对交易对方的调查的主要内容有:(1)交易对方及控股股东的企业性质;(2)交易对方进行交易的内部决策程序和审批程序;(3)交易对方的一致行动人及有关情况;(4)交易股权是否设置了质押或者抵押;(5)交易股权是否为代持;(6)交易股权的出资情况;(7)交易股权是否存在出资违约或者出资瑕疵;(8)交易股权是否存在形式要件上的缺欠;(9)其他股东对交易股权的优先购买权;(10)交易对方对交易股权是否享有完整的所有权和处分权。

二十一、对董、监、高生成程序的调查

公司是一种因集合而生成的经济组织,公司章程是公司权力机构、监督机构、管理机构生成及权力分配的根据。这方面的信息包括董事会、监事会的组成和产生,是委派还是选举,法定代表人、总经理、财务总监及其他高级管理人员的产生办法等。投资公司在调查阶段掌握相关信息对于拟定目标公司章程的修改方案,对于评估并购后投资公司对目标公司的控制权以及整合的难易度都是十分必要。

二十二、公司章程对并购程序的规定

许多公司章程对股东转让股权、公司合并、增资、减资等作出明文规定,投资公司在调查阶段应当掌握相关信息,以便使自己对目标公司的并购符合目标公司章程的规定,这涉及并购的合法性以及是否侵害其他股东权利的问题。另外,投资公司还应当根据目标公司所处的行业和自己的企业性质,根据国家有关法律、行政法规及部门规章的规定,拟定合法有效的并购程序。

企业并购无论是采取受让股权方式,还是采取增资方式,无论是产业集团并购,还是风险投资和创业投资,都应当对目标公司和交易对方进行调查;只不过对上市公司的调查主要通过公开渠道获得信息,而对非上市公司的调查只能一对一的私下进行;再有,不同行业的目标公司尽调的内容和重点也不尽相同,不同文化背景的企业尽调的方法也有很大的区别,以上关于尽调的方法、功能、内容仅供读者参考。

第四节　资产并购尽职调查的内容

我们现在讨论资产并购项目中法律尽职调查的内容。资产并购与股权并购由于交易的标的和内涵不同，法律调查的内容也不相同。资产并购交易的标的是资产和业务，因此法律调查的内容将围绕资产及相关业务是否符合投资公司的需求及交易的安全性展开。本节我们讨论资产并购方式下尽职调查的内容。

一、并购资产的范围

由于资产并购方式中目标公司出让的是资产，这些资产可能是目标公司的全部资产，也可能是目标公司的部分资产，且在多数情况下是目标公司的部分资产，因此，在披露调查阶段首先要根据了解到的目标公司资产的实际情况，落实意向协议确定的转让资产的范围，或者为确定转让资产的范围收集信息。相关工作的主要内容包括：

1. 机器设备。机器设备是每一个资产并购案中必然包括的主要资产。但是在许多情况下由于目标公司从事的经营范围与投资公司并购后拟从事的业务不完全一致，因此投资公司需要通过披露调查了解目标公司全部机器设备所生产的产品或所从事的业务分类，从而拟定购买机器设备范围的方案。

2. 房屋建筑物。根据并购后拟生产的产品或拟经营的业务，拟制购买机器设备的范围，根据拟购买的机器设备的范围，拟制购买房屋建筑物的范围。拟购买房屋建筑物的范围应当满足利用所购机器设备进行生产经营活动的需要，包括厂房建筑物、经营场所、办公室等。

3. 公用工程。根据拟购买的机器设备和并购后拟生产的产品、从事的业务及规模拟制购买公用工程的范围。公用工程应当满足生产规模的需要，包括上下水、供变电、污水和污染物处理、场地、道路、通信、其他辅助设施等。

4. 土地使用权。根据拟购买的房屋和公用工程的占地情况拟制购买土地使用权的范围。同时查明目标公司取得土地使用权的方式、用途、剩余年限、是否存在被政府收回、征用、搬迁的情况。从实务来看，拟购买的土地使用权宜多不宜少。

5. 知识产权。根据并购后投资公司拟安排生产产品或从事业务的需要，在了解目标公司知识产权总体情况的基础上拟制购买知识产权的范围。这里的知识产权包括目标公司拥有的专利、商标、著作权、技术诀窍等。

6. 存货。一般情况下投资公司会根据自己并购后拟生产的产品或拟从事的业务确定购买存货的范围,并会坚持与生产或经营无关的存货不能纳入转让的范围。存货包括原料、材料、燃料、在制品、产成品、低值易耗品、办公家具等。

7. 债权。从原则上说投资公司会排斥受让目标公司的债权资产,但是有时为了维护并购后与经销商的渠道关系,对目标公司的销货应收款也会有条件地受让。

8. 拟制三项资产明细表。在披露调查阶段应当根据资产的具体情况和双方关于转让范围的意见制作固定资产、土地使用、知识产权三项资产的转让明细表,作为并购谈判和起草相关合同的基础。

9. 拟制存货资产单价明细表。在披露调查阶段应当提出存货转让单价明细表,列明存货的名称、预估数量、单价,作为双方进一步谈判和计价的基础。

从实务来看,投资公司为了降低并购成本,减轻并购后的经营压力往往希望控制并购资产的范围,特别是对目标公司闲置资产、垃圾资产不愿意受让;而目标公司往往希望打包出让,全部推给投资公司。并购资产的范围往往成为双方谈判的焦点问题之一。

资产并购的交易标的是资产,因此投资公司在披露调查阶段首先必须搞清楚目标公司全部有形资产和知识产权的范围和用途,即目标公司的资产都是用来生产哪些产品或从事什么业务的,并根据了解的情况和自己的并购目的,拟制出并购资产的范围。从企业并购的实务看,关于并购资产的范围,有时在意向协议中就会做出原则性的约定,并通过披露调查阶段进一步明确,最终在并购合同或协议中确定。在实务中之所以要首先就目标公司资产的范围进行披露调查,并在披露调查的基础上尽早确定,是因为并购资产的范围不仅直接关系到以后披露调查的范围,而且也是双方谈判价格的基础,并购资产的范围不确定,资产价格从何谈起呢?

二、资产的权属

资产并购中双方交易的是资产的所有权,因此,投资公司在披露调查阶段必须查清并购资产的权属。由于资产并购是大宗交易,投资公司为了防避风险,关于资产权属问题不能单单依靠出让方的承诺,还要在披露调查阶段进行实地查验。如果双方已经就交易资产的范围达成一致,有关资产权属的披露调查可限制在该范围之内。关于资产权属的披露调查可根据需要围绕以下几个方面开展:

1. 查验资产的证照。根据我国有关法律的规定，土地使用权、房屋建筑物的所有权、船舶航空器、车辆、商标、专利的权属以登记为权属凭据。因此，在披露调查阶段可以采查验这些资产证照的方法确认其权属。从资产并购的实践看，在资产证照的调查中大致会遇到九种需要处理的情况：(A)目标公司自建的房产，出于节约税费的目的或者因建设手续不健全的原因未办理房产证；(B)原有房产已办产权证，但后来扩建将两层楼改造为三层楼后未变更房产证；(C)国企改制时继承来的房产、土地使用权或其他有证照的资产，企业名称变更后未对产权证作相应的变更；(D)因拖欠土地使用权出让金未取得国有土地使用权证；(E)车辆的产权证登记在他人的名下；(F)土地使用权证、房产证、商标证书、专利证书等在公司名称变更后未作相应的变更；(G)企业分立、合并重组后未对产权证作相应的变更；(H)受让取得的资产未取得产权证；(I)股东非货币出资的资产虽已经移交给公司但未办理产权过户。目标公司资产在证照上存在的瑕疵真正导致产权争议的并不多，但是如果不在并购之前要求出让方处理，会给投资公司带来麻烦和相关税费成本。从企业并购的实践看，如果在披露调查阶段发现这些问题，并要求目标公司在合理的期限内解决这些问题，效果比较好。因为在这个阶段目标公司会有办理的积极性，当地政府也会出于招商引资的目的为补办证照大开绿灯，甚至免除所有的税费。如果等到投资以后再办理，不仅手续繁杂而且成本也高。

2. 厘清企业改制中的产权关系。在中国企业并购活动中许多目标企业是从国企改制而来的，企业资产是从国企原始取得的，但在一些企业中，改制往往不彻底或者产权不够清晰。比如，在改制中企业的部分资产和业务通过作价民营化，但还有剩余部分没有作价民营化，企业只有经营管理权或者托管权，尚未取得所有权。还有的改制文件用词不准确，并未提及或者明确产权的转移和转移后的归属。投资公司应当在披露调查阶段根据目标企业资产原始取得的情况，要求目标企业披露企业改制的有关文件资料，研读这些文件和资料，如果需要还应当向企业改制的负责部门和国有资产管理部门进行查核并取得相关确认文件。

3. 厘清企业分立、合并中的产权关系。有些目标企业几经合并分立，而分立合并必然会涉及企业资产权属的变更，但是由于这些企业往往由一方所控制或有其他关联关系，因而往往不重视资产权属的界定。凡是在披露调查中发现目标公司曾经发生过合并分立的，应当厘清分立合并中的产权关系。

4. 租赁资产。有关租赁资产披露调查的内容包括两项：(1)目标公司正在使用的资产中是否有从他人租赁或者融资租赁来的资产及相关合同;(2)目标公司的资产是否有出租他人使用或者无偿提供他人使用的及相关合同。目标公司租入的资产其产权为出租人所有的,不能作为转让资产;目标公司出租的资产为目标公司的资产,依法可以转让,但是需要处理相关合同。

5.股东出资资产的权属。在有些目标公司中,股东以非货币资产向公司缴付出资,特别是控股大股东以房地产作价向公司出资。对此投资公司原则上无须过问作价的高低,但是应当通过披露调查确认其是否有产权不清或者界定不明的情况。

6.母子公司、兄弟公司资产分属情况。在有些情况下,目标公司一个大院里分别注册登记为几家母子公司或兄弟公司,交易双方初步拟定的并购资产,有的可能登记为甲公司所有,有的可能登记为乙公司所有。在这种情况下,投资公司需要在披露调查阶段厘清并购资产的登记权属,与不同的资产所有者分别订立资产转让合同。有的目标公司一部分并购资产登记在其分公司的名下,在这种情况下,投资公司可以视全部资产为目标公司所有,与目标公司订立一份资产转让合同受让全部资产。

7.动产的权属问题。从企业资产并购的实务看,目标公司动产资产的权属问题主要包括以下五项内容:(1)目标公司接受委托为委托方加工产品或修理设备,委托方提供原料、材料、半成品、产成品等;(2)目标公司为委托加工商品而交付在外的原材料或委托修理的机器设备;(3)目标公司购买原材料带进来的尚未返还的包装物;(4)目标公司为销售产品赊出在外的包装物;(5)目标公司投入渠道的资产,产权仍属目标公司所有。在实务中对这类资产多采目标公司披露、投资公司作相应核查的办法予以确认。

8.是否有产权争议或者诉讼的情况。

并购资产的权属直接关系到并购交易的安全,因此也是披露调查工作的一项重点内容。

三、资产的品质和效能

资产并购交易的标的是资产,并购资产的品质和效能直接关系到投资公司投资的目标能否实现,同时也关系到并购后技术改造的投入和资产转让价格的谈判和确定。因此,关于并购资产品质和效能的披露调查是资产并购中的一项重要工作。从企业并购的实践经验来看,对目标公司资产品质和效能的调查最好由投资公司的相关专家完成,这是因为投资公司的专家对本行业的设备、技术、工艺最了解。同时最好落实调查的责任人，明确其在调查中承担的责任，防止出现“雾里看花一走一过”“喝完酒什么都说好”“报告说是三千万元可完成技术改造，可并购后投入五千万元还缺两千万元”的现象。关于资产品质和效能的披露调查主要包括以下内容：

1. 厂房机器设备的新旧程度。厂房设备的新旧程度不仅关系到产品的品质和消耗，而且更重要的是关系到投资后的使用年限进而关系到对投资经济指标的测算。对目标企业厂房机器设备判断的误差往往是资产并购中多发的风险，投资公司必须在披露调查阶段掌握目标公司该等资产的真实情况，以便作出明智的决策。

2. 工艺技术能否满足并购后产品升级换代的需求。从企业并购实践看，并购后大多需要对目标公司的产品进行升级换代，以便达成投资公司在目标市场的优势。这就需要投资公司在披露调查阶段弄明白目标公司的设备、工艺、技术等能否支持投资公司目标的实现。

3. 目标公司资产的生产能力。这直接关系到投资公司单位生产能力的收购成本，也关系到对并购后目标公司经济效益的测算。投资公司必须在披露调查阶段对目标公司的最大生产能力作出准确的判断。

4. 目标公司资产的缺项。这主要包括目标公司的资产中是否缺少重要的质量检测设备，缺少污水处理工程，缺少运输车辆以及生产设备的配套情况和产能“瓶颈”的情况等。资产的缺项有时不仅影响产品的质量和生产能力，有时甚至直接关系到并购后能否顺利进入生产经营过程。比如，目标公司没有污水处理工程，并购前可以正常生产，并购后可能就会被迫停产。因此，投资公司应当在披露调查阶段掌握目标公司资产是否有缺项，受影响的项目和程度如何。

5. 并购后为达预定产量、质量、品种指标需要的投入。从企业并购的实现看，资产并购后绝大多数需要对目标公司进行追加投资，仅依靠目标公司原有的资产不能实现投资公司并购的目的。但是投资公司应当在披露调查阶段全面了解目标公司原有资产的情况，并根据这个情况和并购后的经营计划拟定并购后对目标公司资产进行技术改造的计划，明确所需的费用是多少。

四、知识产权的价值

从企业资产并购的实践看，多数情况下并购资产中包括目标公司的知识产权。为此，需要投资公司在披露调查阶段对目标公司的各项知识产权在并购后的使用价值作出判断，以确定是否购买这些知识产权，认可花多少钱去买这些知识产权，如果不买这些知识产权目标公司将会如何处理它们。知识产权是一种无形资产,不同于有形资产越多越好。比如,投资公司准备在并购后生产自己品牌的产品,目标公司的商标的使用价值就不大。投资公司应当在披露调查阶段掌握目标公司全部知识产权的信息,并在此基础上对是否受让这些资产,以何等价格受让这些资产,并购后如何使用这些资产作出明智的选择。

五、供销渠道及产品销售情况

资产并购交易的标的虽然是资产,但是取得资产并不是投资公司的目的,投资公司的目的是借助这些资产从事经济活动,是要通过经营活动占领市场获取利润。因此,在并购的披露调查阶段投资公司有必要进一步了解目标公司的原料、能源、运输资源及渠道和价格;有必要了解目标公司产品的销售渠道和产品在目标市场的销售情况;从而在并购前最终确定并购后的经营方案,最大限度地继承目标公司的渠道及产品市场份额。

六、目标公司出让资产的程序

目标企业出让资产的有效程序直接关系到投资公司并购交易的安全,所以投资公司应当在披露调查阶段掌握目标公司出让资产的有效程序,并在操作中督促目标公司履行相关程序。目标公司出让资产的程序问题主要根据资产权属的性质以及企业章程的规定确认。如果目标公司为国有或集体所有制企业,或者国家持有目标公司10%以上的股份,转让资产应当报经当地政府的国有资产管理部门批准,并且其价格应当通过评估并经国有资产管理部门确认;如果目标公司为国有或集体所有制企业,转让资产应当经本企业职工大会或职工代表大会通过;如果目标企业既非国有也非国家持股,转让资产应当根据目标公司章程的规定经其权力机构批准;如果投资公司为外国企业除履行上述程序外,并购价格应当经过评估,并购合同应当报经当地外经贸主管部门批准。并购程序的有效性关系到并购行为的有效性,进而涉及投资公司的并购安全。

七、资产的账面价值情况

固定资产的原值减累计折旧为净值,从原则上说并购资产的净值多少与投资公司无关,投资公司以转让价格登记取得资产的初始成本。但是投资公司在披露调查阶段一定程度上了解并购资产中固定资产的净值,对双方协商并购资产的价格,判断目标公司对资产转让价格的预期,了解固定资产的构建时间及使用情况等都有所帮助。

八、资产是否设立抵押或质押

从企业并购的实践看，大多数目标企业的土地使用权和固定资产都因向银行贷款而抵押给了银行。对此，投资公司应当在披露调查阶段掌握目标公司资产抵押的情况，贷款抵押合同的内容，特别是必须确定是为目标公司自己的债务抵押还是为第三人的债务抵押。根据我国《民法典》物权编的相关规定，抵押人未经抵押权人同意或者不能以转让价款清偿债务的，不得转让抵押资产，否则抵押权人享有物上追及权。对此，投资公司为了防避并购风险，必须查明目标公司资产抵押或质押的情况，并与目标公司及债权人研商切实可行的解决方案。

九、目标公司的在建工程

在并购实务中，凡是工程已经由目标公司验收合格的，无论其财务账目如何登记，一律视为固定资产转让。对尚处于建设过程中的资产，应当查明情况，掌握合同内容和工程质量及进度，并据此与目标公司研商以转让合同的方法并购在建工程项下的资产。

十、目标公司员工的情况

从法律原则上说，在资产并购的情况下，目标公司的员工与投资公司无关，但是投资公司也必须从中国的国情出发，关注目标公司员工的处理方案，特别是在目标公司出售资产后将进入清算程序或停产的情况下。对此，投资公司应当关注目标公司对员工的经济补偿，特别是国企员工的经济补偿，防止因员工得不到解除劳动合同的经济补偿金而闹事，影响并购后目标公司的生产经营活动。同时投资公司也应当关注目标公司员工的构成，并以此拟定投资后员工的聘用方案，使之既不介入目标企业与员工之间的关系，又能以另行订立劳动合同的方法录用目标公司的基本员工。

十一、已经生效但未履行完毕的合同

投资公司应当在全面了解目标公司已经生效但未履行或尚未履行完毕的合同的基础上，将这些合同分为五类：第一类为合同的主要权利义务已经履行完毕，处于保修期间的合同，比如工程已经交付并在转让资产之中，但目标公司仍留有保修金。这类合同应当以转让的方法处理，以保证投资公司并购后享有保修的权利。第二类为公司原料、材料、能源等生产资料的采购合同，如果并购后目标公司仍使用这些资源,且合同的条件大致合理,投资公司就应当同意受让这些合同。第三类为目标公司产品的销售合同,在一般情况下为了使用目标公司产品的原有销售渠道,投资公司都应当受让这些合同,同时也可以在办理合同转让手续时对合同的条款做适当的变更。第四类为向银行贷款与其订立的借款合同或抵押贷款合同,如果投资公司为了节约现金流,可以考虑以受让这类合同作为支付并购价款的一种方式,实务中可以贷款合同连同抵押合同一并转让。第五类为除上述四类外单纯构成目标公司债权或债务的合同,投资公司原则上不要受让这些合同。

十二、目标公司主要负债的构成

了解目标公司主要负债的构成,可以为抵押资产解套,确认哪些负债转让,哪些负债不转让,以及整个并购项目能否顺利进行奠定基础。

十三、目标公司转供和共用情况

在一些出身国营的目标企业,由于历史的原因会有企业对员工家属房、附属企业、兄弟公司甚至社会转供水、电、气或其他能源的情况,有的目标企业与其他企业共用场地、道路、水源等。这些情况是企业办社会的遗留,它们的存在往往增加了目标企业生产经营活动的负担。投资公司应当在披露调查阶段了解这些情况,并拟制解决方案。从实践经验看,如果在披露调查阶段发现这些问题,并将其解决作为并购的一个条件,目标公司或当地政府都会非常容易将其处理掉,如果留待并购后往往难上加难。

不同的行业,不同的企业,资产并购的内容有很大的区别,以上仅供读者参考。

第十二章

企业并购的若干基础性问题

在完成对目标公司的尽职调查后，企业并购工作将进入谈判和合同的准备阶段，我们也应当转入对谈判事项及合同内容的讨论。为了帮助读者更好的学习谈判事项和并购合同的内容，我们需要首先讨论有关企业并购的几个基础性问题。

第一节 关于股权并购的若干基础性问题

我们首先来讨论有关股权并购的几个实务问题。对这些实务问题的讨论，有助于我们正确地、有效地适用股权并购，做好股权并购项目。

一、股权并购对目标公司的要求

企业并购，无论是受让股权并购还是增资并购，对目标企业都有一定的要求，股权并购对目标公司的要求大致如下：

1. 目标企业必须是公司。分公司或者公司的分支机构不适用股权并购；合伙企业、个人独资企业、未改制为公司的国有企业和集体企业不适用股权并购。

2. 无论是受让股权并购还是增资并购，都是并购方加入目标公司，继续使用目标公司的企业平台进行投后的生产经营。因此就要求目标公司必须是一个规范的、合规合法的企业，是一个合法成立、能够持续经营的公司。否则，就不能对其适用股权并购。

3. 愿意配合并购方的尽职调查。有限责任公司是私密公司，其生产经营情况及各项经济技术指标并没有公示的法定义务。而股权并购有限责任公司属于投资者加入目标公司,无论是从投后管理、整合的角度,还是从并购作价的角度考量,或者从防范风险的角度考量,都需要通过尽职调查取得目标公司的信息。所以凡是对有限责任公司进行并购的,无论是受让股权并购还是增资并购,都需要目标公司配合并购方进行详尽的法律尽职调查和其他方面的尽职调查。

4. 要求目标公司有规范的财务记录和账册。对有限责任公司进行股权并购,要求通过对目标公司估值来进行股权作价和增资作价,而对目标公司的估值不仅要掌握目标公司的资产范围、资产原值、净值,还必须掌握目标公司负债的总额及构成,而这些只能依赖目标公司规范可靠的财务账册和合规、准确的财务凭证,否则无法对目标公司进行估值,也无法进行股权并购。

5. 能够绝对控股目标公司。有限责任公司的股权多数比较集中,并购方要想取得目标公司的控制权一般要求绝对控股。这一点与上市公司不同,上市公司的股权比较分散,并购方不需要绝对控股也可以控制目标公司。从实务来看,并购有限责任公司并购方投后股权比例低于50%的比较少见。

6. 能够与目标公司的股东签订股权转让协议或者增资协议。股权的交易有很多方式,但并购有限责任公司基本上是通过协议的方式完成的,无论是受让股权并购还是增资并购都是如此,尽管有些情况下需要通过竞价的方式最终确定并购方,但也要签订股权转让协议或者增资协议,通过协议固定交易,最终完成交易。这一点与上市公司的股份转让有很大的区别,上市公司的股票转让可以通过场内交易、协议交易、要约收购等的方式完成。

7. 能够修改目标公司的章程。章程是公司的宪法,对股东、公司、董事、监事和高管均有约束力。根据公司法的有关规定,有限责任公司的章程应当载明股东的姓名或者名称、出资额、出资方式、出资期限等内容。因此,并购有限责任公司修改公司章程有两点意义:(1)确认并购方取得股东身份,并购方可以依法享受各项股东权利。如果不能通过修改章程将并购方载明为公司的股东,并购方的股东身份就没有法律和事实根据。(2)并购方可以通过修改目标公司章程的机会,调整目标公司的“二会一层”,安插自己的人进入目标公司。如果对有限责任公司进行股权并购,即使签订了股权转让协议或者增资协议,但是没有修改公司章程,并购交易就不确定,存在流产的可能性。

二、改组目标公司的“二会一层”

“二会一层”是指公司的董事会、监事会和高层管理人员。有限责任公司可以不设董事会,仅设一名执行董事;可以不设监事会,仅设一至二名监事。有限责任公司的高级管理人员包括哪些岗位一般由公司章程规定。有限责任公司董、监、高的产生办法公司法未作严格的规定，原则上由股东在公司章程中规定。从实务来看，有限责任公司的董、监、高的产生大致有委派和选举两种办法。委派是指在公司章程中按照各股东的持股比例将董、监、高的名额分配给各股东，然后由各股东根据分配的名额向公司出具委派书委派相关人士出任董、监、高。选举是指根据公司章程的规定按照各股东的持股比例分配董、监、高的提名权，各股东提名后经股东会选举通过任命。董事会是公司的行政首脑机构，负责召集股东会会议，贯彻执行股东会的决议，对公司各种重大事项提出方案报股东会批准等，是股东会控制公司、公司制衡股东会的重要枢纽。总经理及行政管理成员负责指挥、管理公司的日常生产经营活动，是公司的行政机构。监事会负责监督公司董事、高管执行公司事务不得违反法律、行政法规和公司章程。

在企业并购实务中，并购方不仅要取得目标公司的财产权，更要取得目标公司的控制权和监督权，故改组目标公司的“二会一层”势在必行。在公司中，人事权是股东控制公司、监督公司的重要方法，没有人事权只靠表决权对公司的控制是不可靠的。这一点就连不寻求控制目标公司的风险投资者、创业投资者甚至财务投资者都知道，更何况以控制目标公司为目的的企业并购了。在以受让股权方式并购有限责任公司的过程中，买卖股权的协议由并购方与出让方签订，而改组目标公司“二会一层”往往需要并购方与目标公司的存续股东协商，虽然股权出让方在其中会做一些工作，但由于出让方已经要出局，有时能力也非常有限。不过正像我们已经说过的那样，股权不仅包含财产权，还包括参与决策权和人事权，就此而论出让方应当保证并购方依原样享有出让方在目标公司“二会一层”中的人事权，否则可以视为出让方未能完全交付标的。这一点并购方在尽职调查之后、谈判之初就应当与出让方说清楚。当然如果并购方要增加或者减少“二会一层”的组成人员，或者调整分配给各股东的名额，就更需要目标公司存续股东的配合了。在有些情况下，并购方会把对目标公司“二会一层”的改组作为并购的先决条件之一提出来。如果是增资并购有限责任公司，公司的股东增加了，必然要改组目标公司的“二会一层”，并且重新分配委派名额或者提名权。

总之，股权并购有限责任公司，改组目标公司的“二会一层”，委派或者选举并购方的人进入相关岗位非常重要。

三、有限责任公司股权的作价规则

前文我们在讨论交易性增资时曾比较详细地说过有限责任公司的估值问题，

所不同的是在交易性增资的情况下,对目标公司的估值是为了换算增资方的出资额,而在受让股权并购的情况下,对目标公司的估值是为了确定股权的转让价格。无论是交易性增资还是受让股权并购都是交易,都需要遵循公允作价、等价交换的规则。以受让股权方式并购有限责任公司的项目中,股权的转让价格 = 目标公司的估值 × 转让的股权比例。比如,目标公司估值 2 亿元,并购的股权比例为目标公司全部股权的 60%,股权的转让价格为 1.2 亿元。当然这并不是说目标公司估值 2 亿元,每 1% 的股权价格就是 200 万元,从实务来看,并购的股权比例越高,价格越高,控股的股权和不控股的股权的价格一定会有差异。当然,我们在实务中也会遇到不从目标公司的实际情况出发,违反法律规定随意处分目标公司的资产和负债,甚至硬砍价的情况。脱离目标公司的实际情况去给股权作价,这种做法违反商业规则,往往最终不是交易不能成功,就是导致事后诉讼。在对有限责任公司进行增资并购中,增资的价格 = 并购方出资额 ÷ 投后目标公司估值(目标公司估值 + 增资者出资额)。请读者注意股权转让价格和增资价格的区别,股权转让价格通过目标公司(投前)估值来计算,增资价格通过目标公司投后估值来计算,在目标公司估值相同、并购方取得股权比例相同的情况下,两者的差异很大。

在对目标公司的估值问题上有几点需要注意:(1)要确定计价基准日,或者称评估基准日,就是计量目标公司资产总量和构成、负债总额和构成,乃至权益总量和构成的时日。目标公司是一个持续经营的经济组织,其资产构成和总量、负债构成和总额、权益构成和总额是不断变化的,为了准确计量必须确定一个时日,对目标公司各种计量信息全部采集该日,只有这样,计量才能准确,对目标公司的估值才能可靠。(2)资产要夯实。目标公司的资产越多,股权并购的价格就越高。资产是否实在,包括是否按照规定计提折旧、摊销、坏账准备和报废不良资产;债权资产占总资产的比重及债权资产的账龄和性质;闲置、待报废、技术落后、并购后无用的资产有多少等,这直接关系到目标公司的估值和并购成本。(3)负债要打足。目标公司的负债是目标公司未来的义务,直接构成并购后目标公司的义务。负债多目标公司的估值就会少,最怕的是在计量时将目标公司的负债遗漏了,这样被遗漏的负债就不能参加目标公司的估值,但其债权人仍会向目标公司主张权利,如此就会构成投资方的损失。(4)如果公司的规模较小,资产和负债量都不大,可以制成基准日目标公司资产、负债明确表,作为股权转让合同的附件,以资证明出让方承诺的加入估值的目标公司的资产总额及构成;出让方披露的加入估值的目标公司的负债总额和构成。(5)如果目标公司的规模比较大,最好聘请中介机构帮助评估作价，并要求评估单位准确列示、计量目标公司的资产和负债。

目标公司的估值关系到交易双方的直接利益，不按照规则办事不是使交易受挫就是交易后引发争诉。

四、影响企业估值的各种因素

企业估值固然由目标公司的资产总量和负债总额来决定，但是也受其他因素的影响。影响企业估值的因素比较多，归纳起来大致包括以下几点：

1. 企业的成长性。消费是买现在，投资是买未来。企业的成长性好，说明企业有良好的可预期的发展前景。对这种企业进行投资，成本低而未来会有巨额回报。因此，这类企业的股权、股票往往供不应求。所以企业的成长性如何对企业估值的影响比较大。

2. 企业所处的行业。企业的成长性取决于多项因素，其中最主要的是企业所处的行业。行业可以分为朝阳行业和夕阳行业，可以分为国家鼓励行业和限制发展行业。处于不同行业的企业，即使资产和负债相同，其企业估值也不会相同。每个投资者都会选择国家鼓励的朝阳企业进行投资，这类企业可以得到国家的税收、信贷、土地、财政方面的支持，自然其业绩好、成长性好、估值高。

3. 公司的盈利能力。对有限责任公司的并购主要目的是获取目标公司的利润，所以目标公司的预期利润如何，对目标公司的估值影响也最大。大家常说的市盈率估值方法就是根据目标公司未来的盈利额除以倍数来计算股权的转让价格。在企业并购中人们往往根据前几年的盈利额加调整系数预测未来的盈利额，运用未来的盈利额计算企业的估值。

4. 企业在行业中的地位。每个行业都有数家甚至多家企业，每个企业在行业中所处的地位各不相同，有的处于领导地位，技术先进，产品受欢迎，市场占有率高，产品或服务的附加值大，有较多的话语权；有的企业处于从属地位，技术差，产品质量差，靠低价销售产品生存。这些都会对企业的估值产生比较大的影响。

5. 行业整合窗口期。每个国家的每个行业都有一个整合问题，都有一个整合的窗口期。整合窗口期对企业的估值也有较大的影响，总体是一个馒头型，起初价格低，逐渐价格升高形成卖方市场，价格升至最高点之后逐渐下降，最后肯定会有企业被淘汰出局。

五、有限责任公司估值的方法

资产估值减去负债估值等于企业估值，因此，对企业资产的估值实际上决定了企业的估值。资产评估是对企业资产现行价值进行评定估算的一种专业活动,资产评估的方法按分析原理和技术路线的不同可以归纳为三种基本方法,即市场法、收益法和成本法。

1. 市场法。市场法是利用市场上同样或类似资产的近期交易价格,经过直接比较或类比分析以估测被评估资产价值的各种评估技术方法的总称。任何一个正常的投资者在购置某项资产时,他所愿意支付的价格不会高于市场上具有相同用途的替代品的现行市价。运用市场法要求充分利用类似资产成交价格信息,并以此为基础判断和估测被评估资产的价值。运用已被市场检验了的结论来评估被评估资产,显然是容易被交易各方当事人接受的。因此,市场法是资产评估中最有说服力的评估方法之一。

在市场法的情况下获得的是相类似的参照物价格,需要进行价格调整。参照物差异调整因素主要包括三个方面:一是时间因素,即参照物交易时间与被评估资产评估基准日相差时间所影响的被评估资产价格的差异;二是地域因素,即资产所在地区或地段条件对资产价格的影响差异;三是功能因素,即资产实体功能过剩和不足对价格的影响。市场法能够客观反映资产目前的市场情况,其评估的参数、指标直接从市场获得,评估值更能反映市场现实价格,评估结果易于被各方面理解和接受。但是市场法需要有公开活跃的市场作为基础,有时因缺少可对比数据而难以应用。这种方法不适用于专用机器设备、大部分的无形资产,以及受到地区、环境等严格限制的一些资产的评估。

2. 收益法。收益法是通过估测被评估资产未来预期收益的现值来判断资产价值的各种评估方法的总称。收益决定资产的价值,收益越高,资产的价值越大。一个理智的投资者在购置或投资于某一资产时,他所愿意支付或投资的货币数额不会高于他所购置或投资的资产在未来能给他带来的回报。资产的收益通常表现为一定时期内的收益流,而收益有时间价值,因此为了估算资产的现时价值,需要把未来一定时期内的收益折算为现值,这就是收益法。收益法主要取决于三个基本要素:一是被评估资产的预期收益;二是折现率或资本化率;三是被评估资产取得预期收益的持续时间。因此,能否清晰地把握上述三要素就成为能否运用收益法的基本前提。也就是说,应用收益法必须具备的前提条件:第一,被评估资产的未来预期收益可以预测并可以用货币衡量;第二,资产拥有者获得预期收益所承担的风险也可以预测并可以用货币衡量;第三,被评估资产预期获利年限可以预测。

收益法中对目标企业预期收益额预测难度较大,有较强的主观性并受未来不可预测因素的影响。因此这种方法一般适用于企业整体资产和可预测未来收益的单项资产评估。

3. 成本法。成本法是指首先估测被评估资产的重置成本,然后估测被评估资产业已存在的各种贬损因素,并将其从重置成本中予以扣除而得到被评估资产价值的各种评估方法的总称。在条件允许的情况下,任何一个潜在的投资者在决定投资某项资产时,他所愿意支付的价格不会超过购建该项资产的现行购建成本。如果投资对象并非全新,投资者所愿支付的价格会在投资对象全新的购建成本的基础上扣除资产的实体有形损耗;如果被评估资产存在功能和技术落后,投资者所愿支付的价格会在投资对象全新的购建成本的基础上扣除资产的功能性贬值;如果被评估资产及其产品面临市场困难和外力影响,投资者所愿支付的价格会在投资对象全新的购建成本的基础上扣除资产的经济性贬损因素。

成本法的运用涉及四个基本要素:资产的重置成本;资产的有形损耗;资产的功能性陈旧贬值;资产的经济性陈旧贬值。对单项资产的评估成本法更有优势。实际上哪种方法都有其局限性,实务中一般同时采用两种方法进行评估。

六、企业并购价格的类型及特点

无论是受让股权并购还是增资并购都有一个价格问题,而且是核心问题之一。受让股权的价格和增资的价格(取得单位股权的增资出资额)都构成并购方的交易成本,投资者的目的是将本求利,价格越高其风险越大。不过我们现在要说的不是价格的高低,而是价格的种类,每种类型价格的运行规则和特征。总结企业股权并购的实践,并购价格包括受让股权的价格和增资的价格大致可以分为三种类型:既定价格、生成价格和对赌价格。下面我们分别进行讨论。

1. 既定价格。既定价格是指根据目标公司截至计价基准日(评估基准日)资产、负债、权益等的信息,在评估的基础上通过谈判确定目标公司的估值,进而确定股权的转让价格或者增资的出资额,并将其固定于股权转让协议或者增资协议之中。说它是既定价格是因为这种价格固定在合同中,只要不出现合同约定的极特殊情况,价格不作调整,交易双方按照合同中确定的价格交割和结算。既定价格有以下特点:(1)根据目标公司截至计价基准日的信息确定目标公司的估值,只向前看不向后看,不考虑计价基准日以后目标公司的情况。(2)过渡期目标公司的损益归并购方受领。过渡期指目标公司计价基准日至股权交割日之间的期间,此期间也是目标公司的阵痛期,往往容易给并购方造成损失。(3)在多数情况下既定价格对卖方有利,对投资方相对不利。因为在既定价格的情况下,无论是股权的卖方还是目标公司的原股东,交易的价格都是既定的,交易是否公平是否符合预期自己是最清楚的,不会在交易确定后交易价格被迫降低。(4)既定价格更适合重资产的传统行业的并购,而不宜适用于轻资产的公司并购。(5)既定价格适合于规模小、资产溢价不大、估值简单的企业并购。(6)既定价格有简单、明了、易于履行的优点。(7)国有资产转让采用的就是既定价格。

2. 生成价格。生成价格是指交易双方在合同中约定一个初步价格,并约定从初步价格生成交易价格(结算价格)的机制,在目标公司管理权移交时根据合同中约定的初步价格、交易价格生成机制、目标公司管理权移交时的实际情况,对初步价格进行调整从而生成交易价格,并按照交易价格进行结算。采用生成价格进行交易的,必须在合同中明确约定价格生成的时间、条件、方法、原则、程序、救济方法等,也就是对价格生成机制作出详尽的、可行的、有效的救济方法的约定,否则可能使交易在中途受阻。受让股权并购可以采用生成价格,增资并购也可以采用生成价格。执行价格生成机制,使初步价格生成交易价格的可以是交易双方的专业人员,也可以是双方商定的中介机构,应当在股权转让合同中约定清楚。生成价格有以下特点:(1)价格生成的时间是目标公司管理权移交时,在合同生效时只有一个不是结算价格的初步价格;(2)最终的交易价格不仅取决于合同签订前目标公司的某些因素,还取决于合同签订后目标公司的某些因素;(3)生成价格目标公司在过渡期间的损益归卖方受领,过渡期间可能构成股权出让方的风险;(4)生成价格对并购方相对有利,而对股权出让方相对不利;(5)生成价格比既定价格更复杂,更不易履行;(6)生成价格比既定价格更能反映目标公司资产的实际情况。在采用生成价格的情况下,调整价格的要素各不相同,应当在合同中约定明确,比如有初步价格加目标公司现金减负债的,有初步价格加过渡期间利润减过渡期间亏损的等,应当在合同中明确约定。

3. 对赌价格。对赌价格是指根据被并购方的披露,交易双方在合同中约定一个目标公司的基础业绩,并根据基础业绩约定并购的基础价格,同时约定交易完成后目标公司一定期间的目标业绩,在考核业绩期限届满时根据目标公司的实际业绩情况来调整基础价格。如果目标公司的实际业绩好于目标业绩,则并购方补偿被并购方,如果目标公司的实际业绩劣于目标业绩,则被并购方补偿并购方。对赌价格不是赌,实际是一种根据目标公司的业绩调整目标公司估值的方法。对赌价格的基础业绩根据被并购方的披露生成,是并购基础价格的前提;对赌价格中的目标业绩根据目标公司的实际情况及行业发展形势,由交易双方商定;对赌价格中的实际业绩在对赌期限届满时根据目标公司的实际经营情况确定。对赌价格的对赌期间一般在三年,时间过短不能反映目标公司的真实经营情况,容易业绩造假,时间过长对双方的风险都大,受其他因素的影响大。适用对赌价格有两个条件:(1)目标公司的股东是目标公司的实际控制人或者主要管理者;(2)并购方继续使用目标公司的原股东(交易对方)管控目标公司。没有这两个条件,无法适用对赌价格。对赌价格主要适用于两种情形:(1)对轻资产公司的并购或者投资,因为这类公司的估值经常大大偏离其资产的价值,主要依赖于未来预期收益,需要用目标公司的未来收益保障估值;(2)跨行业并购和投资,因为这类投资和并购项目中,并购和投资方往往需要继续使用目标公司的原管理者,如何调动他们的积极性,如何使他们一心一意地为自己工作,对赌价格是个好方法。从某种角度说,对赌价格是股权激励在企业并购中的应用。

从企业并购的实践看,风投创投绝大多数使用对赌价格对外投资,企业并购也有使用对赌价格的。对赌价格跟谁赌,一方是受让股权者或者增资者,这没有问题,另一方呢?实务中有与股东赌的,有与目标公司赌的,有与股东和目标公司赌的。笔者认为,只能和目标公司的股东赌,不能和目标公司赌。受让股权并购只能与出让股权的目标公司股东赌,不能与目标公司赌,也不能与没有出让股权的目标公司股东赌;增资并购只能与目标公司的全体股东赌(当然全体股东同意由控股股东赌也可以),不能与目标公司赌。理由:(1)对赌价格仍属于价格的范畴,而价格只是交易双方之间的事情,原则上与非交易主体没有关系。在受让股权的情况下,交易双方是并购方和出让股权的目标公司股东,目标公司不是交易的主体,当然也不能成为对赌价格的主体,没有出让股权的目标公司股东也不是交易的主体,当然也不能成为对赌价格的主体。在增资并购的情况下,交易主体是目标公司的原全体股东与增资者,目标公司不是交易的主体,当然也不能成为对赌价格的主体。(2)在受让股权并购的情况下,只有出让股权的股东是基础价格的受领者、受益者(该股东可能出让股权后退出了公司),由股权受让者与目标公司没有出让股权的股东对赌,权责不统一,对没有出让股权的股东不公平。(3)在受让股权并购的情况下,目标公司也不是基础价格的受领者和受益者,由股权受让者与目标公司对赌,不仅权责不统一,对没有出让股权的股东不公平,而且会出现受让股权的股东获益走人,由公司承担对赌责任的结果,构成对公司债权人利益的损害。(4)在增资并购的情况下,从表面上看好像目标公司是交易的主体,实则不然,目标公司只是作为股东财产的受托经营者接收股东出资的财产,交易的主体是增资者和目标公司的原股东,目标公司的原股东才是基础价格的领受者和受益者,对赌价格只能调节他们两者之间利益关系。对赌价格是根据目标公司的业绩调整目标公司的估值,根据目标公司的估值调整基础价格,通过对基础价格的调整形成双方之间的最终交易价格,因此,对赌价格只能在交易主体即基础价格的主体之间施行。《全国法院民商事审判工作会议纪要》(以下简称《九民纪要》)没有根本否定公司作为对赌的主体,但是强调只能用公司可分配利润或者减资来支付补偿款,已经接近上述分析,因为可分配利润和减资对价都是股东暂时保存在公司的"财产"。在受让股权并购的情况下,如果我们接受出让股权的个别股东通过基础价格受益,让其他股东、公司、公司债权人担责;在增资并购的情况下,如果我们接受目标公司的原股东通过基础价格受益,让公司、公司的债权人去担责;势必损害公司企业制度的基石。

对赌价格中双方赌的指标可以是业绩指标,包括营业额指标、利润指标;也可以是能否在规定期限内上市;还可以是其他指标。不管什么都应当在合同中约定清楚,赌业绩指标的还要明确业绩指标的生成方法,比如是对赌双方审核还是聘请第三方审核。还有非常重要的一点需要明确,就是在增资并购实行对赌价格的情况下,增资出资是一种权益性投资行为,不需要、也不能为投资方的出资额设立担保;但是兑现对赌价格,无论是现金补偿、还是股权补偿是可以设立担保的,因为这时双方之间要解决的不是投资关系,而是纯粹的合同关系。比较既定价格、生成价格、对赌价格三种价格体系看,对赌价格对并购方最有利,次之为生成价格,最不利的是既定价格,反之则相反。为了帮助读者理解股权并购的三种价格体系,我们绘图如下(见图 12-1-1):

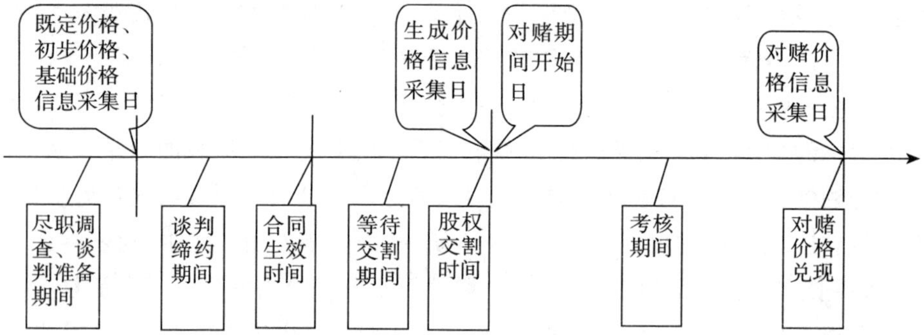

图 12-1-1 股权并购的三种价格体系

七、哪些股权应当评估作价

评估是作价的一种技术手段,有时也在一定程度上代表公权力实施监督的职能。从法律原则上价格是当事人自己的事情,由当事人意思自治,在交易中是否借助评估手段帮助定价，是当事人自己的事情，法律不宜强加干预。但是涉及下列的股权交易，通过评估定价是法律的强制性规定，但并非效力上的强制性规定。

1. 国有资产、国有产权或者含有国有产权的股权出让应当进行评估，评估报告报国资管理机关或者一级企业批准后为有效评估，以有效评估的价格为底价挂牌出让；

2. 在混改中，国有独资企业、国有控股企业、国有参股企业接受外部投资者增资的，应当对融资企业进行评估，评估报告经国资部门或者一级企业批准后，以评估价为底价通过竞价选择增资者；

3. 国有企业、国有独资公司、国有控股公司、国有参股公司收购股权、资产必须对标的资产或者股权进行评估，评估报告报国资主管部门或者一级企业核准后，以评估价格为上限签订合同；

4. 非货币出资，包括增资并购方以非货币财产向目标公司增资应当评估作价，出资额不得高于评估价格；

5. 上市公司资产重组包括收购和出让需要进行评估，构成重大资产重组的要披露评估结果；

6. 外资并购境内企业需要评估作价。

八、税务机关对转让股权价格的监管

股权转让价格不仅涉及交易双方的利益，也影响卖方的纳税义务，所以股权转让价格也受到税务机关的监管。如果税务机关认为股权出让方申报的价格偏离了市场价值，构成逃避纳税义务，有权进行纳税调整，要求股权出让方按照调整后的股权转让价格缴纳税款。增资的价格也关系到双方的利益，但是因为增资的价格不直接涉及纳税问题，所以税务机关对增资价格的监管比较少。

那么，税务机关以什么为尺度来判断股权转让价格是否真实，以什么为尺度对不真实的股权转让价格进行纳税调整呢？税务机关使用的尺度如下：

1. 转让价格不能低于目标公司法定账目中净资产的总额乘以转让的股权比例。比如，目标公司资产总额 2 亿元，负债总额 1 亿元，净资产也称股东权益就是 1 亿元，转让 50% 股权的价格就不能低于 0.5 亿元。如果目标公司资产中包括土地使用权、房屋建筑物、采矿权、自然资源使用权、专利权等，转让价格就得高于 0.5 亿元。这是一个简单明了、比较公平的判断尺度。

2. 参考同一目标公司股权转让的价格。如果同一目标公司的股权最近也有出让的情况，如果本次出让的股权的单位价格比此前出让股权的单位价格低，又不能给出合理的解释和说明,税务机关可能会对转让价格进行纳税调整。但是有限责任公司股权转让的频次比较低,这种尺度的适用也比较少。

3. 参考与目标公司处于同一行业且业绩和规模相近的公司的股权转让价格。

以上是税务机关评判股权转让价格是否真实的三个尺度,也是当事人评判股权转让价格是否合理的三把尺子。如果股权转让价格严重偏离上述三个尺度,就很可能遭遇税务机关的纳税调整,按照税务机关的规定缴纳税款。不过如果不是企业并购,而是因为实施股权激励向受激励的员工转让股权,则允许低价转让,不适用上述三个尺度。

九、增资并购中的资本充实原则

在本书的第三章我们讨论了交易性增资和非交易性增资,并且讨论了交易性增资的等价交换规则、资本配比规则、多数决和分别决问题。增资并购从本质上说就是交易性增资,只要交易性增资达到增资者控制融资公司的程度就是增资并购,或者说增资并购是以控制目标公司为目的的交易性增资。现在我们来讨论增资并购中的资本充实原则。

资本充实原则是公司资本三原则之一,意在公司从生到死的全过程中必须维持一定的资本额,以保持股东有限责任和债权人利益的平衡。资本充实原则在资本招募及购买上表现为股份的发行价格应当高于或者等于股本额,不能低于股本额,因为低于股本额会导致实际资本少于名义资本,会损害公司债权人的利益。我们经常会说上市公司发行股票可以溢价和平价,不可以折价,就是这个意思。对此《公司法》第一百二十七条规定,股票发行价格可以按票面金额,也可以超过票面金额,但不得低于票面金额。

有限责任公司有没有发股价格问题呢?有。只不过我们不叫股票的发行价格,而称为增资价格,即增资者的出资额与其获得目标公司股权的对应关系,如果增资者的出资额少,获得目标公司的股权多,我们就说增资价格便宜,反之我们就说增资价格贵。那么,有限责任公司的增资价格有没有溢价、平价和折价问题呢?也有。只不过表现形式与上市公司有所不同,上市公司的资本分成若干相等的份额,每一份额叫一股,每一股的股本多少是固定的,公开的,所以是溢价、平价还是折价一目了然。而有限责任公司不同,它的资本不分份额,统统放在一起,按照比例表示股东持股的多少,也没有每一份额股权的资本金额问题,所以增资价格(或者说发行股权的价格)到底是溢价、平价还是折价,总有点雾里看花的味道。但是只要我们潜心探究,还是可以找出其判别根据的。

在有限责任公司成立融资的时候,股东的全部出资都确认为公司的实收资本,没有资本公积金发生,这说明公司是平价发行的股权,或者说股东是以平价向公司履行的出资义务。比如,甲股东出资 100 万元,持有公司 10% 的股权,全公司的注册资本 1000 万元。在股东以平价向公司出资的情况下,其出资额全部确认为实收资本;在股东以溢价向公司出资的情况下,相当于平价的出资部分确认为实收资本,超出平价的部分为溢价,全部确认为公司的资本公积。如此说来,在有限责任公司设立时,股东基本都是以平价向公司履行出资义务的。在有限责任公司非交易性增资的情况下,股东也基本是以平价向公司履行出资义务的,股东的出资额全部确认为公司的实收资本,不产生资本公积金,股东的持股比例不变。在有限责任公司交易性增资的情况下,情况有所不同。由于是交易性增资,必须遵循等价交换的规则,要根据目标公司的估值和增资者投后的持股比例来换算增资者的出资额。如果目标公司的估值大于目标公司的实收资本,就要求增资者以溢价向公司出资,比如公司注册资本 100 万元,估值 200 万元,增资者投后持股比例为 50%,如此,增资者需出资 200 万元。增资者的增资价格比目标公司原股东的出资价格高出一倍,原股东出资 100 万元,现持有 50% 的股权,增资者出资 200 万元,也持有 50% 的股权,其中 100 万元确认为公司的资本公积金。由此可见,在等价交换规则的规范下,凡是目标公司的估值大于实收资本的,即为溢价增资,增资出资后目标公司会有资本公积金发生。如果目标公司的估值等于目标公司的实收资本,就要求增资者以平价向公司履行增资出资义务,比如公司注册资本 100 万元,估值 100 万元,增资者投后持股比例为 50%,如此,增资者需出资 100 万元。增资者的增资价格与目标公司原股东的出资价格相等,原股东出资 100 万元,现持有 50% 的股权,增资者出资 100 万元,也持有 50% 的股权,而且 100 万元全部确认为公司的实收资本。由此可见,在等价交换规则的规范下,凡是目标公司的估值等于实收资本的,即为平价增资,增资出资后目标公司不会有资本公积金发生。如果目标公司的估值小于目标公司的实收资本,比如公司注册资本 100 万元,估值 50 万元,增资者投后持股比例为 50%,按照等价交换的规则增资者应当出资 50 万元,可是即使将 50 万元出资全部确认为公司的实收资本,原股东出资 100 万元,新股东出资 50 万元,无论如何也无法实现各持股 50% 的目标,因那样做就违背了资本配比的规则。原因何在呢?为什么在第三种情况下,遵守了等价交换的规则就违背了资本配比的原则,遵守了资本配比的原则就违背了等价交换的原则?答案是违反了资本充实原则,构成了折价增资。

综上所述,我们得出这样的定律,在交易性增资包括增资并购的情况下,凡是目标公司的估值大于实收资本的,增资价格皆为溢价,公司会有资本公积金产生;凡是目标公司的估值等于实收资本的,增资价格皆为平价,公司不会有资本公积金产生;凡是目标公司估值小于实收资本的,皆构成折价增资。

十、破解折价增资的两种方法

通过上面的分析我们知道,在增资并购的情况下,凡是目标公司的估值小于实收资本的皆构成折价增资,违反公司资本充实的原则。那么,面对这种情况增资并购还能不能进行呢?有没有什么办法破解增资并购的这个难题呢?这就是我们现在要讨论的问题。

在增资并购的实践中,我们经常会遇到目标公司因亏损估值低于注册资本的情况,笔者就曾遇到过两次,而且是采取两种不同方法解决的,现在分享给读者。一次是在贵州省,目标公司是一家国有企业,大致情况是实收资本 6000 万元,估值 3000 万元,并购方投后持股比例为 90%。双方都同意投资方出资 27000 万元,投后持股 90%,可是公司章程没有办法写。增资要修改公司章程,增加股东和资本,原股东出资 6000 万元持股 10%,新股东出资 27000 万元,持股 90%,实际是违反了资本充实原则,构成了折价增资。后来目标公司进行名义减资(什么是名义减资将在第四编讨论),将公司的注册资本、实收资本全部减到 3000 万元,而公司的资产没有减少,负债没有增加,估值还是 3000 万元。减资完成后目标公司的估值等于实收资本,增资价格为平价,公司章程修改为原股东出资 3000 万元持股 10%,增资者出资 27000 万元,持股 90%,并购交易顺利完成。这是通过名义减资的方法完成的一次特殊情况下的增资并购。

另一次是在天津市,情况大致是目标公司注册资本、实收资本 1000 万元,因亏损严重估值仅为 500 万元,投资者投后持股为 50%,各方同意投资者出资 500 万元。为了实现交易,在签订增资协议的同时,签订一份股权转让协议,由目标公司的原股东以 1 元的价格将增资前目标公司的股权转让给投资者 25%。如此,原股东原出资 1000 万元,出让 25%,剩余 750 万元的出资;新股东从原股东受让 250 万元的出资,新增出资 500 万元,新老股东各出资 750 万元,各持有投后目标公司 50% 的股权。

两种方法各有特点,第一种方法耗时较长,适合于目标公司为体制内的公司;第二种方法需要的时间较短,但只适合于目标公司为非体制内的企业。这两种方法笔者也只是各适用过一次,虽然都成功了但建议读者谨慎效仿。受让股权并购不涉及目标公司增资问题,故也不适用资本充实原则,股权转让价格与公司资本不发生关系。

十一、以受让空股方式进行并购

空股是指股东认缴尚未缴付出资的股权。公司资本制度改为完全认缴制之后，中小公司的空股比较多，在受让股权并购中也经常遇到空股问题。现在我们讨论通过受让空股并购有限责任公司问题。

从实践中看，空股大致有四种：(1)守约空股，是指公司章程规定的资本缴付期限尚未届满的空股；(2)违约空股，是指公司章程规定的出资期限已经届满，但股东仍没有出资的空股；(3)有权空股，是指持有空股的股东与其他股东一样按照股权比例享有股东权利；(4)无权空股，是指持有空股的股东的权利受到限制的股权。这四种空股往往是交叉的，比如守约空股也是有权空股，违约空股也是无权空股，但是也可以出现违约有权空股和守约无权空股。是什么样的空股应当在尽职调查中查明。一般而言，守约有权空股可以受让，违约无权空股不能受让，违约有权空股应当谨慎受让。通过受让守约有权股权的方法也可以实现控制目标公司的目的，因此，投资公司也可以通过受让目标公司守约有权空股的方法实现股权并购有限责任公司。

关于空股的价值及作价问题我们在本书第四章中曾有过讨论，这里我们再简单地复习一下。空股的价值可以是正，也可以是负，还可以是零，完全依据公司的经营结果和估值来确定。空股的价值是正还是负，可以用这个公式来检验，空股的价值 = 目标公司的估值 - 目标公司的实收资本。如果计算结果是正，说明空股有价值可以作价转让；如果计算结果是零，可以接受零价转让；如果计算结果是负的，不可以转让。比如，某公司注册资本 1000 万元，实收资本 500 万元，估值 600 万元，空股的价值为正，可以转让；如果估值 200 万元，空股的价值为负，不能转让。空股的转让价格分为两种情况，由出让方履行转让空股项下出资义务的转让价格和由受让方履行转让空股项下出资义务的转让价格。

由出让方履行转让空股项下出资义务的，空股转让价格 = 目标公司投前估值 + 空股项下的出资义务 = 投后估值 × 转让空股占目标公司全部注册资本的比例。比如，目标公司注册资本 2000 万元，实收资本 1000 万元，估值 5000 万元，全部空股的价值为 4000 万元(5000 万元 - 1000 万元)。如果收购目标公司 50% 的股权，即全部空股，转让价格 = (5000 万元 + 1000 万元) × 50%，1000 万元空股的转让价格为 3000 万元。出让方收得空股转让价款后，向公司出资 1000 万元，2000 万元为转让空股的所得。受让方为并购目标公司支付股权转让价款 3000 万元，目标公司投后估值 6000 万元，并购方持有 50% 的股权，交易公允。在这个例子中,如果受让方不是受让目标公司50%的股权,而是受让25%的股权,即500万元的空股。空股的转让价格 =(5000万元 + 1000万元)×25%,500万元空股的转让价格为1500万元。出让方收得空股转让价款后,为受让方向公司出资500万元(同时为自己向公司缴付出资500万元,因为并购方已经100%缴付出资,原股东也要100%缴付出资),1000万元为转让空股的所得。受让方为并购目标公司支付股权转让价款1500万元,目标公司投后估值6000万元,并购方持有25%的股权,交易公允。

并购方自己履行受让空股项下的出资义务,空股转让价格 =(目标公司投前估值 - 投资前实收资本)×转让空股目标公司全部注册资本的比例。比如,目标公司注册资本2000万元,实收资本1000万元,估值5000万元。如果收购目标公司50%的股权,即全部空股,空股项下1000万元的出资义务由受让方缴付,转让价格 =(5000万元 - 1000万元)×50%,1000万元空股的转让价格为2000万元。并购方需要出让方支付空股转让价款2000万元,并向公司缴付出资1000万元,共计支出3000万元。受让方为并购目标公司共计支付3000万元,目标公司投后估值6000万元,并购方持有50%的股权,交易公允。在这个例子中,如果受让方不是受让目标公司50%的股权,而是受让25%的股权,即500万元的空股,仍由受让方履行受让空股项下的出资义务。空股的转让价格 =(5000万元 - 1000万元)×25%,500万元空股的转让价格为1000万元。受让方为并购目标公司支付股权转让价款1000万元,向目标公司出资500万元,共计支出1500万元。目标公司投后估值6000万元(受让方向公司出资500万元。同时出让方也为自己向公司缴付出资500万元,因为并购方已经100%缴付出资,原股东也要100%缴付出资),并购方持有25%的股权,交易公允。

投资公司通过受让空股并购有限责任公司时,应当注意以下问题:(1)稳妥约定空股项下的出资义务。空股是尚未履行出资义务的股权,也可以说是一种附义务的权利,是以未来履行特定义务为假设前提的一种权利。因此,在这种权利的转让过程必须对义务的履行作出约定,否则根据《公司法解释(三)》第十八条第一款的规定,有限责任公司的股东未履行或者未全面履行出资义务即转让股权,受让人对此知道或者应当知道,公司请求该股东履行出资义务、受让人对此承担连带责任的,人民法院应予支持;公司债权人依照本规定第十三条第二款向该股东提起诉讼,同时请求前述受让人对此承担连带责任的,人民法院应予支持。从交易的安全性出发,以选择由并购方自己缴纳空股项下的出资为宜,因为这样做,比依靠别人的诚信来保证自己的交易安全得多。(2)空股项下的出资义务不能完全由股权转让协议来确定，主要依据是公司章程，所以当出让方和并购方讨论和最终确定空股项下的出资义务时，一定要考虑公司章程是怎样规定的，必要时要修改公司章程的相关内容。一般而言，即使公司章程规定的空股项下的出资义务期限还有很长时间，也要通过修改章程将出资期限提前至近期，否则出让空股就没有什么意义了。(3)如果约定空股的受让方在受让空股之后立即缴付空股项下的全部出资，并购方也要同时要求其他持股空股的股东同时缴付其所持空股项下的全部出资。如果约定受让空股的并购方部分缴纳空股项下的出资，同时也可以约定其他持有空股的股东部分缴纳空股项下的出资。总之，一个公司的股东要作到空股对空股，实股对实股，大家利益风险均等。

十二、受让股权项目空股的其他处理方法

在以受让股权方式并购企业过程中，除可以通过受让空股的方式并购目标公司外，还可以通过其他方法处理目标公司的空股，唯以实际情况及可行性、节约性、安全性为要。除受让目标公司空股并购目标公司外，还可以采取以下方法处理目标公司的空股：

1. 通过目标公司减资的方法处理目标公司的空股。通过目标公司减资的方法处理空股就是指目标公司通过减资的法定程序把公司股东认缴尚未实缴的注册资本去掉，使公司的注册资本等于公司的实收资本。这种方法适用于目标公司有实股即有实收资本的情形，不适用目标公司全部为认缴资本，没有实收资本的情形。由于减资针对的是股东认缴未缴的资本，所以这种减资在多数情况下应当是名义减资，即虽然公司注册资本减少了，但公司的估值不会降低(在本书第四编将做详细的讨论)。通过减资之后，目标公司就只有实股而没有空股了，这样并购方就可与目标公司的股东进行正常的股权交易实现并购目标了。

2. 在受让目标公司实股的同时受让目标公司的空股。这个方法就是并购方按照目标公司并购前实股和空股的比例，同时受让目标公司的空股和实股，可以受让全部实股和空股，也可以部分受让实股和空股。采用这种方法要注意各股东空股和实股的比例，实现实股对实股，空股对空股，全体股东的责任和机会均等。比如，甲公司注册资本2000万元，A和B各认缴1000万元，实收资本1000万元，A和B各实缴500万元，公司章程规定2025年12月前A和B分别再缴付500万元出资。C拟对甲公司并购，经协商各方同意并购后C持有甲公司50%的股权，A和B分别被稀释25%。如此，C和A、B签订股权转让协议，分别受让A和B各自持有的250万元实股及250万元空股。股权转让完成后，C持有500万元的

实股和500万元的空股,持股比例为50%;A和B分别持有250万元的实股和250万元的空股,各持股25%。

这种方法的好处是并购方和目标公司的各股东都可以均等地享有空股出资期限届满前的期间利益,不必因并购方履行出资义务也要求目标公司的其他股东同时履行出资义务,原则上不用修改公司章程中规定的出资期限。

3. 在受让实股的同时认缴空股。这种方法就是并购方在受让目标公司的实股的同时,向目标公司追加认缴出资,实现股东之间实股对实股,空股对空股的资本结构。这种方法不仅会使并购方成为目标公司的股东,还会增加目标公司的注册资本。比如,A是甲公司的唯一股东,甲公司注册资本2000万元,实收资本1000万元。B拟以受让股权方式并购甲公司,通过与A协商一致同意,并购后B持有甲公司70%的股权,A的持股比例稀释为30%。为此,双方同意A将1000万元的实股向B转让700万元的,同时B向目标公司增资2333万元。并购完成后,目标公司注册资本4333万元,实收资本1000万元,其中A持有300万元,B持有700万元,双方3:7;认缴未缴的注册资本3333万元,其中A认缴1000万元,B认缴2333万元,双方3:7。

这种方法主要适用于目标公司未来有资金的需求,股东有缴付出资的能力。

十三、增资并购中如何处理空股

上文讨论的是通过受让空股的方式并购有限责任公司及在受让股权方式并购有限责任公司时,如何处理目标公司的空股,现在我们讨论在增资并购的情况下,如何处理目标公司的空股问题。

在目标公司有空股或者完全是空股的情况下,对目标公司进行增资或者增资并购,应当注意并购处理好以下问题:

1. 不宜同意增资者完全认缴不实缴。目标公司之所以同意外部投资者或者公司的个别股东向公司增资,改变公司的股权结构,就是为了解决公司对资金的需求,如果同意外部投资者或者个别股东只认缴不实缴就成为公司的控股股东,颇有“偷鸡不成蚀把米”的感觉。

2. 如果目标公司的原股东是既有实股又有空股的情况,即目标公司有实收资本但金额小于注册资本,宜于安排增资者也按照比例处理增资额的认缴和实缴。比如,目标公司的注册资本1000万元,实收资本为500万元,认缴和实缴是2:1的关系,最好增资者的增资额中认缴金额和实缴金额的比例也是2:1的关系。

3. 在增资过程中实缴部分受公司资本充实规则的规限,可以溢价或者平价,但不能折价，但是认缴部分只能平价，不宜溢价不能折价，而且认缴部分应当与目标公司原股东享有同等的条件和待遇。比如，目标公司股东为甲，甲认缴资本1000万元，已经实缴资本500万元，另500万元三年后缴付。乙拟以增资方式并购目标公司，甲、乙协商同意公司估值1000万元，乙增资后持有目标公司50%的股权。如此，按照等价交换的规则乙应当向目标公司认缴注册资本1000万元，并立即向目标公司交付出资款1000万元，其中500万元确认为公司的实收资本，500万元确认为公司的资本公积金，另外500万元认缴未缴的出资与甲一样，在三年期限届满时向公司平价出资500万元。如此，乙投后目标公司资本的情况为：注册资本2000万元，甲、乙各认缴1000万元，各持股50%；实收资本1000万元，其中甲实缴500万元，乙实缴500万元；资本公积金500万元，由甲、乙按照股权比例分享；认缴未缴出资1000万元，甲、乙双方各负500万元的出资义务。

4. 在增资并购中也可以用减资的方法消灭目标公司的空股，然后再由增资者向目标公司实缴增资出资。

十四、股权并购如何应对代持股权

代持股权是指实际出资人安排他人以该他人的名义进行投资，将该他人登记为公司的股东，由实际出资人享受投资利益的一种股权。实际出资人是资本的实际所有者，是投资利益的真正享有者，也称为隐名股东；被登记为股东的人，也称为显名股东或者登记股东。在民营企业或者中小企业股权代持的情况比较多。我国法律最早于2010年年底开始正视股权代持问题，在《公司法解释(三)》第二十四条中明确规定，有限责任公司的实际出资人与名义出资人订立合同，约定由实际出资人出资并享有投资权益，以名义出资人为名义股东，实际出资人与名义股东对该合同效力发生争议的，如无《合同法》第五十二条规定的情形，人民法院应当认定该合同有效。前款规定的实际出资人与名义股东因投资权益的归属发生争议，实际出资人以其实际履行了出资义务为由向名义股东主张权利的，人民法院应予支持。名义股东以公司股东名册记载、公司登记机关登记为由否认实际出资人权利的，人民法院不予支持。实际出资人未经公司其他股东半数以上同意，请求公司变更股东、签发出资证明书、记载于股东名册、记载于公司章程并办理公司登记机关登记的，人民法院不予支持。

在企业股权并购过程中，应当查明标的股权是否为代持股权。即使股权出让方否认存在股权代持现象，并购方也未查到存在代持股权问题，也应当在并购协议中要求出让方作出出让股权非代持股权的承诺。对于出让方承诺为代持股权

的,或者受让的股权中存在部分代持股权的,建议采取以下方法进行处理:

1. 要求实际出资人和名义股东之间首先将代持股权还原。即要求实际出资人与名义股东之间签订代持股权转让(还原)协议,公司的其他股东放弃优先购买权,并同意将实际出资人登记为公司的股东,同时完成公司章程修改和工商变更登记,然后再与还原后的真正的股东签订股权转让合同。之所以要求先还原,是因为如果不还原,并购方就只能与名义股东签订股权转让协议,而根据《公司法解释(三)》第二十五条第一款的规定,名义股东将登记于其名下的股权转让、质押或者以其他方式处分,实际出资人以其对于股权享有实际权利为由,请求认定处分股权行为无效的,人民法院可以参照《物权法》第一百零六条(现为《民法典》第三百一十一条)的规定处理。由此,如果并购方与名义股东签订股权转让合同,并不能保证并购方能够取得受让的股权。

2. 由实际出资人向股权代持人出具有效转让代持股权的授权委托书。在有些情况下,还原代持股权可能受到公司、股东方面的障碍无法实现或者一时无法实现。在这种情况下,由实际出资人向股权代持人出具一份有效的授权委托书,授权其全权代表自己转让代持的股权,也是一个可以考虑的方法。这样做只要公司的其他股东对转让股权不行使优先购买权,就绕开了股权还原的障碍和烦琐程序,直接受让取得了股权。

十五、股权并购如何应对抽逃出资

《公司法》第三十五条规定,公司成立后,股东不得抽逃出资。《公司法解释(三)》第十二条规定,公司成立后,公司、股东或者公司债权人以相关股东的行为符合下列情形之一且损害公司权益为由,请求认定该股东抽逃出资的,人民法院应予支持:(1)制作虚假财务会计报表虚增利润进行分配;(2)通过虚构债权债务关系将其出资转出;(3)利用关联交易将出资转出;(4)其他未经法定程序将出资抽回的行为。《公司法解释(三)》第十四条规定,股东抽逃出资,公司或者其他股东请求其向公司返还出资本息、协助抽逃出资的其他股东、董事、高级管理人员或者实际控制人对此承担连带责任的,人民法院应予支持。公司债权人请求抽逃出资的股东在抽逃出资本息范围内对公司债务不能清偿的部分承担补充赔偿责任、协助抽逃出资的其他股东、董事、高级管理人员或者实际控制人对此承担连带责任的,人民法院应予支持。据此,在企业股权并购中,如果并购方受让了目标公司股东已经抽逃出资的股权,或者以增资方式加入了股东抽逃出资的目标公司,都可能给投资方带来巨大的风险。

投资方应当在尽职调查中查明出让股权的股东或者目标公司的其他股东是否存在抽逃出资的情况，并采取相应的对策。即使没有查到构成股东抽逃出资的情形，也应当在股权并购协议中要求交易对方承诺没有抽逃出资。对发现有可能构成抽逃出资或者构成抽逃出资的情形，应当采取以下方法应对：

1. 要求抽逃出资的股东返还抽逃出资的本息，否则不并购目标公司。抽逃出资不仅是一种违法行为，也是一种损害公司债权人利益的行为，还会使目标公司的估值率高，之所以叫抽逃，原因之一就是从表面上看（公司财务账上）股东出资的资本仍在，而实际上其资产已经因非经营原因游离出了公司。如此的情形在目标公司的估值过程中，会使资产的影子被当作资产估值，使目标公司估值率高，危害并购方的利益。只有抽逃的出资的本息全部返还给了公司，并且抽逃者与公司的其他股东达成了书面谅解，并购方才可以受让股权或者向目标公司增资。

2. 在特殊情况下（比如抽逃出资的股东确实没有能力返还抽逃的出资），如果抽逃出资的股东、并购方能够与目标公司的全体股东达成书面谅解，同意在受让股权的公司章程修改及工商变更登记完成后的一个合理期间内，由并购方补缴抽逃的出资也可以并购。

如果不能实施上述两种方法之一，或者有其他情形，比如目标公司已经向抽逃出资的股东发函要求立即返还抽逃出资，目标公司已经通过限制抽逃出资股东的权利或者作出解除抽逃出资股东的资格的决议等，原则上不能受让该股权。目标公司其他股东有抽逃出资的情形，能不能受让股权并购，目标公司的股东有抽逃出资的情形，能不能增资并购，都应当十分谨慎地作出判断。

十六、股权并购如何应对出资违约

股东出资违约包括股东没有如约履行出资义务和履行出资义务不符合约定两种情形。《公司法》第二十七条第二款规定，对作为出资的非货币财产应当评估作价，核实财产，不得高估或者低估作价。法律、行政法规对评估作价有规定的，从其规定。《公司法》第二十八条规定，股东应当按期足额缴纳公司章程中规定的各自所认缴的出资额。股东以货币出资的，应当将货币出资足额存入有限责任公司在银行开设的账户；以非货币财产出资的，应当依法办理其财产权的转移手续。股东不按照前款规定缴纳出资的，除应当向公司足额缴纳外，还应当向已按期足额缴纳出资的股东承担违约责任。《公司法》第三十条规定，有限责任公司成立后，发现作为设立公司出资的非货币财产的实际价额显著低于公司章程所定价额的，应当由交付该出资的股东补足其差额；公司设立时的其他股东承担连带责任。

《公司法解释(三)》第十三条第一款、第二款规定,股东未履行或者未全面履行出资义务,公司或者其他股东请求其向公司依法全面履行出资义务的,人民法院应予支持。公司债权人请求未履行或者未全面履行出资义务的股东在未出资本息范围内对公司债务不能清偿的部分承担补充赔偿责任的,人民法院应予支持。股东出资违约的情形非常多,股东出资违约的情形很大,具有平时不说、一旦纠纷抓住不放的特点。常见的出资违约情形有:没按照章程规定的期限缴付出资;履行出资义务的金额没有达到章程规定的金额;以应当过户的非货币财产出资未能过户;以应当交付的非货币财产出资交付不符合章程的规定,等等。并购方应当在尽职调查中查明出让方及目标公司的其他股东是否有出资违约的情况。对没有发现出资违约的,应当在有关并购协议中要求交易对方作出有关的承诺。对查明存在出资违约的,在受让股权并购中应当要求出让方或者目标公司的其他股东补正,在补正后方能受让股权;在增资并购中应当要求目标公司的原股东补正,在补正后才能增资。《公司法解释(三)》第十八条第一款规定,有限责任公司的股东未履行或者未全面履行出资义务即转让股权,受让人对此知道或者应当知道,公司请求该股东履行出资义务、受让人对此承担连带责任的,人民法院应予支持;公司债权人依照本规定第十三条第二款向该股东提起诉讼,同时请求前述受让人对此承担连带责任的,人民法院应予支持。综上所述,如果并购方受让的股权存在出让方出资违约的情形,或者并购方增资加入的公司存在股东出资违约的情形,可能给并购方带来巨大的风险。

十七、并购方取得股权的形式要件

并购方取得并购股权的形式要件直接关系到并购方能否有效的行使股东权利,也关系到并购交易是否完成及交易结果的可靠性。《公司法》第三十一条规定,有限责任公司成立后,应当向股东签发出资证明书。出资证明书应当载明下列事项;(1)公司名称;(2)公司成立日期;(3)公司注册资本;(4)股东的姓名或者名称、缴纳的出资额和出资日期;(5)出资证明书的编号和核发日期。出资证明书由公司盖章。《公司法》第三十二条规定,有限责任公司应当置备股东名册,记载下列事项:(1)股东的姓名或者名称及住所;(2)股东的出资额;(3)出资证明书编号。记载于股东名册的股东,可以依股东名册主张行使股东权利。公司应当将股东的姓名或者名称向公司登记机关登记;登记事项发生变更的,应当办理变更登记。未经登记或者变更登记的,不得对抗第三人。由此可见,并购方要想取得股东实现并购目标,单有股转协议和增资协议不行,还必须由公司将并购方载入股东名册。从实务来看,有限责任公司单独置备股东名册的很少,绝大多数是在公司章程中载明股东的姓名或者名称及持股比例。因此,并购方要想行使股东权利,必须完成对目标公司章程的修改,否则并购合同将无法得到执行。因为股权转让协议不单单是一个买卖合同,还是通过一个股权买卖合同使股权的出让方退出原股东之间的共同投资关系,使股权的受让方加入共同投资关系。只有股权买卖合同没有对目标公司章程的修改,说明目标公司的其他股东尚未同意并购方加入共同投资关系和共同财产委托经营关系。而增资并购是投资方直接加入目标公司,更需要目标公司的原股东与并购方就公司章程的修改达成一致。如果双方未签订目标公司章程修正案,说明双方还未就并购方加入共同投资关系和共同委托关系完全达成一致。

签订股权转让协议或者增资协议,并且签订了目标公司公司章程修正案,股东可以在公司内部行使股东权利,但是权利还没有对外公示,还未能对抗善意第三人,股权的取得尚不够稳定。并购方要想使自己的权利处于稳定的状态,还必须完成目标公司股东及股权比例变更的工商登记和有关备案,只有完成这一步骤,并购方取得的股权才算是稳定的,并购项目的核心事项才算完成。《公司法解释(三)》第二十三条规定,当事人依法履行出资义务或者依法继受取得股权后,公司未根据《公司法》第三十一条、第三十二条的规定签发出资证明书、记载于股东名册并办理公司登记机关登记,当事人请求公司履行上述义务的,人民法院应予支持。

以上我们讨论的是股权并购有限责任公司可能遇到的一些实务问题,通过对这些问题的讨论,为我们正确适用股权并购奠定了基础。

第二节　关于资产并购的若干基础性问题

现在我们来讨论资产并购的若干基础性问题。其中有的问题我们在前文的讨论中可能已经涉及过,不过为帮助大家厘清思路,我们还是不避重复再梳理一次。资产并购是企业并购两种基本方式之一,讨论这些问题有助于我们正确理解资产并购,正确操作资产并购。

一、资产并购的主体、标的和法律

股权并购的交易主体是投资方和目标公司的股东,而资产并购的交易主体则是投资公司与目标公司,目标公司的股东不再是交易的主体,退而为交易的决策者。因为目标公司的股权是股东的财产,关于该等股权的交易只能由目标的股东作为交易的主体,而目标公司的财产是目标公司的财产,关于该等资产的交易只能由目标公司来作为交易的主体。由于目标公司是交易的主体,进而关于资产披露的责任人、资产转让协议的签订人、资产转让价款的收受人、违约赔偿责任人等均为目标公司。

股权并购的交易标的是股东对目标公司的股权,是一种权利,而资产并购的标的是目标公司的资产及依附于这些资产的业务,是资产。从权利和资产的区别就可以窥见股权并购和资产并购的区别了。权利是抽象的,它的内涵小外延大,而资产是具体的,它的内涵大外延小。

股权并购主要、首先适用公司法和证券法,同时也适用民法典、担保法、国资法、企业法、劳动合同法、商标法、专利法等。而资产并购主要、首先适用民法典,同时也适用担保法、国资法、企业法、劳动合同法、商标法、专利法等。

二、需要并购方自设企业平台

股权并购无论是受让股权还是增资,都是继续使用目标公司这个企业平台,只是作股东和资本的变更而已。而资产并购不行,资产并购是将目标公司的资产和业务从目标公司的躯壳中买出来,使交易资产和业务脱离目标公司,但是购买者投资公司要想经营这些资产和业务,就必须也只能设立自己的企业平台。投资公司可以自己独立设立企业平台,也可以与他人合资设立企业平台。总之,在资产并购项目中,如果投资公司不设立自己企业平台,不把并购的资产和业务装入自己的企业平台,就无法运营并购资产和业务。所以,在资产并购的实务中,在项目进行到一定程度时,投资公司就应当开始筹划新企业平台的设立工作了。

三、不能继承目标公司的资质

资质或者说国家的行政许可,有价值但不可以转让。因此,在资产并购的情况下,投资公司可以花钱买下目标公司的资产和业务,但是无法花钱买下目标公司的资质。正因如此,许多以资质为主要并购目标的项目,即使目标公司不适合股权并购,投资公司也无法采用资产并购。当然有些资质是国家存量管理,严格控制增量的,有些资质是可以申办的,因此,在资产并购项目中投资公司一定要搞清楚有关资质的管理制度,确定是并购取得还是申办取得。

四、大多数目标公司需要清算

目标公司作为一个经营实体，将其资产和业务出让后，所掌握的资产基本就是货币资金，基本都不具有继续经营的能力。从资产并购的实务看，资产并购项目的目标公司多数清算注销，少数利用手中的资金转行，进入新的业务领域。对企业来说清算是一个痛苦的过程，不仅时间长，费用也不低，在选择资产并购方式时，目标公司及有关股东应当了解这一点。

五、资产并购的特殊业务流程

前文已经说过，由于资产并购会使并购资产和业务脱离目标公司，需要目标公司自设企业平台经营并购资产和业务，如此，就引出一个由谁购买资产和业务的问题。从理论逻辑上说，当然由投资方自己设立的企业平台购买资产和业务了，但在实务中这样做却会遇到问题：如果由投资公司自己的新企业平台购买，那么，就应当在签订并购合同前完成新企业平台的设立工作，可是如果新企业平台设立完成了，目标公司不同意出让了怎么办？目标公司提高交易条件了怎么办？这些都是资产并购在程序上的风险。为了克服这个程序上的风险，专门设计了资产并购的业务流程：尽调、谈判、签订合同，都由投资公司来完成，待资产并购合同生效了，交易和交易条件固定了，投资公司再着手设立自己的企业平台，待新的企业平台设立完成后，接收资产、支付价款、运营资产的职能由新企业平台完成。如此资产并购业务流程克服了资产并购程序上的一个风险，为资产并购项目的顺利完成提供了程序上的保障。

在上述资产并购业务中，投资公司是新设企业平台的股东，是股东为设立公司以自己的名义为即将设立的公司订立合同，对此，《公司法解释（三）》第二条规定，发起人为设立公司以自己名义对外签订合同，合同相对人请求该发起人承担合同责任的，人民法院应予支持。公司成立后对前款规定的合同予以确认，或者已经实际享有合同权利或者履行合同义务，合同相对人请求公司承担合同责任的，人民法院应予支持。在资产并购中绝大多数都是投资公司设立自己的独资子公司作为运营并购资产和业务的企业平台，所以不存在不承诺股东为其签订的资产并购合同的可能。在实务中，为贯彻上述程序，交易双方会在资产并购协议中约定：本合同一旦生效，并购方立即在出让方所在地设立自己的全资子公司，该子公司一旦设立完成，本合同项下并购方的全部权利和义务均由该子公司领受。有时为了使出让方更安心，对此可以设立保证条款：投资公司对其全资子公司的义务承担连带保证责任。

六、关于目标公司的员工

在股权并购的情况下,目标公司作为用人单位不变,其与员工签订的劳动合同不能因公司股东的变化而改变,需要继续履行。而资产并购则不同,在资产并购的情况下,用人单位将资产和业务出售了,不可能继续雇佣原来的劳动者,而投资公司新设立的公司为运营并购资产和业务需要雇佣这些劳动者。但是为了实现劳动者从目标公司向投资公司新设立的公司转移,大多需要劳动者与目标公司解除劳动合同,与新用人单位签订劳动合同,而这个过程可能需要目标公司向劳动者支付解除劳动合同的补偿金。故此,在资产并购项目中,劳动者如何从目标公司转移至投资公司新设立的子公司,及目标公司如何对劳动者进行补偿将成立交易双方讨论的一项重要内容。

七、关于目标公司的负债

在股权并购中,目标公司只是股东发生了变更,其作为民事主体,作为债务人一如既往。而在资产并购的情况下,虽然交易被定性为企业并购,但从法律本质上不过是两个民事主体之间的买卖关系,买什么,卖什么,必须由合同约定,原则上不能依法推定。故此,在资产并购的情况下,目标公司的债务并不是交易的必然标的,是否买卖负债,买卖哪笔负债只能由双方在合同中约定,并且根据民法典的有关规定,债务人转让债务需要征得债权人的同意,否则转让不能生效。因此,在资产并购的情况下,凡是目标公司出让投资公司受让的负债,都应当单独制表,以资与未转让负债的区别,并征得债权人同意后发生转让的效力,并在合同中规定,目标公司的负债凡是未约定转让的与投资公司及为运营并购资产和业务而设立的公司无关。

八、关于目标公司的合同

在资产并购模式下,如何处理目标公司的合同的确是一个比较难以把握的问题,从实践经验看,应当注意原则性和灵活性相结合、灵活性与合法性相结合的原则。

第一,必须坚持目标公司的合同与并购方无关的基本原则,在这个原则的基础上再根据具体情况和需要采取灵活性原则。因为不坚持与并购方无关的基本原则,笼统地继承或接受目标公司的各种合同,就很可能使并购方在履行这些合同中遭受损失,甚至使目标公司的债权人依此获取向并购方追及的权利,这是一种较大的风险,投资公司在实务中应当给予充分的注意。

第二,在以基本原则为前提的基础上以灵活处理作为补充。灵活处理就是在目标公司对相关合同作充分披露的基础上,在转让合同对并购方有益或至少无害的前提下,以逐一协商转让的方式(而不是笼统的方式)进行处理,凡是双方未达成转让协议的不办理合同转让的法律手续,不构成转让的法律效果;凡双方达成转让协议的,再依法办理合同转让的手续,达成合同转让的法律效果。之所以要附以灵活处理,是因为有些合同如果并购方不同意转让,不仅对目标公司非常不利,而且对并购方也有害无利。比如,目标公司的产品销售合同,如果不转让,并购方又如何借力于目标公司原有的产品销售渠道呢?再如,正在建设的工程承包合同,如果不转让,目标公司怎么处理?并购方如何能够早日取得在建的资产呢?再如,目标公司纳入转让资产范围处于保修期的房屋,如果不转让相关的建设工程承包合同,资产转让后并购方又如何依合同享受发包人要求承包人无偿维修的权利呢?因此,在基本原则的基础上,采灵活处理方式解决目标公司尚未履行完毕的合同是非常必要的。

第三,以法律手续为合同转让的前提条件。转让这类合同首先要求并购双方就转让合同协商一致,然后还要依法办理转让合同的手续,比如由三方订立转让合同的协议。只有这样并购方才可以依法享有转让合同中应当享有的权利,履行其中应当履行的义务。在转让这些合同时,应当注意合同项下目标公司应当享有的权利和应当履行的义务的处理。比如,在建设工程承包合同的保修关系中,保修权利应当无偿转归并购方享有,而承包人的保修金则应当作为合同项下目标公司的负债,由并购方承担并作为资产转让价款支付的一部分。再如,供应商存放在目标公司的包装物,在资产计价中这些包装物不能作为目标公司的资产计价转让,但如果转让相关合同,目标公司应当将相关包装物如数无偿移交并购方,而对就这些包装物目标公司交付的押金,应当作为目标公司的债权资产计价转让。

第四,上述处理方法追求的法律效果是:(1)凡是双方协商一致并办理合同转让手续的,达成合同转让的效果,使投资公司成为合同的主体,依据合同约定享有权利履行义务;(2)凡是未转让的合同由目标公司自行处理,目标公司不能要求投资公司履行或承担其中的义务;(3)如果目标公司的债权人向并购方追及未转让合同项下的义务,并购方依法享有充分的抗辩权。

九、目标公司不需要剥离资产

在股权并购的模式下,如果目标公司的资产或业务中有投资公司不欲持有或不得持有的,就需要进行剥离,否则无法进行并购;但是在资产并购模式下,即使目标公司的资产中有投资公司不欲持有或不得持有的,也无须进行剥离。这是因为,股权并购的并购者需要借助目标公司这个企业平台继续经营,因此需要将额外的资产和业务从这个企业平台中剥离出去,而在资产并购中,投资公司另设企业平台,只需将需要的资产从目标公司买来装进这个企业平台即可,而无须过问目标公司的其他资产。所以在资产并购模式下不存在目标公司剥离资产和业务的问题,只存在投资公司要买目标公司哪些资产的问题。

十、谨慎受让目标公司的债权

债权也是公司的资产,但是它不是现实的资产,从法律上说它只是一种请求权,债权要想变为现实的资产,还需要债务人的履行。所以在资产并购模式下,目标公司总是希望将债权资产与其他资产一并转让给并购方,但是并购方总是不愿意接受目标公司的债权资产。不过有些情况下,并购方也会接受目标公司的债权资产,比如目标公司经销商欠的销货应收账款,为了维护目标公司的产品销售渠道,为了防止目标公司立即清欠可能给渠道带来的伤害,有时并购方会同意接受这些债权资产。但是即使在这种情况下,投资方同意接受这些债权资产也要求满足三个条件:(1)投资公司、目标公司、产品经销商三方对债权核实清楚,出具书面手续;(2)产品经销商同意继续履行产品经销合同,同意转让其与目标公司订立的经销合同;(3)债务人有偿债的能力。

十一、并购资产要分别计价

分别计价是指在资产并购中对目标公司的三项资产要与目标公司的存货资产和债权资产分别计算价格。三项资产是指固定资产、土地使用权和知识产权资产。之所以这三项资产要与存货资产分别计价,是因为:(1)这三项资产在披露和调查中容易作出全面彻底的判断,确定其总价格相对比较容易,而存货资产的品种多,数量大,质量要求复杂,不容易完全在披露调查阶段彻底搞清楚;(2)目标公司转让资产的溢价全部包括在这三项资产的转让价格之中,因此需要在谈判阶段解决,而不能留待资产转让合同订立后的盘点验收中解决;(3)三项资产的数量和价值是相对稳定的,不会随着企业的生产经营活动发生大的变化,而存货资产的数量和价值是每天都在变动的,而且会是较大的变动,比如大量产成品被销售,大批原材料采购进厂等。基于上述三个原因,在资产并购中,采三项资产预先定价,存货资产按事先确定的单价和质量标准,以实际盘点验收数量计价的方法确定转让资产的总价格是比较科学的,也是目标公司容易接受的。

十二、如何保护不动产的权属

在资产并购的情况下,投资公司受让的资产有目标公司的动产、不动产和知识产权等。根据《民法典》的规定,动产以交付为所有权的转移,而不动产和需登记或核准的知识产权以登记为产权变更的生效条件,也就是说,在未进行变更登记时目标公司的此类资产虽已经交付,但仍为目标公司所有。公管投资公司会选择约定在目标公司将该等资产移交其子公司时起其产权就发生变更,所有权、使用权、管理权、收益权转归并购方所有,但是这对并购方仍是有风险的,如果目标公司的债务人因债务纠纷提请法院强制执行,就会使投资公司处于抗辩不力的境地,很可能使并购方遭受难以弥补的损失。为此,建议实务者采用《民法典》第二百二十一条关于预告登记的方法,固定投资公司对不动产、车船、知识产权的权益。

以上是资产并购的几个实务问题,我们在以后还会讨论资产并购的专门性问题。

第十三章

企业并购谈判要点及合同内容

尽职调查完成后，企业并购工作将转入谈判阶段。企业并购无论是股权并购还是资产并购，都是一项错综复杂的系统工程，掌握并购项目的谈判要点及合同的基本内容，对做好并购项目的意义重大。本章我们讨论股权并购的谈判要点及合同的基本内容。不过在此之前，我们首先要简单地说说文件结构和谈判提纲问题，然后再进入本章的中心内容。

第一节　文件结构和谈判提纲

我们说企业并购是一项系统工程，是因为单就法律文件一项来说，就不是一个法律文件能够搞定的。比如，一个受让股权并购项目，不但必须由股权的受让方与出让方签订股权转让协议，还必须对目标公司的章程进行修改，如果目标公司仍有存续股东，目标公司章程修正案就需要股权受让方与目标公司的存续股东协商签订；如果有目标公司为出让股权的股东向银行贷款提供担保的情况，就需要股权出让方、股权受让方、目标公司、债权人银行协商签订四方协议处理目标公司的担保问题；如果有目标公司的资产登记在其兄弟公司的名下，就需要出让股权的股东、股权受让方、目标公司、目标公司的兄弟公司签订四方协议，确定资产的所有者及处理办法；如果有出让股权的股东对目标公司的股东贷款，还需要股权出让方、并购方、目标公司就如何处理贷款问题签订三方协议。在企业并购的实务中会发现这种现象非常多，而且多数情况下股权转让协议的签署及履行以其他协议的签署为前提条件。

所谓文件结构是指一个企业并购项目从开始到完成需要签署多少个法律文件，这些文件的主体、内容和功能是什么，它们之间的内在联系是什么，如何通过这些法律文件搭建一个合同体系，使全部交易在可控的、规范的范围内进行并最终完成。所谓法律文件结构设计，就是在交易方案确定、尽调并风险识别及防险措施设计完成后，在谈判之前应当进行法律文件的结构设计，以便明确一项并购需要起草签署多少个法律文件，它们的名称、主体、主要内容、核心条款、功能、签署时间、生效条件如何。这样做的目的首先是使交易在完备有效的合同条款的规范下进行并最终完成；其次是使谈判有条不紊、有先有后地进行。

从企业并购的实践看，设计好法律文件结构之后，根据法律文件结构拟定谈判顺序和谈判提纲，可以使每次谈判的主体、内容明确，谈判按照预先设计的方向发展。如果没有文件结构设计，就无法拟定谈判顺序和谈判提纲，没有谈判提纲谈判就会杂乱无章，事倍功半。谈判过程是法律文件的制造过程，只有先绘制好法律文件的图纸，然后再生产，生产过程的成本才能降低，法律文件这个产品的质量才能好。谈判要一个一个法律文件地谈，要先谈条件性的法律文件，后谈依附于其他文件的文件；谈不同的法律文件参加的主体不同；要约定生效条件，不能先谈的先生效，后谈的后生效，所有文件均在一个时点依同一个条件生效，即依股权并购合同的生效而生效，依股权并购合同的履行而履行。要根据每个法律文件的内容、功能和核心条款设计谈判提纲和谈判策略，使每次谈判都能进退有据，攻守有策。

设计文件结构对控制交易，防范法律风险有关重要的意义，在实务中应当由律师在尽调完成之后进行，并在法律文件结构设计完成后开展谈判工作。

第二节　股权并购的谈判要点及合同内容

受让股权并购模式是指投资公司通过向目标公司股东购买股权的方式实现对目标公司的并购；增资并购模式是指投资公司通过向目标公司增资的方法，使自己成为目标公司的控股股东，从而实现对目标公司的并购。无论是受让股权并购还是增资并购，都是股权交易，其法律关系的本质相同，并且有着相同的特征和运行规则，下面我们把这两种股权并购的操作模式放在一起，讨论它们的谈判要点及合同的基本内容。

一、关于各方主体的基本信息

交易双方主体的基本信息包括名称、企业统一信用代码、注册资本、实收资本、股东或者主要股东及持股比例、经营范围、住址等信息。目标公司虽不是交易的主体,但它是交易的标的,故也必须在合同中录入目标公司的基本信息。这些信息不是谈判的内容,但却是合同中不可缺少的内容,应当在并购合同中载明。交易主体不明或者目标公司不明是并购项目不应当发生的风险。

二、关于并购方式问题

并购方式既是谈判的内容也是合同的必备内容。不过这项内容一般不是在谈判阶段才确定的,多数是在交易双方初步接触阶段在最初文件中已经确定,在谈判阶段只不过要从此出发开展有关工作。企业股权并购分为受让股权并购和增资并购两种操作模式,也可以将两种操作模式混合,在受让股权的同时向目标公司增资,或者在向目标公司增资的同时受让目标公司股东持有的股权。不过应当注意并购方式可以混合,但是并购合同或者协议不能混合,受让股权的合同主体是投资公司和股权出让方,而增资并购的合同主体是投资公司与目标公司,股权转让价款支付给股权出让方,增资出资交付给目标公司。无论采取什么样的并购模式,都必须经过充分协商之后在合同中作出明确的约定,并购方式不明是不应当发生,也是无法弥补的企业并购风险。

三、关于投后的持股比例问题

股权并购和一般权益性投资的主要区别在于,一般的权益性投资对投后的股权比例没有严格的要求,而股权并购项目中投资公司对投后的股权比例有严格的要求,必须控股或者能够控制目标公司。因为投后目标公司的股权比例关系到投资公司在目标公司的地位,决定投资公司能否把握对目标公司的控制权,进而关系到投资公司在并购后能否实现对目标公司的整合。因此,投后的股权比例和价格是股权并购的两个核心问题,也是股权并购谈判的关键问题。

在一般情况下投资公司要求的股权比例为能够实现其对目标公司的控制,否则不能称为企业并购。不过从实务来看,也有两种例外情况:一种情况是投资公司对目标公司以及目标市场的了解尚为有限,冒险进入风险难测,投资公司先取得目标公司的少量股权,待条件成熟时再行并购。在这种情况下,投资公司会通过协议的方式固定自己对目标公司其他股权的优先购买权或者优先增资权,甚至签署单方行权的期权协议。单方行权的期权协议是指约定在未来的一个期间内，只要投资公司主张受让目标公司其他股东的股权，其他股东必须出让或者只要投资公司主张向目标公司增资，目标公司的其他股东就必须同意。另一种情况是目标公司的全体股东同意将目标公司的全部股权转让给投资公司，投资公司出于对目标公司或然负债赔偿权的考虑，要求股权出让方暂时持有目标公司的少部分股权，并以该股权为赔偿责任设立担保。在这种情况下，投资公司通常与质押义务人订立期权协议，约定投资公司行使购买权的期间、价格和其他事项。

不管怎样，投后并购方持有目标公司的股权比例，这是一个关系到对目标公司控制权的"大是大非"问题，必然成为双方谈判的一个焦点问题。这个问题的谈判的结果如何，往往直接影响投资公司的出价甚至并购决心。不过从企业并购的实践看，这个问题往往不是在谈判阶段通过谈判解决的，而是交易双方在初步接触时，在表示合作意向之初由交易双方的核心人物"私下"商定的，是整个项目的前提条件。尽管这样，投后并购方占有目标公司的股权比例也是并购合同的最重要内容之一。

四、关于目标公司重组问题

股权并购无论是受让目标公司的股权，还是向目标公司增资，都是取得目标公司的股权，股权作为股东对公司的权利涵盖了目标公司的全部资产和业务，包括目标公司所有的对外投资，当然也包含了目标公司的全部负债和义务。这就引出一个问题，在股权并购的情况下，如果目标公司有其股东不愿意出让的资产、业务、负债及对外投资怎么办；如果目标公司有受让方不愿意接受的资产、业务、负债及对外投资怎么办；如果根据法律、行政法规，目标公司有不允许并购方持有的资产、业务及对外投资怎么办。这就引发了对目标公司重组的需求，因为在这种情况下要么不交易，要么对目标公司进行重组。除此之外，在有些情况下，并购方为了投后整合，为了消除目标公司业已存在的关联交易，为了防止并购后出现同业竞争的局面，也要求对目标公司进行重组。在有些情况下，为了节税策划的需要，为了顺畅交易也需要对目标公司进行重组。总之，在实务中有许多情况和原因需要首先对目标公司进行重组，在重组完成后才能进行股权并购。

从企业并购的实践看，大多数项目是在对目标公司完成尽调后，经过充分谈判后安排目标公司进行重组的，也有目标公司自行重组的。目标公司自行重组多数是出于节税策划的需要和股东或者集团自留资产、业务、负债和长期投资的目的。经过谈判安排目标公司重组的多数交易双方要签订框架协议，甚至签订正式股权转让协议或者增资协议,将目标公司重组作为股权转让协议或者增资协议的一部分,并作为股权交割或者履行出资义务的前提条件。这种做法的好处是目标公司的重组可以按照并购方的要求进行,重组后必然进行并购交易以保障目标公司重组目标的实现。

对目标公司的重组有多种情形,从重组的内容看,有资产重组、业务重组、负债重组、股东重组、员工重组、股权结构重组、公司架构重组等。重组的方法也多种多样,有受让、出让、合并、分立、增资、减资、新设、解散、出资、融资、分配利润等,这些方法都可以实现重组目标公司的目的。这里我们只是简单的讨论一下各种重组方法的功能,至于说各种重组方法的规则和实操要领,我们留待本书第四编进行详细的讨论。

1. 受让或者出让的方法。受让或者出让的方法就是安排目标公司通过受让的方法,获得某种资产、业务、股权、负债,使目标公司满足并购的要求;或者安排目标公司通过出让的方法,将某种资产、业务、股权、负债剥离出去,使目标公司满足并购的要求。通过这种方法重组目标公司需要注意:(1)只能重组资产、业务、股权、负债,一般不能重组股东和员工;(2)一般不会改变目标公司资产的总额和负债的总额,或者说不能改变目标公司的账面股东权益,但可能会影响目标公司的估值;(3)利用这种方法重组目标公司用时短,只要签订重组协议重组就基本完成了;(4)利用这种方法重组目标公司可能会发生较高的纳税义务;(5)利用这种方法重组目标公司只要不构成低价转移财产逃避债务,不会引发连带责任。

2. 合并或者分立的方法。合并或者分立的方法就是安排目标公司吸收合并其他公司,使其他公司的股东加入目标公司,同时也使目标公司获得解散公司的资产、业务、股权、负债、员工等各种要素;或者安排目标公司分立,将目标公司的某些资产、业务、股权、负债、员工甚至股东剥离出去。采用这种方法会使目标公司的资产构成和总量、负债构成和总额,进而股东、股比、股东权益发生变化,合并会增加,分立会减少。采用这种方法重组目标公司应当注意:(1)用时比受让和出让要长得多,需要权力机构 2/3 通过相关决议,需要通知债权人并公告 45 天,一般需要 3 个月的时间;(2)不仅可以重组资产、业务、负债还能重组员工、重组股东,一定会改变股东权益,从而影响目标公司的估值;(3)国家出台有增值税、土地增值税、契税和企业所得税方面的税收优惠政策;(4)不能切断连带责任,即合并后的公司对参加合并的各公司的负债承担法定连带责任;分立后的各公司对分立前公司的债务承担法定连带责任。在实务中,重组规模比较大的以采用合并或者分立方法为宜,重组规模较小的以采用受让或者出让方法为宜。

3. 增资或者减资的方法。增资就是安排目标公司的原股东或者原股东以外的投资者向目标公司增资，通过出资方式的安排使目标公司获得某种资产、业务、股权，从而满足并购的要求；减资就是安排目标公司股东从公司减资，通过安排支付减资对价的方式将某些资产、业务、股权从公司剥离出去，使目标公司满足并购的要求。采用增资或者减资的方法重组目标公司应当注意以下问题：(1)无论是增资或者减资都会改变目标公司的资产构成和总额，从而改变目标公司股东权益的总额，影响目标公司的估值；(2)减资需要公司权力机构2/3以上表决权通过决议，并且需要通知债权人并购公告45天，故用时较长；(3)增资也需要公司权力机构2/3以上表决权通过决议，且原则上不可以只认缴不实缴，只有实缴才有重组的意义；(4)不能重组员工；(5)可以重组股东。

4. 新设或者解散的方法。新设就是通过新设公司将并购的各种资源和要素统统以出资方式注入该公司，使新设公司满足并购的要求；解散就是将目标公司的子公司清算，了结一切债权债务，由目标公司取得清算剩余财产。这种方法可以用来重组目标公司，其优点是阻断连带责任，消除投后风险。

5. 投资和融资的方法。投资就是目标公司以拟转让的资产、业务、债权、债务等为出资设立新的公司或者向原有的公司增资，然后由投资公司股权并购新设的公司或者接受出资的公司。融资就是目标公司向原股东、股东以外的人融资，使其符合并购方的要求。

6. 分配利润的方法。分配利润的方法就是由目标公司向股东分配税后利润，通过安排货币或者非货币财产分配股利的方法，将目标公司的某些资源剥离给股东。这个方法只能剥离目标公司资产、业务、股权，不能剥离目标公司的负债，也不能重组目标公司的股东和员工，但是一定会改变目标公司的估值。

正确识别目标公司的重组需求，选择最恰当的重组方案，无论是对并购方还是对被并购方都有非常重要的意义，也是对实操者能力的一次考验。交易双方应当根据尽职调查获得的目标公司实际情况，对非目标公司自行重组在并购合同中作出明确的约定，并将目标公司完成重组作为股权交割的前提条件。交易双方应当通过谈判在合并中就目标公司重组做出以下约定：(1)重组的内容。无论是从目标公司剥离，还是向目标公司注入，都应当明确重组的内容是什么，甚至列表以资明确。(2)重组的方法。采取什么方法重组，不仅关系到重组的内容，也关系到重组的时间和税费，交易双方应当协商确定并载明在合同中。(3)重组的时间。尽管不同的重组方法，法律规定的特定事项所用的时间不同，但是为了督促目标公司尽快完成重组，也为了使并购方安心，最好在合同中约定并购方完成重组的起止时间。(4)费用的负担。任何形式的重组都会发生税费,这些税费由谁来负担,如何进行财务处理应当在合同中约定清楚。(5)重组的监管和查验。一般情况下并购方不会直接参加目标公司的重组,但会监督目标公司的重组是否符合合同的规定。在目标公司重组完成后,投资公司要对目标公司的重组进行查验,以明确目标公司的重组是否符合合同的规定,是否能够达到重组的目的。(6)违反重组约定的责任。违反重组约定的责任来自两个方面,一是如果目标公司不进行重组或者重组不符合合同规定怎么办?二是目标公司重组完成后投资公司不交易了怎么办?对于纳入并购程序中的目标公司重组,交易双方应当在尽职调查的基础上,经过充分的谈判在合同中作出明确的规定。

五、关于股权计价基准日问题

在股权并购的情况下,交易双方交易的是对目标公司享有的权益,也称股权。股权包括股东对公司享有的各种权利,其中主要是财产权。股东对公司享有多少财产权不能根据目标公司有多少注册资本作出判断,也不能根据目标公司有多少资产作出判断,只能根据目标公司股东权益的多少和股东持有的股权比例作出判断。但是目标公司财务账目上的股东权益只是股东财产权的理论数值或者说是财务账面数值,也并非真实市场价值。不过要想确定股权的真实市场价值,必须首先确定股权价值的财务账面数值。股权价值的财务账面数值等于目标公司的资产总值减负债总额,即股东权益也称净资产。目标公司作为一个持续经营的经济实体,其资产构成和总值是不断变化的,其负债总额和构成也是不断变化的。因此,要想确定资产总值与负债总额及之间的差额,就必须确定一个计算所依据的信息的采集日,目标公司各种资产、负债的信息均采自这一日,这个时日在股权并购中就称为股权计价基准日。

如果在讨论目标公司股东对公司财产权时,不使用计价基准日的概念,就可能出现用 A 日的资产总额与 B 日的负债总额讨论目标公司股东权益的现象,或者出现出让方说的是 A 日的股东权益而受让方说的是 B 日的股东权益的现象。这不仅无助于问题的解决,而且会导致不必要的争议。财务上的任何一个资产负债表都必须注明报表日,否则报表无法使用,资产评估报告也必须注明评估基准日,否则也无意义,都是相同的道理。因此,在对目标公司进行股权并购的情况下,交易双方首先应当协商确定股权计价基准日,然后再收集整理有关财务数据。当然这并不是说股权的价值量就等于目标公司财务账上的净资产额,财务账上的资产总额、负债总额和净资产额只是计算股权价值量的基础和根据,要根据这个基础数据并参考各种市场因素经科学的方法才能求解出股权的市场价值。这里我们强调的是在求解目标公司股权的市场价值时，所根据的各种信息应当采集同一时日，这个时日应当由交易双方协商一致并在合同中明确。

从股权并购的实践看，有不使用股权计价基准日这个概念而使用报表日概念的，也有使用评估基准日概念的，还有直接使用具体的某年某月某日的，但意思是相同的，都是说双方在求解目标公司股权的价值时，有关目标公司的财务数据统一采自该日。如果双方是根据评估结果进行定价的，评估基准日就是股权转让计价的基准日，如果双方是先确定计价基准日，后进行评估的，评估所使用的各种财务数据必须采自计价基准日。至于计价基准日应当选在何时，一般最好选定在目标公司的财务结账日，即每个月的月底或者年底，这样可以减少对目标公司的麻烦，如5月31日、7月31日等，如果是3月之前进行交易大多选定上一年的12月31日为计价基准日。在企业并购实务中大多较早确定计价基准日，比如在意向性协议中，或者在开展对目标公司的尽职调查之初就由交易双方协商确定计价基准日，这样做的目的是使尽调、审计、评估、谈判等各项工作均以此为基准日，达到步调一致的效果。

计价基准日不仅对目标公司估值至关重要，而且对目标公司的监管期间、判定是否构成目标公司的或然负债等均有重要意义。无论是受让股权并购，还是增资并购，甚至公司合并、分立、改制等重组项目都应当使用基准日的概念。

六、关于选定价格类型问题

价格是交易双方谈判的焦点问题，也是股权并购合同的重要内容。前边讨论的计价基准日也是为谈判价格奠定基础的。在第十章我们已经讨论了企业股权并购的价格类型，将价格区分为三种类型：既定价格、生成价格、对赌价格。在谈判阶段交易双方应当根据目标公司的具体情况及交易的特点协商选择并最终在合同中确定价格类型。

从企业并购的实务看，采用既定价格类型的，其价格应当在并购合同中载明，并且交易双方按照合同中载明的价格结算。而交易双方确定既定价格的方法有竞价和议价两种。竞价就是通过潜在买家的报价，由出价高者买得，最高价为交易价格，比如我们在前边讨论的要约邀请和国有资产的招拍挂。议价就是交易双方在评估的基础上协商定价或者在没有评估的情况下协商确定价格，以双方谈定的价格为交易价格。无论价格通过什么样的程序确定，既定价格类型下股权转让的价格或者增资的价格必须在合同中明确规定，且除在或然负债赔偿责任之外一般不设调整机制,双方按照合同约定的价格进行结算。不过在既定价格的情况下,股权转让合同或者增资协议也应当设立除外条款,比如目标公司遭遇不可抗力、发生重大事故怎么办,或者目标公司发生了双方在合同中约定的特别事项,双方如何处理股权转让合同或者增资协议。另外,要注意既定价格主要适合于企业控制权发生变更的并购及对重资产企业的并购,对轻资产的企业和创业企业一般最好不适用既定价格。

生成价格是企业股权并购三种价格类型之一,这种价格体系主要适合于计价基准日到股权交割日间隔较长,即过渡期间较长的企业并购,强调的是股权出让方对目标公司过渡期间的责任。生成价格的难点在于生成机制的制定,这里不仅有交易双方利益的冲突,而且有核算目标公司资产、负债,乃至过渡期间损益的技术问题。交易双方一定要耐住性子认真细致地协商,要对可能出现的各种情形进行预判,协商应对各种情形的方案,并将其载明在合同中。价格生成机制包括:(1)确定最终价格的各种信息的采集时点、采集人和采集方法;(2)价格生成规则,即初步价格如何加减过渡期间结束时目标公司的各种数据、指标,以便生成交易价格;(3)执行合同中载明的价格生成机制的执行人,及执行人的工作原则、方法;(4)对执行人提出的最终价格交易双方的质询权利和程序;(5)执行人对最终价格的权利和程序;(6)最终价格对交易双方的约束力。其中关于执行人的选定,一般事先在合同中由双方协商确定,届时不再协商,也有在合同中确定范围,届时协商或者抽签确定的。执行人最好由国际知名或者业务能力强、口碑好的会计师事务所担任。

对赌价格最适合于两种情形的企业并购:第一种情形是跨行业并购,在这种并购项目中并购方大多要继续使用目标公司的实控人和主要管理者,如何才能让目标公司的原实控人和主要管理者一心一意地为并购方效力,采取对赌价格是最好的方法。在对赌价格的情况下,目标公司的原实控人和主要管理者用目标公司的业绩与并购方赌交易标的的价格,为了保证自己获得预期收益就必须努力实现承诺的业绩。第二种情形是对轻资产公司的并购,在这种并购中目标公司的估值主要不是取决于目标公司的资产量,而是取决于目标公司的营业收入、利润和成长性,而这些又主要依赖于目标公司的实控人和主要管理者。因此,在对轻资产企业的并购项目中,并购方为了保障并购后的业绩和效益,往往要求与目标公司的实控人和主要管理者对赌。采取对赌价格有两个必备条件:第一个是在受让股权并购项目中目标公司的实控人及主要管理者是股权的出让方,或者在增资并购项目中目标公司的实控人和主要管理者是目标公司的股东,只有这样才能对股权转让价格或者增资价格采取对赌价格。如果目标公司的实控人和主要管理者不是并购交易的对手，即使并购方继续使用他们，要想调动他们的积极性也无法使用对赌价格。第二个是并购方要继续使用目标公司的原实控人和主要管理者。如果并购方不再使用目标公司的原实控人和主要管理者，目标公司的经营业绩就与他们无关，又有什么理由根据目标公司的业绩调整股权转让价格或者增资价格呢？

在采用对赌价格的情况下，对赌的期限不能太短，一般以三年为好。对赌业绩要删除目标公司非经常项目的收益，防止交易对方投机取巧。目标公司的重大事项必须经股东会特别决议通过，日常经营事项由对赌者决定，并购方不必过多干预。并购方要向目标公司派出财务总监，要明确目标公司的财务制度和会计政策，以规范目标公司的财务会计行为，保障目标公司会计结果的真实性。在对赌期限完结时，要聘用会计师事务所对目标公司的业绩进行审计，按照经审计结果进行兑现。

各种基金公司、风投、创投主要采用对赌价格对企业进行投资，这是因为：第一，他们的投后持股比例不支持他们完全控制目标公司；第二，他们的专业知识不支持他们实际控制目标公司；第三，通过对赌价格可以保障他们在投资项目中只赢不输。在企业并购项目中，交易双方应当根据项目的具体情况尽早商定价格的类型，并根据选定的价格类型做好相关的各项工作，切忌价格类型摇摆不定，含混不清。受让股权价格和增资价格是股权并购的另一个核心问题，也是股权并购合同的核心内容之一。

七、关于股转价格和增资价格

选定价格类型之后，交易双方应当按照选定价格的运行规定，在合同中载明有关股权转让价格的内容或者增资价格的内容。凡是选定既定价格的，受让股权并购项目应当在股权转让合同明确规定股权转让的价格；增资并购项目应当在增资协议中明确规定增资价格（增资出资额/持股比例）。凡是选定生成价格的，受让股权并购项目应当在股权转让合同中明确规定股权转让的初步价格和价格生成规则；增资并购项目应当在增资协议中明确规定初步出资额和最终出资额确定的规则。凡是选定对赌价格的，受让股权并购项目应当在股权转让合同中明确确定股权转让的基础价格、对赌指标和补偿的方法及规则；增资并购项目应当在增资协议中明确规定增资的基础价格（增资出资额/持股比例）、对赌指标和补偿的方法及规则。

价格永远是交易双方谈判的焦点和合同重点,企业并购也不例外,交易双方将围绕价格展开激烈的交锋,甚至可以说从尽调开始的全部工作都是围绕价格开展的。

八、关于对目标公司监管问题

在股权并购的情况下,无论是受让股权并购还是增资并购,都需要对目标公司进行估值,而为了对目标公司进行估值,需要使用目标公司的各种信息,相关信息的采集日和交易标的的交付日之间会有很长时间的间隔,这个间隔期间包括尽职调查期间、评估作价期间、谈判期间、各方权力机构批准交易的期间、合同起草签订期间、反垄断材料准备期间、反垄断申报及等待期间等。这就好比货物的买卖,检斤计量的时间在月初,而交货的时间在月末一样。在此期间交易已经确定,标的的价格也已经确定或者基本确定,但是目标公司仍由出让方管理,如此,就出现了对目标公司出让方不想管、并购方不能管的窘况。从企业并购的实践看,这个窘况持续的时间一般在 3 至 6 个月,有的甚至更长。为了使出让方一如既往的管好目标公司,为了使并购方未来接手的目标公司与尽调时看到的目标公司相同,就引发出了并购方对目标公司的监管问题。不仅股权并购有这个问题,资产并购也有这个问题,公司重组也有这个问题,凡是标的的计价在先、交付在后的交易可能都有这个问题。在企业并购实务中也有将监管期间称为过渡期间的,但关注的都是一个问题,即如何使交易对方一如既往地管理好目标公司。

在监管期间并购方虽然尚未登记为目标公司的股东,但自己已经出价购买目标公司的股权或者确定了对目标公司的增资额,目标公司的所作所为都会关系到自己的利益。从交易规则上讲,此期间出让方不能将目标公司交给投资公司管理,投资公司也不能对目标公司行使股东权利。这就好比并购方的"孩子"抱在交易对方的怀里,并购方有劲使不上,交易对方有劲不愿意使。为了应对这种局面,交易双方需要进行目标公司监管期间、监管事项和监管方法的谈判,以有效地维护并购方的正当利益。从企业并购的实践看,确有出让方在股权计价基准日之后,特别是在股权转让合同或者增资合同签署之后,作出一些有损目标公司或者并购方的行为,而由于双方没有关于目标公司监管期间和监管事项的约定,使投资公司吃了哑巴亏的。从企业并购的实践看,交易双方协商确定目标公司的监管期间、监管内容和监管方法,并将其载明在并购合同中十分必要,特别对那些需要较长期间过渡期的并购项目或者目标公司的业绩受市场影响大的并购项目,目标公司的监管问题对交易双方的影响特别大,相关谈判及在合同中给予明确的约定就更显重要。

那么,监管期间应当从何时开始呢?一般而言,监管期间从股权计价基准日时开始。因为在此日交易标的的“计量”已经完成,出让方对目标公司不再像以前一样关心了,并购方为获得标的需要支付的价款已经确定或者基本确定,并购方视交易标的为己有了。当然,从实务来看也有约定监管期间更早开始的,监管期间开始的越早,对并购方越有利,出让方的义务越重。监管期间到什么时候结束呢。根据设立目标公司监管期间的目的,监管期间应当到目标公司管理权移交给并购方时结束。因为到这个时候,再不是并购方对目标公司有劲使不上了,再也不用担心出让方不尽心管理目标公司甚至做损害目标公司利益的事情了。监管期间或者称为过渡期间,从何时开始到何时结束,是企业股权并购合同的重要内容,交易双方一定要根据项目的实际情况,经谈判达成一致并载明在合同之中。

关于并购方对目标公司监管的内容,根据投后的股权比例及目标公司是否为上市公司,以及双方选定的价格类型不同而有所不同,大致有以下几项:

1. 目标公司不得在计价基准日之后分配利润或者以其他方法处理利润。对未分配利润的处理包括分配、转增资本或者支付减资对价等方式。未分配利润是股东财产权的组成部分,在核定目标公司股东财产权的理论数值(净资产或者股东权益)时,已经将其作为出让方的财产权利纳入了交易标的的作价,如果再分配或者转增注册资本或者以其他方式处理,等于出让方或者目标公司的原股东把卖给受让方的股东权利(股东财产权)在作完价(计量)之后又拿回去一部分。所以交易双方应当商定,凡是出让方可以控制目标公司的不得处分未分配利润,凡是出让方不能控制目标公司或者目标公司是上市公司必须分配利润的,目标公司在股权计价基准日之后、并购方登记为目标公司股东之前分配利润的,按照分得的金额调减股权转让价格,目标公司以利润向出让方派股的,所派股份并入交易股份,而且不增加股权转让价格。这个监管事项对选择既定价格类型和对赌价格的项目完全适用,而对选择生成价格类型的项目不完全适用,因为在生成价格类型中目标公司的未分配利润并不一定纳入初步价格的作价之中。

2. 目标公司不得用公积金转增注册资本。公积金包括盈余公积和资本公积,都是股东财产权利的组成部分,都可以转增公司注册资本。在股权转让计价基准日之后,受让方登记为公司股东之前,目标公司用资本公积金或者盈余公积金转增注册资本,与上述分配利润的效果一样,也等于出让方将出让的股东权利在计价之后又拿回去一部分。当然这个监管事项既适用于既定价格的股权并购项目,也适用于其他价格的股权并购项目。如果因不可控原因,目标公司实施了转增资，因转增资生成的股权应当并入转让股权或者增资股权，且并购方不在合同载明的价格之外支付价款。

3. 不得签署协议或者修改原有协议增加目标公司对管理层解除职务的赔偿金额。从企业并购的实践看，投资公司并购目标公司后一般都会改组目标公司的“二会一层”。如果目标公司与管理层签署协议或者修改协议增加目标公司辞退管理层的赔偿金额，势必加重投资公司并购整合目标公司的经济负担。这个监管事项对任何一种价格的并购项目都适用。

4. 不得签署损害投资公司或者目标公司利益的合同。在股权并购的情况下，投资公司不是设立新的企业平台进行经营，而是借助目标公司原有的企业平台从事经营，目标公司股权变更前后为同一民事主体。如果在投资公司对目标公司行使管理权之前，目标公司签订有损于自身利益的合同，特别是签订与交易对方的关联交易合同损害目标公司的利益，都会间接使投资公司遭受损失。这项监管事项也适用于任何一种价格类型的并购项目。

5. 对目标公司资产、业务、品牌、渠道尽善意管理者的义务，不得调整公司的业务。计价基准日之后，影响股权转让价格和增资价格的各种财务数据已经采集，出让方是否还会像以前一样管理目标公司，对出让方的影响不大，而对投资公司的利益却有很大的影响。因此，投资公司应当将其纳入对目标公司监管的内容。这个监管事项适用于任何一种价格类型的并购项目。

6. 目标公司不能进行合并、分立、增资、减资、改制、对外投资、对外融资及其他重大事项。因为这些事项的实施对目标公司的影响重大，很可能影响投资公司对目标公司并购的目的，也可能成为投资公司并购的障碍。这个监管事项对各种类型价格的并购均适用。

7. 目标公司不能签订长期重大合同。重大长期合同对目标公司的投后整合和经营的影响重大并且长远，很可能与投资公司的并购目标或者经营策略相悖，给投资后的目标公司及并购方造成损失或者麻烦。这项监管内容也适用于各种价格类型的并购项目。

8. 不得对外提供担保或者借款。对外担保会加重目标公司的义务，对并购方有风险。对外借款会占用目标公司的现金流，也会影响投后目标公司的业务发展和业务开展。这项监管内容也适用于各种价格类型的并购项目。

从企业并购的实践经验看，确有因未约定目标公司监管期间和监管事项使投资公司遭受损失或者使交易双方发生争议的。因此，在股权并购项目中设定目标公司监管期间和监管事项的机制是十分必要的，但是个案的情况不同，监管事项的内容可能会有所区别，以上我们只是从共性的角度提出有关监管事项的内容供参考。

投资公司对目标公司监管的方法，因个案的情况不同而有所不同。投资公司可以选择派人到目标公司进行监管，比如向目标公司派入一名财务人士和法律人士，在监管期间对目标公司的重大事项或者约定事项采取现场办公的方法进行监管。投资公司也可以在有关文件中约定目标公司不能做哪些事情，并最后在并购文件中规定交易对方承诺自计价基准日以来目标公司不会做哪些事情，以交易对方承诺的方式约束目标公司的行为。对上市公司的并购实践中，有通过控股股东调换目标公司董事的，《上市公司收购管理办法》第五十二条规定，以协议方式进行上市公司收购的，自签订收购协议起至相关股份完成过户的期间为上市公司收购过渡期（以下简称过渡期）。在过渡期内，收购人不得通过控股股东提议改选上市公司董事会，确有充分理由改选董事会的，来自收购人的董事不得超过董事会成员的1/3。从企业并购的实践看，企业并购项目从确定交易到完成交易之间确有较长时间，而这段时间为目标企业的阵痛期，如果不处理好监管期间和监管事项，可能给并购方造成巨大的损失。为此对于监管期间和监管事项，并购方最好在谈判之初向出让方作出明确的警示，然后在股权转让合同或者增资协议中将有关内容加入出让方的声明和保证条款之中，比如“股权出让方在此声明并保证如下：自________年____月____日起到目标公司管理权移交给并购方时止，目标公司没有、也不会与公司管理层订立协议或者修改原有的协议，使公司在解除与该等人士的合同时增加对该等人士的赔偿金、补偿金或其他支出”。这样做既可以警示方式防止侵害，又可以在侵害发生后获得法律救济。

总之，关于并购方对目标公司的监管期间、监管内容和监管方法及交易对方的赔偿责任是股权并购谈判的一项重要内容，也是股权并购合同的一项重要内容。

九、关于股东优先购买权问题

股东优先购买权是指股东向股东以外的人转让股权，公司的其他股东有知情权和同等条件优先购买的权利。由于2008年《公司法》修改之前，有限责任公司股东优先购买权是公司法的一项强制性规定，故许多公司的章程都有优先购买权的规定。但是规定的具体内容却是各有不同，差异很大。股东股权优先购买权是为了维护有限责任公司股东人合的属性，有其必要性。实务中应当在尽职调查中，详尽地了解目标公司章程对优先购买权的具体规定，有的放矢地破解股东优先购买权，实现并购目标。这里只介绍破解目标公司股东优先购买权的流程和方法，以供读者参考。

出让方应当在与潜在的买方谈妥交易条件，签订附条件生效的股权转让合同后再行书面通知公司的其他股东，并按照公司章程的规定给予其他股东合理的决策等待期间。这里需要注意的程序性问题包括：(1)不与潜在买方签订附条件生效的股权转让协议前，不通知其他股东，这样的安排主要考虑根据最高人民法院《关于适用〈中华人民共和国公司法〉若干问题的规定（四）》（以下简称《公司法解释（四）》）的规定，出让股权的股东对外转让的条件不能优于通知其他股东的条件，如果未与潜在的买方签订协议之前就通知其他股东，股权出让方可能面临两种风险：一是无法与潜在的买方进一步磋商交易的条件，便交易受阻；二是如果其他股东不行使优先购买权，可能使股权出让方的目的无法实现。在实务中，基本都是在与潜在的买方达成附条件生效的股权转让协议后再通知其他股东，由其主张同等条件优先购买权。至于说股权出让方与潜在买方签订的股权转让协议的效力问题，在实务中有签订附件生效的，有签订附件解除的，有签订附件终止的，意义都是如果其他股东不行使优先购买权，潜在的买方必须按照合同约定的条件进行交易，如果其他股东行使优先购买权，则由其他股东买得，股权出让方不对潜在买方承担任何责任。(2)关于股东优先购买权通知的内容。如果公司章程对通知的内容已有规定，应当按照公司章程的规定通知，如果公司章程没有规定，通知的内容根据《公司法解释（四）》第十八条的规定，应当考虑包括转让股权的数量、价格、支付方式及期限等因素。关于其他股东收到通知后的决策期间问题，《公司法解释（四）》第十九条规定，有限责任公司的股东主张优先购买转让股权的，应当在收到通知后，在公司章程规定的行使期间内提出购买请求。公司章程没有规定行使期间或者规定不明确的，以通知确定的期间为准，通知确定的期间短于30日或者未明确行使期间的，行使期间为30日。(3)关于股东优先权的通知寄送给谁。如果公司章程有规定按照公司章程的规定执行，如果公司章程没有相关规定，根据《公司法》第七十一条第三款关于“经股东同意转让的股权，在同等条件下，其他股东有优先购买权”的规定，应当通知其他股东本人。有限责任公司股东对本公司股东对外转让股权享有的优先购买权，是股东的一项自益权利，由股东独立表意，独立行使权利。

在许多情况下，受让股权并购特别顾及其他股东的优先购买权，会想方设法地破解其他股东的优先购买权。从企业并购的实践看，破解其他股东优先购买权的方法有两个：一是间接并购法，二是价格对抗法。所谓间接购买股权的方法避开优先购买权，就是通过受让目标公司上级公司股权的方法，实现并购目标公司的目的。在投资公司直接受让目标公司股权的情况下，往往无法阻止其他股东行使优先购买权。但是，如果投资公司不是直接受让目标公司的股权，而是间接受让目标公司的股权情况就会发生变化。比如，甲公司持有乙公司的股权，乙公司持有丙公司的股权，丙公司持有丁公司的股权，丁为目标公司，A公司拟受让丙公司持有的丁公司的股权。如果A公司与丙公司签订股权转让协议，就是“股东向股东以外的人转让股权”，丁公司的其他股东就享有优先购买权；如果A公司与甲公司签订协议直接受让乙公司的股权，间接受让丁公司的股权，不构成“股东向股东以外的人转让股权”，甲公司没有就转让乙公司股权事宜通知丁公司其他股东的义务，丁公司的其他股东也不享有优先购买权。所谓间接并购就是投资公司不直接与目标公司的股东进行交易，而是与目标公司股东的股东进行交易，将目标公司的母公司买下来，从而间接持有目标公司的股权。这种方法使目标公司的其他股东没有行使优先权的机会，投资公司能够稳操胜券。

间接并购的缺点是要求“隔壁墙”公司除长期股权投资外没有其他资产、负债和业务，只有如此的公司结构才能施以间接并购。比如，在上例中乙公司、丙公司都必须是除对子公司的投资外，没有其他资产、负债和业务的公司，否则就必须通过重组后才能施以间接并购。另外，在间接并购的情况下，目标公司会有所增加，尽职调查的范围及投后整合的范围都要加大，会增加投资公司一方的工作量。间接并购属于并购方案设计的范畴，只要将各目标公司的名称及他们之间的股权关系在合同中列明即可，不必在合同中说明间接并购及目的。

所谓价格对抗法，就是通过价格竞争力的方法阻击目标公司的其他股东行使优先购买权。在通知其他股东征求其是否在同等价格下行使优先权的情况下，其他股东主张优先购买权的概率有多高，关键看通知价格的高低。价格对抗法就是交易双方在商定股权转让价格时，不仅要考虑股权的物有所值，还要考虑目标公司其他股东行使优先购买权的可能性，在可承受的范围内通过价格阻击其他股权行使优先购买权。如果其他股东在期限届满前通知出让方放弃优先权，出让方应当将其他股东放弃的书面文件提供给投资公司并将其作为合同附件；如果其他股东在公司章程约定的期限内，没有出具行使优先权的书面文件，可视为优先权消灭。在这两种情况下，投资公司都可以与股权出让方履行股权转让协议。在投资公司直接受让目标公司股权的情况下，投资公司和股权出让方没有其他方法能够阻止其他股东在同等条件下行使优先权，唯一能做的就是看其他股东如何认识投资公司与出让方议定的股权转让价格，所以我们称这种方法为价格对抗法。在价格对抗法的情况下,如果价格高,其他股东行使优先权的可能性就低,但投资公司的风险大;如果价格低,其他股东行使优先权的可能性就高,但投资公司的风险小。因此,价格对抗法虽然简单,但其效能差。

十、关于股东对公司贷款问题

股东贷款就是目标公司的股东对目标公司在权益投资以外进行的债权投资,股东是债权人,公司是债务人。在许多情况下,股东对目标公司有贷款,需要在尽职调查时查证核实清楚,需要在股权并购谈判中协商处理方法,并将协商结果载明在股权并购合同之中。股东对公司的贷款大致有两类:一类是全体股东按照持股比例向公司贷款,均不收息;另一类是公司的个别股东通常是大股东对公司贷款,收息。对股东贷款问题,一是要在尽职调查时全面掌握情况,二是要在并购谈判时协商一致约定怎样进行处理。从企业并购的实践看,处理股东贷款的方法大致有三种:(1)在股权转让合同中约定在股权转让完成后的一个较短时间内,由投资公司促使或者安排目标公司偿还。这实际就是安排在投资公司登记为目标公司的股东,对目标公司的"二会一层"改组完成之后,由投资公司作为目标公司的大股东向目标公司提供一笔股东贷款,并安排目标公司在收到该笔股东贷款后将其欠股权出让方的贷款偿还。从实务来看,受让股权并购及目标公司大股东单独为目标公司提供股东贷款的,采取此种做法的比较多。(2)在股权转让协议之外另行订立一份协议,将出让方对目标公司的这一债权转让给投资公司。但要注意股权是股权,债权是债权,债权原则上不能成为股权转让合同的标的,应当单独订立债权转让协议。可以在转让股权的同时转让债权,可以将债权转让给投资公司的关联方。(3)在增资并购的情况下,如果目标公司的股东按照各自的股权比例对目标公司提供股东贷款,那么投资公司作为增资者也应当在增资合同中承诺,在自己成为目标公司的股东之后,在对目标公司的"二会一层"完成改组后的多少天之内,按照其他股东的比例向目标公司提供股东贷款。

在实务中处理股东对目标公司的贷款,需要注意以下问题:(1)股东贷款作为出让方的一项债权可以与股权转让同时,转让给受让方,但是应当单独订立转让协议,单独作价,不能与股权合并作价一并转让。(2)偿还股东贷款的义务人是目标公司不是投资公司,无论转让与否只能由目标公司偿还,不能约定由投资公司偿还。在债权转让的情况下,并债权的受让方向出让方支付的是债权转让价款,不是债权的标的。(3)外资企业的外国股东借款必须有相应的外汇登记,否则目标公司无法顺利偿还,转让时投资公司也不好付款。如果出让股权的股东对目标公司有股东贷款，交易双方如何处理这些股东贷款必须谈清楚，并将双方的一致意思载明于并购合同之中。如果在增资并购中目标公司的股东对公司有股东贷款，并且是全体股东按照持股比例提供的，投资公司应当就自己在什么条件下提供股东贷款，提供多少股东贷款与其他股东协商一致，并在股权并购合同作出明确的约定。如果是目标公司的个别股东对公司提供有息股东贷款，投资公司应当予以关注，并提出自己的处理意见。

十一、关于公司向股东贷款问题

从企业并购的实践看，不仅有股东对公司的贷款，有时也有公司对股东的贷款，目标公司是债权人，出让股权的股东是债务人。现在我们说说在企业股权并购中应当如何处理目标公司对出让股权的股东的贷款问题。

首先，对这类目标公司的债权首先应当甄别是不是股东抽逃出资，要根据债权发生的原因、商业理由是否充分、存续的期间及是否支付利息、是否通过公司内部的决策程序等事项进行判断。无论是受让股权并购还是增资并购，只要是构成抽逃资本的应当坚决要求股东返还。即使不构成股东抽逃资本的，只要不是正常的业务往来都应当要求返还，甚至将如数返还作为并购的前提条件。其次，关于处理目标公司对出让股权的股东包括其关联方的贷款的方法，可以考虑：(1)分别作价、分别转让，由出让股权的股东将其对目标公司的负债转让给并购方。负债转让合同以股权转让合同的生效为生效条件，以股权转让合同的履行为履行的前提条件。负债转让价款直接从股权转让价款中扣收，负债转让的结果是出让股权的股东不再是债务人，并购方成为目标公司新债务人，目标公司仍然是债权人。在股权转让交易完成后，投资公司应当归还对目标公司的负债。(2)通过谈判达成一致后，由股权出让方、并购方和目标公司签订三方协议，约定对股权出让方对目标公司的负债由股权并购方式在股权转让价款中直接扣收，然后代股权出让方偿还给目标公司。如此，在并购方依据并购合同向股权出让方支付股权转让价款时，将相当于股权出让方对目标公司负债额的部分直接转移支付给目标公司，使目标公司的债权及股权出让方的负债消灭。

总之，无论是受让股权并购项目，还是增资并购项目，凡是有构成股东抽逃出资的，投资公司都不能视而不见，一定要将返还出资作为并购的前提条件，特别是出让股权的股东构成抽逃出资的更是如此。即使对于出让股权的股东及关联方对公司的正常负债也必须在并购环节做出处理，绝不能接受股东拿着股权转让价款走人、公司的债权无着落的窘境。对此，并购交易双方必须在谈判中商定具体的操作方案,并将方案载明在并购合同之中。

十二、关于股东为公司担保问题

在企业并购实务中,不仅会遇到股东向公司贷款的情况,有时也会遇到股东或者关联方为目标公司提供担保的情况。股东或者其关联方为目标公司提供的担保有人保也有物保,在尽职调查时应当查明主债权人、主债务人、主债的金额、利率和利息、主债的期限、担保方式、担保范围、主债权人与主债务人的关系、担保人与主债权人及主债务人的关系等。在受让股权并购中,如果出让股权的股东是担保人,该股东就会提出如何处理其为公司提供的担保问题,他不会接受股权出让后自己仍为目标公司提供担保的窘境。

对于出让股权的股东为目标公司提供的担保可以考虑的处理方法有:(1)通过并购方、股权出让方、目标公司、债权人四方签订协议的方法,对担保进行置换,在股权并购完成的同时,股权出让方退出担保关系,股权并购方进行担保关系代替股权出让方成为担保人。采取这个方法要求并购方具备良好的人格(人保)或者良好的物资能力(物保),同时需要注意四方协议的生效以股权并购合同的生效为生效的条件,原担保关系的终止和新担保关系的生成以股权并购的合同的履行为前提条件。投资公司不能接受股权没买到,担保责任却落在肩上的窘境。(2)通过投资公司、股权出让方、目标公司、债权人签订四方协议,约定在股权并购完成后的一个合理期间内,由并购方向目标公司提供股东贷款,目标公司用该款项向债权人偿还负债,消灭主债从而消灭担保关系。在这种方法中也应当明确规定投资公司提供股东贷款的条件,不能接受股权并购未成功却借钱给目标公司的窘境。

十三、关于公司为股东担保问题

不仅有股东为公司提供担保的情况,也有目标公司为股东及关联方提供担保的情况。如何处理目标公司对股东及关联方提供的担保,特别是为出让股权的股东提供的担保,对并购方防范风险具有重要的意义。交易各方应当通过协商确定解决方法,并将解决方法载明在并购合同之中以资履行。对于并购方,一般不能接受自己控制的公司为前股东提供担保的局面。在增资并购项目中,目标公司为其提供担保的股东肯定不是股权的出让方,但是投资公司也应当在尽职调查中了解担保的全面情况,包括但不限于主债务人、主债权人、主债金额、利率和利息、担保方式、担保范围、担保期限等,谨慎评估风险,制定有效的防险措施,并将其规定的增资协议之中。对于在受让股权并购项目中，目标公司为出让股权的股东或关联方提供的担保的处理方法，建议考虑：(1)股权出让方、并购方、目标公司、债权人四方协商一致，约定由股权出让方或者其关联方向债权人提供附条件生效的担保，在股权变更登记完成时，目标公司为股东提供的担保失效，出让股权的股东或者其关联方提供的担保同时生效。如此，两个担保无缝对接，并不损及债权人的利益，目的是使目标公司退出担保关系。(2)由股权出让方、并购方、目标公司、债权人四方签订四方协议，约定由并购方向股权出让方支付股权转让价款时，直接将相当于主债本息的金额支付给债权人，作为股权出让方偿还债务的款项，从而消灭主债，消灭担保关系。

无论采取哪种方式处理，都应当作为谈判的内容，并将协商一致的处理方案载明在并购合同或者单独的法律文件之中。

十四、关于声明及保证条款

无论是受让股权并购还是增资并购，声明保证条款都是并购合同中的重要条款。从实务来看，有的并购合同只有股权出让方或者目标公司股东一方的声明保证条款，有的并购合同设有交易双方的声明保证条款。声明保证条款主要为明确交易双方基于彼此信赖进行交易的信赖事项，有为一方违反承诺、另一方索赔奠定基础的功能。就声明保证条款的内容来看，被并购方声明保证条款的内容主要围绕自己行为的有效性和目标公司的完美性展开；并购方声明保证条款的内容主要围绕自己行为的有效性和履行合同的诚信和能力展开。当然，各并购项目目标公司的情况不同，并购的方式不同，声明保证条款的内容也不尽相同。

关于被并购方声明保证条款的内容建议考虑：(1)被并购方行为的有效性，包括但不限于被并购方的权力能力和行为能力；完成内部审批及授权；不与已经与第三方签订的协议、合约相冲突；不违反对第三方的义务；不损害第三方的权益；对合同项下财产(股权)享有完整的所有权；对合同项下财产(股权)享有完全的处分权；出资真实有效；不存在抽逃出资及股权代持以及其他相关内容。(2)交易行为的诚信和善意，包括但不限于为交易所披露信息的内容真实、准确、完整，履行并购合同规定的各项义务和承诺等。(3)关于目标公司的完美性，包括但不限于目标公司将依法存续，持续经营；自成立以来守法经营；照章纳税；不存在被吊销执行或者责令停业的情况；依法签订劳动合同；依规缴纳社会保险和房改基金；环保和安全符合法律法规规定；股东、董事、监事、高管不存在损害公司利益的情况；股东、公司之间不存在股权纠纷；目标公司的财务报表及经营业绩真实准确;无财产纠纷;实收资本真实准确不存在抽逃等。需要提请注意的是,投资公司应当通过被并购方的声明保证条款将目标公司"打扮得越漂亮越好",以便为自己的索赔奠定逻辑基础。

关于并购方的声明保证条款多见于:(1)并购行为的有效性,其内容与被并购方大致相同;(2)履行并购合同的能力,主要内容是按照本合同的约定支付股权转让价款或者履行出资义务。

十五、关于或然负债赔偿问题

在股权并购方式下,无论是受让股权并购还是增资并购,虽然目标公司的股东发生了变更,但目标公司作为一个独立的法人企业是持续存在的,其对外权利义务关系并不因股东发生变更而改变,因此,因目标公司遭受或然负债而导致投资公司损失的情况经常发生。故此,设立因目标公司遭受或然负债被并购方的赔偿责任也就成了投资公司防避并购风险的一道挡火墙。从并购实务看,关于目标公司的或然负债及被并购方的赔偿责任问题,是股权并购谈判的一个难点,也是股权并购合同的一项重点内容。

目标公司的或然负债是指因计价基准日之前的原因引起的,在计价基准日后由目标公司承担的未列于目标公司计价基准日负债明细表中的负债,或者虽列于目标公司计价基准日的负债明细表,但目标公司承担的负债大于明细表中列明的数额的部分。从企业并购实践看,有使用或然负债概念的,也有使用未披露负债概念的,还有遗漏负债概念的,但规定的都是一个事项。由于这些概念都非法律概念,故建议无论什么什么概念都在并购合同中为其独立定义,以防止出现歧义。目标公司计价基准日是甄别是否为目标公司或然债务的分水岭,因该时点以前原因发生的负债才可能构成或然负债,但如果虽然负债发生在该时点以前,但被并购方如实地进行披露,且该负债作为目标公司估值的一项债务纳入了评估或者作为讨论价格的前提了,该负债也不是目标公司的或然负债;在计价基准日以后发生的负债也不是或然负债。目标公司遭受了或然负债说明目标公司本应纳入评估作价环节的负债未纳入,目标公司的企业估值虚高了,无论是受让股权并购还是增资并购,都是投资公司遭受了损失。

目标公司遭受或然负债直接导致的就是目标公司的估值虚高,而目标公司估值的高低直接决定着投资公司受让股权的价格或者增资价格的高低,目标公司估值的虚高,说明投资公司受让股权的价格或者增资的价格也虚高了,花了冤枉钱。因此,若目标公司遭受或然负债后,应当由目标公司估值虚高的受益方向损失方赔偿,这种赔偿是对目标公司估值的调整及对相关交易价格的纠正,不是违约责任,它与违约责任的意义及运行规则不同。目标公司估值虚高,在受让股权并购项目中受益的是股权出让方,损失的是股权受让方,故此应当由股权的出让方向股权的受让方赔偿;增资并购项目中受益的是目标公司的原股东,损失的是目标公司的新股东,故应当由目标公司的原股东向增资进入的新股东赔偿。

在目标公司或然负债赔偿问题上有以下建议读者参考:(1)豁免额度。为体现诚信、务实、谅解的合作精神,双方一般约定一个豁免额度,在豁免额度以内的,股权出让方或者目标公司的原股东不承担赔偿责任。豁免额度无客观标准可循,全凭双方协商确定。豁免额度有累加数额的,也有单笔额度的,还有规定每笔或然负债达不到一定额度不进入累计赔偿额的,比如或然负债每笔金额不足10万元的忽略不计,足10万元的累加,累加至500万元以上的部分出让方负赔偿责任。(2)或然负债赔偿责任的上限额。从实务来看,多数约定或然负债赔偿责任的上限,而且以股权转让价格或然增资出资额为赔偿责任的最高限额。这种约定是有一定道理的,因为在公司企业制度下,目标公司的债权人不能向股东追及,因此即使目标公司遭受再多的或然负债,投资公司的损失也仅以全部股权转让价款或者全部出资款为限。股权转让价格是受让股权并购项目中或然负债赔偿责任的最高额,增资出资额是增资并购中或然负债赔偿责任的最高额,至于在这个最高之下具体赔偿额的上限是多少,只由双方协商确定,并无客观依据。(3)责任期限。责任期限是股权出让方或者目标公司原股东对目标公司或然负债承担赔偿责任的期限,即只有在期限内目标公司遭受的或然负债,股权出让方或者目标公司的原股东才承担赔偿责任;期限届满以后目标公司遭受或然负债的出让方或者目标公司的原股东不再对投资公司承担赔偿责任。责任期限实际上是一种期限豁免,其形成与民法中的诉讼时效有关。过去一般诉讼时效是二年,故多数约定自目标公司管理权移交日起24个月,也有18个月的。关于出让方赔偿责任的期限,主要是参考诉讼时效期间由谈判双方协商确定。不过有两种或然负债的赔偿责任不能适用期限:一种是因目标公司为他人提供担保而生的或然负债,因为这种负债的发生期间由主债务期间决定,无法预测,所以无法作期限上的约定;另一种是因目标公司偷、逃税款而产生的或然负债,因为这种负债也无时效上的限制。(4)赔偿额的计算方法。股权出让方对投资公司的赔偿额并不是按照目标公司遭受的或然负债额计算,而是以目标公司遭受的或然负债额乘股权出让方转让的股权占目标公司全部股份的比例计算得出。比如,目标公司遭受1000万元的或然负债,转股比例为70%,那么股权出让方对投资公司的赔偿责任额就为

700万元。增资并购赔偿额的计算方法不同于受让股权并购,增资并购或然负债赔偿额的计算方法为,目标公司的或然负债额除以目标公司估值再乘投资公司的增资出资额。比如,目标公司估值5000万元,投资公司投后持股比例为60%,现发生或然负债1000万元,计得目标公司的原股东对投资公司的赔偿责任为1500万元(1000万元/5000万元=20%,20%×7500万元=1500万元)。有一点需要提醒读者注意,或然负债赔偿责任仅指投资公司在企业股权并购项目中遭受因目标公司应当披露而未披露的负债,导致目标公司的估值虚高而使投资公司遭受损失的赔偿责任。如果投资公司的损失不是因目标公司遭受或然负债所致,则不适用前述计算方法,而应当由股权出让方按投资公司的实际损失全额赔偿。(5)不和解义务及通知义务。不和解义务是指在目标公司遭受或然负债的债权人求偿时,投资公司要保证目标公司不与债权人和解,但经赔偿责任人同意的、被债权人主张抵销权的和遭遇司法执行的除外。这是因为如果允许目标公司与或然负债的债权人和解就有可能扩大股权出让方的赔偿责任,且和解后再要求责任方履行赔偿义务也会招致抗辩。不和解是为赔偿责任人对债权人行使抗辩权留有余地,而要使责任人能够对债权人行使抗辩权,就需要投资公司保证目标公司在遭受或然负债时及时通知责任人并协助责任人行使抗辩权。(6)股权出让方的抗辩权及目标公司的协助义务。为了减轻赔偿责任,赔偿责任人可以要求对或然负债的债权人行使抗辩权,抗辩权只能以目标公司的名义行使,所以投资公司要促使目标公司协助责任人履行抗辩权,但责任人不及时行使或放弃抗辩的除外。(7)赔偿期限。双方应当约定在目标公司实际支付或者确定目标公司有支付义务后的多长时间内责任人向投资公司履行赔偿义务。(8)对或然负债赔偿责任的担保。在许多情况下,虽然目标公司遭受了或然负债,且双方对责任人的相关赔偿义务有明确的约定,但是如果没有相应的担保措施,投资公司实际获得赔偿也比较难,所以为赔偿责任人的赔偿义务设立担保是十分必要的。(9)关于连带赔偿责任问题。如果在受让股权并购项目中有几个股权出让方,或者在增资并购项目中目标公司的原股东为数人,投资公司最好要求他们彼此对其因目标公司或然负债而生的赔偿责任承担连带责任,达成一旦发生赔偿责任投资公司可以向任何一个责任人主张全部权利的效果。(10)不能兼得。如果在上述目标公司或然负债发生之后,目标公司又从保险或者其他第三人处获得相应的赔偿,或然负债的赔偿责任人会要求投资公司及目标公司不能兼得,责任人在目标公司从第三方获得赔偿的范围内免除赔偿责任。另外,赔偿责任人也会要求目标公司在遭受或然负债后不能放弃对责任人的追偿权,如果目标公司的追偿权实现了,投资公司和目标公司也不能兼得。

投资公司因目标公司遭受或然负债获得赔偿权利的约定，对防避股权并购项目中的风险具有十分重要的意义，交易双方应当在谈判阶段协商一致并在并购合同中作出明确的约定。从实务来看，有将或然负债及出让方赔偿责任在并购合同中做专章约定的，有将其作为并购协议中的违约责任进行约定的，但具体内容与前述大体相同。

十六、关于支付方式和出资方式

在受让股权并购项目中投资公司用什么向股权出让方支付价款，在增资并购项目中投资公司用什么向目标公司履行出资义务，这也是股权并购谈判的要点之一。从理论上说投资公司支付股权价款的方式或者履行出资义务的方式可以有多种多样，但是不管怎样，在企业股权并购项目中，受让股权并购中投资公司的支付方式和增资并购中投资公司的出资方式都是谈判的内容，也都是并购合同不可缺少的内容。投资公司的在受让股权并购项目中的支付方式和增资并购项目中的出资方式不仅包含用什么履行义务的问题，而且还应当包括支付价款或者履行出资义务的前提条件，批次、期限、金额、完成义务的要件，以及交易对方的相关义务及投资公司的抗辩权。这些都应当在合同中明确约定，防止在履行过程中出现纷争及推诿的现象。

十七、关于货币支付转股价款

从企业并购的实践看，绝大多数是用货币支付股权转让价款。关于投资公司如何用货币支付股权转让价款，这里向读者推荐四种方法，仅供参考：(1)对等支付方法。即约定在股权转让协议签署并生效后，支付全部股权转让价款的一少部分；在股权转让的工商变更完成、目标公司的“二会一层”改组完成后，再支付一部分；在目标公司管理权移交完成后，再支付其余的部分。不过有时投资公司也要求滞付一少部分股权转让价款一个合理的期间，并将其作为因目标公司或然负债出让方赔偿责任的保证金。从实务来看，对那些管理不规范的目标公司，特别是股权出让方为自然人的，这种滞付价款保证金的安排非常必要。这种对等支付方法主要适用于双方比较熟悉，都是国内企业，支付额不大，采用登记主义制度下的企业并购。(2)钱、物两清方法或称钱物交割法。即投资公司按照合同约定的每一批次支付额准备好汇票，出让方按照合同约定准备好出让文书和股权证，双方到律师所或会计师事务所，相互核对无误后在见证人的见证下一手交钱，一手交“货”。这种方法主要适用于采非登记主义的英美法系国家。(3)监管账户方法。即在股权转让合同生效后,交易双方到事先商定的银行开列监管账户,然后并购方将价款全额存入监管账户。价款到户后出让方办理股权转让的工商变更手续,待手续办完后,凭手续请求并购方释放款项。这是一种以银行为中介人的付款方式,交易双方要与银行订立协议并承担一部分费用。目前国内商业银行都开展这类业务,并备有可用的格式合同,是一种值得推荐的付款方法。(4)银行信用付款方法。即在股权转让合同生效后,并购方先用自用资金支付一部分股权转让价款,比如20%或30%,同时申请银行向出让方开具另一部分股权转让价款的保函。出让方收到价款和保函后将出让股权登记在并购方的名下。在并购方登记为股权持有人后,并购方以该股权向银行质押,从银行取得贷款用于向出让方支付剩余的股权转让价款。这是一种借用银行信用进行并购的方法,需要银行事先介入,对并购项目进行全面了解,同时并购方与银行就并购项目贷款事项达成一致。

货币支付股权转让价款是一种最常见的支付方式,但是交易双方在付款条件、批次、抗辩权上常常有分歧,也是谈判的难点及合同的重点。双方应当根据并购项目的具体情况,在回避各自风险基础上,通过充分的协商达成一致,并在并购合同做出详尽的约定。

十八、关于保证获得赔偿的措施

股权并购的优点是节税,缺点是风险大。如何防避这些风险,除我们前面提到的尽职调查外,还要在股权并购合同中约定赔偿机制,比如上文讨论的目标公司或然负债赔偿责任问题,但是在实务中我们不但要考虑在合同中如何约定赔偿问题,还要考虑如何能够获得这些赔偿。

下文介绍投资公司应对股权并购风险,保障赔偿权利实现的两种措施:(1)滞留部分股权转让价款,并作为股权出让方赔偿受让方的保证金。滞留部分股权转让价款,并将其作为赔偿责任的保证金,这样可以股权受让方在出让方赔偿责任明确后及时获得赔偿,免得打官司告状和执行难。滞留的时间可以是一年甚至二年,并在合同中约定如果发生出让方对受让方的赔偿责任,受让方可以从该款项中直接扣收。这样如果发生出让方对受让方的赔偿事项,受让方就会很容易的获得赔偿。至于留多少,根据情况由双方协商确定,并在股权转让协议中明确,一般可以考虑10%~20%。在有些情况下,出让方可能不同意受让方滞留股权转让价款,在这种情况下,受让方甚至可以同意向出让方支付滞留期间的利息,以换取出让方的同意。(2)安排出让方保留部分股权,并将其质押给受让方。为了保证在出让方赔偿责任发生后受让方能够及时地获得赔偿,投资公司还可以考虑安排出让方先保留部分股权,比如转让80%,保留20%,并将出让方保留的股权质押给投资公司。从企业并购的实践看,凡是出让方以股权质押方式向受让方承担赔偿责任的,一旦有赔偿事项发生,出让方都会积极履行赔偿义务。在某些情况下,双方本来是要交易全部股权,现在给出让方留下一部分,这可能对投资公司来说并不是一件好事,为此双方在协商出让方保留部分股权的同时,投资公司应当提出就出让方保留的股权签署一份期权协议,约定在未来的某个时间出让方向受让方转让保留的股权及转让的价格,将出让方的股权锁定,这并不违反出让方的初衷。

采取上述防范风险的措施需要交易双方谈判达成一致,并在并购合同中做出明确的约定。

十九、关于出让方的纳税义务

股权并购交易双方会发生印花税,受让股权并购项目中股权出让方可能会发生纳税义务,故在合同中应当载明依法纳税的条款,如果出让股权的目标公司股东是自然人,并购方是公司,并购方有代扣代缴税款的义务,就此应当在谈判中阐明,并载明在股权转让合同之中。并购方不要接受出让方黑白合同的要求,因为如此会将税收负担从出让方转移到股权受让方,没有节税的意义,且如果并购方是公司也无法进行会计处理。如果股权出让方提出税由买方负担的要求,可以考虑接受,但是在合同中不能如此约定,只能将股权出让方要求的净价折算成含税价,将含税价格写入合同的价格条款,然后进行代扣代缴个人所得税。如此做法不仅符合税法规定,而且有助于并购方进行会计处理和股权成本的确认。

二十、关于公司管理权移交问题

在有些案例中,有关股权转让协议仅仅规范到交易股权工商变更和股权转让价款支付完毕,而没有为投资公司接收目标公司管理权设立机制,这对投资公司非常不利。为此我们举两个小例子:一个是甲公司收购了乙公司70%的股权,变更了乙公司的董事长和财务总监,但是由于没有公司管理权移交的形式,甲公司派出的董事长和财务总监入职后,长时间无法正常开展工作,人们看到他们装作不认识,仍然称呼原董事长为董事长,称呼原财务总监为总监。另一个是在某个村子里,A和B已经登记结为夫妻,但由于没有办酒,问村民他们结婚没,村民都说没有。反之,另一对年轻人,虽然没有登记,但是他们举行了婚礼,问村民他们结婚没,村民都说结婚了。这两个例子告诉我们形式对内容的重要性。从企业并购的实践看,最好安排目标公司管理权移交的机制,用有效的形式保证投资公司顺利完成对目标公司的接管,特别是对那些非上市公司和大股东更换的公司更为必要。

关于股权并购项目中目标公司控制权变更的形式问题,交易双方应当以并购方顺利接管目标公司为目标协商一致,并作为履行股权并购合同的重要内容在合同中作出明确的约定。

二十一、关于申报反垄断审查问题

很多并购项目都需要进行反垄断申报,只有目标公司的规模不符合标准的,其项目不需要申报。因此,获得国家有关审核经营者集中部门的核准,或者不被立案调查,或者不被要求终止交易,也是并购项目的重要问题。反垄断审查由并购方负责申报,但是有关交易双方的资料应当由双方提供,这一点应当在有关企业股权并购协议中约定。交易双方应当尽早考虑并着手准备反垄断审查工作,以免影响整个项目的进度。为稳妥起见,在国家反垄断审查未正式通过之前,交易双方不能实施对价和标的股权的交割。根据《反垄断法》第二十五条、第二十六条的规定,国务院反垄断执法机构应当自收到经营者提交的符合该法第二十三条规定的文件、资料之日起30日内,对申报的经营者集中进行初步审查,作出是否实施进一步审查的决定,并书面通知经营者。国务院反垄断执法机构作出决定前,经营者不得实施集中。国务院反垄断执法机构决定实施进一步审查的,应当自决定之日起90日内审查完毕,作出是否禁止经营者集中的决定,并书面通知经营者。作出禁止经营者集中的决定,应当说明理由。审查期间,经营者不得实施集中。有下列情形之一的,国务院反垄断执法机构经书面通知经营者,可以延长前款规定的审查期限,但最长不得超过60日:(1)经营者同意延长审查期限的;(2)经营者提交的文件、资料不准确,需要进一步核实的;(3)经营者申报后有关情况发生重大变化的。国务院反垄断执法机构逾期未作出决定的,经营者可以实施集中。对达到申报标准的并购项目,如何收集材料、何时申报等将成为合同的重要内容之一。

二十二、关于目标公司变更登记问题

无论是受让股权并购还是增资并购,修改公司章程及目标公司变更登记都是不可或缺的程序性事项。根据《公司法》第三十二条的规定，记载于股东名册的股东，可以依股东名册主张行使股东权利。公司应当将股东的姓名或者名称向公司登记机关登记；登记事项发生变更的，应当办理变更登记。未经登记或者变更登记的，不得对抗第三人。无论是投资公司通过受让股权方式加入目标公司，还是通过增资方式加入目标公司，目标公司都应当修改公司章程，将投资公司载入股东名册。但是如果修改后的公司章程及新股东名册不像工商登记部门备案，投资公司的股东地位可能不稳定，无法对抗第三人。故此，并购交易双方及目标公司应当对工商登记事项在合同中作出约定，并将其与股权转让价款或者增资出资的履行相挂钩。

二十三、关于股权并购合同的其他内容

股权并购合同，无论是受让股权并购项目中的股权转让合同，还是增资并购项目中的增资协议，除上述内容之外还有许多内容，因为这些内容或者不是谈判的重点，或者不是本书讨论的重点内容，我们不再做专门的讨论。这些内容包括但不限于：(1)交易双方的主体信息；(2)定义；(3)适用法律；(4)争议的解决方式；(5)签署和生效，等等。这些也是合同的必备内容。

二十四、关于并购方的其他权力问题

股权并购无论是受让股权并购还是增资并购，都是以股权为标的的交易。股权是股东对公司的权利，这个权利的内容既包括财产权，又包括财产权以外的权利，比如参与决策权、人事权、知情权、诉讼权等权利。股权并购投资公司要获取的不仅包括财产权，同时也包括财产权以外的其他权利。因此，这里发生两个问题，一是交易对方如何把股东财产权以外的权利交给并购方，二是并购方如何与目标公司的存续股东修改目标公司章程。

从企业并购的理论上说，一方面，交易对方应当保证投资公司在投资后能够根据所持股权比例对目标公司享有财产权以外的权利，这是交易对方的义务，否则可以理解为标的的交付不完整。另一方面，投资公司入主目标公司后能否获得对目标公司的控制权，还在于投资公司能否顺利地与目标公司的其他股东完成对目标公司章程的修改。在受让股权并购的情况下，如果投资公司受让的是目标公司的全部股权，则投资公司自行起草自己全资子公司的章程；如果不是受让目标公司的全部股权，或者是增资并购项目，就需要投资公司与目标公司的其他股东一起完成对公司章程的修改。修改后的目标公司章程是投资公司享有其他权利

的根据。因此,在大多数股权并购项目中,投资公司不仅要与交易对方谈并购合同,还要与目标公司的其他股东谈目标公司章程的修改。不过关于目标公司章程的修改问题,不是本章讨论的内容,我们留待后面专章讨论。

第三节　资产并购的谈判要点及合同内容

股权并购的交易标的不同于资产并购,前者是股东对公司拥有的权益,后者则是公司拥有的资产。另一个重要区别还在于资产并购需要投资公司重新设立经营平台,而股权并购则为投资公司受让目标公司原有的经营平台。正因如此,资产并购与股权并购谈判的要点及合同的内容也不同。

资产并购是指投资公司通过受让目标公司的资产,取得目标公司的业务,取代目标公司市场地位的方式,实现自己对目标公司的并购。因此,在资产并购方式中,投资公司将作为资产的受让方与作为资产出让方的目标公司,就订立资产交易合同及相关的法律文件进行谈判。下面我们讨论资产并购的谈判要点及合同的内容。

一、关于交易主体的信息问题

交易主体是任何合同不能缺少的内容,资产并购合同也是如此。交易主体的信息包括交易双方的企业名称、企业统一信用代码、注册资本、实收资本、股东或者主要股东及持股比例、经营范围、住址等信息。这些不是谈判的内容,但却是合同必备的内容,应当在资产转让合同中载明。交易主体不明是并购项目不应当发生的风险。

二、关于适用何种并购方式问题

关于并购方式和交易标的的内容必须在资产转让合同明确规定。资产并购双方交易的标的是目标公司的资产和业务,目标公司对这些资产和业务享有完整的所有权和处分权,是交易的前提条件。出让资产和业务是目标公司的特别事项,应当由目标公司的权力机构以特别决议的标准通过决议。这些应当明确地载明在资产转让合同中。

三、关于转让资产的范围问题

在尽职调查阶段,投资公司已经掌握了目标公司拥有的各项资产和开展的各项业务的情况，投资公司要在此基础上，与目标公司经过谈判确定受让资产的范围。在一般情况下，在资产并购的交易模式中投资公司不会购买目标公司的货币资产、债权资产和长期投资资产，但是肯定会购买目标公司的固定资产、土地使用权、无形资产和存货资产。在目标公司的资产生产不同行业的产品或投入不同行业的业务的情况下，这些资产一般不会都适合投资公司的需求，这就需要通过谈判确定投资公司购买目标公司的哪些固定资产、土地使用权和知识产权。即使目标公司生产产品的行业或所从事的业务完全适合投资公司的需求，有时也会因报废资产、闲置资产、企业福利资产的存在需要明确转让资产的范围。从实务来看，多数情况下投资公司出于控制并购成本的目的，会尽量控制转让资产的范围，而目标公司则会出于增加转让价格的目的尽量扩大转让资产的范围。一般情况下，双方会在披露调查的基础上通过谈判拟制转让资产明细表确定转让资产的范围，并将其作为资产转让合同的附件。在实务中一般仅编制拟转让的土地使用权、固定资产和知识产权“三项资产”的明细表，因为这“三项资产”的存在形态长期不变，价值相对比较稳定，可以在谈判时编制明细表，并谈妥转让价格，在合同签署生效后再行移交。而存货等流动资产由于在目标公司持续经营的情况下其存在形态不断变化，其价值不断的流动，故不能在谈判时编制明细表在合同签署生效后照单交货。

转让资产明细表将构成资产并购项目中资产转让合同的重要组成部分。

四、关于固定资产的质量问题

在投资公司拟受让取得的土地使用权、固定资产和知识产权“三项资产”中，土地使用权和知识产权两项资产不存在质量问题，固定资产存在质量问题。但在资产并购中，对固定资产的质量不适用一般资产买卖合同标的物质量问题的处理规则。在一般资产买卖合同中，标的物的质量标准由交易双方先行在合同中约定，然后在交付时由买方对质量进行查验。如果在资产并购中也采取这种规则对出让方的风险过大，交易往往不能顺畅进行。在资产并购中，关于固定资产的质量问题多采用由受让方在尽职调查阶段先行查验，认可后再进行谈判签订合同，而在资产移交时只要相关资产没有出现合同中约定的意外情况，投资公司就应当接受的交易规则。至于投资公司接收资产后如何进行改造和增补与目标公司无关。

以上是资产并购方式中关于固定资产质量问题的规则，在这个规则下，目标公司需要对拟转让的固定资产承担一定的义务，这些义务包括对拟转让的固定资产尽所有人的责任,正常的使用和维修等。这个义务也应当在资产转让合同中有所表述。

五、关于存货资产的质量标准

存货资产包括目标公司拥有的原料、材料、燃料、低值易耗品、备品备件、在制品、半成品和产成品等固定资产以外的有形资产。在转让资产当中,由于存货资产数量大、品种多且处于流动状态,故不能采固定资产相同的方法先查、先验,只能在盘点交接时进行盘点验收,这就需要双方在谈判阶段确定其验收的质量标准。另外,从实务来看,一些目标公司库存大量闲置、报废、变质、过期、无用的存货资产,这些资产早就应当作财务处理,但是出于虚增利润的目的一直在库中存放,如果投资公司接收这些存货势必带来损失。双方应当就存货资产的质量标准协商一致,并且将其作为资产转让合同的条款之一加以固定,以便在盘点交接存货资产时适用。如果双方不事先约定存货资产的质量标准,在双方对存货资产进行交验时,势必因质量问题发生矛盾,这不利于处理双方之间的关系,也不利于交易的顺利进行。

从实务来看,由于存货资产的品种繁杂,一般无法一一明确其具体的质量标准,从而多采取排除的方法作出规定。比如:主机已经报废或不存在或未转让的,其备品备件不转让、不计价,由出让方自行处理;有保质期的存货,凡到期限或超过期限的不转让、不计价,由出让方自行处理;凡品牌已经不上市的商标标识、包装物等不转让、不计价,由出让方自行处理;凡已经投入使用的低值易耗品,不计价,归投资公司所有,等等。存货的质量标准直接关系到转让双方的切身利益,如果不在谈判阶段予以明确,并载明在资产转让合同中,势必给日后的资产盘点移交带来麻烦,甚至引致不必要的争端。

六、关于“三项资产”的总价格

“三项资产”是指目标公司的土地使用权、固定资产和知识产权。从资产并购的实践看,“三项资产”的总价格往往是全部转让资产总价格的基本组成部分,而且转让价格的溢价部分全部出自“三项资产”的转让价格,所以“三项资产”的总价格势必成为双方谈判的重点和难点。资产交易双方应当在谈判阶段在确定转让资产的范围和计价方法的基础上,通过协商确定“三项资产”的转让价格,并在资产转让合同中予以固定。这里需要提请注意的是,关于资产价格的谈判必须在确定转让资产的范围和计价方法之后,转让资产的范围和计价方法不确定不能谈价格，谈了价格也是空中楼阁、无法落实，而且会给整个谈判带来麻烦。从实务来看，关于转让资产的价格没有客观依据或者根据，实际上完全取决于当事人的主观意愿，愿打愿挨，合着买合着卖。目标公司资产的转让价格主要受以下因素的影响：

第一，目标公司所处的行业。这主要在于以下三点：(1)是否为国家扶持或鼓励的行业。如果目标公司所处的行业为国家扶持或鼓励发展的行业，不仅反映这个行业具有较好的发展前景，而且国家会给予这些企业一些诸如低息贷款、减免税等优惠待遇，一般情况下这类企业的并购价格会比较高。(2)行业的发展前景如何。企业的盈利能力和发展前景不仅取决于企业自身的情况，同时也取决于企业所处行业的发展前景，即所谓的朝阳产业和夕阳产业，一般情况下，朝阳产业的并购价格较高，夕阳产业的并购价格较低。(3)行业并购者的多少。并购市场虽非一般商品市场，但其价格也受供求关系的影响，一般来说，行业中的并购者多的，并购价格就高，并购者少的，并购价格就低。

第二，目标公司资产的品质、效能和企业的盈利能力。同样规模的企业其并购价格并不一样，这主要是受到转让资产的品质、效能和目标企业盈利能力的影响。在资产并购的情况下，交易的标的为资产，投资公司是想通过并购取得目标公司的资产，并利用这些资产从事经营活动，所以资产的品质和效能必然在很大程度上影响资产的转让价格。另外，投资公司并购的目的是通过并购后的经营获取利润，而目标公司在并购前的盈利能力理所当然地会成为预测以后盈利能力的重要参考，更重要的是如果目标公司的盈利能力较强，价格低了就不会成交。所以目标公司资产的品质、效能和盈利能力是影响并购价格的重要因素。

第三，目标公司所处的位置。资产并购项下的资产并非通常的货物，一般不可以转移到其他地方进行生产经营。位置对并购价格的影响主要在于：(1)目标公司所处地域的经济发展水平。一般来说，如果目标公司所处地域的经济发展水平较高，并购价格则较高，经济发展水平较低，则并购价格也较低。(2)目标公司所处地域的行业发展水平。一般来说，如果该地域的行业发展水平较高，目标公司资产的并购价格也较高，如果该地域的行业发展水平较低，并购价格往往也较低。(3)目标公司距投资公司预期目标市场的距离。一般来说，如果目标公司所处地址与投资公司的预期目标市场越近，投资公司的并购欲望就越大，并购价格就会越高，反之价格就会降低。

第四，并购目标公司对投资公司整个扩张规划的影响。在有些情况下，能否实现对目标公司的并购直接决定投资公司在该地区整个并购战略能否实现，决定投资公司在该地区市场的竞争态势,甚至对投资公司已有投资的盈利能力有决定性的影响。在这种情况下,投资公司对目标公司往往是势在必得,并购的价格就会较高甚至奇高。

下面简要介绍几种关于资产并购价格的财务测算方法,可能对读者有参考价值:(1)重置成本法。重置成本法是指把在并购时点,投资新建一个与目标公司同等规模的企业所需投资额作为并购价格的参考值。不过在资产并购的情况下,采用重置成本法时要考虑目标公司资产的成新度。(2)账面净值法。账面净值法是将目标公司“三项资产”的账面净值作为并购价格的参考值。以目标公司账面净值作为资产并购价格,目标公司无溢价利益可得,所以可以附以一定的溢价率。(3)清算价格法。清算价格法是指以目标公司的可得清算收入为并购价格的参考值,这种方法仅适用于目标公司已经无整体经营价值的情况。从实务来看在企业并购中适用清算价格法的较少。

关于“三项资产”的转让价格问题,需要提请注意的是,在采“三项资产”单独作价的模式下,目标公司转让资产的全部溢价只能体现在“三项资产”的转让价格之中,其他转让资产的价格不能包含有溢价的成分。这一点投资公司必须在谈判转让价格之初与目标公司言明。另外,应当注意的是:(1)凡是目标公司已经验收的在建工程资产,无论其财务账上如何反映,都应当视为固定资产并入“三项资产”一并作价;(2)目标公司的用电指标、用水指标、排污指标以及其他政府许可应当并入目标企业的知识产权,作为“三项资产”的一部分一并作价;(3)目标公司存货部分的转让资产,以盘点移交日在库数为准,按照双方商定的价格计价,不溢价;(4)“三项资产”的明细表应当在披露调查阶段确定,一经确定目标公司不得以转让、抵债、赠与、出资等任何方式处分“三项资产”。这些问题需要投资公司在谈判“三项资产”的转让价格时与交易对方言明。在实务中要列出“三项资产”的明细表以资确认其构成,并以合理方法将“三项资产”的总转让价格分配至各单项资产的名下。“三项资产”的明细表应当由交易双方签署,并作为资产转让合同的附件。

七、关于存货资产的单价和数量

在采存货资产按实点数单独计价的计价模式下,投资公司与目标公司需要在谈判阶段对存货的转让单价协商一致,并签署转让存货资产单价明细表作为资产转让合同的附件。之所以要考虑转让存货的预计数量,是因为投资公司要据此预估并购的现金流,且可以防止目标公司突击采购大量备品备件或原材料对并购后的经营造成不利。

存货的单价可以参考目标公司的采购成本,可以参考市场价格,可以考虑目标公司财务账上的成本,同时还要考虑其质量标准、新旧程度和使用年限等因素。一般来说,原料、材料、燃料、半成品和产成品比较好办,难的是目标公司重复使用的包装物等,由于其品种繁多,使用年限不一,新旧程度不一,作价难度大。在谈判阶段商定存货资产的转让单价,是为在资产盘点移交日根据实点数计算全部存货资产的转让总价,并据以计算出全部转让资产的总价格,所以协商确定转让存货资产的单价是并购价格谈判的重要内容之一。

另外,需要提请注意的是,在采用"三项资产"和存货资产单独计价的价格模式下,由于"三项资产"中的固定资产的转让价格已经在订立资产转让合同时确定,而存货资产的转让价格则在此后按实点数计价,目标公司往往愿意将本应当为固定资产的资产列为存货资产,以增加总转让价格,而且一些临界资产一般情况下企业管理的比较混乱。为此在实务中一定要注意两个资产明细表,特别是对那些如何归类都行的资产一定要事先明确。另外,在有些情况下,投资公司也会受让目标公司的某些债权,比如为接管产品销售渠道而受让目标公司的销售合同及债权,为接收在建工程而受让目标公司的建设工程发包合同和预付款。在实务中应当按照债权的实际数额将其归入存货资产类计价转让。

八、关于在建工程的处理方法

在建工程是指目标公司已经开工,但尚未竣工验收的土建、安装等工程。从资产并购的实践看,目标公司的在建工程一般分为两类:一类是真正的在建工程,即工程真的没有竣工验收,没有投入使用;另一类是假的在建工程,即工程早已竣工验收并投入使用数年。在资产并购模式下,对这两种在建工程应当采取不同的方式处理。对那些假的在建工程应当一律归入固定资产作价转让,不管其在目标公司财务账目上是如何反映的。对那些真的在建工程,既不能等到其建成验收后再收购,也不好把半拉工程当作标的物转让。最好的方法是在购买资产的同时,受让目标公司的工程发包合同,合同转让后施工单位不变,继续按照合同规定进行施工,工程竣工后按照合同规定由投资公司接收建设工程。这样做是考虑转让合同比转让工程简单容易,权责利变动小,有利于合同的履行和责任的确定。在转让合同的情况下,对于目标公司在合同项下已经支付的款项可以作为目标公司的一项特别资产转让给投资公司,在投资公司与施工单位结算工程款时,作为投资公司所付的款项计算即可。需要提请注意的是,在转让工程发包合同时,投资公司应当与目标公司、施工单位订立转让合同的协议,其中明确目标公司已付的款项及处理方法。

九、关于质金性质项目的处理

在资产并购实务中经常会遇到两种质金性质的款项,一种是目标公司为担保自己履行义务支付在外的,如为购买原材料在合同项下支付在外的定金,为销售类产品或提供服务在合同项下支付在外的保修金等。对于这类目标公司支付在外的质金,其所有权为目标公司所有,应当理解为一个从属于主合同的从合同。因此,凡是主合同转让的,从合同应当随之转让。在投资公司受让这些从合同的情况下,这些质金应当作为目标公司的特别资产按照原金额转让给投资公司。另一种是目标公司收取他人的质金,比如在销售合同项下收取的定金,在购买合同项下收取的质保金,这些资金虽在目标公司的资产中,但其所有权属于他人。如果投资公司受让这些主合同或主合同的标的物,同时就应当受让这些从合同。在投资公司受让这些从合同的情况下,这些质金在结算过程中可以作为目标公司的特别债务由投资公司受让。但是需要提醒的是,这些作为目标公司特别债务受让的质金,其性质并不是债务,而是一个担保合同的质金。

十、关于抵押资产的处理方法

从企业并购的实践看,许多目标企业的土地使用权、房屋建筑物甚至机器设备抵押给了银行,这成了资产并购的障碍。不解除抵押就无法对目标企业进行资产并购,但抵押权人不得到清偿就不会为交易资产解除抵押。而目标公司不出让资产就无力偿还抵押权人的债务,投资公司为防避风险又不能先出钱为目标企业偿还债务,资产抵押成了资产并购一个难解的扣。总结资产并购的实践经验,投资公司和目标企业可以采用“三方协议”的方法解决资产抵押问题。这就是在搞清楚主债务数额的情况下,只要资产转让的价格大于主债务的数额,就可以与抵押权银行进行谈判,由投资公司和目标公司向抵押权银行承诺,只要银行同意转让抵押资产,第一笔资产转让价款直接支付给银行作为目标企业对银行的清偿。在银行了解了交易模式和交易价格后,一般情况下银行会同意企业的解决方案。为此,投资公司、目标企业需要与银行签署一份协议,称为“三方协议”。“三方协议”的内容大致包括:(1)债权人银行同意债务人转让抵押资产;(2)目标企业同意投资公司支付的第一笔资产转让价款直接支付给银行,作为债务人对银行债务的清偿;(3)银行承诺在收到目标企业的清偿后立即为抵押资产解除抵押;(4)目标企业向投资公司承诺一旦交易资产解除抵押，立即为投资公司办理产权过户；(5)投资公司承诺一旦转让资产过户到自己的名下，立即支付第二笔资产转让价款。通过这样的办法解扣，既符合民法典的有关规定，又不损害任何一方的利益，各方均可以接受。在实务中如果“三方协议”在资产并购协议之前签署，最好将“三方协议”签成附条件生效的协议，生效条件为资产转让协议的生效。这样做既可以不耽误整个并购项目的进程，又不至于因项目未成带来风险。不过在通过“三方协议”解除抵押的情况下，投资公司也应当防止交易资产解除抵押后被法院冻解，尽量缩短解除抵押和过户之间的间隔。

十一、关于过渡期监管的约定

在资产并购项目中，也有过渡期问题，并购方也要对过渡期间的目标公司进行监管，这种监管主要表现为目标公司不得作为的事项上。过渡期间目标公司不得作为的事项应当在资产转让合同中明确约定，这是因为在采用“三项资产”先尽职调查作价，后签署资产转让合同，最后移交资产的模式下，目标公司为这些事项会给并购方造成损失。这些事项包括：(1)不得转让“三项资产”或者用“三项资产”抵账；(2)不得对外赠与“三项资产”或者用“三项资产”对外投资；(3)不得处分知识产权、核心资产和核心业务；(4)对“三项资产”尽所有人的管理、使用、维修维护义务。这些约定要事先与目标公司讲明，并在资产转让合同中纳入出让方的承诺之中。因为如果在投资公司对目标企业进行尽职调查之后，作为出让方的目标公司再为上述行为，无疑会损害投资公司的利益。

十二、关于限制出让方竞争问题

在资产并购的情况下，目标公司出让了自己的资产和业务，但是目标公司作为企业仍然存在，仍具有相应的民事权利能力和行为能力。所以投资公司要与目标企业就限制竞争问题进行谈判，以防止目标企业将资产出让后利用所得价款再行相同的生产经营活动。限制经竞争的内容主要包括目标公司出让资产和业务后在多长时间内、在多大的地域内不得单独、与他人合资、合伙从事什么业务。从企业并购的实践看，有些目标企业出让资产后可能会解散，轻松就会同意投资公司的要求，有些企业出让的资产和业务只是部分，出让资产后仍然从事相关业务，只是从部分市场退出，甚至只是退出市场中的某些产品细分，所以双方谈起来争议往往较大。

十三、关于转让资产的盘点移交

这是资产并购中的一个程序性事项，但是关系到并购能否顺利实施，交易双方应当在谈判过程中达成一致。资产转让必然涉及资产占有人的更改,所以资产的移交是资产并购中不可逾越的程序。转让资产的移交不仅涉及资产的所有权、管理权、经营权和收益权,而且涉及资产的风险转移问题,所以投资公司应当给予充分的注意。

从实务来看,转让资产的盘点移交应当在资产转让合同生效以后,即遵循先合同生效后标的物转移的程序。如果投资公司安排在目标公司所在地设立子公司作为经营并购资产的企业平台,转让资产的移交则应当在该子公司具备经营条件之后,即在该子公司取得营业执照并完成税务登记以后。在谈判阶段交易双方尚不具备确定具体的资产盘点移交时点的条件,可以商定资产盘点移交的前提条件及确定具体时日的方法,比如"转让资产盘点移交在投资公司设立的子公司取得营业执照并完成税务登记之后的一周之内,具体时日由投资公司以书面通知目标公司的方式在该期间内确定"。

除时间以外,双方还应当协商确定转让资产盘点移交的具体工作内容和工作程序。比如,投资公司委托盘点接收资产的人员、目标公司委托盘点交付资产的人员、盘点移交使用的转让资产明细表、交接人员签字的效力、对目标公司资产整理和计量的要求、有关期间性费用的处理、发生问题的解决方法等作出约定。一般情况下,双方会委托相关人员进行盘点移交工作,盘点移交使用与合同附件相同的各类转让资产明细表,双方委托人员根据盘点移交的情况在明细表上签字,作为出让方履行交付资产义务的凭据。

对转让资产的盘点移交更重要的还在于确认目标企业是否做了不得为事项和对存货资产进行验收计价。对存货资产的验收计价就是对某存货的质量根据合同进行查验,对数量进行盘点计量,并在此基础上计算出转让存货资产的总价格,签署资产转让计价协议以资确定。从实务来看,工作人员往往会对一些资产的质量和计价发生歧义,这里需要双方的领导或者现场负责人出面协商解决,不能因小失大,耽误资产移交。

十四、关于资产转让价款的支付

转让价款的支付也是资产并购合同谈判的焦点问题之一。一般情况下,目标公司作为卖方希望越早得到价款越好,而投资公司作为买方希望越晚支付价款越好。从实务来看,价款支付多采:(1)在合同生效后资产盘点移交之前,投资公司按"三项资产"的总转让价格支付一少部分,比如20%或30%;(2)在资产盘点移交完成并计价完成后的一个较短时间内,比如一周之内,投资公司支付至全部资产总转让价款的绝大部分,比如70%或80%;(3)在目标公司将转让资产的相关证照全部办至购买方名下后的合理期间内,比如一个月内投资公司完成转让价款的支付。这种付款安排体现了权利义务对等的原则,在多数情况下交易双方都是可以接受的。

如果安排投资公司以受让目标公司部分负债的方法作为转让资产价款支付的一部分,则需要在谈判阶段明确这些负债的具体情况,比如负债的项目、债权人、期限、是否有利息等。同时也应当在谈判的同时取得债权人的书面同意,有关转让债务的协议最好以资产转让合同签署并生效为生效的条件。

在有些情况下,目标公司出于对投资公司的不信任或者出于对自己风险的谨慎,不同意在投资公司仅付少部分款项的情况下移交资产,而投资公司也出于对目标公司的不信任和对自己风险的谨慎,不同意目标公司关于在资产盘点移交之前支付绝大部分款项的要求。为了解决这个矛盾,实务中多采用两种方法:(1)由银行为投资公司出具担保;(2)交易双方在目标公司所在地银行开立共管账户,投资公司将相当于资产转让价格的款项存入该共管账户,作为支付能力的明示,当具备资产转让合同约定的支付条件时,银行可以无条件向目标公司放款。这些方法既有效地防避了投资公司的风险,也有效地防避了目标公司的风险,在实务中效果是比较好的。

价款支付问题直接涉及各方的风险和利益,交易双方应当在谈判阶段协商一致,并将其载明在资产转让合同之中。

十五、关于资产所有权的转移问题

根据民法典的相关规定,不附证照的动产自交付时所有权转移,不动产及附证照的资产经产权登记变更时所有权转移。在企业资产并购中,目标公司的所有资产一并移交,转移占有、使用、处分、收益等各项权利。但是转让资产中的不动产、商标权、专利权、运输车辆等,需要完成过户后所有权才完成转移,在未完成产权变更登记之前,并购方的权利是不稳定的。故此,交易双方应当在谈判中商定产权变更登记的程序、期间、条件等,并将其载明在资产转让合同中。并且产权变更登记事项应当与资产并购价款的支付相关联,在产权变更登记事项未完成前,资产转让价款不能全部支付。

关于资产并购谈判及合同的其他内容,请参考股权并购谈判及合同的相关内容,并请参考本书第十二章的内容。

第十四章

公司章程的谈判要点及内容

公司章程是公司赖以成立和运行的纲领性文件，其核心内容包括股东之间共同投资关系和股东与公司董事、监事、高管之间财产委托经营关系两部分基本内容。在公司对外投资、并购和重组项目中，新设投资、资产并购、新设合并、分立的均需制作新的公司章程；权益性增资、受让股权并购、增资并购、存续合并的均需对原公司章程进行修改。本章我们讨论有关公司章程的谈判要点和内容。

根据我国《公司法》的规定，设立有限责任公司股东应为五十人以下，设立股份有限公司发起人应为二人以上二百人以下。因此，凡设立或变更设立两个以上股东的有限责任公司和股份有限公司，必经合资谈判程序，并制定或修改公司章程。并购不仅是权益或资产的交易，也是共同投资行为，不经谈判当事人无法达成合意，因此，合资章程的谈判也是企业并购工作的必经程序。

第一节　新设公司章程的谈判要点

从公司实务看，多数公司为两个以上股东共同出资设立，因此，对投资者来说，无论采取哪种方式进行投资或并购，关于公司章程的谈判都是经常遇到的。我们首先来讨论投资为新设公司起草章程需要重点谈判的内容。

投资公司在采新设公司建设工厂的情况下，或在采新设公司受让目标公司资产的情况下，或者在公司重组项目中持有一个新公司股权的情况下，如果安排与其他投资人合资设立新公司，就需要进行公司章程的谈判。从实务经验看，此类合资谈判的要点如下：

1. 新公司的字号。字号是企业名称中企业独有且专用的部分。这里需要谈判的焦点问题有三项:(1)使用谁的字号。从实务来看,因为投资公司在新设公司中处于控股地位,大多会要求新设公司使用自己的企业字号。新设公司使用投资公司的企业字号不仅有利于日后的整合,也有利于提高投资公司的社会形象,特别是在企业字号与企业品牌名称一致的情况下,更有意义。(2)是无偿使用还是有偿使用。从理论上说,字号属于企业的知识产权,新设公司使用投资公司的字号,投资公司享有适当收费的权利。但是如果投资公司要向新设公司收取字号使用费,则必须征得新公司中其他投资人的书面同意,并且符合公平原则。(3)新设公司有偿使用投资公司的字号,是采取收费的方式,还是采取作价入股的方式。收费方式和作价入股方式都是有偿使用,都需要征得其他投资人的同意,并且作价入股必须在公司章程中明文规定,同时还要经过评估作价程序。从税收角度对比这两种有偿使用方式,新设公司交纳的字号使用费或者字号作价入股的成本摊销都可以在新设公司作税前扣除,但是对投资公司来说,以转让使用权收取的使用费要比出资入股分取的红利多付出增资税。

2. 新公司的经营范围。在公司体制下,公司的经营范围带有股东授权公司经营业务领域的意义,因此,新设公司的经营范围必然成为股东间谈判的重要事项。从企业对外投资的实务看,投资公司一定会从主张和限制两个方面去考虑新公司的经营范围,即要求新公司按照投资公司投资扩张规划的要求从事业务,而不能随意从事其他业务。新设公司的经营范围不仅关系到投资公司投资的目的能否实现,也关系到其他投资人是否愿意加入投资,因此,在实务中一般是投资公司作为主要投资人确定新公司的经营范围,然后再去征求其他投资人的意见。新公司的经营范围是新公司章程的重要内容,也是合资谈判的重要内容。

3. 新公司的注册资本额。注册资本为全体股东对公司的出资额,也是公司设立的必要条件,因此,必然成为合资谈判的重要内容。在一般情况下,投资公司应当根据新设公司的规模、对资金的需求量、融资能力等因素考量新公司注册资本的数额。在新设公司建设工厂的情况下,新公司的注册资本额和拟融资额应当等于新公司建设工厂所需的基本建设资金和投产后所需流动资金之和。在新设公司购买目标公司资产的情况下,新公司的注册资本和可能的融资额之和应当等于并购资产的价格,但在以受让目标公司债务作为价款支付的一部分的情况下,转移债务的数额可以考虑为新设公司的融资额。公司章程中必须约定明确的注册资本额和各股东认缴的出资额。

4. 股东认缴出资比例或发起人认购股份。出资比例直接关系到股东对公司的控制权。从实务来看,如果新设公司的股东较少,股份比较集中,投资公司会要求绝对控股,比如51%以上,或者与自己的一致行动人共同持股在51%以上;如果新设公司的股东较多,其他股东一致行动的可能性不存在,投资公司或与其一致行动人则可以要求相对控股。总之,投资公司在新设公司的出资比例要达到绝对控股或相对控股,以实现自己控制新设公司的目的。公司章程必须明确规定各股东的持股比例,并据此分配股东的各项权利。

5. 股东出资方式。股东出资方式即股东用什么向公司出资,这不仅关系到股东的切身利益,也对新公司起初的生产经营活动有较大的影响,关系到其他股东的切身利益。关于股东的出资方式不仅要符合公司法的要求,更要经全体股东协商一致。在这其中由于投资公司的出资比例较大,出资数额较大,因此可以考虑接受其以新公司需要的非货币资产出资,而其他投资者一般持股比例较小,出资少,可以要求其以货币履行出资义务。股东出资方式也是公司章程的重要内容之一,势必成为合资谈判的重要内容。

6. 股东出资期限。现行公司法对有限责任公司及发起设立的股份有限公司股东缴付出资的期限未作规定,允许股东自由协商并在公司章程中作出规定。据此,股东应就各股东对新设公司出资的期限进行谈判。在谈判股东出资期限时,投资公司要考虑新公司对资金的需求时间,根据新公司对现金的需求安排股东的出资时间。一般情况下,如果是投资建设新的工厂,要考虑基本建设对资金的需求时间,可以安排股东分期出资;如果是由新设公司并购目标公司的资产,一般新公司对资金的需求比较集中,则不宜安排分期出资或者说出资期限约定不宜太长。从理论上说,公司法虽未要求股东必须等比同时向公司出资,但是从权利义务平等的角度讲,应当约定各股东等比同时向公司出资。同时还应当在公司章程中明确规定股东出资违约的罚则,包括限制其权利或者取消其股东资格。

7. 公司董事会、监事会、管理团队的设置和职权。根据公司法的规定,有限责任公司的董事会由三至十三名董事组成,规模较小的公司可以不设董事会,设一名执行董事。有限责任公司设监事会,其成员不得少于三人。股东人数较少或者规模较小的有限责任公司,可以设一至二名监事,不设监事会。公司机构的设置和组成不仅对新设公司的内部管理具有重要的意义,而且对将新公司纳入投资公司的企业管理体系,对实现投资公司追求的整体效应也具有重要的意义。投资公司应当在有关谈判中坚持自己对新公司的领导权,为进一步整合奠定基础。根据公司法和有关法规的规定,股份公司的董事、监事、高级管理人员采取选举制,即将提名权分配给各股东,各股东提名后通过审查后作为候选人,通过投票选举后任命。有限责任公司法律没有规定董事、监事和高级管理人员的产生办法，实践中有采取与股份公司一样的选举制的，也有采取委任制的。委任制就是根据各股东的持股比例，将董事、监事和高管的名额分配各股东，由各股东根据分配的名额和职位委派。

8. 公司董事长、总经理、监事会主席、财务总监、法定代表人的产生办法或委任方。股东会或股东大会是公司的权力机构，依照法律或公司章程的规定对公司的重大事项作出决议。董事会是公司的行政决策机构，对股东会负责并报告工作。但是，无论是股东会还是股东大会一般必须通过会议决议的形式才能行使自己的职权。在闭会期间公司的日常事务及生产经营活动在董事长和总经理的领导下进行。财务总监是公司财务管理的最高负责人，在公司高管中是一个特殊的岗位。这些职位由谁委派或者提名，对公司控制公司具有重要意义，因此，在许多公司均通过协议或公司章程的方法对这些职位的产生作出约定。

9. 公司产品的品牌及主要技术的来源。从实务来看，投资公司一般会要求新设公司的产品使用自己的品牌，或者要求新设公司使用自己的专有技术。这不单是一个使用与否的问题，而且还涉及是否收取许可费及许可费的标准问题。实践经验告诉我们，这个问题不在合资之初协商一致并以协议的方式予以固定，很可能在日后引出麻烦，所以这也是合资谈判的一项重要内容，并且最好在公司章程或者以协议的方式固定。

10. 投资公司与新设公司之间关联交易的安排。符合法律规定的关联交易受法律的保护，且可以为投资公司和新公司带来额外的利益。但是在新设公司成立后再安排投资公司与新设公司之间的关联交易，往往会招致其他股东的质疑从而带来不必要的麻烦，因而，投资公司如果有相关要求最好在合资谈判过程中提出，与其他股东达成一致，并订立书面协议作出安排。可以通过协议的方式明确相关关联交易的范围、决策程序及保证价格合理性的机制，以保障相关交易的合法性和合理性。

11. 有关新建工厂事宜。在新设公司建设新工厂的情况下，投资公司应就新建工厂的地点、条件、投资总额、建设规模、采用的主要技术和设备、建设周期、经营策略等与其他投资人达成一致。这些内容可以规定在公司章程之中，也可以在公司章程以外以协议的方式加以确定。

12. 关于并购目标公司资产事宜。在新设公司并购目标公司资产的情况下，投资公司应当就目标公司、并购资产所处的行业，并购资产的总价格及其他条件与其他投资人达成一致，或者邀请其他投资人参加并购谈判。

以上是新设合资公司章程谈判的要点问题。由于合资的条件不同,各方关心的问题也不同,上述仅具有提示的意义,具体谈判的内容由实务者根据实际需要确定。

另外再提示一点,在新设公司并购目标公司资产的情况下,目标公司也可以作为新公司的投资人加入新公司中来,并且可以用资产转让价款作为其向新公司的出资,当然也可以用拟转让资产的一部分向新公司出资。

第二节　股权并购章程的修改要点

股权并购无论是受让股权并购还是增资并购,都需要对目标公司章程进行修改。下面讨论对目标公司章程修改的特点及修改要点。

1. 股权并购除受让目标公司的全部股权外,都会发生对目标公司章程的修改程序。股权并购项目中对目标公司章程的修改有以下特点:(1)投资公司与目标公司存续股东或存续股东的代表进行修改目标公司章程的谈判,与全体存续股东谈判的可直接签署目标公司章程修改协议,完成修改程序;与存续股东代表进行谈判的,根据公司法和目标公司章程的规定,对目标公司章程的修改需经股东会或股东大会决议过程,完成修改程序。(2)出让股权的股东负有保证投资公司在修改后的目标公司章程中依其受让的股份比例享有相应权利的义务。这些权利可能包括利润分配权、表决权、选举权、委派权、优先权等股东依其持有的股份对公司应当享有的财产权、管理权和决策权。这是因为这些权利是投资公司受让的股权的组成部分,如果投资公司不能享有这些权利,可以视为交易标的交付未完成。(3)出让方对目标公司享有的基于股权以外的权利,受让方不能当然享有。这些权利可能包括交易权、许可权、贷款权、合作权、共用权等,对这些专属于股权出让方的特权,股权受让方能否享有,只能依据投资公司是否具备相应的能力以及双方谈判的结果而定。(4)法律并没有规定公司因股权并购对目标公司章程修改的内容,因此,就因股权并购引起的对公司章程的修改而言,最低的修改范围可以是仅将公司章程中载明的股东名称作出变更,最大修改范围可以是公司章程的任何条款,可以在原公司章程的内容以外增加任何条款。

2. 股权并购中修改目标公司章程谈判的要点。从实务来看,在投资公司股权并购目标公司的情况下,双方关于目标公司章程修改的谈判将主要围绕以下方面展开:(1)目标公司是否变更名称。在多数情况下,由于投资公司是目标公司控股股东,投资公司一般享有要求目标公司变更企业名称,使用自己企业字号的权利。目标公司使用投资公司的字号,有利于提升投资公司的社会形象,也有利于并购后对目标公司的品牌、市场、对外宣传等进行有效的整合。因此,投资公司应当在进行并购谈判的同时,一并就该事项与目标公司的存续股东进行协商并达成书面协议。目标公司使用投资公司的字号,投资公司可以要求目标公司支付许可费或者作价作为增资出资的一部分,但这些都必须与目标公司的存续股东协商一致并以书面协议的方式加以固定。(2)目标公司的经营范围。实务中,投资公司之所以选择目标公司进行并购,其中原因之一就是目标公司所生产的产品或所从事的业务符合自己的要求,所以在多数情况下,不会对目标公司的经营范围进行大的变更,有些仅是略作调整。(3)投资公司的增资额。在受让股权并购项目中,投资公司不用与目标公司的存续股东谈判转让价格问题,但是在增资并购项目中,投资公司的增资额及增资后占目标公司注册资本的比例,的确是目标公司章程修改的重要内容,需要在目标公司章程修改协议中载明。因此,在并购谈判达成一致后,只需要将并购谈判的结果载明在目标公司章程修改协议之中即可。(4)投资公司的出资方式。从实务来看,在投资公司以增资方式对目标公司进行并购的情况下,投资公司的出资方式可能是双方谈判中比较尖锐的问题之一。投资公司的出资方式即投资公司用什么向目标公司增资,这不仅关系到投资公司的切身利益,也关系到目标公司存续股东的切身利益。投资公司可能希望用非货币财产出资,而目标公司的存续股东可能希望投资公司全部用货币出资。但是不管怎样,投资公司对目标公司的出资方式不仅要符合公司法的要求,更要经增资并购交易双方协商一致。公司出资方式也是公司章程的重要内容之一,双方的谈判结果应当载明在目标公司章程之中。(5)投资公司增资的出资期限。目标公司之所以引入外来资本,主要原因是缺钱,所以大多数增资并购项目中投资公司的增资的出资时间都比较集中。(6)目标公司章程中关于公司董事会、监事会、管理团队的设置和职权(请参见第一节的有关内容)。(7)目标公司董事长、总经理、监事会主席、财务总监、法定代表人的产生办法或出任方(请参见第一节的有关内容)。(8)投资公司品牌和技术权利(请参见第一节的有关内容)。(9)投资公司与目标公司之间关联交易的安排(请参见第一节的有关内容)。

无论是受让股权并购还是增资并购,投资公司与目标公司存续股东之间都会展开控制与反控制的博弈,这一点在公司章程的修改上表现得最为突出。

第三节　公司章程的效力

公司章程是公司内部级别最高、效力最高的法律文件。在公司法的有关条款中,基本上赋予公司章程与法律和行政法规相同的效力,不仅公司、股东、董事会、监事会和公司高级管理人员必须遵守,而且公司的各项管理制度也不得违背。

一、关于公司章程的效力

根据《公司法》第十一条的规定,设立公司必须依法制定公司章程,公司章程对公司、股东、董事、监事、高级管理人员具有约束力。这是公司法对公司章程效力的高度概括,体现了公司章程在公司设立、运营、解散;股东权利、义务;董事、监事、高级管理人员的产生、职责、权利、义务、报酬等方面的准则性功能。公司是一个集合体,像一个大家庭一样,公司章程便是公司这个大家庭的“家法”,故有人将公司章程称为公司的“宪法”。公司章程不仅是公司设立的前提,也是公司存续和运营的基础,甚至还是公司解散和清算的根据。在公司法的许多条款中,公司章程被与国家法律、行政法规并列,赋予基本相同的效力,均为公司、股东、董事、监事、高级管理人员必须遵守的行为准则。比如,《公司法》第一百四十九条规定,董事、监事、高级管理人员在执行公司职务时违反法律、行政法规或者公司章程的规定,给公司造成经济损失的,应当承担赔偿责任。足见公司章程的效力有多高。

在实务中,正确处理股东与股东、股东与公司之间的权利义务关系非常重要。股东之间要提倡亲和友善、按公司章程规定办事、协商合作的精神。有问题应当依据公司章程的规定解决或者按照公司章程规定的原则协商解决,协商中要互谅互让,协商一致的就要遵守和履行。股东切不可因小利而背弃公司章程,更不可用损失公司利益的办法对付对方,到头来受损失的往往是包括自己在内的全体股东。在实务中有许多股东和公司管理人员不尊重公司章程,缺少协商合作的精神,本来事情不大,却酿成激烈的矛盾,给各方都带来巨大的损失。对此,笔者斗胆进一言,“和气生财”,“君子治财,不治气”。

公司章程再好其意义在于执行。在实务中经常遇到董事、监事、公司的高管人员不学、不知、不理公司章程的情形,这是非常有害的。笔者建议,公司经常组织董事、监事和高级管理人员定期学习公司章程,特别是对新入职的董事、监事和高级管理人员一定要进行公司章程的教育，使之知道公司章程对自己具有约束力，依据公司章程的规定哪些事情是自己必办的，哪些事情自己是不能办的，自己的权利和责任是什么。

二、公司章程的签署和生效

根据《公司法》第二十五条和第八十一条的规定，有限责任公司和采用发起方式设立的股份公司，章程应当由全体股东签名或盖章。根据《公司法》的规定，采取募集方式设立的股份公司，公司章程由全体发起人拟制，并在招股说明书中向社会公众投资人披露，经创立大会通过后生效。根据《公司法》第六十条的规定，一人有限责任公司章程由股东制定并签署。根据《公司法》第六十五条的规定，国有独资公司章程由国有资产监督管理机构制定，或者由董事会制定报国有资产监督管理机构批准。

从公司法的上述规定可见，标准有限责任公司和以发起设立方式设立的股份有限公司，其公司章程由全体股东或全体发起人协商拟定并签署。股东或发起人为自然人的签名，为法人的盖章。该等公司的章程一经全体股东或全体发起人签署，当即对股东或发起人产生约束力。尽管这时公司尚未登记成立，全体股东或发起人必须遵守公司章程并履行公司章程规定的各自的义务，特别是出资义务。

以募集方式设立的股份有限公司，其章程由全体发起人制定，并须在募集股份时履行对认股人的告知义务。但是，发起人只是制定公司章程，并不能独自使公司章程生效。根据公司法的规定，以募集方式设立的股份有限公司的章程，必须在公司创立大会上得到出席会议的认股人所持表决权的过半数通过方才生效。这里可见有限责任公司、发起方式设立的股份有限公司与募集方式设立的股份有限公司在章程生效程序和条件上的区别。正是基于募集方式设立的股份有限公司章程生效的特殊性，公司法规定，采取募集方式设立股份有限公司的，在公司章程生效前，发起人应当根据发起人协议的规定履行各自的权利和义务。

根据公司法的规定，一人有限责任公司的章程由股东自己制定并签署；国有独资公司的章程由代行股东职责的国有资产监督管理机构制定，或者由公司董事会拟定，报国有资产监督管理机构批准。

三、发起人协议的效力

根据公司法的规定,采募集方式设立股份有限公司的发起人承担公司筹办事务,发起人应当签订发起人协议,明确各自在公司设立过程中的权利和义务。发起人不依照约定缴纳出资的,应当按照发起人协议承担违约责任。

由于以募集方式设立股份有限公司的设立过程时间长、事务多,发起人承担的责任大,且公司章程需等到创立大会通过方始生效,为了明确发起人之间的分工和责任,发起人需要在公司章程生效前签订发起人协议,并依据发起人协议的规定履行各自的义务。发起人协议的内容包括公司章程的某些内容,也包括一些非公司章程的内容,主要是规定在公司创设过程中,发起人之间的分工、责任及各发起人所认购的股份和出资方式、期限、违约责任等。因此,发起人协议是发起人就公司设立过程的契约,对全体发起人具有约束力,在公司成立之前,具有准章程的作用。

第四节 公司章程的内容

下面我们讨论公司章程的内容,这对我们正确理解公司章程的功能及在企业投融资、并购、重组中正确处理公司章程的相关问题有意义。

一、序言部分

从实务来看公司章程的序言部分大致有两种情况:(1)在新设公司的情况下,这部分内容大致是为何人在何地设立并运营公司,根据《公司法》及有关法律、行政法规的规定,签署本公司章程。(2)在企业股权并购的情况下,这部分内容大致是言明修改公司章程的原因,比如因公司股东转让股权或者公司增加注册资本,根据《公司法》及有关法律、行政法规的规定,对本公司章程作出修改。

二、总则部分

一般情况下需要在公司章程的总则部分明确以下四项内容:(1)公司名称:根据《公司法》第二十五条和第八十一条的规定,公司名称是公司章程的必备事项。根据《企业名称登记管理规定》的规定,公司名称必须经工商登记管理部门预先核准,取得公司名称预先核准通知书。根据有关规定,公司的名称应当由"县级以上行政区划的名称＋公司字号＋行业＋公司的组织形式”组成。公司名称中使用哪级行政区划的名称，公司的名称就应当由哪级工商行政管理机关核准。在公司名称中冠以中国、中华、全国、国家等字样的；在名称中间使用中国、中华、全国、国家等字样的；在名称中不含有行政区划的；应当经国家工商行政管理总局（现为国家市场监督管理总局）核准。（2）公司住所：根据《公司法》第二十五条和第八十一条的规定，公司住所是公司章程的必备事项。（3）公司的国籍：明确公司为中国的企业法人，其经营活动应遵守中国的法律和行政法规，并受中国法律的管辖和保护。（4）公司的类型：明确公司为有限责任公司或为股份有限公司。同时明确公司以其全部资产为限对其债务承担责任；股东按本章程规定的出资额承担出资的责任，并以各自认缴的出资为限对公司承担责任。

三、公司经营范围部分

根据《公司法》第二十五条和第八十一条的规定，公司的经营范围是公司章程的必备事项：《公司法》第十二条规定，“公司的经营范围由公司章程规定，并依法登记。公司可以修改公司章程，改变经营范围，但是应当办理变更登记。公司经营范围中属于法律、行政法规规定须经批准的项目，应当依法经过批准”。经营范围是指公司从事经营活动的领域和内容，是股东在设立公司之初必须为公司确定的重要事项之一。如果在公司存续期间意欲变更公司的经营范围，必须修改公司章程，而要修改公司章程必须按《公司法》第四十三条的规定，需经代表2/3以上表决权的股东通过。公司的经营范围必须依法经公司登记机关登记，而无论是登记公司的经营范围，还是变更登记公司的经营范围，都必须首先签署或修改公司章程，登记的经营范围必须与公司章程中规定的公司的经营范围相一致。公司的经营范围中有属于国家许可项目的，还应当首先向审批机关申请批准，并应当在审批机关批准后的30天内到公司登记机关办理登记，登记时应当提交批准的文件或证件。公司未经许可或登记从事应经批准项目经营的，公司登记机关将按照无照经营处理；未经登记从事无须批准的项目经营的，公司登记机关将按照超经营范围处理。公司在拟定经营范围时，可以参照国民经济行业分类中的用语。

在公司章程中规定公司的经营范围有以下四层重要意义：（1）表示公司意欲从事的经营活动已经取得国家许可或批准，公司有权在该领域从事经营活动；（2）全体股东已就公司从事经营活动的领域和内容达成一致；（3）对外登记公示；（4）对公司、董事和经理既有授权的意义，即可以在公司章程载明的经营范围内开展经营活动；又有规限的意义，即公司不得从事经营范围以外的经营活动，否则给公司造成损失的,董事、经理应负赔偿责任。

如何确定公司的经营范围。如果公司章程中载明的经营范围过窄,公司的活动领域相对就小,公司的行为能力和盈利能力就有可能受到不应当的限制;反之,如果公司章程中载明的经营范围过于宽泛,公司就会毫无约束地什么都干,甚至今天搞这个,明天搞那个,结果很可能是哪个也没干好。这种情况往往会浪费股东大量的资源和时间,使公司的核心竞争力下降,在激烈的市场竞争中很可能被淘汰出局。现代经济的一个突出特点是企业间分工越来越细,专业化程度越来越高。因此,股东在研商公司的经营范围时,切不可盲目上马,更不可这山看那山高。一定要在市场调研和分析的基础上,选准自己所能担当的角色,并据此确定公司的经营范围。这一点对新设立的中小公司尤为重要。

四、公司设立方式部分

根据《公司法》第八十一条的规定,公司的设立方式是股份有限公司章程中必备的事项,而有限责任公司的章程则无须此项内容。根据公司法的规定,设立股份有限公司可以采取发起设立方式或者募集设立方式。发起设立,是指由全体发起人认购公司拟发行的全部股份而设立公司。募集设立,是指由全体发起人认购公司拟发行股份的一部分,其余股份向社会公开募集或向特定对象募集而设立公司。股份有限公司的章程必须明确公司采取哪种方式设立。

发起人是指认购公司股份,筹办公司设立事务,起草并签署公司章程,承担公司设立不能法律责任的人。在公司成立后,发起人成为公司的股东。发起人可以是法人,也可以是自然人。在发起设立的情况下,全体发起人认购公司拟发行的全部股份,公司不向社会募集资本。在募集设立的情况下,发起人仅认购公司拟发行全部股份中的一部分,其余部分依法向社会公开募集或者向特定对象募集,公司的总股本中既有发起人投入的,也有社会公众投入的。两种方式相比较,发起设立较简便、费用较低、风险较小、时间较短;而募集设立的程序比较复杂、费用比较高、风险比较大、时间比较长。但募集设立更易于集中社会小额资金,更能满足集约化大生产对资本的需求,更具有资合的先进性。发起方式和募集方式是股份有限公司设立的两种方式;而募集方式又分为向社会公开募集和向特定对象募集两种。根据公司法的规定,无论是向社会公开募集还是向特定对象募集,只要采取募集方式设立,发起人认购的股份总数就不得少于公司股份总数的35%。

向社会公开募集股份就是指向全社会不特定的对象公开招揽投资人,任何人都可以购买公司的股份,成为公司的股东。股份公司向社会公开募集股份的程序应当符合《公司法》第八十五条、第八十六条、第八十七条和第八十八条的有关规定。所谓向特定对象募集应当从以下五个方面去理解：(1)不向社会公开招揽投资人；(2)无须履行公司法关于向社会公开募集股份的程序和相关规定；(3)只向特定人募集股份，法律对特定人的人数和其他要求未作规定；(4)无须报经国务院证券监督管理部门核准；(5)向特定人募集时，发起人认购的股份不得少于公司股份总数的35%。公司法允许发起人向特定对象募集股份，有利于简化募集设立的程序，减少募集设立的成本，降低募集设立的风险，使采取募集设立方式设立股份有限公司变得容易。同时也有利于股份有限公司日后的管理，这对采取募集方式设立公司的发起人来说绝对是一项非常有利的法律规定。

五、注册资本及股份总数和每股金额

根据《公司法》第二十五条和第八十一条的规定，有限责任公司章程应当明确公司的注册资本额；股份有限公司的章程不仅要明确公司的注册资本总额，同时还要明确公司发行的股份总数和每股的票面金额。(1)关于有限责任公司的注册资本额。根据《公司法》第二十六条的规定，有限责任公司的注册资本为公司登记机关登记的全体股东认缴的出资额。法律、行政法规及国务院决定对有限责任公司(是否保证法条完整)注册资本实缴、注册资本最低限额另有规定的，从其规定。股东出资既是公司设立的必要条件，也是公司设立过程中最核心的事项。注册资本亦称登记资本或公示资本，是股东对公司出资的总额，是公司成立和运营的物质基础，也是公司资产的最初来源。由于在公司企业制度下，股东仅以其对公司的出资为限对公司承担责任，公司仅以其全部资产对其债务承担责任，所以各国公司法大多规定了公司注册资本的最低限额，我国现行公司法采取公司资本完全认缴制度，公司注册资本额和出资期限法律不作限制规定。另外，根据公司法的规定，公司在成立以后还可以通过增资来追加公司的注册资本，如此，不仅设立公司的门槛低，而且也为公司的发展创造了广阔的资本空间。(2)关于股份有限公司的注册资本额。公司法没有规定股份公司注册资本的限额，股份公司申请首发并上市的其注册资本最低限额及缴付期限应当符合有关法律法规的规定。(3)关于股份公司的股份总数和每股金额。股份有限公司的注册资本也称为总股本，总股本被划分为若干等份，称为股份，其交易形态就是股票。股本总额除以每股金额就等于发行的股份总数，发行的股份总数乘以每股金额就等于总股本。关于每股金额需要提请注意的是，这里的每股金额是指股票的面值，而非股票的发行价格，更非股票的交易价格。股票的发行价格必须等于或大于股票的面值,而上市公司的股票的交易价格则可能高于面值,也可能低于面值,受市场供求关系的影响。

六、股东或发起人的名称或姓名

有限责任公司的章程应当载明股东的名称或姓名。股份有限公司的章程应当载明发起人的名称或姓名。在实务中,如果为自然人不仅要载明其姓名,还应当载明其国籍、住所、身份证号码或护照号;如果是单位则不仅要载明其名称,还应当载明其住所、统一信用代码。在实务中如果股东或发起人的人数较多,可采在正文中明确××等共计多少位股东或发起人(详见章程附件)的方法处理,在章程附件中列表载明股东或发起人的名称或姓名及有关信息。

七、股东或发起人的出资或认股数额、出资方式和期限

有限责任公司的股东和股份有限公司的发起人可以按照《公司法》第二十七条的规定,以货币以外的财产对公司出资,而股份公司的公众投资人则只能以货币向公司缴纳股款。因此,有限责任公司的章程应当载明各股东的出资额、出资方式和实际缴付出资时间;股份有限公司的章程应当载明各发起人的认股数额、出资方式和实际缴付出资的时间。

股东出资责任,是指有限责任公司的股东负有按公司章程规定缴纳出资的责任;股份有限公司的发起人负有按照发起人协议规定缴纳股款的责任,以及社会公众认股人负有按照认股书规定缴纳股款的责任。股东出资责任是股东有限责任的前提条件。注册资本是公司得以成立的法定条件之一,也是公司依法承担责任的基本物质条件,其来源为全体股东的出资。股东出资责任包括股东出资的数额、期限、方式等内容,股东必须如数、按期以约定的方式履行出资义务。股东的出资责任是一种设定责任,即因出资人签订协议或公司章程认缴出资或认购股份而生成的一种责任。股东出资责任是一种对世责任,即股东不履行出资责任将被视为对社会公众和债权人的不尽责,应当招致追究和处罚。股东出资责任是一种有限责任,即责任的上限为股东认缴的出资额。股东必须实际履行出资责任,否则将承担法律后果,根据《公司法》第一百九十八条和第一百九十九条的规定,公司的发起人、股东虚假出资,未交付或者未按期交付作为出资的货币或者非货币财产的,由公司登记机关责令改正,处以虚假出资金额5%以上15%以下的罚款。在股东对公司的各种责任中,出资责任是最基本的责任,其他责任都是由此派生或者与此有关联的责任。

出资方式是指股东向公司履行出资义务所采取的方式，即股东以何种财产向公司出资。股东出资方式是股东出资责任的一项重要内容，关系到股东与股东之间的利益，应当由股东协商一致并在公司章程或发起人协议中明文约定。股东的出资方式不仅需要股东协商一致，还不得违反公司法及有关法律、行政法规的规定。根据《公司法》第二十七条和第八十三条的规定，有限责任公司的股东、采发起设立方式成立的股份有限公司的全体发起人和采募集方式设立的股份有限公司的发起人，可以在货币以外以其他财产向公司履行出资义务。

综上所述，无论哪种公司的章程都应当载明股东或发起人的出资额或认股数，并明确股东的出资方式和发起人缴纳股金的方式以及期限。股东或发起人一旦签署公司章程或发起人协议，就必须按照公司章程或发起人协议规定的该股东或发起人的出资额、出资方式和出资期限缴纳出资，否则即为出资违约。

在实务中对以非货币财产向公司出资的股东，除明确约定其出资的财产和交付的期限外，还应当约定其完成出资的条件及相关费用的负担。比如，以房地产向公司履行出资义务的，应当将有关土地证和房产证办至公司的名下，其中发生的费用应当由出资者承担。如果事项和内容较多，可采分别以书面协议的方式处理，并将该等书面协议作为公司章程的附件。此类协议应当由非货币出资股东与其他股东或股东代表签署的方式生成。

八、有限责任公司关于股权转让方面的内容

《公司法》第七十一条对有限责任公司章程关于股东转让股权的内容作出了条款建议。有限责任公司的章程可以采纳公司法的建议，也可以另作规定，还可以不作约定，但是不作约定的视为采纳公司法的建议。《公司法》第七十一条的内容为有限责任公司的股东之间可以相互转让其全部或部分股权。股东向股东以外的人转让股权，应当经其他股东过半数同意。股东应就其股权转让事项书面通知其他股东征求同意，其他股东自接到书面通知之日起满30日未答复的，视为同意转让。其他股东半数以上不同意转让的，不同意的股东应当购买该转让的股权；不购买的，视为同意转让。经股东同意转让的股权，在同等条件下，其他股东有优先购买权。两个以上股东主张行使优先购买权的，协商确定各自的购买比例；协商不成的，按照转让时各自的出资比例行使优先购买权。公司章程对股权转让另有规定的，从其规定。

《公司法》第七十一条的最后一款明确，公司章程对股权转让另有规定的，从其规定，由此可见，本条仅是公司法的一项建议性规定。股权转让是有限公司章

程的重要事项,关系到股东与公司、股东与股东、股东与相对人的权利义务关系。新公司法一改过去强制性规定,仅作建议性规定,突出显示了私法自治的原则。股东可以选择公司法的建议,也可以不选择公司法的建议,另行作出规定,并载明于公司章程之中。从实务来看,多数有限责任公司章程由于受原公司法的影响,仍规定股东向股东以外的人转让股权的,其他股东在同等条件下享有优先购买权。

九、股东会或股东大会的组成、职权

股东会是有限责任公司的权力机构,股东大会是股份有限公司的权力机构。股东会或股东大会的职权和议事规则是公司章程的重点内容,也是股东之间就公司章程谈判的难点。(1)股东会或股东大会的组成。根据《公司法》第三十六条和第九十八条的规定,股东会由有限责任公司的全体股东组成,股东大会由股份有限公司的全体股东组成。(2)关于股东会、股东大会的职权。由于股东会由有限责任公司的全体股东组成,股东大会由股份有限公司的全体股东组成,故没有产生问题。关于股东会或股东大会的职权问题,《公司法》第三十七条规定有限责任公司股东会行使下列职权:(a)决定公司的经营方针和投资计划;(b)选举和更换非由职工代表担任的董事、监事,决定有关董事、监事的报酬事项;(c)审议批准董事会的报告;(d)审批批准监事会或者监事的报告;(e)审议批准公司的年度财务预算方案、决算方案;(f)审议批准公司的利润分配方案和弥补亏损方案;(g)对公司增加或者减少注册资本作出决议;(h)对发行公司债券作出决议;(i)对公司合并、分立、解散、清算或者变更公司形式作出决议;(j)修改公司章程;(k)公司章程规定的其他职权。《公司法》第九十九条规定,本法第三十七条第一款关于有限责任公司股东会职权的规定,适用于股份有限公司股东大会。股东会或股东大会是公司的最高权力机构,其职权涉及股东与公司、股东与董事会、监事会及公司管理层的关系,关系到股东作为公司的投资人对公司的权利。《公司法》第三十七条规定的前十项内容必须在公司章程中一一载明,缺一不可,第十一项由股东自由商定。公司法规定的股东会或股东大会的职权是公司章程的法定内容,股东不得删除或更改,但可以在前十项以外增加。关于股东会或股东大会的职权除上述外,《公司法》第十六条第二款规定,公司为公司股东或实际控制人提供担保的,必须经股东会或者股东大会决议。第三款规定,前款规定的股东或者受前款规定的实际控制人支配的股东,不得参加前款规定事项的表决。该项表决由出席会议的其他股东所持表决权的过半数通过。实际控制人是指虽不是公司的股东，但通过投资关系、协议或者其他安排，能够实际支配股东或公司行为的人。公司对外担保是指公司为公司以外的人提供担保，包括公司为他人提供保证或以公司的资产为他人债务抵押，这对公司来说是有高风险的。公司为股东或者实际控制人提供担保必须经股东会或股东大会决议，被担保的股东或者受被担保的实际控制人控制的股东，不得参加股东会或者股东大会对该事项的表决，这是公司法的强制性规定，公司章程应当遵从。

十、关于股东会或股东大会的议事规则

无论是有限责任公司股东会还是股份有限公司的股东大会，都是议事机构，其职权只能通过决议的方式行使，而决议必须按照议事规则生成，因此，股东会或者股东大会的议事规则在公司章程中占有十分重要的位置。

1. 关于股东会、股东大会的召集和主持。《公司法》第四十条规定，有限责任公司设立董事会的，股东会会议由董事会召集，董事长主持；董事长不能履行职务或者不履行职务的，由副董事长主持；副董事长不能履行职务或者不履行职务的，由半数以上董事共同推举一名董事主持。有限责任公司不设董事会的，股东会会议由执行董事召集和主持。董事会或者执行董事不能履行或者不履行召集股东会会议职责的，由监事会或者不设监事会的公司的监事召集和主持；监事会或者监事不召集和主持的，代表1/10以上表决权的股东可以自行召集和主持。《公司法》第一百零一条规定，股份有限公司的股东大会由董事会召集，董事长主持；董事长不能履行职务或者不履行职务的，由副董事长主持；副董事长不能履行职务或者不履行职务的，由半数以上董事共同推举一名董事主持。董事会不能履行或者不履行召集股东会会议职责的，监事会应当及时召集和主持；监事会不召集和主持的，连续90日以上单独或者合计持有公司10%以上股份的股东可以自行召集和主持。

股东会或股东大会是公司的权力机构，公司的重大事项必须由其作出决定。股东会或股东大会对公司重大事项的决定，必须通过召开会议，以会议决议的方式作出，这就使股东会或股东大会的召集程序和主持显得格外重要。在某些情况下，由于种种原因，股东会或股东大会或者无人召集，或者无人主持，使之处于名存实亡的状态，严重地影响了公司的正常决策和运营。对此，新公司法规定了召集和主持股东会或股东大会的职责及救济方法，对保证股东会或股东大会的正常运作，及时对公司的重大事项做出决定非常必要。公司法关于有限责任公司股东会和股份有限公司股东大会召集和主持职责及救济方法的规定是强制性的，公司

章程应当遵从。

2. 关于提请召开临时股东会、股东大会。《公司法》第三十九条规定,有限责任公司股东会会议分为定期会议和临时会议。定期会议应当依照公司章程的规定按时召开。代表1/10以上表决权的股东,1/3以上的董事,监事或者不设监事会的公司的监事提议召开股东会临时会议的,应当召开临时会议。《公司法》第一百条规定,股份有限公司股东大会应当每年召开一次年会。有下列情形之一的,应当在两个月之内召开临时股东大会:①董事人数不足本法规定人数或者公司章程所定人数的2/3时;②公司未弥补的亏损达实收资本总额1/3时;③单独或者合计持有公司10%以上股份的股东请求时;④董事会认为必要时;⑤监事会提议召开时;⑥公司章程规定的其他情形。

根据公司法的上述规定,股东会或股东大会的会议分为定期会议和临时会议两种,定期会议在公司章程中明确规定召开的时间,届时必须召开,临时会议根据公司章程的规定,在特定情况下临时召开。公司法关于召开股东会或股东大会临时会议的规定,是公司法的强制性规定,公司章程应当原文载明。其中关于有限责任公司召开股东会临时会议的规定和股份有限公司股东大会召开临时会议前五项的规定,是法定召开事由,即使公司章程未原文载明,也不影响这一规定的效力。另外,股份有限公司召开临时股东大会事由的第二项中,未弥补的亏损是指仍然表现在公司财务账面上的亏损,反映公司经营至某一阶段时公司自有资产减少的情况。实收资本是指公司实际收到股东出资的数额,在股东一次出资的情况下,实收资本等于公司注册资本,在股东分期出资且未完成出资的情况下,公司实收资本少于注册资本。公司未弥补的亏损达实收资本总额1/3时,表明公司的经营状况不好,亏损已经达到比较严重的程度。

3. 关于股份有限公司股东可以委托代理人参加股东大会会议。《公司法》第一百零六条规定,股东可以委托代理人出席股东大会会议,代理人应当向公司提交股东授权委托书,并在授权范围内行使表决权。股份有限公司的股东可以出具书面委托书,委托代理人代表自己参加股东大会会议,代理人可根据授权在股东大会上代表被代理的股东行使表决权。这是公司法关于股份有限公司股东大会会议程序的强制性规定,股份有限公司的章程应当遵从。

4. 关于股东会或股东大会通知和临时提案的程序。《公司法》第一百零二条规定,股份有限公司召开股东大会会议,应当将会议召开的时间、地点和审议的事项于会议召开20日前通知各股东;临时股东大会应于会议召开15日前通知各股东;发行无记名股票的,应当于会议召开30日前公告会议召开的时间、地点和审议事项。单独或者合计持有公司3%以上的股东,可以在股东大会召开10日前提出临时提案并书面提交董事会,董事会应在收到提案后2日内通知其他股东,并将该临时提案提交股东大会审议。临时提案的内容应当属于股东大会职权范围,并有明确议题和具体决议事项。股东大会不得对会议通知中未列明的事项和非临时提案中提请审议的事项作出决议。股份有限公司的股东多,特别是募集设立的股份有限公司小股东多,因此,公司法对股份有限公司股东大会的通知程序和临时提案程序作出了强制性的规定,这对保护小股东依法参与公司决策权具有特别的意义。股份有限公司章程应当载明公司法本条关于股东大会通知和临时提案程序的规定。

根据《公司法》第四十一条的规定,有限责任公司召开股东会会议,应当于会议召开15日前通知全体股东;公司章程另有规定或者全体股东另有约定的除外。股东会通知的时间是公司章程的必备内容,公司章程可以规定在股东会召开15日前通知全体股东,也可以根据具体情况作出另外的规定,但无论怎样都应当在公司章程中载明。

5. 关于股东表决权和有效决议。根据《公司法》第四十二条的规定,有限责任公司股东会会议由股东按照出资比例行使表决权;但是,公司章程另有规定的除外。有限责任公司股东表决权的分配制度是公司章程的必备内容,但是,是按资分配还是不按资分配,公司法只是提出建议,具体由股东商定并在公司章程中明确。公司法建议有限责任公司的股东按照出资比例行使表决权,但是如果公司章程另有规定,则尊重公司章程的规定。《公司法》第一百零三条规定,股份有限公司的股东出席股东大会会议,所持每一股份有一表决权。但是,公司持有的本公司的股份没有表决权。股东大会作出决议,必须经出席会议的股东所持表决权过半数通过。股份有限公司按资分配表决权,一股一票,股东大会的决议必须经出席会议的股东所持有的表决权过半数通过方为有效(特别决议则要求2/3),这是公司法的强制性规定,应当载明在公司章程中。

6. 关于股东会、股东大会决定特别事项。根据《公司法》第四十三条第二款的规定,有限责任公司股东会会议作出修改公司章程、增加或者减少注册资本决议,以及公司合并、分立、解散或者变更公司形式的决议,必须经代表2/3以上表决权的股东通过。根据《公司法》第一百零三条第二款的规定,股份有限公司股东大会作出修改公司章程、增加或者减少注册资本决议,以及公司合并、分立、解散或者变更公司形式的决议,必须经出席会议的股东所持表决权的2/3以上通过。根据公司法的上述规定,有限责任公司的股东会或股份有限公司的股东大会,对修改公司章程、增加或者减少注册资本,公司合并、分立、解散或者变更公司形式等七项重大事项作出特别决议,必须以2/3以上的赞成票通过方可。所不同的是有限责任公司要求公司全部表决权(不管是否参加会议)的2/3以上通过;而股份有限公司则仅要求出席股东大会的股东所持有的表决权(仅以参加会议的为限)的2/3以上通过。这是公司法关于有限责任公司和股份有限公司通过特别决议程序的区别,必须加以注意。公司法对股东会和股东大会关于通过特别事项决议的规定,是强制性规定,应当在公司章程中载明。股东会或股东大会违反公司法的规定,对特别事项作出的决议无效。但是关于公司特别决议的事项和通过特别决议需要的表决权均可以在公司法规的限制之上增加。

7. 关于有限责任公司股东书面表决通过决议问题。根据《公司法》第三十七条第二款的规定,有限责任公司股东会在行使职权时,股东以书面形式一致表示同意的,可以不召开股东会会议,直接作出决定,并由全体股东在决定文件上签名、盖章。这是公司法对有限责任公司股东会行使职权的形式的一项建议,公司章程可以采纳,也可以不采纳。凡是应由股东会讨论决议的事项,全部召开股东会会议,由股东在会议上行使表决权,不仅成本高,而且未参加会议的股东无法行使表决权。特别是对一些中小公司来说,股东会的职权比较大,甚至涉及公司日常经营中的决策,凡事必召开股东会更无必要。以提请股东签署股东会决议的方法,安排股东行使表决权,既可以降低成本,节约股东的时间,又可以加快公司的决策进度,同时还可以使不能参加股东会的股东也有机会行使自己的权利,绝对不失是一种好方法。但根据公司法的规定要在公司中执行这种方法,必须在公司章程中作出明文的约定,否则股东有权以决议程序违反法律、行政法规或公司章程的规定,提起诉讼请求人民法院撤销股东会决议。为了更好地利用这种股东会简便的决策形式,股东可以在公司章程中规定哪些事项股东会必须立会讨论并作出决议,如对特别事项的决议;同时约定哪些事项可以通过签署书面股东会决议的方式作出决议,如对外投资、公司贷款等。

8. 关于股份有限公司实行累积投票制问题。根据《公司法》第一百零五条的规定,股份有限公司股东大会选举董事、监事,可以依照公司章程的规定或者股东大会的决议,实行累积投票制。累积投票制是一种照顾股份有限公司的中小股东选举权的制度。在实行累积投票制度的情况下,中小股东可以集中使用自己的投票权,以保证被选上的董事、监事中有自己选定的人。根据公司法的规定,实行累积投票制以公司章程有明文规定或者股东大会的决议为前提。如果公司章程规定公司股东大会选举董事、监事实行累积投票制度,那么,公司每次选举董事、监事就都应当实行累积投票的方法；如果公司章程没有规定实行累积投票制度，就只能以本次股东大会决议的方式临时作出决定，否则不能实行累积投票制。累积投票制度只是公司法的一项建议，如果公司股东选择累积投票制度，就必须在公司章程中明文规定，否则就视为股东未选择。

十一、董事会的产生、职权和议事规则

董事会是公司的行政领导机构，负责公司的日常经营决策，是公司中最重要的机构。董事会的产生、职权及议事规则历来是公司章程的重点内容，也是制定公司章程的难点。

1. 关于公司董事会的产生。根据《公司法》第四十四条和第五十条的规定，有限责任公司的董事会由三人至十三人组成，但是股东人数较少或者规模较小的有限责任公司可以设一名执行董事，不设董事会。根据《公司法》第一百零八条的规定，股份有限公司必须设董事会，其成员由五人至十九人组成。根据《公司法》第三十七条、第一百零五条的规定，董事由股东会或者股东大会选举产生。根据《公司法》第四十五条和第一百零八条的规定，董事任期由公司章程规定，但每届任期不得超过三年，可以连选连任。

2. 关于董事会的职权。根据《公司法》第四十六条和第一百零八条的规定，公司董事会对股东会负责，行使下列职权：(1)召集股东会会议，并向股东会报告工作；(2)执行股东会的决议；(3)决定公司的经营计划和投资方案；(4)制订公司的年度财务预算方案、决算方案；(5)制订公司的利润分配方案和弥补亏损方案；(6)制订公司增加或者减少注册资本以及发行公司债券的方案；(7)制订公司合并、分立、解散或者变更公司形式的方案；(8)决定公司内部管理机构的设置；(9)决定聘任或者解聘公司经理及其报酬事项，并根据经理提名决定聘任或者解聘公司副经理、财务负责人及其报酬事项；(10)制定公司的基本管理制度；(11)公司章程规定的其他内容。董事会是公司的管理决策机构，其职权涉及股东会或股东大会决议的执行以及对公司日常经营中的决策权和管理权，应当在公司章程中载明。根据公司法的规定，董事会的前十项职权是法定职权，公司章程应当载明，但股东可以在此以外增加董事会的职权，并在公司章程中载明。

3. 关于董事会的议事规则。(1)董事表决权。根据《公司法》第四十八条和第一百一十一条的规定，公司董事会决议的表决，实行一人一票。董事会是议事机构，其职权的行使方式表现为董事会决议，其决议以董事表决的方式通过。但是，董事表决权与股东表决权不同，股东表决权按资分配，即按对公司出资额的多

少分配表决权,出资多的股东享有的表决权就多,出资少的股东享有的表决权就少,董事不按资分配表决权,而是按人分配表决权,无论董事是由谁推荐的,对每一决议事项的表决,每位董事只有同等效力的一票表决权。公司法关于董事表决权的规定,是公司法的强制性规定,公司章程应当遵从。(2)关于股份有限公司董事委托其他董事代为出席董事会议问题。根据《公司法》第一百一十二条的规定,股份有限公司董事会会议,应由董事本人出席;董事因故不能出席,可以书面委托其他董事代为出席,委托书应当载明授权范围。公司法关于股份有限公司的董事可以委托其他董事代为出席董事会的规定,为公司法的强制性规定,公司章程应当适从。但这里需要提请注意的是,被委托人只能是公司的其他董事,而不能是非公司董事的人员。关于有限责任公司的董事是否可以委托其他董事代为出席董事会并表决,公司法未作规定,由公司章程任意规定。(3)关于股份有限公司董事会决议的有效性问题。根据《公司法》第一百一十一条的规定,股份有限公司董事会会议应有过半数的董事出席方可举行。董事会作出决议,必须经全体董事的过半数通过。股份有限公司的董事会必须由公司全体董事的过半数参加才能有效举行;股份有限公司的董事会通过决议必须由公司的全体董事(包括未参加会议的董事)过半数通过方为有效的决议。这是公司法关于股份有限公司董事会会议有效举行和董事会通过决议的强制性规定,公司章程应当遵从。关于有限责任公司的董事会及其决议的有效性问题,公司法未作规定,由公司章程任意规定。从实务来看多采董事半数以上为有效的条件。(4)关于股份有限公司董事会议通知和召开临时会议问题。根据《公司法》第一百一十条的规定,股份有限公司董事会每年度至少召开两次会议,每次会议应当于会议召开 10 日前通知全体董事和监事。代表 1/10 以上表决权的股东、1/3 以上董事或者监事会,可以提议召开董事会临时会议。董事长应当自接到提议后十日内,召开和主持董事会会议。这是公司法对股份有限公司董事会会议通知时间和召开临时董事会会议事由的强制性规定,股份有限公司章程应当遵从。关于有限责任公司董事会定期会议和临时会议召开的程序公司法未作规定,由股东在公司章程中明确。(5)关于股份有限公司董事的赔偿责任问题。根据《公司法》第一百一十二条的规定,股份有限公司的董事应当对董事会的决议承担责任。董事会的决议违反法律、行政法规或者公司章程、股东大会决议,致使公司遭受严重损失的,参与决议的董事对公司负赔偿责任。但经证明在表决时曾表明异议并记载于会议记录的,该董事可以免除责任。这是公司法对股份有限公司董事,因董事会决议违反法律、行政法规或者公司章程、股东大会决议,致使公司遭受严重损失而对公司承担赔偿责任的强制性规定,公司章程应当载明。这里需要注意三点:第一,董事会决议违反法律、行政法规或者公司章程、股东大会决议,不违反的即使给公司造成损失,董事也不负赔偿责任;第二,董事对董事会决议投了赞成票,如果投了反对票,即使决议违反法律、行政法规或者公司章程、股东大会决议,并给公司造成了损失,投反对票的董事也不负赔偿责任;第三,由于公司执行董事会决议,受到了经济损失,损失与决议之间有因果关系。有限责任公司章程中是否规定董事的赔偿责任,由股东协商确定。(6)关于上市公司董事回避关联事项问题。根据《公司法》第一百二十四条的规定,上市公司董事与董事会决议事项所涉及的企业有关联关系的,不得对该项决议行使表决权,也不得代理其他董事行使表决权。该董事会会议由过半数的无关联关系董事出席即可举行,董事会会议所作决议须经无关联关系董事过半数通过。出席董事会的董事人数不足三人的,应将该事项提交上市公司股东大会审议。这是公司法关于上市公司的董事回避关联事项表决的强制性规定,上市公司的章程应当载明公司法的这一强制性规定。公司的关联事项由无关联关系的董事表决,合情入理。(7)关于上市公司设立独立董事问题。根据《公司法》第一百二十二条的规定,上市公司设独立董事,具体办法由国务院规定。独立董事是指不代表任何股东,与任何股东或实际控制人不存在任何关联关系的董事。上市公司设独立董事,是公司法的强制性规定,公司章程应当遵从。(8)关于上市公司设董事会秘书问题。根据《公司法》第一百二十三条的规定,上市公司设董事会秘书,负责公司股东大会和董事会的筹备、文件保管以及公司股东资料的管理,办理信息披露事务等事宜。上市公司设董事会秘书及董事会秘书的职责,是公司法的强制性规定,上市公司章程应当遵从。

十二、关于董事长的产生和职权

1. 关于董事长的产生。根据《公司法》第四十四条和第一百零九条的规定,有限责任公司董事会设董事长一人,可以设副董事长;股份有限公司董事会设董事长一人,可以设副董事长。董事长是公司的行政首长,是股东会或股东大会及董事会的主持人。董事会必须设董事长一人,并在公司章程中明文规定,这是公司法的强制性规定。

根据公司法的规定,股份有限公司董事长和副董事长由董事会以全体董事的过半数选举产生。公司法规定了股份有限公司董事长和副董事长的产生办法,这是公司法的强制性规定,必须在公司章程中载明。相反,公司法没有规定有限责任公司董事长、副董事长产生的办法,由股东在公司章程中自由约定。从实务来看，有限责任公司的董事长的产生多采两种办法；一是委派制，即由公司的控股股东向公司委派董事长；二是选举制，即由股东会选举董事长。

2. 关于董事长的职权。根据《公司法》第四十七条的规定，有限责任公司董事会会议由董事长召集和主持；董事长不能履行职务或者不履行职务的，由副董事长召集和主持；副董事长不能履行职务或者不履行职务的，由半数以上董事共同推举一名董事召集和主持。根据《公司法》第一百零九条的规定，股份有限公司董事长召集和主持董事会会议，检查董事会决议的实施情况。副董事长协助董事长工作，董事长不能履行职务或者不履行职务的，由副董事长履行职务；副董事长不能履行职务或者不履行职务的，由半数以上董事共同推举一名董事履行职务。

董事长是公司的重要职务，且承担召集和主持董事会的职责。董事会是议事机构，其主要依靠会议决议的方式来领导公司，如果董事会会议无人召集或无人主持，董事会的职权就不能完全履行，公司的生产和经营活动就会受到影响。为此，公司法规定了有限责任公司或股份有限公司董事长履行召集和主持董事会会议职责，以及在董事长不履行职责或不能履行职责情况下寻求救济的方法。这是公司法的强制性规定，公司章程应当遵从。需要注意的是，《公司法》第一百一十条第二款规定的不单单是股份有限公司董事会会议的召集和主持，还包括董事长的其他职责。

十三、监事会的产生、职权和议事规则

1. 关于监事会的产生。根据《公司法》第三十七条和第九十九条的规定，监事会成员由股东会或股东大会选举产生。根据《公司法》第五十二条的规定，监事的任期为每届三年，监事任期届满，连选可以连任。监事任期届满未及时改选，或者监事在任期内辞职导致监事会成员低于法定人数的，在改选出的监事就任前，原监事仍应当依照法律、行政法规和公司章程的规定，履行监事职务。这是公司法关于监事会成员产生和每届任期及特殊情况下履行职务的强制性规定；公司章程不得违反。根据《公司法》第五十一条的规定，有限责任公司监事会设主席一人，由全体监事过半数选举产生。董事、高管人员不得兼任监事。根据《公司法》第一百一十七条的规定，股份有限公司监事会设主席一人，可以设副主席。监事会主席和副主席由全体监事过半数选举产生。董事、高管人员不得兼任监事。监事会设主席一人，由全体监事过半数选举产生，这是公司法的强制性规定，公司章程应当遵从。

根据《公司法》第五十条的规定，股东人数较少或者规模较小的有限责任公司，可以设一至二名监事，不设监事会。对于股东人数较少或者规模较小的有限责任公司来说，是设监事，还是设监事会，由股东协商选择决定，并在公司章程中载明。

2. 关于监事会职权问题。《公司法》第五十三条规定，有限责任公司监事会、不设监事会的公司的监事行使下列职权：(1)检查公司财务；(2)对董事、高级管理人员执行公司职务的行为进行监督，对违反法律、行政法规、公司章程或者股东会决议的董事、高级管理人员提出罢免的建议；(3)当董事、高级管理人员的行为损害公司的利益时，要求董事、高级管理人员予以纠正；(4)提议召开临时股东会会议，在董事会不履行本法规定的召集和主持股东会会议职责时召集和主持股东会会议；(5)向股东会会议提出提案；(6)依照本法第一百五十一条的规定，对董事、高级管理人员提起诉讼；(7)公司章程规定的其他内容。根据《公司法》第五十四条的规定，监事可以列席董事会会议，并对董事会决议事项提出质询或者建议。监事会、不设监事会的公司的监事发现公司经营情况异常，可以进行调查；必要时，可以聘请会计师事务所等协助其工作，费用由公司承担。《公司法》第一百一十八条规定，本法第五十三条、第五十四条关于有限责任公司监事会职权的规定，适用于股份有限公司监事会。

监事会受股东会的委托对公司的董事、经理和其他高级管理人员以及公司的经营活动和财务状况履行监督、检查的职责。监事会的职权是公司法规定的公司章程应载明的强制性内容。

3. 关于监事会的议事规则。关于监事会的召集和主持，根据《公司法》第五十一条的规定，有限责任公司监事会主席召集和主持监事会会议；监事会主席不能履行职务或者不履行职务的，由半数以上监事共同推举一名监事召集和主持监事会议。根据《公司法》第一百一十七条的规定，监事会主席召集和主持监事会会议；监事会主席不能履行职务或者不履行职务的，由监事会副主席召集和主持监事会会议；监事会副主席不能履行职务或者不履行职务的，由半数以上监事共同推举一名监事召集和主持监事会会议。

公司法关于监事会会议召集和主持的规定，是公司法的强制性规定，公司章程应当载明。

十四、经理的产生和职权

根据《公司法》第四十九条和第一百一十三条的规定，公司经理由公司董事会决定聘任或者解聘。公司经理对董事会负责,行使下列职权:(1)主持公司的生产经营管理工作,组织实施董事会决议;(2)组织实施公司年度经营计划和投资方案;(3)拟定公司内部管理机构设置方案;(4)拟定公司的基本管理制度;(5)制定公司的具体规章;(6)提请聘任或者解聘公司副经理、财务负责人;(7)决定聘任或者解聘除应由董事会决定聘任或者解聘以外的负责管理人员;(8)董事会授予的其他职权。公司章程对经理职权另有规定的,从其规定。

公司法关于公司经理职权的规定属于建议性规定,公司可以从中选择使用,也可另外规定,但均应在公司章程中载明。

十五、关于董事、高级管理人员不得为的规定

根据《公司法》第一百四十八条的规定,董事、高级管理人员不得有下列行为:(1)挪用公司资金;(2)将公司资金以其个人名义或者其他个人名义开立账户存储;(3)违反公司章程的规定,未经股东会、股东大会或者董事会的同意,将公司资金借贷给他人或者以公司财产为他人提供担保;(4)违反公司章程的规定或者未经股东会、股东大会同意,与本公司订立合同或者进行交易;(5)未经股东会或者股东大会同意,利用职务便利为自己或者他人谋取属于公司的商业机会,自营或者为他人经营与所任职公司同类的业务;(6)接受他人与公司交易的佣金归为己有;(7)擅自披露公司秘密;(8)违反对公司忠实义务的其他行为。董事、高级管理人员违反前述规定所得的收入应当归公司所有。

董事、监事和高级管理人员对公司负有忠实、勤勉的义务,不得违反公司法的上述规定为自己谋取私利。董事、高级管理人员行使着公司资金、财产、交易等管理权,如果他们不能严格地将公司职务行为与个人的私事截然分开,或者在公司业务中谋求个人的私利,公司就不可能经营管理好。公司法关于董事、监事和高级管理人员不得为的规定,属于强制性规定,无论是有限责任公司还是股份有限公司的章程都应当载明。

十六、公司法定代表人

法定代表人是对外代表公司的人,因此是公司的一个重要职位。《公司法》第十三条规定,公司法定代表人依照公司章程的规定,由董事长、执行董事或者经理担任。根据该条的规定,有限责任公司设董事会的,法定代表人由董事长出任或者由经理出任;有限责任公司不设董事会的,法定代表人由执行董事出任或者由经理出任;股份有限公司的法定代表人或者由董事长出任或者由经理出任。公

司必须在其中作出选择，并在公司章程中载明。

十七、公司财务会计

公司必须依法设立独立的会计账簿，按照会计准则的规定记录公司的收入和支出，核算公司的经营成果，依法向股东报告。

1. 公司应当依法建立财会制度。《公司法》第一百六十三条规定，公司应当依照法律、行政法规和国务院财政部门的规定建立本公司的财务、会计制度。公司是以集合方式成立的社会经济组织，必须核算并公开经营成果，这是公司建立完备财务、会计制度的内部需求；国家推行统一的企业会计准则，监督企业对经营成果的核算，照章征缴税赋，这是公司建立完备的财务、会计制度的外部需求。任何公司必须依照法律、行政法规和国务院财政部门的规定建立本公司的财务、会计制度，设立本公司的会计账簿和凭证，登记本公司的收入和支出，核算本公司的年度经营成果。会计制度包括会计核算制度、会计监督制度、会计机构的设置、会计工作制度等内容，由公司根据国家法律、行政法规和财税部门的规定制定。公司也可以将自己的会计登记、核算工作委托社会服务机构完成，但不可违背独立核算的原则。

2. 公司财务会计报告。根据《公司法》第一百六十四条的规定，公司应当在每一个会计年度终了时编制财务会计报告，并依法经会计师事务所审计。财务会计报告是公司对外提供的，反映公司财务状况和经营成果的书面文件。财务会计报告主要由会计报表、会计报表附注和财务状况说明书三部分组成。会计报表主要包括资产负债表、利润表、现金流量表及有关附表。资产负债表反映的是公司总资产、总负债及所有者权益，在某一时点，通常是某一会计周期结束时的构成和状况。利润表反映的是公司在某一会计周期内总收入的构成、总支出的构成和利润的状况。现金流量表反映的是公司在一个会计周期内现金收入、现金支出、融资和投资对公司现金的影响。会计报表附注是会计报表的编制者根据需要对报表特殊内容的说明，以便阅读者正确理解报表的内容。财务会计报告分为月报、季报和年报，但公司年度财务会计报表必须经会计师事务所或审计师事务所审计。公司必须如实编制财务会计报告，根据《公司法》第二百零二条的规定，公司在依法向有关主管部门提供的财务会计报告等材料上作虚假记载或者隐瞒重要事实的，由有关主管部门对直接主管人员和其他直接责任人员处三万元以上三十万元以下的罚款。

公司年度财务会计报告必须经依法登记的会计师事务所审计，这是法律的一项强制性要求,目的是对公司执行法律、行政法规和财政部门有关公司财务会计准则和制度进行监督。根据《公司法》第一百六十九条和第一百七十条的规定,公司聘用、解聘承办公司审计业务的会计师事务所,依照公司章程的规定,由股东会、股东大会或者董事会决定。公司股东会、股东大会或者董事会就解聘会计师事务所进行表决时,应当允许会计师事务所陈述意见。公司应当向聘用的会计师事务所提供真实、完整的会计凭证、会计账簿、财务会计报告及其他会计资料,不得拒绝、隐匿、谎报。

3. 向股东报告或者公开公司财务会计报告。《公司法》第一百六十五条规定,有限责任公司应当依照公司章程规定的期限将财务会计报告送交各股东。股份有限公司的财务会计报告应当在召开股东大会年会的20日前置备于本公司,供股东查阅;公开发行股票的股份有限公司必须公告其财务会计报告。公司是利用股东投资的资产设立并运营的经济组织,因此,反映公司经营状况和经营成果的财务会计报告,必须报告给公司的股东。这不仅是股东的权利,也是股东行使权利的需要。有限责任公司的股东人数少,又不向社会募集资本,且股东相对稳定,所以必须根据公司章程规定的期限,向全体股东及时报送公司的财务会计报告。如果公司章程规定按季报,就应当每季一报;如果公司章程规定按年报,就应当每年一报。股份有限公司的股东多,流动性大,直接报送股东不现实。非公开发行股份的股份有限公司应当在召开股东大会年会20日前将本公司的财务会计报告置备于本公司,供股东查阅。公开发行股份的股份有限公司,不仅应当按上述要求在公司置备本公司的财务会计报告,供股东查阅,还应当依法公告公司的财务会计报告,以便社会投资人及时了解。根据《公司法》第一百四十五条的规定,上市公司必须依照法律、行政法规的规定,公开其财务状况、经营情况及重大诉讼,在每会计年度内半年公布一次财务会计报告。有限责任公司向股东报告公司的财务会计报告;股份有限公司公告公司的财务会计报告;是公司的一项法定义务。

十八、利润分配方法

分配利润是股东对公司投资的重要目的之一,公司章程应当载明公司利润的分配方法。根据《公司法》第三十四条的规定,股东按照实缴的出资比例分取红利,但是,全体股东约定不按照出资比例分取红利或者不按照出资比例优先认缴出资的除外。《公司法》第一百六十六条规定,公司分配当年税后利润时,应当提取利润的10%列入公司法定公积金。公司法定公积金累计额为公司注册资本的

50%以上的,可以不再提取。公司的法定公积金不足以弥补以前年度亏损的,在依照前款规定提取法定公积金之前,应当先用当年利润弥补亏损。公司从税后利润中提取法定公积金后,经股东会或者股东大会决议,还可以从税后利润中提取任意公积金。公司弥补亏损和提取公积金后所余税后利润,有限责任公司依照本法第三十四条的规定分配;股份有限公司按照股东持有的股份比例分配,但股份有限公司章程规定不按持股比例分配的除外。

公司可以按照股东出资比例或者所持股份比例分配红利,也可以不按照出资比例或者所持股份比例分配红利,但是必须在公司章程中明文约定。利润是公司在一个会计年度的经营成果。但是,应当提请注意的是在公司利润表上,作为公司当年经营成果的利润,可以是正数,也可以是负数。正数就表示在本会计年度中,公司是盈利的;负数就表示在本会计年度中,公司是亏损的。公司在一个会计年度中取得的利润并不能直接在股东之间进行分配,公司的年度利润在分配之前应当依次完成以下事项:第一,弥补前溯五年以内的亏损。公司年度利润在缴纳企业所得税之前,如果公司以前年度尚有未弥补的亏损,应当首先用来弥补公司以前年度的亏损,在公司有亏损未弥补的情况下是不可以分配利润的。但是,在公司本年利润缴纳企业所得税之前只可以弥补前溯五年以内的亏损,超过五年以前年度的亏损不可以用税前利润弥补,只可以用税后利润去弥补,即先缴纳所得税,然后再去弥补。如果公司年度利润用于弥补前述五年以内的亏损后已经没有余额了,那么公司本年度既不用缴纳所得税,也不用提取法定公积金,更不能分配利润。如果公司在有亏损尚未弥补的情况下分配利润,可以被认定为股东抽逃资本,根据公司法的规定将被强令退回。第二,缴纳企业所得税。如果公司的年度利润用于弥补前溯五年以内的亏损后仍有余额的,公司应按企业所得税法规定的税率,以该余额作为应税所得额计算缴纳企业所得税。应当指出的是,这里说的应税所得额很可能与公司财务账上的剩余利润额不一致,是经过国家税务机关调整后的剩余利润额。这是因为税务机关在计征企业所得税时,往往根据税法的规定调整企业的利润额,并按调整后的应税所得额计算征收企业所得税。第三,弥补上溯五年以前年度的亏损。如果公司尚有五年以前年度的亏损未弥补,公司就应当用当年的缴纳所得税后的剩余利润去弥补,而不能在尚有历年亏损未弥补的情况下进行利润分配。当然,如果公司财务账上有尚未使用的法定公积金,公司可以首先用该法定公积金去弥补以前年度的亏损。第四,提取法定公积金。公司年度利润已无历史亏损可用于弥补,包括五年以内的税前弥补和五年以上的税后弥补,对已缴纳完企业所得税后的余额,在进行分配之前必须按税后利润额的

10% 提取法定公积金。所谓公积金,就是从公司当年收益提取的积累,归全体股东按股份比例所有,主要用于备补亏损或扩大生产规模。所谓法定公积金就是法律规定的公司必须提取的公积金,不提取法定公积金而直接进行分配是违法的。根据《公司法》第二百零三条的规定,公司不依照本法规定提取法定公积金的,由县级以上人民政府财政部门责令如数补足应当提取的金额,可以对公司处以 20 万元以下的罚款。第五,提取任意公积金。任意公积金是法定公积金的对称,由名思意,任意公积金就是公司自由、自愿提取的公积金。公司提不提任意公积金,提多少任意公积金,法律不予干涉。根据《公司法》第一百六十六条的规定,公司提取任意公积金需经股东会或股东大会决议。无论是法定公积金,还是任意公积金,都是盈余公积金,指有盈余才提取的公积金。第六,分配利润。公司只有完成上述各项利润分配前置事项后,才可以向股东分配红利。

从上述公司分配年度利润的法定程序可知,公司的年度利润首先应当用于弥补以前年度的亏损,然后才可以考虑利润分配事宜,这是公司资本充实原则的要求,有利于维护债权人的利益。公司对弥补亏损后的利润必须首先依法缴纳企业所得税,这是公司承担社会责任的形式之一,也是公司的法定义务。公司在缴纳企业所得税后在分配年度利润之前必须提取法定公积金,也可以提取任意公积金。公司只有依法完成公司年度利润分配的前置事项后,才可对剩余的利润在股东之间进行分配。

十九、公司的解散事由

公司解散是公司作为民事主体消灭的法律过程。公司解散是引起公司清算的缘由,公司终止是公司清算的法律结果,不经依法清算公司不得注销。公司解散的原因。根据《公司法》第一百八十条的规定,公司因下列原因解散:(1)公司章程规定的营业期限届满或者公司章程规定的其他解散事由出现;(2)股东会或者股东大会决议解散;(3)因公司合并或者分立需要解散;(4)依法被吊销营业执照、责令关闭或者被撤销;(5)人民法院依照本法第一百八十二条的规定予以解散。《公司法》第一百八十二条规定,公司经营管理发生严重困难,继续存续会使股东利益受到重大损失,通过其他途径不能解决的,持有公司全部股东表决权 10% 以上的股东,可以请求人民法院解散公司。

二十、股东认为应当或者股东大会决定在公司章程中规定的其他事项

有限责任公司的章程由全体股东协商制定,股份有限公司的章程由发起人制

定然后提请创立大会通过。除上述法定内容外，有限责任公司的股东或股份公司的创立大会，可以在不违反法律、行政法规的前提下增加公司章程的有关内容。

关于公司章程的制定，在实务中多由投资公司拟制初稿，然后提请投资伙伴提出修改意见，经协商最后定稿签署。

二十一、劳动管理

关于公司用工和工资及福利待遇等事项。

二十二、审计事项

一般会约定公司每年聘请有资格的会计师事务所审计一次或两次，有限责任公司将审计报告提报各股东，股份有限公司将审计报告置放公司，供股东查阅。同时也会约定公司股东认为公司财务会计上存在问题的，可以自行委托中介机构对公司财务会计进行审计。

二十三、违约责任

《公司法》第二十八条规定，股东应当按期足额缴纳公司章程中规定的各自所认缴的出资额。股东以货币出资的，应当将货币出资足额存入有限责任公司在银行开立的账户；以非货币财产出资的，应当依法办理其财产权的转移手续。股东不按照前款规定缴纳出资的，除应当向公司足额缴纳外，还应当向已按期足额缴纳出资的股东承担违约责任。《公司法》第八十三条规定，以发起设立方式设立股份有限公司的，发起人应当书面认足公司章程规定其认购的股份。以非货币财产出资的，应当依法办理其财产权的转移手续。发起人不依照前款规定缴纳出资的，应当按照发起人协议承担违约责任。

出资违约责任，是指股东或发起人未按公司章程或发起人协议的约定按期足额并以约定的方式缴纳出资时，违约股东或发起人对守约股东或发起人应当承担的违约责任。按期足额以约定的方式向公司出资，是股东或发起人的基本义务，股东或发起人不能按期足额以约定的方式缴纳出资，就是出资违约，就应当承担违约责任。由于公司法允许有限责任公司和发起设立的股份有限公司的股东或发起人分期向公司缴纳出资，所以这两种公司的股东或发起人出资违约，可能有三种情况：(1)首期出资违约，使公司不能成立或不能如期成立；(2)公司成立后不能按照公司章程的规定按期足额缴纳出资，使公司处于困境之中；(3)未能按期如数以约定的方式向公司缴纳认缴的增资。由于募集方式设立的股份公司的发起人必须一次足额缴纳出资,不允许分期出资,所以只能有第一种情况和第三种情况。法律对这三种股东或发起人出资违约的处理规定是不同的,在第一种情况下,由于公司尚未成立,违约股东或发起人的行为只能对按期足额缴纳出资的股东或发起人构成损害,所以只需要违约股东或发起人对守约股东或发起人承担违约责任;在后两种情况下,由于公司已经成立,公司资本的数额已经公示,所以不仅要求违约股东或发起人对守约股东或发起人承担违约责任,还要求违约股东或发起人承担补缴责任,同时其他股东或发起人对公司的债权人承担连带补缴责任。

虽然股东或发起人出资填补责任和股东或发起人出资违约责任,都是基于股东出资而生,但是确有差异所在,前者主要是针对非货币出资虚假,后者主要是针对出资不符合约定。两者的责任主体可以是同一的,也可以是不同一的。但这两种责任的相对权利人却是不同的,前者主要是公司的债权人,而后者则为公司的其他股东。另外,两者的内容也是不同的,填补责任是一种补救责任,以补足为限,违约责任是一种惩罚责任,是补足以外的责任。

原公司法要求内资公司先验资后登记注册,所以股东分期出资违约的比较少见,但外资公司允许先登记注册后分期出资,所以因分期出资违约的纠纷多见。从实践来看为防止这类违约的发生应做好三个方面的工作:(1)不要为股东出资设置条件(但不可抗力除外)。一旦设置前提条件,即使是违约股东主观原因,往往被违约股东作为抗辩和推卸责任的理由,不仅难以追究其违约责任,更使公司处于困境之中。特别是以非货币出资时,一定要在有关协议中对出资人的义务、资产交付的时间、交付完成的要件、公司或其他股东的检验权等作出明确、具体的约定。(2)要对违约股东确权的期限及守约股东取得权利的时间,权利的分配方法和实现程序作出明确的、可行的约定。一旦某一股东违约,守约股东能够及时取得出资权和公司章程的修改权,不因一方违约使公司验资受到重大影响。(3)在股东协议中一定要对出资违约的违约金的计算方法,支付时间及支付方式作出明确、具体的约定,甚至约定用违约股东已出资的部分作担保。

> 出资违约责任的赔偿对象应是相对的守约股东,而不是公司。股东出资契约的相对人不是公司,是股东,所以股东向股东主张违约责任名正言顺。但是,约定的违约赔偿金额却是可以包括因违约行为导致的公司损失在内,因为公司的损失最终是守约股东的损失。需要提请注意的是,根据公司法关于股东按实缴的出资额分取利润,按认缴的出资额对公司承担责任的规定,在公司

成立后股东出资违约的，不仅要对守约股东承担违约责任；如果公司在该期间有利润，还要丧失未出资部分的利润分配权；如果公司在该期间是亏损的，还要以认缴的出资额(包括未出资部分)承担公司的亏损。

二十四、适用法律

适用中华人民共和国的法律和行政法规。

二十五、争议的解决方式

略。

二十六、签署及生效

公司章程是公司的“宪法”，一部好的公司章程会使公司、股东终身受益。

第十五章

关于上市公司并购的特别规定

以上各章我们讨论的是企业并购的基本规则和实操要领，这些规则和要领不仅对非上市公司适用，对上市公司也基本适用。但是上市公司作为一种特殊的公司，无论是其对外投资并购还是被并购都有特别的规定。现在我们学习法律法规中关于上市公司并购和并购上市公司的特别规定。

第一节 关于上市公司并购的特别规定

上市公司是指股票对社会公众公开发行后在证券交易所挂牌交易的股份有限公司。上市公司并购称为上市公司重大资产重组。我们首先来学习上市公司并购的有关规定。

一、什么是上市公司重大资产重组

根据《上市公司重大资产重组管理办法》的规定，上市公司重大资产重组包括上市公司及其控股或者控制的公司在日常经营活动之外购买、出售资产或者通过其他方式进行资产交易达到规定的比例及发行股份购买资产导致上市公司的主营业务、资产、收入发生重大变化的资产交易行为。上市公司按照经中国证券监督管理委员会（以下简称证监会）核准的发行证券文件披露的募集资金用途，使用募集资金购买资产、对外投资的行为，不适用重大资产重组管理办法。证监会依法对上市公司重大资产重组行为进行监督管理。证监会在发行审核委员会中设立上市公司并购重组审核委员会（以下简称并购重组委），并购重组委以投票方式对提交其审议的重大资产重组或者发行股份购买资产申请进行表决，提出审核意见。

根据有关规定，上述通过其他方式进行资产交易，包括：(1)与他人共同投资新设企业；(2)对其他公司进行增资投资；(3)从已经投资公司减资；(4)受其他企业的委托经营其他企业的资产；(5)租赁经营其他企业的资产；(6)将自己或控股或控制的公司的经营性资产委托他人经营；(7)将自己或控股或控制的公司的经营性资产租赁给他人经营；(8)接受负义务的资产赠与；(9)对外捐赠资产；(10)证监会根据审慎监管原则认定的其他情形。通过这十种方法进行交易达到规定的比例，也为上市公司重大资产重组。

根据《上市公司重大资产重组管理办法》的规定，上市公司及其控股或者控制的公司购买、出售资产，达到下列标准之一的，构成重大资产重组，应当报证监会核准：(1)购买、出售的资产总额占上市公司最近一个会计年度经审计的合并财务会计报告期末资产总额的比例达到50%以上；(2)购买、出售的资产在最近一个会计年度所产生的营业收入占上市公司同期经审计的合并财务会计报告营业收入的比例达到50%以上；(3)购买、出售的资产净额占上市公司最近一个会计年度经审计的合并财务会计报告期末净资产额的比例达到50%以上，且超过5000万元人民币。上市公司自控制权发生变更之日起36个月内，向收购人及其关联人购买资产，导致上市公司发生以下根本变化情形之一的，构成重大资产重组，应当按照该办法的规定报经中国证监会核准：(1)购买的资产总额占上市公司控制权发生变更的前一个会计年度经审计的合并财务会计报告期末资产总额的比例达到100%以上；(2)购买的资产在最近一个会计年度所产生的营业收入占上市公司控制权发生变更的前一个会计年度经审计的合并财务会计报告营业收入的比例达到100%以上；(3)购买的资产净额占上市公司控制权发生变更的前一个会计年度经审计的合并财务会计报告期末净资产额的比例达到100%以上；(4)为购买资产发行的股份占上市公司首次向收购人及其关联人购买资产的董事会决议前一个交易日的股份的比例达到100%以上；(5)上市公司向收购人及其关联人购买资产虽未达到该款第(1)项至第(4)项标准，但可能导致上市公司主营业务发生根本变化；(6)中国证监会认定的可能导致上市公司发生根本变化的其他情形。

上述标准采用以下方法进行计算：(1)购买的资产为股权的，其资产总额以被投资企业的资产总额与该项投资所占股权比例的乘积和成交金额二者中的较高者为准，营业收入以被投资企业的营业收入与该项投资所占股权比例的乘积为准,资产净额以被投资企业的净资产额与该项投资所占股权比例的乘积和成交金额二者中的较高者为准;出售的资产为股权的,其资产总额、营业收入以及资产净额分别以被投资企业的资产总额、营业收入以及净资产额与该项投资所占股权比例的乘积为准。购买股权导致上市公司取得被投资企业控股权的,其资产总额以被投资企业的资产总额和成交金额二者中的较高者为准,营业收入以被投资企业的营业收入为准,资产净额以被投资企业的净资产额和成交金额二者中的较高者为准;出售股权导致上市公司丧失被投资企业控股权的,其资产总额、营业收入以及资产净额分别以被投资企业的资产总额、营业收入以及净资产额为准。(2)购买的资产为非股权资产的,其资产总额以该资产的账面值和成交金额二者中的较高者为准,资产净额以相关资产与负债的账面值差额和成交金额二者中的较高者为准;出售的资产为非股权资产的,其资产总额、资产净额分别以该资产的账面值、相关资产与负债账面值的差额为准;该非股权资产不涉及负债的,不适用资产净额标准。(3)上市公司同时购买、出售资产的,应当分别计算购买、出售资产的相关比例,并以二者中比例较高者为准。(4)上市公司在12个月内连续对同一或者相关资产进行购买、出售的,以其累计数分别计算相应数额。已按照该办法的规定编制并披露重大资产重组报告书的资产交易行为,无须纳入累计计算的范围。

二、关于重大资产重组的要求和条件

上市公司实施重大资产重组,应当就本次交易符合下列要求作出充分说明,并予以披露:(1)符合国家产业政策和有关环境保护、土地管理、反垄断等法律和行政法规的规定;(2)不会导致上市公司不符合股票上市条件;(3)重大资产重组所涉及的资产定价公允,不存在损害上市公司和股东合法权益的情形;(4)重大资产重组所涉及的资产权属清晰,资产过户或者转移不存在法律障碍,相关债权债务处理合法;(5)有利于上市公司增强持续经营能力,不存在可能导致上市公司重组后主要资产为现金或者无具体经营业务的情形;(6)有利于上市公司在业务、资产、财务、人员、机构等方面与实际控制人及其关联人保持独立,符合证监会关于上市公司独立性的相关规定;(7)有利于上市公司形成或者保持健全有效的法人治理结构。上市公司发行股份购买资产,应当符合下列规定:(1)充分说明并披露本次交易有利于提高上市公司资产质量、改善财务状况和增强持续盈利能力,有利于上市公司减少关联交易、避免同业竞争、增强独立性。(2)上市公司最近一年及一期财务会计报告被注册会计师出具无保留意见审计报告;被出具保留意见、否定意见或者无法表示意见的审计报告的，须经注册会计师专项核查确认，该保留意见、否定意见或者无法表示意见所涉及事项的重大影响已经消除或者将通过本次交易予以消除。(3)上市公司及其现任董事、高级管理人员不存在因涉嫌犯罪正被司法机关立案侦查或涉嫌违法违规正被证监会立案调查的情形，但是，涉嫌犯罪或违法违规的行为已经终止满3年，交易方案有助于消除该行为可能造成的不良后果，且不影响对相关行为人追究责任的除外。(4)充分说明并披露上市公司发行股份所购买的资产为权属清晰的经营性资产，并能在约定期限内办理完毕权属转移手续。(5)中国证监会规定的其他条件。上市公司为促进行业的整合、转型升级，在其控制权不发生变更的情况下，可以向控股股东、实际控制人或者其控制的关联人之外的特定对象发行股份购买资产。所购买资产与现有主营业务没有显著协同效应的，应当充分说明并披露本次交易后的经营发展战略和业务管理模式，以及业务转型升级可能面临的风险和应对措施。特定对象以现金或者资产认购上市公司非公开发行的股份后，上市公司用同一次非公开发行所募集的资金向该特定对象购买资产的，视同上市公司发行股份购买资产。

上市公司实施重大资产重组，除应当满足上述要求外还应当符合下列规定：(1)上市公司购买的资产对应的经营实体应当是股份有限公司或者有限责任公司，且符合《首次公开发行股票并上市管理办法》规定的其他发行条件；(2)上市公司及其最近3年内的控股股东、实际控制人不存在因涉嫌犯罪正被司法机关立案侦查或涉嫌违法违规正被中国证监会立案调查的情形，但是，涉嫌犯罪或违法违规的行为已经终止满3年，交易方案能够消除该行为可能造成的不良后果，且不影响对相关行为人追究责任的除外；(3)上市公司及其控股股东、实际控制人最近12个月内未受到证券交易所公开谴责，不存在其他重大失信行为；(4)本次重大资产重组不存在中国证监会认定的可能损害投资者合法权益，或者违背公开、公平、公正原则的其他情形；(5)创业板上市公司自控制权发生变更之日起，向收购人及其关联人购买符合国家战略的高新技术产业和战略性新兴产业资产，所购买资产对应的经营实体应当是股份有限公司或者有限责任公司，且符合《首次公开发行股票并在创业板上市管理办法》规定的其他发行条件。

三、关于重大资产重组的要领和程序

上市公司实施重大资产重组行为应当按照以下程序进行操作：(1)与相关方签订保密协议，落实保密措施。(2)聘请财务顾问、律师事务所、具有相关证券业务资格的会计师事务所等证券服务机构就重大资产重组出具意见。独立财务顾问和律师事务所应当审慎核查重大资产重组是否构成关联交易,并依据核查确认的相关事实发表明确意见。重大资产重组涉及关联交易的,独立财务顾问应当就本次重组对上市公司非关联股东的影响发表明确意见。证券服务机构在其出具的意见中采用其他证券服务机构或者人员的专业意见的,仍然应当进行尽职调查,审慎核查其采用的专业意见的内容,并对利用其他证券服务机构或者人员的专业意见所形成的结论负责。(3)资产交易定价以资产评估结果为依据的,上市公司应当聘请具有相关证券业务资格的资产评估机构出具资产评估报告。(4)上市公司进行重大资产重组,应当由董事会依法作出决议,并提交股东大会批准。上市公司董事会应当就重大资产重组是否构成关联交易作出明确判断,并作为董事会决议事项予以披露。上市公司独立董事应当在充分了解相关信息的基础上,就重大资产重组发表独立意见。(5)上市公司应当在董事会作出重大资产重组决议后的次一工作日至少披露下列文件:①董事会决议及独立董事的意见;②上市公司重大资产重组预案。本次重组的重大资产重组报告书、独立财务顾问报告、法律意见书以及重组涉及的审计报告、资产评估报告或者估值报告至迟应当与召开股东大会的通知同时公告。上市公司自愿披露盈利预测报告的,该报告应当经具有相关证券业务资格的会计师事务所审核,与重大资产重组报告书同时公告。(6)上市公司股东大会就重大资产重组作出的决议,必须经出席会议的股东所持表决权的2/3以上通过。并且至少应当包括下列事项:①本次重大资产重组的方式、交易标的和交易对方;②交易价格或者价格区间;③定价方式或者定价依据;④相关资产自定价基准日至交割日期间损益的归属;⑤相关资产办理权属转移的合同义务和违约责任;⑥决议的有效期;⑦对董事会办理本次重大资产重组事宜的具体授权;⑧其他需要明确的事项。上市公司重大资产重组事宜与本公司股东或者其关联人存在关联关系的,股东大会就重大资产重组事项进行表决时,关联股东应当回避表决。交易对方已经与上市公司控股股东就受让上市公司股权或者向上市公司推荐董事达成协议或者默契,可能导致上市公司的实际控制权发生变化的,上市公司控股股东及其关联人应当回避表决。上市公司就重大资产重组事宜召开股东大会,应当以现场会议形式召开,并应当提供网络投票和其他合法方式为股东参加股东大会提供便利。除上市公司的董事、监事、高级管理人员、单独或者合计持有上市公司5%以上股份的股东以外,其他股东的投票情况应当单独统计并予以披露。(7)上市公司全体董事、监事、高级管理人员应当公开承诺,保证重大资产重组的信息披露和申请文件不存在虚假记载、误导性陈述或者重大遗漏。重大资产重组的交易对方应当公开承诺,将及时向上市公司提供本次重组相关信息，并保证所提供的信息真实、准确、完整，如因提供的信息存在虚假记载、误导性陈述或者重大遗漏，给上市公司或者投资者造成损失的，将依法承担赔偿责任。（8）上市公司在收到中国证监会关于召开并购重组委工作会议审核其申请的通知后，应当立即予以公告，并申请办理并购重组委工作会议期间直至其表决结果披露前的停牌事宜。上市公司收到并购重组委关于其申请的表决结果的通知后，应当在次一工作日公告表决结果并申请复牌。公告应当说明，公司在收到中国证监会作出的予以核准或者不予核准的决定后将再行公告。（9）上市公司重大资产重组完成相关批准程序后，应当及时实施重组方案，并于实施完毕之日起3个工作日内编制实施情况报告书，向证券交易所提交书面报告，并予以公告。（10）自完成相关批准程序之日起60日内，本次重大资产重组未实施完毕的，上市公司应当于期满后次一工作日将实施进展情况报告，并予以公告；此后每30日应当公告一次，直至实施完毕。属于借壳上市、发行股份购买资产的，自收到中国证监会核准文件之日起超过12个月未实施完毕的，核准文件失效。（11）独立财务顾问应当结合上市公司重大资产重组当年和实施完毕后的第一个会计年度的年报，自年报披露之日起15日内，对重大资产重组实施的下列事项出具持续督导意见，并予以公告：①交易资产的交付或者过户情况；②交易各方当事人承诺的履行情况；③已公告的盈利预测或者利润预测的实现情况；④管理层讨论与分析部分提及的各项业务的发展现状；⑤公司治理结构与运行情况；⑥与已公布的重组方案存在差异的其他事项。

四、关于收购资产发行股票的价格

上市公司发行股份购买资产的，可以同时募集部分配套资金，其定价方式按照现行相关规定办理。上市公司发行股份购买资产应当遵守《上市公司重大资产重组管理办法》关于重大资产重组的规定，编制发行股份购买资产预案、发行股份购买资产报告书，并向中国证监会提出申请。上市公司发行股份的价格不得低于市场参考价的90%。市场参考价为本次发行股份购买资产的董事会决议公告日前20个交易日、60个交易日或者120个交易日的公司股票交易均价之一。本次发行股份购买资产的董事会决议应当说明市场参考价的选择依据。前述交易均价的计算公式为：董事会决议公告日前若干个交易日公司股票交易均价＝决议公告日前若干个交易日公司股票交易总额/决议公告日前若干个交易日公司股票交易总量。发行股份购买资产的董事会决议可以明确，在中国证监会核准前，上市公司的股票价格相比最初确定的发行价格发生重大变化的，董事会可以按照已经设定的调整方案对发行价格进行一次调整。前述发行价格调整方案应当明确、具体、可操作,详细说明是否相应调整拟购买资产的定价、发行股份数量及其理由,在首次董事会决议公告时充分披露,并按照规定提交股东大会审议。股东大会作出决议后,董事会按照已经设定的方案调整发行价格的,上市公司无须向中国证监会重新提出申请。

五、关于以资产认购股份的限售期

上市公司发行股票收购资产,交易对方就是以资产认购上市公司的股份。根据《上市公司重大资产重组管理办法》的规定,以资产认购而取得的上市公司股份,自股份发行结束之日起12个月内不得转让;属于下列情形之一的,36个月内不得转让:(1)特定对象为上市公司控股股东、实际控制人或者其控制的关联人;(2)特定对象通过认购本次发行的股份取得上市公司的实际控制权;(3)特定对象取得本次发行的股份时,对其用于认购股份的资产持续拥有权益的时间不足12个月。属于买壳上市的,上市公司原控股股东、原实际控制人及其控制的关联人,以及在交易过程中从该等主体直接或间接受让该上市公司股份的特定对象应当公开承诺,在本次交易完成后36个月内不转让其在该上市公司中拥有权益的股份;除收购人及其关联人以外的特定对象应当公开承诺,其以资产认购而取得的上市公司股份自股份发行结束之日起24个月内不得转让。

第二节　关于并购上市公司的特别规定

上市公司不仅可以成为投资并购的主体,而且可以成为投资并购的标的。现在我们来学习关于并购上市公司的特别规定。

一、关于上市公司的收购方式

对上市公司的收购包括直接收购和间接收购,直接收购是指收购方直接持有上市公司的股票,间接收购是指收购方通过自己的所属公司及兄弟公司共同实现对目标公司的控制。收购人可以通过取得股份的方式成为一个上市公司的控股股东,可以通过投资关系、协议、其他安排的途径成为一个上市公司的实际控制人,也可以同时采取上述方式和途径取得上市公司控制权。收购人包括投资者及与其一致行动的他人。收购人可以采取以下五种方式收购上市公司:(1)在股票交易所通过股票交易的方法收购上市公司，即在股票交易所通过股票交易的方法逐渐增持一个上市公司的股份，进而实现对一个上市公司的并购；(2)通过股份转让协议的方法收购上市公司，即在股票交易所之外与上市公司的股东签订协议收购其持有的上市公司的股票，进而实现对一个上市公司的并购；(3)通过向上市公司增资或者说通过上市公司向并购方定向增发股票的方法收购上市公司，即通过与上市公司签订定向增发协议向上市公司增资的方法实现对一个上市公司的并购；(4)通过要约收购的方法收购上市公司，即通过向一个上市公司的全体股东发出要约的方式收购其持有的上市公司的股票，进而实现对一个上市公司的收购；(5)上述方式组合作用。

二、对收购方和被收购方的要求

有下列情形之一的，不得收购上市公司：(1)收购人负有数额较大债务，到期未清偿，且处于持续状态；(2)收购人最近3年有重大违法行为或者涉嫌有重大违法行为；(3)收购人最近3年有严重的证券市场失信行为；(4)收购人为自然人的，存在《公司法》第一百四十六条规定情形；(5)法律、行政法规规定以及中国证监会认定的不得收购上市公司的其他情形。被收购公司的控股股东或者实际控制人不得滥用股东权利损害被收购公司或者其他股东的合法权益。被收购公司的控股股东、实际控制人及其关联方有损害被收购公司及其他股东合法权益的，上述控股股东、实际控制人在转让被收购公司控制权之前，应当主动消除损害；未能消除损害的，应当就其出让相关股份所得收入用于消除全部损害做出安排，对不足以消除损害的部分应当提供充分有效的履约担保或安排，并依照公司章程取得被收购公司股东大会的批准。被收购公司的董事、监事、高级管理人员对公司负有忠实义务和勤勉义务，应当公平对待收购本公司的所有收购人。被收购公司董事会针对收购所做出的决策及采取的措施，应当有利于维护公司及其股东的利益，不得滥用职权对收购设置不适当的障碍，不得利用公司资源向收购人提供任何形式的财务资助，不得损害公司及其股东的合法权益。

收购人进行上市公司的收购，应当聘请在中国注册的具有从事财务顾问业务资格的专业机构担任财务顾问。收购人未按照规定聘请财务顾问的，不得收购上市公司。

三、对场内收购的监督与管理

中国证监会依法对上市公司的收购及相关股份权益变动活动进行监督管理。

中国证监会设立由专业人员和有关专家组成的专门委员会。专门委员会可以根据中国证监会职能部门的请求,就是否构成上市公司的收购、是否有不得收购上市公司的情形以及其他相关事宜提供咨询意见。中国证监会依法做出决定。证券交易所依法制定业务规则,为上市公司的收购及相关股份权益变动活动组织交易和提供服务,对相关证券交易活动进行实时监控,监督上市公司的收购及相关股份权益变动活动的信息披露义务人切实履行信息披露义务。证券登记结算机构依法制定业务规则,为上市公司的收购及相关股份权益变动活动所涉及的证券登记、存管、结算等事宜提供服务。

通过证券交易所的证券交易,投资者持有或者通过协议、其他安排与他人共同持有一个上市公司已发行的有表决权股份达到5%时,应当在该事实发生之日起3日内,向国务院证券监督管理机构、证券交易所作出书面报告,通知该上市公司,并予公告,在上述期限内不得再行买卖该上市公司的股票,但国务院证券监督管理机构规定的情形除外。投资者持有或者通过协议、其他安排与他人共同持有一个上市公司已发行的有表决权股份达到5%后,其所持该上市公司已发行的有表决权的股份比例每增加或者减少5%,应当依照前述规定进行报告和公告,在该事实发生之日起至公告后3日内,不得再行买卖该上市公司的股票,但国务院证券监督管理机构规定的情形除外。投资者持有或者通过协议、其他安排与他人共同持有一个上市公司已发行的有表决权股份达到5%后,其所持该上市公司已发行的有表决权股份比例每增加或者减少1%,应当在该事实发生的次日通知该上市公司,并予公告。违反前述规定买入上市公司有表决权的股份的,在买入后的36个月内,对该超过规定比例部分的股份不得行使表决权。前述规定所作的公告,应当包括下列内容:(1)持股人的名称、住所;(2)持有的股票的名称、数额;(3)持股达到法定比例或者持股增减变化达到法定比例的日期、增持股份的资金来源;(4)在上市公司中拥有有表决权的股份变动的时间及方式。通过证券交易所的证券交易,投资者持有或者通过协议、其他安排与他人共同持有一个上市公司已发行的有表决权股份达到30%时,继续进行收购的,应当依法向该上市公司所有股东发出收购上市公司全部或者部分股份的要约。

四、对协议收购的监督与管理

采取协议收购方式的,收购人可以依照法律、行政法规的规定同被收购公司的股东以协议方式进行股份转让。以协议方式收购上市公司时,达成协议后,收购人必须在3日内将该收购协议向国务院证券监督管理机构及证券交易所作出书面报告,并予公告。在公告前不得履行收购协议。采取协议收购方式的,协议双方可以临时委托证券登记结算机构保管协议转让的股票,并将资金存放于指定的银行。采取协议收购方式的,收购人收购或者通过协议、其他安排与他人共同收购一个上市公司已发行的有表决权股份达到30%时,继续进行收购的,应当依法向该上市公司所有股东发出收购上市公司全部或者部分股份的要约。但是,按照国务院证券监督管理机构的规定免除发出要约的除外。

通过协议转让方式,投资者及其一致行动人在一个上市公司中拥有权益的股份拟达到或者超过一个上市公司已发行股份的5%时,应当在该事实发生之日起3日内编制权益变动报告书,向中国证监会、证券交易所提交书面报告,通知该上市公司,并予公告。投资者及其一致行动人拥有权益的股份达到一个上市公司已发行股份的5%后,其拥有权益的股份占该上市公司已发行股份的比例每增加或者减少达到或者超过5%的,应当依照前款规定履行报告、公告义务。前述规定的投资者及其一致行动人在作出报告、公告前,不得再行买卖该上市公司的股票。相关股份转让及过户登记手续按照《上市公司收购管理办法》第四章及证券交易所、证券登记结算机构的规定办理。投资者及其一致行动人不是上市公司的第一大股东或者实际控制人,其拥有权益的股份达到或者超过该公司已发行股份的5%,但未达到20%的,应当编制包括下列内容的简式权益变动报告书:(1)投资者及其一致行动人的姓名、住所;投资者及其一致行动人为法人的,其名称、注册地及法定代表人。(2)持股目的,是否有意在未来12个月内继续增加其在上市公司中拥有的权益。(3)上市公司的名称、股票的种类、数量、比例。(4)在上市公司中拥有权益的股份达到或者超过上市公司已发行股份的5%或者拥有权益的股份增减变化达到5%的时间及方式。(5)权益变动事实发生之日前6个月内通过证券交易所的证券交易买卖该公司股票的简要情况。(6)中国证监会、证券交易所要求披露的其他内容。投资者及其一致行动人拥有权益的股份达到或者超过一个上市公司已发行股份的20%但未超过30%的,应当编制详式权益变动报告书,除须披露前述规定的信息外,还应当披露以下内容:(1)投资者及其一致行动人的控股股东、实际控制人及其股权控制关系结构图。(2)取得相关股份的价格、所需资金额、资金来源,或者其他支付安排。(3)投资者、一致行动人及其控股股东、实际控制人所从事的业务与上市公司的业务是否存在同业竞争或者潜在的同业竞争,是否存在持续关联交易;存在同业竞争或者持续关联交易的,是否已做出相应的安排,确保投资者、一致行动人及其关联方与上市公司之间避免同业竞争以及保持上市公司的独立性。(4)未来12个月内对上市公司资产、业务、人员、组织结构、公司章程等进行调整的后续计划。(5)前24个月内投资者及其一致行动人与上市公司之间的重大交易。(6)存在《上市公司收购管理办法》第六条规定的情形。(7)能够按照《上市公司收购管理办法》第五十条的规定提供相关文件。

五、对要约收购的监督与管理

根据相关法规规定,要约收购可以分为:(1)自愿要约收购和强制要约收购,其中自愿要约收购是指收购者自愿向上市公司的全体股东发出收购其持有的上市公司股票的要约,以公示的价格和条件收购其持有的上市公司的股票;强制要约收购是指一个收购者持有一个上市公司的股票达到30%以后,拟继续收购,且没有申请豁免要约收购,或者虽申请豁免要约收购但没有得到批准的,必须依法向上市公司的全体股东发出要约,否则不得继续收购。(2)全面要约收购和部分要约收购,其中全面要约收购是指收购人向被收购上市公司的全体股东发出收购其持有的上市公司全部股票的要约;部分要约收购是指收购人向被收购上市公司的全体股东发出收购其持有的上市公司部分股票的要约。

投资者可以自愿采取要约方式收购上市公司。投资者通过证券交易所的证券交易,持有或者通过协议、其他安排与他人共同持有一个上市公司已发行的有表决权股份达到30%时,继续进行收购的,应当依法向该上市公司所有股东发出收购上市公司全部或者部分股份的要约。投资者采取协议收购方式收购或者通过协议、其他安排与他人共同收购一个上市公司已发行的有表决权股份达到30%时,继续进行收购的,应当依法向该上市公司所有股东发出收购上市公司全部或者部分股份的要约。但是,按照国务院证券监督管理机构的规定免除发出要约的除外。收购上市公司部分股份的要约应当约定,被收购公司股东承诺出售的股份数额超过预定收购的股份数额的,收购人按比例进行收购。

六、关于要约收购的实操要领和程序

1. 投资者发出收购要约必须公告上市公司收购报告书。收购报告书应当载明下列事项:(1)收购人的名称、住所;(2)收购人关于收购的决定;(3)被收购的上市公司名称;(4)收购目的;(5)收购股份的详细名称和预定收购的股份数额;(6)收购期限、收购价格;(7)收购所需资金额及资金保证;(8)公告上市公司收购报告书时持有被收购公司股份数占该公司已发行的股份总数的比例。

2. 收购要约约定的收购期限不得少于30日,并不得超过60日。

3. 在收购要约确定的承诺期限内,收购人不得撤销其收购要约。收购人需要变更收购要约的,应当及时公告,载明具体变更事项,且不得存在下列情形:(1)降低收购价格;(2)减少预定收购股份数额;(3)缩短收购期限;(4)国务院证券监督管理机构规定的其他情形。

4. 收购要约规定的各项收购条件,适用于被收购公司的所有股东,但上市公司发行不同种类股份的,收购人可以针对不同种类股份提出不同的收购条件。

5. 采取要约收购方式的,收购人在收购期限内,不得卖出被收购公司的股票,也不得采取要约规定以外的形式和超出要约的条件买入被收购公司的股票。

6. 收购人为终止上市公司的上市地位而发出全面要约的,或者向中国证监会提出申请但未取得豁免而发出全面要约的,应当以现金支付收购价款;以依法可以转让的证券支付收购价款的,应当同时提供现金方式供被收购公司股东选择。

7. 以要约方式收购上市公司股份的,收购人应当聘请财务顾问,通知被收购公司。

8. 被收购公司董事会应当对收购人的主体资格、资信情况及收购意图进行调查,对要约条件进行分析,对股东是否接受要约提出建议,并聘请独立财务顾问提出专业意见。在收购人公告要约收购报告书后20日内,被收购公司董事会应当公告被收购公司董事会报告书与独立财务顾问的专业意见。收购人对收购要约条件做出重大变更的,被收购公司董事会应当在3个工作日内公告董事会及独立财务顾问就要约条件的变更情况所出具的补充意见。

9. 收购人作出提示性公告后至要约收购完成前,被收购公司除继续从事正常的经营活动或者执行股东大会已经作出的决议外,未经股东大会批准,被收购公司董事会不得通过处置公司资产、对外投资、调整公司主要业务、担保、贷款等方式,对公司的资产、负债、权益或者经营成果造成重大影响。

10. 在要约收购期间,被收购公司董事不得辞职。

11. 收购人按照《上市公司收购管理办法》规定进行要约收购的,对同一种类股票的要约价格,不得低于要约收购提示性公告日前6个月内收购人取得该种股票所支付的最高价格。

12. 同意接受收购要约的股东,应当委托证券公司办理预受要约的相关手续。收购人应当委托证券公司向证券登记结算机构申请办理预受要约股票的临时保管。证券登记结算机构临时保管的预受要约的股票,在要约收购期间不得转让。出现竞争要约时,接受初始要约的预受股东撤回全部或者部分预受的股份,并将撤回的股份售予竞争要约人的,应当委托证券公司办理撤回预受初始要约的手续和预受竞争要约的相关手续。

13. 收购期限届满,发出部分要约的收购人应当按照收购要约约定的条件购买被收购公司股东预受的股份,预受要约股份的数量超过预定收购数量时,收购人应当按照同等比例收购预受要约的股份;以终止被收购公司上市地位为目的的,收购人应当按照收购要约约定的条件购买被收购公司股东预受的全部股份;未取得中国证监会豁免而发出全面要约的收购人应当购买被收购公司股东预受的全部股份。

14. 收购期限届满,被收购公司股权分布不符合证券交易所规定的上市交易要求的,该上市公司的股票应当由证券交易所依法终止上市交易;其余仍持有被收购公司股票的股东,有权向收购人以收购要约的同等条件出售其股票,收购人应当收购。收购行为完成后,被收购公司不再具备股份有限公司条件的,应当依法变更企业形式。

15. 收购行为完成后,收购人应当在15日内将收购情况报告国务院证券监督管理机构和证券交易所,并予公告。

16. 在上市公司收购中,收购人持有的被收购的上市公司的股票,在收购行为完成后的18个月内不得转让。

七、关于豁免要约的申请和条件

豁免要约是指符合条件的收购者经核准可以免除要约收购。符合条件的收购者可以向证监会申请豁免要约收购,申请被批准的可以不采取要约收购方式收购占上市公司已发行股份30%以上的部分,豁免要约收购未被批准的,继续收购上市公司已发行股票30%以上部分,必须采取要约方式进行收购。

豁免要约收购的条件大致可以分为三类:

1. 一般豁免要约收购的条件。有下列情形之一的,收购人可以向证监会提出免于要约收购方式增持上市公司的股份的申请:(1)收购人与出让人能够证明本次股份转让是在同一实际控制人控制的不同主体之间进行,未导致上市公司的实际控制人发生变化的;(2)上市公司面临严重财务困难,收购人提出的挽救上市公司的重组方案取得该公司股东大会批准,且收购人承诺3年内不转让其在该上市公司中拥有的股份;(3)证监会为适应证券市场变化和保护投资者合法权益的需要而认定的其他情形。

2. 特殊豁免要约收购的条件。有下列情形之一的,投资者可以向证监会提出免于要约收购的申请,证监会自收到符合规定的申请文件之日起10个工作日内未提出异议的，相关投资者可以向证券交易所和证券登记结算机构申请办理股份转让和过户手续：(1)经政府或者国有资产管理部门批准进行国有资产无偿划转、变更、合并，导致投资者在一个上市公司中拥有权益的股份占该上市公司已经发行的股份比例超过30%的；(2)因上市公司按照股东大会批准的价格向特定股东回购股份而减少股本，导致投资者在一个上市公司中拥有权益的股份超过该上市公司已发行股份总数的30%的；(3)证监会为适应证券市场变化和保护投资者合法权益的需要而认定的其他情形。

3. 无条件豁免要约收购。有下列情形之一的，相关投资者可以免于提出豁免要约收购的申请，直接向证券交易所和证券登记结算机构办理股份转让和过户登记手续：(1)经上市公司股东大会非关联股东批准，投资者取得上市公司向其发行的新股，导致其在该上市公司中拥有权益的股份超过该公司已经发行股份总数的30%，投资者承诺3年内不转让本次向其发行的新股，且上市公司股东大会同意投资者免于要约收购；(2)在一个上市公司中拥有权益的股份达到或者超过该公司已经发行股份总数的30%的，自前述事实发行1年后，每12个月内增持不超过该上市公司已发行的股份2%的；(3)在一个上市公司中拥有权益的股份达到或者超过该上市公司已经发行股份总数50%的，继续增加其在该公司拥有权益的股份不影响该公司上市地位的；(4)证券公司、银行等金融机构在其经营范围之内依法从事承销、贷款等业务导致其持有一个上市已发行股份超过30%，没有实际控制该上市公司的行为和意图，并且提出在合理期限内向非关联方转让相关股份的解决方案；(5)因继承导致投资者在一个上市公司中拥有权益的股份超过该公司已经发行股份总数的30%；(6)因履行协议购回上市公司股份导致投资者持股比例超过30%的；(7)因所持优先股表决权依法恢复导致投资者在一个上市公司中拥有权益的股份超过该公司已经发行股份30%的。

［**相关规定**］

《证券法》

第四章　上市公司的收购

第六十二条　投资者可以采取要约收购、协议收购及其他合法方式收购上市公司。

第六十三条　通过证券交易所的证券交易，投资者持有或者通过协议、其他安排与他人共同持有一个上市公司已发行的有表决权股份达到百分之五时，应当在该事实发生之日起三日内，向国务院证券监督管理机构、证券交易所作出书面报告,通知该上市公司,并予公告,在上述期限内不得再行买卖该上市公司的股票,但国务院证券监督管理机构规定的情形除外。

投资者持有或者通过协议、其他安排与他人共同持有一个上市公司已发行的有表决权股份达到百分之五后,其所持该上市公司已发行的有表决权股份比例每增加或者减少百分之五,应当依照前款规定进行报告和公告,在该事实发生之日起至公告后三日内,不得再行买卖该上市公司的股票,但国务院证券监督管理机构规定的情形除外。

投资者持有或者通过协议、其他安排与他人共同持有一个上市公司已发行的有表决权股份达到百分之五后,其所持该上市公司已发行的有表决权股份比例每增加或者减少百分之一,应当在该事实发生的次日通知该上市公司,并予公告。

违反第一款、第二款规定买入上市公司有表决权的股份的,在买入后的三十六个月内,对该超过规定比例部分的股份不得行使表决权。

第六十四条　依照前条规定所作的公告,应当包括下列内容:

(一)持股人的名称、住所;

(二)持有的股票的名称、数额;

(三)持股达到法定比例或者持股增减变化达到法定比例的日期、增持股份的资金来源;

(四)在上市公司中拥有有表决权的股份变动的时间及方式。

第六十五条　通过证券交易所的证券交易,投资者持有或者通过协议、其他安排与他人共同持有一个上市公司已发行的有表决权股份达到百分之三十时,继续进行收购的,应当依法向该上市公司所有股东发出收购上市公司全部或者部分股份的要约。

收购上市公司部分股份的要约应当约定,被收购公司股东承诺出售的股份数额超过预定收购的股份数额的,收购人按比例进行收购。

第六十六条　依照前条规定发出收购要约,收购人必须公告上市公司收购报告书,并载明下列事项:

(一)收购人的名称、住所;

(二)收购人关于收购的决定;

(三)被收购的上市公司名称;

(四)收购目的;

(五)收购股份的详细名称和预定收购的股份数额;

(六)收购期限、收购价格;

(七)收购所需资金额及资金保证;

(八)公告上市公司收购报告书时持有被收购公司股份数占该公司已发行的股份总数的比例。

第六十七条　收购要约约定的收购期限不得少于三十日,并不得超过六十日。

第六十八条　在收购要约确定的承诺期限内,收购人不得撤销其收购要约。收购人需要变更收购要约的,应当及时公告,载明具体变更事项,且不得存在下列情形:

(一)降低收购价格;

(二)减少预定收购股份数额;

(三)缩短收购期限;

(四)国务院证券监督管理机构规定的其他情形。

第六十九条　收购要约提出的各项收购条件,适用于被收购公司的所有股东。

上市公司发行不同种类股份的,收购人可以针对不同种类股份提出不同的收购条件。

第七十条　采取要约收购方式的,收购人在收购期限内,不得卖出被收购公司的股票,也不得采取要约规定以外的形式和超出要约的条件买入被收购公司的股票。

第七十一条　采取协议收购方式的,收购人可以依照法律、行政法规的规定同被收购公司的股东以协议方式进行股份转让。

以协议方式收购上市公司时,达成协议后,收购人必须在三日内将该收购协议向国务院证券监督管理机构及证券交易所作出书面报告,并予公告。

在公告前不得履行收购协议。

第七十二条　采取协议收购方式的,协议双方可以临时委托证券登记结算机构保管协议转让的股票,并将资金存放于指定的银行。

第七十三条　采取协议收购方式的,收购人收购或者通过协议、其他安排与他人共同收购一个上市公司已发行的有表决权股份达到百分之三十时,继续进行收购的,应当依法向该上市公司所有股东发出收购上市公司全部或者部分股份的要约。但是,按照国务院证券监督管理机构的规定免除发出要约的除外。

收购人依照前款规定以要约方式收购上市公司股份,应当遵守本法第六十五条第二款、第六十六条至第七十条的规定。

第七十四条　收购期限届满,被收购公司股权分布不符合证券交易所规定的上市交易要求的,该上市公司的股票应当由证券交易所依法终止上市交易;其余仍持有被收购公司股票的股东,有权向收购人以收购要约的同等条件出售其股票,收购人应当收购。

收购行为完成后,被收购公司不再具备股份有限公司条件的,应当依法变更企业形式。

第七十五条　在上市公司收购中,收购人持有的被收购的上市公司的股票,在收购行为完成后的十八个月内不得转让。

第七十六条　收购行为完成后,收购人与被收购公司合并,并将该公司解散的,被解散公司的原有股票由收购人依法更换。

收购行为完成后,收购人应当在十五日内将收购情况报告国务院证券监督管理机构和证券交易所,并予公告。

第七十七条　国务院证券监督管理机构依照本法制定上市公司收购的具体办法。

上市公司分立或者被其他公司合并,应当向国务院证券监督管理机构报告,并予公告。

第五章　信息披露

第七十八条　发行人及法律、行政法规和国务院证券监督管理机构规定的其他信息披露义务人,应当及时依法履行信息披露义务。

信息披露义务人披露的信息,应当真实、准确、完整,简明清晰,通俗易懂,不得有虚假记载、误导性陈述或者重大遗漏。

证券同时在境内境外公开发行、交易的,其信息披露义务人在境外披露的信息,应当在境内同时披露。

第七十九条　上市公司、公司债券上市交易的公司、股票在国务院批准的其他全国性证券交易场所交易的公司,应当按照国务院证券监督管理机构和证券交易场所规定的内容和格式编制定期报告,并按照以下规定报送和公告:

(一)在每一会计年度结束之日起四个月内,报送并公告年度报告,其中的年度财务会计报告应当经符合本法规定的会计师事务所审计;

(二)在每一会计年度的上半年结束之日起二个月内,报送并公告中期报告。

第八十条　发生可能对上市公司、股票在国务院批准的其他全国性证券交易场所交易的公司的股票交易价格产生较大影响的重大事件,投资者尚未得知时,公司应当立即将有关该重大事件的情况向国务院证券监督管理机构和证券交易场所报送临时报告，并予公告，说明事件的起因、目前的状态和可能产生的法律后果。

前款所称重大事件包括：

（一）公司的经营方针和经营范围的重大变化；

（二）公司的重大投资行为，公司在一年内购买、出售重大资产超过公司资产总额百分之三十，或者公司营业用主要资产的抵押、质押、出售或者报废一次超过该资产的百分之三十；

（三）公司订立重要合同、提供重大担保或者从事关联交易，可能对公司的资产、负债、权益和经营成果产生重要影响；

（四）公司发生重大债务和未能清偿到期重大债务的违约情况；

（五）公司发生重大亏损或者重大损失；

（六）公司生产经营的外部条件发生的重大变化；

（七）公司的董事、三分之一以上监事或者经理发生变动，董事长或者经理无法履行职责；

（八）持有公司百分之五以上股份的股东或者实际控制人持有股份或者控制公司的情况发生较大变化，公司的实际控制人及其控制的其他企业从事与公司相同或者相似业务的情况发生较大变化；

（九）公司分配股利、增资的计划，公司股权结构的重要变化，公司减资、合并、分立、解散及申请破产的决定，或者依法进入破产程序、被责令关闭；

（十）涉及公司的重大诉讼、仲裁，股东大会、董事会决议被依法撤销或者宣告无效；

（十一）公司涉嫌犯罪被依法立案调查，公司的控股股东、实际控制人、董事、监事、高级管理人员涉嫌犯罪被依法采取强制措施；

（十二）国务院证券监督管理机构规定的其他事项。

公司的控股股东或者实际控制人对重大事件的发生、进展产生较大影响的，应当及时将其知悉的有关情况书面告知公司，并配合公司履行信息披露义务。

第八十一条　发生可能对上市交易公司债券的交易价格产生较大影响的重大事件，投资者尚未得知时，公司应当立即将有关该重大事件的情况向国务院证券监督管理机构和证券交易场所报送临时报告，并予公告，说明事件的起因、目前的状态和可能产生的法律后果。

前款所称重大事件包括：

（一）公司股权结构或者生产经营状况发生重大变化；

(二)公司债券信用评级发生变化;

(三)公司重大资产抵押、质押、出售、转让、报废;

(四)公司发生未能清偿到期债务的情况;

(五)公司新增借款或者对外提供担保超过上年末净资产的百分之二十;

(六)公司放弃债权或者财产超过上年末净资产的百分之十;

(七)公司发生超过上年末净资产百分之十的重大损失;

(八)公司分配股利,作出减资、合并、分立、解散及申请破产的决定,或者依法进入破产程序、被责令关闭;

(九)涉及公司的重大诉讼、仲裁;

(十)公司涉嫌犯罪被依法立案调查,公司的控股股东、实际控制人、董事、监事、高级管理人员涉嫌犯罪被依法采取强制措施;

(十一)国务院证券监督管理机构规定的其他事项。

第八十二条　发行人的董事、高级管理人员应当对证券发行文件和定期报告签署书面确认意见。

发行人的监事会应当对董事会编制的证券发行文件和定期报告进行审核并提出书面审核意见。监事应当签署书面确认意见。

发行人的董事、监事和高级管理人员应当保证发行人及时、公平地披露信息,所披露的信息真实、准确、完整。

董事、监事和高级管理人员无法保证证券发行文件和定期报告内容的真实性、准确性、完整性或者有异议的,应当在书面确认意见中发表意见并陈述理由,发行人应当披露。发行人不予披露的,董事、监事和高级管理人员可以直接申请披露。

第八十三条　信息披露义务人披露的信息应当同时向所有投资者披露,不得提前向任何单位和个人泄露。但是,法律、行政法规另有规定的除外。

任何单位和个人不得非法要求信息披露义务人提供依法需要披露但尚未披露的信息。任何单位和个人提前获知的前述信息,在依法披露前应当保密。

第八十四条　除依法需要披露的信息之外,信息披露义务人可以自愿披露与投资者作出价值判断和投资决策有关的信息,但不得与依法披露的信息相冲突,不得误导投资者。

发行人及其控股股东、实际控制人、董事、监事、高级管理人员等作出公开承诺的,应当披露。不履行承诺给投资者造成损失的,应当依法承担赔偿责任。

第八十五条　信息披露义务人未按照规定披露信息,或者公告的证券发行文件、定期报告、临时报告及其他信息披露资料存在虚假记载、误导性陈述或者重大遗漏，致使投资者在证券交易中遭受损失的，信息披露义务人应当承担赔偿责任；发行人的控股股东、实际控制人、董事、监事、高级管理人员和其他直接责任人员以及保荐人、承销的证券公司及其直接责任人员，应当与发行人承担连带赔偿责任，但是能够证明自己没有过错的除外。

第八十六条　依法披露的信息，应当在证券交易场所的网站和符合国务院证券监督管理机构规定条件的媒体发布，同时将其置备于公司住所、证券交易场所，供社会公众查阅。

第八十七条　国务院证券监督管理机构对信息披露义务人的信息披露行为进行监督管理。

证券交易场所应当对其组织交易的证券的信息披露义务人的信息披露行为进行监督，督促其依法及时、准确地披露信息。

第十六章

国家出资企业资产划转和交易

国家出资企业包括国有独资企业、国有独资公司、国有资本控股公司、国有资本参股公司。国有独资企业是指尚未改制为公司的国有企业。国有独资公司是指全部资本由国家出资的公司。企业国有产权是指国家对企业各种形式的投资所形成的权益。现在我们来讨论国家出资企业有关国有产权的划转和资产交易问题。

第一节 企业国有产权的无偿划转

2005 年国务院国资委印发《企业国有产权无偿划转管理暂行办法》(国资发产权〔2005〕239 号),为企业国有产权的无偿划转提供了法规基础。该文规定的企业国有产权无偿划转,其划转的标的是被划转公司的股权或者非公司企业的所有权,但根据该文的规定,无偿划转实物资产的可参照该文执行。笔者根据该通知并结合《公司法》的有关规定和精神,就企业国有产权无偿划转问题整理如下,仅供读者参考。

一、什么是国有产权无偿划转

无偿划转是公允作价的对称。公允作价是指商品的流转以交易双方对商品所有权的转移及价格补偿达成一致,价格以市场价值为基础。也就是说,商品所有者放弃商品以获得对价为前提,而商品的对价以市场价格为基础,公允作价是商品交易的基础和前提。无偿划转是指商品在不同主体之间所有权的流转无须以价格补偿为前提，商品所有权的放弃不需要以价格补偿为前提。无偿划转以不同主体之间存在非商品交易关系的属性为前提。

企业国有产权无偿划转是指企业国有产权在政府机构、事业单位、国有独资企业、国有独资公司之间的无偿转移。国有独资公司作为划入或划出一方的，应当符合《公司法》的有关规定。政府机构、事业单位和国有独资企业均不是公司制企业，不受《公司法》乃至公司企业制度的辖制，其资产的提供单位有权无偿划转其持有的资产。但是由于在我国国有独资企业享有法人企业的待遇，资产的划转应当处理好其负债，否则法人企业待遇就要受到挑战。而国有独资公司是公司制度的企业，适用《公司法》关于一人公司的有关规定。国有独资公司无论是作为划入还是作为划出方，都应当符合《公司法》的有关规定。在公司企业制度下，股东非经以下三种情况不能从公司取得资产，否则就是抽逃或者侵占：(1)利润分配；(2)减资；(3)解散清算分配剩余财产。即使是国有独资公司在这三种情形之外，将资产无偿划转给他人，也构成抽逃资本，虽不损害股东利益，但损害债权人利益，也要被依法戳穿公司面纱。

企业国有产权无偿划转应当遵循以下原则：(1)符合国家有关法律法规和产业政策的规定；(2)符合国有经济布局和结构调整的需要；(3)有利于优化产业结构和提高企业核心竞争力；(4)划转双方协商一致。被划转企业国有产权的权属应当清晰。权属关系不明确或存在权属纠纷的企业国有产权不得进行无偿划转。被设置为担保物权的企业国有产权无偿划转，应当符合《担保法》的有关规定。有限责任公司国有股权的划转，还应当遵循《公司法》的有关规定。

二、企业国有产权无偿划转的程序

1. 企业国有产权无偿划转应当首先做好可行性论证。无偿划转可行性论证报告一般应当载明下列内容：(1)被划转企业所处行业情况及国家有关法律法规、产业政策规定；(2)被划转企业主业情况及与划入、划出方企业主业和发展规划的关系；(3)被划转企业的财务状况及或有负债情况；(4)被划转企业的人员情况；(5)划入方对被划转企业的重组方案，包括投入计划、资金来源、效益预测及风险对策等；(6)其他需说明的情况。被划转企业是指划出方和划入方之间进行无偿划转的标的企业。被划转企业或有负债的情况是指被划转企业可能在会计账目之外发生负债的情况。

2. 履行企业内部决策程序。划转双方应当在可行性研究的基础上，按照内部决策程序进行审议，并形成书面决议。划入方或者划出方为国有独资企业的，应当由总经理办公会议审议;已设立董事会的,由董事会审议。划出方或者划入方为国有独资公司的,应当由董事会审议;尚未设立董事会的,由总经理办公会议审议。所涉及的职工分流安置事项,应当经被划转企业职工代表大会审议通过。

3. 对被划转企业进行清产核资。划转双方应当组织被划转企业按照有关规定开展审计或清产核资,以中介机构出具的审计报告或经划出方国资监管机构批准的清产核资结果作为企业国有产权无偿划转的依据。

4. 通知债权人。划出方应当就无偿划转事项通知本企业(单位)债权人,并制订相应的债务处置方案。如果划出方为国有独资公司,应当履行减资的法定程序,公司应当自作出减少注册资本决议之日起 10 日内通知债权人,并于 30 日内在报纸上公告。债权人自接到通知书之日起 30 日内,未接到通知书的自公告之日起 45 日内,有权要求公司清偿债务或者提供相应的担保。当然,如果划出方企业没有负债,或者已经对负债依法进行了处理当属别论。

5. 划转双方签订企业国有产权无偿划转协议。划转协议应当包括下列主要内容:(1)划入、划出双方的名称与住所;(2)被划转企业的基本情况;(3)被划转企业国有产权数额及划转基准日;(4)被划转企业涉及的职工分流安置方案;(5)被划转企业涉及的债权、债务(包括拖欠职工债务)以及或有负债的处理方案;(6)划转双方的违约责任;(7)纠纷的解决方式;(8)协议生效条件;(9)划转双方认为必要的其他条款。

6. 无偿划转协议生效。无偿划转事项按照被批准并履行完成《公司法》规定的程序后,划转协议生效。划转协议生效以前,划转双方不得履行或者部分履行。划转双方应当依据相关批复文件及划转协议,进行账务调整,按规定办理产权登记等手续。

三、企业国有产权无偿划转的审批

1. 企业国有产权无偿划转的审批。审批应当遵守以下规定:(1)企业国有产权在同一国资监管机构所出资企业之间无偿划转的,由所出资企业共同报国资监管机构批准;(2)企业国有产权在不同国资监管机构所出资企业之间无偿划转的,依据划转双方的产权归属关系,由所出资企业分别报同级国资监管机构批准;(3)实施政企分开的企业,其国有产权无偿划转所出资企业或其子企业持有的,由同级国资监管机构和主管部门分别批准;(4)下级政府国资监管机构所出资企业国有产权无偿划转上级政府国资监管机构所出资企业或其子企业持有的,由下级政府和上级政府国资监管机构分别批准;(5)企业国有产权在所出资企业内部无偿划转的，由所出资企业批准并抄报同级国资监管机构。

2. 申请企业呈报的书面材料。书面材料应当包括下列内容：(1)无偿划转的申请文件；(2)总经理办公会议或董事会有关无偿划转的决议；(3)划转双方及被划转企业的产权登记证；(4)无偿划转的可行性论证报告；(5)划转双方签订的无偿划转协议；(6)中介机构出具的被划转企业划转基准日的审计报告或同级国资监管机构清产核资结果批复文件；(7)划出方债务处置方案；(8)被划转企业职代会通过的职工分流安置方案；(9)其他有关文件。

3. 不得实施无偿划转的情形。主要包括以下情形：(1)被划转企业主业不符合划入方主业及发展规划的；(2)中介机构对被划转企业划转基准日的财务报告出具否定意见、无法表示意见或保留意见的审计报告的；(3)无偿划转涉及的职工分流安置事项未经被划转企业的职工代表大会审议通过的；(4)被划转企业或有负债未有妥善解决方案的；(5)划出方债务未有妥善处置方案的。

4. 无偿划转的账务处理依据。下列无偿划转事项，依据中介机构出具的被划转企业上一年度（或最近一次）的审计报告或经国资监管机构批准的清产核资结果，直接进行账务调整，并按规定办理产权登记等手续：(1)由政府决定的所出资企业国有产权无偿划转本级国资监管机构其他所出资企业的；(2)由上级政府决定的所出资企业国有产权在上、下级政府国资监管机构之间的无偿划转；(3)由划入、划出方政府决定的所出资企业国有产权在互不隶属的政府的国资监管机构之间的无偿划转；(4)由政府决定的实施政企分开的企业，其国有产权无偿划转国资监管机构持有的；(5)其他由政府或国资监管机构根据国有经济布局、结构调整和重组需要决定的无偿划转事项。

第二节　企业国有产权出让规则

讨论完企业国有产权无偿划转问题之后，我们来讨论企业国有产权的交易规则。因企业国有产权有其特殊性，为防止国有资产流失，企业国有产权交易有其独特的规则。我们首先讨论企业国有产权出让的规则，然后再讨论国家出资企业增资规则和资产出让规则。

一、什么是企业国有产权交易

1. 企业国有资产交易。企业国有产权交易包括：(1)企业产权转让，即履行出资人职责的机构、国有及国有控股企业、国有实际控制企业转让其对企业各种形式出资所形成权益的行为;(2)企业增资,即国有及国有控股企业、国有实际控制企业增加资本的行为,政府以增加资本金方式对国家出资企业的投入除外;(3)企业资产转让,即国有及国有控股企业、国有实际控制企业的重大资产转让行为。

2. 国家出资企业。国家出资企业包括:(1)国有独资企业,即政府部门、机构、事业单位出资设立的国有独资企业(公司),以及上述单位、企业直接或间接合计持股为100%的国有全资企业;(2)国有控股企业,即前述第(1)项所列单位、企业单独或共同出资,合计拥有产(股)权比例超过50%,且其中之一为最大股东的企业,以及前述第(1)、(2)项所列企业对外出资,拥有股权比例超过50%的各级子企业;(3)国有实际控制企业,即政府部门、机构、事业单位、单一国有及国有控股企业直接或间接持股比例未超过50%,但为第一大股东,并且通过股东协议、公司章程、董事会决议或者其他协议安排能够对其实际支配的企业。

二、企业国有产权出让规则

1. 关于转让企业国有产权的批准。国资监管机构负责审核国家出资企业的产权转让事项。其中,因产权转让致使国家不再拥有所出资企业控股权的,须由国资监管机构报本级人民政府批准。国家出资企业应当制定其子企业产权转让管理制度,确定审批管理权限。其中,对主业处于关系国家安全、国民经济命脉的重要行业和关键领域,主要承担重大专项任务子企业的产权转让,须由国家出资企业报同级国资监管机构批准。转让方为多家国有股东共同持股的企业,由其中持股比例最大的国有股东负责履行相关批准程序;各国有股东持股比例相同的,由相关股东协商后确定其中一家股东负责履行相关批准程序。产权转让应当由转让方按照企业章程和企业内部管理制度进行决策,形成书面决议。国有控股和国有实际控制企业中国有股东委派的股东代表,应当按照委派单位的指示发表意见、行使表决权,并将履职情况和结果及时报告委派单位。

2. 企业国有产权出让的信息披露和受让者征集。产权转让事项经批准后,由转让方委托会计师事务所对转让标的企业进行审计。涉及参股权转让不宜单独进行专项审计的,转让方应当取得转让标的企业最近一期年度审计报告。对按照有关法律法规要求必须进行资产评估的产权转让事项,转让方应当委托具有相应资质的评估机构对转让标的进行资产评估,产权转让价格应以经核准或备案的评估结果为基础确定。产权转让原则上通过产权市场公开进行。转让方可以根据企业实际情况和工作进度安排，采取信息预披露和正式披露相结合的方式，通过产权交易机构网站分阶段对外披露产权转让信息，公开征集受让方。其中正式披露信息时间不得少于20个工作日。产权转让原则上不得针对受让方设置资格条件，确需设置的，不得有明确指向性或违反公平竞争原则，所设资格条件相关内容应当在信息披露前报同级国资监管机构备案，国资监管机构在5个工作日内未反馈意见的视为同意。转让方应当通过产权交易所披露以下信息：(1)转让标的基本情况。(2)转让标的企业的股东结构。(3)产权转让行为的决策及批准情况。(4)转让标的企业最近一个年度审计报告和最近一期财务报表中的主要财务指标数据，包括但不限于资产总额、负债总额、所有者权益、营业收入、净利润等。转让参股权的，披露最近一个年度审计报告中的相应数据。(5)受让方资格条件。(6)交易条件、转让底价。(7)企业管理层是否参与受让，有限责任公司原股东是否放弃优先受让权。(8)竞价方式，受让方选择的相关评判标准。(9)其他需要披露的事项。转让方应当按照要求向产权交易机构提供披露信息内容的纸质文档材料，并对披露内容和所提供材料的真实性、完整性、准确性负责。产权交易机构应当对信息披露的规范性负责。

3. 企业国有产权出让的底价。产权转让项目首次正式信息披露的转让底价，不得低于经核准或备案的转让标的评估结果。信息披露期满未征集到意向受让方的，可以延期或在降低转让底价、变更受让条件后重新进行信息披露。降低转让底价或变更受让条件后重新披露信息的，披露时间不得少于20个工作日。新的转让底价低于评估结果的90%时，应当经转让行为批准单位书面同意。转让项目自首次正式披露信息之日起超过12个月未征集到合格受让方的，应当重新履行审计、资产评估以及信息披露等产权转让工作程序。在正式披露信息期间，转让方不得变更产权转让公告中公布的内容，由于非转让方原因或其他不可抗力因素导致可能对转让标的价值判断造成影响的，转让方应当及时调整补充披露信息内容，并相应延长信息披露时间。

4. 企业国有产权出让的竞价和价格。产权转让信息披露期满、产生符合条件的意向受让方的，按照披露的竞价方式组织竞价。竞价可以采取拍卖、招投标、网络竞价以及其他竞价方式，且不得违反国家法律法规的规定。受让方确定后，转让方与受让方应当签订产权交易合同，交易双方不得以交易期间企业经营性损益等理由对已达成的交易条件和交易价格进行调整。交易价款应当以人民币计价，通过产权交易机构以货币进行结算。因特殊情况不能通过产权交易机构结算的，转让方应当向产权交易机构提供转让行为批准单位的书面意见以及受让方付款凭证。交易价款原则上应当自合同生效之日起5个工作日内一次付清。金额较大、一次付清确有困难的,可以采取分期付款方式。采用分期付款方式的,首期付款不得低于总价款的30%,并在合同生效之日起5个工作日内支付;其余款项应当提供转让方认可的合法有效担保,并按同期银行贷款利率支付延期付款期间的利息,付款期限不得超过1年。产权交易合同生效后,产权交易机构应当将交易结果通过交易机构网站对外公告,公告内容包括交易标的名称、转让标的评估结果、转让底价、交易价格,公告期不少于5个工作日。产权交易合同生效,并且受让方按照合同约定支付交易价款后,产权交易机构应当及时为交易双方出具交易凭证。

三、非公开协议出让企业国有产权

1. 企业国有产权的非公开协议转让。下列企业国有产权转让可以采取非公开协议方式:(1)涉及主业处于关系国家安全、国民经济命脉的重要行业和关键领域企业的重组整合,对受让方有特殊要求,企业产权需要在国有及国有控股企业之间转让的,经国资监管机构批准,可以采取非公开协议转让方式;(2)同一国家出资企业及其各级控股企业或实际控制企业之间因实施内部重组整合进行产权转让的,经该国家出资企业审议决策,可以采取非公开协议转让方式。

采取非公开协议转让方式转让企业产权,转让价格不得低于经核准或备案的评估结果。以下情形按照《公司法》、企业章程履行决策程序后,转让价格可以资产评估报告或最近一期审计报告确认的净资产值为基础确定,且不得低于经评估或审计的净资产值:(1)同一国家出资企业内部实施重组整合,转让方和受让方为该国家出资企业及其直接或间接全资拥有的子企业;(2)同一国有控股企业或国有实际控制企业内部实施重组整合,转让方和受让方为该国有控股企业或国有实际控制企业及其直接、间接全资拥有的子企业。

2. 非公开协议转让的审批。国家出资企业审议决策采取非公开协议方式的企业产权转让行为,应当报国资监管机构批准。在报批时提交下列文件:(1)产权转让的有关决议文件;(2)产权转让方案;(3)采取非公开协议方式转让产权的必要性以及受让方情况;(4)转让标的企业审计报告、资产评估报告及其核准或备案文件;(5)产权转让协议;(6)转让方、受让方和转让标的企业的国家出资企业产权登记表(证);(7)产权转让行为的法律意见书;(8)其他必要的文件。

第三节　国家出资企业增资项目的规则

在讨论完企业国有产权出让规则之后,我们来讨论国家出资企业增资项目的规则。

一、国家出资企业增资项目的决策

企业增资应当由增资企业按照企业章程和内部管理制度进行决策,形成书面决议。国有控股、国有实际控制企业中国有股东委派的股东代表,应当按照委派单位的指示发表意见、行使表决权,并将履职情况和结果及时报告委派单位。投资方以非货币资产出资的,应当经增资企业董事会或股东会审议同意,并委托具有相应资质的评估机构进行评估,确认投资方的出资金额。

二、国家出资企业增资项目的批准

国资监管机构负责审核国家出资企业的增资行为。其中,因增资致使国家不再拥有所出资企业控股权的,须由国资监管机构报本级人民政府批准。国家出资企业决定其子企业的增资行为。其中,对主业处于关系国家安全、国民经济命脉的重要行业和关键领域,主要承担重大专项任务的子企业的增资行为,须由国家出资企业报同级国资监管机构批准。增资企业为多家国有股东共同持股的企业,由其中持股比例最大的国有股东负责履行相关批准程序;各国有股东持股比例相同的,由相关股东协商后确定其中一家股东负责履行相关批准程序。企业增资应当符合国家出资企业的发展战略,做好可行性研究,制订增资方案,明确募集资金金额、用途、投资方应具备的条件、选择标准和遴选方式等。增资后企业的股东数量须符合国家相关法律法规的规定。

三、关于特别增资项目的规定

以下情形按照《公司法》、企业章程履行决策程序后,可以依据评估报告或最近一期审计报告确定企业资本及股权比例:(1)增资企业原股东同比例增资的;(2)履行出资人职责的机构对国家出资企业增资的;(3)国有控股或国有实际控制企业对其独资子企业增资的;(4)增资企业和投资方均为国有独资或国有全资企业的。

四、关于信息披露和增资者征集

产权交易机构接受增资企业的委托提供项目推介服务,负责意向投资方的登记工作,协助企业开展投资方资格审查。通过资格审查的意向投资方数量较多时,可以采用竞价、竞争性谈判、综合评议等方式进行多轮次遴选。产权交易机构负责统一接收意向投资方的投标和报价文件,协助企业开展投资方遴选有关工作。企业董事会或股东会以资产评估结果为基础,结合意向投资方的条件和报价等因素审议选定投资方。企业增资通过产权交易机构网站对外披露信息公开征集投资方,时间不得少于40个工作日。信息披露内容包括但不限于:(1)企业的基本情况;(2)企业目前的股权结构;(3)企业增资行为的决策及批准情况;(4)近3年企业审计报告中的主要财务指标;(5)企业拟募集资金金额和增资后的企业股权结构;(6)募集资金用途;(7)投资方的资格条件,以及投资金额和持股比例要求等;(8)投资方的遴选方式;(9)增资终止的条件;(10)其他需要披露的事项。增资协议签订并生效后,产权交易机构应当出具交易凭证,通过交易机构网站对外公告结果,公告内容包括投资方名称、投资金额、持股比例等,公告期不少于5个工作日。

五、非公开协议增资项目

以下情形经同级国资监管机构批准,可以采取非公开协议方式进行增资:(1)因国有资本布局结构调整需要,由特定的国有及国有控股企业或国有实际控制企业参与增资;(2)因国家出资企业与特定投资方建立战略合作伙伴或利益共同体需要,由该投资方参与国家出资企业或其子企业增资。

以下情形经国家出资企业审议决策,可以采取非公开协议方式进行增资:(1)国家出资企业直接或指定其控股、实际控制的其他子企业参与增资;(2)企业债权转为股权;(3)企业原股东增资。

国资监管机构批准、国家出资企业审议决策采取非公开协议方式的企业增资行为时,应当审核下列文件:(1)增资的有关决议文件;(2)增资方案;(3)采取非公开协议方式增资的必要性以及投资方情况;(4)增资企业审计报告、资产评估报告及其核准或备案文件,其中属特别增资项目的,可以仅提供企业审计报告;(5)增资协议;(6)增资企业的国家出资企业产权登记表(证);(7)增资行为的法律意见书;(8)其他必要的文件。

第四节　国家出资企业资产出让规则

讨论完国家出资企业产权出资规则和增资项目规则之后，我们来讨论国家出资企业的资产出让规则。

一、关于资产出让项目的标准

企业一定金额以上的生产设备、房产、在建工程以及土地使用权、债权、知识产权等资产对外转让，应当按照企业内部管理制度履行相应决策程序后，在产权交易机构公开进行。对此，国资委办公厅曾发文明确，中央企业及其各级控股企业一定金额以上的资产对外转让，应当遵循公开、公平、公正的原则，在依法设立的企业国有产权交易机构（以下简称产权交易机构）公开进行。涉及企业内部或特定行业的资产转让，确需在国有、国有控股企业之间协议转让的，由中央企业负责审核批准。中央企业要建立并完善企业生产设备、房产、在建工程以及土地使用权、债权、知识产权等各类资产转让的管理制度，明确资产转让管理的职责部门、管理权限、决策程序、工作流程，对其中应当进场交易的资产种类、金额标准作出具体规定，并将相关制度报送国务院国资委备案。各级国家出资企业应当制定本企业及所属企业资产转让项目的标准，并报主管国资管理机构备案。

二、关于资产非公开协议转让

涉及国家出资企业内部或特定行业的资产转让，确需在国有及国有控股、国有实际控制企业之间非公开转让的，由转让方逐级报国家出资企业审核批准。国家出资企业负责制定本企业不同类型资产转让行为的内部管理制度，明确责任部门、管理权限、决策程序、工作流程，对其中应当在产权交易机构公开转让的资产种类、金额标准等作出具体规定，并报同级国资监管机构备案。

三、关于信息披露和购买者征集

转让方应当根据转让标的情况合理确定转让底价和转让信息公告期：(1)转让底价高于100万元、低于1000万元的资产转让项目，信息公告期应不少于10个工作日；(2)转让底价高于1000万元的资产转让项目，信息公告期应不少于20

个工作日。企业资产转让的具体工作流程参照《企业国有资产交易监督管理办法》关于企业产权转让的规定执行。

第五节　国家出资企业投资并购规则

讨论完国家出资企业产权出让和资产出让规则之后,我们来讨论国家出资企业投资并购的规则。各省级国资监管机构制定本省国家出资企业投资并购项目的监督管理办法。我们看看国务院国资委对中央企业投资项目的管理规则。

一、企业投资计划和备案管理

国资委以国家发展战略和中央企业 5 年发展规划纲要为引领,以把握投资方向、优化资本布局、严格决策程序、规范资本运作、提高资本回报、维护资本安全为重点,依法建立信息对称、权责对等、运行规范、风险控制有力的投资监督管理体系,推动中央企业强化对投资行为的全程全面监管。国资委指导中央企业建立健全投资管理制度,督促中央企业依据其发展战略和规划编报年度投资计划,对中央企业年度投资计划实行备案管理,制定中央企业投资项目负面清单,对中央企业投资项目进行分类监管,监督检查中央企业投资管理制度的执行情况、重大投资项目的决策和实施情况,组织开展对重大投资项目后评价,对违规投资造成国有资产损失以及其他严重不良后果的进行责任追究。中央企业投资应当服务国家发展战略,体现出资人投资意愿,符合企业发展规划,坚持聚焦主业,大力培育和发展战略性新兴产业,严格控制非主业投资,遵循价值创造理念,严格遵守投资决策程序,提高投资回报水平,防止国有资产流失。

中央企业应当于每年 3 月 10 日前将经董事会审议通过的年度投资计划报送国资委。年度投资计划主要包括以下内容:(1)投资主要方向和目的;(2)投资规模及资产负债率水平;(3)投资结构分析;(4)投资资金来源;(5)重大投资项目情况。

二、关于企业投资项目的决策

中央企业应当根据企业发展战略和规划,按照国资委确认的各企业主业、非主业投资比例及新兴产业投资方向,选择、确定投资项目,做好项目融资、投资、管理、退出全过程的研究论证。对于新投资项目，应当深入进行技术、市场、财务和法律等方面的可行性研究与论证，其中股权投资项目应开展必要的尽职调查，并按要求履行资产评估或估值程序。

中央企业应当明确投资决策机制，对投资决策实行统一管理，向下授权投资决策的企业管理层级原则上不超过两级。各级投资决策机构对投资项目做出决策，应当形成决策文件，所有参与决策的人员均应在决策文件上签字背书，所发表意见应记录存档。

三、关于企业项目所涉资产的评估

国家出资企业有下列行为之一的，应当对相关资产进行评估：(1)整体或者部分改建为有限责任公司或者股份有限公司；(2)以非货币资产对外投资；(3)合并、分立、破产、解散；(4)非上市公司国有股东股权比例变动；(5)产权转让；(6)资产转让、置换；(7)整体资产或者部分资产租赁给非国有单位；(8)以非货币资产偿还债务；(9)资产涉讼；(10)收购非国有单位的资产；(11)接受非国有单位以非货币资产出资；(12)接受非国有单位以非货币资产抵债；(13)法律、行政法规规定的其他需要进行资产评估的事项。

国有出资企业有下列行为之一的，可以不对相关国有资产进行评估：(1)经各级人民政府或其国有资产监督管理机构批准，对企业整体或者部分资产实施无偿划转；(2)国有独资企业与其下属独资企业(事业单位)之间或其下属独资企业(事业单位)之间的合并、资产(产权)置换和无偿划转。

企业资产评估报告应当报国资监管机构核准或者国家出资企业备案。资产评估项目的核准按照下列程序进行：(1)企业收到资产评估机构出具的评估报告后应当逐级上报初审，经初审同意后，自评估基准日起8个月内向国有资产监督管理机构提出核准申请；(2)国有资产监督管理机构收到核准申请后，对符合核准要求的，及时组织有关专家审核，在20个工作日内完成对评估报告的核准；对不符合核准要求的，予以退回。企业提出资产评估项目核准申请时，应当向国有资产监督管理机构报送下列文件材料：(1)资产评估项目核准申请文件；(2)资产评估项目核准申请表；(3)与评估目的相对应的经济行为批准文件或有效材料；(4)所涉及的资产重组方案或者改制方案、发起人协议等材料；(5)资产评估机构提交的资产评估报告(包括评估报告书、评估说明、评估明细表及其电子文档)；(6)与经济行为相对应的审计报告；(7)资产评估各当事方的相关承诺函；(8)其他有关资料。

四、国家出资企业并购项目的价格

国家出资企业收购并购项目的价格,包括资产收购、股权收购、产权收购、增资收购。合并并购应当对被收购企业进行审计评估,一级企业评估报告报经国资委核准生效,二级以下企业评估报告报一级企业核准备案后为有效的评估报告。评估报告的有效期间为1年。

国家出资企业收购并购项目的价格不得高于评估的价格。

第四篇

公司重组

PART 04

公司重组包括公司合并、分立、增资、减资和改制，是股东、资本、资产、负债、业务、员工、管理者等各种企业要素的重新组合，是资本成长的过程。从某种意义上说，投融资过程更具有资本行动的基础性，并购过程更带有资本行动的尖锐性，而重组过程更带有资本行动的高深性。公司重组既可以单独实施，也可以组合实施，更可以同投融资、并购融合实施。在组合融合实施的情况下，更具有“资本项目魔术师”的魅力。

本篇我们讨论：

公司合并的分类、特征、规则和实操要领；

公司分立的分类、特征、规则和实操要领；

公司减资的分类、特征、规则和实操要领；

公司股票首发并上市的条件，公司为上市而改制的操作要领。

第十七章

公司合并

公司合并是指两个或两个以上公司通过法定程序合并成为一个公司的行为。公司合并的结果是民事主体的减少。从实务来看，公司合并主要是公司重组的形式，但也可能成为公司并购的一种操作模式。重组是指股东、资本、资产、负债、业务、员工和管理者的重新组合，是资本的生长过程。本章我们讨论公司合并的分类、特征、规则和实操要领。

第一节　公司合并在实务中的应用

讨论公司合并在实务中的应用，有助于我们正确的使用公司合并这种重组方式，重新组合企业的各种要素，达成公司成长的目标。

1. 为消除竞争，处于同一市场的同一行业的企业合并。一般情况下这可能是一种合并并购，通过合并可以组建同一控制下的企业集团，集团上边的股东是参加合并的各公司的股东，集团下边的各级公司是参加合并的各公司。合并后实现了强强联手，合并前的竞争对手转化成一家人，实现了你中有我，我中有你，利益一致性大于矛盾。这种合并不仅发生在单体公司之间，也发生在企业集团之间。在跨国并购中这种合并表现为交叉持股、以股换股或者股权联合。总之，合并作为一种企业并购的特殊形式，不仅能够消除竞争，而且能够实现资源互补，资源共享，是大企业集团成长的好途径。

2. 为上市增加公司体量对目标公司进行吸收合并。公开发行股票并上市交易是公司融资的重要途径，也是公司成长具有里程碑意义的重要阶段，但是公司公开发行股票要求严格的条件,其中有关于公司体量的要求。《首次公开发行股票并上市管理办法》第二十六条对发行人公司的体量提出以下要求:(1)最近3个会计年度净利润均为正数且累计超过人民币3000万元,净利润以扣除非经常性损益前后较低者为计算依据。(2)最近3个会计年度经营活动产生的现金流量净额累计超过人民币5000万元;或者最近3个会计年度营业收入累计超过人民币3亿元。(3)发行前股本总额不少于人民币3000万元。(4)最近一期末无形资产(扣除土地使用权、水面养殖权和采矿权等后)占净资产的比例不高于20%。(5)最近一期末不存在未弥补亏损。这些都是对公开发行股票公司体量的要求,公司可以通过各种途径满足这些条件,合并就是其中常用的方法之一。过去对发行人要求主业单一,现在有所放宽,更有利于通过合并方法迅速扩大企业的体量。

3. 为消除企业集团内部的关联交易而合并。法律并不反对关联交易,大企业集团内部的关联交易正是其优势所在,也是其核心竞争力的源泉,没有关联交易就没有大企业集团的优势。但是关联交易必须注意两个问题:(1)不能损害小股东的利益。许多企业利用关联交易将利益转移给大股东或公司的实际控制人或者关联企业,这是法律坚决反对的。(2)不能利用关联交易转移公司的利润或者费用。有些企业通过关联交易的价格将本公司利润转移给控股股东、实际控制人或者兄弟公司,或者将控股股东、实际控制人或者兄弟公司的费用转移到本公司,这些不仅可能损害小股东的利益,也可能构成偷税,是违反税法的行为。判定关联交易的前提是交易双方是各自独立核算的民事主体,因此,消灭关联交易的一个重要方法就是使交易双方通过合并成为一个民事主体。

根据首发条件的要求,发行人应当具有完整的业务体系和直接面向市场独立经营的能力。生产型企业应当具备与生产经营有关的生产系统、辅助生产系统和配套设施,合法拥有与生产经营有关的土地、厂房、机器设备以及商标、专利、非专利技术的所有权或者使用权,具有独立的原料采购和产品销售系统;非生产型企业应当具备与经营有关的业务体系及相关资产。发行人的业务应当独立于控股股东、实际控制人及其控制的其他企业,与控股股东、实际控制人及其控制的其他企业间不得有显失公平的关联交易。独立性缺欠和关联交易往往是一个事务的两个方面。对于许多企业特别是企业集团而言,由于历史的原因其内部分工非常细,各个公司普遍缺少独立性和完整性,对于拟申请首发的公司来说,通过合并使围绕主营业务的各个公司以及为主营业务配套的各个公司合并为一个公司,不失为消除关联交易增强公司独立性的好方法。

4. 为消除同业竞争而合并。同业竞争,指有股权并购或者共同利益关系的企业之间因从事相同的业务或者从事互相可以替代的业务,而产生的竞争关系。对于申请首发的公司来说同业竞争是比关联交易更大的拦路虎。在家族企业中,兄弟或者父子从一个企业中成长起来,往往各控制一个公司从事相同的业务,同业竞争是常态。对于这类企业来说通过合并,不仅可能扩大企业的体量,还可以消除各企业之间存在的同业竞争。

5. 企业集团内部为减少企业数量,提高企业质量,缩短管理幅度,提高管理效率而合并。许多企业集团由于各种原因,企业户数上千,有的有业务,有的只有人没有业务,有的既没有人也没有业务。有的企业集团层级过多,甚至达六七层,不仅管理费用高,而且效率低,甚至给企业带来风险。如何减少企业数量,提高企业质量,缩短管理幅度,提高管理效率,合并是好方法之一。合并可以兄弟公司合并,可以母子公司合并,可以母子孙公司合并;可以二合一,可以三合一,可以多合一;可以同业公司合并,也可以不同业的公司合并。合并是企业集团内部重新组合各种资源,重塑企业架构的好方法。

6. 通过合并进行节税策划。有些企业集团内部存在某个(某些)企业年年盈利需要缴纳企业所得税,而另一个(另一些)企业年年亏损产生大量递延所得税资产,甚至浪费递延所得税资产的情况,通过这两类企业合并的方法,可以使企业的递延所得税资产及时得到利用,使盈利企业的纳税额减少,使合并利润增加。

7. 应并购方的要求将企业合并。在某些情况下,并购方会要求将若干目标公司合并,然后进行股权并购。并购方的要求可能是出于消除关联交易的目的,可能是出于消除同业竞争的目的,可能是出于简化并购程序的目的。在这种情况下,目标公司的重组就成为并购的前提条件。

总之,合并是重要的公司重组方式,既可以重新组合各种资源,又可以重新构造企业股权架构和公司架构,在实务中的应用非常广泛。

第二节　公司合并的分类和实务规则

我们讨论公司合并的分类是为了研究不同类型的公司合并的特征,以提高我们对事务本质的认识。传统公司法将公司合并分为存续合并和新设合并,笔者总结实务经验,将公司合并分为简单合并和复杂合并,下面我们分别讨论之。

一、存续合并和新设合并

根据《公司法》第一百七十二条的规定,公司合并可以采取吸收合并或者新设合并。一个公司吸收其他公司为吸收合并,被吸收的公司解散。两个以上公司合并设立一个新的公司为新设合并,合并各方解散。传统公司法从合并后的公司是从参加合并的某一公司变更而来,还是新设立而来将公司合并分为存续合并和新设合并。这种区分更强调合并的外观,而存在弱化公司合并内在本质的缺陷。当然,是选择存续合并还是选择新设合并,不仅对参加合并的各方有影响,而且对合并成本及纳税义务都有影响。选择存续合并的,首先的问题是哪家公司存续,哪家公司解散,其相关工作要围绕存续公司的变更和其他公司的解散展开。选择新设合并的,所有参加合并的公司解散,相关工作要围绕新公司的设立和老公司的解散展开。

二、复杂合并的特征和实务规则

复杂合并是指参加合并的各公司的股东及持股比例不相同的合并,这类公司合并无论是存续合并还是新设合并,合并后的公司的股东及持股比例与参加合并的各公司的股东及持股比例不相同。比如,甲持有 A 公司 100% 的股权,乙持有 B 公司 100% 的股权,A 公司和 B 公司合并,合并之后的公司与参加合并的 A 公司和 B 公司的股东和持股比例肯定不能相同。再如,甲和乙分别持有 A 公司 60% 和 40% 的股权,丙和丁分别持有 B 公司 80% 和 20% 的股权,A 公司和 B 公司合并,合并之后的公司的股东及持股比例肯定不能与 A 公司或者 B 公司的股东及股比相同。这些都是复杂合并,具有其独特的运行规则。复杂合并的特征和运行规则如下:

1. 是交易,有利益冲突在其中。在复杂合并的情况下,参加合并的各公司的股东之间就像商品买卖的双方一样,都希望自己在合并中获得更多的利益。比如,在上边的第一个例子中甲希望 A 公司估值更高一些,乙则希望 B 公司估值更高一些,而在第二个例子中甲乙希望 A 公司估值更高一些,丙丁则希望 B 公司估值更高一些。之所以这样是因为谁的公司估值高谁受益,谁的公司估值低谁受损,这和商品交换一样,其根源在于 A 公司的股东和 B 公司的股东在进行交易,进行以 A 公司的资产、负债、权利、义务和 B 公司的资产、负债、权利、义务为标的的建立共同投资关系的交易。非常显见这种股东及持股比例不同的公司之间的合并是一种交易,有利益冲突的内涵在其中。

2. 必须对参加合并的各个公司进行公允估值,受等价交换规则的规限。既然有利益冲突,又要进行交易,唯一的出路就是公允作价和等价交换,公允作价和等价交换是商品交易的根本法则,是解决交易主体之间利益冲突的唯一出路。在公司合并项目中，就是参加合并的各公司股东以其持股公司的资产、负债、权利、义务为标的建立新的规模更大的投资关系和财产委托经营关系，是若干个小规模的投资关系和委托关系的集合。在这个建立新的共同投资关系的过程中，只能通过对参加合并的各公司的公允估值和等价交换的方法来解决各公司股东之间的利益冲突，只有这样交易才能进行。比如，甲和乙是A公司的股东，甲出资2000万元持有A公司66.66%的股权，乙出资1000万元持有A公司33.33%的股权。丙和丁是B公司的股东，丙出资600万元持有B公司60%的股权，丁出资400万元持有B公司40%的股权。A公司吸收合并B公司。合并基准日A公司财务账面资产总额1.3亿元，负债5000万元，股东权益8000万元；B公司资产总额7000万元，负债4000万元，股东权益3000万元。在双方彼此进行尽职调查的基础上，经过评估和协商，双方同意A公司估值1亿元，B公司估值5000万元。如此，合并后A公司的资产总额2.2亿元，负债9000万元，股东权益1.3亿元，注册资本（实收资本）4000万元，其中甲持股44.44%，乙持股22.22%，丙持股20%，丁持股13.33%。

3. 根据参加合并的各公司的估值来确定各方股东在合并后公司中的股权比例。前边我们曾经几次说过，在公司企业制度中，股东与股东之间是共同投资关系，股东与公司的董事、监事、高级管理人员之间是财产委托经营关系（一人公司则只有财产委托经营关系）。在股东之间的共同投资关系中，通常根据各方的投入额确定各方股东的股权比例，公司合并也是如此。在公司复杂合并项目中只能根据各公司的估值来确定各方股东对新投资关系的投入额，并以此确定各方股东在合并后公司中的持股比例，否则合并无法实现。比如，在上例中，参加合并的A公司股东为一方，B公司股东为一方，双方在对另一方公司进行尽职调查，并在评估的基础上经过协商一致，同意A公司估值1亿元，B公司估值5000万元，这是公允作价的过程，这个过程与我们在本书第三篇讨论的股权转让作价过程一样，作价取决于公司的各种因素。合并后甲持有A公司股44.44%的股权，乙持有A公司22.22%的股权，丙持有A公司20%的股权，丁持有A公司13.33%的股权，完全是由他们各自对共同投资关系的投入额决定的，也就是由合并后A公司的股东权益额的来源决定的。

4. 可以事先商定参加合并的各公司股东在合并后公司的持股比例。上文说到通常根据各方股东对新的共同投资关系的投入额来确定各方股东在合并后公司的持股比例，实际上这话也不尽然。在没有控制关系的公司之间的合并项目中，在含有并购成分的复杂并购项目中，参加合并的各公司的股东会围绕合并后公司的控制权问题展开争夺,甚至会因为持股比例问题无法达成一致而使合并项目夭折。所以合并项目并不是全部按照参加合并的各个公司的估值来确定股东的持股比例,有些合并项目需要参加合并的各公司的控股股东先就合并后公司的控制问题达成一致,然后合并的实际工作才能开始。

5. 可能存在合并差价问题。上边提到两种情况,一种情况是根据参加合并的各公司的估值来确定各公司股东在合并后公司中的持股比例,另一种情况是事先商定各股东在合并后公司中的持股比例,然后再开展合并项目的实际工作。在第一种情况下不会存在合并差价问题,在第二种情况下,就很可能会发生合并差价问题。所谓合并差价就是如果参加合并的各公司股东事先商定了他们在合并后公司中的持股比例,而各公司的估值如果与其事先商定的股权比例不匹配,就会发生支付差价的需求,以达到等价交换的境界。比如,甲持有A公司100%的股权,乙持有B公司100%的股权,甲和乙协商一致A公司和B公司合并,A公司存续B公司解散,合并后甲持有A公司70%的股权,乙持有A公司30%的股权。在尽职调查和评估的基础上,双方同意A公司估值1.2亿元,B公司估值6000万元,如此两个公司的估值与两个公司股东商定的股权比例并不匹配。为了贯彻等价交换的原则,为了维持商定的股权比例出路只有一个,就是支付合并差价,至于如何支付差价我们留待后面专门讨论。

6. 必须订立合并协议。既然是交易,既然有利益冲突,为了固定和顺利交易,就必须由参加交易的各方签订具有法律约束力的协议。没有协议的交易是不稳固的,面对不诚信的救济是困难的。因此,凡是复杂合并都应当签订合并协议,明确各方的权利义务和违约责任。合并协议可以由参加合并的各公司股东签订,也可以由参加合并的各公司签署,但后者属于效力待定的合同,只有经公司股东会或者股东大会批准后才能生效。

7. 有违约责任问题。既然是交易有利益冲突,既然要签订协议固定各方的权利和义务,就应当有违约责任问题。违约责任既有违约方对守约方补偿的成分,又有对违约方惩罚的成分,目的是鞭策交易各方按照合同约定履行义务。在合并项目中交易的主体是参加合并的各公司股东,因此承担违约责任者和享受违约责任利益者也应当是参加合并的各公司股东,不能也不应当是参加合并的各个公司。

8. 应当互相进行披露和尽调。股权并购是通过对目标公司股东权益的转让使并购方加入目标公司,应当对目标公司进行尽职调查;增资并购是通过向目标公司增资的方法加入目标公司,应当对目标公司进行尽职调查;合并并购或者说复杂合并通过股东权益的集合,使参加合并的各公司股东集合为一个新公司的股东,故此也应当进行尽职调查。不同的是,合并是股东权益与股东权益的集合,各个公司是交易的标的,应当彼此对对方的公司进行尽职调查。其尽职调查的内容和功能读者可以参考股权并购的相关内容。

9. 有或然负债的赔偿问题。关于什么是或然负债及或然负债的赔偿机理我们在第三篇股权并购谈判内容和合同要点中曾过详细的讨论,现在我们只补充说明复杂合并也有或然负债问题,以及合并项目中的或然负债与受让股权并购项目中的或然负债的区别。合并是参加合并的各公司股东之间的交易,是以公司为标的的交易,根据各公司的估值确定各方股东对合并后公司的持股比例。问题就出在这儿,对公司的估值要把公司的负债作为一个负项纳入估值,这就存在各公司有意无意隐瞒负债或者遗漏负债的可能,而债权人却有权向合并后的公司主张权利,这就是合并项目可能发生或然负债的原因。合并项目的或然负债赔偿问题,请读者注意:(1)或然负债不是违约责任,它是对参加合并的各公司估值的调整,是因估值虚高进行的补充调整;(2)或然负债的赔偿责任人是原债务公司的全体股东,由他们按照在原公司的持股比例分担;(3)或然负债的权利人是除赔偿责任以外的参加合并项目的各公司的股东;(4)或然负债的赔偿额等于发生的或然负债总额乘赔偿权利人在合并后公司中的持股比例。

以上是复杂合并独有的九项特别规则,掌握这些规则对操作好复杂合并项目非常重要。总之,复杂合并是交易,是参加合并的各公司股东以其对公司享有的权益为标的建立新的共同投资关系和新的财产委托关系进行的交易。只有复杂合并才能变更公司的控制权,才能成为并购。

三、简单合并的特征和实务规则

讨论完复杂合并的特征和实操规则之后,我们再回过头来讨论简单合并的特征和实操规则。简单合并是指参加合并的各公司的股东及持股比例相同的合并,这类合并无论是存续合并还是新设合并,合并后的公司的股东及持股比例与参加合并的各公司的股东及持股比例相同。从实务来看,简单合并包括五种情形:(1)全资母子公司之间的合并;(2)全资母、子、孙公司之间(理论上也包括全资的更多层级的公司合并)的合并;(3)全资兄弟公司之间的合并;(4)多个股东但股东持股比例相同的公司之间的合并;(5)家庭成员(不计较权利义务)持有的公司之间的合并。比如,甲公司分别持有 A 公司和 B 公司 100% 的股权,A 公司和 B 公司合并,为全资兄弟公司之间的合并;再如,甲公司持有乙公司 100% 的股权,乙公司持股丙公司100%的股权，甲、乙、丙三个公司合并，为全资母、子、孙公司之间的合并；又如，甲分别持有A公司和B公司两个公司51%的股权，乙分别持有A公司和B公司各19%的股权，丙分别持有A公司和B公司各20%的股权，丁分别持有A公司和B公司各10%的股权，甲、乙、丙、丁做出决议，将A公司和B公司合并，为多个股东但股东持股比例相同的公司之间的合并。这些都是简单合并。简单合并的特征和实操规则如下：

1. 不是交易，没有利益冲突在其中。这是简单合并的本质特征和实操要领的关键所在。合并虽然表现为公司的行为，但就其本质而言是股东之间的事情。前文我们曾说过，在公司企业制度中，股东和股东之间是共同投资关系，股东和公司之间是财产委托经营关系（一人公司没有共同投资关系，只有财产委托经营关系）。在公司合并事务中之所以参加合并的各公司将其资产、负债、权利、义务合并到一起集合为一个公司，是因为参加合并的各公司股东决定建立规模更大的投资关系和财产委托关系。而公司合并在参加合并的各公司的股东及持股比例相同的情况下，股东只是将自己同一时点持有的两个或两个以上的投资关系和财产委托关系合而为一，合并后公司的股东还是原来的股东、股东的持股比例还是原来的持股比例，合并后公司受托经营的资产、负债、权利、义务还是原来的资产、负债、权利、义务，唯一改变的是原来分置几处，现在合在一起。在这种合并中股东之间没有利益冲突，公司之间也没有利益冲突，根源在于没有交易的内容在其中。比如，甲和乙分别持有A公司和B公司各50%的股权，现在甲和乙决定把A公司和B公司合并，A公司存续B公司解散（或者新设C公司，A公司和B公司解散），合并之后的A公司股东仍然是甲和乙，持股比例仍然是各50%。在这其中甲和乙股东之间没有交易的内涵，A公司和B公司之间也有没交易的内涵。

2. 不需要对参加合并的各公司估值。前边说过公允估值、等价交换是商品交换的根本规则，既然简单合并不是交易，没有利益冲突在其中，当然再对参加合并的各公司估值就是多余的了。比如，甲同时持有A、B两个公司100%的股权，A、B两个公司合并，A公司存续，B公司解散。这类合并项目相当于一个人放在自己两个兜子里的钱，现在要放到一个兜里，数清每个兜里钱的数额没有意义。这类合并不用估值，在会计处理上只是账册和科目余额的简单相加，解散公司借负债和股权类，贷资产类，存续公司或者新设公司借资产类，贷负债和权益类即可，企业所得税也允许如此处理，我们称为原值划转。当然在国有企业的情况下，为了考核各公司的经营业绩和防止国有资产的流失，对简单合并的各公司进行审计和评估也是必要的，但这是国有资产管理范畴的事情，不是我们现在讨论的合并规则的事情。

3. 不受等价交换规则的规限。既然不是交易当然就没有利益冲突、当然就不适用等价交换规则了，所以才不用对参加合并的各公司进行公允估值的。等价交换只适用于交易，简单合并不是交易，不适用等价交换的规则。在简单合并项目中，参加合并的各公司的股东之间不存在股权比例之争，也不存在这个公司估值多，那个公司估值低的问题，股东之间只是按照原来的持股比例分配合并后公司的股权。

4. 不存股权比例和公司控制权变更问题。在简单合并的情况下，即使是多个股东但持股比例相同的公司之间的合并，也不存在合并后公司股东的股权比例或者公司控制权变更的问题。在参加合并的各公司的持股比例是多少，在合并后的公司中的股权比例就是多少，原来是公司的控股股东合并后仍然是控股股东。正因如此，简单合并没有并购的意义，主要是在企业集团内部的重组上。

5. 不需要订立合并协议，只需要共同的权力机构作出有效的决议即可。协议是用来固定交易的，既然不是交易，签订协议也就没有什么意义了。比如，甲同时持有 A 公司和 B 公司各 100% 的股权，A 公司和 B 公司合并，谁和谁签订合并协议呢？A 公司和 B 公司不是交易的主体，它们两个签订没有实际意义，股东甲和股东甲签不可能。既然不是交易，再订立协议是没有意义的事情。当然在有些情况下企业登记机关要求凡是合并都必须提供协议，否则不予变更登记，这应当另当别论。

6. 没有违约责任问题。既然不是交易，当然也不应当有违约责任问题。在简单合并的情况下，比如在上文的例子中，你让谁对谁承担违约责任呢？A 公司赔偿 B 公司，还是 B 公司赔偿 A 公司，或者 A 公司的股东赔偿 B 公司的股东，或者 B 公司的股东赔偿 A 公司的股东，都没有任何意义。简单合并不是交易，没有违约责任问题。

7. 没有合并差价问题。前文在讨论复杂合并时已经说过，合并差价源于事先商定合并后公司的股东持股比例和参加合并的各公司的公允估值，现在既没有股权比例问题，也没有估值问题，当然也就没有差价问题了。

8. 没有或然负债赔偿问题。在简单合并的情况下可以有或然负债问题，即可能有遗漏的负债，但是没有或然负债的赔偿问题。因为在简单合并的情况下，没有公司估值问题，再对估值进行补充调整没有意义。

9. 简单合并的主要问题是节税问题。简单合并不是交易，也就没有交易的风险问题，因此，简单合并项目的中心问题就是如何合法的降低税收成本。

以上是简单合并的特征和九项独特规则,学习这些规则对我们操作好简单合并具有重要的意义。简单合并主要适用于企业集团内部的重组、国企集团压减企业户数、企业集团内部减少层级缩减管理幅度,以及并购后的企业整合,实务中应用广泛。

第三节　公司合并的共性规则

上文我们将公司合并划分为复杂合并和简单合并两种类型,并分别讨论了它们各自的特征和实操规则。这些实操规则更能体现两种类型公司合并的本质,是企业合并的商业规则,没有直接的法律规定,但是对实务者的意义重大。现在我们来讨论公司合并的共性实操规则,这些实操规则一般有明文的法律规定,且无论哪种类型的公司合并都适用。

一、关于合并后公司的类型问题

《公司法》没有对合并后公司的类型作出规定。2011 年发布的《关于做好公司合并分立登记支持企业兼并重组的意见》(工商企字〔2011〕226 号)明确支持公司自行选择重组公司类型。合并、分立后存续或者新设的公司,只要符合《公司法》规定的条件,可以选择有限责任公司或者股份有限公司类型。也就是说,对于合并后公司的类型问题,法律不作限制,由商事主体自主选择,只要符合《公司法》规定的注册该类型公司的条件即可。如此,合并后公司的类型,可以是有限责任公司,可以是发起设立的股份公司,唯一的核心条件或者区别在于,有限责任公司的股东 50 人以下,发起设立的股份公司的股东 2 人以上 200 人以下。无论是选择什么类型的公司,复杂合并应当经各方股东协商一致在合并协议中明确规定,在简单合并中应当在公司合并的股东会或者股东大会决议中规定。

二、关于合并后公司资本限额问题

《公司法》没有对合并后公司的注册资本问题作出规定。《关于做好公司合并分立登记支持企业兼并重组的意见》中明确,支持公司自主约定注册资本数额。因合并而存续或者新设的公司,其注册资本、实收资本数额由合并协议约定,但不得高于合并前各公司的注册资本之和、实收资本之和。合并各方之间存在投资关系的,计算合并前各公司的注册资本之和、实收资本之和时,应当扣除投资所对应的注册资本、实收资本数额。合并后的公司无论是存续的公司还是新设的公司,其注册资本可以等于或者小于参加合并的各公司的注册资本之和,不得大于参加合并的各公司注册资本之和;合并后的公司无论是存续的公司还是新设的公司,其实收资本可以等于或者小于参加合并的各公司的实收资本之和,不得大于参加合并的各公司实收资本之和。在公司资本双轨制的情况下,即使是公司合并注册资本和实收资本仍应当维持其独立性。参加合并的各公司存在投资关系的,计算合并后公司的注册资本、实收资本时应当将具有投资关系的部分删除。比如,甲持有A公司100%的股权,A公司注册资本1000万元,实收资本500万元,A公司持有B公司50%的股权,乙持有B公司50%的股权,B公司注册资本2000万元,实收资本1000万元。A公司和B公司合并,A公司存续B公司解散,合并后A公司注册资本的最高限额为2000万元,实收资本的最高限额是1000万元。注册资本中A公司对B公司投资的1000万元,在B公司的章程上表现为A公司对B公司认缴出资1000万元。A公司对B公司实缴出资500万元,在A公司的会计账册上表现为长期股权投资(B公司)500万元,在B公司的会计账册上表现为贷实收资本(A公司)500万元。A公司和B公司合并后,两者冲销为零。这是一个会计规则,相当于我们法律上说的权利人和义务人合为一人之后,权利义务消灭。故此在计算合并后公司注册资本的最高限额时,应当删除母子公司之间的投资;在计算合并公司实收资本的最高限额时,应当删除母公司对子公司的实缴资本额。无论是简单合并还是复杂合并,都需要按照上述规则处理合并后公司的注册资本和实收资本。

三、关于合并后公司资本的实操方法

上文说的是公司合并项目中合并后公司注册资本、实收资本的限额规定,那么在公司合并项目中如何处理合并后公司的资本问题呢?在实务中对合并后注册资本的处理有两种方法:(1)新设合并权益分配法;(2)存续合并增资法。所谓新设权益分配法,就是在新设合并中把参加合并的各公司的注册资本相加,然后按照各方股东对公司的持股比例进行分配,凸显资本表现股权比例符号的功能。比如,甲持有A公司100%的股权,A公司注册资本1000万元,实收资本1000万元,资产总额5000万元,负债总额2000万元,盈余公积金500万元,未分配利润1500万元,合计股东权益3000万元。乙持有B公司100%的股权,B公司注册资本1000万元,实收资本1000万元,资产总额3000万元,负债2500万元,未分配利润500万元,合计股东权益500万元。A公司B公司新设合并,合并后新设公司为C公司。在评估的基础上各方同意A公司估值4500万元,B公司估值500万元。如此C公司的注册资本和实收资本均为2000万元(也可以在2000万元以下),甲持有90%的股权,乙持有10%的股权。这就是新设合并情形下的资本权益分配法,即按照各方股东对合并后新设公司持有权益的比例来分配公司资本。在C公司章程上可以载明"公司注册资本2000万元,其中甲持有90%,乙持有10%"。

所谓存续合并增资法就是按照交易性增资项目中融资公司资本的规则对合并后存续公司的资本进行处理,在处理过程不仅要遵循等价交换的规则,还要遵循资本配比的规则。比如,在上例中,不是A、B两公司解散新设C公司,而是A公司存续,B公司解散。如此A公司的资本将由原来的1000万元,增加至1111万元。在C公司章程修正案中载明"公司注册资本1111万元,其中甲出资1000万元,持股比例为90%,乙出资111万元,持股比例为10%"。

在第二种方法中存续公司的注册资本少于两个公司注册资本之和,但是不用在合并之外再走一个减资程序。上述两例都不违反有关规定,都遵循了复杂合并的规则,都是按照各方股东对合并后公司的投入额确定其股权比例。但是两者也是有区别的,区别主要在于会计处理不同,对B公司的递延所得税资产的处理不同。

四、如何处理合并前公司的空股

空股是指公司股东认缴尚未缴付的出资。空股可以分为四种:(1)守约空股,是指股东认缴但出资期限尚未届满股东尚未缴付的出资;(2)违约空股,是指股东认缴出资期限已经届满但股东尚未缴付的出资;(3)有权空股,是指股东虽未缴付相关出资但与已经缴付出资一样享有各项股东权益;(4)无权空股,是指股东因为缴付出资对相关"股权"不享有股东权利或者股东权利受到某种限制。

在合并尽调过程中应当界定清楚属于哪种空股,并进行区别对待。对于无权空股和违约空股最好通过名义减资的方法消除(名义减资请见本书第十九章);对于守约空股和有权空股可以通过实缴的方法消除,也可以保留并重新分配给合并后公司的各股东或者追加认缴。我们下面来说说保留并重新分配和追加认缴。

保留并重新分配就是保留参加合并的各公司股东认缴未缴的出资额,并在合并后公司各股东之间按照持股比例分配这些认缴未缴的出资,实现合并后公司的各个股东按照股权比例实股对实股,空股对空股。假如,甲持有A公司100%的股权,甲认缴出资1000万元,实缴出资500万元,持有空股500万元,A公司资产总额2000万元,负债1000万元,未分配利润500万元。乙持有B公司100%的股权,乙认缴出资500万元,实缴出资500万元,B公司资产总额1000万元,负债500万元。在评估的基础上各方同意A公司估值1000万元,B公司估值500万元。合并后新设C公司注册资本1500万元,其中甲认缴1000万元,乙认缴500万元,实收资本1000万元,其中甲实缴666.667万元,乙实缴333.333万元,股东认缴未缴的出资合计500万元,其中甲认缴未缴333.333万元,乙认缴未缴166.667万元。两个股东按照对新建立的共同投资关系投入的权益额确定股权比例,按照股权比例分配实缴出资和认缴未缴的出资,实现实股对实股,空股对空股的状态。对于双方尚未缴付的出资,两个股东都有义务按照公司章程的规定缴付。

保留并重新分配的方法主要适用于新设合并的情形。在存续合并的情形下,由于要按照存续公司增资的规则来处理公司的资本,如果是存续公司的空股可以保留并重新分配,如果是解散公司的空股将无法进入存续公司,但如果合并后的公司确实需要股东追加认缴出资,可以在合并的同时由各股东按照股权比例向公司追加认缴出资,并在公司章程规则中追加认缴出资的缴付期限。

五、关于合并后公司的经营范围

《企业经营范围登记管理规定》(国家工商行政管理总局令2015年第76号)第九条明确规定,因分立或者合并而新设的企业申请从事前置经营许可项目的,应当凭审批机关的批准文件、证件向企业登记机关申请登记;因分立或者合并而存续的企业申请前置经营许可项目的,变更登记前已经审批机关批准的,不需要重新办理审批手续。请注意根据此文件的规定,采取新设合并的合并后公司经营范围中的前置事项需要重新审批,采取存续合并的合并后公司经营范围中的前置事项,合并前已经审批的不需要再审批。

简单合并后公司的经营范围应当在有关权力机构的决议中明确规定,复杂合并后公司的经营范围应当在合并协议中规定。也可以在合并后公司的章程中明确规定,并由全体股东签字。如果采取新设合并,应当先行办妥新公司章程中许可经营项目的审批工作。

六、关于合并后公司的资质问题

公司合并资质问题的处理规则不一,公司合并中企业建筑资质如何处理不仅非常重要,而且具有一定的示范意义,所以我们给读者展示一下企业合并建筑资质的处理规则。《住房城乡建设部关于建设工程企业发生重组、合并、分立等情况资质核定有关问题的通知》(建市〔2014〕79 号)明确,为贯彻落实《国务院关于进一步优化企业兼并重组市场环境的意见》(国发〔2014〕14 号),进一步明确工程勘察、设计、施工、监理企业及招标代理机构(以下简称建设工程企业)重组、合并、分立后涉及资质重新核定办理的有关要求,简化办理程序,方便服务企业,现将建设工程企业发生重组、合并、分立等情况后涉及资质办理的有关事项通知如下:

根据有关法律法规和企业资质管理规定,下列类型的建设工程企业发生重组、合并、分立等情况申请资质证书的,可按照有关规定简化审批手续,经审核注册资本金和注册人员等指标满足资质标准要求的,直接进行证书变更。有关具体申报材料和程序按照《关于建设部批准的建设工程企业办理资质证书变更和增补有关事项的通知》(建市函〔2005〕375 号)等要求办理:(1)企业吸收合并,即一个企业吸收另一个企业,被吸收企业已办理工商注销登记并提出资质证书注销申请,企业申请被吸收企业资质的。(2)企业新设合并,即有资质的几家企业,合并重组为一个新企业,原有企业已办理工商注销登记并提出资质证书注销申请,新企业申请承继原有企业资质的。(3)企业合并(吸收合并及新设合并),被吸收企业或原企业短期内无法办理工商注销登记的,在提出资质注销申请后,合并后企业可取得有效期 1 年的资质证书。有效期内完成工商注销登记的,可按规定换发有效期 5 年的资质证书;逾期未提出申请的,其资质证书作废,企业相关资质按有关规定重新核定。(4)企业全资子公司间重组、分立,即由于经营结构调整,在企业与其全资子公司之间或各全资子公司间进行主营业务资产、人员转移,在资质总量不增加的情况下,企业申请资质全部或部分转移的。(5)国有企业改制重组、分立,即经国有资产监管部门批准,几家国有企业之间进行主营业务资产、人员转移,企业申请资质转移且资质总量不增加的。(6)企业外资退出,即外商投资企业(含外资企业、中外合资企业、中外合作企业)外国投资者退出,经商务主管部门注销外商投资批准证书后,工商营业执照已变更为内资,变更后新企业申请承继原企业资质的。(7)企业跨省变更,即企业申请办理工商注册地跨省变更的,可简化审批手续,发放有效期 1 年的证书。企业应在有效期内将有关人员变更到位,并按规定申请重新核定。在重组、合并、分立等过程中,所涉企业如果注册在两个或以上省(自治区、直辖市)的,经资质转出企业所在省级住房城乡建设行政主管部门同意后,由资质转入企业所在省级住房城乡建设行政主管部门负责初审。上述情形以外的建设工程企业重组、合并、分立,企业申请办理资质的,按照有关规定重新进行核定。

由上可见,企业合并无论是存续合并还是新设合并,也无论是复杂合并还是简单合并,合并之后的企业是可以有条件继承参加合并的企业资质的。

七、关于合并公司劳动合同问题

根据《劳动合同法》第三十四条的规定,用人单位发生合并或者分立等情况,原劳动合同继续有效,劳动合同由承继其权利和义务的用人单位继续履行。在公司合并项目中,在合并中解散的公司与劳动者签订的合同对存续公司或者新设公司继续有效,由其继续履行用人单位的义务。公司合并不仅劳动合同继续有效,而且不应当因公司合并改变员工的工作岗位、工作地点和工资待遇。如果发生改变员工可以不接受,按照用人单位单方变更劳动合同处理。公司合并不可损害员工的利益,应当制订员工安置方案,有工会的企业,员工安置方案要征求工会的意见,国有企业要经过员工代表会议通过。在公司合并项目中,要注意合并后公司的各项规章制度问题。解散公司的,与员工有关的各项规章制度对合并后公司的员工并不当然有效。

八、关于公司债权人的反制权利

公司合并后公司的规模扩大了,资产增加了,但是公司的偿债能力不一定增加,也可能降低。比如,A 公司资产总值 5000 万元,负债 2000 万元,资产负债率为 40% ,B 公司资产总值 2000 万元,负债总额 2000 万元,资产负债率为 100% ,A 公司和 B 公司合并对 A 公司的债权人来说其风险将加大。根据《公司法》第一百七十三条的规定,公司合并,应当由合并各方签订合并协议,并编制资产负债表及财产清单。公司应当自作出合并决议之日起 10 日内通知债权人,并于 30 日内在报纸上公告。债权人自接到通知书之日起 30 日内,未接到通知书的自公告之日起 45 日内,可以要求公司清偿债务或者提供相应的担保。公司合并应当通知债权人,包括公司存档合同中有名的债权人和公司会计账册中记载的债权人,参加合并的各公司无论是否解散都要通知。公司合并要向债权人和权利人发出公告,公告根据公司业务的范围在省级报纸或全国性报纸上刊登。面对债务人或者义务人合并,无论是存续还是解散,债权人都有要求债务人或者义务人偿还债务或者提供相应担保的权利。如果债权人未提关于偿还债务或者提供相应担保的要求,则视为同意债务人或者义务人合并;如果债权人提出偿还债务或者提供担保的要求,则视为债权人行使反制权,债务人不偿还债务或者提供相应担保的不能合并。

在企业合并项目方案设计过程中,一定要考虑债权人行使反制权的概率,客观评估合并的可能性。

九、关于反对合并股东的权利

根据《公司法》的规定,公司合并需要所有参加合并的各公司股东会或者股东大会通过特别决议,否则公司不能合并。根据《公司法》第七十四条的规定,有限责任公司合并,对股东会该项决议投反对票的股东可以请求公司按照合理的价格收购其股权。自股东会会议决议通过之日起60日内,股东与公司不能达成股权收购协议的,股东可以自股东会会议决议通过之日起90日内向人民法院提起诉讼。有限责任公司的股东要想行使股权强售权,必须参加股东会,必须在股东会上对合并决议投反对票。公司正常通知,股东没有参加股东会或者虽参加会议但没有投反对股票的股东,不得行使股权强售权。有限责任公司股东行使股权强售权的,可以与公司进行价格协商,自股东会通过公司合并决议之日起60日内双方不能就价格协商一致的,股东可在自股东会会议决议通过之日起90日内向人民法院提起诉讼。股东提起诉讼的,法院可以组织对公司进行评估,根据公司的估值确定股权的价格。无论是存续合并,还是新设合并,无论合并项目中的哪个公司,只要是有限责任公司,其股东都享有股权强售权。

根据《公司法》第一百四十二条的规定,股份公司合并的,对股东大会决议持异议的股东,可以要求公司收购其股票。在公司合并项目中股份公司的股东没有股票强售权,只可以请求公司收购,且没有诉权,当然条件是只要对公司的相关决议持异议即可,不要求必须出席股东大会,也不要求必须投反对票。

十、如何处理反对合并股东的股权

前文说的是反对公司合并股东享有的权利,现在我们来讨论公司应当如何处理这些股东的股权。有限责任公司在达成合并意向后可以召开临时股东会,确认反对合并的股东及持股比例,做到“胸中有数”。

对反对合并股东所持股权的处理方法包括:(1)由公司收购,然后转让或者通过减资消灭该等股权;(2)由其他股东,多数是公司的控股股东收购;(3)经公司其他股东同意并放弃优先购买权转让给公司股东以外的人;(4)直接进行减资,由公司向该等股东支付减资对价,使该等股东退出公司。需要提请注意的是,公司先行收购股权然后再减资的,与直接减资一样,必须履行减资的法定程序。另外,需要提请注意的是,公司收购股权后,无论是减资还是转让,产生的亏空不能进入公司的经营成本,不能税前扣除,只能由公司的税后利润弥补,否则可能构成抽逃。

十一、关于合并后公司的继承问题

根据《公司法》第一百七十五条的规定，合并前各公司的债权债务、权利义务由合并后存续或者新设的公司承继。公司是一个持续经营的经济组织，公司不可能因合并而停止经营，更不可能因合并而进行清算，从而了结全部民事法律关系。这样做既无必要也无可能，所以法律对合并前各公司的债权债务和权利义务明文规定由合并后存续的公司或新设的公司承继。对法律的这一规定应当作宽泛的理解，即合并前各公司的债权、债务以及合同的、民事的、行政的、司法的、税务的、已经明确的、原因已生成但结果尚不明确的，都应当由合并后的公司承继。总之，不应因公司合并而使参加合并的各公司的权利、义务关系中断或消灭。因在公司合并项目中，参加合并的各公司的债权人或者权利人，无论是否接到合并的通知，无论是否行使反制权，只要权利义务关系尚存在，都有权利按照其与参加合并的各个公司签订的协议向合并后的公司主张权利；反之，合并后的公司也享有按照参加合并的各公司与其债务人或者义务人签订的协议主张权利的权利。继承是企业合并的一项重要规则。

十二、关于多数决和分别决问题

根据《公司法》第四十三条的规定，有限责任公司股东会会议作出修改公司章程、增加或者减少注册资本的决议，以及公司合并、分立、解散或者变更公司形式的决议，必须经代表2/3以上表决权的股东通过。根据《公司法》第一百零三条的规定，股份有限公司股东大会作出修改公司章程、增加或者减少注册资本的决议，以及公司合并、分立、解散或者变更公司形式的决议，必须经出席会议的股东所持表决权的2/3以上通过。简单合并无论参加合并的公司有多少个，其权力机构肯定是同一个，应当由其共同的权力机构以2/3以上表决权通过决议，可谓之特别多数决；复杂合并无论参加合并的公司有几个，每个公司肯定有自己的独立的权力机构，应当由所有参加合并的各个公司的权力机构分别以2/3以上的表决权通过决议，可谓之分别决。分别决的内容包括是否同意合并、合并之后的股权比例和公司估值。

十三、关于解散公司的注销问题

根据《公司法》第一百八十条和第一百八十三条的规定，公司因合并需要解散的,不需要成立清算组对公司进行清算。虽然《公司法》对公司因合并而注销工商登记的行为也使用“解散”一词,但因合并而解散与其他解散却有着根本的区别。一般的公司解散要成立清算组,要了结公司的全部债权债务、权利义务,属于民事主体消灭的范畴;而公司因合并而解散,不用成立清算组,也不用了结公司的债权债务、权利义务,民事法律关系都可以延续,并且是法律规定的延续。因此,两种解散有本质上的区别。正是基于此,工商部门对因合并而解散的公司的注销问题,规定了材料少、程序简单的注销程序。

以上是所有合并项目应当遵循的共性规则。如果是复杂合并,不仅要遵循这些共性规则,还要遵循复杂合并所独有的规则;如果是简单合并,不仅要遵循这些共性规则,还要遵循简单合并独有的规则。

第四节 关于合并差价的处理方法

前文已经说过简单合并没有合并差价问题,复杂合并也不一定有合并差价问题,只有那些包含有并购成分的复杂合并,当事人才会事先商定合并后公司的股权比例,才会有合并差价问题。现在我们回过头来讨论合并差价的解决方法。

在实务中处理合并差价的方法大致有两种:(1)自行重组方法,就是通过参加合并的公司自行重组的方法,增加或者减少公司的估值,使公司估值与其股东要求的合并后公司的股权比例相匹配;(2)支付合并差价的方法,就是通过由合并后的公司或者股东彼此之间支付款项的方法,使股东要求的合并后公司的股权比例与其投入的权益额相匹配。需要注意的是,前者是通过对参加合并的各公司进行重组来调整公司的估值,从而达到匹配的效果,后者是通过调整股东的投入额来达到匹配的效果。

公司自行重组的方法大致有:(1)公司估值少于股东要求的股权比例的(需要调增的),用股东向公司增资或者安排公司合并的方法,使公司的资产增加,估值增加;(2)公司估值多于股东要求的股权比例的(需要调减的),用公司减资、分配利润、分立的方法,使公司的资产减少,估值降低。这里需要提请注意的是,不能用出让资产或者买入资产的方法调整公司的估值,因为这种方法起不到调整公司估值的效果。比如,甲公司和乙公司合并,双方股东商定合并后甲公司股东的股权比例是60%,乙公司股东的股权比例是40%。经过评估和协商,甲公司估值5000万元,乙公司估值4000万元。根据合并后公司的业务情况及甲公司股东和乙公司股东的实际情况,经协商一致同意由公司股东向甲公司货币增资1000万元,从而使甲公司的估值从5000万元增至6000万元,使甲公司的估值和乙公司的估值与双方商定的股权比例相匹配。再如,A公司和B公司合并,双方股东商定合并后A公司的股东持有70%的股权,B公司股东持有30%的股权,在尽职调查和评估的基础上,双方同意A公司估值7000万元,B公司估值4000万元,与双方商定的合并后公司的股权比例不相匹配,存在合并差价问题。经协商双方同意由B公司将税后利润1100万元中的1000万元分配给股东。如此,B公司由于资产减少了1000万元,估值自然也就减少了1000万元,由原来的4000万元变为3000万元,正好与双方商定的合并后公司的股权比例相匹配了。

通过自行重组的方法解决合并差价的工作流程大致是:(1)各方股东确定其在合并后公司的股权比例;(2)确定参加合并的各公司的估值;(3)确定正负差价及金额;(4)商定各公司自行重组方案,包括方法、增减资产的名称、金额、作价方法、完成时间、完成要件、税费负担等内容;(5)签订对各方有约束力的协议,可以是合并协议的内容(合并条款履行的条件),也可以另行签订协议;(6)各公司依约重组;(7)查验重组结果;(8)履行合并协议。自行重组是合并的前提条件,但在实务中应当将自行重组与合并一并谈妥,并同时签订协议,不能先重组后再商定合并事宜,如此各方都可能发生风险。

支付合并差价的方法大致有:(1)一方股东向另一方股东支付款项,性质为股权转让价款;(2)由合并后的公司向股东支付一定金额的款项,性质为股权转让价款;(3)由股东向合并后的公司支付一定金额的款项,性质为股东向公司增资出资。需要注意的是,选择哪种方式处理合并差价,根据需要支付的金额、各方的能力及需要由各方在三种方式中协商确定。一旦协商一致就应当将处理的方式、主体、金额、条件、期限等在合并协议中约定明白,并且以合并的实施为支付差价的条件。前边讨论的自行重组是合并的前提条件,而现在讨论的支付合并差价则以合并为条件,其本身就是合并的一项内容。比如,甲是A公司的股东,A公司注册资本1000万元,实收资本1000万元,资产总额3000万元,负债总额1500万元,留存收益500万元,股东权益合计1500万元。乙是B公司的股东,B公司注册资本1000万元,实收资本500万元,资产总额2000万元,负债总额1300万元,未分配利润200万元,股东权益合计700万元。甲和乙商定A、B两公司合并,A公司存续B公司解散,甲持有合并后公司70%的股权,乙持有合并后公司30%的股权。在评估的基础上双方同意A公司估值2000万元,B公司估值1000万元。如此,合并差价可能有两种情形:(1)以B公司的估值为基数,1000万元÷3×7=

2333.3333万元，甲按照商定的合并后公司的股权比例少投入333.3333万元；(2)以A公司的估值为基数，2000万元÷7×3=857.1429万元，乙按照商定的合并后公司的股权比例多投入142.8571万元（1000万元－857.1429万元）。实务中以谁为基数计算要考虑合并后公司的需要，还要考虑各方的能力。对上述合并差价可以采取前述三种方法进行处理：(1)由甲向合并后的公司增资出资333.3333万元，使甲对合并后的公司的总投入升至2333.3333万元，与乙投入的1000万元，构成7∶3的比例；(2)由合并后的公司向乙支付142.8571万元，使乙对合并后公司的投入降至857.1429万元，与甲投入的2000万元构成7∶3的比例；(3)由甲向乙支付股权转让价款100万元（购买B公司1%的股权），如此，甲对合并后公司的投入为2100万元（A公司2000万元，B公司100万元），乙对合并后公司的投入为900万元，双方对合并后公司的投入额与双方约定的持股比例相匹配。

通过支付对价的方法解决合并差价的工作流程大致是：(1)各方股东确定其在合并后公司的股权比例；(2)确定参加合并的各公司的估值；(3)确定正负差价及金额；(4)商定支付差价的方法，包括方法、金额、主体、条件、完成时间、完成要件、税费负担等内容；(5)签订对各方有约束力的合并协议（上述内容为合并协议的条款）；(6)合并协议生效；(7)履行合并协议；(8)按照合并协议的约定支付差价。支付差价是合并的内容，在实务中应当将支付差价与合并一并谈妥，一并载入合并协议。

第五节　合并协议的主要内容

合并协议是公司合并过程中的核心法律文件，合并协议可以由参加合并的各公司的全体股东签署，可以由股东代表签署或者由各公司的法定代表人签署，但由股东代表签署应当有其他股东的授权，由公司法定代表人签署应当经公司权力机构批准。简单合并原则上不需要签订合并协议，仅需要参加合并的各公司的权力机构通过合并决议即可。复杂合并必须签订合并协议，但参加合并的各公司的具体情况不同，合并协议的具体内容也不同。合并协议的主要内容大致如下：

1. 参加合并的各公司的登记信息，包括但不限于公司名称、公司类型、住所、法定代表人、经营范围等；

2. 参加合并的各公司的注册资本、实收资本、股东及股东持股比例；
3. 参加合并各公司基准日的各类资产、负债、权利和义务的情况和明细表；
4. 参加合并的各公司的企业估值；
5. 合并的形式；
6. 合并后公司的名称、企业类型、经营范围、住所；
7. 合并后公司的注册资本、实收资本；
8. 各个股东在合并后公司的持股比例；
9. 是否存在合并差价及合并差价的处理方法；
10. 合并后公司的"两会一层"的构成、名额分配、权利、工作规则等；
11. 合并后公司遭受或然负债的赔偿方法和赔偿责任人；
12. 合并过程发生的各种税收义务和各种费用的负担；
13. 关于关联交易和限制同业竞争的规定；
14. 参加合并的各公司员工的安置方法或者安置方案；
15. 关于资产、负债、权利、义务的移交及手续；
16. 附证照资产的过户；
17. 违约责任；
18. 适用法律；
19. 争议解决方式；
20. 不可抗力；
21. 协议签订的时间、地点及生效的条件。

合并协议应当在充分协商的基础上签订，并且各方应当建立常态沟通机制，协助处理履行过程发生的各种问题。企业法务或者服务律师在关键时刻应当深入现场，直接帮助处理问题。并购公司不要怕麻烦，要事先与主管部门、税务机关、工商登记机关、土地管理部门、房产登记部门、海关、银行、行业主管部门等做好沟通协调。

第六节　公司合并的法务工作及流程

公司合并是公司的重大事项，不仅涉及股东的利益，而且涉及债权人的利益，因此必须履行严格的法律程序。复杂合并的法务工作要点及程序大致如下：

1. 合并项目的提出。复杂合并项目可以由公司提出，也可以由控股股东或者实际控制人提出。这时不会形成明确的方案也不会有明确的方案,只是作为一种想法被提出来。当然正规的公司合并的方案则由公司董事会提出。

2. 签订保密协议。当各方都感觉这是一件好事,有兴趣参与并推进时,应当签订保密协议,约定各方应当承担的保密责任。

3. 初步信息披露。在保密协议签订之后,各方应当互相进行信息披露,彼此提供本公司的重要信息。

4. 底线交流。在彼此获得初步信息之后,应当进行底线交流,核心的问题是解决合并后公司的股权比例,这是一个关系到合并后公司的控制权的大是大非问题,也是一个关系到合并能否向前推进的问题,一定要适时谈清楚。

5. 制订合并方案,签订意向性协议。这项内容可能包括参加合并的公司、合并后的股权比例、新设还是存续,合并后公司的注册资本、住所、经营范围、作价方法、尽调时间等。

6. 确定合并作价基准日。

7. 各公司进行清产核资,制作资产明确表、负债明细表,彼此进行尽职调查。根据《公司法》第一百七十三条的规定,公司合并,应当编制资产负债表及财产清单。编制资产负债表和资产、负债清单是签订合并协议的基础。因为合并协议的核心内容是参加合并的各公司股东对合并后公司的投入额,而这必须在核实资产和负债的基础上对各公司的资产和负债进行估价,并根据估价确定参加合并的各公司股东对合并后公司的投入额,从而确定各股东在合并后的公司中的股权比例。这些不仅需要对参加合并的各公司进行全面了解和尽职调查,还需要借助各公司的资产负债表、资产明细表和负债明细表才能完成。另外,资产明细表对合并后的公司主张自己的财产权利,管理合并后的公司资产,建立资产台账也非常重要;而负债明细表对判断是否为或然负债并确定赔偿责任人也非常重要。

8. 开展评估和公司估值工作。

9. 向权力机构申报合并方案和授权书,参加合并的各公司以 2/3 以上表决权通过同意合并的股东会或者股东大会决议,并授权签订合并协议。根据《公司法》第四十三条的规定,有限责任公司股东会会议作出公司合并的决议,必须经代表 2/3 以上表决权的股东通过。根据《公司法》第一百零三条第二款的规定,股东大会作出公司合并的决议,必须经出席会议的股东所持表决权的 2/3 以上通过。公司合并应由公司董事会拟定合并方案,然后提请股东会或股东大会批准。而股东会或股东大会批准公司合并的决议,与修改公司章程、增加、减少公司注册资本、分立、解散和变更公司形式一样，是股东会或股东大会的特别决议事项。

10. 通知债权人并公告。根据《公司法》第一百七十三条的规定，公司应当自作出合并决议之日起10日内通知债权人，并于30日内在报纸上公告。债权人自接到通知书之日起30日内，未接到通知书的自公告之日起45日内，可以要求公司清偿债务或者提供相应的担保。《公司法》之所以这样规定，是因为：（1）债权债务关系具有人格的成分，债权人是基于对债务人的人格信赖，才同意赊、借的，公司合并后，债务人的人格发生了变化或者说债务人的人格已经归于消灭；（2）公司合并后虽然公司的规模扩大了，资产增加了，但公司偿还债务的能力不一定增加，合并有可能伤害到债权人的利益。

11. 谈判并签订合并协议和合并后公司章程。

12. 各公司进行自行重组。

13. 解散公司申请注销，存续公司申请变更或者新设公司申请设立。《关于做好公司合并分立登记支持企业兼并重组的意见》（工商企字〔2011〕226号）中明确，支持公司同时办理重组登记。因公司合并、分立申请办理公司登记，自公告刊登之日起45日后，申请人可以同时申请办理公司注销、设立或者变更登记。其中，不属于同一登记机关管辖的，相关登记机关应当加强登记衔接。需要层级衔接的，上级登记机关要主动协调；需要区域衔接的，先收到有关咨询、申请的登记机关要主动协调。支持分公司办理隶属关系变更。因合并而解散或者分立的公司有分公司的，应当在合并协议、分立决议或者决定中载明其分公司的处置方案。处置方案中载明分公司注销的，应当在公司合并、分立前办理分公司注销登记；处置方案中载明分公司归属于存续或者新设的公司的，可以按照分公司名称变更程序办理分公司隶属关系的变更登记。支持有限责任公司股权承继。因合并而解散或者分立的公司持有其他有限责任公司股权的，应当在合并协议、分立决议或者决定中载明其持有股权的处置方案。处置方案中载明通过股权转让或者减资方式退出的，应当在公司合并、分立前办理股权所在有限责任公司的股东转让股权或者注册资本、实收资本变更登记；处置方案中载明股权归属于存续或者新设的公司的，可以在公司合并、分立后办理股权所在有限责任公司的股东变更登记。支持公司一次性申请多项变更登记。公司合并分立时增加股东、增加注册资本等其他登记事项变更的，只要符合《公司法》《公司登记管理条例》等法律法规和公司章程的规定，可以一并提交相关登记申请，并按照内资企业登记材料规范的要求提交申请材料。

14. 执行合并协议,交付资产、负债、权利、义务,进行会计处理。

15. 通知债务人、合同相对人。

16. 资产过户。

17. 其他事项。

第十八章

公司分立

公司分立是指一个公司通过法定程序分割成为两个或两个以上公司的行为。公司分立的结果是民事主体的增加。公司分立是公司重组的重要形式,主要用来分割公司或者剥离公司的股东、资本、资产、负债、业务、员工等企业要素。本章我们讨论公司分立的分类、特征、规则和实操要领。

第一节　公司分立在实务中的应用

上文已经说到分立主要用来分割公司或者剥离公司的股东、资本、资产、负债、业务等企业要素。现在我们讨论分立在实务中的应用。

1. 通过分立实现公司业务的专业化发展。有些公司其业务横跨几个行业,为实现公司业务的单一化,分立是分割公司的好方法。公司业务庞杂,什么都做,什么也做不强、做不大、做不好,的确是企业发展的误区,通过分立可以使公司实现专业化,集中人力、物力、财力和精力去做自己能做好的事情。比如,某公司既有餐饮又有旅游,虽然行业相近,但是将两个业务放在一个公司中营业,总有许多不便。为了实现专业化发展公司股东会做出决定,将公司一分为二,将餐饮业务、资产、品牌、员工等留在原公司,将旅游业务分立出去设立一家新公司,在两个公司上面设立集团公司,从而实现了专业化快速发展。

2. 通过分立划小核算单位。有些公司规模过大,不仅横跨行业,其业务也横跨若干区域,业务考核、经济责任制很难落实。这种情况不利于调动管理干部的积极性,也妨碍员工个人利益与其工作成果相关联,是一种大企业病。通过分立可以将一个公司分割为几个公司,每个公司独立核算,独立考核,独立奖罚。比如,某销售公司的业务面向全中国,考核起来难度非常大,不利于奖勤罚懒,销售成绩一直不温不火。为了改变现状公司股东会通过决议将公司分立,分立后根据各区域业务情况和管理幅度,将全中国业务划分为六个区域,每个区域为一个公司,如此,销售业绩很快有了很大的提升。

3. 通过分立剥离企业要素。分立是剥离企业要素最常用的方法。使用分立的方法虽然时间长,但它不仅可以享受各种税收优惠政策,而且剥离的内容可多可少。分立可以只剥离资产和业务;可以既剥离资产和业务又剥离负债;可以既剥离资产、业务和负债,又剥离股东,实现公司的彻底分拆。这一点是其他剥离方式不具备的。故此对那些剥离资产的规模大,使用其他方法纳税义务高的重组项目而言,选择分立方法是比较明智的。

4. 通过分立解决股东僵局。在公司股东陷入僵局的情况下,可以通过各种方法解决股东僵局挽救公司,其中通过分立的方法将股东、公司、资产、业务、负债、权利、义务分割的方法,也是选项之一。使用公司分立的方法解决股东僵局尤其适用于股东之间股权比例相近,股东较少,规模比较大的公司。分立之后原来的共同投资关系不复存在,各方股东控制、运营自己的公司,矛盾自然就不复存在了。

5. 为实现股权转让通过分立将公司重组。在股东并购的情况下,并购的标的是股东对公司享有的各项权益,如果公司中有并购方不接受的资产和业务,或者有出让有意保留的资产和业务,通过分立的方法重组公司后再实行股权转让也不失是好方法之一。虽然分立公司的程序复杂,但是它能够重组的内容比较自由,且有税收优惠政策,故也常常被选用。

6. 为上市突出主营业务通过分立剥离非主营业务。公司首发不仅对公司的体量有要求,而且对公司主营业务收入在全部收入中的占比也有要求。通过分立的方法将公司的非主营业务从拟上市公司中剥离出去,可以提高主营业务收入在全部业务收入中的占比。

分立是公司重组的重要形式,尤其是其重组内容的多样性,使其在公司重组中的利用率大为提升。

第二节　公司分立的分类和实务规则

为了正确地操作公司分立,为了掌握公司分立的本质和操作规则,我们有必要首先讨论公司分立的分类问题,然后分析不同类型公司分立的本质和它们的实操规则。传统公司法学将公司分立分为存续分立和新设分立,笔者在实务中将公司分立分为简单分立和复杂分立。下面我们分别讨论。

一、存续分立和新设分立

这是传统公司法对公司分立的分类,这种分类的标志是被分立公司是否仍然存在。被分立公司存续的称为存续分立,被分立公司解散的称为新设分立。存续分立的,被分立公司作相应的变更,以分拆出去的资产和业务设立另外一家或几家公司。新设分立的,被分立公司解散,其资产和业务被分拆,同时设立两家或两家以上公司。无论是存续分立还是新设分立,都可以分拆公司的股东、资产、业务、负债、员工等各种企业要素。

二、复杂分立的特征及实务规则

与前文讨论的公司合并一样,公司分立也可以分为简单分立和复杂分立。复杂分立是指分立之后的各公司的股东与持股比例与被分立公司不同的分立。这种分立之所以称为复杂分立,是因为被分立公司股东之间充斥着交易和利益冲突,就像夫妻离婚分家产一样。这种分立需要对被分立公司估值,需要签订分立协议。比如,A 和 B 是甲公司的股东,A 持有 51% 的股权,B 持有 49% 的股权。因 A 与 B 不和使公司陷入僵局,后经人调解,双方同意对甲公司进行分立,甲公司存续由 A 完全持股,新设乙公司由 B 完全持股。原来的 A 和 B 之间的共同投资关系消灭了,原来的委托经营财产被分拆了。在这个复杂分立项目中,股东之间要为解散共同投资关系及分拆委托财产而争抢,就像进行买卖交易一样。A 总是希望将好的资产、业务、员工留在甲公司,而 B 则希望将好的资产、业务和员工分给乙公司。

复杂分立的特征和实操规则如下:

1. 是交易,股东之间有利益冲突。在公司企业制度中股东与股东之间是共同投资关系,股东与公司之间是财产委托经营关系,复杂分立就是拆分共同投资关系和分割委托经营的财产。在这个分拆共同投资关系和分割共同委托经营的财产的交易中,每个股东都会为自己的利益着想,都会争取自己的利益最大化。这种交易的性质不仅使分立过程复杂化,而且使关于交易的各项规则被采用。交易性是复杂分立的本质特征。比如,甲公司由 A 和 B 两个股东出资设立,A 持有 60% 的股权,B 持有 40% 的股权,分立基准日甲公司资产账面价值 8000 万元,负债总额5000万元,股东权益3000万元。甲公司在北京有一套厂房和生产线(本公司),在天津有一套厂房和生产线(分公司),因A、B不和,在朋友的调解下同意通过公司分立的方法解决矛盾,同意甲公司存续由A持有全部股权,新设B公司由B持有全部股权。B主张将天津分公司的厂房设备分割给自己,A认为自己吃了亏,不同意。后双方同意委托评估机构进行评估,经评估确定甲公司全部资产总价值1.1亿元,负债总额5000万元,股东权益6000万元,其中天津分公司的资产评估价值为7000万元,相关负债总额4000万元,净资产3000万元。根据评估结果,在B股东放弃对甲公司全部权益的前提下,应当分割的权益价值(资产-负债)额应为2400万元(6000万元×40%),将天津公司的全部资产和负债分割给B持股100%的乙公司,乙公司多分权益价值600万元。经协商B同意向原来拟分割给A公司的负债600万元分割给乙公司,使乙公司分割的资产总价值7000万元,负债总额4600万元,股东权益价值2400万元。从而平衡了两个股东在公司分立过程中的利益关系,实现了等价交换的原则。

2.需要对被分立公司进行估值。既然是交易,既然有利益的纷争,那么,如何分割公司的资产、负债呢?只能按照交易的规则进行。这就需要对被分立公司估值,也就是对被分立公司的资产、负债、权利、义务进行评估作价。然后根据被分立公司的估值和分立后各公司的股东对被分立公司的持股比例,确定应当分割给分立后各公司的权益价值(资产评估价值-负债评估价值)。这是复杂分立本质特征的要求,是交易的普遍规则——等价交换的适用。比如,甲公司由A、B、C、D四个股东组成,其中A持股30%,B持股30%,C持股20%,D持股20%。因股东之间闹矛盾使公司陷入僵局,后股东会通过决议对公司进行存续分立。分立后甲公司存续,由A和B持有,股权比例为各50%;新设乙公司由C、D持有,股权比例为各占股50%。分立基准日公司资产总额3.5亿元,负债总额1.5亿元,股东权益2亿元。经过评估甲公司的资产总值确定为4亿元,负债总额确定为1.5亿元,股东权益为2.5亿元(不调账)。如此,根据等价交易规则对共同投资关系进行分拆及对共同委托的财产进行分割,分配给乙公司的股东权益(资产-负债)应为1亿元,留给甲公司的股东权益(资产-负债)应为1.5亿元。为什么不按照账面价值分割,而要按照评估价值进行分割呢?这是因为等价交换的前提是公允作价,没有公允作价就没有等价交换,而被分立公司的资产的会计账册上的价值都是按照购建成本和会计准则确认的,并不能完全反映资产的市场价值,有的偏差比较大。比如,土地使用权公司早前取得的价格比较低,后来账面价值因摊销再降低,但市场价值普遍比较高,只能通过评估进行调整,否则无法平衡股东之间的利益。在复杂分立项目中,不能根据股东对公司的出资额分割被分立公司的资产和负债,一般也不能按照资产和负债的账面价值直接进行分割。要根据被分立公司的估值乘分立后各公司股东在被分立公司的持股比例分割被分立公司的资产和负债。

对被分立公司进行公允估值,根据各方股东的持股比例对公司资产和负债进行分割,是复杂分立本质特征的要求,只有这样才能维持股东之间的利益平衡,复杂分立才能进行,否则就可能受阻。没有对被分立公司的公允估值,就没有被分立公司股东之间的利益平衡,就没有资产、负债分割过程的等价交换,就没有股东之间的公平。当然我们这里讲的是规则,是商业规则,如果股东愿意不经评估任意分割,只要不损害他人利益,也是有效的。

3. 可以支付差价。在企业分立过程中,不仅要考虑贯彻等价交换的规则,还要遵循维持资产效用的原则。资产效用原则就是不能因对公司资产的分割损害公司资产的效能,有些资产可以任意分割,有些资产不能任意分割。这就产生一个问题,当资产的分割和资产的效用发生矛盾时如何处理？比如,甲公司分立为A、B 两个公司,而甲公司就一条生产线,不能拆分给两个公司。在实务中遇到这种问题时,可以用被分立公司的负债和现金调整资产价值的分割,也可以用支付差价的方法调整资产价值的分割。假如在上例中 A 公司股东所持甲公司权益2000 万元,而上述生产线的评估价格为 3000 万元,如此,为了贯彻等价交换的原则,需要将甲公司的 1000 万元负债分割给 A 公司。如果甲公司只有负债 800 万元,也可以由分立后的 A 公司支付给甲公司 200 万元。总之都是为了贯彻等价交换的规则,为了维持股东之间的利益平衡。

4. 需要订立分立协议。在复杂分立的情况下,不仅需要被分立公司权力机构通过特别决议,而且需要签订分立协议。前文已经说过复杂分立是交易,是股东之间分拆共同投资关系和分割共同委托经营财产的交易。为了固定交易,为了使用交易能够顺畅地进行,为了防止各方反悔,需要签订公司分立协议。通过协议可以固定各方的权利义务,可以固定公司分立的程序及在每个环节各方的义务和权利。只有在协议的约束下,公司分立才能顺利进行。

5. 有违约责任问题。公司分立的违约责任主要源自义务的履行和责任的承担。比如,协议规定了一方对另一方的给付义务,负有义务的一方不履行义务,或者一方在分立后因另一方的债务遭受追及,另一方未按照约定补偿的应当承担违约责任。公司分立虽然是交易,但是因为交易的标的已经在公司,所以一般不会因不发行交易标的的给付义务发生违约责任。

6. 关于对被分立公司的尽调问题是否需要对被分立公司进行法律尽调和审计,应当视具体情况而定。如果股东参加公司的管理,对公司的资产和负债比较了解,简单收集公司的财务资料和经营信息就可以;如果股东不参加公司的管理,对公司的财务资料和经营成果比较陌生,在同意或者接受分立方案前应当对被分立公司进行尽职调查,甚至进行审计。这样做的好处是占有第一手资料,了解公司的真实情况,在分立项目中维护自己的利益。

以上是复杂交易的独有规则,这些规则只存在于复杂分立之中,下面我们将要讨论的简单分立中不存在。掌握复杂分立的这些实操规则,对做好复杂分立项目非常重要。

三、简单分立的特征及实务规则

简单分立,是指分立后各公司的股东及持股比例与被分立公司相同的分立。这种分立无论怎样分割公司的资产和业务,无论怎样分割公司的债务,均不会影响分立公司股东的利益。因此,这类公司分立不是交易,不用对被分立公司进行估值,甚至不用签订协议,故称为简单分立。比如,甲公司由 A、B、C 三位股东组成,其中 A 占股 30%,B 占股 30%,C 占股 40%。现三个股东通过决议将甲公司分立为乙、丙两个公司,均由 A、B、C 三位股东组成,其中 A 在乙、丙两公司中分别占股 30%,B 在乙、丙两公司中分别占股 30%,C 在乙、丙两公司中分别占股 40%,在乙、丙两公司分割甲公司的资产、业务和负债时,无论是否公允估值,甚至表现得有些不公平,也不会损及 A、B、C 三位股东的利益。在公司企业制度中股东与股东是共同投资关系,股东与公司之间是财产委托经营关系。在这种简单分立项目中,股东与股东之间的共同投资关系并没有改变,仍然维持不变,改变的只是财产委托经营关系,原来委托一个公司的董事、监事和高管经营的财产,现在改为委托两个或两个以上公司的董事、监事和高管了。因此简单分立不改变股东之间的共同投资关系,只改变股东对公司董、监、高的委托关系,而上文讨论的复杂分立不仅改变股东对公司董、监、高的委托关系,同时也改变股东之间的共同投资关系,故此,简单分立不是交易,复杂分立是股东与股东之间的交易。简单分立多发生在企业集团内部的各种资源的重组以及为转让股权剥离资产和业务而行的企业重组之中。

简单分立的特征和实务规则如下:

1. 不是交易,没有利益冲突在其中。在简单分立的情况下,公司虽然被分割,但是股东之间的共同投资关系并没有改变,股东之间并不存在利益冲突。这是简单分立的本质特征,也是简单分立与复杂分立的根本区别。比如,前述甲公司在北京有一套厂房和生产线(本公司),在天津有一套厂房和生产线(分公司),拟分立为甲乙两个公司的例子中。如果不是因为 A、B 不和,而是为了使天津的业务更好地发展,A 和 B 两个股东决定将甲公司分立,将天津分公司变成乙公司,仍由 A 和 B 分别持有 60% 和 40% 的股权。如此,就不是复杂分立,而是简单分立了,将天津分公司的厂房设备分割给乙公司,A 就不会认为自己吃了亏,就会同意 B 提出的公司分立方案,也不需要将 600 万元负债分割给乙公司。

2. 简单分立不用对被分立公司估值。复杂分立之所以需要对被分立公司估值,是因为复杂分立要拆分股东之间的共同投资关系,需要等价交换维持股东利益的平衡;而简单分立不分拆股东之间的共同投资关系,只是将他们原来委托一个公司的董、监、高的资产,变为委托两个或者两个以上公司的董、监、高了。因此,对分拆委托的财产进行估值没有任何意义,因为无论分拆成几个委托,财产的总量不会改变,财产的按份所有人不会改变。从实务来看,这个简单分立多发生在企业集团内部的重组中,通过分立重新组合企业的各项资产和管理者。比如,甲公司是乙公司的全资股东,乙公司的业务横跨酒店和 4S 店,其中酒店业务的资产 3.5 亿元,4S 店的资产 1.8 亿元,公司名下负债总额 2.2 亿元。为了划小核算单位,单独考核两项业务,并分别图强,甲公司决定将乙公司分立,乙公司存续,新设丙公司。在这种简单分立过程中,不必考虑两项业务的盈利能力,不必考虑两项资产账面价值和市场价值之间的差异,只按照账面价值原值划转即可。如此,乙公司贷资产 1.8 亿元,借负债 1 亿元,借股东权益(含实收资本 0.8 亿元),丙公司借资产 1.8 亿元,贷负债 1 亿元,贷股东权益 0.8 亿元。由此可见,在简单分立的情况下不需要对被分立公司估值,不需要根据被分立公司股东在分立前公司的持股比例和公司的估值计算分割给各公司的股东权益(资产 - 负债),只要按照资产和负债在被分立公司财务账面上的价值进行原值划转即可。

3. 不需要遵循等价交换的规则。等价交换是交易的基本规则,非交易不适用这个规则。在简单分立的情况下,如何分割公司的资产和负债,不用考虑价值,不用考虑公平,只考虑有利于生产经营,完全从生产经营的需要出发。而且只按照资产、负债的原值进行会计处理,即被分立公司不会因分立产生损益,发生所得税纳税义务。故此,简单分立比起复杂分立简单得多,容易得多。实际上在各股东在分立后各公司中的持股比例相同的情况下,被分立公司股东之间、分立后各公司之间不会存在资产和负债分割的是否公平的问题,更不会产生冲突,等价交换规则在这里无施法之地。

4. 简单分立不存在支付差价问题。在简单分立的情况下,只考虑资产的效用和生产经营的需要,不考虑资产和负债的估值,因此,也不存在差价问题。当然出于经营的需要将负债或者现金多分割给某个公司一些是可以的,但是再没有支付差价的需要了。

5. 不用签订分立协议。复杂合并是交易,必须签订协议,而简单分立不是交易,无法确定协议的主体,没有办法签订协议,也没有必要签订协议固定交易,因为各方的利益是一致的,不会发生权利义务的争议。简单分立只需要公司权力机构通过决议,公司执行决议即可。

6. 简单分立没有违约责任问题。简单分立不是交易,不需要签订协议,当然也就没有违约责任问题了。

以上是关于简单分立的实操规则。将公司分立分为复杂分立和简单分立,是一种着眼于事物的本质和实务规则的分类,掌握这种分类及实操规则对做好公司分立项目有着重要的指导意义。

第三节　公司分立的共性规则

上文我们将公司分立划分为简单分立和复杂分立两类,并分别讨论了复杂分立和简单分立独有的实务规则,现在我们来讨论分立共有的实务规则,这些规则无论是简单分立还是复杂分立都必须遵守。

一、关于分立后公司的类型问题

《公司法》没有对分立后公司的类型作出规定。国家市场监督管理总局在《关于做好公司合并分立登记支持企业兼并重组的意见》(工商企字〔2011〕226号)中明确,支持公司自行选择重组公司类型。合并、分立后存续或者新设的公司,只要符合《公司法》规定的条件,可以选择有限责任公司或者股份有限公司类型。也就是说,关于公司分立后公司的类型问题,无论是存续分立还是新设分立,无论是复杂分立还是简单分立,只要符合《公司法》规定的条件,可以由企业自主选择公司类型。根据现行有效的《公司法》和有关法规的规定,除特殊行业外,能够成为制约公司类型条件的只有股东人数,有限责任公司股东人数 50 人以下,发起设立的股份公司股东人数 2 人以上 200 人以下。

二、关于分立后公司的资本问题

《公司法》没有对分立后公司的注册资本作出规定。国家市场监督管理总局在《关于做好公司合并分立登记支持企业兼并重组的意见》(工商企字〔2011〕226号)中明确,因分立而存续或者新设立的公司,其注册资本、实收资本数额由分立决议或者决定约定,但分立后各公司的注册资本之和、实收资本之和不得高于分立前公司注册资本、实收资本之和,但在分立同时股东追加出资的除外。据此,分立之后无论设立多少个公司,这些公司的注册资本之和及实收资本之和,不能大于分立前股东认缴的资本之和及股东实缴的资本之和。实务中关于分立后各公司的注册资本、实收资本应当在分立协议(复杂分立)或者分立决议(简单分立)中约定。

三、如何处理被分立公司的空股

空股是指公司股东认缴尚未缴付的出资。空股包括守约空股、违约空股、有权空股及无权空股四种情况。对于守约有权空股可以在分立前通过股东实缴的方法消除,也可以保留并分配给分立之后的公司由股东届时缴付。保留或者分配给分立后的各公司股东,就是将被分立公司股东认缴未缴的出资分配给分立后各公司,由各公司股东在分立之后的公司章程中认缴,但是缴付期限原则上不得超过被分立公司章程中约定的期限。比如,甲和乙持有A公司100%的股权,甲认缴出资1000万元,实缴出资500万元,乙认缴出资1000万元,实缴出资500万元。A公司资产总额4000万元,负债2000万元,未分配利润1000万元。因甲乙不和导致公司僵局,经人调解甲、乙同意对A公司分立,A公司存续由甲100%持股,新设B公司由乙100%持股。A公司章程变更为股东甲认缴出资1000万元,实缴出资500万元,持有公司100%的股权;新设B公司章程规定股东乙认缴出资1000万元,实缴出资500万元,持有公司100%的股权。

总之,对于被分立公司股东认缴未缴的出资,可以通过名义减资消灭,可以通过实际缴付消灭,也可以保留并分给分立后的各公司,由各公司股东在新的公司章程中承诺届时缴付。但是要注意在分立后的各公司股东认缴未缴的出资应当与其股权比例保持匹配的状态,维持股东之间实股对实股,空股对空股的状态。

四、关于分立后公司的经营范围

根据《企业经营范围登记管理规定》(国家工商行政管理总局令第76号)的

规定,因分立或者合并而新设的企业申请从事前置经营许可项目的,应当凭审批机关的批准文件、证件向企业登记机关申请登记;因分立或者合并而存续的企业申请从事前置许可经营项目的,变更登记前已经审批机关批准的,不需要重新办理审批手续。据此,是新设分立还是存续分立在前置审批的经营范围上有较大的区别,如果是存续分立,被分立企业已有的前置经营范围不用重新报批,如果是新设分立或者存续分立中的新设公司要登记前置经营范围,都需要重新报经审批。

五、关于建筑企业分立资质问题

住房城乡建设部《关于建设工程企业发生重组、合并、分立等情况资质核定有关问题的通知》(建市〔2014〕79 号)明确,为贯彻落实《国务院关于进一步优化企业兼并重组市场环境的意见》(国发〔2014〕14 号),进一步明确工程勘察、设计、施工、监理企业及招标代理机构(以下简称建设工程企业)重组、合并、分立后涉及资质重新核定办理的有关要求,简化办理程序,方便服务企业,现将建设工程企业发生重组、合并、分立等情况后涉及资质办理的有关事项通知如下:根据有关法律法规和企业资质管理规定,下列类型的建设工程企业发生重组、合并、分立等情况申请资质证书的,可按照有关规定简化审批手续,经审核注册资本金和注册人员等指标满足资质标准要求的,直接进行证书变更。有关具体申报材料和程序按照《关于建设部批准的建设工程企业办理资质证书变更和增补有关事项的通知》(建市函〔2005〕375 号)等要求办理:(1)企业全资子公司间重组、分立,即由于经营结构调整,在企业与其全资子公司之间,或各全资子公司间进行主营业务资产、人员转移,在资质总量不增加的情况下,企业申请资质全部或部分转移的。(2)国有企业改制重组、分立,即经国有资产监管部门批准,几家国有企业之间进行主营业务资产、人员转移,企业申请资质转移且资质总量不增加的。(3)企业外资退出,即外商投资企业(含外资企业、中外合资企业、中外合作企业)外国投资者退出,经商务主管部门注销外商投资批准证书后,工商营业执照已变更为内资,变更后新企业申请承继原企业资质的。(4)企业跨省变更,即企业申请办理工商注册地跨省变更的,可简化审批手续,发放有效期 1 年的证书。企业应在有效期内将有关人员变更到位,并按规定申请重新核定。在重组、合并、分立等过程中,所涉企业如果注册在两个或以上省(自治区、直辖市)的,经资质转出企业所在省级住房城乡建设行政主管部门同意后,由资质转入企业所在省级住房城乡建设行政主管部门负责初审。上述情形以外的建设工程企业重组、合并、分立,企业申请办理资质的,按照有关规定重新进行核定。企业重组、分立后,一家企业承继原企业某项资质的，其他企业同时申请该项资质时按首次申请办理。

六、公司债权人享有知情权

根据《公司法》第一百七十五条的规定，公司分立，其财产作相应的分割。公司分立，应当编制资产负债表及财产清单。公司应当自作出分立决议之日起10日内通知债权人，并于30日内在报纸上公告。公司分立，公司的债权人享有知情权，公司负有通知公司债权人的义务。通知债权人应当通知公司财务账册中记载的所有债权人，公告应当根据公司经营活动的范围，在省级或者省级以上的报纸上公告。

七、公司债权人不享有反制权

在公司合并的情况下，公司的债权人不仅享有知情权，还享有反制权，即公司债权人自接到通知书之日起30日内，未接到通知书的自公告之日起45日内，可以要求公司清偿债务或者提供相应的担保。在公司分立的情况下，公司的债权人仅享有知情权，不享有反制权，也就是不享有要求公司清偿债务或者提供相应担保的权利。故此，在公司分立的情况下，公司只要通知债权人并公告，并在公告之后等待45日即可向工商登记机关申请登记，也不必提供债权人同意公司分立的回函。

八、反对公司分立股东的权利

根据《公司法》第七十四条的规定，有限责任公司分立，对股东会该项决议投反对票的股东可以请求公司按照合理的价格收购其股权。自股东会会议决议通过之日起60日内，股东与公司不能达成股权收购协议的，股东可以自股东会会议决议通过之日起90日内向人民法院提起诉讼。根据《公司法》第一百四十二条的规定，股份公司的股东对股东大会的决议持异议的，可以请求公司以合理价格收购其股份。有限责任公司的股东较少，参加股东会会议比较容易，享受要求公司收购其股权的前提是必须参加股东会，并且对公司分立的方案投反对票，否则不能享有股权的强售权。有限责任公司具有较强的人合属性，且股权转让不容易，故法律规定如果股东和公司在公司通过决议后60日之内不能就股权买卖的价格达成一致，股东可以在90日之内提起诉讼，赋予股东司法救济的权利。从审判实务中看，对这类案件，法院将委托专业机构对公司进行评估，根据评估价格确定股权转让的价格，判令公司购买。股份公司的人合性弱，且其中的上市公司股票转让容易,故《公司法》虽也规定了公司应当收购对分立决议持异议的股东的股票,但没有赋予股东司法救济权。

九、关于分立后各公司的连带责任

公司分立之所以没有给公司债权人反制的权利,是因为法律规定分立的各公司对分立公司的债务承担连带责任。在公司分立的情况下,分立后公司资产的规模虽然都缩小了,但是因为对公司分立前的负债有法定的连带责任,故此,对债权人而言责任财产的规模并未变。根据《公司法》第一百七十六条的规定,公司分立前的债务由分立后的公司承担连带责任,无论是复杂分立还是简单分立都是如此。连带责任问题对简单分立没有任何影响,反正股东共同投资关系没有改变,执行哪个委托的财产,最终都是股东的财产。但是对复杂分立的影响就比较大,从实务来看,在复杂分立的情况下,各方股东都担心自己的公司会因为其他公司不能及时偿还债务而承担连带责任。这也成为以分立方式重组公司股东们最担心的风险。

十、怎样排除分立后公司的连带责任

分立后的各公司对公司分立前的负债承担连带责任,是分立重组的重大风险,但是也不是没有办法排除这个隐患。根据《公司法》第一百七十六条的规定,公司分立前的债务由分立后的公司承担连带责任。但是,公司在分立前与债权人就债务清偿达成的书面协议另有约定的除外。也就是说,如果在公司分立前公司与债权人达成书面协议,约定债权人享有的债权在公司分立后由某个分立后的公司偿还,债权人放弃连带请求权利的,分立后的其他公司将从债务的圈套中解脱出来,对相关债务既不负偿还责任也不负连带清偿责任。

十一、如何处理分立公司的劳动合同

根据《劳动合同法》第三十四条的规定,用人单位发生合并或者分立等情况,原劳动合同继续有效,劳动合同由承继其权利和义务的用人单位继续履行。在公司分立项目中,被分立公司与劳动者签订的合同对存续公司或者新设公司继续有效,由其继续履行用人单位的义务。公司分立不仅劳动合同继续有效,而且不应当因公司分立改变员工的工作岗位、工作地点和工资待遇。如果发生改变员工可以不接受,按照用人单位单方变更劳动合同处理。公司分立不得损害员工的利益,应当制订员工安置方案,有工会的企业员工安置方案要征求工会的意见,国有企业要经过员工代表会议通过。在公司分立项目中，要注意分立后公司的各项规章制度问题，被分立公司的与员工有关的各项规章制度对分立后公司的员工并不当然有效。

十二、如何处理遗漏的资产和负债

在公司分立过程中可能出现遗漏资产和负债的情况，也就是说，被分立公司的某些资产和负债没有被分割。对简单分立来说问题不大，不会打破利益平衡，但对于复杂分立来说，各方的利益会被打破，严格来说需要调整被分立公司的估值，以维持分割公司财产和负债中的利益平衡。对这类问题最简单的处理方法就是，不管是遗漏了资产还是负债，均由分立后的公司按照其股东在被分立公司中的持股比例进行分配或者分担。比如，A 公司由甲乙两股东设立，其中甲持股 60%，乙持股 40%。甲乙通过股东会决议将 A 公司分立，分立后 A 公司存续，新设 B 公司。分立完成一年后 C 公司将 A 公司起诉，要求 A 公司归还欠款本金 500 万元，利息 150 万元。法院支持了 C 公司的诉讼请求。经确认 A 公司欠 C 公司的款项的确是分立前的事情，属于公司分立遗漏的负债。对这 650 万元的遗漏负债应当由 A 和 B 两个公司按照 6∶4 的比例分担。

十三、关于维持资产效用的规则

有些资产可以任意分拆，分拆不会影响其效用，如原料、燃料等；有些资产则不能分拆，分拆就会影响资产的效用，如机器设备。在公司分立对资产进行分拆时，要注意维持资产的效用，不能分拆的资产只能整体分割给分立后的某一个公司，不能因公司分立破坏资产的效用。如果整体分割资产导致各方股东应当分得的权益价值与分割资产的估值不一致，可以考虑用负债或者支付差价的方法调整。

十四、资产和负债的分割规则

在公司分立项目中，对资产、债权债务、业务、岗位、员工的分割，除要遵循等价交换的规则（复杂分立）和维持资产效用的规则外，还要从分立后各公司的生产经营需要出发，遵循合同、债权债务、员工随资产走的规则。这样做的目的是尽量减少公司分立带来的“阵痛”，降低分立对公司业务的影响。以资产为导向将与资产有关的业务、合同、债权债务、员工分割给分立后的同一公司，不仅会方便分立后的公司，也方便合同、业务的相对方。

十五、关于多数决和分别决问题

根据《公司法》第四十三条的规定,有限责任公司股东会会议作出修改公司章程、增加或者减少注册资本的决议,以及公司合并、分立、解散或者变更公司形式的决议,必须经代表2/3以上表决权的股东通过。根据《公司法》第一百零三条的规定,股份有限公司股东大会作出修改公司章程、增加或者减少注册资本的决议,以及公司合并、分立、解散或者变更公司形式的决议,必须经出席会议的股东所持表决权的2/3以上通过。简单分立无论分立成几个公司,由分立前公司的权力机构以2/3以上表决权通过决议,可谓之特别多数决;复杂分立无论分立成几个公司,是否分立应由分立前公司的权力机构以2/3以上的表决权通过决议,可谓之特别多数决;复杂分立中的分立作价则应由拟分立后的各个公司的股东分别多数决,可谓之分别决。之所以这样安排,是因为公司是否分立是股东的共益行为,应当由全体股东以特别多数作出决议,而分立作价直接关系到分立后各公司股东和利益,是分立后各公司股东之间的交易,是各方股东的自益行为,应当分别决。如果复杂分立的作价问题由多数决而非分别决,就会有违公允作价和等价交换的规则。

十六、关于被分立公司的解散问题

在新设分立的情况下,被分立公司需要解散。根据《公司法》第一百八十条和第一百八十三条的规定,公司因分立需要解散的,不需要成立清算组对公司进行清算。虽然《公司法》对公司因分立而注销工商登记的行为也使用“解散”一词,但因分立而解散与其他解散却有着根本的区别。一般的公司解散要成立清算组,需要了结公司的全部债权债务、权利义务,属于民事主体消灭的范畴;而公司因分立而解散,不用成立清算组,也不用了结公司的债权债务、权利义务,民事法律关系都可以延续,并且是法律规定的延续。故此,因公司分立而需要注销工商登记的程序要比其他公司解散的程序简单得多。

以上是所有分立应当遵循的共性规则。如果是复杂分立,不仅要遵循这些共性规则,还要遵循复杂分立所独有的规则;如果是简单分立,不仅要遵循这些共性规则,还要遵循简单分立独有的规则。

第四节　公司分立协议的主要内容

简单分立不用签订协议,因为不是交易甚至可以说无法签订协议。复杂分立是交易,有利益冲突在其中,必须签订协议。复杂分立的协议由谁来签订呢？由拟分立为各个公司的股东来签订。比如,甲、乙、丙、丁是A公司的股东,现在四个股东通过分立A公司的决议,A公司存续,由甲和乙持有全部股权,新设B公司由丙和丁持有全部股权。这是复杂分立,必须签订分立协议,分立协议由甲和乙为一方,丙和丁为一方签订。因为在这个分立项目中,甲和乙的利益是一致的,故为一方,丙和丁之间的利益是一致的,故为另一方,矛盾和冲突仅在于两方之间,两方达成一致了,交易双方就达成一致了,协议就算成立了。

公司分立协议应当包括以下基本内容:

1. 被分立公司的登记信息,包括名称、统一代码、住所、经营范围等;
2. 被分立公司的注册资本、实收资本、股东名称及持股比例;
3. 公司分立决议及分立后存续公司及新设公司的名称、住所、业务;
4. 分立后各公司的注册资本、实收资本、股东名称及持股比例;
5. 分立基准日及被分立公司资产、负债的总额和明细表;
6. 分立基准日被分立公司资产的评估价值,负债的评估价值及被分立公司的企业估值;
7. 分立后各公司分割取得资产的总评估额及明细表;
8. 分立后各公司分割取得负债的总评估额及明细表;
9. 是否存在分立差价及差价的处理方法;
10. 被分立公司各种尚未履行完毕的合同及民事法律关系的处理方法;
11. 员工安置方案及员工分配明细表;
12. 资产、负债移交方法及会计处理方案;
13. 遗漏资产和负债的处理方法;
14. 违约责任;
15. 适用法律;
16. 争议解决方式;
17. 不可抗力。

不同公司的分立协议的内容肯定不同,但上述是所有分立协议都应当包括的内容。

第五节　公司分立的法务工作和流程

公司分立是公司的重大事项,不仅涉及股东的利益,而且涉及债权人的利益,因此必须履行严格的法律程序。复杂分立的法务工作要点及程序大致如下:

1. 分立项目的提出。复杂分立项目可以由公司提出,也可以由控股股东或者实际控制人提出。这时不会形成明确的方案也不会有明确的方案,只是作为一种想法被提出来。当然正规的公司分立的方案则由公司董事会提出。

2. 拟定初步分立方案。

3. 各方股东对初步分立方案进行沟通和交流,调整初步分立方案。

4. 确定分立作价基准日。

5. 公司进行清产核资,制作资产明确表、负债明细表。根据《公司法》第一百七十五条的规定,公司分立,应当编制资产负债表及财产清单。编制资产负债表和资产、负债清单是签订分立协议的基础,因为分立协议的核心内容是分立后各公司股东应当从公司分得的权益额(资产 - 负债)。而这必须在核实被分立公司的资产和负债的基础上根据公司的估值进行,即根据被分立公司的估值和分立后各公司股东对被分立公司的持股比例来确定。这些都需要借助被分立公司的资产负债表、资产明细表和负债明细表才能完成。

6. 开展评估和公司估值工作。

7. 对公司资产和负债作模拟分割。公司分立从形式上看,是一家公司分立为两家或两家以上公司;从内容和实质上看,是公司资产和负债的分割。在简单分立的情况下,由于资产和负债的分割不会影响股东的利益,因此分割变得非常容易,完全按照生产经营的需要进行。但是在复杂分立的情况下,资产和负债的分割会直接关系到股东的利益,因此其过程实质是公司股东权益的分割,是共同投资关系的解散。股东权益的分割不能按照被分立公司会计账面上资产和负债的价值额进行分割,而只能在对各项资产和负债评估的基础上通过议价进行分割,同时还必须考虑维持资产的效用。比如,公司的商标和专利可能在财务账面上无价值,但在分立时就不能不作价。再如,公司的某一设备虽然在财务账面上的净值额不小,但是由于技术的进步该设备已经大大贬值。因此,在复杂分立的情况下,要对公司的资产和负债进行评估议价。为贯彻等价交换原则和维持资产效用原则,可能需要对资产、业务、负债、员工等企业要素做多次模拟分割,或者制订若干个分配方案，最终选定不仅大家都接受而且可行的方案。

8. 向权力机构申报分立方案，被分立公司以2/3以上表决权通过同意分立的股东会或者股东大会决议。根据《公司法》第四十三条的规定，有限责任公司股东会会议作出公司分立的决议，必须经代表2/3以上表决权的股东通过。根据《公司法》第一百零三条第二款的规定，股份公司股东大会作出公司分立的决议，必须经出席会议的股东所持表决权的2/3以上通过。公司分立应由公司董事会拟定分立方案，然后提请股东会或股东大会批准。而股东会或股东大会批准公司分立的决议，与修改公司章程，增加、减少公司注册资本，合并，解散和变更公司形式一样，是股东会或股东大会的特别决议事项。

9. 通知债权人并公告。根据《公司法》第一百七十三条的规定，公司应当自作出分立决议之日起10日内通知债权人，并于30日内在报纸上公告。

10. 新设公司核准企业名称，取得公司名称核准通知书。

11. 签订分立协议。

12. 签署分立后公司章程和存续公司章程修正案。

13. 解散公司申请注销、存续公司申请变更及新设公司申请设立。《关于做好公司合并分立登记支持企业兼并重组的意见》（工商企字〔2011〕226号）中有明确规定，可参考第十七章第六节中公司合并的流程第13点的内容。

在存续分立的情况下，需要对原公司即被分立的公司进行变更，同时设立各新公司。在新设分立的情况下，需要注销原公司，同时设立各新公司。不过在实务中，这个过程仍应当遵循先注销或变更，后新设的程序，即先注销或变更原公司，后登记新公司。注销新公司仍应当执行先税务，后海关和企业代码，最后工商的原则。公司分立需向工商管理机关报送的文件有：(1)分立前公司法定代表人签署的公司分立申请书；(2)分立前公司权力机关关于批准公司分立的决议；(3)公司分立协议或分立方案；(4)公司分立前的章程；(5)公司分立前的验资报告；(6)公司分立前的资产负债表和财产清单；(7)公司分立前的债务清单；(8)公司依法通知债权人和公告的证明；(9)分立后存续或新设的各公司的章程修正案或章程；(10)分立后新设的各公司的名称预先核准通知书；(11)分立后存续或新设的各公司的董事会、监事会名单及产生的文件；(12)分立后存续或新设的各公司分得的资产和负债的清单等。

14. 执行协议，交付资产、负债、权利、义务，进行会计处理。

15. 通知债务人、合同相对人。

16. 资产过户。

17. 其他事项。

第十九章

公司减资

公司重组本来包括公司增资,但是公司增资在本书的第二篇中已经进行了全面的讨论,故此,在本篇我们不再讨论公司增资,而直接讨论公司减资。公司减资就是依照法定程序减少公司的注册资本,是公司重组的重要方式。由于公司减资表现为公司责任资产额度的减少,这与公司资本不变原则相悖,所以公司减资必须遵循严格的法律程序。本章我们讨论公司减资问题。

第一节　公司减资在实务中的应用

减资是公司重组的重要方式,可以在公司和股东之间重新分配资源,可以变更公司的股权结构,可以重塑公司架构,有广泛的用途。下面我们讨论公司减资在实务中的应用。

1. 解决公司资本过剩问题。公司资本过剩是指因公司注册资本(实收资本)额过大,致使公司的资金长期超过公司业务对资金的需求,使公司大额资金处于闲置状态。公司资金存在银行可以得到利息,但在通常情况下,存款利率较低,不能得到股东期望的投资回报率。造成公司资本过剩的原因较多,主要是公司注册资本过高或者公司业务未能如期开展。通过减资的方法消除公司资金过剩,就是通过公司减少注册资本的法定程序使股东按照持股比例将公司过剩的资金分走,使过剩的资金再回到原处,使公司卸掉股东投资回报率的包袱,使资金流向需要的地方。

2. 通过减资缩减公司的业务领域。有些公司规模大,涉及的行业也多,这类公司为了实现专业化可以采取各种方法，如转让、分立等，也可以通过减资的方法将相关资产和业务从公司剥离给股东。也就是说，在公司剥离资产和业务的方法中，减资也是选项之一，特别是拟将相关资产和业务剥离给股东的，减资可能是更好的选项。在特定的情况下，通过减资的方法将拟转让的资产和业务剥离给公司的股东，比转让有税收优惠政策。特别是公司股东较少的有限责任公司和一人公司通过减资向股东剥离公司的资产和业务更容易实施，效果也更好。比如，甲公司是A公司的全资股东，A公司经营汽车修理和超市业务，甲公司作出A公司减资的决定，A公司将其持有的超市业务以支付减资对价的方式剥离给股东甲公司，股东甲公司将因A公司减资取得的超市业务注册B公司。如此，甲公司同时持有A、B两个公司的股权，A公司经营汽车维修业务，B公司经营超市业务，实现了资产、公司结构的重新组合。

3. 股东将股权变现的方法之一。在某些情况下股东需要将股权变现，即兑换为现金。股权变现的方法很多，转让是最常用的变现方法。但是转让需要找到合适的买方，没有买方股东就无法变现。通过减资的方法也可以使股权变现，并且不用寻找买方，只要公司有钱，能够通过减资决议即可。所以在风投、创投、基金投资项目中设定的投资者退出项目公司的方法中大都包含有减资的方法。减资的好处是不用寻找买方，不用同买方协商价格，减资价格有一定的自由度，且能够继续维持公司股东的人合属性；缺点是需要通知债权人并公告，债权人有反制权。条件是公司有支付能力并能通过股东会决议。比如，甲公司出资600万元，持有A公司60%的股权，乙公司出资400万元，持有A公司40%的股权，公司股东权益合计3000万元。现甲急需现金1000万元，经与乙股东协商同意甲从公司减资其本身股权的50%，即300万元出资的股权。经双方协商同意甲减资的对价为1000万元。如此，减资完成后，甲获得1000万元的减资对价，其对A公司的持股比例由原来的60%下降为43%，乙对A公司的持股比例由30%上升为57%。

4. 为增资并购对目标公司减资。这种减资是我们本书第三篇讨论的在目标公司估值小于实收资本的情况下，为进行增资并购目标进行的减资。在目标公司的估值小于目标公司的实收资本的情况，投资公司要想实现对目标公司的增资并购就必须采取相应的对策，其中一种方法就是对目标公司进行减资。比如，目标公司的实收资本额为100万元，由于有亏损未弥补，估值仅为50万元，在这种情况下投资公司要对目标公司进行增资并购，就需要对目标公司进行减资，使目标公司的实收资本等于其估值。

5. 为消灭即将到来的出资义务减资。在公司资本双轨制的今天，许多公司股东认缴的注册资本额非常大，而实收资本额较小，股东担负着巨大的出资义务。在这种情况下，如果公司没有资本的需求，如果股东没有能够履行即将到来的出资义务，可以通过减资程序消灭即将到来的出资义务。

6. 为满足外来投资者的要求而减资。外来投资者在研拟对公司的投资时，首先要考虑防范公司的风险。如此，对两种情况他们可能要求目标公司进行减资处理：(1) 目标公司有非货币财产以高作价出资的情况，比如某公司以 2 万元购买的专利转手出资作价 500 万元，投资公司为了防范自己的风险，要求目标公司股东以减资的方法将该专利从公司剥离；(2) 目标公司有大额认缴未缴的出资义务，投资公司认为自己也跟着认缴风险过大，不跟着认缴股权比例怎样计算，故要求通过减资的方法消灭目标公司的空股。

7. 为调整公司股东的股权结构减资。减资不仅可以使股东的股权变现，还可以调整公司的股权结构，方便公司的控股股东让位。减资可以全体股东按照股权比例一同减资，也可以仅某个股东减资，其他股东不减资，还可以使某个股东的持股比例稀释或者彻底退出公司。在仅有某个股东从公司减资的情况下，无论是股东的持股比例被稀释或者股东彻底退出公司，都会改变公司的股权结构，甚至变更公司的控股股东和实际控制人。

8. 为减少企业集团层级减资。合并可以减少企业层级，减资也可以减少企业层级，区别只在于合并减少企业的户数，减资不减少企业的户数。比如，减资前的企业层级如图 19－1－1、图 19－1－2 和图 19－1－3 所示：

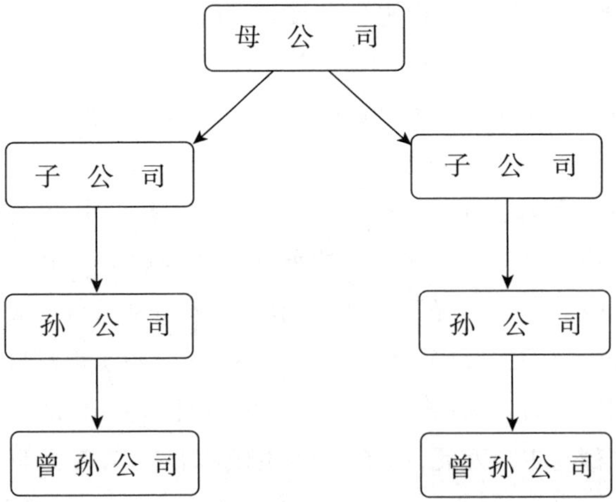

图 19－1－1　减资重组前公司四层结构

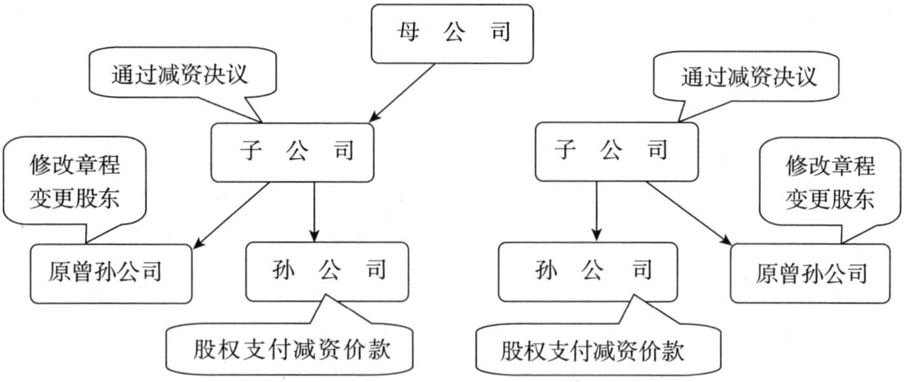

图 19-1-2 第一次减资重组变四层结构为三层结构

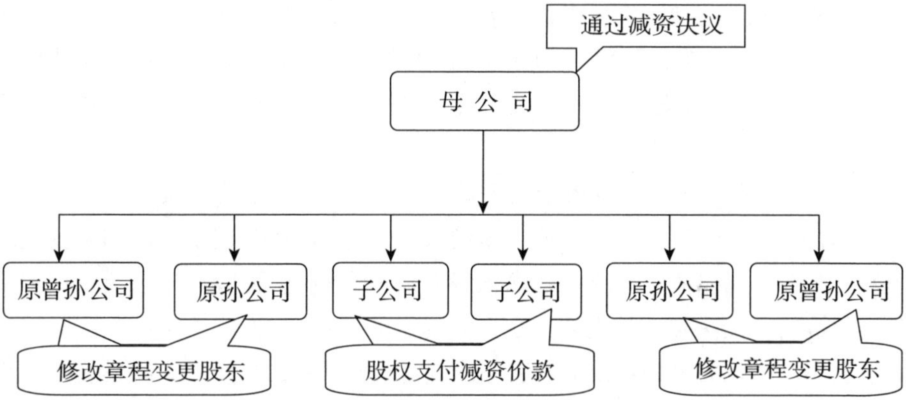

图 19-1-3 第二次减资重组变三层结构为两层结构

由上述内容可见，在公司减资的情况下，只要公司用其持有的股权向股东支付减资的价款，就能够达到压减企业层级的效果。公司可以用货币向股东支付减资的对价，也可以用非货币财产作价向股东支付减资价款，还可以用其持有的子公司的股权向股东支付减资的对价。而且国家专门出台了用非货币财产和股权支付减资价款的所得税和其他税收优惠政策。用非货币财产支付减资价款和用股权支付减资价款一样，重组的意义更大。

9. 在特定情况下通过减资进行节税策划。全资母公司从子公司减资，如果子公司用其持有的其他公司的股权（如上图所示）作价支付减资价款，或者用其所有的其他非货币财产作价支付减资对价，可以享有原值划转的企业所得税优惠政策。据此，在子公司拟清算、转让、合并、分立的情况下，可以考虑将溢价高的资产通过减资先剥离给股东。这就好比征税商品走免税通道。

10. 根据《公司法》第一百四十二条和《公司法解释(三)》第十七条的规定减资。根据《公司法》第一百四十二条的规定,公司不得收购本公司股份。但是,有下列情形之一的除外:(1)减少公司注册资本;(2)与持有本公司股份的其他公司合并;(3)将股份用于员工持股计划或者股权激励;(4)股东因对股东大会作出的公司合并、分立决议持异议,要求公司收购其股份;(5)将股份用于转换上市公司发行的可转换为股票的公司债券;(6)上市公司为维护公司价值及股东权益所必需。公司因上述第(1)项、第(2)项规定的情形收购本公司股份的,应当经股东大会决议;公司因前款第(3)项、第(5)项、第(6)项规定的情形收购本公司股份的,可以依照公司章程的规定或者股东大会的授权,经2/3以上董事出席的董事会会议决议。公司依照上述规定收购本公司股份后,属于第(1)项情形的,应当自收购之日起10日内注销;属于第(2)项、第(4)项情形的,应当在6个月内转让或者注销;属于第(3)项、第(5)项、第(6)项情形的,公司合计持有的本公司股份数不得超过本公司已发行股份总额的10%,并应当在3年内转让或者注销。

根据《公司法解释(三)》第十七条的规定,有限责任公司的股东未履行出资义务或者抽逃全部出资,经公司催告缴纳或者返还,其在合理期间内仍未缴纳或者返还出资,公司以股东会决议解除该股东的股东资格,该股东请求确认该解除行为无效的,人民法院不予支持。在上述规定的情形下,人民法院在判决时应当释明,公司应当及时办理法定减资程序或者由其他股东或者第三人缴纳相应的出资。在办理法定减资程序或者其他股东或者第三人缴纳相应的出资之前,公司债权人依照该规定第十三条或者第十四条请求相关当事人承担相应责任的,人民法院应予支持。

11. 风投、创投以减资方式退出项目公司。风投、创投退出项目公司的方法较多,但以减资方式退出项目公司是重要的选项之一。一般情况下投资方会与项目公司的股东订立协议,约定各种各样的退出方式,投资方届时享有选择权。并且双方对各种退出方式股权价格的生成规则作出明确的约定,同时要求项目公司股东一方对退出方式的履行提供担保。

减资和合并、分立一样,作为公司重组的重要方式其用途广泛,特别是将其与投融资、并购结合起来,打出企业投融资、并购、重组的组合拳,有时会取得超人始料的效果。

第二节　减资的分类和实务规则

通过总结公司减资项目的实务规则,我们可以把公司减资分为四类:(1)交易性减资;(2)非交易性减资;(3)实际减资;(4)名义减资。每类减资都有其固有的特征和实务规则,下面我们逐一讨论之。

一、交易性减资的特征和实务规则

交易性减资是指公司的个别股东从公司减资,即个别股东退出共同投资关系的交易,公司交还其委托经营的财产。这种减资股东之间有利益冲突,需要遵循公允作价和等价交换的规则。比如,3 年前甲和乙出资设立 A 公司,甲出资 600 万元,持有 A 公司 60% 的股权,乙出资 400 万元,持有 A 公司 40% 的股权。现在乙拟以减资的方式退出 A 公司,A 公司应当向乙股东支付多少减资价款呢? 乙希望越多越好,甲希望越少越好。因为减资对价少了,对乙不利对甲有利,反之,减资对价多了,对乙有利对甲不利。这种个别股东从公司减资的行为是一种交易,是股东之间为解除共同投资关系而进行的交易。这种交易的主体是公司的减资股东和不减资股东,公司不是交易的主体,公司的作为只是因为股东解除了共同投资关系把其委托的财产交还给股东,交易双方利益的冲突点在于减资价格的高低。一人公司不存在交易性减资。

从实务来看,这种交易性减资必须遵循的独特规则如下:

1. 需要对公司进行公允估值。公司的个别股东要以减资方式退出公司,退出股东与其他股东争议的焦点是价格的多少,即在减资股东持有的股权比例一定的情况下,公司应当向其支付多少价款。要说明白这个问题,请读者先回忆一下本书第三篇我们讨论的个别股东或者股东以外的人向公司增资,增资的价格是怎么决定的。增资的价格是根据目标公司的估值和增资者增资后的持股比例决定的。现在反过来了,股东要退出公司,应当从公司拿走多少钱,还是应当由公司的估值和减资股东持有的股权比例来决定。对有限责任公司来说,减资价格 = 公司估值 × 减资股东的股权比例。这个公式和股权转让价格的计算公式相同,说明股东将股权卖给他人与从公司减资获得的价款应当相等,因为股权的价值没变。但是股东从公司减资与其将股权转让也有区别,股权转让从购买方获得对价,减资从公司取得对价,股权转让可能会打破公司的人合属性,而减资不会打破公司的人合属性。所以对公司的估值就成了确定减资价格的关键,直接关系到减资股东获得对价的多少。比如,甲、乙4年前出资设立A公司,其中甲出资600万元持有60%的股权,乙出资400万元持有公司40%的股权。两年后丙以增资方式进入A公司,丙和甲、乙双方协商同意丙增资后持有A公司60%的股权,甲的持股比例稀释为24%,乙的股权比例稀释为16%。基准日公司资产总额4000万元,负债2000万元,股东权益2000万元,在评估的基础上丙和甲、乙双方同意A公司估值4000万元。如此,丙向A公司增资出资4000万元,其中1500万元确认为公司注册资本(实收资本),2500万元确认为公司资本公积金。现在乙提出以减资方式退出A公司,甲和丙同意,并通过股东会决议。减资基准日A公司资产总额1.3亿元,负债5000万元,股东权益8000万元,经各方协商同意A公司本次减资估值1.2亿元,如此,丙股东16%股权的减资价格应为1.2亿元×16% =1920万元。减资完成后,丙持有A公司71.4%的股权,甲持有A公司28.6%的股权,公司资产总额为1.108亿元,负债总额为5000万元,股东权益为6080万元。如果减资的公司是上市公司,这个过程就会变得简单得多了,上市公司的资本有市场价格,不用通过公司估值来给资本作价,上市公司在股票交易市场购买股票之后,履行注销程序就完成减资过程。

当然,我们这里讲交易性减资的价格应当根据公司估值和减资股权的比例确定,我们说的是规则,是商业规则,如果有自然人不愿意根据公司估值来协商确定减资的价格,就是全凭主观意志的一口价,这既不违法,也应当得到法律的尊重。

2. 需要遵循等价交换的规则。等价交换是一切交易的基本规则。在交易性减资项目中为了平衡减资股东和不减资股东的利益,必须遵循等价交换的规则。遵循等价交换的规则就要根据目标公司的估值和减资股东的持股比例计算减资价格,而不能根据减资股东的出资额。因为当股东将财产投向公司时起,股东的财产就转化为资本,而资本是有价值积累功能的,资本的价值积累可能正积累,也可能负积累,全凭企业的业绩和成长性。比如,3年前甲和乙出资设立A公司,其中甲出资600万元,持有60%的股权,乙出资400万元,持有40%的股权。基准日公司总资产4500万元,负债2000万元,股东权益2500万元。现甲乙通过股东会决议同意乙以减资方式退出公司,在评估的基础上双方同意A公司估值4000万元,如此,乙股东应当从公司取得减资对价1600万元。再如,甲、乙、丙出资设立B公司,其中甲出资200万元,持有40%的股权,乙出资200万元,持有40%的股权,丙出资100万元持20%的股权。基准日公司总资产1200万元,负债800万元,股东权益400万元,累计亏损100万元。现甲乙丙通过股东会决议,丙以减资方式退出公司。在评估的基础上各方同意B公司估值400万元,丙从公司获得减资价款80万元。从上文可见,股东从公司减资不是从公司取走自己的出资,也不是什么退股,就是以减资当时减资股权的价值为对价解除共同投资关系,减资股东从公司得到的减资价款,既不等于其出资额,也不等于公司的相应净资产额,而应当等于减资股权的转让价格。

3. 需要签订减资协议。既然交易减资是交易,既然有矛盾和利益冲突在其中,就应当签订协议以资固定交易。交易性减资是股东之间解除共同投资关系,股东从公司取回委托经营的财产份额的交易。故此,交易性减资协议应当以减资股东为一方,以不减资股东为一方,由双方签署。公司不是共同投资关系的主体,也不是交易性减资的交易主体,不过公司作为财产的受托者负有返还委托财产的义务,公司也可作为支付减资价款的义务人在减资协议上签字。

4. 有违约责任问题。既然是交易,既然要签订协议,就应当约定违约责任,以资惩罚违约者,奖励守约者。不过在减资协议中违约责任主要是公司迟延支付减资价款的责任,以及减资股东不履行附随义务的责任。

以上是交易性减资独有的规则,学习掌握这些规则对做好交易性减资非常重要。关于减资的共性规则,我们留待后面一并讨论。

二、非交易性减资的特征和实务规则

非交易性减资,是指公司的全体股东按照所持的股权比例和统一的价格从公司减资,这种减资不存在交易的意义,股东之间没有利益冲突。比如,3年前甲和乙出资设立A公司,甲出资6000万元,持有A公司60%的股权,乙出资4000万元,持有A公司40%的股权。现在公司有5000万元的闲置资金,甲乙通过减资的股东会决议,公司减少注册资本5000万元,甲从公司获得减资价款3000万元,乙从公司获得减资价款2000万元。这种减资就是非交易性减资,它不会改变公司的股权结构,股东之间不存在利益上的冲突。非交易性减资主要用来解决公司资金过剩和消除全体股东认缴未缴的出资。

从实务来看,非交易减资的特征和应当遵循的独有规则如下:

1. 不是交易,没有利益冲突。不是交易,不存在利益冲突是非交易性减资的本质特征。在非交易减资项目中,股东之间的共同投资关系没有解除,也没有人退出共同投资关系,甚至共同投资关系的份额比例都没有改变,因此它不是交易,主体之间没有利益冲突。比如,在上例中,甲和乙分别以减资方式从公司取得价款3000万元和2000万元,对价的比例与他们投资的比例相称,而且减资完成后甲和乙的股权比例仍然是6∶4。这种减资股东之间没有利益冲突,不是交易。再如,甲5年前出资设立了乙公司,持有乙公司100%的股权,乙公司有一处房产,甲公司拟用于自己的一个新项目。如果通过买卖的方式解决,由于价格上涨的原因会发生很大税收负担。通过减资的方式解决,有优惠政策可享受。该房地产是乙公司10年前购买的,当时价款和税费合计2000万元,现会计账面净值为1000万元,市场价值5000万元,如此,甲通过从乙公司减资的方法以1000万元的价格取得了该处房产。这种减资不是交易,没有利益冲突在其中,市场价值5000万元的房产甲以1000万元的价格取得,也不损害任何人的利益。如果是前边讨论的交易性减资就行不通,就会损及其他股东的利益,就必须按照5000万元的市场价格进行交易。

2. 不需要对公司估值,也不需要协商作价。既然不是交易,就没有作价问题,也没有等价交换问题。从实务来看,非交易减资主要用在解决公司资金过剩和消除股东认缴未缴的出资上,这些减资项目都没有估值作价问题。比如,甲、乙出资设立A公司,甲认缴出资2000万元,实缴出资200万元,持有A公司66.67%的股权,乙认缴1000万元,实缴出资100万元,持有A公司33.33%的股权。公司章程规定在公司成立4年内股东实际缴付全部资本。两年后根据公司业务发展情况及认缴资本可能给股东带来的风险,甲乙通过股东会决议,对公司进行名义减资,使甲对公司的认缴出资从2000万元变更为200万元,使乙对公司的认缴出资变更为100万元,使公司的注册资本从3000万元下降为300万元,两股东的持股比例没有改变。因为这种减资不是交易,没有利益冲突在其中,再对公司进行估值实为多此一举。在股权交易的情况下,之所以要对公司进行估值,是因为公司的价值是股权价值的内涵,只能根据公司的估值来确定股权的价值,公司合并也好,分立也好,增资也好,股权转让也好都是如此,减资当然也不例外。

3. 不需要签订协议。既然不是交易,没有利益冲突再签订协议也没有什么意义,且因不是交易,没有交易的主体,也无法落实协议的主体问题。非交易性减资只需要公司权力机构通过特别决议即可。当然在公司申请工商登记变更时,工商登记机关要求则另当别论。

4. 没有违约责任问题。违约责任是交易双方为鼓励守约,惩罚违约所设,既然不是交易,当然就无所谓违约责任问题了。

以上是非交易性减资的规则,实务者在操作减资项目时,首先要识别是交易性减资还是非交易性减资,然后按照规则操作之。无论是交易性减资还是非交易性减资都需要公司权力机构以特别决议批准,都需要遵守减资的法定程序。

三、实际减资和名义减资

将公司减资区分为交易性减资和非交易性减资，标志是公司减资是否有交易的意义，目的是发现不同减资的本质特征和实务规则。对公司减资还有一种区分，这种区分对实务也有意义。这种区分的标志是公司是否向减资股东支付减资对价，支付减资对价的我们称为实际减资，不支付减资对价的称为名义减资。这两种区分有时会交叉，实际减资可能是交易性减资，也可能是非交易性减资。比如，在公司资本过剩的情况下，通过公司减资，各股东按照持股比例从公司取得减资价款，是实际减资也是非交易性减资；再如，公司的某个股东以减资方式退出公司，公司根据公司估值向减资股东支付减资价款，是实际减资也是交易性减资。名义减资主要包括三种情形：(1)公司股东有认缴尚未实缴的出资，股东认定没有实际缴付的必要或者没有能力实际缴付，通过名义减资消除股东认缴未缴的出资义务。这种减资也要履行通知债权人和公告的义务，需要修改公司章程，但不需要进行财务确认。(2)根据《公司法解释(三)》第十七条的规定，在股东会决议解除未履行出资义务或者抽逃出资股东的股东资格后，通过减资消除该等股权。这类减资也需要履行通知债权人和公告的义务，也需要修改公司章程，并且对抽逃的出资额可能需要进行会计确认，抽逃出资额和实收资本额同时减少。(3)在公司有较大数额的亏损，估值小于实收资本的情况下，出于满足增资并购的需要，全体股东按照持股比例进行名义减资，这种不仅需要修改公司章程减少公司的注册资本，还需要进行会计确认。

在注册资本实行认缴制度的今天，公司名义减资的情况比较多。将公司减资区分为实际减资和名义减资，对我们操作公司减资项目也有重要的意义。

第三节　公司减资的共性规则

前边我们讨论的是交易性减资和非交易性减资各自独有的规则，这些规则体现了两种减资的本质和法律关系的核心。现在我们回过头来讨论减资的共性规则，即无论什么种类的减资都必须遵循的共同规则。

一、权力机构特别决议通过规则

根据《公司法》第四十三条的规定，有限责任公司股东会会议作出修改公司章程、增加或者减少注册资本的决议,以及公司合并、分立、解散或者变更公司形式的决议,必须经代表2/3以上表决权的股东通过。根据《公司法》第一百零三条的规定,股份有限公司股东大会作出决议,必须经出席会议的股东所持表决权过半数通过。但是,股东大会作出修改公司章程、增加或者减少注册资本的决议,以及公司合并、分立、解散或者变更公司形式的决议,必须经出席会议的股东所持表决权的2/3以上通过。公司减资无论是哪种类型的减资都必须经公司权力机构批准,有限责任公司应当经全体股东2/3以上表决权通过,股份公司应当经出席会议股东所持表决权的2/3以上通过,如果公司章程对此有更高的要求则以公司章程为准。

二、关于多数决和分别决问题

公司减资无论是哪种类型的减资,都需要减资前公司的权力机构以特别多数通过决议批准。这是因为公司是否减资是股东的共益行为,而且是公司的重大行为,应当多数决。但是如果是交易性减资,减资价格则不能多数决,只能由存续股东与减资股东分别决。因为交易性减资的价格不再是全体股东的共益性为,而是存续股东和减资股东的自益行为,只能由双方协商确定。如果交易性减资的价格再由全体股东多数决,势必损害少数股东的利益,且不符合交易规则。

三、必须修改章程减少注册资本

公司减资无论哪种类型的减资,无论公司是否向股东支付减资价款,无论公司用什么向股东支付减资价款,都必须修改公司章程减少注册资本。减少公司的注册资本是公司减资的必备标志,公司注册资本没有减少不能认定为公司减资。公司减资不一定减少公司的实收资本,不一定需要进行会计确认。名义减资就不用进行会计确认,因为公司的实收资本不变。

四、必须通知已知的全体债权人

根据《公司法》第一百七十七条的规定,公司需要减少注册资本时,必须编制资产负债表及财产清单。公司应当自作出减少注册资本决议之日起10日内通知债权人,并于30日内在报纸上公告。公司减资则公司偿还债务的责任财产会减少(实际减资),也可能预期的责任财产会减少(名义减资),公司的债权人依法享有知情权。根据《公司法》第一百七十七条的规定,公司应当自作出减少注册资本决议之日起10日内通知全部已知债权人,并于30日内在省级或以上报纸上公告。没有履行通知和公告义务的,可能被法院认定为抽逃资本。通知和公告是公司减资的法定义务,无论哪种类型的减资都必须履行。当然如果公司进行的是名义减资,公司的责任财产就不会减少,对公司偿债能力就没有影响,公司可以在通知或者公告中明示。

五、债权人对减资公司享有反制权

根据《公司法》第一百七十七条的规定,债权人自接到通知书之日起30日内,未接到通知书的自公告之日起45日内,有权要求公司清偿债务或者提供相应的担保。这是《公司法》对公司减资债权人反制权的规定。根据国家市场监督管理总局的有关规定,至减资公告满45天的公司可以申请相关变更登记。故此,如果债权人欲主张反制权应当尽早以书面方式提出。如果有债权人在法定期限内提出清偿债务或者提供相应的担保的要求,公司就必须履行自己的义务,否则公司不能实施减资。

六、自由协商减资价款支付方式

在实际减资且为交易性减资的情况下,公司需要向股东支付减资价款,减资价款的多少由减资股权的价值确定,股权转让价格的计算由公司厘定。不能因为是减资就偏离股权的价值确定其价格,当然如果是非交易性实际减资则另当别论。关于公司用什么向股东支付减资价款,法律上没有专门的限制性规定,应当按照《公司法》第二十七条关于出资方式的规定去考虑,公司可以用货币,也可以用实物、知识产权、土地使用权等可以用货币估价并可以依法转让的非货币财产作价向股东支付减资价款。用什么支付,如何作价应当在减资协议中明确,且对作为支付方式的非货币财产应当评估作价,核实财产,不得高估或者低估作价。

七、设定担保的股权不能减资

股东的股权无论是只认缴出资未实缴出资的股权,还是已经实缴出资的股权,只要相关股权设定了质押担保,一概不能减资,无论是交易性减资还是非交易性减资,也无论是实际减资还是名义减资。这是因为设定股权抵押担保的行为在先,减资的行为在后,在后的行为不能损及在先的法律行为。如果将设定抵押担保的股权通过减资消灭,势必使担保权利落空,损及担保人的权利。

八、关于特别名义减资问题

根据《公司法解释(三)》第十七条的规定,有限责任公司的股东未履行出资义务或者抽逃全部出资,经公司催告缴纳或者返还,其在合理期间内仍未缴纳或者返还出资,公司可以股东会决议解除该股东的股东资格。在这种情形下,公司应当及时办理法定减资程序或者由其他股东或者第三人缴纳相应的出资。在办理法定减资程序或者其他股东或者第三人缴纳相应的出资之前,公司债权人依照该规定第十三条或者第十四条请求相关当事人承担相应责任的,人民法院应予支持。据此,即使公司根据《公司法解释(三)》第十七条的规定进行减资,也必须履行《公司法》第一百七十七条规定的公司减资的法定程序。公司应当自作出减少注册资本决议之日起 10 日内通知债权人,并于 30 日内在报纸上公告。债权人自接到通知书之日起 30 日内,未接到通知书的自公告之日起 45 日内,有权要求公司清偿债务或者提供相应的担保。如果公司不能按照债权人的要求清偿债务或者提供相应的担保,公司就不能减资。如果公司不能减资就只能以转让的方式处理相关空股。

九、公司减资工作完成的要件

公司减资完成的形式要件包括:(1)公司通过关于减少注册资本的特别决议;(2)交易性减资的,签订减资协议;(3)修改公司章程减少公司章程中载明的注册资本数额,如果是交易性减资还需要调整股东的股权比例;(4)如果公司向股东核发出资证明书,则需要收缴和换发出资证书;(5)如果涉及减资股东委派或者提名的董事、监事、高管,则需另行委派或者选举;(6)向公司登记机关申请变更登记和备案;(7)支付减资价款。

以上是公司减资项目的共有规则,如果减资项目是交易性减资就应当既遵守交易性减资独有的规则,又遵守减资的共性规则;如果减资项目是非交易性减资就应当既遵守非交易性减资的规则,又遵守减资的共性规则。

第四节　减资协议的主要内容

非交易性减资即使是实际减资也没有签订减资协议的必要,交易性减资即使是名义减资也应当签订减资协议,没有减资协议,即使公司权力机关通过了减资决议,交易性减资也无法实施。减资协议是交易性减资交易当事人达成意思一致的表现,当事人没有达成意思一致无法强制交易。交易性减资协议的内容大致包括:

1. 减资前公司名称、住所、注册资本额、实收资本额，股东及股东持股比例；

2. 减资股东的姓名或者名称、住所、持有的股权比例及本次减资的股权比例；

3. 减资作价基准日及公司的估值；

4. 减资价款金额、支付条件、支付方式和支付期限；

5. 减资完成后公司的注册资本额、实收资本额、股东及股东的持股比例；

6. 其他事项；

7. 违约责任；

8. 适用法律；

9. 争议的解决方式；

10. 不可抗力。

不同的公司，不同的减资项目，其减资协议的内容会有很大的区别，但是上述内容是所有减资协议应当包括的内容。在公司估值完成，股东之间就减资价格达成一致后，应当签订减资协议。一般情况下可以考虑先签订附条件生效的减资协议或者减资意向性协议，然后提请公司权力机构以特别决议批准减资协议，在权力机构批准减资后通知债权人并公告，公告期满没有债权人主张反制权的，减资协议生效。

第五节　公司减资的法务工作及流程

减资是公司的重大事项，不仅涉及股东的利益，也关系到公司债权人的利益，对公司的发展也有较大的影响。在一般情况下公司减资的法务工作要点和程序如下：

1. 董事会根据公司对减资的需求编制减资方案。董事会是公司的行政决策机构，在公司有减资需求的情况下，一般需要由董事会提出公司减资方案。董事会在减资方案中应当言明减资的原因和拟减资的数额、减资的类型、是否支付减资价款、如何支付减资价款等内容。

2. 确定减资计价基准日，编制资产负债表和财产清单。这主要是在各种交易性减资项目中必须完成的工作，是确定减资价格的基础性工作。没有这项工作的开展，无法对公司进行估值，也就无法确定减资的价格，减资工作就无法推进。如果是非交易性减资就不必进行此项工作，因为非交易性减资没有减资价格问题，即使进行这项工作其意义也不在于此。在交易性减资的情况下，公司必须全面清产核资,确定有多少资产和负债、权利和义务,以便对公司进行公允估值。当然这是说有限责任公司。如果是上市公司,减资只需按照市场价格购买本公司的股票,不需要对本公司进行估值,当然也就不需要核实本公司的资产和负债了。

3. 完成公司估值和减资方案的制订工作。对公司进行清产核资是为了给公司估值,当公司估值完成后,就应当根据公司估值协商减资价格。当减资价格初步协商一致后减资方案就基本定型了。

4. 股东会或股东大会通过公司减资方案。减资是公司的重大事项,根据《公司法》的规定,有限责任公司减资必须经股东会决议,并且该决议必须经代表 2/3 以上表决权的股东通过;股份有限公司减资必须经股东大会决议,并且该决议必须经出席会议的股东所持表决权的 2/3 以上通过。在公司估值完成,减资价格基本确定,减资方案基本定型后,董事会应当向股东会或者股东大会提报公司减资方案。减资方案经公司权力机构以特别决议批准之后,减资项目便步入实质工作阶段。

5. 向公司债权人发出公司减资的通知并在报纸上进行公告。根据《公司法》第一百七十七条的规定,公司应当自作出减少注册资本决议之日起 10 日内通知债权人,并于 30 日内在报纸上公告。公司的注册资本是股东对公司责任的最高限额,也是公司对债权人责任能力的基础,允许公司减资势必影响公司的责任能力,影响债权人的利益。因此,公司必须事先通知全体债权人,以便债权人根据情势的变更行使自己的权利。对债权人的通知要包括全体已知债权人,不能只通知部分。如果公司不如实履行通知债权人的义务,招致债权人起诉的,有被认定为抽逃出资的风险。

6. 应债权人要求偿还债务或者提供相应的担保。公司减资不同于公司分立,债权人不仅享有知情权,还享有反制权。由于公司减资会降低公司的偿债能力,因此,根据《公司法》第一百七十七条的规定,债权人自接到通知书之日起 30 日内,未接到通知书的自公告之日起 45 日内,有权要求公司清偿债务或者提供相应的担保。据此,公司减资必须事先通知全体债权人,必须满足债权人对公司偿还债务或者提供担保的要求,否则公司不能减资。《公司法》的这一规定,既考虑了公司资本流动的需求,又充分考虑了债权人的利益。应当指出的是,这里有权要求公司清偿债务或者提供相应担保的,不仅包括已经到期债权的债权人,也应当包括尚未到期的债权的债权人。

7. 签订减资协议或者减资协议生效。在公司权力机构已经批准了减资方案,公司履行完对公司债权人的告知义务且债权人没有行使反制权或者反制权已经解决之后，交易性减资应当考虑签订减资协议或者让减资协议生效。减资协议是交易性减资的核心法律文件，其签订或者生效是减资项目的带有标志意义的工作。

8. 修改公司章程，收缴出资证书。注册资本是公司章程的必备内容，公司减少注册资本势必需要对公司章程作相应的修改。无论是交易性减资还是非交易性减资，无论是实际减资还是名义减资，只要能够称得上减资的，都应当修改公司章程减少公司章程中约定的公司注册资本额。除此之外，如果公司向股东颁发了减资证书，还应当收缴出资证书。

9. 向公司登记机关申请减少注册资本的变更登记。注册资本是公司的登记事项，登记事项变更的应当申请变更登记。公司因减资变更工商登记需要申报的文件资料有：(1)公司法定代表人签署的公司变更登记申请书；(2)公司股东会或股东大会关于公司减资的决议；(3)减资协议；(4)公司资产负债表、债务清单；(5)公司就减资通知债权人及公告的情况说明及有关资料；(6)公司偿债、提供担保或与债权人达成协议的情况及有关证明；(7)公司章程修改案或修改协议；(8)公司减资后公司董事会、监事会及高级管理人员的组成及产生的文件。

10. 向减资股东支付减资价款。减资是公司重组的重要形式，减资必须履行相应的规则，必须依法定程序进行。

第二十章

公司改制

公司重组是指资本、资产、负债、股东、管理者及员工等各种企业要素的重新组合。公司改制是指公司通过法定程序改变公司的组织形式,改制不是民事主体的更迭,是民事主体的延续。本章我们讨论公司改制问题。

第一节 法律法规对公司改制的规定

根据《公司法》第九条的规定,有限责任公司变更为股份有限公司,应当符合该法规定的股份有限公司的条件。股份有限公司变更为有限责任公司,应当符合该法规定的有限责任公司的条件。

有限责任公司变更为股份有限公司的,或者股份有限公司变更为有限责任公司的,公司变更前的债权、债务由变更后的公司承继。由此可见,有限责任公司通过改制可以变更为股份有限公司,股份有限公司通过改制可以变更为有限责任公司。

一、关于净资产折股的规定

根据《公司法》第九十五条的规定,有限责任公司变更为股份有限公司时,折合的实收股本总额不得高于公司净资产额。有限责任公司变更为股份有限公司,为增加资本公开发行股份时,应当依法办理。有限责任公司的资本法律上称为注册资本,股份有限公司的资本法律上称为股本。净资产同于股东权益或者所有者权益,是指公司资产负债表上资产差额减去负债总额后的差额。

有限责任公司变更为股份有限公司时，折合的实收股本总额不得高于公司净资产额。股份有限公司的章程上必须载明公司股本的金额。在由有限责任公司改制而来的股份公司中，其公司章程上载明的股本金额不需要股东再行认缴和实缴（在改制时增资的除外），由改制前有限责任公司的净资产折合而来。“折合”一词在此至少有两层含义：(1) 总数不变改变计量单位。有限责任公司的股权以股权比例为计量单位，如甲持有 30% 的股权，乙持有 10% 的股权。股份公司的股权以股票数为计量单位，如甲持有 1000 股普通股股票；乙持有 500 股优先股股票。(2) 不用股东另外向公司增资，由有限责任公司的净资产额作为股份公司股本的来源。

有限责任公司的净资产额一般由以下部分构成：(1) 实收资本，即股东实缴出资中的注册资本部分，只能是零或者大于零；(2) 资本公积金，即股东实缴出资中大于其应缴注册资本的部分，一般只能是零或者大于零；(3) 盈余公积金，即公司在向股东分配利润时从税后利润中提取的留存部分，一般只能是零或者大于零；(4) 未分配利润，即公司从成立以来所产生的利润的累加额减去公司已经分配过的利润，其金额可能是零、大于零或者小于零。如此，有限责任公司的净资产可能等于实收资本、也可能小于或者大于实收资本。如果净资产大于实收资本，改制则有增资的意义；如果净资产小于实收资本，则改制有减资的意义。如果有限责任公司的净资产是负的，则不能改制为股份公司，如果改制的目的是首发上市，则能够折合股本的净资产额必须大于申报条件规定的股本最低限额。

2014 年 3 月修订的《公司注册资本登记管理规定》也明确，有限责任公司变更为股份有限公司时，折合的实收股本总额不得高于公司净资产额。

证监会在《首次公开发行股票并上市管理办法》中也规定，有限责任公司按原账面净资产值折股整体变更为股份有限公司的，持续经营时间可以从有限责任公司成立之日起计算。证监会的规定与《公司法》的规定如出一辙，但是“账面”两字有新义。按照账面净资产值折股，应当是指按照改制公司会计账面的净资产额折股，蕴含四层含义：(1) 可以或者说应当对改制公司的会计账目进行审计，确认其经营结果和会计记录的真实性，因为审计解决的是会计记录是否真实准确的问题；(2) 不可以通过评估调整公司会计结果，不允许根据评估的净资产额折股，因为评估解决的是资产的账面价值和市场价值之间的差异；(3) 不要求发行人的股东在有限责任公司的出资以外再行出资（同时追加出资的另当别论）；(4) 不是净资产出资，是有限责任公司的净资产不动，改变计量单位，按照新的计量单位计量。当然如果改制不是为了上市，也可按照评估结果调整会计记录，按照评估后的净资产折股,不过按照企业所得税制度,按照评估结果调整资产的计税基础,需要确认所得缴纳所得税。

净资产是指公司总资产中属于股东享有的价值部分,以净资产折股及所折股本不得高于公司净资产,遵循了公司企业制度的基本原则,体现了公司资本充实的精神。

二、关于股份公司改制为有限公司的规定

《公司法》第九十五条规定了从有限责任公司向股份有限公司改制股本的处理原则,没有规定从股份有限公司向有限责任公司改制注册资本的处理方法。笔者根据公司企业制度、企业会计准则和公司注册资本的功能,认为股份公司改制为有限责任公司可以直接将实收股本变更为实收资本,资本的计量单位从多少股票变更为多少股股权,将某某股东持有多少股票变更为某某股东持有多少比例的股权即可。当然也可以按照净资产折股,但是在净资产折股的情况下,如果公司的净资产额大于注册资本,则为同时转增资;如果公司的净资产额小于公司的注册资本,则为同时减资,可能要改行减资的法定程序。

如果是发起设立的股份公司改制为有限责任公司,改制工作应当是相对简单的,其中最难的问题就是股东问题,如果股份公司的股东不超过 50 人,可以直接改制;如果股东超过 50 人,必须首先解决股东人数问题。发起设立的股份公司股东的人数可以不超过 200 人,而有限责任公司的股东不能超过 50 人。可以采取转让股权、减资、分立、搭建持股平台的方法减少公司的股东人数。发起设立的股份公司变更为有限责任公司的法务工作要点:(1)公司权力机构通过改变公司形式的特别决议;(2)申请核准新的公司名称,将"股份"二字变更为"有限"二字,取得企业名称核准通知书;(3)修改公司章程,并经全体股东签署;(4)产生新的公司董事会、监事会、法定代表人和总经理;(5)向企业登记机关申请变更登记和备案。

如果是上市公司改制为有限责任公司,问题就复杂得多了。需要上市公司通过要约收购私有化,股东减少到不超过 50 人时,才能申请变更登记为有限责任公司。私有化之后的法务工作要点可以参考上述发起设立的股份有限公司改制为有限责任公司的法务工作要点;私有化过程可以参考本书第三篇的收购上市公司。

三、关于承继的法律规定

根据《公司法》第九条的规定,有限责任公司变更为股份有限公司的,或者股

份有限公司变更为有限责任公司的,公司变更前的债权、债务由变更后的公司承继。改制只是公司内部组织形式的变更,公司作为民事主体并没有发生改变,改制前后的公司为同一民事主体,改制前公司的债权债务延续至改制后的公司。公司不能因发生改制而推卸责任,债权人也不能因公司发生改制而增加公司的义务,它们之间的合同条款、权利义务维持不变。公司改制不仅民事主体前后同一不变,公司作为纳税主体也是前后同一,纳税义务亦不发生改变。

其实公司改制本来只是公司内部组织形式的一种变更,应当是非常简单的事情。只是因为绝大多数改制都是为了首发上市,而首发对发起人有严格的要求,如此,才使公司改制变得复杂起来。

第二节　关于首发并上市的条件

从公司改制的实践看,绝大多数改制都是为了首发并上市进行股份制改造的,所以我们首先学习首发并上市的条件。

一、主板首发并上市的条件

根据《首次公开发行股票并上市管理办法》的规定,公司首次公开发行股票并在主板或者中小板上市交易的条件为:(1)发行人应当是依法设立且合法存续的股份有限公司。经国务院批准,有限责任公司在依法变更为股份有限公司时,可以采取募集设立方式公开发行股票。(2)发行人自股份有限公司成立后,持续经营时间应当在3年以上,但经国务院批准的除外。有限责任公司按原账面净资产值折股整体变更为股份有限公司的,持续经营时间可以从有限责任公司成立之日起计算。(3)发行人的注册资本已足额缴纳,发起人或者股东用作出资的资产的财产权转移手续已办理完毕,发行人的主要资产不存在重大权属纠纷。(4)发行人的生产经营符合法律、行政法规和公司章程的规定,符合国家产业政策。(5)发行人最近3年内主营业务和董事、高级管理人员没有发生重大变化,实际控制人没有发生变更。(6)发行人的股权清晰,控股股东和受控股股东、实际控制人支配的股东持有的发行人股份不存在重大权属纠纷。(7)发行人应当具有完整的业务体系和直接面向市场独立经营的能力。(8)发行人的资产完整。生产型企业应当具备与生产经营有关的生产系统、辅助生产系统和配套设施,合法拥有与生产经营有关的土地、厂房、机器设备以及商标、专利、非专利技术的所有权或者使用权,具有独立的原料采购和产品销售系统;非生产型企业应当具备与经营有关的业务体系及相关资产。(9)发行人的人员独立。发行人的总经理、副总经理、财务负责人和董事会秘书等高级管理人员不得在控股股东、实际控制人及其控制的其他企业中担任除董事、监事以外的其他职务,不得在控股股东、实际控制人及其控制的其他企业领薪;发行人的财务人员不得在控股股东、实际控制人及其控制的其他企业中兼职。(10)发行人的财务独立。发行人应当建立独立的财务核算体系,能够独立作出财务决策,具有规范的财务会计制度和对分公司、子公司的财务管理制度;发行人不得与控股股东、实际控制人及其控制的其他企业共用银行账户。(11)发行人的机构独立。发行人应当建立健全内部经营管理机构,独立行使经营管理职权,与控股股东、实际控制人及其控制的其他企业间不得有机构混同的情形。(12)发行人的业务独立。发行人的业务应当独立于控股股东、实际控制人及其控制的其他企业,与控股股东、实际控制人及其控制的其他企业间不得有同业竞争或者显失公平的关联交易。(13)发行人已经依法建立健全股东大会、董事会、监事会、独立董事、董事会秘书制度,相关机构和人员能够依法履行职责。发行人的董事、监事和高级管理人员已经了解与股票发行上市有关的法律法规,知悉上市公司及其董事、监事和高级管理人员的法定义务和责任。(14)发行人的内部控制制度健全且被有效执行,能够合理保证财务报告的可靠性、生产经营的合法性、营运的效率与效果。(15)发行人不得有下列行为:①最近36个月内未经法定机关核准,擅自公开或者变相公开发行过证券,或者有关违法行为虽然发生在36个月前,但目前仍处于持续状态;②最近36个月之内违反工商、税收、土地、环保、海关以及其他法律、行政法规,受到行政处罚,且情节严重;③最近36个月内曾向中国证监会提出发行申请,但报送的发行申请文件有虚假记载、误导性陈述或重大遗漏,或者不符合发行条件以欺骗手段骗取发行核准,或者以不正当手段干扰中国证监会及其发行审核委员会审核工作,或者伪造、变造发行人或其董事、监事、高级管理人员的签字、盖章;④本次报送的发行申请文件有虚假记载、误导性陈述或者重大遗漏;⑤涉嫌犯罪被司法机关立案侦查,尚未有明确结论意见;⑥严重损害投资者合法权益和社会公共利益的其他情形。(16)发行人的公司章程中已明确对外担保的审批权限和审议程序,不存在为控股股东、实际控制人及其控制的其他企业进行违规担保的情形。(17)发行人有严格的资金管理制度,不得有资金被控股股东、实际控制人及其控制的其他企业以借款、代偿债务、代垫款项或者其他方式占用的情形。(18)发行人资产质量良好,资产负债结构合理,盈利能力较强,现金流量正常。(19)发行人的内部控制在所有重大方面是有效的，并由注册会计师出具了无保留结论的内部控制鉴证报告。(20)发行人会计基础工作规范，财务报表的编制符合企业会计准则和相关会计制度的规定，在所有重大方面公允地反映了发行人的财务状况、经营成果和现金流量，并由注册会计师出具了无保留意见的审计报告。(21)发行人应完整披露关联方关系并按重要性原则恰当披露关联交易。关联交易价格公允，不存在通过关联交易操纵利润的情形。(22)发行人最近3个会计年度净利润均为正数且累计超过人民币3000万元，净利润以扣除非经常性损益前后较低者为计算依据。(23)发行人最近3个会计年度经营活动产生的现金流量净额累计超过人民币5000万元；或者最近3个会计年度营业收入累计超过人民币3亿元。(24)发行人发行前股本总额不少于人民币3000万元。(25)发行人最近一期末无形资产(扣除土地使用权、水面养殖权和采矿权等后)占净资产的比例不高于20%。(26)最近一期末不存在未弥补亏损。

二、创业板首发并上市的条件

根据《首次公开发行股票并在创业板上市管理办法》的规定，首次公开发行股票并在创业板上市应当具备的条件有：(1)发行人是依法设立且持续经营3年以上的股份有限公司。有限责任公司按原账面净资产值折股整体变更为股份有限公司的，持续经营时间可以从有限责任公司成立之日起计算。(2)最近2年连续盈利，最近2年净利润累计不少于1000万元；或者最近1年盈利，最近1年营业收入不少于5000万元。净利润以扣除非经常性损益前后孰低者为计算依据。(3)最近一期末净资产不少于2000万元，且不存在未弥补亏损。(4)发行后股本总额不少于3000万元。(5)发行人的注册资本已足额缴纳，发起人或者股东用作出资的资产的财产权转移手续已办理完毕。发行人的主要资产不存在重大权属纠纷。(6)发行人应当主要经营一种业务，其生产经营活动符合法律、行政法规和公司章程的规定，符合国家产业政策及环境保护政策。(7)发行人最近2年内主营业务和董事、高级管理人员均没有发生重大变化，实际控制人没有发生变更。(8)发行人的股权清晰，控股股东和受控股股东、实际控制人支配的股东所持发行人的股份不存在重大权属纠纷。(9)发行人资产完整，业务及人员、财务、机构独立，具有完整的业务体系和直接面向市场独立经营的能力。与控股股东、实际控制人及其控制的其他企业间不存在同业竞争，以及严重影响公司独立性或者显失公允的关联交易。(10)发行人具有完善的公司治理结构，依法建立健全股东大会、董事会、监事会以及独立董事、董事会秘书、审计委员会制度，相关机构和人员能够依法履行职责。(11)发行人会计基础工作规范,财务报表的编制和披露符合企业会计准则和相关信息披露规则的规定,在所有重大方面公允地反映了发行人的财务状况、经营成果和现金流量,并由注册会计师出具无保留意见的审计报告。(12)发行人内部控制制度健全且被有效执行,能够合理保证公司运行效率、合法合规和财务报告的可靠性,并由注册会计师出具无保留结论的内部控制鉴证报告。(13)发行人的董事、监事和高级管理人员应当忠实、勤勉,具备法律、行政法规和规章规定的资格,且不存在下列情形:被中国证监会采取证券市场禁入措施尚在禁入期的;最近3年内受到中国证监会行政处罚,或者最近1年内受到证券交易所公开谴责的;因涉嫌犯罪被司法机关立案侦查或者涉嫌违法违规被中国证监会立案调查,尚未有明确结论意见的。(14)发行人及其控股股东、实际控制人最近3年内不存在损害投资者合法权益和社会公共利益的重大违法行为。(15)发行人募集资金应当用于主营业务,并有明确的用途。募集资金数额和投资方向应当与发行人现有生产经营规模、财务状况、技术水平、管理能力及未来资本支出规划等相适应。

三、科创板首发并上市的条件

根据《上海证券交易所科创板股票上市规则》的规定,股票在科创板上市应当具备的条件有:(1)符合中国证监会规定的发行条件。(2)发行后股本总额不低于人民币3000万元。(3)公开发行的股份达到公司股份总数的25%以上;公司股本总额超过人民币4亿元的,公开发行股份的比例为10%以上。(4)市值及财务指标应当至少符合下列标准中的一项:①预计市值不低于人民币10亿元,最近2年净利润均为正且累计净利润不低于人民币5000万元,或者预计市值不低于人民币10亿元,最近1年净利润为正且营业收入不低于人民币1亿元。②预计市值不低于人民币15亿元,最近1年营业收入不低于人民币2亿元,且最近3年累计研发投入占最近3年累计营业收入的比例不低于15%。③预计市值不低于人民币20亿元,最近1年营业收入不低于人民币3亿元,且最近3年经营活动产生的现金流量净额累计不低于人民币1亿元。④预计市值不低于人民币30亿元,且最近1年营业收入不低于人民币3亿元。⑤预计市值不低于人民币40亿元,主要业务或产品需经国家有关部门批准,市场空间大,目前已取得阶段性成果。医药行业企业需至少有一项核心产品获准开展二期临床试验,其他符合科创板定位的企业需具备明显的技术优势并满足相应条件。该条所称净利润以扣除非经常性损益前后的孰低者为准,所称净利润、营业收入、经营活动产生的现金流量净额均指经审计的数值。

根据证监会《科创板上市公司证券发行注册管理办法(试行)》的规定,在科创板首次公开发行股票并上市交易应当具备的条件有:(1)发行人是依法设立且持续经营3年以上的股份有限公司,具备健全且运行良好的组织机构,相关机构和人员能够依法履行职责。有限责任公司按原账面净资产值折股整体变更为股份有限公司的,持续经营时间可以从有限责任公司成立之日起计算。(2)发行人会计基础工作规范,财务报表的编制和披露符合企业会计准则和相关信息披露规则的规定,在所有重大方面公允地反映了发行人的财务状况、经营成果和现金流量,并由注册会计师出具无保留意见的审计报告。发行人内部控制制度健全且被有效执行,能够合理保证公司运行效率、合法合规和财务报告的可靠性,并由注册会计师出具无保留结论的内部控制鉴证报告。(3)发行人业务完整,具有直接面向市场独立持续经营的能力:资产完整,业务及人员、财务、机构独立,与控股股东、实际控制人及其控制的其他企业间不存在对发行人构成重大不利影响的同业竞争,以及严重影响独立性或者显失公平的关联交易;发行人主营业务、控制权、管理团队和核心技术人员稳定,最近2年内主营业务和董事、高级管理人员及核心技术人员均没有发生重大不利变化;控股股东和受控股股东、实际控制人支配的股东所持发行人的股份权属清晰,最近2年实际控制人没有发生变更,不存在导致控制权可能变更的重大权属纠纷;发行人不存在主要资产、核心技术、商标等的重大权属纠纷,重大偿债风险,重大担保、诉讼、仲裁等或有事项,经营环境已经或者将要发生的重大变化等对持续经营有重大不利影响的事项。(4)最近3年内,发行人及其控股股东、实际控制人不存在贪污、贿赂、侵占财产、挪用财产或者破坏社会主义市场经济秩序的刑事犯罪,不存在欺诈发行、重大信息披露违法或者其他涉及国家安全、公共安全、生态安全、生产安全、公众健康安全等领域的重大违法行为。董事、监事和高级管理人员不存在最近3年内受到中国证监会行政处罚,或者因涉嫌犯罪被司法机关立案侦查或者涉嫌违法违规被中国证监会立案调查,尚未有明确结论意见等情形。

需要提请注意的是,有限责任公司改制为股份公司后申请首发并上市,经营期限连续计算需要具备以下条件:(1)发行人的控股股东不能变更。如果发行人的控股股东在最近3年内变更了,经营期限要从变更后开始计算。(2)发行人的实际控制人不能变更。实际控制人是指不是公司的控股股东,但是却能控制公司的人,包括控制控股股东的人。如果发行人的实际控制人在最近3年发生了变更,经营期限要从变更后开始计算。(3)发行人的主营业务不能变更。如果发行人的主营业务在最近3年内发生了变更,经营期限要从变更后开始计算。(4)注册资本已经全部实际缴付。申请首发上市注册资本必须全部实际缴付,并且应当过户的全部过户到公司名下。(5)以经审计的净资产折股。

以上是主板、中小板、创业板、科创板首次发行股票并上市的条件,企业为上市改制应当根据自己的实际情况瞄准目标,有的放矢地进行公司改制工作。

第三节　改制工作要点和流程

前边已经说过无论是有限责任公司改制为股份有限公司,还有股份有限公司改制为有限责任公司,都是公司内部组织形式的变更,都是比较简单的事情,只有上市公司私有化涉及要约收购问题相对复杂。由于绝大多数改制是为了实现首次公开发行股票并上市交易的目的,改制便被纳入了考核事项,如此,使简单的事情变得复杂起来。下面我们简单地学习一下为首发并上市进行改制的工作要点和流程。

1. 成立改制上市工作领导小组。改制上市工作领导小组为筹划、领导、组织、实施、报告公司改制上市工作的临时机构。一般由公司董事长出任组长,由拟任董事会秘书的人出任副组长,由财务、法律、投资、行政人员及政府有关部门的领导参加组成。公司改制上市工作小组由公司董事会任命,对董事会负责并向董事会报告工作。改制上市领导小组的职责包括:(1)研究、拟订、报告公司改制上市工作方案;(2)选聘各种中介机构,与中介机构洽谈服务合同,协调中介机关之间的关系;(3)协助收集、整理中介机构需要的各种文件资料,为中介机构开展工作提供支持;(4)召集主持中介机构协调会议和相关部门协调会议,代表公司回答中介机构提出的问题;(5)拟制、审议、报告各种改制上市的文件;(6)对改制、上市中遇到的各种问题向董事会提出意见和建议;(7)协调与政府的关系,处理与政府的各种文件,争取政府方面的最大支持;(8)联络各发起人,协调发起人事务。

2. 制定公司改制预案。公司改制预案由改制上市领导小组负责组织制定,报董事会审议后报公司股东会以特别决议批准。公司改制工作方案的内容包括:(1)改制的目的,时间安排、改制财务基准日,改制前公司注册资本、实收资本和各项财务会计指标;(2)改制后公司的名称及有关情况;(3)净资产折股的原则、基准日公司净资产额、折股比例、改制后公司的股本总数、股票面值、折股比例;

(4)发起人名单及各发起人认购的股票数(注意控股股东、实际控制人不能变动);(5)是否拟吸收战略投资者,及战略投资者的情况和拟认购股份数和发行价格;(6)是否需要对公司进行重组,及重组的方式、重组资产和业务的情况和对公司经营业绩估值的影响;(7)涉税问题的处理预案;(8)其他内容。

3. 选聘中介机构。中介机构包括保荐机构、律师事务所、会计师事务所和评估事务所等。保荐人应当具有保荐资格,会计师事务所和评估事务所应当具有证券期货从业资格。其中首先选聘的是保荐机构。保荐机构是改制和上市,特别是上市机构的核心和首领。保荐机构要对企业的整体情况进行全面的了解,要对企业的经营业绩、发展前景有全面的了解,要对企业所处的行业及国家对该行业的政策有全面的了解,企业改制方案要得到保荐机构的首肯,其他中介机构要配合保荐机构的工作。保荐机构在首次公开发行股票并上市中承担的责任有:(1)组织协调各中介机构的工作;(2)按照证监会的要求对发行人进行辅导;(3)依法对公开发行股票的文件进行审核并负责申报工作;(4)向证监会或者证券交易所出具保荐意见;(5)负责发行股票的主承销商工作;(6)在股票上市后对发行人进行持续督导。

在证券公司向证监会推荐发起人首次公开发行股票之前,要在各中介机构的配合下,对发行人进行辅导,辅导的期限为一年。辅导的主要内容有:(1)股份有限公司设立及历次演变的合法性、有效性;(2)股份有限公司人事、财务、资产及供产销系统的独立性和完整性;(3)对公司董事、监事、高级管理人员及持有5%以上股份的股东进行公司法、证券法的培训;(4)建立健全股东大会、董事会、监事会等组织机构,并实现规范运行;(5)依照股份公司会计制度建立健全公司的财务会计制度,并有效的执行;(6)建立健全公司决策制度和内部控制制度,实现规范动作;(7)建立健全符合上市公司要求的信息披露制度;(8)规范公司与控股股东及其他关联方的关系;(9)公司董事、监事、高级管理人员及持股比例在5%以上股东持股比例的变更符合有关规定。

4. 律师在改制首发中承担的主要工作。企业公开发行股票并上市交易必须聘请律师事务所指派律师参加工作,律师在其中承担的主要责任包括:(1)拟制或者审核企业改制重组方案,出具法律意见书论证其合法性和可行性;(2)起草或审议股份公司发起人协议、章程,指导股份公司的设立工作;(3)对发行人的历史沿革、股权结构、资产负债情况、组织机构设立及运作、独立性、税务等问题进行合法合规调查和判断;(4)对企业上市涉及的其他法律事项进行审查并出具整改意见;(5)对股票发行并上市的各种文件的真实性、完整性、准确性等作出判断和保证;(6)对发行人股票首次公开发行并上市出具法律意见书;(7)出具律师工作报告;(8)其他工作。

5. 清产核资和尽职调查。清产核资工作在中介机构进场后甚至在进场前就应当开始。要首先明确企业改制的基准日,清产核资工作以确定基准日公司资产总额、负债总额、净资产总额为目标,包括通过审计确定企业经营结果和会计记录的准确性;通过法律尽职调查确定公司的股权结构;公司的资产、权益、负债准确没有争议;解决股权代持等相关问题等。

6. 权力机构批准改制上市方案和发起人协议。在清产核资、审计、尽调完成,各项整改工作完成后,改制上市方案可以最终定稿,并由董事会通过后向股东会呈报。同时还要呈报发起人协议。由全体股东作为股份公司的发起人签署发起人协议。发起人协议要确定以下内容:(1)全体股东作为股份公司的发起人,以公司净资产折股发起设立股份有限公司;(2)基准日公司净资产总额、折股比例、股份公司的股本总额、资本公积金总额;(3)各发起人认购的股份数和出资方式及验资报告;(4)股份公司的名称、住所和经营范围;(5)股份公司的机构组成、产生办法、职权、议事规则和法定代表人的产生办法等。

7. 召开创立大会。创立大会实际是股份公司的第一次股东大会,对改制和上市工作具有里程碑的意义。创立大会主要行使下列职责:(1)通过成立股份公司的决议;(2)审议通过公司章程;(3)选举股份公司董事会成员、监事会成员及确定其他高级管理人员;(4)选举独立董事和董事会秘书;(5)审核公司改制过程及股份公司设立的其他事项;(6)审议其他发起人认股、出资情况;(7)审核公司改制设立费用;(8)其他事项。

8. 前置审批和工商变更登记。如果公司的经营范围有需要前置审批的事项,应当尽早进行报审,并在创立大会召开后,持有关公司改制及设立股份公司的文件向企业登记机关申请登记备案,并领取股份公司的营业执照。自取得股份有限公司的营业执照之日起,公司改制工作完成,有关工作转入以首发和上市为直接目标的公司新阶段。

第四节 其他改建问题

以上我们主要讨论的是有限责任公司为首发并上市改制为股份有限公司的有关问题,同时顺便说了一下股份公司改制为有限责任公司问题。通过讨论我们知悉，无论是有限责任公司改制为股份有限公司，还是股份有限公司改制为有限责任公司，都是公司内部组织形式的改变，公司改制前后为同一民事主体。不仅改制过程简单易行，而且改制前后的民事法律关系也简单明确。现在我们要简单地说说从法人企业到非法人企业的改建问题，以及从非法人企业向法人企业的改建问题。

一、从公司向非法人企业的改建问题

非法人企业包括个人独资企业和合伙企业。公司是法人企业。法人企业有独立的财产和独立的人格，股东对公司债务以出资为限承担有限责任；而非法人企业其财产和人格不完全独立，出资人对公司债务承担无限连带责任。法人企业强调股东实际向公司履行出资的承诺，并尊重公司财产的独立性；而非法人企业强调企业对出资人的人格依赖，不强调独立性。因此，如果股东要想把公司改建为个人独资企业或者合伙企业，必须对公司进行清算，了结公司的一切债权债务，取得公司清算财产中属于股东的剩余财产，以取得的剩余财产进行非法人企业的出资。在未对公司进行清算的情况下，无法将公司改建为非法人企业，否则有构成抽逃资本的风险。

要想把公司改建成非法人企业，必须对公司进行清算，这是公司企业制度的要求，是股东有限责任的要求。法人企业和非法人企业是两种类型的企业，不能像股份公司和有限责任公司那样直通。

二、从非法人企业向公司的改建

非法人企业的财产并不完全独立于出资人，非法人企业的负债由出资人承担连带责任。出资人要想利用非法人企业的财产出资设立公司，不必对非法人企业进行清算。当然如果非法人企业是合伙企业，出资人之间要达成协议，不能损害其他合伙人的利益。除此之外，出资人可以不经清算将个人非法人企业的财产用来出资设立公司。这是因为，非法人企业没有完全独立的人格，其财产也不完全独立。但是股东仍要履行非货币财产出资的法定义务，评估作价和办理证照过户。

非法人企业和法人企业之间仍不能直通，上述简便的缘由在于非法人企业和出资人之间可以直通，所以从非法人企业向法人企业的改建不需要一个清算过程。

第五篇

公司解散

PART 05

公司解散是企业消亡的过程,也是资本死亡的过程,当然也可能是下一轮回开始的过程。公司解散必须进行清算,以全部资产偿还债务,这是公司企业制度的特征,也是股东有限责任的要求。凡是资产足以清偿全部债务的进行解散清算,凡是资产不足以清偿全部债务的进行破产清算。实施破产清算程序的公司在股东履行全部出资义务的前提下,可以依法向债权人清偿部分债务。

本篇我们讨论的内容有:

公司解散的原因、公司清算责任人、怠于清算的表现和法律责任、债权人的清算救济权以及公司清算工作的要点和有关事项;

企业破产的条件、破产申请人及法院受理破产案件的效能、债务人财产的构成、管理人及职责、债权人会议的组成和职权、重整和和解及破产财产分配规则。

第二十一章

解散清算

解散过程是资本死亡的过程,也可能是下一个轮回的开始。清算过程也是终结股东共同投资关系和股东与公司之间财产委托经营关系的过程。公司必须经解散清算过程,了结各种民事关系,清偿全部债务后才能注销,这是股东有限责任的要求。没有公司清算过程的合规性,就不应当有股东有限责任的待遇。本章我们讨论公司解散清算问题。

第一节 公司解散的情形

我们首先来讨论公司在什么情形下应当解散。

一、《公司法》规定的公司解散原因

根据《公司法》第一百八十条的规定,公司因下列原因而解散:

1. 公司章程规定的营业期限届满或者公司章程规定的其他解散事由出现。如果公司章程中规定了公司的经营期限,至期限届满时,无须公司股东会或股东大会决议,公司应当解散。之所以无须公司股东会或者股东大会通过,是因为公司章程关于公司经营期限的规定是在公司成立之初股东之间已经约定的,股东和公司都应当遵守。如果公司章程在公司经营期限之外还规定了公司解散的事由,当该等事由出现时,公司也应当解散。此种情况下的解散也无须公司股东会或者股东大会决议,也是股东在公司成立之初约定的,股东和公司应当遵守。公司根据《公司法》该项规定而解散的,属于约定解散,约定解散不需要附加其他条件,

也不需要股东会或者股东大会通过,只需要有约在先即可。但是,根据《公司法》第一百八十一条的规定,在公司章程约定的公司存续期限届满或者解散事由出现时,股东可以通过修改公司章程而使公司存续,在此种情况下对公司章程的修改,有限责任公司须经持有2/3以上表决权的股东通过,股份有限公司须经出席股东大会会议的股东所持表决权的2/3以上通过。

2. 股东会或者股东大会决议解散。股东会是有限责任公司的权力机构,股东大会是股份有限公司的权力机构。在公司章程没有规定经营期限或者规定的经营期限届满前,在公司章程没有规定解散事由或者规定的公司解散事由未出现的情况下,公司的权力机构有权作出解散公司的决定。根据《公司法》第三十七条和第九十九条的规定,这是公司权力机构的法定职权。根据《公司法》第四十三条的规定,有限责任公司股东会通过解散公司的决议,必须经代表2/3以上表决权的股东通过(注意:这里是公司全体表决权的2/3)。根据《公司法》第一百零三条的规定,股份有限公司股东大会通过解散公司的决议,必须经出席会议的股东所持表决权的2/3以上通过(注意:这里是出席会议的股东所持表决权的2/3)。由公司权力机构通过决议解散公司,我们称为决议解散,决议解散是公司权力机构意志的结果。对决议解散,不问原因,只问其决议的生成是否符合《公司法》或公司章程的规定。

3. 因公司合并或者分立需要解散。公司合并,如果是吸收合并至少有一家公司需要解散,如果是新设合并至少有两家公司需要解散。公司分立,在新设分立的情形下,被分立的公司需要解散。公司因合并或者分立的需要而解散的,虽然也是解散,其结果也是公司这个民事主体的消亡,但不同于其他情形下的解散,无须通过清算程序。因为,虽然解散的公司作为民事主体已经不复存在,但是对他们已经生效的民事法律关系并不消灭,并且有法定的承继人。所以,公司因合并或者分立而解散的,称其解散,不如称其注销更贴切。公司因了结民事关系而行的解散与公司因合并、分立而行的解散,是两种完全不同的解散。

4. 依法被吊销营业执照、责令关闭或者被撤销。被吊销营业执照,是指工商行政管理机关根据法律、行政法规的规定,对查证属实有违法行为的公司而依法采取的行政行为。例如:根据《公司法》第二百一十三条的规定,利用公司名义从事危害国家安全、社会公共利益的严重违法行为的,吊销营业执照。营业执照是公司存续的法律凭证,当公司的营业执照被吊销之后,公司就失去了存续的法律根据,公司不可以继续从事生产经营活动,必须依法进行清算了结民事权利义务关系。吊销营业执照是国家行政权力强令公司解散的一种方式,公司被吊销营业执照后，必须依法进行清算，保证债权人的合法权益。责令关闭也是因公司违反法律或行政法规，或因公司设立不符合法律规定，由有关行政机关命令停止经营进行清算。撤销是指公司的上级机关或设立单位撤销公司。公司无论是被吊销营业执照、被责令关闭，还是被撤销，都会引起公司解散从而进行清算的法律结果。公司因被吊销营业执照、责令关闭或者被撤销而解散的，无须公司的权力机关决议，公司必须无条件执行。

5. 人民法院依照《公司法》第一百八十二条的规定予以解散。根据《公司法》第一百八十二条的规定，公司经营发生严重困难，继续存续会使股东利益受到重大损失，通过其他途径不能解决的情况下，持有公司全部股东表决权 10% 以上的股东，可以请求人民法院解散公司。

这里需要补充说明的是，根据《公司法》第七十四条的规定，有限责任公司章程规定的营业期限届满或者章程规定的其他解散事由出现，股东会会议通过决议修改章程使公司存续的，对股东会该项决议投反对票的股东，可以请求公司按照合理的价格收购其股权。并且，如果股东不能在 60 日内与公司就收购股权事宜达成协议的，股东可以在 90 日内向人民法院起诉。公司章程属公司股东之间的契约，当然应当遵守，但是，契约又是可以变更的，修改公司章程使公司存续，就是通过修改契约来变更股东之间的约定。虽然，在此种情形下为使公司存续而修改公司章程，有限责任公司须经占公司全部股权 2/3 以上表决权的股东通过，股份有限公司须经出席股东大会会议的股东所持表决权的 2/3 以上通过。但是，即使这样，对有限责任公司的另外 1/3 股东来说，也存在强迫其修改契约的问题，因公司原章程是由各个股东独立认可并签字的，现在要修改，则不再需要全体股东一致同意了。为了寻求平衡，既维护多数股东的权益，又保护少数股东的利益，《公司法》设立了司法救济。

二、关于股东提起解散公司之诉

根据《公司法》第一百八十二条的规定，在公司经营发生严重困难的情况下，公司继续存续会使股东利益受到重大损失，又不能通过其他途径解决的，持有公司全部股东表决权 10% 以上的股东，可以向人民法院提起诉讼，请求判决解散公司。《公司法》的这一规定是在公司应当解散，但由于公司章程没有规定经营期限或者公司章程规定的经营期限没有届满或者没有公司章程规定的公司解散的事由，而公司股东会又无法通过决议解散公司的情况下，如何通过法律救济的方式解散公司，从而保护股东的合法权益的规定。在某些情况下，尽早解散公司可能对股东的利益是一种保护,在股东不能以协商的方式对解散公司达成一致的情况下,法律救济手段是十分必要的。因股东起诉法院判令公司解散的,是公司解散的特别原因。但是,根据《公司法》的规定,能够启动法律救济程序解散公司的,必须是持有公司全部表决权 10% 以上的股东,这可以是一个股东,也可以是多个股东为共同原告,唯需所持股权或股份达到公司全部注册资本的 10% 以上,并经法院判决方可解散公司。

关于股东提起解散公司之诉,根据《公司法解释(二)》第一条的规定,单独或者合计持有公司全部股东表决权 10% 以上的股东,以下列事由之一提起解散公司诉讼,并符合《公司法》第一百八十二条规定的,人民法院应予受理:(1)公司持续2 年以上无法召开股东会或者股东大会,公司经营管理发生严重困难的;(2)股东表决时无法达到法定或者公司章程规定的比例,持续 2 年以上不能做出有效的股东会或者股东大会决议,公司经营管理发生严重困难的;(3)公司董事长期冲突,且无法通过股东会或者股东大会解决,公司经营管理发生严重困难的;(4)经营管理发生其他严重困难,公司继续存续会使股东利益受到重大损失的情形。股东以知情权、利润分配请求权等权益受到损害,或者公司亏损、财产不足以偿还全部债务,以及公司被吊销企业法人营业执照未进行清算等为由,提起解散公司诉讼的,人民法院不予受理。从最高人民法院的司法解释可见,司法是否支持解散公司的着眼点,在于公司股东是否长期冲突,如果公司股东长期冲突公司就会长期陷入僵局,在如此情况下,再不解散公司只能致股东更大的损失。

根据《公司法解释(二)》第五条的规定,人民法院审理解散公司诉讼案件,应当注重调解。当事人协商同意由公司或者股东收购股份,或者以减资等方式使公司存续,且不违反法律、行政法规强制性规定的,人民法院应予支持。当事人不能协商一致使公司存续的,人民法院应当及时判决。经人民法院调解公司收购原告股份的,公司应当自调解书生效之日起 6 个月内将股份转让或者注销。股份转让或者注销之前,原告不得以公司收购其股份为由对抗公司债权人。这里需要注意的是当事人协商一致。如果是公司收购原告的股份或者减资,当事人为原告和作为被告的公司,公司需要履行内部审批程序;如果是其他股东收购原告的股份,当事人是作为原告的股东和作为第三人的股东。公司不得长期持有本公司的股份,公司因股东提起解散之诉而收购本公司的股份,必须在 6 个月之内将其收购的股份转让给第三人,或者将该等股份注销。在公司将该等股份转让或者注销前,提起解散公司之诉的股东对公司的债权人仍应当尽股东的各项责任,债权人仍可以对该股东提起股东补充赔偿之诉。

根据《公司法解释（二）》第六条的规定，人民法院关于解散公司诉讼作出的判决，无论是支持原告判令公司解散，还是驳回原告解散公司的诉讼请求，对公司全体股东具有法律约束力。人民法院判决驳回解散公司诉讼请求后，提起该诉讼的股东或者其他股东又以同一事实和理由提起解散公司诉讼的，人民法院不予受理。

第二节　清算组及职责

公司在解散事由出现之后，必须开始清算。公司清算应当成立清算组，由清算组依法执行公司清算事务。

一、关于清算组的组成

根据《公司法》第一百八十三条的规定，公司因公司章程规定的营业期限届满或者公司章程规定的其他解散事由出现而解散；因股东会或者股东大会决议解散；因依法被吊销营业执照、责令关闭或者被撤销而解散；或者因人民法院判决解散的，应当在解散事由出现之日起15日内成立清算组，开始清算。有限责任公司的清算组由股东组成，股份有限公司的清算组由董事或者股东大会确定的人员组成。

公司解散事由出现，逾期不成立清算组进行清算的，债权人或者公司股东可以申请人民法院指定有关人员组成清算组进行清算。人民法院应当受理该申请，并及时组织清算组进行清算。根据《公司法解释（二）》第八条的规定，人民法院受理公司清算案件，应当及时指定有关人员组成清算组。清算组成员可以从下列人员或者机构中产生：(1)公司股东、董事、监事、高级管理人员；(2)依法设立的律师事务所、会计师事务所、破产清算事务所等社会中介机构；(3)依法设立的律师事务所、会计师事务所、破产清算事务所等社会中介机构中具备相关专业知识并取得执业资格的人员。根据《公司法解释（二）》第九条的规定，人民法院指定的清算组成员有下列情形之一的，人民法院可以根据债权人、股东的申请，或者依职权更换清算组成员：(1)有违反法律或者行政法规的行为；(2)丧失执业能力或者民事行为能力；(3)有严重损害公司或者债权人利益的行为。

二、关于清算组的职责

根据《公司法》第一百八十四条的规定，清算组的职责如下：

1. 清理公司财产,分别编制资产负债表和财产清单。这是清算组的第一项职责。清理公司资产主要是弄清楚公司资产的构成、数量、现状、地点、价值;清理公司负债主要是弄清楚公司负债的构成、数量、债权人、清收的可能性等,从而明确公司的偿债能力,确定公司的清算方案。这里要求编制的资产负债表不是公司经营期间的资产负债表,而应当是在对公司资产和负债进行实际清点后,剔除盘亏、加入盘盈后更加反映公司在决定解散时点上资产、负债真实情况的资产负债表。编制好公司清算资产负债表,是确定公司是依清算程序解散还是依破产程序解散的需要。如果根据清算资产负债表,公司的资产不足以偿还公司的负债,清算组就应当终止清算程序,由公司向人民法院申请破产。

2. 通知、公告债权人。清算的主要工作是用公司的资产清结公司的债务,而这必须从通知、公告债权人做起。通知是指直接向债权人发出公司清算,要求其申报债权的书面形式的信函。公告是指在报纸上向不特定的债权人发出公司清算,要求其申报债权的公告。根据《公司法》第一百八十五条的规定,清算组应当自成立之日起 10 日内通知债权人,并于 60 日内在报纸上公告。

3. 处理与清算有关的公司未了结的业务。公司一旦宣布解散就不应当再从事经营业务,但是需要了结有关存续的合同及合同关系。比如:归还租借的财产;终止融资租赁合同并确定由此而生的债务;返还委托加工的原材料和产成品等。这类业务在公司不解散的情况下,公司是要作为民事主体继续履行下去的,但是,公司一旦宣布解散就必须了结,不能再继续履行下去。

4. 清缴公司所欠税款以及清算过程中产生的税款。公司所欠税款也是公司的债务,也必须依法由公司资产偿还。公司所欠税款是指在公司宣布清算前应缴未缴的税款。清算过程中产生的税款,主要是指公司处理财产发生的流转税款及清算期间如果产生收益发生的企业所得税款。

5. 清理债权、债务。清理公司的债权、债务,是指向公司的债务人主张、追收公司的债权资产,向公司的债权人确定、登记公司的负债。债权也是公司的资产,追收公司的债权资产,是清算组的一项重要责任。清算组可以自行追收,也可以通过中介公司追收,还可以通过向人民法院提起诉讼追收。以公司资产偿还公司的债务这是公司对其债权人承诺的兑现,也是公司清算过程中清算组的一项重要职能。清算组在清偿公司债务时,应当按照《公司法》和有关法律、行政法规规定的顺序进行。

6. 处理公司清偿债务后的剩余财产。剩余财产是指公司全部财产清偿公司全部债务后剩余的部分,这部分财产属于公司财产中公司全体股东按份共同拥有的部分，应当由清算组按照股东的持股比例向股东进行分配。清算组、股东必须在公司已经清偿全部债务后方可分配剩余财产，不得在清偿公司债务之前，或者与之同时向股东分配公司的财产。公司清偿债务后的剩余财产，有限责任公司依据股东对公司的出资比例进行分配；股份有限公司依据股东持有的股份比例进行分配，如果公司章程另有约定则从其约定。

7. 代表公司参与民事诉讼活动。在公司清算期间由清算组代表公司参与民事诉讼活动。

从上可见，清算组是执行公司清算工作的法定机构，公司清算应当组成清算组，清算组行使法定职权，依法开展公司清算工作。

三、清算组成员的赔偿责任

清算组成员必须忠于职守，依法履行职责，否则给公司、股东、债权人造成损失的，应当依法赔偿。根据《公司法解释（二）》第十一条的规定，公司清算时，清算组应当按照《公司法》第一百八十五条的规定，将公司解散清算事宜书面通知全体已知债权人，并根据公司规模和营业地域范围在全国或者公司注册登记地省级有影响的报纸上进行公告。清算组未按照前述规定履行通知和公告义务，导致债权人未及时申报债权而未获清偿，债权人主张清算组成员对因此造成的损失承担赔偿责任的，人民法院应依法予以支持。如果因清算组履行通知、公告债权人义务不符合法律规定导致债权人未能及时申报债权而未能获得清偿，债权人有权要求清算组成员给予自己赔偿。

根据《公司法解释（二）》第二十三条的规定，清算组成员从事清算事务时，违反法律、行政法规或者公司章程给公司或者债权人造成损失，公司或者债权人主张其承担赔偿责任的，人民法院应依法予以支持。有限责任公司的股东、股份有限公司连续 180 日以上单独或者合计持有公司 1% 以上股份的股东，依据《公司法》第一百五十一条第三款的规定，以清算组成员有前款所述行为为由向人民法院提起诉讼的，人民法院应予受理。公司已经清算完毕注销，上述股东参照《公司法》第一百五十一条第三款的规定，直接以清算组成员为被告、其他股东为第三人向人民法院提起诉讼的，人民法院应予受理。

综上所述，在公司进入清算程序后，清算组实际成为公司股东的受托人，代替原来的董事、高管处理公司事务。清算组在履行职务时必须遵守法律、行政法规和公司章程，对公司尽忠实义务和勤勉义务。如果清算组成员在处理清算事务时违反法律、行政法规、公司章程的规定给公司造成了损失，或者有公司规定的董事、高管不得为的行为,公司、债权人、股东可以要求清算组成员承担赔偿责任,可以向法院提起诉讼请求法院判令赔偿。

另外,这里负担赔偿责任的不是清算组而是清算组的成员。这有两层含义:(1)谁有过错,谁是行为人谁负赔偿责任;(2)清算组是临时组织,没有财产,无法履行赔偿责任,故不能作为责任主体。而清算组成员有财产,应当作为赔偿责任的主体。

第三节　怠于清算的法律责任

无论是有限责任公司还是股份有限公司,一旦公司解散的任何一种事由出现,都应当立即成立清算组进行清算。否则,怠于清算的有关责任人要根据损失情况承担相应的法律责任。

一、怠于清算的表现及责任

怠于清算是指公司在出现《公司法》第一百八十条规定的公司解散的事由,未能按照《公司法》第一百八十一条的规定通过修改公司章程使公司存续的情况下,没有按照根据《公司法》第一百八十三条的规定,在解散事由出现之日起15日内成立清算组,开始清算的情形。怠于清算表现为五种情形:(1)公司财产贬值、损毁或者灭失,使公司对债权人的清偿能力减低或者灭失;(2)使公司的账册、重要文件等灭失,无法进行清算;(3)在公司未清算或者未清算完毕时股东或者实际控制人恶意处分公司的财产;(4)未经清算以虚假清算报告骗取公司注销;(5)未经清算清偿债务即注销公司。

关于第一种情形,根据《公司法解释(二)》第十八条的规定,有限责任公司的股东、股份有限公司的董事和控股股东未在法定期限内成立清算组开始清算,导致公司财产贬值、流失、毁损或者灭失,债权人主张其在造成损失范围内对公司债务承担赔偿责任的,人民法院应依法予以支持。这种情形是指公司尚能进行清算,只是由于有限责任公司的股东或者实际控股人,或者股份有限公司的董事、控股股东或者实际控制人,没有在法定期限内成立清算组,或者虽成立了清算组但没有依法开展清算工作,致使公司的财产遭受损失。损失可以是物理方面的,如损毁;也可以是社会方面的,如价格显著下降。使公司财产不能清偿全部债务,公司债权人或者公司股东可以提起诉讼,要求责任人赔偿损失。其诉讼请求以损失额为限，责任人承担的是一种赔偿责任，损失多少赔偿多少。债权人提起诉讼的，是自益诉讼，可以要求责任人直接向原告赔偿。

关于第二种情形，根据《公司法解释（二）》第十八条的规定，有限责任公司的股东、股份有限公司的董事和控股股东因怠于履行清算义务，导致公司主要财产、账册、重要文件等灭失，无法进行清算，债权人主张其对公司债务承担连带清偿责任的，人民法院应依法予以支持。上述情形系实际控制人原因造成，债权人主张实际控制人对公司债务承担相应民事责任的，人民法院应依法予以支持。这种情形是指因责任人怠于清算致使公司不能清算了，不能清算的原因有两个：（1）财产全部灭失或者不存在；（2）账册和资料不复存在。在这种情况下，公司债权人可以提起诉讼，要求责任人对公司债务承担连带责任。事实上，在公司长期既不营业又不清算的情况下，公司债权人就应当享有要求公司清算责任人对公司债务承担连带责任的权利。

关于第三种情形，根据《公司法解释（二）》第十九条的规定，有限责任公司的股东、股份有限公司的董事和控股股东，以及公司的实际控制人在公司解散后，恶意处置公司财产给债权人造成损失，债权人主张其对公司债务承担相应赔偿责任的，人民法院应依法予以支持。恶意处分公司财产的情形应当包括：（1）在未清偿公司债务前向股东分配公司财产；（2）以明显低价转让公司的财产两种情形。在这种情况下，债权人可以要求责任人在公司债务数额范围内向自己承担赔偿责任，赔偿责任的限额以公司财产的损失额为限。

关于第四种情形，根据《公司法解释（二）》第十九条的规定，有限责任公司的股东、股份有限公司的董事和控股股东，以及公司的实际控制人在公司解散后，未经依法清算，以虚假的清算报告骗取公司登记机关办理法人注销登记，债权人主张其对公司债务承担相应赔偿责任的，人民法院应依法予以支持。在公司解散后未经依法清算，以虚假清算报告骗取公司注销登记的，责任人对公司债务承担赔偿责任，债权人可以直接对责任人提起赔偿之诉，要求责任人赔偿因公司未清算给自己造成的损失。

关于第五种情形，根据《公司法解释（二）》第二十条的规定，公司解散应当在依法清算完毕后，申请办理注销登记。公司未经清算即办理注销登记，导致公司无法进行清算，债权人主张有限责任公司的股东、股份有限公司的董事和控股股东，以及公司的实际控制人对公司债务承担清偿责任的，人民法院应依法予以支持。公司未经依法清算即办理注销登记，股东或者第三人在公司登记机关办理注销登记时承诺对公司债务承担责任，债权人主张其对公司债务承担相应民事责任的,人民法院应依法予以支持。不管什么情形,只要公司未经清算偿还债务即办理注销登记,就应当由公司清算责任人对公司债务承担清偿责任,公司债权人可以直接起诉公司清算责任人,要求其对公司债务承担清偿责任。不管什么情形,在公司注销登记时承诺对公司债务承担责任的,债权人可以要求其承担相应的民事责任。

综上所述,有一点需要提请读者注意,《公司法》没有明确规定公司清算的责任人和责任形式,根据《公司法解释(二)》的上述条款,可以明确判定公司清算的责任人,有限责任公司为股东,股份有限公司为董事和控股股东。责任形式包括补偿赔偿责任、连带责任和直接责任。

二、债权人的清算救济权

根据《公司法》第一百八十三条的规定,公司解散事由出现而公司逾期不成立清算组进行清算的,债权人可以申请人民法院指定有关人员组成清算组进行清算。人民法院应当受理该申请,并及时组成清算组进行清算。《公司法》之所以规定公司解散必须进行清算,主要是为了保护公司债权人的利益,公司解散不经清算,公司的债权人可能不会得到公平的清偿,这与股东有限责任的规则相冲突。根据《公司法》的这一规定,面对公司解散而不履行清算程序的情形,债权人可以寻求司法救济。公司逾期不进行清算的,债权人可以向人民法院起诉,请求人民法院指令公司进行清算,以维护债权人的合法权益。在实务中,许多中小公司不通过清算而解散,使债权人蒙受经济损失。根据《公司法》的这一规定,债权人可以通过向法院起诉的途径强令公司清算,并从公司清算资产中受偿。对此最高人民法院在《公司法解释(二)》的第七条明确,公司应当依照《公司法》第一百八十三条的规定,在解散事由出现之日起15日内成立清算组,开始自行清算。有下列情形之一,债权人申请人民法院指定清算组进行清算的,人民法院应予受理:(1)公司解散逾期不成立清算组进行清算的;(2)虽然成立清算组但故意拖延清算的;(3)违法清算可能严重损害债权人或者股东利益的。同时最高人民法院还明确,具有上述情形,债权人未提起清算申请,公司股东申请人民法院指定清算组对公司进行清算的,人民法院应予受理。人民法院受理公司清算案件,应当及时指定有关人员组成清算组。清算组成员可以从下列人员或者机构中产生:(1)公司股东、董事、监事、高级管理人员;(2)依法设立的律师事务所、会计师事务所、破产清算事务所等社会中介机构;(3)依法设立的律师事务所、会计师事务所、破产清算事务所等社会中介机构中具备相关专业知识并取得执业资格的人员。公司债权人、股东都可以提起公司清算之诉,请求人民法院指定清算组对公司进行清算,清偿公司债务。

三、关于股东补缴出资的责任

公司财产是公司清算的前提,在认定公司财产时如何处理股东未缴付的出资十分重要。根据《公司法解释(二)》第二十二条的规定,公司解散时,股东尚未缴纳的出资均应作为清算财产。股东尚未缴纳的出资,包括到期应缴未缴的出资,以及依照《公司法》第二十六条和第八十条的规定分期缴纳尚未届满缴纳期限的出资。公司财产不足以清偿债务时,债权人主张未缴出资股东,以及公司设立时的其他股东或者发起人在未缴出资范围内对公司债务承担连带清偿责任的,人民法院应依法予以支持。在实务中对股东未缴的出资可以分成以下情形分别处理:(1)公司资产足以清偿公司的全部债务,股东认缴但未届满缴付期限的出资可以不缴付,但股东认缴且已届满缴付期限的出资必须实际缴付;(2)公司资产不足以清偿公司的全部债务,股东认缴且已届满缴付期限的出资必须实际缴付,股东认缴但未届满缴付期限的出资也必须缴付。

第四节　清算工作要点及有关事项

公司清算工作也是一项复杂的系统工程,必须依法依规操作。公司清算工作的要点和流程大致如下:

1. 清产核资,分门别类地编制资产明细表和负债明细表。这是一项基础性的非常重要的工作,这项工作的目的是“摸清家底”。资产明细表要分不动产、货物类资产、无形资产、债权资产、长期投资资产等;负债要分清算费用、欠员工的、欠税款和其他欠款,其他欠款要分有担保的和无担保的。

2. 通知债务人向公司清偿。公司清算组应当通知所有的债务人,要求其向公司清偿债务,在公司解散的情况下,无论债务是否到期,债务人都应当向公司偿还。对债务数额有疑问的,清算组要代表公司与债务人核对,签订债务数额确认协议。及时催收公司债权是清算组的一项重要职责。

3. 对不清偿的债务人提起诉讼。根据《公司法》第一百八十四条和第一百八十六条的规定,清算期间,公司存续,但不得开展与清算无关的经营活动。公司的民事诉讼活动以公司的名义由清算组代表公司进行。公司进入解散清算后,公司作为民事主体的资格并没有立即消灭,只是公司的行为能力受到了法律的限制,即公司不再可以从事与清算无关的经营活动。同时,公司有限的民事活动将全部由公司清算组代行,而不再是由公司自己的法定代表人进行。公司在清算期间可以从事的民事活动主要包括:了结有关业务、处理尚未履行完毕的合同、向人民法院提起诉讼或者应诉、清收公司债权等。根据《公司法解释(二)》第十条的规定,公司依法清算结束并办理注销登记前,有关公司的民事诉讼,应当以公司的名义进行。公司成立清算组的,由清算组负责人代表公司参加诉讼;尚未成立清算组的,由原法定代表人代表公司参加诉讼。

4. 通知公司已知债权人并公告。清算应当向公司已知的全体债权人发出公司已经进入解散清算阶段,要求其限期向公司申报债权的通知。除向全体债权人发出解散清算的通知外,还要根据公司的业务活动范围在省级或者国家级报纸上登载公司解散清算的公告。清算组通知债权人并公告的目的是让债权人及时申报债权,以便掌握公司债权的构成和数量,以便制订清算方案,清偿债务。

5. 确认并登记公司债务。根据《公司法》第一百八十五条的规定,债权人应当自接到通知书之日起30日内,未接到通知书的自公告之日起45日内,向清算组申报其债权。债权人申报债权,应当说明债权的有关事项,并提供证明材料。清算组应当对债权进行确认并登记。为了使公司的清算工作能够顺利进行,《公司法》对债权人申报债权规定了要求,债权人必须按照《公司法》的要求申报债权,否则将丧失受偿的权利。根据《公司法》第一百八十五条的规定,接到清算组书面通知的债权人必须在自接到通知书之日起30内向清算组申报债权,未接到通知书的债权人必须在清算组在报纸上公告之日起45日内向清算组申报债权。债权人申报债权除应当满足时限要求外,还应当说明有关事项并提供证明材料。如果清算组对债权人申报的债权有异议的,双方可以核对或协商。如果债权人申报债权逾期或者证据不足的,清算组将不予登记和清偿。清算组对真实的债务应当予以登记,以便准确地了解公司的负债,同时作为清偿的根据。

如果清算组和债权人就公司债务的数额不能达成一致,根据《公司法解释(二)》第十二条的规定,公司清算时,债权人对清算组核定的债权有异议的,可以要求清算组重新核定。清算组不予重新核定,或者债权人对重新核定的债权仍有异议,债权人以公司为被告向人民法院提起诉讼请求确认的,人民法院应予受理。

6. 处理公司尚未履行完毕的合同。在公司进行解散清算程序后,对公司所有已经生效尚未履行的单纯的债权或者债务的合同,清算组都要一一进行处理,能履行的履行完毕,不能履行的终止或者解除。

7. 审核股东出资及是否有抽逃出资的情况。对应当履行出资义务没有履行出资义务的或者抽逃出资没有返还的,应当要求其限期出资或者返还。不在期限内出资或者返还的,清算组可以代表公司提起诉讼。

8. 处理公司持有的其他公司的股权。公司持有其他公司的股权,也应当作为公司的财产进入清算财产的范围。对清算公司持有的股权可分不同情况,以不同的方法进行处理。如果清算公司持有的股权为自己的独资子公司,既可以同时清算,但需要子公司清算完成在先,母公司清算完成在后;也可以将母公司持有的股权出让,引起一个股权转让程序,以转让价款进入母公司的清算财产。如果清算公司的子公司是与他人合资的,就只有出让股权一条路可走,在出让股权后将所得价款列为公司的清算资产。

9. 对各类资产进行估值。对重大资产要通过评估确定变现底价,要确定交易方案,寻找潜在的买家,重大资产交易要报股东会或者股东大会批准。对其他资产也要进行估值,变卖、收款。

10. 制订公司清算方案。在完成上述工作后基本上具备制订公司清算方案的条件,清算组应当及时制订并向股东会或者股东大会呈报公司清算方案。清算方案应当包括以下主要内容:(1)清算财产的总金额及来源;(2)各项负债的总额;(3)清算过程的费用和税金;(4)剩余财产的金额;(5)剩余财产的分配方案。根据《公司法》第一百八十六条的规定,清算组在清理公司财产、编制资产负债表和财产清单后,应当制订清算方案,并报股东会、股东大会或者人民法院确认。清算组只能在对公司资产包括债权资产进行全面清理,并在债权人申报债权期限届满并对公司债务确认无疑后,方能最终确定公司资产的总额和负债总额。只有当公司的资产负债确认完成后,清算组才能提出公司的清算方案。公司清算方案应当提交股东会或者股东大会确认,只有经股东会或股东大会确认后方可实施。根据《公司法解释(二)》第十五条的规定,公司自行清算的,清算方案应当报股东会或者股东大会决议确认;人民法院组织清算的,清算方案应当报人民法院确认。未经确认的清算方案,清算组不得执行。执行未经确认的清算方案给公司或者债权人造成损失,公司、股东或者债权人主张清算组成员承担赔偿责任的,人民法院应依法予以支持。

11. 关于清算转破产。如果在清算财产总金额和负债总金额明确后,发现公司财产不足以清偿公司的全部负债的,根据《公司法》第一百八十七条的规定,如果没有债权人愿意放弃债权,如果没有股东愿意承担清偿责任,公司应当依法向人民法院申请宣告破产。公司经人民法院裁定宣告破产后,清算组应当将清算事务移交给人民法院。破产是公司清算不能的法律救济程序。公司应当以自己的资产偿还自己的债务,股东对公司的负债只在出资范围内承担责任。当公司的资产不足以偿还公司的债务时,不可以要求股东填补,只能由债权人依法分担损失。在债权人的债权不能全额受偿的情况下,清算组不能,也无权要求债权人部分受偿,只有法院依法律程序才能裁定债权人部分受偿。因此,当清算组对公司的资产和负债进行清理后,确定公司资产不足以清偿公司的负债时,就应当引起公司清算的法律救济程序,按破产程序进行清算和对债权人进行清偿。因此,只要公司的财产足以偿还公司的债务,即使无剩余财产可向股东分配,公司也应当依照清算程序进行清算;而只要公司的资产不足以清偿公司的负债,公司就只能依企业破产程序进行清算。

12. 关于清算程序中的和解。根据《公司法解释(二)》第十七条的规定,人民法院指定的清算组在清理公司财产、编制资产负债表和财产清单时,发现公司财产不足清偿债务的,可以与债权人协商制作有关债务清偿方案。债务清偿方案经全体债权人确认且不损害其他利害关系人利益的,人民法院可依清算组的申请裁定予以认可。清算组依据该清偿方案清偿债务后,应当向人民法院申请裁定终结清算程序。债权人对债务清偿方案不予确认或者人民法院不予认可的,清算组应当依法向人民法院申请宣告破产。如果经人民法院指定的清算组在编制完资产负债表和财产清单后,发现公司的财产不足清算债务的,原则上应当终止清算提起破产程序,但是如果能够与全体债权人协商达成清偿方案,并且清偿方案经法院批准,可以执行该清算方案,而无须提起破产程序。

13. 向债权人清偿。根据《公司法》第一百八十五条第三款的规定,在申报债权期间,清算组不得对债权人清偿。以公司资产偿还公司所负债务是公司清算的主要责任事项,但是,清算是以公司的全部资产对公司的全部债务进行清偿,而不可以像在公司经营期间那样进行随机清偿。因此,当公司宣布进入解散时起至公司清算方案经股东会或者股东大会确认时止,清算组不得清偿公司的任何债务,只有公司在清算过程中发生的费用不受此限。故此,《公司法》规定,在申报债权期间,清算组不得对债权人清偿。这主要是考虑给全体债权人一个公平的受偿机会。如果允许清算组在债权人申报债权期间对其进行清偿,倘若公司资产不足清偿公司的债务,那么,先行受偿的债权人和以后受偿的债权人就无公平可言。只有当公司资产负债表编制完成,并确认公司的资产可以使公司通过自行清算而解散,且清算方案经股东会或股东大会确认后,清算组才可以对公司的债权人依法定顺序进行清偿。

14. 关于清偿和剩余财产分配。根据《公司法》第一百八十六条的规定，公司财产在分别支付清算费用、职工的工资、社会保险费用和法定补偿金，缴纳所欠税款，清偿公司债务后的剩余财产，有限责任公司按照股东的出资比例分配，股份有限公司按照股东持有的股份比例分配。公司财产在未依照前款规定清偿前，不得分配给股东。清算不同于破产，破产更强调债务清偿的顺位，而清算其前提是资产足以清偿全部负债，故债务本身的顺位并不重要，重要的是在债务清偿完毕前不能向股东分配剩余财产。

15. 关于债权人补充申报债权。补充申报债权是指债权人在申报期限届满后清算程序终结前申报的债权。根据《公司法》第一百八十五条的规定，债权人应当自接到清算组关于申报债权的通知书之日起30日内，未接到通知书的自公告之日起45日内，向清算组申报债权。对于债权人补充申报的债权，《公司法解释（二）》第十三条和第十四条明确，债权人在规定的期限内未申报债权，在公司清算程序终结前补充申报的，清算组应予登记。公司清算程序终结，是指清算报告经股东会、股东大会或者人民法院确认完毕。债权人补充申报的债权，可以在公司尚未分配财产中依法清偿。公司尚未分配财产不能全额清偿的，债权人主张股东以其在剩余财产分配中已经取得的财产予以清偿的，人民法院应予支持；但债权人因重大过错未在规定期限内申报债权的除外。债权人或者清算组，以公司尚未分配财产和股东在剩余财产分配中已经取得的财产不能全额清偿补充申报的债权为由，向人民法院提出破产清算申请的，人民法院不予受理。

16. 编制公司清算报告书。在公司清偿完全部债务，分配完全部剩余财产后，清算组应当编制清算报告书并报公司股东会和股东大会或者人民法院批准。

17. 注销公司登记。根据《公司法》第一百八十八条的规定，公司清算结束后，清算组应当制作清算报告，报股东会、股东大会或者人民法院确认，并报送公司登记机关，申请注销公司登记，公司公告终止。在清算报告经批准后应当报送公司登记机关，向其申请注销公司登记，从而最终达到消灭公司民事主体资格的目的。只有当公司经登记机关核准注销后，公司清算过程才算完结，清算工作才算最终完成。根据《公司登记管理条例》的规定，清算组应当自公司清算结束之日起30日内向原公司登记机关申请注销登记。申请公司注销登记应当向公司登记机关提交下列文件：(1)公司清算组负责人签署的公司注销登记申请书；(2)公司股东会或股东大会关于公司解散的决议；(3)股东会或者股东大会确认的清算报告；(4)公司的法人营业执照；(5)法律、行政法规规定的其他文件。

18. 公告公司注销登记。

第五节　关于简易注销程序

一、关于企业简易注销程序

2016年发布的《关于全面推进企业简易注销登记改革的指导意见》(工商企注字〔2016〕253号),该意见明确为进一步深化商事制度改革,完善市场主体退出机制,根据《国务院关于促进市场公平竞争维护市场正常秩序的若干意见》(国发〔2014〕20号)、《国务院关于印发〈2016年推进简政放权放管结合优化服务改革工作要点〉的通知》(国发〔2016〕30号),自2017年3月1日起,在全国范围内全面实行企业简易注销登记改革。

现将企业简易注销登记程序总结如下:

1. 可以选择简易注销程序的企业包括:(1)领取营业执照后未开展经营活动的企业;(2)申请注销登记前未发生债权债务的企业;(3)已经将债权债务自行清理完毕的企业。

2. 不适用简易注销程序的企业包括:(1)涉及国家规定实施准入特别管理措施的外商投资企业;(2)被列入企业经营异常名录或者严重失信企业名单的企业;(3)存在股权被冻结、出质或者动产抵押的企业;(4)正在被立案调查或者采取行政强制、司法协助、行政处罚的企业;(5)非法人组织机构尚未办理注销的企业;(6)曾被终止简易注销程序的企业;(7)法律、行政法规或者国务院规定在注销登记前需要报经批准的企业;(8)人民法院强制清算或者宣告破产的。有关企业清算组、企业管理人可持人民法院终结强制清算程序和终结破产程序的裁定,向企业登记机关申请办理简易注销程序。

3. 企业申请简易注销程序需要提交的文件有:(1)申请书;(2)指定代表或者委托代理人的授权委托书;(3)全体投资人的承诺书(强制清算的企业提交法院的终结清算程序裁定,宣告破产企业提交法院终结破产程序的裁定);(4)营业执照正副本。

投资人承诺书样式:

全体投资人承诺书

现向登记机关申请____________(企业名称)的简易注销登记,并郑重承诺:

本企业申请注销登记前未发生债权债务/已将债权债务清算完结,不存在未结清清算费用、职工工资、社会保险费用、法定补偿金和未交清的应缴纳税款及其他未了结事务,清算工作已全面完结。

本企业承诺申请注销登记时不存在以下情形:涉及国家规定实施准入特别管理措施的外商投资企业;被列入企业经营异常名录或严重违法失信企业名单的;存在股权(投资权益)被冻结、出质或动产抵押等情形;有正在被立案调查或采取行政强制、司法协助、被予以行政处罚等情形的;企业所属的非法人分支机构未办理注销登记的;曾被终止简易注销程序的;法律、行政法规或者国务院决定规定在注销登记前需经批准的;不适用企业简易注销登记的其他情形。

本企业全体投资人对以上承诺的真实性负责,如果违法失信,则由全体投资人承担相应的法律后果和责任,并自愿接受相关行政执法部门的约束和惩戒。

全体投资人签字(盖章):

年　月　日

4. 企业简易注销流程。企业申请简易注销登记程序应当先通过国家企业信用信息公示系统(简易注销公告)专栏,主动向社会公告拟申请简易注销登记及全体投资人承诺等信息。公告期为45天。登记机关应当同时通过国家企业信用信息公示系统(简易注销公告)将企业申请简易注销的相关信息推送至同级税务、人力资源和社会保障等部门。涉及外商的要推送至同级商务主管部门。公告期内,有关利害关系人及相关政府部门可以通过国家企业信用信息公示系统(简易注销公告)专栏异议留言功能提出异议并简要说明理由。公告期满后,企业可以向登记机关提出简易注销登记申请。

5. 骗取简易注销登记的法律责任。企业应当对其公告的拟申请简易注销登记和全体投资人承诺,向企业登记机关提交的文件材料的真实性、合法性负责。企业在简易注销登记中隐瞒真实情况、弄虚作假的,登记机关可以撤销注销登记,在恢复企业主体资格的同时将该企业列入严重违法失信企业名录,并通过国家企业信用信息公示系统公示,有关利害关系人可以通过民事诉讼主张权利。对恶意利用企业简易注销登记程序逃避债务或者侵害他人权益的,有关利害关系人可以通过诉讼向投资人主张权利。投资人违反法律、行政法规规定,构成犯罪的,依法追究刑事责任。

二、关于税务简易注销程序

为了配合企业简易注销登记程序,国家税务总局于2018年9月18日发出了《关于进一步优化办理企业税务注销程序的通知》(税总发〔2018〕149号),该通知明确,对向市场监管部门申请简易注销的纳税人,符合下列情形之一的,可免予到税务机关办理清税证明,直接向市场监管部门申请办理注销登记:(1)未办理过涉税事宜的;(2)办理过涉税事宜但未领用发票、无欠税(滞纳金)及罚款的。

2019年5月9日再次发出了《关于深化“放管服”改革　更大力度推进优化税务注销办理程序工作的通知》(税总发〔2019〕64号),该文明确:

进一步扩大即办范围:(1)符合《通知》第一条第一项规定情形,即未办理过涉税事宜的纳税人,主动到税务机关办理清税的,税务机关可根据纳税人提供的营业执照即时出具清税文书。(2)符合《通知》第一条第二项规定情形,即办理过涉税事宜但未领用发票、无欠税(滞纳金)及罚款的纳税人,主动到税务机关办理清税,资料齐全的,税务机关即时出具清税文书;资料不齐的,可采取“承诺制”容缺办理,在其作出承诺后,即时出具清税文书。(3)经人民法院裁定宣告破产的纳税人,持人民法院终结破产程序裁定书向税务机关申请税务注销的,税务机关即时出具清税文书,按照有关规定核销“死欠”。

公司解散必须依法进行清算,清算是公司终止民事主体身份的前提。公司清算是股东对公司债权人应尽的责任,是股东有限责任的要求。

第二十二章

公司破产

破产是公司清算的特别方式,其法律结果与公司清算相同,都是公司作为民事主体的消灭。当公司的资产不足以偿还公司债务时,清算就只能采取破产的方式进行。但是破产程序的尽头并不一定是企业的消亡,破产程序中还包含有救济企业的内涵。本章我们讨论企业破产的有关问题。

一、破产企业的主体和条件

根据最高人民法院《关于审理企业破产案件若干问题的规定》第四条的规定,破产法只适用于法人企业,非法人企业,诸如合伙企业、个体企业,不适用《企业破产法》。这是因为,非法人企业的出资者对公司的债务负无限责任,因此,不需要也不能向其提供清偿企业债务的法律救济。在我国,法人企业包括依《公司法》登记成立的各种类型的公司,以及全民所有制和集体所有制的非公司企业。根据该规定第五条的规定,国有企业向人民法院申请破产时,应当提交其上级主管部门同意其破产的文件;其他企业应当提供其开办人或者股东会议决定企业破产的文件。

无论是债务人自己申请破产,还是债权人申请债务人破产,都需要债务人具备法定的企业破产条件。根据《企业破产法》第二条的规定,企业破产的条件为"企业法人不能清偿到期债务,并且资产不足以清偿全部债务或者明显缺乏偿债能力的,依照本法规定清理债务"。根据《企业破产法解释(一)》的规定,债务人不能清偿到期债务并且具有下列情形之一的,人民法院应当认定其具备破产原因:(1)资产不足以清偿全部债务;(2)明显缺乏清偿能力。相关当事人以对债务人的债务负有连带责任的人未丧失清偿能力为由,主张债务人不具备破产原因的,人民法院应不予支持。

下列情形同时存在的,人民法院应当认定债务人不能清偿到期债务:(1)债权债务关系依法成立;(2)债务履行期限已经届满;(3)债务人未完全清偿债务。债务人的资产负债表,或者审计报告、资产评估报告等显示其全部资产不足以偿付全部负债的,人民法院应当认定债务人资产不足以清偿全部债务,但有相反证据足以证明债务人资产能够偿付全部负债的除外。债务人账面资产虽大于负债,但存在下列情形之一的,人民法院应当认定其明显缺乏清偿能力:(1)因资金严重不足或者财产不能变现等原因,无法清偿债务;(2)法定代表人下落不明且无其他人员负责管理财产,无法清偿债务;(3)经人民法院强制执行,无法清偿债务;(4)长期亏损且经营扭亏困难,无法清偿债务;(5)导致债务人丧失清偿能力的其他情形。企业法人已解散但未清算或者未在合理期限内清算完毕,债权人申请债务人破产清算的,除债务人在法定异议期限内举证证明其未出现破产原因外,人民法院应当受理。

二、破产申请人和案件受理

企业破产案件必须有申请人,债务人自己可以向人民法院申请对自己进行破产清算;债权人可以向人民法院申请债务人破产;公司清算组可以向人民法院申请依破产程序对公司进行清算。根据《企业破产法》的规定,债务人申请破产,应当向人民法院提交下列材料:(1)书面破产申请;(2)企业主体资格证明;(3)企业法定代表人与主要负责人名单;(4)企业职工情况和安置预案;(5)企业亏损情况的书面说明,并附审计报告;(6)企业至破产申请日的资产状况明细表,包括有形资产、无形资产和企业投资情况等;(7)企业在金融机构开设账户的详细情况,包括开户审批材料、账号、资金等;(8)企业债权情况表,列明企业的债务人名称、住所、债务数额、发生时间和催讨偿还情况;(9)企业债务情况表,列明企业的债权人名称、住所、债权数额、发生时间;(10)企业涉及的担保情况;(11)企业已发生的诉讼情况;(12)人民法院认为应当提交的其他材料。债权人申请债务人破产,应当向人民法院提交下列材料:(1)债权发生的事实与证据;(2)债权性质、数额、有无担保,并附证;(3)债务人不能清偿到期债务的证据。债权人申请债务人破产,人民法院可以通知债务人核对以下情况:(1)债权的真实性;(2)债权在债务人不能偿还的到期债务中所占的比例;(3)债务人是否存在不能清偿到期债务的情况。债权人申请债务人破产,债务人对债权人的债权提出异议,人民法院认为异议成立的,应当告知债权人先行提起民事诉讼,破产申请不予受理。

根据《企业破产法》的规定,人民法院收到破产申请后,应当在7日内决定是否立案;破产申请人提交的材料需要更正、补充的,人民法院可以责令申请人限期更正、补充。按期更正、补充材料的,人民法院自收到更正补充材料之日起7日内决定是否立案;未按期更正、补充的,视为撤回申请。人民法院决定受理企业破产案件的,应当制作案件受理通知书,并送达申请人和债务人。通知书作出时间为破产案件受理时间。在人民法院决定受理企业破产案件前,破产申请人可以请求撤回破产申请。人民法院经审查发现有下列情况的,破产申请不予受理:(1)债务人有隐匿、转移财产等行为,为了逃避债务而申请破产的;(2)债权人借破产申请毁损债务人商业信誉,意图损害公平竞争的。人民法院对破产申请不予受理的,应当作出裁定。破产申请人对不予受理破产申请的裁定不服的,可以在裁定送达之日起10日内向上一级人民法院提起上诉。人民法院受理债权人提出的企业破产案件后,应当通知债务人在15日内向人民法院提交有关会计报表、债权债务清册、企业资产清册以及人民法院认为应当提交的资料。

三、关于破产案件受理的效能

根据《企业破产法》的规定,法院受理破产申请后,(1)债务人对个别债权人的清偿无效。(2)债务人的债务人或者财产持有人应当向管理人清偿债务或者交付财产。(3)管理人对债务人已经生效但尚未履行完毕的合同有权决定解散或者继续履行。(4)有关债务人财产的保全措施应当解除,执行程序应当中止。(5)已经开始尚未终结的有关债务人的民事诉讼或者仲裁应当中止,管理人接管债务人财产后诉讼和仲裁继续进行。(6)关于债务人的民事诉讼,只能向受理破产申请的法院提起。(7)法院受理破产申请前1年内,涉及债务人财产的下列行为,管理人有权请求人民法院予以撤销:①无偿转让财产的;②以明显不合理价格进行交易的;③对没有财产担保的债务提供财产担保的;④对未到期的债务提前清偿的;⑤放弃债权的。(8)法院受理破产申请6个月内,债务人具备破产条件,仍对个别债权人清偿的,管理人有权请求人民法院予以撤销,但是清偿使债权人财产受益的除外。

根据《企业破产法解释(二)》的规定,对债务人财产已采取保全措施的相关单位,在知悉人民法院已裁定受理有关债务人的破产申请后,应当依照《企业破产法》第十九条的规定及时解除对债务人财产的保全措施。管理人依据《企业破产法》第三十一条和第三十二条的规定提起诉讼,请求撤销涉及债务人财产的相关行为并由相对人返还债务人财产的,人民法院应予支持。人民法院根据管理人的请求撤销涉及债务人财产的以明显不合理价格进行的交易的,买卖双方应当依法返还从对方获取的财产或者价款。破产申请受理前1年内债务人提前清偿的未到期债务,在破产申请受理前已经到期,管理人请求撤销该清偿行为的,人民法院不予支持。但是,该清偿行为发生在破产申请受理前6个月内且债务人有《企业破产法》第二条第一款规定情形的除外。破产申请受理后,管理人未依据《企业破产法》第三十一条的规定请求撤销债务人无偿转让财产、以明显不合理价格交易、放弃债权行为的,债权人依据《合同法》第七十四条(现为《民法典》第五百三十八条、第五百三十九条、第五百四十条)等规定提起诉讼,请求撤销债务人上述行为并将因此追回的财产归入债务人财产的,人民法院应予受理。相对人以债权人行使撤销权的范围超出债权人的债权抗辩的,人民法院不予支持。债务人经诉讼、仲裁、执行程序对债权人进行的个别清偿,管理人依据《企业破产法》第三十二条的规定请求撤销的,人民法院不予支持。但是,债务人与债权人恶意串通损害其他债权人利益的除外。管理人依据《企业破产法》第三十三条的规定提起诉讼,主张被隐匿、转移财产的实际占有人返还债务人财产,或者主张债务人虚构债务或者承认不真实债务的行为无效并返还债务人财产的,人民法院应予支持。管理人代表债务人依据《企业破产法》第一百二十八条的规定,以债务人的法定代表人和其他直接责任人员对所涉债务人财产的相关行为存在故意或者重大过失,造成债务人财产损失为由提起诉讼,主张上述责任人员承担相应赔偿责任的,人民法院应予支持。债务人对外享有债权的诉讼时效,自人民法院受理破产申请之日起中断。债务人无正当理由未对其到期债权及时行使权利,导致其对外债权在破产申请受理前1年内超过诉讼时效期间的,人民法院受理破产申请之日起重新计算上述债权的诉讼时效期间。管理人代表债务人提起诉讼,主张出资人向债务人依法缴付未履行的出资或者返还抽逃的出资本息,出资人以认缴出资尚未届至公司章程规定的缴纳期限或者违反出资义务已经超过诉讼时效为由抗辩的,人民法院不予支持。管理人依据《公司法》的相关规定代表债务人提起诉讼,主张公司的发起人和负有监督股东履行出资义务的董事、高级管理人员,或者协助抽逃出资的其他股东、董事、高级管理人员、实际控制人等,对股东违反出资义务或者抽逃出资承担相应责任,并将财产归入债务人财产的,人民法院应予支持。破产申请受理前,债权人就债务人财产提起下列诉讼,破产申请受理时案件尚未审结的,人民法院应当中止审理:(1)主张次债务人代替债务人直接向其偿还债务的;(2)主张债务人的出资人、发起人和负有监督股东履行出资义务的董事、高级管理人员,或者协助抽逃出资的其他股东、董事、高级管理人员、实际控制人等直接向其承担出资不实或者抽逃出资责任的;(3)以债务人的股东与债务人法人人格严重混同为由,主张债务人的股东直接向其偿还债务人对其所负债务的;(4)其他就债务人财产提起的个别清偿诉讼。债务人破产宣告后,人民法院应当依照《企业破产法》第四十四条的规定判决驳回债权人的诉讼请求。但是,债权人一审中变更其诉讼请求为追收的相关财产归入债务人财产的除外。破产申请受理前,债权人就债务人财产向人民法院提起该规定第二十一条第一款所列诉讼,人民法院已经作出生效民事判决书或者调解书但尚未执行完毕的,破产申请受理后,相关执行行为应当依据《企业破产法》第十九条的规定中止,债权人应当依法向管理人申报相关债权。债权人通过债权人会议或者债权人委员会,要求管理人依法向次债务人、债务人的出资人等追收债务人财产,管理人无正当理由拒绝追收,债权人会议依据《企业破产法》第二十二条的规定,申请人民法院更换管理人的,人民法院应予支持。管理人不予追收,个别债权人代表全体债权人提起相关诉讼,主张次债务人或者债务人的出资人等向债务人清偿或者返还债务人财产,或者依法申请合并破产的,人民法院应予受理。

四、破产管理人及其职责

根据《公司法》的规定,管理人由人民法院指定。债权人会议认为管理人不能依法、公正执行职务或者有其他不能胜任职务情形的,可以申请人民法院予以更换。管理人依照本法规定执行职务,向人民法院报告工作,并接受债权人会议和债权人委员会的监督。管理人应当列席债权人会议,向债权人会议报告职务执行情况,并回答询问。管理人可以由有关部门、机构的人员组成的清算组或者依法设立的律师事务所、会计师事务所、破产清算事务所等社会中介机构担任。人民法院根据债务人的实际情况,可以在征询有关社会中介机构的意见后,指定该机构具备相关专业知识并取得执业资格的人员担任管理人。

管理人履行下列职责:(1)接管债务人的财产、印章和账簿、文书等资料;(2)调查债务人财产状况,制作财产状况报告;(3)决定债务人的内部管理事务;(4)决定债务人的日常开支和其他必要开支;(5)在第一次债权人会议召开之前,决定继续或者停止债务人的营业;(6)管理和处分债务人的财产;(7)代表债务人参加诉讼、仲裁或者其他法律程序;(8)提议召开债权人会议;(9)人民法院认为管理人应当履行的其他职责。管理人应当勤勉尽责,忠实执行职务。管理人经人民法院许可,可以聘用必要的工作人员。管理人的报酬由人民法院确定。债权人会议对管理人的报酬有异议的,有权向人民法院提出。

五、关于债务人的财产

根据《企业破产法》的规定,破产申请受理时属于债务人的全部财产,以及破产申请受理后至破产程序终结前债务人取得的财产(包括依据《企业破产法》第三十一条、第三十二条和第三十三条规定取得的财产),为债务人财产。人民法院受理破产申请后,债务人的出资人尚未完全履行出资义务的,管理人应当要求该出资人缴纳所认缴的出资,而不受出资期限的限制。债务人的董事、监事和高级管理人员利用职权从企业获取的非正常收入和侵占的企业财产,管理人应当追回。人民法院受理破产申请后,管理人可以通过清偿债务或者提供为债权人接受的担保,取回质物、留置物。人民法院受理破产申请后,债务人占有的不属于债务人的财产,该财产的权利人可以通过管理人取回。但是,《企业破产法》另有规定的除外。人民法院受理破产申请时,出卖人已将买卖标的物向作为买受人的债务人发运,债务人尚未收到且未付清全部价款的,出卖人可以取回在运途中的标的物。但是,管理人可以支付全部价款,请求出卖人交付标的物。债权人在破产申请受理前对债务人负有债务的,可以向管理人主张抵销。但是,有下列情形之一的,不得抵销:(1)债务人的债务人在破产申请受理后取得他人对债务人的债权的。(2)债权人已知债务人有不能清偿到期债务或者破产申请的事实,对债务人负担债务的,但是,债权人因为法律规定或者有破产申请1年前所发生的原因而负担债务的除外。(3)债务人的债务人已知债务人有不能清偿到期债务或者破产申请的事实,对债务人取得债权的;但是,债务人的债务人因为法律规定或者有破产申请1年前所发生的原因而取得债权的除外。

根据《企业破产法解释(二)》的规定,除债务人所有的货币、实物外,债务人依法享有的可以用货币估价并可以依法转让的债权、股权、知识产权、用益物权等财产和财产权益,人民法院均应认定为债务人财产。债务人已依法设定担保物权的特定财产,人民法院应当认定为债务人财产。对债务人的特定财产在担保物权消灭或者实现担保物权后的剩余部分,在破产程序中可用以清偿破产费用、共益债务和其他破产债权。债务人对按份享有所有权的共有财产的相关份额,或者共同享有所有权的共有财产的相应财产权利,以及依法分割共有财产所得部分,人民法院均应认定为债务人财产。人民法院宣告债务人破产清算,属于共有财产分割的法定事由。人民法院裁定债务人重整或者和解的,共有财产的分割应当依据《物权法》第九十九条(现为《民法典》第三百零三条)的规定进行;基于重整或者和解的需要必须分割共有财产,管理人请求分割的,人民法院应予准许。

根据《企业破产法解释(二)》的规定,债务人有《企业破产法》第二条第一款规定的情形时,债务人的董事、监事和高级管理人员利用职权获取的以下收入:(1)绩效奖金;(2)普遍拖欠职工工资情况下获取的工资性收入;(3)其他非正常收入,人民法院应当认定为《企业破产法》第三十六条规定的非正常收入,管理人应当要求返还作为债务人财产。权利人行使取回权时应依法向管理人支付相关的加工费、保管费、托运费、委托费、代销费等费用,作为债务人的财产。债务人占有的他人财产毁损、灭失,因此获得的保险金、赔偿金、代偿物尚未交付给债务人,或者代偿物虽已交付给债务人但能与债务人财产予以区分的,权利人主张取回就此获得的保险金、赔偿金、代偿物的,人民法院应予支持。管理人或者相关人员在执行职务过程中,因故意或者重大过失不当转让他人财产或者造成他人财产毁损、灭失,导致他人损害产生的债务作为共益债务,由债务人财产随时清偿不足弥补损失,权利人向管理人或者相关人员主张承担补充赔偿责任的,人民法院应予支持。上述债务作为共益债务由债务人财产随时清偿后,债权人以管理人或者相关人员执行职务不当导致债务人财产减少给其造成损失为由提起诉讼,主张管理人或者相关人员承担相应赔偿责任的,人民法院应予支持。买卖合同双方当事人在合同中约定标的物所有权保留,在标的物所有权未依法转移给买受人前,一方当事人破产的,该买卖合同属于双方均未履行完毕的合同,管理人有权依据《企业破产法》第十八条的规定决定解除或者继续履行合同。出卖人依据《企业破产法》第三十九条的规定,通过通知承运人或者实际占有人中止运输、返还货物、变更到达地,或者将货物交给其他收货人等方式,对在运途中标的物主张了取回权但未能实现,或者在货物未达管理人前已向管理人主张取回在运途中标的物,在买卖标的物到达管理人后,出卖人向管理人主张取回的,管理人应予准许。出卖人对在运途中标的物未及时行使取回权,在买卖标的物到达管理人后向管理人行使在运途中标的物取回权的,管理人不应准许。债务人重整期间,权利人要求取回债务人合法占有的权利人的财产,不符合双方事先约定条件的,人民法院不予支持。但是,因管理人或者自行管理的债务人违反约定,可能导致取回物被转让、毁损、灭失或者价值明显减少的除外。债权人依据《企业破产法》第四十条的规定行使抵销权,应当向管理人提出抵销主张。管理人不得主动抵销债务人与债权人的互负债务,但抵销使债务人财产受益的除外。

六、破产费用和共益债务

根据《企业破产法》的规定,破产费用包括:(1)破产案件的诉讼费用;(2)管理、变价和分配债务人财产的费用;(3)管理人执行职务的费用、报酬和聘用工作人员的费用。破产费用由债务人财产随时清偿。

根据《企业破产法》的规定,共益债务包括:(1)因管理人或者债务人请求对方当事人履行双方均未履行完毕的合同所产生的债务;(2)债务人财产受无因管理所产生的债务;(3)因债务人不当得利所产生的债务;(4)为债务人继续营业而应支付的劳动报酬和社会保险费用以及由此产生的其他债务;(5)管理人或者相关人员执行职务致人损害所产生的债务;(6)债务人财产致人损害所产生的债务。共益债务由债务人财产随时清偿。

债务人财产不足以清偿破产费用的,管理人应当提请人民法院终结破产程序。人民法院应当自收到请求之日起15日内裁定终结破产程序,并予以公告。

七、关于债权人申报债权

根据《企业破产法》的规定,债权申报期限由法院确定,债权申报期限自人民法院发布受理破产申请公告之日起计算,最短不得少于30日,最长不得超过3个月。未到期的债权,在破产申请受理时视为到期。附利息的债权自破产申请受理时起停止计息;附期限的债权和诉讼、仲裁未决的债权,债权人可以申报。债权人应当在人民法院确定的债权申报期限内向管理人申报债权。债务人所欠职工的工资和医疗、伤残补助、抚恤费用,所欠的应当划入职工个人账户的基本养老保险、基本医疗保险费用,以及法律、行政法规规定应当支付给职工的补偿金,不必申报,由管理人调查后列出清单并予以公示。职工对清单记载有异议的,可以要求管理人更正,管理人不予更正的,职工可以向人民法院提起诉讼。债权人申报债权时,应当书面说明债权的数额和有无财产担保,并提交有关证据。申报的债权是连带债权的,应当说明。连带债权人可以由其中一人代表全体连带债权人申报债权,也可以共同申报债权。债务人的保证人或者其他连带债务人已经代替债务人清偿债务的,以其对债务人的求偿权申报债权;债务人的保证人或者其他连带债务人尚未代替债务人清偿债务的,以其对债务人的将来求偿权申报债权。连带债务人数人被裁定适用《企业破产法》规定的程序的,其债权人有权就全部债权分别在各破产案件中申报债权。

管理人或者债务人依照《企业破产法》规定解除合同的,对方当事人以因合同解除所产生的损害赔偿请求权申报债权。债务人是委托合同的委托人,被裁定适用该法规定的程序,受托人不知该事实,继续处理委托事务的,受托人以由此产生的请求权申报债权。债务人是票据的出票人,被裁定适用该法规定的程序,该票据的付款人继续付款或者承兑的，付款人以由此产生的请求权申报债权。在人民法院确定的债权申报期限内，债权人未申报债权的，可以在破产财产最后分配前补充申报。但是，此前已进行的分配，不再对其补充分配。为审查和确认补充申报债权的费用，由补充申报人承担。债权人未依照本法规定申报债权的，不得依照该法规定的程序行使权利。

管理人收到债权申报材料后，应当登记造册，对申报的债权进行审查，并编制债权表。

债权表和债权申报材料由管理人保存，供利害关系人查阅。债权表应当提交第一次债权人会议核查。债权人对债权表记载的债权无异议的，由人民法院裁定确认；债权人对债权表记载的债权有异议的，可以向受理破产申请的人民法院提起诉讼。

八、债权人会议的组成和职权

根据《企业破产法》的规定，债权人会议成员为依法申报债权且债权额确定的债权人，该等债权人参加债权人会议，享有表决权。债权尚未确定的债权人，除人民法院能够为其行使表决权而临时确定债权额的外，不得行使表决权。对债务人的特定财产享有担保权的债权人，未放弃优先受偿权利的，对于通过和解协议和通过破产财产分配方案不享有表决权。债权人可以委托代理人出席债权人会议，行使表决权，代理人出席债权人会议，应当向人民法院或者债权人会议主席提交债权人的授权委托书。债权人会议应当有债务人的职工和工会的代表参加，对有关事项发表意见。债权人会议设主席一人，由人民法院从有表决权的债权人中指定。债权人会议主席主持债权人会议。

根据《公司法》的规定，由债权人会议行使的职权包括：(1)核查债权；(2)申请人民法院更换管理人，审查管理人的费用和报酬；(3)监督管理人；(4)选任和更换债权人委员会成员；(5)决定继续或者停止债务人的营业；(6)通过重整计划；(7)通过和解协议；(8)通过债务人财产的管理方案；(9)通过破产财产的变价方案；(10)通过破产财产的分配方案；(11)人民法院认为应当由债权人会议行使的其他职权。债权人会议应当对所议事项的决议作成会议记录。

第一次债权人会议由人民法院召集，自债权申报期限届满之日起 15 日内召开。以后的债权人会议，在人民法院认为必要时，或者管理人、债权人委员会、占债权总额 1/4 以上的债权人向债权人会议主席提议时召开。召开债权人会议，管理人应当提前 15 日通知已知的债权人。债权人会议的决议，由出席会议的有表决权的债权人过半数通过,并且其所代表的债权额占无财产担保债权总额的1/2以上。债权人会议的决议,对于全体债权人均有约束力。关于债务人财产的管理方案和破产财产的变价方案,经债权人会议表决未通过的,由人民法院裁定。关于破产财产的分配方案,经债权人会议二次表决仍未通过的,由人民法院裁定。

九、债权人委员会的组成和职权

根据《企业破产法》的规定,是否设立债权人委员会由债权人会议决定。成立债权人委员会的,债权人委员会由债权人会议选任的债权人代表和一名债务人的职工代表或者工会代表组成。债权人委员会成员不得超过9人,债权人委员会成员应当经人民法院书面决定认可。

债权人委员会行使的职权包括:(1)监督债务人财产的管理和处分;(2)监督破产财产分配;(3)提议召开债权人会议;(4)债权人会议委托的其他职权。管理人实施下列行为,应当及时报告债权人委员会:(1)涉及土地、房屋等不动产权益的转让;(2)探矿权、采矿权、知识产权等财产权的转让;(3)全部库存或者营业的转让;(4)借款;(5)设定财产担保;(6)债权和有价证券的转让;(7)履行债务人和对方当事人均未履行完毕的合同;(8)放弃权利;(9)担保物的取回;(10)对债权人利益有重大影响的其他财产处分行为。

十、关于债务人重整的规定

关于债务人重整的申请,《企业破产法》规定债务人或者债权人可以依照该法规定,直接向人民法院申请对债务人进行重整。债权人申请对债务人进行破产清算的,在人民法院受理破产申请后、宣告债务人破产前,债务人或者出资额占债务人注册资本1/10以上的出资人,可以向人民法院申请重整。

债务人重整由人民法院以裁定作出,并予以公告。自人民法院裁定债务人重整之日起至重整程序终止,为重整期间。在重整期间,经债务人申请,人民法院批准,债务人可以在管理人的监督下自行管理财产和营业事务。在重整期间,对债务人的特定财产享有的担保权暂停行使。但是,担保物有损坏或者价值明显减少的可能,足以危害担保权人权利的,担保权人可以向人民法院请求恢复行使担保权。在重整期间,债务人或者管理人为继续营业而借款的,可以为该借款设定担保。债务人合法占有的他人财产,该财产的权利人在重整期间要求取回的,应当符合事先约定的条件。在重整期间,债务人的出资人不得请求投资收益分配。

在重整期间,债务人的董事、监事、高级管理人员不得向第三人转让其持有的债务人的股权。但是,经人民法院同意的除外。

根据《企业破产法》的规定,在重整期间,有下列情形之一的,经管理人或者利害关系人请求,人民法院应当裁定终止重整程序,并宣告债务人破产:(1)债务人的经营状况和财产状况继续恶化,缺乏挽救的可能性;(2)债务人有欺诈、恶意减少债务人财产或者其他显著不利于债权人的行为;(3)由于债务人的行为致使管理人无法执行职务。

债务人或者管理人应当自人民法院裁定债务人重整之日起6个月内,同时向人民法院和债权人会议提交重整计划草案。经债务人或者管理人请求,有正当理由的,人民法院可以裁定延期3个月。债务人或者管理人未按期提出重整计划草案的,人民法院应当裁定终止重整程序,并宣告债务人破产。债务人自行管理财产和营业事务的,由债务人制作重整计划草案。

管理人负责管理财产和营业事务的,由管理人制作重整计划草案。重整计划草案应当包括下列内容:(1)债务人的经营方案;(2)债权分类;(3)债权调整方案;(4)债权受偿方案;(5)重整计划的执行期限;(6)重整计划执行的监督期限;(7)有利于债务人重整的其他方案。

自重整计划经债权人通过之日起10日内,债务人或者管理人应当向人民法院提出批准重整计划的申请。人民法院经审查认为符合《企业破产法》规定的,应当自收到申请之日起30日内裁定批准,终止重整程序,并予以公告。重整计划草案未获得通过或者已通过的重整计划未获得批准的,人民法院应当裁定终止重整程序,并宣告债务人破产。

自人民法院裁定批准重整计划之日起,在重整计划规定的监督期内,由管理人监督重整计划的执行。在监督期内,债务人应当向管理人报告重整计划执行情况和债务人财务状况。

监督期届满时,管理人应当向人民法院提交监督报告。自监督报告提交之日起,管理人的监督职责终止。按照重整计划减免的债务,自重整计划执行完毕时起,债务人不再承担清偿责任。经人民法院裁定批准的重整计划,对债务人和全体债权人均有约束力。债务人不能执行或者不执行重整计划的,人民法院经管理人或者利害关系人请求,应当裁定终止重整计划的执行,并宣告债务人破产。人民法院裁定终止重整计划执行的,债权人在重整计划中作出的债权调整的承诺失去效力。债权人因执行重整计划所受的清偿仍然有效,债权未受清偿的部分作为破产债权。为重整计划的执行提供的担保继续有效。

十一、关于和解的规定

根据《企业破产法》的规定,债务人可以依照该法规定,直接向人民法院申请和解,也可以在人民法院受理破产申请后、宣告债务人破产前,向人民法院申请和解。债务人申请和解,应当提出和解协议草案。人民法院经审查认为和解申请符合该法规定的,应当裁定和解,予以公告,并召集债权人会议讨论和解协议草案。对债务人的特定财产享有担保权的权利人,自人民法院裁定和解之日起可以行使权利。

债权人会议通过和解协议的决议,由出席会议的有表决权的债权人过半数同意,并且其所代表的债权额占无财产担保债权总额的2/3以上。债权人会议通过和解协议的,由人民法院裁定认可,终止和解程序,并予以公告。管理人应当向债务人移交财产和营业事务,并向人民法院提交执行职务的报告。和解协议草案经债权人会议表决未获得通过,或者已经债权人会议通过的和解协议未获得人民法院认可的,人民法院应当裁定终止和解程序,并宣告债务人破产。经人民法院裁定认可的和解协议,对债务人和全体和解债权人均有约束力。债务人应当按照和解协议规定的条件清偿债务。因债务人的欺诈或者其他违法行为而成立的和解协议,人民法院应当裁定无效,并宣告债务人破产。债务人不能执行或者不执行和解协议的,人民法院经和解债权人请求,应当裁定终止和解协议的执行,并宣告债务人破产。

人民法院裁定终止和解协议执行的,和解债权人在和解协议中作出的债权调整的承诺失去效力。和解债权人因执行和解协议所受的清偿仍然有效,和解债权未受清偿的部分作为破产债权。

十二、关于破产清算的规定

根据《企业破产法》的规定,法院宣告债务人破产的,应当自裁定作出之日起5日内送达债务人和管理人,自裁定作出之日起10日内通知已知债权人,并予以公告。法院宣告债务人破产前,有下列情形之一的,人民法院应当裁定终结破产程序,并予以公告:(1)第三人为债务人提供足额担保或者为债务人清偿全部到期债务的;(2)债务人已清偿全部到期债务的。债务人被宣告破产后,债务人称为破产人,债务人财产称为破产财产,人民法院受理破产申请时对债务人享有的债权称为破产债权。对破产人的特定财产享有担保权的权利人,对该特定财产享有优先受偿的权利,行使优先受偿权利未能完全受偿的,其未受偿的债权作为普通债权,放弃优先受偿权利的,其债权作为普通债权。

管理人应当按照债权人会议通过的或者人民法院裁定的破产财产变价方案,适时变价出售破产财产。变价出售破产财产应当通过拍卖进行。但是,债权人会议另有决议的除外。破产企业可以全部或者部分变价出售。企业变价出售时,可以将其中的无形资产和其他财产单独变价出售。

破产财产在优先清偿破产费用和共益债务后,依照下列顺序清偿:(1)破产人所欠职工的工资和医疗、伤残补助、抚恤费用,所欠的应当划入职工个人账户的基本养老保险、基本医疗保险费用,以及法律、行政法规规定应当支付给职工的补偿金;(2)破产人欠缴的除前项规定以外的社会保险费用和破产人所欠税款;(3)普通破产债权。破产财产不足以清偿同一顺序的清偿要求的,按照比例分配。破产财产的分配应当以货币分配方式进行。但是,债权人会议另有决议的除外。

管理人应当及时拟订破产财产分配方案,提交债权人会议讨论。破产财产分配方案应当载明下列事项:(1)参加破产财产分配的债权人名称或者姓名、住所;(2)参加破产财产分配的债权额;(3)可供分配的破产财产数额;(4)破产财产分配的顺序、比例及数额;(5)实施破产财产分配的方法。债权人会议通过破产财产分配方案后,由管理人将该方案提请人民法院裁定认可。破产财产分配方案经人民法院裁定认可后,由管理人执行。

破产是企业清算的特别程序,它可以引起企业终结的结果,也可以引起企业重生的结果。

图书在版编目(CIP)数据

公司资本行动：投资并购重组方案策划与流程指引／张远堂著. --2版. --北京：法律出版社，2020
ISBN 978－7－5197－4943－9

Ⅰ.①公… Ⅱ.①张… Ⅲ.①公司－资本经营－研究②企业合并－研究 Ⅳ.①F276.6②F271.4

中国版本图书馆CIP数据核字(2020)第177137号

公司资本行动：
投资并购重组方案策划与流程指引(第二版)
GONGSI ZIBEN XINGDONG：
TOUZI BINGGOU CHONGZU FANG'AN CEHUA YU LIUCHENG ZHIYIN(DI－ER BAN)

张远堂 著

责任编辑 慕雪丹　章　雯
装帧设计 马　帅

编辑统筹 法商出版分社
出版 法律出版社
开本 710毫米×1000毫米　1/16
总发行 中国法律图书有限公司
印张 31.25
经销 新华书店
字数 542千
印刷 三河市龙大印装有限公司
版本 2020年11月第2版
责任印制 胡晓雅
印次 2020年11月第1次印刷

法律出版社／北京市丰台区莲花池西里7号(100073)
网址／www.lawpress.com.cn
投稿邮箱／info@lawpress.com.cn　　销售热线／400－660－8393
举报维权邮箱／jbwq@lawpress.com.cn　　咨询电话／010－63939796

中国法律图书有限公司／北京市丰台区莲花池西里7号(100073)
全国各地中法图分、子公司销售电话：
统一销售客服／400－660－8393/6393
第一法律书店／010－83938432/8433　西安分公司／029－85330678　重庆分公司／023－67453036
上海分公司／021－62071010/1636　深圳分公司／0755－83072995

书号:ISBN 978－7－5197－4943－9　　**定价**:128.00元
(如有缺页或倒装,中国法律图书有限公司负责退换)